내 주께 더 가까이
Nearer to my Lord

내 주께
더 가까이

김종택 지음

Nearer to my Lord

도서
출판 등과 빛

머리말

나는 세계 제1차 대전이 지난 후 온 세계가 궁핍에서 벗어나지 못해 허덕이던 1930년, 역사적으로 유서 깊은 경주 포석정 마을의 가난한 시골 목사(고 김광수 목사)의 셋째 아들로 태어났다. 어렸을 적 고향 마을의 포석정과 마을 앞을 흐르던 개울에서 놀던 기억이 생생하다. 아버지께서는 내가 태어나기 여러 해 전, 초창기 국민학교(지금의 초등학교) 교사로 근무하셨는데, 그때 시골 장터에서 삿갓 쓴 미국 선교사의 노방전도에서 복음을 듣고 단번에 예수 믿기로 결심하셨다. 그 일 년 후, 신학을 공부하시려고 경주에서 평양까지 울퉁불퉁한 자갈길 국도를 자전거로 올라가셨다. 평양신학교에 입학하셔서 부근의 교회를 돌보시며 천신만고 끝에 7년 만에 졸업하시고 고향에 돌아오셔서 교회를 개척하셨다.

당시의 교회는 독립된 예배당 건물이 있고 당회가 구성된 그런 조직체가 아니었다. 시골 마을 영수님 자택 초가삼간에 마을 이름을 딴 나무 간판만 달면 교회가 되었다. 아버지께서는 그렇게 아홉 개 가량의 교회를 개척하셨는데, 괴나리봇짐을 지시고 각 교회마다 방문하여 사흘씩 예배와 심방을 인도하시며 시무하셨다. 그렇게 나그네처럼 돌아다니시다가, 두어 달이 지나서야 집에 돌아오셨다. 그리곤 고작 이삼일 쉬시고 다시 떠나시는 고된 사역을 열정적으로 감수하시며 일생 일흔두 개 교회를 창립하셨다.

아버지께서는 시골 교회의 부흥에 대한 열정이 남달리 높아, 6·25사변 이후 장로교총회에 농촌부서를 세우시고 초대 부장을 역임하시면서 시골 교회 개척과 육성에 앞장서셨다. 대구시 동산동에 있던 붉은 벽돌 건물로 유명한 유서 깊은 고등성경학교 건물과 기숙사를 겨울방학 때마다 빌려서 시골 교회의 목사와 장로들을 초청해 한 달씩 기숙시키시면서 농촌 교회 부흥을 위한 농업기술과 영적 부흥을 위한 강좌를 열어 교육하셨다.

나는 어렸을 때부터 이런 아버지의 영향을 많이 받았다. 미션 스쿨인 대구 계성학교*를 다니면서 아버지의 일을 돕게 된 것은 우연한 일이 아니었다. 아버지께서 대구 근처에서 교회를 개척하셨을 때는 그 교회의 학생회 회장, 주일학교 부장, 성가대 지휘, 교회 장식 등은 항상 나의 몫이었다. 대학생 때는 수요예배 설교도 이따금 하곤 했다. 아버지께서 장로교총회에 농촌부서를 만드시고부터 나의 일은 더 많아졌다. 6·25사변을 거치며 경북대학교를 졸업하고 계성학교 화학교사로 근무하게 되었을 때, 대구에서 두 번째 간이 역인 신동에 보금자리를 정하고 몇 사람의 동지들과 매일 퇴근 후에 흙벽돌로 산비탈에 야간 농민학교를 세워 무산(無産) 아동을 모아 야간 수업을 3년간 열었던 것도 아버지의 영향이었다. 그때 처음 신동교회를 맡아 무보수 평신도 교역자로 시무하기도 했고, 방학 때가 되면 외관 등지의 교회로부터 학생회 청년회 부흥강사로 초청을 받아 열정을 쏟아 복음을 전했다.

그 이후 덴마크와 미국에서의 유학을 마치고 돌아와 경북대학교에서 교수로 근무하면서 대구에서 30km 떨어진 칠곡군 가산면 다부동 솔밭 속에 '가산 수양관'을 짓고 그곳에서 27년간 살면서 주말과 방학이면 젊은이들과 복음의 열정을 나누었다. 경북대학교에 몸담고 시무하도록 나를 인도하신 하나님의 축복에 감사한다. 경북대학교에는 이미 훌륭한 기독교 선배들이 계셔서 국립대학 중에 유일하게 기독학생 기숙사와 교회가 설립되어 있었다. 나는 그곳에서 선배들과 협력하여 열세 개의 기독학생회를 통합하여 연

---

* 1906년 J.E.애덤스 선교사 부부가 설립한 중등교육기관으로, 현재 대구에 있는 계성중·고등학교의 전신이다.

합회를 만들어 매년 봄이면 한 주간 수련회를 열었다. 수련회 주간 내내 설교와 강연이 이어졌고, 강의 중간 정오에는 단과대학 구석구석에까지 찾아가며 개인 전도를 했다. 이 전통이 오늘까지 이어지고 있다는 사실이 너무도 감사하다.

1996년, 교수직을 은퇴하면서 자녀들을 따라 캐나다에 이민했다. 캐나다에 와서는 몬트리올에서 약 30km 떨어진 백인 교회(Ormstown United Church)를 맡아 평신도 교역자(Layman)로서 시무했고 나의 집 다락방에서 임시 교회를 세우고 목회를 했다. 이 모든 일도 우연이 아니라 하나님의 섭리였다. 그러다 십여 년 전에 기후가 온화한 밴쿠버(Vancouver)로 이사하여 자녀들과 노년을 보내면서 2020년에 90회 생일을 넘겼다.

90 평생 나는 본서를 포함하여 아홉 권의 책을 썼다. 그중 세 권의 전공서적을 제외하면 『내 주께 더 가까이』는 은퇴 후 여섯 번째 신앙서적이 되는 셈이다. 돌이켜 보면 그 책들은 남에게 감동을 줄 만한 경험담도, 진리를 터득한 수필집도, 깊은 경건에 이른 명상록도 아닌 어정쩡한 글들이었다. 단 한 번도 책으로 유명세를 치렀거나, 출판 독촉을 받은 적도 없다. 그럼에도 이제 생명력도 점점 시들고 노쇠한 겉껍질만 남은 지금 또다시 글을 쓰고 출판을 하려 한다. 다행히 여기 캐나다 시골에서도 기도와 말씀 읽기와 사색의 습관만은 잊지 않고 지켜 온 연유로, 나의 내면에 남아 있는 마지막 열기를 모아 이성적 회의에서 벗어나지 못하는 젊은이들을 위해 또다시 펜을 들 수 있었고, 그 결실이 본서이다.

유명한 참회록을 기록한 근대 작가 루소(Jean-Jacques Rousseau, 1712~1778)처럼 "나의 죄 없음을 신만이 아신다."라고 장담할 만한 여지는 내게 없다. 그런데 왜 책을 썼냐고 묻는다면 할 말이 없다. 다만 회의에 빠진 많은 젊은이가 안타까웠고 그들의 신앙에 늘 아쉬움이 컸기에, 그들에게 이 글이 길잡이가 되었으면 하는 희망으로, 14년 동안 대구 제일교회 대학부를 맡아 지도해 온 자료들과 선배 김재진 교수님과 동료 교수님들의 협조로 조직한 경북대학교 기독학생 연합회와 기독교수협의회를 지도하면서 젊은이들에게 강의한 것과 설교한 것들과 성경 공부한 노트를 뒤적여, 한 문장 한 문장 본서에 눌러 담았다.

나는 신학교를 다니기는커녕 정문을 들어가 본 일조차 없기에 이런 글을 쓸 자격이 전연 없다. 하여 혼자서 몸부림치며 성경 공부한 것들을 붙들고 기억력이 현저히 저하된 이 나이에 무리하여 글을 쓰고 책을 펴내는 것이 독자들을 무시하는 것이 될까 염려스럽기만 하다.

나는 물리화학자(Physical Chemist)로서 대학 교단을 지켰다. 물리화학 (物理化學)이란 자연 변화에 일어나는 여러 현상, 물질의 반응 원리, 생성 원리, 결합 원리, 변화 원리 등을 이론적으로 연구·해명하는 학문이다. 그래서 무엇이든지 '왜(Why) 일어나는가?' '어떻게(How) 일어나는가?'라는 생각으로 사물과 현상을 통찰하는 것이 습관화되었는데, 이는 나의 성경 공부 방법에도 그대로 적용되었다. 그리고 일평생 매일 기도 시간과 성경 공부 시간을 굳게 지키고 있다. 그때마다 새롭게 깨닫게 된 내용을 적어 둔 노트가 스무 권이 넘는다. 그렇게 하여 얻은 귀중한 보화를 독자들과 세상을 벗으로 삼고 회의하며 유리방황하는 오늘의 젊은이들에게 전하려는 열정으로 글을 썼다.

급변하는 이 시대 속에서 젊은이들은 남들이 알지 못하는 깊은 인생 고뇌와 회의를 안고 살아간다. 그 와중에 예전의 젊은이보다 더 심한 고충을 겪으면서 하나님의 말씀과 교회에서는 멀어지고 컴퓨터와 세상 지식과 향락에서 위안을 찾지만, 그들의 영혼은 점점 시들어가고 있다. 또한 이 세대는 날로 어두워져 말씀의 참된 진리를 구문(舊文)으로 업신여기는 경향이 있다. 젊은이들은 설교자들의 비과학적 주장과 반철학적 강조를 냉소하며 합리적 해석이나 이치에 맞는 설명만을 귀담아듣는다. 따라서 젊은이들이 과학과 철학을 바르게 이해하면 오히려 진리 접근에 도움을 얻을 수 있다고 본다. 하여 본서에는 과학과 철학과 심리학과 성경원문 해석을 많이 언급했다. 이는 오로지 세상 지식과 학문에 함몰된 그들에게 조금이라도 더 말씀의 진리를 이해하게 하고 기독교 신앙의 본질에 다가서게 하는 일에 본서가 편안한 길잡이가 되었으면 해서다. 그리고 성경원어의 의미를 부각한 것은 번역 성경이 잘못되었기 때문이 아니라, 언어의 장벽과 의미 전달의 한계로 바른 이해가 쉽지 않기 때문이다.

나의 성경 해석이 전문가의 입장에서 볼 때 미흡한 부분이 적지 않다는 것도 알고 있다. 그러나 비전공자의 글로 이해해 주시기를 바란다. 그리고 본서에는 현대 교회와 신앙에 대한 당돌한 평도 쓰여 있다. 그것은 교회의 미래를 염려한 안타까움 때문임을 널리 혜량해 주시기 바란다.

누구나 척추와 뼈대가 있듯이 자기 나름의 사상과 신앙이 있다. 그리고 각자가 인생의 짙은 안갯속을 헤치며 목표에 도달하려고 자기 나름으로 힘겨운 노력을 한다. 그러다가 그 길이 모호하면 당황하기도 하고, 좌절하기도 한다. 그럴 때마다 과학이나 철학의 GPS를 찾는 젊은이들에게 하나님의 말씀에서 계시에 의지하라고 권고하고 싶다(마 11:27). 이 마음이 본서에 흐르는 나의 마음이다. 세상에는 너무도 많은 초보 운전자들과 정신 이상자들이 운전면허도 없이 운전을 장담하는 해프닝이 일어나기도 한다. 그러나 하나님의 말씀과 진리는 전공자에 국한될 수 없다. 비전공자가 보는 견해가 뜻밖에 도움을 줄 수도 있지 않겠는가.

니체(Friedrich Nietzsch, 1844~1900)는 『무시의 기도(Untimely Meditation)』(1876)의 서두에서 "내 말을 듣지 말라." "나는 그대의 유혹자이며 기만자이다."라고 고백했다. 어떤 면에서는 책 저자라면 누구든지 궤변자요 기만자라고 할 수 있다. 그것은 첫째 모르면서 아는 척하고, 되지 못하고 된 척하기 때문이다. 그런 면에서 나 역시 자유롭지 못하며, 그 같은 평을 받아야 마땅하다. 그러나 변호하자면, 본서는 기도의 응답으로 얻은 사명감에서 썼다. 무슨 사명인가? 회의가 많았던 나의 젊은 시기나 세상에서 버림을 받았다고 좌절되는 나의 노년기에도 변함없이 한결같이 살아 있는 생생한 사명감이다.

오늘날은 예전과 너무도 달라졌다. 돌다리도 두드리고 지나가는 오늘에는 '믿고 누구를 따라가는 것'은 옛말이다. 옛날은 '어둠 후에 빛이 온다'고 믿었다. 그러나 오늘은 '어둠 후에도 빛은 없다'고 보는 세대다. 옛날에는 선물을 주는 사람에게 그 내용이 무엇인지 묻는 것은 예의가 아니었다. 그러나 오늘날은, '선물'이 마약인지 폭탄인지 의심을 먼저 해 보는 세대다. 그런 불신 사회 속에서 본서를 내 놓으며 이것만은 믿을 만하다고 추천하고 있는 셈이다. 그러나 나는 독자들에게 나의 견해가 옳다고 자랑하고 싶은 마음은 전연 없다. 다만 본서가 '독자의 생각이 옳은 것인가?'를 점검할 기회가 된다면 나의 목적은 달성한 것이다. 그래서 되도록 나는 내 경험이나 체험을 간증하는 것을 피했다. 내가 발견한 것은 "나는 무익한 종"(눅 17:10)일 뿐이며, 다만 모든 것이 은혜임을 알게(고전 15:10; 고후 8:9; 갈 2:9) 하시며, 하나님의 은혜는 진리와 함께 오는 것임을 믿기 때문이다.

실용주의 국가인 미국에는 철학자가 드물다. 그중에서 꼭 든다면 미국 북동쪽에 있는 시골 버몬트 출신인 존 듀이(John Dewey, 1859~1952)를 들수 있겠다. 그는 사회학자요 철학자로서 실용주의를 창시했다. 그는 "미국에서는 무엇이든지 일 세대 이상은 못 간다."라고 말했으며, 그의 이론을 따라 '이성'은 '논리적 방법'으로, '현명'(賢明, Wise)은 '재치'(才致, Smart)로, '속도'는 '가속도'로, 의미가 바뀌었다. 시대의 변화 속도가 빨라지면서 사람들의 마음은 여유를 잃어버려 눈을 감고 뜸을 들여 지긋이 생각하거나 영원을 사모하며 인종(忍從)하는 마음이 사라졌다. 하나님 앞에 나아가 무릎을 꿇고 밤새워 간구하는 기도의 묘미(妙味)도 사라졌다. 옛날같이 한적한 곳을 찾아 한두 주를 금식하며 다소곳이 주님과 대면하는 일도 없어졌다. 하여 신앙도 물질화되고 있다. 이렇게 바뀌어 버린 세상임을 알지만, 본서를 쓰지 않을 수 없었다.

칸트(Immanuel Kant, 1724~1804)가 그의 말기의 거작『실천이성비판』에서 "점점 더 새롭고 커지는 경탄과 공경심으로 마음을 가득 채우는 두 가지가 있다. 그것은 내 위에 별이 빛나는 하늘이 있다는 것과 내 안에 도덕법칙이 빛나는 마음(양심)이 있다는 것이다."라고 했듯이 내게도 꺼질 줄 모르는 빛이 있었기 때문이다. 그 하나는 샘솟는 감사요, 다른 하나는 간절한 사명감이다. 이 두 빛이 있었기에 본서가 탄생하게 되었다. 부디 이 글을 읽는 독자 제위에게도 하나님의 계시로 말미암는 이 두 빛이 충만하길 소망한다.

이 책이 출판된 이면에는 하나님의 역사가 크다. 나이 탓으로 기억이 자꾸만 가물거려, 글을 썼다가 지우길 반복하고, 건강도 나빠져 얼마 동안 덮어 두었다가 다시 먼지를 털고 글쓰기를 반복했다. '이러다가 책이 나오겠나?' 의심도 여러 번 했다. 하여 이 책이 출판된다면 그것은 전적으로 내 힘과 노력 탓이 아니다. 오로지 하나님의 도우심과 주위 협조자들의 도움 덕분이다. 그중에서도 도서출판 등과빛 대표의 도움과 격려가 없었다면 불가능했을지도 모른다. 그리고 나의 아내 김정희 권사의 격려에 깊이 감사한다. 무엇보다 이 모든 일의 배후에 역사하신 하나님의 은혜가 너무나 컸음은 말할 것도 없다.

"여호와를 기뻐하라. 그가 너의 마음의 소원을 네게 이루어 주시리로다"(시 37:3~5)

| 목차 |

머리말

제1장

지식과 신앙

1 과학의 원리와 구원의 원리

과학(Science)이란 라틴어 '지식'(사이-엔스)에서 왔다. 그러나 과학의 정확한 풀이는 관찰로 얻어진 지식이라 하지 않고 현대 사전에 보면, "관찰과 실험을 통해 얻을 수 있는 자연계 현상에 대한 조직적 지식 활동" 또는 "관측된 증거로 자연계의 변화(역사)를 이해하려는 노력"이라고 정의했다. 즉 과학이란 자연계의 객관적 증거에서 얻은 지식이라기보다 지식 활동이며 바른 증거를 얻고 그것을 이해하려는 노력을 말한다. 그러나 보다 더 정확히 말하면 과학적 지식이란 자연의 원인이나 목적이나 숨은 진리보다 나타난 현상 이해와 지식 활동이라고 말하는 것이 옳다. 즉 과학은 자연을 파악하려는 인간적 노력일 뿐이다.

그럼에도 과학에 도취하면 객관적 관찰이 어려운 신(神)과 영적 지식을 도외시하고 손쉬운 물질에 의존하여 신앙을 멸시하는 경향을 갖는다. 그렇다면 과학이 신과 영적 지식과 신앙을 그토록 미혹하는 이유가 무엇인가? 그리고 과학의 위력이 영혼의 위력을 압도하는 이유가 무엇인가? 이유는 두 가지다. 그 하나는 과학의 재현성과 객관성이요, 다른 하나는 손쉽게 효력을 얻을 수 있는 직효성(直效性)에 있다. 과학의 재현성이란 과거 어느 때에 어떤 곳에서 나타났던 일이라면 오늘도 꼭 같이 나타나며, 객관성이란 김씨에게 나타난 일이라면 누구에게나 동일하게 나타나는 것을 뜻한다. 그리고 직효성이란 그 효력이 뜸을 들이지 않고 즉효이다. 그러나 영혼의 구원은 그렇지 못하다고 그들은 생각한다.

수학, 물리학, 화학, 생물학, 지질학, 천문학 등을 자연과학이라 하며, 공학, 통계학, 농학, 의학, 약학, 등을 응용과학이라 부른다. 사람들은 과학이라면 다 확실한 것으로만 생각하지만 사실 재현성이나 정확성은 이 차례대로 희박해진다. 직접적 현상 계측이 불가능한 정치학, 법학, 경제학, 경영학, 회계학 등 사회과학은 말할 것도 없고 역사, 지리, 문학, 철학 등의 인문과학은 더 말할 것도 없다. 또한 과학에는 이론적 허용오차인 절대오차와 실험적 허용오차인 상대오차가 있다. 측정기기가 아무리 발달된다 하더라도 측정오차는 반드시 있다. 사실이 이런데도 심리학이나 철학이나 신학은 객관성과 재현성과 정확성이 모호하다고 단정한다.

나는 오랜 세월 물리화학(Physical Chemistry)을 연구하여 외국에서 학위(Ph. D.)를 취득했다. 그러나 깊이 들어갈수록 과학은 불완전한 학문이라는 것을 절실히 느꼈다. 과학이 불완전한 이성을 기반으로 제한된 조건 아래에서 평가하고 결론을 내리고 인정하는 학문이기 때문이다. 한 예로 사람들은 물이 섭씨 0도에서 얼고 100도에서 끓는다고 생각한다. 그러나 그것은 1기압 하에서 그리고 순수한 물에 한해서만 그렇다. 염분이 많은 바닷물은 영하 22도가 되어도 얼지 않으며, 고압솥의 물은 섭씨 120도 140도가 되어도 끓지 않는다.

이처럼 모든 현상이, 물이 기압과 물질의 순도에 따라 끓는점이 다르듯 다른 것인데, 사람들은 환경과 자기 순도는 무시하고 일률적 원리만을 주장한다. 그러나 오늘날, 영적 기압이나 환경 변화는 옛날에는 상상할 수 없을 정도의 큰 변화가 일어나고 있어 그 결국이 난마 속으로 얽혀지고 있으나, 그에 대한 해석도 해명도 대책도 없이 구태의연하다.

과학의 기반이라 할 수 있는 이성은 관찰, 분석, 비교, 검토, 판단 등의 의식 활동을 말한다. 하나님께서 인간을 창조하셨을 때 생기와 함께 이성을 주셔서 자유의지를 허락하셨는데, 이는 인간이 이성적 의식 활동 곧 자유의지로 하나님께 순종함으로써 주어진 여건과 시험을 이기고 서로 사랑하기를 원하셨기 때문이다(요일 4:16). 그러나 사람마다 이성의 능력과, 마음과 생각의 깊이가 달라서 어떤 이는 이해력과 분석력이, 어떤 이는 기억과 총명이, 어떤 이는 감성이 남다르며 드물게 영성이 남다른 사람이 있다. 그뿐 아니라 죄에 대한 양심의 감도도 모두 다르다. 그러니 죄 없는 사람은 없지만 성령의 감화 기압과 양심의 순도는 다 다르다.

이성은 위의 다섯 가지 의식 활동을 뜻하지만 사람에 따라 어느 과정은 신중한 반면 다른 과정이 생략되어 속단을 내리는 경향이 있다. 예를 들면 결혼 적령기의 처녀와 총각이 중매인의 소개로 만날 때, 어떤 이는 상대방의 겉치장과 세련된 외모에 홀딱 속기도 하고, 어떤 이는 신중히 건강과 학력과 경력과 가정 형편을 체크하기도 한다. 그리고 "통과! 통과!"로 30분 만에 결론을 내리고 결혼하지만, 얼마 가지 않아 속았다고도 후회하며 할 말을 잊고, 운명이거니 하며 산다.

학문적 이성도 다를 바 없다. 제한된 시간과 조건 아래 외압의 영향을 받아 온전한 판단에 이르기란 불가능하다. 하물며 뜸을 들여야 얻을 수 있는 영적 지식은 물론이거니 성령의 도움 없이는 불가능한 체험적 지식은 말할 것도 없다. 비록 성령의 역사가 작용한다고 하더라도 각자가 지닌 이성의 한계를 벗어날 수 없어서 온전한 진리나 판단에 도달하기는 어려울 수밖에 없다.

언젠가 신앙 강좌가 끝난 후 어떤 학생이 질문을 했다. 믿음도 자라는 것이어서 나중에 확신에 이르는 것이라면, 어느 정도의 확신에 도달해야 구원에 이르게 되는 것이냐고 물었다. 그는 교회에서 예수를 믿는 자마다 영생을 얻는다(요 3:16; 요일 4:9)는 일괄적 대답은 들어왔다. 그런데 믿으면 구원을 받는다는 말씀은 믿음의 객관적 기준이 서 있지 않아 황당무계한 진리로 보인다는 것이다. 주님의 이적과 기사를 직접 보았던 사람들도 그것을 몰라 주를 떠났다(요 6:66; 딤후 4:10, 16). 그렇지만 성경 말씀에서 그 기준을 찾는 것이 성경을 읽는 목적이라 하겠다.

나는 그 학생에게, 영생을 얻어 사망에서 생명으로 옮겨지는 믿음(요 5:24)은 내가 정하는 것이 아니라 하나님 아버지께 인정받는 것(요 8:17, 18)이어서 인간이 판단할 수 없지만, 그러면서도 그 믿음의 효과는 분명히 각자가 인지할 수 있다고 답했다. 그리고 그 증거로 마음에 평안과 기쁨과 소망과 사랑의 선물을 받게 된다고 말해 주었다. 그러나 그는 그 뜻을 깨닫지 못했는지 고개를 갸우뚱했다.

　나는 그에게 과학 중에서는 수학(數學) 이외는 정확한 증명은 불가능하다는 것을 말해 주었다. 예를 들면 수학은 2+2=4이며 거기에는 오차도 추리도 과장도 없다. 그러나 다른 학문은 A+B를 무한대로 과장하기도 하고 축소하기도 한다. 그 첫째 이유는 식물이나 동물을 연구 대상으로 삼을 경우 시료 전체를 검사할 수 없어 전체를 대표하여 극히 적은 부분을 채취하는 랜덤 채취(Random Sampling) 법에 따라 사망률이 몇 퍼센트라거나 회생률이 몇 퍼센트라고 답할 수 있을 뿐 정확한 결론은 얻을 수 없기 때문이고, 둘째 이유는 측정 오차요, 셋째 이유는 불확실한 논리 전개에 있다.

　그러나 성경은, "누구든지 주의 이름을 부르는 자는 구원을 받으리라"(행 2:21; 롬 10:13), "누구든지 예수를 하나님의 아들이라 시인하면 하나님이 그의 안에 거하시고"(요일 4:15), "누구든지 그의 말씀을 지키는 자는"(요일 2:5), "내가 너희에게 말하노니 무엇이든지 기도하고 구하는 것은 받은 줄로 믿으라 그리하면 너희에게 그대로 되리라"(막 11:24; 요 15:16; 요일 3:22; 5:14~5) 등으로 '누구든지, 무엇이든지'라고 말씀하심으로 한 점의 오차도 가정도 없는 확답을 약속한다. 그리도 '부르는 자, 시인하는 자, 말씀을 지키는 자, 구하는 자'가 어떤 자인가에 대해서는 범위도 한계도 없어 보인다. 그러나 성경 말씀의 많은 예와 가르침을 보면 거기에는 한계도 있고 단계도 있다. 이 점이 기독교가 다른 종교와 다른 점이다. 하나님의 말씀은 '아무나'라고 하시지 않고 '누구나'라고 하시면서 '조건부 누구나'임을 명시하신다. 나는 이를 뉴턴(Issac Newton, 1642~1727)의 만유인력의 법칙으로 설명하고 싶다. 즉 뉴턴의 '만유인력'에 '영적 인력'을 대입시켜 설명해 보려 한다.

　"만물은 자기 질량에 비례하여 인력을 받는다."라는 뉴턴의 법칙은 과학의 기본 진리다. 그 인력의 크기는, 질량을 가진 물체는 두 물체의 사이에 질량(質量, Mass)의 곱에 비례하고 두 물체의 질점 사이 거리의 제곱에 반비례한다는 법칙이다. 즉 물체가 받는 인력의 크기는 $f = e \times e' / r \times r$라는 원리다. 즉 모든 물체는 각각 자기 질량(m)이 있고 그 질량의 크기만큼 인력(e)

를 가지고 있다. 그리고 지구상의 물체는 지구 질량에 비례하는 중력(e´)을 곱한 만큼 인력을 받는다. 그리고 지구 중심과 물체와의 거리(r)의 제곱에 반비례해서 인력을 받는다는 것이다. 그래서 자기 무게(질량, m)가 크면 클수록 인력(e)도 크며 지구상의 물체는 지구 중력(e´)을 곱한 만큼 인력을 받아 자기 중량(重量, Weight)이 된다. 그래서 모든 지구상의 물체의 무게는 지구 중력의 절대적 영향을 받아 자기 무게가 형성되나 자기 무게에 지구 중력이 작용하고 있다는 것을 깨닫거나 느끼는 사람은 아무도 없다. '나는 지구의 인력을 얼마나 받고 있는가?'는 내 질량에 비례한다는 것을 알지 못한다.

하나님의 사랑의 중력(e´)도 지구 중력처럼 모든 사람에게 똑같이 작용(마 5:45; 요 3:16; 롬 8:39; 요일 4:7)하여 '사랑의 중력 법칙'이 성립한다. 그러나 하나님의 사랑으로 인한 각자가 받는 인력(f)은 각자의 하나님에 대한 사랑과 믿음 즉 인간의 인력(e)만큼 받는다는 법칙이다. 즉 하나님의 크신 사랑(e´)은 동일하나 신자의 인력(e)의 크기에 따라 하나님과의 구원의 역사(f)은 전연 달라지는 결과가 된다. 이것을 '믿음의 비례 법칙'(고전 16:14; 갈 6:6; 엡 6:23; 요일 4:16) 또는 '구원의 곱셈 원리'라고 부르고 싶다.

곱셈 원리를 생각해 보자. 0×100=0이며, 0×1000=0이다. 자기 믿음이 0이면 하나님으로부터 받는 사랑의 인력(e)이 아무리 커도 미치는 위력은 0이다. 아무리 하나님의 사랑(e´)이 같다 하더라도 인간의 (e)가 0이라면 0×e´=0이 된다. 즉 구원은 그의 사랑의 크기(e´)가 아무리 크더라도 인간이 받는 신의 힘, 또는 은혜(f)는 영(0)이 될 수밖에 없다. 이 법칙을 따르면 하나님의 구원의 역사는 평등하고 공평하다는 사랑의 제1법칙과 인간이 하나님을 믿고 사랑하는 만큼(e) 구원의 위력이 나타난다는 구원의 제2법칙이 성립한다. 이 법칙을 따르면 하나님의 사랑은 공평하다는 것, 그리고 자기에게 작용하는 하나님의 능력(f)는 자기 믿음(e)의 인력에 비례한다는 것, 그리고 믿음이 성장하는 만큼 하나님의 역사가 따른다는 원리다. 이것이 '만유인력 법칙'과 꼭 같은 '만유 사랑의 법칙'이다.

사도 바울은 신앙 초기에는 "남에게 전파한 후에 자신이 도리어 버림을 당할까"(고전 9:27) 두려워했다. 그러나 그의 믿음(e)이 성장하여 자라면서 확신(고후 3:4~6, 11, 18)에 이르게 된다. 그것을 수식으로 꼭 나타낼 수는 없으나 "그를 죽은 자 가운데서 다시 살리신 것으로 모든 사람에게 믿을 만한 증거를 주셨음이니"(행 17:31)라고 했으니, 예수 부활이 우리 믿음의 확실한 보증이 되어 그 믿음을 성장하게 하고 자라게 하여 변치 않을 확신에 이르게 한다는 뜻이 아닌가 한다. 또한 "네 믿음이 너를 구원하였으니"(눅 7:50; 17:19; 18:42), "구원받을 만한 믿음"(행 14:9), "믿음으로 의롭다 하심을 받았음"(롬 5:1; 갈 2:16), "이 예수를 하나님이 그의 피로써 믿음으로 말미암는 화목제물로 세우셨으니"(롬 3:25, 31), "세례로 그리스도와 함께 장사되고 또 죽은 자들 가운데서 그를 일으키신 하나님의 역사를 (각자의) 믿음으로 말미암아 그 안에서 함께 일으키심을 받았느니라"(골 2:12), "믿음의 역사를 능력으로 이루게 하시고"(살후 1:11) 등의 말씀에서 믿음(e)이 없으면 하나님의 사랑(e´)이 아무리 커도 소용없음을 확인할 수 있다.

지식에는 스승이나 매스미디어 등을 통해 얻는 간접 지식이 있고, 자기가 직접 목도하거나 경험으로 얻는 직접 지식이 있다. 왜 간접 지식보다 직접 지식이 더 중요한가? 정보에 의한 객관적 지식을 의복과 같다고 한다면 체험적 지식은 자기 몸체나 체력과 같다. 즉 후자는 영적 힘(e)이 되는 지각과 양심의 활동, 경험적 지식(기노스코), 살아 있는 지식을 말한다. 과학적 지식도 이 두 가지 지식이 있다. 지식의 90%는 학교에서 배우고 듣고 책에서 얻은 간접 지식이며 그와 다르게 경험적 지식은 몸소 터득한 기술이요 지혜다. 신앙의 기반이 되는 지식도 성경 공부와 설교를 통한 간접 지식이 있고 체험을 통한 직접 지식이 있다. 그러나 교육의 근본 목적은 지식의 겉핥기, 즉 외형적 지식이 아니고 자기의 피와 살이 된 터득한 산지식에 있다. 그렇지 못해 겉핥기가 되면 바른 교육은 실패한 것이다.

대학에는 다양한 전공학과가 있다. 각 전공의 교과 과정에 따라 4년을 공부하면 학사학위를 받는다. 그런데 전공 분야 학습 과정을 이론 지식의 습득으로만 끝나는 경우도 있고 체험으로 습득하는 경우도 있다. 그래서 전공학과와 무관한 직종으로 일생을 보내는 사람도 있고 그 지식을 활용하는 사람도 있다. 신앙생활도 비슷하다. 10년을 믿어도 항상 겉핥기로 보낸 사람은 신앙의 핵심을 터득하지 못해 'e'는 제로(0)다. 무엇을 경험해야 한단 말인가? 믿음을 통해서 하나님의 사랑을 경험하는 것이다. '은혜'를 받은 것이 있어야 'e'가 발생한다. 그 크기는 자기가 체험한 믿음만큼 크다. 이 은혜는 구원과 직결된 것이어서 영혼에 변화를 일으키는 체험적 신앙이 된다. 따라서 자기 믿음의 무게가 적다고 하더라도 하나님에게서 오는 중력의 영향을 받은 그 믿음의 힘은 "산을 옮길 수 있다"(마 17:20)고 하셨다. 하여 홍수와 창수에 무너지지 않고 버틸 수 있게 하는 구원의 바위요 세파에 흔들리지 않는(마 7:24~25) 믿음, 곧 주님의 말씀을 듣고 행하는 '산 같은 믿음, 반석 같은 믿음'의 무게는 더 말할 것도 없다. 그러나 사람이 지구의 인력을 의식하지 못하듯 하나님의 사랑을 의식하지 못하면 그 믿음은 살아 있는 믿음이라 할 수 없다.

성경은, 인간이 얻는 직접 지식 가운데 선험적(先驗的) 지식, 또는 직관적 지식을 '오이다'라 하고, 그와 반대로 경험을 통해 얻는 경험적 지식을 '기노스코'라고 구분하여 기술한다. "우리가 무엇이든지 구하는 바를 들으시는 줄을 안(오이다)즉 우리가 그에게 구한 그것을 얻은 줄을 또한 아느니라(오이다)"(요 5:15)나 "너희에게 영생이 있음을 알게(오이다) 하려 함이라"(요일 5:13)는 말씀에서 '오이다'는 영적이며 직관적, 선험적 앎을 뜻한다. 그와 동시에 "우리에게 지각을 주사 우리로 참된 자를 알게(오이다) 하신 것과 또한 우리가 참된 자 곧 그의 아들 예수 그리스도 안에 있는 것이니[직역, 예수 그리스도 안에 있는 것을 알게(기노스코) 하는 이해(디아노이안)를 주셨으니]"(요일 5:20)라고 기록되어 있다. 하나는 선험적 이해요, 다른 하나는 경험적 이해다. 여기 이해(디아노이안)란 단순한 겉핥기 지식을 말하는 것이 아니라 깊은 깨우침을 말한다. 그렇다 하더라도 체험을 통한 지식만은 못하다. 그런데 선험적 지식을 강조하면 예정론자가 되고, 체험적 지식을 강조하면 비예정론자가 된다.

　예를 들면 바울(사울)의 경우, 예수 믿는 자들을 잡으러 다메섹으로 가던 도상에서 기이한 음성을 듣고 빛을 보게 된 것은 이성을 초월한 선험이요, 아나니아를 통해서 하나님의 뜻을 이해하게 된 것은 이해를 통한 체험이라 할 수 있다. 십여 년 전에 처형되어 장사된 그가 지금 나에게 "내가 예수"라고 하다니! "어찌하여 나를 핍박하느냐?"라고 묻다니? 그리고 사울에게만 음성을 듣게 하신 일, 그리고 시력을 잃게 된 일들이 자기에게만 일어난 것은 이성으로는 이해할 수 없는 사건이었다. 그리하여 그는 사흘 동안 회의에 빠져 잠과 식음을 전폐하게 된다. 같은 시각에 다메섹 도성 안에 살고 있던 아나니아에게 하나님의 사자가 나타나 사울이 머무른 동네와 집주인의 이름을 알려 주며 지금 그가 기도 중이라는 현상 설명까지 제시한다. GPS도, Survey Camera도 없는 시대에 집 위치와 그 집 안 한 구석에서 기도하는 현상까지 정확히 알려 주었고, 그로 인해 아나니아가 사울을 찾아가 하나님이 정확히 알리신 경유를 말하고 기도할 때 사울의 눈에서 허물이 벗겨지면서 다시 시력을 찾게 되는 기적이 일어난다. 이렇게 사울은 어떤 과학적 입증보다 정확하고 분명한 증거가 체험적 지식이 되어 새로운 세계를 알게 되었다. 그렇다면 과학이 자랑하는 객관적 경험과 기독교가 자랑하는 주관적 경험의 확실성은 어느 것이 더 우월한 것인가? 그 답은 체험한 사람에게는 간단하다. 그래서 구원의 역사에서 은혜를 받아들이는 것은 사람에게 있고 그 은혜를 알게 하시는 역사(e´)는 하나님에게 있다. 즉 하나님의 구원의 역사를 받아들이는 믿음(e)은 인간에게 있다.

　하나님의 역사는 사람에 따라 다르게 나타난다. 바울의 경우 그 증거가 얼마나 확실했던지 그는 자기 생명을 내걸고 예수 그리스도의 복음을 증언하는 사도가 된다. 그리스도인을 핍박하던 그가 예수의 부활을 증언하다니! 목숨을 건 그 결단은 어디서 온 것인가? 그는 아테네의 아레오바고에서 예수가 죽은 자 가운데서 다시 사신 '믿을 만한 증거'(행 17:31)를 주셨다고 외치다가 이단의 괴수로, 군중 소요죄로 고소를 당한다(행 24:1~6). 그는 법정에서 의인과 악인의 부활이 있다고(24:15) 총독 벨릭스에게 증언한다. 그이태 후 벨릭스 후임 베스도와 분봉왕 아그립바 왕[1]에게도 심문을 받게 된다. 그 자리에서도 바울은 다메섹 도상에서 부활하신 예수 그리스도를 만난 경험을 간증하면서 예수 그리스도의 복음을 증언한다. 이에 베스도 총독은 "바울아, 네가 미쳤구나. 네 많은 학문이 너를 미치게 하였구나"(행 26:24, 표준새번역) 하며 소리를 질렀다, 베스도 총독이 볼 때는 미치지 않고서야 그토록 과거와 정반대의 길로 역행할 수는 없다고 보았기 때문이었을 것이다. 이에 바울은, "베스도 각하, 저는 미치지 않았습니다. 저는 맑은 정신으로 참말을 하고 있습니다. …… 이것은 어느 한구석에서 일어난 일이 아니므로, 전하께서는 그 어느 사실 하나라도 모르실 리가 없다고 생각합니다."(26:25~26)라고 변명하면서 "저는 아그립바 전하뿐만 아니라, 오늘 제 말을 듣고 있는 모든 사람이, 이렇게 결박을 당한 것 말고는, 꼭 저와 같이 되기를 하나님께 빕니다."(26:29) 하며 정중히 진언한다. 이성과 이론이 누구보다 분명한 바울이 이렇게까지 변했다는 사실, 예수 믿는 자를 잡아 죽이려던 그가 예수 그리스도의 부활과 그의 복음을 전하는 자로 변화한 사실 그 자체가 하나의 객관적 증거가 아니겠는가? 그가 남긴 13편의 편지와 그가 행한 이적과 기사, 그리고 마지막 로마 처형장에서의 순교(AD 62~65), 이 모두가 바울에게 예수의 부활은 아닌 게 아니라 과연 아무도 부인할 수 없는 객관적 증거였다는 것을 입증한다.

이런 신비로운 체험은 바울만의 것은 아니다. 오늘의 어떤 과학적 증거보다 더 확실한 객관적 증거가 오늘에도 교회와 신자들에게 비일비재하게 나타나 살아 계신 하나님을 입증하고 있다. 오늘날에도 그것을 체험하는 사람이 있다는 사실이 교회가 살아 역사하는 객관적 증거이다. 그러나 기독교가 자랑하는 또 하나의 객관적 증거가 있다. 그것은 예수의 부활이다. 예수의

---

1 헤롯 대왕의 증손자이고 아그립바 1세의 아들인 헤롯 아그립바 2세, AD 53년 즉위, 100년 사망.

부활은 단순히 과거의 역사적 부활로 끝난 것이 아니라 2천 년이 지난 오늘에도 주님은 살아서 우리에게 하나님의 사랑을 나타내 보이시고 역사한다는 사실이다. 바로 이 영적 증거를 위해서 오늘도 수많은 종을 통해서 하나님께서 일하고 계시는 것이다.

믿음은 '경험해 보니 참이었구나!' 하는 확인 작업이다. 즉 그 깨달음은 초기에는 이성을 통한 직관적 깨달음에서 온다고 하더라도 점차 경험을 통해서 확인된 지식(기노스코)으로 변한다. 여기에 귀중한 신앙의 실마리가 있다. 즉 믿음은 막연한 간접 지식이 아니라 분명한 직접적 이해와 체험을 통해서 얻어지는 산지식이요, 힘이다. 멀쩡한 이성을 가진 사람이 복음을 듣고 믿고 깨닫고 체험하면 자기 자존심을 버리고 죄인임을 회개 자복하는 겸허한 새 사람이 된다. 그것은 분명 이성으로는 이해할 수 없는 신이 살아 계시는 증거다.

그 체험이 깊은 사색을 낳고, 사색의 변화가 신앙을, 신앙의 새로운 삶이 사랑을 낳는다. 말씀을 읽고 이해가 되면 외적 증거(Evidence)를 얻고, 그 말씀이 경험을 통해 확증되어 내적 증거(말투리아, Proof, 요일 5:9~11)가 되고, 그 내적 증거가 성령의 증언(말투리아, Witness 요일 5:6~8)으로 경험적 지식(기노스코, 요일 4:13, 16; 5:2)이 되는 것이다. 그 지식이 뇌와 마음에 달라붙어 힘이 작용하면 작은 누룩이 소리 없이 온 가루를 변화시키듯 새롭게 변화된 자아가 만들어져 간다. 그 과정에서 드물게 신의 음성을 듣는 이도 있고, 환상과 방언과 예언과 계시를 받고 생명의 헌신을 맹세하는 이도 있다. 그러나 일반적으로는 말씀의 깊은 깨달음과 마음속에서 솟아나는 위안과 기쁨 등 성령의 역사로 서서히 믿음이 싹트고 자라난다.

그렇다고 신앙 초기에 얻은 부분적 체험으로 확신에 들어가는 것은 결코 아니다. 처음 얻은 신비로운 체험은 비교와 분석과 검토의 대상이 될 뿐으로 '믿을 만하다'는 긍정적 이성의 결단에 불과하다. 허나 차츰 반복된 증거들을 통해서 비로소 '믿을 만하다'가 '확실하다'로 변한다. 신앙 초기에 증거를 얻었다고 해서 말씀 전체를 수긍하거나 생각과 삶이 변화되는 것이 아니라 말씀과 기도와 간구를 통해서 믿음은 확신으로 성장하는 것이다.

　요한 웨슬레의 초기의 글과 말기의 글 사이에는 큰 차이가 있다. 초기에는 "죄를 멀리하는 그만큼 죄에서 해방되며 큰 구원에 대한 확증을 얻을 수 있다." "남을 사랑하는 만큼 점차 자기를 남김없이 바치는 자기를 부인하는 단계에 들어간다."라고 했다. 그러던 것이 말년에 기도 가운데 특별한 체험을 얻은 후에는 "우리가 성장하여 완전에 이르는 것이 아니다. 완전(完全)하게 탄생하는 것이다. 그 완전 안에서 성장하는 것이다."라고 말이 달라진다. 즉 그는 신앙이 어떤 계기를 통해서 비연속적으로 성숙하여 "하늘에 계신 너희 아버지의 온전하심과 같이 너희도 온전하라"(마 5:48) 하신 대로 그 온전함의 경지에 도달한다고 보게 된 것이다. 그리고 그는 "그 안에는 가톨릭적 (신앙) 요소도 개신교적 요소도 포함되어 있다."라고 했다. 이로 보건대, 신앙의 발전 단계는 사람에 따라, 경험에 따라 다르다.

　신앙의 눈은 가려져(눅 24:18) 보지 못하는 경우도 있고 성령의 도움으로 눈이 밝아져 알아보게(눅 24:31) 되는 경우도 있다. 그것이 "너희는 배우고 확신한 일에 거하라"(딤후 3:14)하신 이유다. '배워서 아는 확신(에피스토오)'에서 '변동 없는(Steady) 확신' 단계로 자라나라는 것이다. 디모데후서 3장 4절에서 '거하라'의 뜻은 '머물라'는 뜻이 아니라 '지속하라'는 뜻이며, 'Steady'한 변화를 지속하라는 뜻으로 더 높은 단계로 발전하라는 의미가 담겨 있다. 따라서 신앙의 확신은 단순한 한 단계가 아니다.

　바울이 디모데에게 "이 믿음은 …… 네 속에도 있는 줄을 확신한다"(딤후 1:5)라고 했는데, 여기서 바울의 확신은 '피스테오'로서 조상으로부터 물려받은 확신을 의미한다. 그러나 "내가 주 예수 안에서 알고 확신하노니"(롬 14:14)나 "우리가 명한 것을 너희가 행할 줄을 확신한다"(살후 3:4)나 "권하는 자임을 나도 확신한다"(롬 15:14), "구원에 가까운 것을 확신한다"(히 6:9), "양심이 있는 줄을 확신한다"(히 13:18), 이 모두는 다 제삼자에 대한 객관적 확신을 의미한다. 그리고 "내가 확신하노니 …… 우리를 그리스도의 사랑에서 끊을 수 없다"(롬 8:38)에서 확신은 원어 '페이도오'이다. 이것은 많은 증거를 통해서 '납득된 확신' 또는 '입증된 확신'을 뜻하며, 성령이 납득을 일으키는 주체이시며 이성이 피납득자인 객관적 확신이다. 즉 자기도 놀라면서, 감탄하면서 얻은 확신이다. 결국, 신앙은 진행형 체험이다.

좀 더 자세히 말한다면 지적(이성적) 확신은 빛을 받으면서 얻은 확신이요, 체험적 확신은 자신이 빛을 발하면서 얻는 확신이다. 체험적 확신은 성령의 불이 자기의 영혼에 옮겨 붙어 빛을 발하는 '온전한 믿음'(프레로-포리아, 히 10:22)의 단계이다. 이 믿음은 미쁘신 하나님을 믿고, 받은 도리의 소망을 움직이지 않고 굳게 잡는 것이다(히 11:23). 온전한 믿음은 '프레로'(충만)와 '펠로오'(인내와 실행)의 합성어로 '인내와 실행을 통해서 얻게 된 확신'을 말한다. 이 '온전한 믿음'은 옥중에서 죽음을 앞두고도 잠을 잘 수 있고(행 12:6) 왕 앞에서도 담대할 수 있다. 이것은 '충만한 믿음', 즉 자신의 삶으로 입증된 '자증적(自證的) 확신'이라 하겠다.

자증적 확신은 단순한 증거의 인지가 아니라 진리의 객관적 파악이며 변화의 산물이다. 그 증거의 재현성(再現性)이 자신 속에서 확인되는 과정은 과학적 증거보다 더 확실하다. 단지 신으로부터 보장된 증거라는 것과 그 증거는 본인만 알 수 있다는 점이 다를 뿐이다. 그렇게 아담과 노아가, 아브라함과 야곱이, 엘리야와 엘리사가, 사무엘과 다윗이, 사도들과 바울이, 그리고 수많은 주의 종이 하나님의 뜻을 따라 죽기까지 복종한 것은 '입증된 확신'이 있었기 때문이다. 즉 하나님의 은혜로 성장한 나의 하나님 사랑(e)이 Zero가 아니고 분명한 값으로 성장한 증거다.

2 지식(知識)과 지혜(智慧)

지식과 지혜는 비슷한 것 같으나 전연 다르다. 지식이 많다고 지혜로운 것도 아니고 지혜가 많다고 지식이 많은 것도 아니다. 지식이 한 푼 두 푼 모아 은행에 예금한 저금통장이라면, 지혜란 그 예금을 찾아 사용하는 것과 같다. 예금이 아무리 많아도 바르고 적절하게 사용하지 못한다면 그 예금된 돈은 사장되고 만다. 지식은 인간의 경험과 깨달음 등을 통해 뇌에 저장된 정보라 할 수 있고, 지혜는 저장된 지식이 아니라 그 지식을 적절하게 사용하여 당면 문제를 해결하는 사고력이라 하겠다. 하여 지혜를 '마음의 눈'(엡 1:18) 또는 영적 시력이라고도 한다.

지혜를 마음의 눈이라 한 것은 지혜가 지식을 활용하는 능력일 뿐 아니라 지식을 분석하고 통제하는 능력이기 때문이다. 지혜는 얻어진 다양한 지식 가운데 버릴 것과 이용할 것을 선택하는 능력이며, 선택된 지식을 어떻게 이용하는가 하는 것도 지혜의 능력이다. 여기에서 중요한 문제에 직면하게 된다. 그것은 자연현상을 취급하는 지혜와 영적 현상을 취급하는 지혜가 다르기 때문이다. 영적 현상, 곧 신령한 일을 분별하는 지혜가 없으면 하나님을 알 수 없다(엡 1:8; 고전 12:8; 골 1:9~10). 바로 여기에 '왜 기도가 필요한가? 왜 기도해야 하는가?'라는 질문에 대한 답이 나온다. 신령한 지혜는 하나님의 보화요 하나님의 비밀(골 1:26)이기에 하나님만이 주실 수 있다. 그러니 하나님을 알기 위해 우리는 신령한 일을 분별할 지혜를 하나님께 구해야 한다.

사람에 따라 적은 지식을 잘 활용하는 지혜자도 있고 그와 반대로 많은 지식을 가지고도 지혜가 부족하여 무능한 사람도 있다. 결국 지식이 많다고 지혜가 많은 것도, 배운 것이 적다고 지혜가 적은 것도 아니다. 지식은 다분히 후천적이며 지혜는 다분히 선천적이다. 지식은 스승이나 친지나 친구로부터 간접적으로 얻은 비경험적 지식이 대부분이다. 그중에는 자연과 물질에 관한 자연과학적 지식이 있고, 사회의 제도와 습관과 질서와 역사와 원리 등에 관한 사회과학적 지식이 있다. 이들을 형이하학적 지식이라 한다. 그리고 시각과 청각과 미각(美覺)을 중심으로 한 지식도 있고 구체적 외형을 갖추지 못한 도덕이나 심리나 정신적 지식도 있다. 이를 형이상학적 지식이라 부른다. 형이상학적 지식은 생활에 활용할 수 없는 지식으로 보이나 사람에 따라 그 효력은 보증수표와 같다.

삶에 효용이 없으면 죽은 지식이라 하고, 효용이 있으면 산지식이라 한다. 비록 산지식이라 하더라도 바르게 활용하지 못하면 오히려 없는 것만 못하다. 재물을 사용하는 지식이 부족하면 재물이 많은 것이 오히려 화가 되는 것처럼 말이다. 산지식은 지혜와 관계가 있지만 반드시 그런 것은 아니다. 특히 기술개발 교육으로 지혜와 지능을 만들어지기도 하나 활용하지 못하면 아무 소용이 없이 사장된다. 지혜에는 사회적 지혜도 있고 개인적 지혜도 있다. 경제적 지혜도 있고 예술적 지혜도 있다. 물질적 지혜도 있고 신령한 지혜도 있다. 물질 의존도가 인구 폭발과 더불어 높아지면서 물질적 지혜는 더욱 현저해졌다. 오감(五感)을 통해 얻은 지식보다 육감이나 직감이나 양심을 통해 얻는 윤리적 종교적 지혜는 더욱더 귀하지만 물질에 압도되어 그 효력과 가치를 상실하고 있다.

역사학자 아놀드 토인비(Arnold J. Toynbee, 1889~1975)는 지식의 귀천을 분류하면서 물질에 관한 지식 위에 식물체, 그 위에 동물체, 그 위에 이성체, 그리고 심령체로 지식의 가치 등급을 구별했는데, 식물에 관한 지식보다 동물에 관한 지식이 더 복잡하고 이해하기가 어려우며 귀하다고 했다. 또한 일반 동물보다 사람의 육체와 건강이 더 귀하고 그보다 귀한 것은 이성과 감성을 발달시키는 교육이며, 그보다 더 귀한 것은 인간의 심리와 정신, 그리고 영성을 깨우치는 철학과 신학이 더 귀하다고 했다. 그가 지식의 귀천을 이처럼 분류한 것은 지식의 가치성에 그 기반을 두었기 때문이다.

비록 그의 분류가 고전적이며 비효율적 분류법으로 오늘날은 인정받지 못하고 있지만, 실리를 초월한 지혜(智慧)로운 분류라고 할 수 있다.

지혜에는 두 가지가 있다. 하나는 초자연의 숨은 이치를 이해하는 능력으로서의 지혜(智慧, Wisdom)이고, 다른 하나는 자연 지식 또는 과학적 지식의 분석 능력으로서의 지혜(知慧, Intelligence)이다. 이 두 지혜는 전연 다른 뜻과 능력을 갖고 있다. 지혜를 단순히 '깨달음에서 오는 능력'이라 하지만, 과학자 다윈(Charles Darwin, 1809~1882)은 "지식이 많으면 지혜(知慧)로워지나 반드시 지혜(智慧)로워지는 것은 아니다."라고 했다. 일자 무식자라도 지혜(智慧)로운 사람이 있고 지식은 많아도 지혜(智慧)가 없어서 사리나 예절을 모르는 이도 있다.

독일 동화 가운데 이런 익살스러운 이야기가 있다. 어떤 친구가 당대에 이름난 대학 교수를 자기 집에 저녁 초대를 했다. 교수의 흥미진진한 이야기에 밤이 깊어지는 것도 비가 내리는 것도 몰랐다. 늦어서야 상황을 인식한 친구는 밤은 깊었고 비까지 내리고 있으니 교수에게 주무시고 갈 것을 권했다. 그런데 교수가 사라졌다가 얼마 후 비를 맞으며 다시 나타났다. 놀란 친구가 어디를 그렇게 비를 맞으며 다녀왔는지 영문을 물었다. 교수는 천연덕스럽게 "자고 가라고 하기에 잠옷을 가지러 갔지."라고 대답했다. 나는 그 이야기가 실화일 거라고 느낄 때가 있다. 인간의 지혜(知慧)나 지식은 한계가 있고 한쪽으로 치우치는 편향(偏向)성이 있음을 보여 주는 이야기가 아닌가 한다.

지혜(智慧)의 개념도 시대에 따라 많이 달라졌다. 그 옛날 턱을 괴고 세월없이 앉아 생각하던 현명(賢明, Wise)이나 지혜(智慧)는 오늘날 그 빛을 잃었다. 시간에 가속도가 붙어 모든 것이 치열한 경쟁의 소용돌이가 된 세상에 적응된 지혜는 '재치'(Smart)로 탈바꿈했다. 그러니 인간의 이해와 깨달음도 제한된 시간 내에서만 효용을 발휘한다. 익살스러운 농담을 던진 사람이 멀리 사라진 후에야 혼자 웃음을 터트리기도 하고, 짧고 함축된 칼날 같은 말에 밤잠을 설치기도 한다. 그와 동시에 깊은 사상을 끌어낸 중세의 사상가들처럼 사유의 깊은 밑바닥을 더듬으려 목숨을 건 잠수질은 제주도 해녀처럼 점점 자취를 감추어 간다. 그리하여 중세의 대사상가나 사조는 오늘날 그 힘을 잃었다. 지혜 있는 농담도 충고도 없어지고 괴상한 몸짓의 코미디나 저질스러운 유머가 공해를 만들어 내고 있다.

지식도 옛날처럼 실감 나는 경험적 지식은 사라지고 이제는 남들의 잡다한 기록물, 그리고 인간과 컴퓨터가 제공하는 막대한 양의 얕은 지식이 비판할 겨를도 없이 범람한다. 교회도 마찬가지다. 설교는 청산유수로 연출되지만 깊이가 없고 구색 갖춘 말쟁이 변사에 불과하다. 말이 어둔하면 어떻고, 단 몇 마디만 뜸 들여 토해 낸들 어떤가? 깊은 심령에서 우러나오는 말이 없고, 한 주간 동안 한 뿌리를 뽑으려 애쓴 흔적이 없다. 그들의 삶 속에 깊은 사색과 기도가 없었다는 것이 여실히 보인다. 성경은 그 넓이 길이와 높이와 깊이가 어떠함을 깨달으라고(엡 3:19) 권면한다. 그러나 천박한 인생은 깊은 의미보다 얕은 물가에서 물 장난질을 즐긴다. 그러니 성경의 심오한 진리에 어떻게 이를 수 있겠는가.

예수님의 족보에 관한 마태의 기록(마 1:1~16)과 누가의 기록(눅 3:24~35)이 서로 다르다. 신약의 마태복음, 마가복음, 누가복음, 이 세 복음을 공관(共觀)복음이라 하지만, 동일한 기사에 관한 내용이 조금씩 다르며 일치하지 않는 경우도 더러 있다. 이적과 기사들의 역사적 내용과 차례도 동일하지 않으며, 그 내용은 더더욱 일률적으로 설명할 수 없는 부분이 적지 않다. 이런 것들을 이유로 '고등 비평'(High Critics)을 주장하는 많은 신(新)신학자들은 성서를 불완전한 인간의 기록으로 분류하여 성경 유오설과 신화설을 주장한다. 이런 마당에 신신학과 같은 지식을 대항할 수 있는 영적 지혜가 아쉬운 시대가 되었다.

사도 바울은 에베소 교인들을 위해 다음과 같이 기도했다. "믿음으로 말미암아 그리스도께서 너희 마음에 계시게 하시옵고 너희가 사랑 가운데서 뿌리가 박히고 터가 굳어져서 능히 모든 성도와 함께 지식에 넘치는(Exceed) 그리스도의 사랑을 알고(Understand). 그 너비와 길이와 높이와 깊이가 어떠함을 깨달아 하나님의 모든 충만하신 것으로 너희에게 충만하게 하시기를 구하노라"(엡 3:17~19). 여기서 "지식에 넘치는[휘페르(Over)-발로오(Put/Pour)] 그리스도의 사랑을 알고"는 '지식을 초월한(Exceeding) 사랑'과 그것을 아는 '초월한(Exceeding) 지식(Understand)'을 의미한다. 그리고 이 '초월'은 단순히 월등하다는 뜻이 아니라 인간이 경험하는 이해의 영역을 훌쩍 넘은 전연 다른 영역에 속한 것을 의미한다. 그러니 이런 지식이 들의 풀의 꽃과 같은 인생의 입술에서 나올 수 있겠는가? 우주의 티끌과 같은 인생의 머리에서 나올 수 있겠는가?

세상에는 범죄자도 있고 그들에게 당하는 선량한 시민도 있다. 그리고 그들을 잡으려는 경찰도 있다. 경찰과 범죄자는 서로에 관해 잘 알고 있다. 범죄자의 지식과 경찰의 지식은 다르지 않다. 경찰이 범죄자를 잡으려면 그들과 같은 경험적 지식을 가져야 한다. 다른 점이 있다면 소속이 다르고 목적이 다르다. 그렇다고 해서 요행과 부귀를 바라는 데에까지 다르다는 것은 아니다. 그 점에서는 경찰이나 범죄자나 전연 다를 바 없다. 그들은 같은 지식을 가지나 그것을 이용하는 수단과 방법이 다를 뿐이다. 그래서 도둑이 경찰이 되어 혁혁한 공을 세우기도 하는 것이다. 어떤 이의 글에 이런 이야기가 있다. 도둑이 경찰에 잡혀 왔다. 법관이 그에게 물었다. "경찰이 당신에게 뭐라고 말하던가?" 도둑이 답했다. "그 천하고 저속한 말을 어떻게 말하겠습니까?" 법관이 다시 물었다. "그러면 그 저속한 말은 빼고 말해 보라." 도적은 말했다. "그것을 빼면 그는 아무 말도 하지 않았습니다." 결국 그는 경찰이나 도둑이나 할 것 없이 인간은 다 천하고 저속하다고 말한 것이다.

사도 바울은 "기록된바 의인은 없나니 하나도 없으며 깨닫는 자도 없고 하나님을 찾는 자도 없고 다 치우쳐 함께 무익하게 되고 선을 행하는 자는 없나니 하나도 없도다"(롬 3:10~12)라고 했다. 모든 인간은 다 동일하게 악에 속해 있으면서 직책만 조금씩 다를 뿐이다. 이 점을 많은 신자가 잘 이해하지 못한다. '초월'(휘페르-발로오)을 좀 우수한 것 정도로 착각한다. 그래서 성경을 알고 교회를 오래 다녀도 작은 진리를 깨닫고 하나님의 뜻으로 오해하기도 하고 작은 자선을 '그리스도의 사랑'으로 오인한다. '초월'이란 '멀리 넘어'(Way Over)라는 뜻이다. 비슷하거나 전연 가깝지 않은 '멀리 떨어진' 영역에 속한 것을 말한다. 자기 영역을 초월한다는 것은 결코 쉬운 일이 아니며, 그런 과감한 시도에 목숨을 거는 자라야 땅속 깊이 묻힌 보화를 찾을 수 있다. 결국, 신자란 초월할 수 없는 '무모한 일'을 추구하는 자들이다.

어렸을 때 아시시(Assisi)의 성자 프란시스(Saint Francis)의 전기를 읽고 눈물을 흘린 적이 있다. 그가 성경 말씀(눅 18:18~25)을 읽고, 결심한 후 길을 가다가 가련한 거지를 만난다. 그는 자기의 귀족 비단옷을 벗어 그에게 입히고 거지의 추한 옷을 대신에 받아 입는다. 그리고 귀족을 표시하는 인장이 박힌 허리띠 대신에 그 거지의 노끈을 받아 허리에 묶는 순간 그리스도의 사랑을 깨닫고 통곡하게 된다. 그날 이후 그를 따르는 프란시스파 수도사들은 지금까지 허리에 노끈을 매어 그리스도의 사랑의 상징으로 삼고 수도 생활을 한다. 그것도 인간으로서는 힘든 놀라운 모범임은 틀림없다. 그렇다 할지라도 십자가 사랑과 청빈·정결·순명을 지키는 수도를 동일한 차원으로 볼 수는 없다. 많은 사람이 십자가를 앞세우고 난민촌에, 미개인 마을에, 전쟁터에 뛰어드는 것은 참 훌륭한 일이다. 그렇지만 그것조차도 그리스도의 사랑의 영역에는 미칠 수 없다. 그러니 누구나 자기 영역 안에 살면서 그 영역을 초월한 것처럼 가장하기는 쉽다.

'초월'은 진정한 의미에서 사람이 깨달을 수 없는 영역 밖의 것이어서 숨은 비밀(미스테리온, Mystery)이라고 했다(엡 3:3, 4, 9). 이 신비한 비밀을 이해한다는 것은 이성의 지혜로는 불가능하다. 이성의 한계를 뛰어넘는 '경험적 지식'(기노스코)이 아니고는 불가능한 것이다. 그래서 "믿음은 바라는 것(미경험)의 실상이요, 보이지 않는 것(미경험)의 경험적 증거"(히 11:1)라고 한 것이다. 즉 경험하지 못한 초월된 것을 경험하는 것이 믿음이다. 그렇다면 문제는 그 초월 된 것을 어떻게 경험할 수 있는가이다.

이성적 지식도 직접적이든 간접적이든 경험에서 온다. 인간 지식의 90%

이상은 학교와 책과 뉴스를 통한 간접 정보에서 얻어진 것이다. 이때 간접 경험은 직접 경험처럼 인정된다. 사람들은 간접으로 들은 것을 직접으로 본 것처럼 느끼고 말한다. 이를 통해 공감대(共感帶)가 형성된다. 공감대 내에 들기만 하면 모든 거짓도 참으로 둔갑한다. 공감(共感)하는 거짓을 참으로 믿기 때문에 거짓과 참(진실)을 구분하기가 더욱 어렵다. 성경에는 공감할 수 없는 수많은 기사로 차 있다. 죽은 지 나흘이나 되어 부패한 시체가 살아났다는 것도 이해가 되지 않는데 그것도 얼굴은 수건에 싸였고 온몸은(다리도 발도) 베로 동인 채 무덤에서 나왔다(요 11:44)는 기사, 군대 귀신이 돼지 떼에 들어간 이야기(막 5:1~20), 베드로가 바다 위를 걸었다는 이야기(마 14:25), 5천 명을 먹이고 열두 광주리가 남았다는 오병이어(마 14:13~21) 이야기 등등의 기사들을 자기가 본 것처럼 믿으라는 것이다. 그것을 어떤 설교자가 웅변으로 공감대를 이루게 할 수 있겠는가? 그러니 말로 이해시키려는 시도는 어림도 없다. 기도로 성령의 도움을 청하는 편이 열 배 낫다. 그렇지만 기도로 말씀을 준비하는 종이 얼마나 되는가?

예수님께서 승천하신 후 약 30년에서 60년이 지난 후에 기록된 성서, 그 기록 중에도 예수님을 직접 따라다녔던 요한과 베드로, 마태와 야고보 등 몇 사람을 제외하면 직접 만난 적이 없는 사람들이 쓴 간접 기사가 신약의 3분의 2도 넘는다. 특히 바울은 예수님께서 수난 당할 당시에 먼 이방 나라 다소에서 살았던 십 대 초반의 소년이었다. 마가복음의 저자로 알려진 마가는 그보다 열 살 가까이 차이가 나는 풋내기 제자로서 그에게 간접적으로 들은 것을 기록했다.[2] 사도행전과 누가복음의 저자 누가도 역시 바울의 동역자(딤후 4:11; 몬 1:24)로서 바울이 2차 여행 때 드로아에서 합류했다. 그

---

2 교부 이레니우스는 저서 '이단 반박'서 베드로와 바울이 '떠난 뒤' 마가가 두 사도들을 통해 들은 주님의 행적들을 기록하였다고 증언한다. 이 '떠난 뒤'를 사후로 보면 기록 연대는 대략 67~70년경이 된다. 그러나 이를 '로마를 떠난 뒤'로 볼 경우 기록 시기는 50년 후반에서 60년 초반이 된다. 후자를 따르면 본서는 4복음서 중 최초가 된다._ [네이버 지식백과] 마가복음 [MARK] (라이프성경사전, 2006. 8. 15., 가스펠서브)

러니 그들이 예수님에 관해 기록한 것은 확실성이 적다고 평하는 이도 있다. 그러나 바울은 예수님의 열두 제자처럼 직접 예수를 만나 보지 못했지만, 다메섹 도상에서 부활하신 주님을 만난 이후, 10년간은 광야에서 그리고 그 후 3년간의 헌신적 활동을 하면서 인간의 모든 지식을 능가하는 하나님의 지혜를 체험적으로 얻을 수 있었다. 하여 바울은 고린도전서 2장 6절 이하에서 이렇게 말한다. "그러나 우리가 온전한 자들 중에서는 지혜를 말하노니 이는 이 세상의 지혜가 아니요 또 이 세상에서 없어질 통치자들의 지혜도 아니요 오직 은밀한 가운데 있는 하나님의 지혜를 말하는 것으로서 곧 감추어졌던 것인데 하나님이 우리의 영광을 위하여 만세 전에 미리 정하신 것이라 이 지혜는 이 세대의 통치자들이 한 사람도 알지 못하였나니 만일 알았더라면 영광의 주를 십자가에 못 박지 아니하였으리라 기록된바 하나님이 자기를 사랑하는 자들을 위하여 예비하신 모든 것은 눈으로 보지 못하고 귀로 듣지 못하고 사람의 마음으로 생각하지도 못하였다 함과 같으니라 오직 하나님이 성령으로 이것을 우리에게 보이셨으니 성령은 모든 것 곧 하나님의 깊은 것까지도 통달하시느니라 사람의 일을 사람의 속에 있는 영 외에 누가 알리요 이와 같이 하나님의 일도 하나님의 영 외에는 아무도 알지 못하느니라"(고전 2:6~11). 성령이 우리에게 보이시면 인간 지혜를 초월한 하나님의 신비를 알게 된다는 것이다. 성령의 도움으로만 알게 되는 경험, 그것이 인간의 지혜를 초월하는 지혜가 아니겠는가?

지식에는 경험으로 얻어지는 지식(그노시스)이 있고 경험과 무관한 직관적 지식(오이도스)이 있다. 철학자 플라톤(Plato, BC 427~347)은 지식(오이도스)을 막연히 선견(先見, Priori)으로 얻어지는 것으로 보았고, 영적인 것은 투시나 예감이나 영감으로 얻을 수 있는 지식으로 보았다. 그러나 성경은 이 내관적(內觀的) 지식(오이도스)도 성령의 역사하심으로 깨닫게 되는 경험(요 3:8; 8:14; 9:21, 30; 살전 1:5)이라고 한다. 그래서 "어떤 이에게는 성령으로 말미암아 지혜의 말씀을, 어떤 이에게는 같은 성령을 따라 지식(그노시스)의 말씀을, 다른 이에게는 같은 성령으로 믿음을"(고전 12:8~9)

주신다고 하셨다. 여기서 '지식'을 경험적 지식 '그노시스'라 표현한 것을 성경학자 렌스키(R. C. H. Lenski)는 "복음의 기록과 이해는 성령님의 설명을 통해 얻어지는 특수한 경험"을 뜻한다고 하면서 하나님의 말씀을 이해하는 지혜와 지식은 성령께서 주시는 선물이라고 해석했다. 그는 이를 '성령의 삼단계(三段階) 역사'로 더 자세히 구분했다. 첫 단계는 하나님의 말씀의 비밀을 이해하는 단계, 그다음이 말씀이 진리라는 것을 체험하는 단계, 그리고 그 말씀대로 살려는 믿음이 확립되는 실천 단계로 보았다. 성령에 의한 신앙적 깨달음과 체험, 그리고 실천을 믿음의 삼 단계라고 한 것인데 성령에 의해 믿음은 삼 단계로 성장한다는 것이다.

주님께서는 "나는 선한 목자라 나는 내 양을 알고(기노스코) 양도 나를 아는(기노스코) 것이 아버지께서 나를 아시고(기노스코) 내가 아버지를 아는(기노스코) 것 같으니"(요 10:14~15)라고 하셨다. 이 말씀에는 경험으로 '안다'(기노스코)는 말이 반복해서 나온다. 즉 목자가 양을 아는 것이나 양이 목자를 아는 것이나 성부 하나님께서 성자 예수를 아는 것이나 예수께서 하나님을 아는 것은 이론이나 추상적 지식이 아니라 일 단계 경험적 지식을 말한다. 그 앎은 복잡한 증명도 논리 해석도 원인 분석도 필요치 않고, 그냥 '음성을 들으면 아는'(요 10:16) 간단한 앎이다. 1단계 앎이다. 양이 목자의 음성을, 어린이가 어머니의 음성을 들으면 바로 알아차리는 단순하고 명확한 앎을 성경학자 렌스키는 "모를 수 없는 앎"이라고 했다. 만일 음성을 듣고도 모른다면 자기 양이 아니며 자기 아이가 아닌 관계, 즉 서로 관계없는 사이임이 분명하다. 따라서 음성을 듣고 바로 안다는 것은 서로 관계가 있음의 분명한 증거이다. 우리는 많은 사람과 관계를 맺고 산다. 그중에는 친구도 있고 친지도 있고 친척도 있고 부모 형제도 있다. 단지 그들의 음성만 들어도 그들의 이미지가 떠오르고 그들을 향한 애정과 감정이 솟아나는 관계이다.

또한 주님께서는 "양은 그의 음성을 듣나니 그가 자기 양의 이름을 각각 불러 인도하여 내느니라 자기 양을 다 내놓은 후에 앞서가면 양들이 그의

음성을 아는 고로 따라오되"(요 10:3~4)라고 하셨는데, 여기서 '안다'는 의미
는 단순한 음성 분별을 말하는 것이 아니라 목자를 알고 따라가는 앎을 뜻
한다. 인격을 알고 순종하는 2단계, 3단계의 앎이다. 그러면 이 경험적 앎은
어떻게 생긴 것인가? 이 앎은 목자의 음성을 반복 듣게 되면서 얻어진 경험
적 앎(기노스코)도 아니다. 목자의 음색이나 톤이나 억양을 분석하여 비교
해서 안 것도 아니다. 사람의 음성은 단음(單音)같이 보이나 단음이 아니고
둘 이상의 강도가 다른 음이 합해서 각 사람의 독특한 음색을 나타낸다. 어
렸을 때에는 고음이 발달되나 나이가 많아지면서 고음은 약해지고 저음이
강해진다. 그 특이한 음색(音色)을 아는 것은 1단계 지식이다. 그리고 발성
은 고저가 있어 같은 말을 할지라도 말하는 사람의 성격과 마음을 전달하는
억양과 악센트가 다르다. 그래서 말하는 사람의 성격이나 감정을 음성(音
性)으로 알게 된다. 하나님의 음성을 사무엘이 처음 들었을 때, 그리고 주님
의 음성을 바울이 처음 들었을 때는 그 음성의 주인을 알지 못했다. 그러나
그 음성이 누구인지 알게 되면서 믿음이 생겼다.

　마음이 부드러운 사람, 급한 사람, 착한 사람, 포악한 사람의 발성과 억
양은 다 다르다. 동물도 마찬가지다. 양과 소, 여우와 늑대, 호랑이와 사자
의 음성은 각기 그들의 성품을 나타낸다. 참새와 까마귀, 비둘기와 부엉이,
기러기와 독수리의 소리도 다 다르다. 그리고 각각의 음성에는 기쁜 음성이
있고 분노의 음성이 있다. 사람의 소리에도 선한 사람의 음성이 있고 포악
한 강도나 폭군의 음성이 있다. 그래서 음성만 들어도 어떤 성격의 소유자
인지 짐작할 수 있다. 그 짐작은 경험에서 얻은 지식이다. 양이 자기 목자를
아는 것이나 어린아이가 어머니의 인자한 음성을 듣고 아는 것은 설명이 필
요치 않다. 그래서 믿음은 들음에서 나고 들음은 체험에서 난다. 하여 체험
을 통해 음성(音性)을 파악하는 앎이 두 번째 순종을 일으키는 믿음이 된다.

　오늘도 하나님의 특이한 음성을 듣는 사람이 있고 못 듣는 사람이 있다.
들어도 묵살하는 사람이 있고 받아들이는 사람이 있다. 요한일서 4장에는
'하나님께 속한 자'(에크 토우 데오스, Man of God)라는 말이 여러 번 반복

해서 나온다. 어떤 사람이 하나님께 속한 자인가? 요한 사도는 그리스도께서 육체로 오신 것을 시인하고(요일 4:2), 하나님의 말을 듣고(요일 4:6), 하나님을 알고 사랑하는 자(요일 4:7)라고 했다. 그리고 어느 때나 하나님을 본 사람이 없으나 만일 우리가 서로 사랑하면 하나님이 우리 안에 거하시고 그의 사랑이 우리 안에 온전히 이루진다고 하시면서 하나님의 성령을 우리에게 주시므로 우리가 하나님 안에 거하고 하나님이 우리 안에 거하시는 줄을 안다(요일 4:12~13)고 했다. 결국 성령이 알게 하시는 증거가 된다. 즉 성령을 통해 하나님을 알고 하나님의 말을 듣고 하나님을 사랑하고 서로 사랑함으로 하나님이 우리 안에 우리가 하나님 안에 거하는 것을 알게 된다.

우리가 하나님의 음성을 듣는다는 것은 하나님의 음성에 묻어나는 하나님의 사랑을 느끼는 것이다. 우리가 언제 하나님의 음성을 들었는가? 사무엘처럼, 바울처럼 하나님의 음성을 직접 들은 사람은 많지 않다. 다만 '성령을 우리에게 주심으로' '그가 우리 안에 거함으로' 우리는 그 음성을 들을 수 있다. 그래서 "오직 하나님이 성령으로 이것을 우리에게 보이셨으니 성령은 모든 것 곧 하나님의 깊은 것까지도 통달하시느니라 사람의 일을 사람의 속에 있는 영 외에 누가 알리요 이와 같이 하나님의 일도 하나님의 영 외에는 아무도 알지 못하느니라 우리가 세상의 영을 받지 아니하고 오직 하나님으로부터 온 영을 받았으니 이는 우리로 하여금 하나님께서 우리에게 은혜로 주신 것들을 알게 하려 하심이라"(고전 2:10~12) 하신 것이다. 그러니 신앙적 지식의 영역은 인간 이성의 영역 밖에 있으며, 영적인 일은 하나님의 영, 즉 성령으로만 알 수 있는 체험적 지식(기노스코)이다. 영과 영의 교감(交感)에 의한 경험, 그것을 하나님의 선물인 계시(啓示)라고 한다.

수 억짜리 복권보다 귀한 보화, 천국 보화를 내가 얻었다는 것은 분명히 놀라운 기적이 아닐 수 없다. 아무리 넓은 땅을 깊이 뒤져 엎는다고 해서 얻어지는 것도 아니다. 단지 굳게 닫힌 영의 문을 두드린다고 쉽게 열릴 리가 없지만 두드리면 '열어 주신다'는 약속을 믿고 두드린 자만이 경험할 수 있는 '열림'을 계시라고 한다. 그래서 그 '열림의 경험'을 체험한 이에게는 '부인할 수 없는 절대적 경험'이 '무오'(無誤)한 진리로 받아들여지게 된다. 그리고 '누구에게나 증언(시인)할 만한 복음'으로 공감하게 된다. 그것이 '복음주의'다.

성경에는 이성으로 이해할 수 없는 많은 사건이 기록되어 있다. 그래서 성경을 다독한다고, 많은 지식을 가졌다고 그것이 경험적 지식이 되는 것은 아니다. 중요한 것은 숙독과 성령님과의 협독(協讀)이 있어야 한다. 그것이 성령님의 도움을 구하는 기도가 병행되어야 하는 이유다. 성경 말씀의 이해를 바탕으로 하는 삶 속에서 얻는 체험이 경험적 지식(그노시스)이다. 그러나 그렇게 깨닫는 지식도 어린아이의 유치한 지식에 불과하여 희미하다(고전 13:8~11). 그럼에도 그것은 차츰 '모를 수 없는' 확고한 지식으로 성장해 간다.

그런데 왜 말씀의 해석이 분분하고 사소한 차이로 교파가 분립되는가? 인간적 이해에는 한계가 있고 체험도 부분적이어서 각각 다르기 때문이다. 그러나 하나님께 간구하면 정확한 계시와 가르침을 받을 수 있다. 가이사랴의 백부장 고넬료에게 욥바에 있는 무두장이 시몬의 집에 유숙하고 있는 베드로를 청하라고 정확한 정보를 주신 것(행 10:1~5)과 이튿날 밤 9시에 베드로에게 성령께서 환상을 보이시고 때마침 당도한 고넬료의 두 하인을 따라가라고 하신 것(행 10:9~16), 그리고 아나니아에게 직가로 가서 유다 집에 우거하는 다소 사람 사울(바울)을 만나라는 구체적이고 완벽한 지시(행 9:10), 바울에게 환상으로 지시하신 마게도냐 전도(행 16:9) 계시 등은 오늘날 GPS보다 더 정확하고 완벽한 체험이다. 따라서 문제는 체험의 완벽성에 있다고 하겠다.

그러나 일단의 신학들은, 그것은 성령 시대에 있었던 일이며 오늘에는 일어날 수 없는 일이라고 한다. 하나님의 뜻이 이미 성경으로 완성되어 나타났기 때문이라는 주장이다. 그렇다면 성경의 진리성과 유효성은 이미 지나갔다는 뜻이 된다. 그러나 주님께서 "진리의 성령이 오시면 그가 너희를 모든 진리 가운데로 인도하시리니 그가 스스로 말하지 않고 오직 들은 것을 말하며 장래 일을 너희에게 알리시리라 그가 내 영광을 나타내리니 내 것을 가지고 너희에게 알리시겠음이라"(요 16:13~14)라고 하셨고, 사도 바울도 지혜와 계시의 영을 너희에게 주신다(엡 1:17)고 하셨고, 베드로 또한 계시로 내게 비밀을 알게 하시고, 말세에도 너희에게 계시를 주신다(벧전 1:5, 12; 5:1)고 하셨다. 엄위하신 하나님의 말씀은 그때뿐 아니라 오늘날도 엄연히 그 같은 성령의 역사가 있을 것임을 말씀하고 있다. "하나님이 말씀하시기를 말세에 내가 내 영을 모든 육체에 부어 주리니 너희의 자녀들은 예언할 것이요 너희의 젊은이들은 환상을 보고 너희의 늙은이들은 꿈을 꾸리라 그 때에 내가 내 영을 내 남종과 여종들에게 부어 주리니 그들이 예언할 것"(행 2:17~18)이라고 했다. 요엘 선지자가 예언하고 사도 베드로가 증언한 이 말씀대로 성령의 임재하심만이 하나님을 아는 지식의 근거요 지혜의 원인이다.

주님은 이렇게 기도하셨다. "영생은 곧 유일하신 참 하나님과 그가 보내신 자 예수 그리스도를 아는(기노스코, 경험적으로 아는) 것이니이다"(요 17:3). 아멘!

3 지식과 믿음의 3단계(三段階)

　과학적 지식이 있듯이 신앙적 지식도 있다. 과학적 지식이란 이성의 앎과 깨달음을 말하지만, 신앙적 지식은 어떤 형상을 보거나 듣고 깨닫는 이성적 작용과 여기에 마음(노우스, Mind/Think)을 통해서 이해되는 두 과정의 통합적 앎과 깨달음이다. 좀 더 자세히 말하면 과학적 지식은 눈으로 관찰하거나 경험했을 때 처음으로 새로운 지식을 얻고, 그것으로부터 출발하여 그 속에 숨은 이치를 깨닫는 2단계 지식이 있다. 그리고 2단계에서 얻은 지식을 내 것으로 만들어 활용할 수 있게 되면 그것은 산지식으로 3단계 지식이다. 첫 단계는 개념적이며 겉만 아는 초보 지식이고, 제2단계는 보다 상세하게 본론을 이해하는 단계요, 남의 지식이 나의 지식이 되어 살아서 역사하여 활용할 수 있게 되면 제3단계에 이른 것이다. 그래서 자연대에서 공부하는 물리나 화학의 순수 이론 지식을 기초과학적 지식이라 하며, 공과대학이나 의과대학에서 공부하는 물리나 화학의 응용지식은 응용과학적 지식이라 한다. 그리하여 서론적 지식 또는 개념적 지식을 1단계 지식이라 하며, 보다 충분한 이해의 기반에 도달한 본론적 지식을 2단계 지식이라 한다. 그 연후에 그것을 활용할 수 있는 실용적 지식을 3단계 지식이라 할 수 있다. 첫 단계는 관찰이요, 둘째 단계는 이해요, 셋째는 활용이다. 같은 학비를 내고 같은 과목을 청강해도 성의와 이해력에 따라 얻어진 지식의 깊이와 단계는 다 다르다.

　신앙도 회의를 벗어나는 긍정 단계가 있고, 깊은 이해 단계가 있고, 실천 단계 또는 확신 단계가 있다. 첫째는 진리의 깨침이요, 다음은 이해요, 다음은 진리와 동화하는 변화 단계로서 어떤 역경과 시험에도 흔들림이 없는 확신에 이르는 것이다. 이 전체가 성화(聖化, glorification)되는 과정이라 하겠으나 첫째와 둘째는 그 준비 단계에 지나지 않으며 제3단계에 이르렀을 때 비로소 그 얻은 지식이나 믿음이 빛을 발하게 된다. 마태복음 5장의 산상수훈도 자세히 보면 진리를 수긍하는 회개의 단계, 하나님의 법도를 지키며 순종하는 단계, 온유와 화평과 사랑으로 온전해지는 변화 단계가 있다. "나는 길이요, 진리요, 생명이니"(요 14:6)라고 하신 예수님이 말씀에서도 변화의 3단계를 구분해 볼 수 있다. 신앙의 변화 과정에 있어 성령의 인도하심을 받는 길의 단계가 있고, 그 길을 따라 사는 진리의 삶(요 15:7, 10, 14)의 단계가 있고, 그 길과 진리를 활용하여 변화하게 되면 생명을 얻되 풍성이 얻는(요 17:19, 23, 26; 18:9) 단계로 구분할 수 있다.

그렇게 보면 오래 교회를 다녔다거나, 집사나 장로나 목사의 직분을 가졌다거나, 이적과 기사를 행했다 하더라도 변화를 받아 성화가 일어나지 못하면 중도 하차에 지나지 않는다. 신앙은 인격의 외형이나 나타나는 종교적 이미지가 아니라, 진리의 말씀을 듣고 행함으로(마 7:22~24) 인성이 성숙되어 예수 그리스도의 형상을 이루기까지 자라가는(갈 4:19) 것으로서 인성의 본질과 관계되는 내적 변화이다. 하여 "화 있을진저 외식하는 서기관들과 바리새인들이여 회칠한 무덤 같으니 겉으로는 아름답게 보이나 그 안에는 죽은 사람의 뼈와 모든 더러운 것이 가득하도다"(마 23:27) 하신 주님의 말씀을 마음에 새겨야 할 것이다. 또한 주님께서 말씀하신 달란트 비유(마 25:14~30)를 보자. 주인은 종들에게 재능을 따라 각기 금 다섯 달란트, 두 달란트, 한 달란트를 사업자금으로 나누어 준다. 달란트의 차이는 그것을 기반으로 삼아 스스로 키워나가야 할 착수금을 사람의 재능에 따라 각각 다르게 주신다는 의미다. 그런데 그 은혜의 공급을 받아 열심히 노력하여 제2단계, 3단계의 성장을 하지 못하고 한 달란트를 그대로 땅에 묻어 두었던 종, 1단계로 끝난 종을 악하고 게으른 종이라고 책망하신다. 어린아이는 먹는 대로 성장한다. 그 지속적 성장이 자녀를 헌신적으로 돌보는 부모의 기대요 자식의 당연한 보답이 아니겠는가? 그것이 무상으로 값없이 은혜를 주신 하나님의 의도다.

꼭 같은 공납금을 내고 똑같이 강의를 듣고 함께 실습을 해도 습득한 지식과 기술은 각기 달라서 기말 학업평가 성적이 다 다르다. 그와 같이 신앙의 과업도 업적을 따라 천국에서 정확히 평가받을 것이다(계 20:12). 이것이 사도 바울이 "경기장에서 달리기하는 사람들이 모두 달리지만, 상을 받는 사람은 하나뿐이라는 것을 여러분은 알지 못합니까? 이와 같이 여러분도 상을 받을 수 있도록 달리십시오."(고전 9:24, 새번역)라고 하신 이유다. 사도 바울은 이어 고린도전서 10장 1~5절에서 "우리 조상들은 모두 구름의 보호 아래 있었고, 바다 가운데를 지나갔습니다. 이렇게 그들은 모두 구름과 바다 속에서 세례를 받아 모세에게 속하게 되었습니다. 그들은 모두 똑같은 신령한 음식을 먹고, 모두 똑같은 신령한 물을 마셨습니다. …… 그러나 그들의 대다수를 하나님께서는 좋아하지 않으셨습니다. 그들은 광야에서 멸망하고 말았습니다."(새번역)라고 한다. 애굽 종살이에서 해방되어 홍해 바다를 기적으로 건넜고, 광야의 밤에는 불기둥 낮에는 구름기둥의 보호를 받으며, 만나와 반석에서 솟아나는 물을 마시며 광야 40년을 지냈다. 광야1세대 모두 다 같이 이적과 기사를 보고 할례를 받고 율법을 지켰다. 그런 그들의 다수(프레이온, Majority)를 하나님이 기뻐하시지 않아 광야에서 멸망하게 하셨다.

여기서 간과해서는 안 될 중요한 점은 율법을 따라 안식일을 준수하며 할례를 받고 기적과 은사를 체험한 '다수'(프레이온)가 구원받지 못했다는 것이다. 여기서 헬라 원어 '프레이온'은 '포루스'(Numerous, 多數)의 비교급으로 '대다수'(大多數)를 뜻한다. 바울은 고린도전서 10장 1~5절에 이어 12절에서 "그러므로 서 있다고 생각하는 사람은 넘어지지 않도록 조심하십시오."(고전 10:12, 새번역)라고 경고한다. 그러니 지금 "선 줄로 생각하는"(개역개정) 대다수(프레이온)가 경고를 받고 있는 것이다. 여기서 "선 줄로 생각하는 자"에서 '생각'이라고 했으니, 서 있다고 착각하는 사람을 뜻한다. 하여 이 경고는 결국 운동장에서 달리기 경주를 다 치른 후(고전 9:24) 마치 영광의 면류관이라도 얻은 양 '착각'하지 말고 오히려 넘어질까 조심하라는 경고의 말에 다름 아니다. 믿고 세례 받고 구원받았으니, 주일 성수도 하고 설교도 듣고 성경도 공부하고 십일조도 하고 있으니 천국은 떼 놓은 당상이라며 착각하는 교회 세대 모두가 새겨들어야 할 경고의 말씀이다.

18년 전 몬트리올에 살았을 때 일이다. 집에서 약 40km 떨어진 옴스타운(Ormstown, QC) 연합교회에서 평신도 사역자로 시무했다. 그 교회는 백여 년이 넘는 역사를 가진 교회였으나 당시에 약할 대로 약해져 있었다. 교회의 회계를 맡은 집사가 교회 재정에서 4천몇백 달러를 임의로 차용하고는 갚지 않고 도망친 것이 그 원인이었다. 아마 지금 가치로 따지면 약 2만 불 정도의 금액이었다. 이 사건으로 장로들이 양측으로 갈라져 싸우고 있었다. 그를 소송하자는 측과 사랑으로 용서하자는 측이었다. 한 편은 '의'를 주장하고 다른 편은 '사랑'을 주장한 것이다. 그들은 주일마다 성경 말씀을 들이대며 싸웠다. 그 싸움의 와중에 아무도 그 돈을 대신 지불하겠다는 사람이 없었다. 그때 나는, 교회가 세상을 따라 하향 평준화되어 선악을 구분하지 못하는 암울한 현실을 보았다.

지식은 깨달음에서 온다. 그러나 세속적 가치 기준의 영향으로 인해 진리나 신앙에 관한 지식의 바른 평가가 어려워졌고 따라서 진리를 바르게 깨닫는 일도 어려운 게 현실이다. 깨달음은 '깨침과 닿음'을 뜻하며 그리스어 '디아노이아'[Dia(Through)-Noia(Mind/Think)]란 이해가 마음에 닿는 것을 뜻한다. 즉 '디아노이아'는 머리로 깨닫고, 마음으로 이해하여, 결국에는 '진리 아래 서는'(Under-Stand) 단계를 함축하고 있다. 그런데 어느 단계의 위치에 있는가 하는 것은 배움의 년 수도 신앙의 년 한도 나이도 상관없다. 주어진 세월을 얼마나 유효하게 사용했는가에 달려 있다. 하여 머리로 깨닫고 마음으로 이해한 진리를 매 순간 유효하게 사용함으로써 깨달음의 단계, 곧 진리 아래 서는 단계로 성장하는 것이 더 중요하다.

그와 반대로 깨달음은 성장하다가 머무르기도 하고, 폐하기도 하고 떨어지기도 한다. 하여 바울 사도의 권면처럼 서 있는 줄로 생각하는 자는 넘어질까(고전 10:12), 그리스도에게서 끊어지고 은혜에서 떨어질까(갈 5:4), 굳센 (믿음)에서 떨어질까(벧후 3:17) 조심해야 한다. 그리고 만일 떨어졌다는 것을 느낄 때는 성령께서 계시하심과 같이 어디서 떨어졌는지를 생각하고 회개하여 처음 행위를 가져야(계 2:5) 한다. 믿음은 생명체여서 안정적이거나 일정할 수 없으며 떨어지고 퇴보하고 변할 수도 있다. 육체는 나이에 따라 성장기가 있고 퇴화기가 있지만, 영혼은 나이나 경력과 상관없이 성장하기도 하고 퇴보하기도 하며 다시 일어나기도 한다.

어떤 부자 관원이 예수님에게 나아와 "내가 무슨 선한 일을 하여야 영생을 얻으리이까"(마 19:16)라고 질문했다. 그는 계명을 지키는 것만으로 만족하지 못한 것 같다. 계명들을 지키라는 주님의 답에, 그는 계명을 다 지켰는데 자기에게 아직도 무엇이 부족한가를 묻는다(마 19:17~20). 그러자 주님께서는 온전해야 한다는 것을 강조하시며 "네가 온전하고자 할진대 네 소유를 팔아 가난한 자들에게 주라 그리하면 하늘에서 보화가 네게 있으리라"(마 19:21) 하신다. 그는 영생을 얻는 '온전함'을 몰랐던 것이다. 오순절 성령 강림(행 2장) 이전까지는 제자들 역시 믿음 초기(마 8:25) 단계와 그리스도임을 아는 신앙(마 16:16~17)의 단계에 있었고, 성령 충만(행 2:4)의 단계를 몰랐다. 오순절 날에 성령 충만을 받은 이후 제자들은 진리 아래 서 있는 단계, 곧 온전한 신앙의 단계를 살아 내었다.

신앙의 온전함에 이르는 첫 단계는 추상적이며 막연한 지식을 순수 이성을 통해 깨닫는 단계이고, 둘째 단계는 첫 단계에서 얻게 된 지식을 이해라는 경험을 통해(디아, Through) 확립하는 단계로서 "모든 신령한 지혜와 총명에 하나님의 뜻을 아는 것으로 채우"(골 1:9)는 단계이고, 그다음 셋째 단계는 "주께 합당하게 행하여 범사에 기쁘시게 하고 모든 선한 일에 열매를 맺게 하시며 하나님을 아는 것에 자라"(골 1:10)는 단계, 곧 성화 단계이다. 여기서 제2단계와 제3단계는 지속적으로 믿음이 성장하는 단계여서 구분하기가 쉽지 않다.

과학적 지식도 받고 배우고 피동적 지식, 의미와 목적을 파악하고 이용하는 활용 지식, 그리고 자기 스스로가 개발하는 새로운 지식이 있듯이 신앙

내주께더가까이

적 지식도 영감을 통해 성령의 계시를 두뇌로 받는 '오이다'의 이론적 지식, 그리고 그것을 체험으로 알게 되는 '기노스코'의 체험적 지식, 그리고 그 체험에서 얻는 능력(지식)으로 삶의 변화가 일어나는 새 창조의 단계가 있다. 그래서 신앙적 지식은 영감이라는 특수한 감각이 주어진 사람이 경험할 수 있는 초월적 지식이다. 하여 초월적 지식은 오감으로 감지되는 것이 아니다. 육감 또는 직감, 영감으로 얻어지는 깨달음(제1단계)에서 "신령한 지혜와 총명에 하나님의 뜻을 아는"(골 1:9) 알찬 지식, 곧 고상한 지식으로 믿음에 이르는 제2단계를 거쳐 능력으로 속사람이 변화 받는 제3단계에 이른 신앙에서 체험하게 된다. 하나는 영의 삶에 관한 것이요, 하나는 새 창조에 관한 것이다. 그렇다고 육과의 씨름이 영적 싸움과 독립된 별개라는 뜻은 아니다. 그것은 마치 대학의 고등수학이 초등학교의 산수를 기반으로 하는 것과 같다. 단지 관심의 핵심이 고차원으로 이동한 것이다.

스위스의 현대 신학자 에벨링(Gerhard Ebeling)은 1959년 12월 20일 독일 방송에서 발표한 내용에서 믿음의 본질을 신비로운 영적 세계에 대한 관심과 지식욕으로 보았다. 그는 서두에서 라틴어 '관심'(關心, Inter-Esse, 일에 참여한다)을 이성의 '묻는 태도(態度)'라고 설명했는데, 그의 이론에 의하면 믿음의 발전도 관심의 이동이다. 또한 그는 바른 삶에 대한 물음, 죽음에 대한 물음을 참된 지식욕으로 보았다. 그리고 그 물음에 대한 회답을 얻으면 그것이 제1단계 지식이 되고 그 지식이 체험을 통해 확고해지면 제2단계 지식이 된다고 했다. 그는 믿음이라는 단어는 옛날부터 인간 사회에 널리 통용된 단어로서 기독교의 전유물이 아니라고 주장한다. 결국 그는 믿음을 회의의 반대어로 보지 않고 관심으로 보았으며, 회의에는 발전을 위한 회의가 있고 퇴보를 뜻하는 회의가 있다고 했다.

성경 로마서에서 사도 바울은 "믿음은 들음에서 나며 들음은 그리스도의 말씀으로 말미암았느니라"(롬 10:17; 참고 막 11:23) 했다. 여기 '들음에서'의 '에서'(ek: from)는 시작을 의미한다. 따라서 들음이 있어야 믿음이 생긴다는 뜻이다. 그리고 이 '들음'은 '그리스도의 말씀으로 말미암는' 들음이다. '말미암다'(dia, through)는 원인을 뜻한다. 따라서 바울은 믿음을 일으키는 들음 이상의 또 다른 원인이 그리스도의 말씀이라고 밝힌 것이다. 결국, 그리스도의 말씀으로 말미암지 않는 들음에서 나는 믿음 신념에 불과하며 성경에서 말하는 믿음은 그리스도의 말씀을 들음으로써 나는 믿음을 말한다. 주님께서는 "내가 너희에게 이른 말은 영이요 생명이라"(요 6:63) 하셨다. 소리를 듣는 것은 청각과 이해력만 있으면 가능하지만 말씀을 듣는 것은 '그리스도로 말미암아' 이루어지는 생명체의 잉태와 같다고도 할 수 있다. 즉 소리와 말이 머리와 마음에 닿는 능력이 다르듯이 말씀(레마)의 능력(눅 24:19; 행 19:20; 히 1:3; 2:4; 4:12)이 따로 있어 머리와 마음에 닿는 능력은 다르다.

사도 바울은 고린도 교회에게 "내가 너희에게 나아가서 방언으로 말하고 계시나 지식이나 예언이나 가르치는 것으로 말하지 아니하면 너희에게 무엇이 유익하리요 …… 만일 나팔이 분명하지 못한 소리를 내면 누가 전투를 준비하리요 이와 같이 너희도 혀로써 알아듣기 쉬운 말을 하지 아니하면 그 말하는 것을 어찌 알리요 이는 허공에다 말하는 것"(고전 14:6~9)이라고 했다. 허공에 사라지는 말이 있고 마음에 달라붙는 말씀이 있다. 먼저 듣는 말이 이해가 되어야 믿음이 생겨난다. '방언이나, 계시나 지식이나 예언이나 가르치는 말씀'은 성령의 역사하심을 통해 하나님의 뜻을 전달하여 듣는 이의 마음에 달라붙게 하는 힘이다. 하지만, 그중 방언은 통역하지 않으면 듣는 이가 알아들을 수 없어 머리와 마음에 닿지 않는다. 그것이 주님께서 사역 초기에 이해하기 쉬운 비유를 많이 드신 이유가 아닌가 싶다. 결국 들음으로 얻게 되는 믿음 이것이 제1단계 믿음이다.

들음에서 믿음이 나지만, 마음에 달라붙는 말이 아니라면 소용이 없다. 아무리 성령의 역사가 있다 할지라도 '알아듣기 쉬운 말'로, 즉 듣는 사람이 이해되도록 해야 성령의 역사가 효력을 나타내어 그 말이 듣는 이의 마음 밭에 심겨진다. 이 점이 설교에 해설과 배경 설명이 필요한 이유요, 청중에 맞추어(히 5:12~14; 고전 3:2) 성령의 가르침(요 14:26; 15:26)을 따라 순수한 말씀의 젖으로 요리한 '음식'(트로페에, Food, 마 6:25)이나 '식물'(트로페에, 히 5:12, 14)을 제공하는 이유다. 이렇게 함으로써 그 말씀은 받아먹는 이에게 영생에 이르게(요 6:27) 하는 '양식'(트로페에, Nourishment, 약 2:15)이 된다. 그런데 오늘의 설교에는 잡다한 인공 식품이 혼합되어 영혼의 온전한 성장이 어렵게 되었다. 하여 "우리는, 저 많은 사람들처럼 하나님의 말씀을 팔아서 먹고 살아가는 장사꾼이 아닙니다. 우리는, 하나님께서 보내신 일꾼답게, 진실한 마음으로 일하는 사람들입니다. 우리는 하나님이 보시는 앞에서, 그리스도 안에서 말하는 것입니다."(고후 2:17, 새번역). "우리는 부끄러워서 드러내지 못할 일들을 배격하였습니다. 우리는 간교하게 행하지도 않고, 하나님의 말씀을 왜곡하지도 않습니다. 우리는 진리를 환히 드러냄으로써, 하나님 앞에서 모든 사람의 양심에 우리 자신을 떳떳하게 내세웁니다."(고후 4:2, 새번역)라고 했던 사도 바울의 고백이 오늘 우리 시대의 모든 설교자에게 큰 울림으로 다가가길 바란다.

개혁주의 신학 구원론에서 구원의 서정[3]을 이야기할 때, 근거로 삼는 구절 중 하나가 "미리 정하신 그들을 또한 부르시고 부르신 그들을 또한 의롭다 하시고 의롭다 하신 그들을 또한 영화롭게 하셨느니라"(롬 8:30) 하신 사도 바울의 말씀이다. 그러나 이 말씀을 믿음의 3단계로 비추어 보면, '부르시고'(제1단계), '부르신 그들을 또한 의롭다 하시고'(제2단계), 의롭다 하신

---

3 '구원의 순서'라고도 한다. 기독교에서는 구원의 서정을 내면적인 것으로 본다. 초기 루터파에서는 회개, 믿음, 선행을 구원의 과정으로 보았다. 이후에 루터파 신학자들이 이를 좀 더 구체화하여 개혁파의 구원의 서정과 유사한 과정을 이루었다. 개혁파의 구원의 서정 곧 성도의 구원의 단계를 보면, 사도 바울의 가르침을 좇아(롬 8:29~30) '하나님의 미리 아심'(예지, 豫知) → '작정하심'(예정, 豫定) → '부르심'(소명, 召命) → '의롭다 하심'(칭의, 稱義) → '거룩하게 하심'(성화, 聖化) → '영화롭게 하심'(영화, 榮化)의 단계로 묘사한다. 물론, 이 중에는 동시에 일어나는 것도 있기 때문에 구원의 서정은 시간적 순서라기보다 논리적 순서로 보아야 한다. _ [네이버 지식백과] 구원의 서정 [救援-序程, order Salvation, ordo Salutis] (교회용어사전 : 교리 및 신앙, 2013. 9. 16., 가스펠서브)

그들을 또한 '영화롭게 하시는'(제3단계)로 구분할 수 있다. 그리고 예수님의 씨 뿌리는 비유(마 13:3~8)에도 이 믿음의 3단계를 유추해 볼 수 있다. 천국 말씀을 듣고 깨닫지 못하는 '길가'는 말씀을 이해할 수 없는 밭이며, 말씀을 듣고 즉시 기쁨으로 받되 그 속에 뿌리가 없어 잠시 견디다가 말씀으로 말미암아 환난이나 박해가 일어날 때는 곧 넘어지는 흙이 얕은 '돌밭'은 제1단계로 끝난 밭이요, 하나님의 말씀을 들으나 세상의 염려와 재물의 유혹에 말씀이 막혀 결실하지 못하는 '가시밭'은 제2단계로 끝난 밭이요, 말씀을 듣고 백 배, 육십 배, 삼십 배로 결실하는 좋은 땅 옥토는 제3단계까지 도달한 밭이다. 사도들 중에도 데마와 디도(딤후 4:10)는 1단계 신자요, 아나니아와 삽비라(행 5:1~10)나 가룟 유다는 "한번 빛을 받고, 하늘의 은사를 맛보고, 성령에 참여한 바 되고, 선한 말씀과 내세의 능력을 맛보고 타락한"(히 6:4~5) 자들로서 제2단계에서 탈락한 신자라 할 수 있다. 실은 대부분 신자들은 이 제2단계 신자라 할 수 있다. 결국 자기의 신앙의 수준을 보면 자기의 신앙 단계를 어느 정도 짐작할 수 있다.

예수님을 따라다닌 제자들은 그를 가까이서 자세히 보았다. 예수께서도 인간과 똑같이 시장하기도(마 21:18), 피곤하기도(막 4:38), 분노하기도(마 21:12) 하신 것을 보았고 그가 행하신 기적과 이적도 보며 감탄도 했다. 그러나 제자들은 예수께서 베푸신 말씀과 능력 행함에서 당연히 보았어야 할 하나님의 뜻도 진리도 사랑도, 신성도 권세도 보지 못했다. 제자들은 오병이어의 기적과 죽은 자의 부활도 보았으나, 그들이 본 것은 초인간의 놀라운 한 표적이었을 뿐 하나님의 주권과 구원의 능력과 권세(골 1:15~16)는 보지 못한 것이다. 변화산상의 영광(靈光, 마 17:1~3)도, 복음의 광채(고후 4:4)도, 창녀나 나환자를 가까이하신 깊은 사랑도 보지 못했다. 이는 그들이 제2단계 이상 진입하지 못한 믿음이었음을 입증한다. 문제는 보지 못하면서도 본다고 하는(요 9:41) 것도 문제이지만, 보면서도 깨닫지 못하는 것은 더 큰 문제다. 오늘날도 주님을 믿고 따른다고 하지만 주님이 어떤 분인지 알지 못하는 빌립(요 6:5~7)은 많다. 그 이유는 바른 지식, 바른 믿음을 위한

내주께더가까이

지혜가 부족한 탓이다. 왜 부족한가?

바르게 '아는 것'과 '깨달음'은 원어 '수네시스'로서 영적 지각과 통찰력을 말한다. 그에 비해 비천한 인간적 지혜(프로니모스, 마 7:24; 24:45; 25:2; 고전 4:10; 고후 11:19)는 재치 있고 예민한 것(Smart/Sensible)을 뜻하여 때로 선한 목적에 쓰일 수도 있다. 그러나 세상 지혜(마 10:16; 롬 11:25)는 하나님이 주시는 '수네시스'의 지혜와는 천양지차이다. 하나님이 주시는 지혜가 있어야 하나님의 진리를 깨달을 수 있다. "내가 그리스도의 비밀을 깨달은 것을 너희가 알 수 있으리라"(엡 3:4), "너희로 하여금 모든 신령한 지혜와 총명에 하나님의 뜻을 아는 것으로 채우게 하시고"(골 1:9), "확실한 이해의 모든 풍성함과 하나님의 비밀인 그리스도를 깨닫게 하려 함이니"(골 2:2) 등의 말씀은 그리스도의 비밀, 하나님의 뜻을 아는 지혜와 지식은 구하는 자에게 은혜로 주시는 선물임을 시사한다.

하나님께서 사람을 지으셨을 때 '선악을 알게 하는 열매'(창 2:9)를 금하신 이유가 무엇이었을까? 여러 가지로 해석이 분분하나, 그중 한 가지를 들어서 그 이유를 살펴볼까 한다. 하나님께서 허용하신 다른 열매는 다 선한 열매로 약초와 같은 것이었다. 그러나 선악과는 '먹음직하고, 보암직도 하고, 탐스럽게'(창 3:6) 보이는 유혹의 열매였다. 즉 동물적 정욕을 충동시켜 악을 알게 하는 열매였다. 인간과의 친밀한 관계를 원하셨던 여호와께서는 당신의 영 곧 '지혜와 총명의 영, 모략과 재능의 영, 지식과 여호와를 경외하는 영"(사 11:2)으로 인간이 당신을 따라 선과 악을 구별하기를 원하셨다. 그러나 아담과 하와는 사탄의 유혹으로 인간의 욕심과 정욕을 선택했다. 아담과 하와는, 하나님의 명령을 어기고 선악을 알게 하는 열매를 따 먹은 후, 자기들이 벗을 줄을 알고 무화과나무 잎으로 치마를 삼아 몸을 가렸다. 이 사실은 무엇을 의미하는 것일까?

톨스토이는 그의 『인생론』(1887)에서 "식물이나 동물은 신의 뜻을 철저히 순종하지만 인간은 허용된 자유로 선악과를 따 먹은 이후부터 육으로 타락하여 신성과 순종을 포기했다."라고 했다. 하나님의 형상을 닮아 의와 선만 알던 인간이 사탄의 유혹으로 교활한 사탄의 지혜를 얻게 된 것이다. 하나님의 말씀(명령)을 순종함으로써 영광스러운 의의 옷, 선한 행실의 거룩한 옷을 입어 가야 했던 인간이, 하나님의 형상에서 떠나 벌거벗은 육신이 된 것이다. 그로 인해 그들은 에덴에서 쫓겨나 죄의 권세 아래에서 종노릇하며 살게 된다. 이에 하나님께서는 선지자 모세를 통해서 당신의 법도를 주시며 선을 따를 것을 명령하신다. 그러나 인간은 죄악의 달콤한 맛을 알고부터 하나님의 명령을 순종하기보다 하나님을 떠난 자유를 주장하게 된다. 하나님께서는 종내 인간의 중심이 죄(불순종)로 가득 차 있음을 아시고, 그의 아들 예수 그리스도를 보내셔서 십자가서 죽기까지 순종하심으로 이루신 구원을 믿고 따르는 자에게 하나님의 사랑을 깨닫게 하시고(제1단계), 보혜사 성령을 보내셔서 새롭게 태어나 새 사람 되게 하시는 길(제2단계)을 제시하시고 온전한 믿음(제3단계)에 이르는 길을 몸소 보이셨다. 그렇지만 오늘날 예수 그리스도를 믿고 따른다는 많은 이들이 '믿음이 그의 행함과 함께 일하고 행함으로 믿음이 온전해지는'(약 2:22) 단계, 곧 '하나님의 말씀에 순종하는 신실한 믿음'의 단계, 곧 '주어진 책임을 다하는' 제3단계의 믿음을 결실하지 못하고 있다. 그러면서도 아무런 부담을 느끼지 않는다.

과학이 발달하면서 세상의 지식은 인간의 생활에 많은 편이(便易)를 줄 수 있는 객관적 실효성을 보여 주었다. 그러나 과학의 발달만큼이나, 축적된 지식의 풍성함만큼 인간이 성숙하고 변화한 것 같지는 않다. 오히려 세상은 노아 때나 소돔 때와 다름없는 아니, 그때보다 더한 타락을 재현하고 있다. 오늘날 죄에 매여 타락한 군상은 여간해 변화되지 못한다. 예수께서 유대 여러 동네(도시)를 전도하신 후, 회개하지 않은 도시들을 다음과 같이 평가하셨다. "이 세대를 무엇에 비길 수 있으랴? 마치 장터에서 아이들이 편 갈라 앉아 서로 소리 지르며 '우리가 피리를 불어도 너희는 춤추지 않았고 우리가 곡을 하여도 가슴을 치지 않았다' 하며 노는 것과 같구나."(마 11:16~17, 공동번역). 그리고 예수께서 가장 권능을 많이 행한 도시들, 가버나움과 벳새다와 고라신이 회개하지 않음을 한탄하시며, "내가 너희에게 이르노니 심판 날에 두로와 시돈이 너희보다 견디기 쉬우리라"(마 11:22). "내가 너희에게 이르노니 심판 날에 소돔 땅이 너보다 견디기 쉬우리라"(마 11:24)고 심판을 선언하셨다. 그러고는 "천지의 주재이신 아버지여 이것을 지혜롭고 슬기 있는 자들에게는 숨기시고 어린아이들에게는 나타내심을 감사하나이다 옳소이다 이렇게 된 것이 아버지의 뜻이니이다"(마 11:25~26)라고 하셨다. 여기 25절에서 "이렇게 된 것이"는 원어로는 "당신 앞에(유프로스텐 슈, Before You) 일어나게 된 일(에겐네토)"이다. 즉 "당신 앞에 일어난(기노마이) 사건(에겐네토)"은 제일과거 수동태로서 '이미 발생한 사건'이라는 뜻이다. 그것은 마태복음 11장 25~26절 앞서 말씀하신, 아이들이 장터에서 피리를 불어도 춤추지 않고 슬피 울어도 너희가 가슴을 치지 않은(마 11:17) 몰인정한 세대, 곧 복음 전도나 가르침에도 반응이 없는 무감각한 현실을 말하고, 고라신과 벳새다와 가버나움처럼 예수님의 복음을 듣고 권능을 보고도 회개하지 않는 현실을 말한다. 그렇게 세상은 고라신과 벳새다로 가버나움으로 변한 것이다.

왜! 이렇게 되었는가? 눈이 있어도 보지 못하고 귀가 있어도 듣지 못하게! 왜 이렇게 되었는가? 소리마다 주파수가 다르듯, 귀에 깨달음(수네시스, Understand)의 주파수와 그와 다른 깊은 깨달음(노에오, Perceive/Apprehend), 또는 내관적 이해(Gaining Insight)를 주는 주파수가 다르다. 그런데 깊은 깨달음(노에오, Perceive/Apprehend)을 주는 양심과 불쌍히 여기는 감정이 메말라 버려서 듣지도 보지도 못하게 되는 것이다. 주님께서 씨 뿌리는 비유를 말씀하신 후 "듣고 깨닫는 자"(마 13:23)가 옥토라고 하시면서 "깨달으라!"(마 15:10; 막 7:14; 8:17), "아직도 깨닫지 못하느냐?"(막 8:21)라고 다그치셨다. 물질에 매혹되면 영성과 감성이 죽게 되는 법이다.

그리고 또 다른 깨달음(위포 노에오), '고상한 이해'가 있다. 예수께서 "바리새인과 사두개인들의 누룩(Leave)을 주의하라"(마 16:6; 눅 12:1) 하셨을 때 제자들은 떡의 원료인 누룩으로만 생각했다. 당시에는 떡의 원료인 밀은 어디서나 구할 수 있었으나 누룩은 구하기 어려워 여행자들이 필수품으로 예비하여 가지고 다닌 것 같다. 그래서 제자들은 '바리새인과 사두개인들의 교훈을 주의하라'고 하신 주님의 속뜻을 알아듣지 못하고, 시장에서 파는 누룩 중 바리새인들이 파는 누룩을 주의하라는 것으로 잘못 이해했다. 제자들은 아직 '영적 누룩'이나 '영적 떡', '영의 식량'에 관한 패러다임(paradigm)이 전연 없었던 것이다. 그런 제자들에게 주님께서 "깨닫지 못하느냐(위포 노에오)?" 하신다. 사람들은 본대로 짐작되는 대로만 생각할 뿐 배후에 숨은 깊은 의미나 능력을 보지 못하며 깨닫지(노에오) 못한다(롬 1:20; 히 11:3). 그것이 눈으로 보고 아는 것과 마음으로 깨달아(노에오) 아는 것(요 12:40)은 다르다고 하신 이유다. 또한 성경을 읽고 깨닫게 함이 목적(마 24:15)이지만 말씀을 수박 겉핥기로 다독한다면 참된 깨달음을 얻을 수 없다. 차나 말을 타고 달려가면서 길가에 핀 꽃을 어찌 감상할 수 있으며, 숨은 보화를 찾을 수 있겠는가. 누구나 믿는다고 말한다. 그러나 지적 믿음과 마음의 믿음, 그리고 영적 믿음은 천양지차다.

지식에도 직관적 지식(오이다, Awareness)이 있고 경험적 지식(기노스코, Knowledge)이 있으며 경험적 지식 중에도 감각적 지식(Carnal Knowledge)이 있고 영적 지식(Spiritual Knowledge)이 있다. 영적 지식은 참 진리로서 "감추어진 비밀"(고전 2:7; 엡 3:34; 골 1:26, 27), "숨은 보화"(마 13:44), "숨어 계시는 하나님"(사 45:14)을 아는 지식이다. 이 비밀을 하나님의 고의적 감춤 효과(God's Sheltering Effect, 요 12:40)라고 보는 이도 있고, 인간이 만든 지식의 한계성과 죄로 인한 영적 단절의 결과로 보는 이도 있다. 그러나 "영적인 일은 영적으로만 분별한다"(롬 12:2; 고전 2:13~14)고 하셨으니, 진리는 육과 영의 패러다임이 다르다는 것을 말한다.

성경은 세상 지식을 총괄하여 '약하고 천박한 초등학문'으로 규정하면서 다시는 그들에게 종노릇하지 말라(갈 4:9)고 명령한다. 그러나 하나님의 말씀은 신령한 영적 지식이어서 마음과 영으로 깨달은 연후에 (영의) 귀에 담아(눅 9:44) 인간을 변화시켜 "사랑 안에서 스스로 세우는"(엡 4:16) 능력을 동반한다고 가르친다. 즉 신령한 지식은 인간 본질을 변화시켜 참되고 겸손한 새 사람이 되게 하는 능력이 있다. 그러나 세상 지식은 많이 알면 알수록 교만하게 만든다. 왜 교만하게 하는가? 세상 지식은 자기가 쌓은 탑이요 업적이기 때문이다. 반면에 신앙적(영적) 지식은 "그리스도의 사랑을 알아 그 넓이와 높이와 깊이가 어떠함을 깨닫게"(엡 3:18) 만든다. 그것을 바울은 모든 지식 중에 "가장 고상한 지식"(빌 3:8)이라고 했다.

인간의 지식도 어느 정도의 능력이 있다. 그래서 불치의 암을 기기로 들어다 보고 수술하지 않고 치료하기도 한다. 옛날에는 상상 못했던 일들, 북극이나 남극과 달과 별은 물론 표면이 7천 도나 되는 태양 궤도에까지 인공 탐지 위성을 보내어 새로운 지식을 얻는다. 그러나 바울은 인간의 지식을 무익하다고 하지 않고 "해(害)로 여긴다"(빌 3:7~8)고 했다. 그가 당대 최고의 율법 교사 가말리엘 문하에서 얻은 지식을 '별 유익이 없다'는 정도가 아니라 해(害, 제에미아)로 여긴다고 했으니 놀라운 일이 아닌가. 더욱 이해가 가지 않는 것은 그 해(害)가 '정신적, 영적 해'(블라베로스, 딤전 6:9)가 아니라 '현실적 불이익'(제에미아, 마 16:26; 고전 3:15; 빌 3:8)을 의미하고 있으니 말이다. 그러나 이는 바울이 내 주 예수 그리스도를 아는 가장 고상한 지식(빌 3:8)을 얻은 후에 한 말임을 고려해야 한다. 예수 그리스도를 아는 가장 고상한 지식을 얻은 후에 그는 현실적 불이익에 관한 가치 기준이 이전과 달라진 것이다. 고상한 지식을 얻은 후에 바울에게 현실적 불이익이란, 복음을 인하여 핍박을 받는 것도, 옥에 갇히는 것도, 태장을 맞는 것도, 명예를 잃어버리는 것도, 건강을 잃어버리는 것도, 아무것도 가지지 못한 것도 아니었다. 여기 이 땅에서 예수 그리스도를 아는 가장 고상한 지식으로 말미암아 현실적으로 누리게 된 하늘의 참 평안과 기쁨과 사랑을 놓치게 하는 세상의 모든 것이다. 여기 이 땅에서 천국을 살지 못하게 하는 세상의 모든 것이다.

현자는 말한다. "고개를 높이 쳐든 자는 발밑을 보지 못해 손해를 본다." 그러나 믿음의 사람은 말한다. "별을 보지 말고 발 앞을 보라 그리고 넘어질까 조심하라! 그 연후에 멀리 산과 하늘을 보라!"고 권한다.

"목표가 땅인 사람은 땅에 묻히고, 목표가 하늘인 사람은 하늘에 산다."

4 초등학문

미국 신학자 폴 틸리히(Paul Tillich)의 책 『새로운 존재』(The New Being, 1955)에는 "아무도 자신을 속이지 말라 너희 중에 누구든지 이 세상에서 지혜 있는 줄로 생각하거든 어리석은 자가 되라 그리하여야 지혜로운 자가 되리라 이 세상 지혜는 하나님께 어리석은 것이니 기록된바 하나님은 지혜 있는 자들로 하여금 자기 꾀에 빠지게 하시는 이라 하였고 또 주께서 지혜 있는 자들의 생각을 헛것으로 아신다 하셨느니라"(고전 3:18~20)를 본문으로 설교한 내용에 관한 이야기가 있다. 그는 설교 본문 중, 지혜자(소포스, Wise)라고 생각하거든 어리석은 자(모로스, 미련한 자, Foolish)가 되라는 말씀을 다시 읽은 후, '생각하든'(에크사파토오, Deceive)은 헬라 원어로 스스로 '속인다면' 하는 뜻이고 "어리석은 자가 되라"는 '바보로 인정받도록 노력하라'는 의미라고 설교했다.

그 후 강의 시간에, 어떤 학생이 그의 설교를 들먹이며 "어떻게 교수님은 바보로 인정받도록 노력하라고 하시면서 철학이나 심리학이나 논리학의 원리를 강의와 설교에 인용하시는지 이해가 안 됩니다."라고 그의 모순성을 지적했다. 그는 학생의 불평 섞인 질문을 진지하게 듣고서 채플 때 읽었던 본문 다음에 오는 구절을 읽었다, "누구든지 사람을 자랑하지 말라 만물이 다 너희 것임이라 바울이나 아볼로나 게바나 세계나 생명이나 사망이나 지금 것이나 장래 것이나 다 너희의 것이요 너희는 그리스도의 것이요 그리스도는 하나님의 것이니라"(고전 3:21~23). 그리고 반문했다. "바울이나 아볼로가 어떤 사람인가? 그들은 하나님의 종인 동시에 철학자가 아니냐? 그렇다고 해서 그들은 자신들의 지식을 자랑하는 데 쓰지 않았다. 오히려 그 지식으로 철학자들과 토론하며 철학의 종이 된 이방인들의 전도자가 된 것이

(행 17:18~34) 아니냐? 그렇다면 철학이나 인간의 학문도 자기들의 것이며 그리스도의 것으로 사용된 것이 아니냐? 그리고 그들은 자신들이 철학을 좀 안다고 해서 더 지혜롭다고 생각한 적도, 철학적 지식을 찬양한 일도 없다. 알지 못하는 신들을 섬기고(행 17:23) 하나님을 금이나 은이나 돌에다 사람의 기술과 고안으로 새긴 것들과 같이 여기는(행 17:29) 아덴 사람들이 기술과 학문과 지식에 속은 어리석음을 보고 격분하여 아레오바고 궁전 가운데 서서 그의 지식과 철학으로도 아덴 사람들의 모순된 것을 지적한 것이 아니냐?"

그는 옷매무새를 고치고 말을 이었다. "하나님께서 인간을 창조하시고 인간에게 땅을 정복하고 다스릴 권한을 주시면서(창 1:28), 만물이 다 너희 것(고전 3:21)으로 허용하신 뜻이 무엇이겠느냐? 세계나 생명이나 사망이나 지금 것이나 장래 것이나 다 너희의 것이라는 뜻은 자연을 활용하기 위한 수단과 기술과 지식, 과학과 철학과 세상 초등학문도 너희 것이라는 뜻이 아니냐? 그러나 세상 지혜와 초등학문이 하나님의 지혜와 지식과 동등하다거나 영적 삶에 유익한 것이라고 하신 말씀은 없다. 그리고 바울이나 아볼로의 탁월한 세상 지식을 사용하시려고 예수 그리스도의 종이 되게 하셨다는 말씀도 없다. 이 점이 석연치 않아 신자들이 죄책감을 느끼거나 방황하는 경우가 적지 않다."라고 설명했다.

그리고 그는 "유업을 이을 자가 모든 것의 주인이나 <어렸을 동안>에는 종과 다름이 없어서 그 아버지가 정한 <때>까지 후견인과 청지기 아래에 있나니 이와 같이 우리도 어렸을 때에 이 세상의 초등학문 아래에 있어서 종노릇하였더니 <때>가 차매 하나님이 그 아들을 보내사 …… 율법 아래에 있는 자들을 속량하시고 우리로 아들의 명분을 얻게 하려 하심이라 …… 그러나 너희가 <그때>에는 하나님을 알지 못하여 본질상 하나님이 아닌 자들에게 종노릇하였더니 <이제>는 너희가 하나님을 알 뿐 아니라 더욱이 하나님이 아신 바 되었거늘 어찌하여 다시 약하고 천박한 초등학문으로 돌아가서 다시 그들에게 종노릇하려 하느냐"(갈 4:2~9)는 바울의 말씀을 읽은 후, 여기서 "어렸을 동안(때)"란 '후견인'(에피트로로스, Guardian)과 '청지기'(오이코노모스, Steward)의 돌봄 아래 있었을 때를 뜻하고, "때가 차매"와 "그때"는 예수님이 오신 때라고 설명했다. 그리고 "이제는 너희가"의 '너희'는 유대인과 이방인 개종자를 모두를 가리키므로, '초등학문'은 유대인의 율법을 뜻할 뿐만 아니라 이방인들의 기초학문도 뜻하며, 그렇다고 해서 '세상 초등학문'에 현대의 철학이나 과학도 포함시킬 수 있는가 하는 것은 별도의 문제라고 했다.

여기에 우리가 생각해야 할 점이 있다. 갈라디아서 4장 2절의 "어렸을 동안", "어렸을 때"곧 '너희가 성장하기 전'을 언제로 보는가, 하는 문제이다. 그리스도가 오시기 전으로 보는 이도 있고, 신자가 되기 전, 혹은 유치한 신앙의 단계로 보는 이도 있다. 이에 관해서는 이어지는 4장 8~9절의 "그때에는 하나님을 알지 못하여 본질상 하나님이 아닌 자에게 종노릇하였더니 이제는 너희가 하나님을 알 뿐 아니라 하나님의 아신 바 되었다"라는 말씀에서 유의미한 답을 얻을 수 있다. 하나님을 알지 못했던 '그때'와 하나님을 알게 된 '이제'라고 했으니, "어렸을 동안"이나 "어렸을 때"는 하나님을 알기 전을 의미한다. 그리고 여기 "그때는 하나님을 알지 못했다"나 "이제는"이라고 하신 때는 바울이 갈라디아 교회에 편지를 쓸 당시로 주후 50여 년 경이다. 그러나 이 말씀은 바울이 편지를 쓸 당시의 갈라디아 교회 독자에게만 해당되는 것이 아님이 분명하다. 오늘의 신도에게도 동일하게 적용되는 말씀이다. 그것은 하나님의 진리는 시간적 제한을 받을 수 없기 때문이다.

따라서 '이제'가 의미하는 바가 크다. 성경은 그 말씀을 듣는 어느 세대에나 '이제'이다. 성경은 동시성과 현실성을 지닌 진리이기 때문이다. 성경의 결론에서 요한 사도는 "내가 이 두루마리의 예언의 말씀을 듣는 모든 사람에게 증언하노니 만일 누구든지 이것들 외에 더하면 하나님이 이 두루마리에 기록된 재앙들을 그에게 더하실 것이요 만일 누구든지 이 두루마리의 예언의 말씀에서 제하여 버리면 하나님이 이 두루마리에 기록된 생명나무와 및 거룩한 성에 참여함을 제하여 버리시리라"(계 22:18~19)고 주 예수께 받은 계시를 증언했다. 여기서 "듣는 모든 사람", "누구든지"라고 했으니, 두루마리의 기록은 어느 세대에나 적용되는 '예언'인 것이다. 따라서 성경에 있는 "오늘"(눅 19:5, 9)이나 "내일"(마 16:3; 21:28; 눅 13:33) 또는 "오늘날"(눅 2:11; 마 28:15) 등을 2천 년 전의 어느 날로 보아서는 안 될 것이다.

성경에는 "오늘 밤에"(마 26:31, 34; 눅 12:20), "이 악한 세대에"(마 12:45), "죄 많은 세대"(막 8:38), "이 패역한 세대"(행 2:40), "이때"(행 2:40) 등 때를 지시한 말씀이 있으나 모두 동일하게 '때'(게네아스) 앞에 정관사 '텐'이나 '테스'를 쓰지 않고 '그'(타우테에) 또는 '이'(타우테에)를 사용하여 그 당시의 어떤 역사적 때와 상관없이 동일한 사건이 일어날 수 있다는 것을 강조한다. 그리하여 "이(타우테에) 세대"(마 11:16; 12:41; 7:31; 요 12:27)라든지 "이 교훈"(요이 10; 계 2:24), "이 명령"(마 10:5; 요일 4:21), "이 도"(행 22:4), "이 비유"(마 15:15; 눅 12:41; 13:6), "이 은혜"(롬 5:2; 고후 8:6; 벧전 5:12) 등은 그 옛날 그것을 말씀하신 당시에만 유효한 진리가 아니라 21세기의 현재는 물론 영원히 유효한 진리임을 나타내고 있는 것이다.

그렇다면, 세상 초등학문의 의미를 옛날 예수님 당시로 국한할 수 없다. 바울이 유대인 개종자와 이방인 개종자들이 있는 로마 교회에 보낸 편지에는 유대인을 육신의 할례를 받은 표면적 유대인으로, 이방인 개종자를 마음에 할례 받은 드러나지 않는 유대인으로 보았다. 그렇다면 '의문'(儀文, 율법의 조문)이나 '초등학문'은, 하나님이 주신 율법과 그 이후에 나타난 보충 율법인 탈무드와 이방인들의 '세상 초등학문'을 총칭하는 것으로서 모든 개종자에게 후견인이 된다. 그렇게 보면 "이제는 너희가 하나님을 알 뿐 아니라 더욱이 하나님이 아신 바 되었거늘 어찌하여 다시 약하고 천박한 초등학문으로 돌아가서 다시 그들에게 종노릇하려 하느냐?"라는 바울의 질책은 모세의 율법이나 이방인들의 학문이 어린아이의 단계에서는 잠시 후견인의 역할을 할 수 있으나 주님의 진리를 깨닫게 된 후에는 그것들의 지배를 받지 말라는 뜻이다. 그렇다면 오늘날 신자는 그 학문의 지배하에 있는가? 그 위에 있는가?

역사학자 테 종(Tae Zong, 1974)의 탈무드(Talmud)에 관한 글에 의하면 모세가 시내산에서 받은 돌 판의 하나는 '새겨진 하나님의 말씀'인 '의문'이었으나 다른 하나는 기록되지 않은 돌 판으로 '구전 율법'(Mishnah, Oral Torah)이었다고 주장한다. 이는 성경 말씀과 위배된 주장이다(출 32:15; 34:28). 하지만 유대인들은 '모세 5경'(토라) 외에 꾸준히 구전(口傳)된 율법을 주후 200년경에 집대성하여 이를 '미슈나'(Mishnah)라고 불렀고, 그 이후(AD 200~600) 미슈나의 주석 격인 '게마라'(Gemara, 보충된 율법)를 합하여 22권에 달하는 오늘의 거대한 '탈무드'를 완성했다. 그렇게 보면 이것들도 다 초등학문으로 볼 수 있다. 그뿐 아니라 그 이후에 생겨난 성경의 신학적 연구와 해석도 인간의 것이라면 세상의 초등학문으로 보아야 한다.

성경 연구를 위한 신학 교육은 초기에는 대성당 학교(Cathedral School)에서 이루어져 꾸준히 발전해 오다가 중세에 들면서 대학으로 탈바꿈한다. 대학(Universitas)이란 라틴어로 스승과 학자들의 집단(Community of Teachers and Scholars)이라는 뜻이다. 즉 학생을 양성하는 곳이 아니라 학자들이 모여 학문을 발전시키는 곳이다. 대학이라는 이름으로 시작한 이태리 볼로냐대학(U. of Bologna, 1088), 나폴리대학, 그리고 파리대학, 등은 창립 당시에는 신부 양성을 위한 신학과(神學科)뿐이었다. 그 이후에 프라하대학(Pragua U, 1150), 옥스퍼드대학(Oxford U, 1167) 등이 설립 당시부터 신학과 외에 부설학과로 철학과가 개설되었고 그 이후에 다른 학과들이 보조학과로 병립 개설되었다. 점차 철학이 모든 순수 학문의 기초로 발달하게 되면서 모든 학문의 최고 학위로 철학박사(Doctor of Philosophy) 즉 'Ph. D.'를 수여하게 된다. 신학에서는 목회학이나 선교학 등 실천신학의 좁은 한 분야만 전공하면 신학 박사(Doctor of Divinity) 즉 'D. D.' 학위가 주어지며, 신학 전반에 깊이 있는 연구를 더 하면 'Ph. D.'를 취득하게 된다.

신학이 학문으로 발전하면서 교리 해석이 달라지고 그에 따라 교파 분리가 심해졌다. 구교는 동서로 나뉘면서 가톨릭과 러시아 정교로, 가톨릭은 베네딕트파와 파티마파와 예수파로, 신교는 루터교, 영국 정교, 장로교, 감리교, 침례교, 성결교 등 다양한 교파로, 그리고 또다시 같은 교파 내에서도 분파(Sect)가 나뉘어 세포 분열이 계속되었다. 예를 들면 1650년경 영국 밀야드(Mill Yard)에서 출발한 침례회가 안식일에 대한 해석 차이로 '제칠일침례회(Seventh-Day Baptist)로 분리된다. 제칠일침례회는 1672년 미국 뉴포트(Newport)로 옮겨 확장하면서 또다시 분리되고, 1728년 펜실바니아의 에프라타 수도원파(Ephrata Cloister)가 생겨나면서 세상과 단절을 고집하는 에프라타 공동체가 생겨난다. 거기에서 분립한 안식교파는 다시 분열되어 '제칠일재림교'(Seventh Day Adventist)가 생겨나고 안식일의 정의, 즉 금요일 오후 6시부터 토요일 오후 6시까지로 보는 견해와 토요일 하루로 보는 견해 차이에서 '율법적 안식주의'(Legalistic Sabbaths)로 세분된다. 그리고 수혈 문제, 문화 허용 문제, 자녀 교육 문제 등으로 침례회는 사십여 파로 분리된다. 그리하여 현대의 과학, 철학, 의학, 약학, 공학, 사회과학 등을 어느 정도까지 허용하느냐는 견해는 교파마다 다르다.

바울 당시는 '권위의 서적'으로 불렸던 의문(儀文, 케이로-그라폰, Hand-Scripture, 롬 2:27, 29; 7:6; 고후 3:6~7)으로 율법(토라, 어머니의 가르침)과 규정(엡 2:15; 골 2:14)과 율례 등이 있었고 그 외에 선지서(네비임)와 시, 역사, 및 지혜서(케스빔)가 있었으며 그 밖에도 탈무드와 '사람의 전통과 세상의 초등학문'(골 2:8)이 있어서 그것들을 어느 정도까지 허용하느냐 하는 것이 초대교회에 대두된 난제였다. 당대 최고의 율법학자 가말리엘(Rabban Gamaliel) 학교와 랍비들은 그것들을 기본교육 교재로 삼아 가르쳤으며 철저히 준수할 것을 교육했다. 그들은 죄를 회개하는 속죄 제사를 드리며 매주 이틀 금식하며, 매일 토라를 읽으며, 율법을 철저히 준수하는 엄격한 삶으로 구원받을 수 있다고 믿었다. 규례와 율례를 배반하면 돌로 처형을 했다. 이런 그들의 보기에는 죄인들과 더불어 먹고 마시며 안식일을 어기며 새 계명을 주장하는 예수가 얼마나 못마땅했을까. 그들에게 예수는 옛 계명과 의문을 범하는 이단아였다. 그래서 그들은 예수를 죽이기로 결의했고, 예수께서는 십자가 처형을 당하시게 된 것이다.

　바울은 예수님의 죽음 후에도, 율법을 무시하고 예수 부활을 전하는 기독교인들을 열성적으로 박해했으나, 다메섹 도상에서 부활하신 주님을 만난 이후 그 역시 부활하신 주님을 전파하며 당시에 있었던 율법과 많은 학문의 규제와 속박에서 자유함을 받으라고 유대인 종교지도자들의 귀에 거슬리는 도를 전파하게 된다. 그런데 갈라디아 교회의 유대인 개종자들을 위시하여 이방인 교인들이, 교회도 율법을 지켜야 한다고 주장하는 일부 유대파 그리스도인들의 선동으로 인해(갈 2:4) 율법과 복음 사이에서 혼란에 빠지게 된다. 그래서 사도 바울은 "율법의 행위로써는 의롭다 함을 얻을 육체가 없느니라"(갈 2:17), "예수 그리스도께서 십자가에 못 박히신 것이 너희 눈앞에 밝히 보이거늘 누가 너희를 꾀더냐…… 너희가 성령을 받은 것이 율법의 행위로냐 혹은 듣고 믿음으로냐 너희가 이같이 어리석으냐 성령으로 시작하였다가 이제는 육체로 마치겠느냐"(갈 3:1~3), "이제는 너희가 하나님을 알 뿐 아니라 더욱이 하나님이 아신 바 되었거늘 어찌하여 다시 약하고 천박한 초등학문으로 돌아가서 다시 그들에게 종노릇하려 하느냐"(갈 4:9), "그리스도께서 우리를 자유롭게 하려고 자유를 주셨으니 그러므로 굳건하게 서서 다시는 종의 멍에를 메지 말라"(갈 5:1), "어리석도다 갈라디아 사람들아"(갈 3:1) 하며 거침없이 꾸짖는다.

　어리석다니? 그들이 학교를 다니며 애써 얻은 학문을 깡그리 초등학문이라고 하다니? 하나님께서 선조들에게 주신 율법의 전통을 지키는 것을 종의 멍에를 메는 것이라고 하다니? 갈라디아 교인 입장에서는 억울하고 혼란스러웠을 터이다. 오늘의 신자들도 이 문제를 두고 갈팡질팡한다. 예수께서는 주일마다 회당에 가셔서 안식일을 지키셨고(눅 4:16) 율법을 폐하러 오신 것이 아니라고 선언하셨다(마 5:17~20). 이렇게 본인이 율법을 준수하셨으면도 한편으로는 바리새인과 서기관들이 예수님의 제자 중 몇 사람이 손 씻지 않고 먹는 것을 보고 그들의 유전을 지키지 않는 것을 고발했을 때, 예수님께서 "너희가 너희 전통을 지키려고 하나님의 계명을 잘 저버리는도다"(막 7:9)라고 책망하셨으니 의아하고, 또, "생명에 들어가려면 계명(율법)들을 지키라"(마 19:17; 눅 18:20) 하시면서도 자기의 계명(요 15:10, 12)을 새 계명(요 13:34)이라고 하시며 지키라고 하셨으니 더 혼란스러운 것이 당연하다. 이에 더하여 바울 사도는 모든 초등학문에 종노릇하지 말라고 금하기까지 하는데 어디까지가 버려야 할 초등학문인지 구분하기조차 어려운 마당이니 헷갈릴 수밖에 없다.

이 혼란을 해결할 중요한 관점을 하나를 소개하면, 바울이 말한 초등학문 아래의 '아래'와 '종노릇'에 관한 마틴 루터의 해석이다. 마틴 루터는 "우리는 이 세상 초등학문 아래 있는 것이 아니라 그 위에 있어 그것을 지배하고 이용할 뿐이다"라고 했다. 즉 그는 그 당시(16세기)의 세상 학문을 바울이 말한 '이 세상 초등학문'과 동일시하면서, 중요한 것은 초등학문의 아래 곧 초등학문의 종노릇하는 것이 아니라 초등학문을 지배하고 이용하는 주인이 되면 된다는 것이다.

그러나 주석가 렌스키는 바울이 말한 '어렸을 때'(갈 3:23~25; 4:1~2)를 구약 시대로 본다면 '초등학문'(스토이케이아)이란 현대의 과학과 학문을 의미하는 것이 아니라 그 당시의 사상, 제도, 지식, 철학, 율법, 등 구약 시대의 기초학문 전체를 뜻한다고 보았다. 그렇게 본다면, 다시 초등학문으로 돌아가서 종노릇하지 말라는 것은, 우리 그리스도인은 우리를 그 속박에서 해방하신 그의 복음을 따라 구약의 율법적 진리에 다시 메이지 말 것을 강조한 말씀으로 해석할 수 있다. 또한 렌스키는 마치 해방된 종이 이전 주인의 정을 잊지 못해 자원하여 다시 옛 주인의 종노릇을 계속하는 (당시에 흔히 볼 수 있었던) '자원 종'들의 안타까운 처지와 같은 신앙인을 지적한 것(갈 4:9)이라고 했다. 그렇다면 '율법에 포함된 의문(儀文) 전체를 무시해도 좋다는 것인가?' 하는 문제와 '현대의 철학과 초등학문은 버려야 하는가?' 하는 문제가 대두된다.

사도 바울은 골로새 교인들에게 "누가 철학과 헛된 속임수로 너희를 사로잡을까 주의하라 이것은 사람의 전통과 세상의 초등학문을 따름이요 그리스도를 따름이 아니니라"(골 2:8)고 했다. 여기서 바울이 말한 철학과 헛된 속임수에 관해 성경학자 메튜 헨리(Matthew Henry)는 당시 두 가지 철학이 있었는데 그 하나는 '고귀한 철학'이고 다른 하나는 세상의 유전을 따라 속임수를 꾀하는 '저속한 철학'이라고 했다. 하여 그는 바울이 말한 철학은 철학 전체를 말하는 것이 아니고 저속한 철학이라고 주장한다. 말하자면 고귀한 철학은 정욕, 이성, 감정, 결단, 회심, 경건 등, 심도 있는 단어의 개념과 의미를 풀이하는 철학으로 새로운 삶에 꼭 필요한 것이므로 고귀한 철학은 속임수가 아니라는 것이다. 당시 유대인 지도자들과 지식인들은 주님의 십자가와 성령의 임재와 영적 성장은 무시하고 먹고 마시는 것과 절기를 지키는 것(골 2:16), 금이나 은(물질)과 사람의 기술과 고안(자연과학과 공학, 행 17:29)과 논리적으로 따지는 철학 등에 푹 빠져 있었는데, 이를 바울은 쓸데없는 말, 망령된 폄론(딤전 5:13)이나 헛된 속임수(골 2:8)로 보았다는 것이다. 그렇다면 어떻게 의식주를 "이방인들이 구하는 것"(마 6:31)으로 맥을 치듯 단호하게 매도할 수 있으며, 기초 학문을 "꾸며 낸 겸손과 천사 숭배"(골 2:18)로 볼 수 있느냐? 라는 반문을 할 수 있으나, 그것들을 절대자로 착각하고 숭배의 대상인 주재(主宰, 데스포테스, 눅 2:29; 행 4:24; 유 4)로 숭배하거나 주인(퀴리오스, 마 20:8; 27:63; 눅 20:1; 요 13:16)으로 삼아 종노릇하는 데 문제가 있다는 것이다. 즉 기초 학문이건 고등 철학이건 그것에 숭배하고 종노릇하면 우상 숭배가 된다는 것이다.

메튜 헨리가 그와 같이 주장한 데는 두 가지 이유가 있다. 첫째는 우리의 주이신 하나님의 권세의 영원성과 절대성에 있다. 분명한 것은 인간의 학문은 고대나 현대를 막론하고 다 불완전한 것이며, 온전한 것이 올 때(심판때)는 부분적으로 아는 것은 패할 (고전 13:9~10)뿐이다. 따라서 모든 인간의 과학적 지식이나 초등학문은 궁극적으로는 헛된 것이다. 둘째는 "집 하인이 두 주인을 섬길 수 없나니 혹 이를 미워하고 저를 사랑하거나 혹 이를 중히 여기고 저를 경히 여길 것임이니라 너희는 하나님과 재물을 겸하여 섬길 수 없느니라"(눅 16:13) 하시며 하나님과 그 무엇도 겸하여 섬기지 말 것을 경계하셨지만, 하늘나라는 멀고 배꼽은 현실은 코앞에 있어 경중이 뒤바뀌기 쉽기 때문이다.

인간의 학문은 온전한 것이 아닐 뿐 아니라 인간의 지식은 무엇이든 인간을 교만하게 하는(고전 8:1) 위험물이다. 단지 인간이 과학이나 학문은 잘 다스려 잠시 이용할 뿐이다. 그러나 과학과 지식의 결과로 생산된 결과물들이 완전하고 필수불가결한 것으로 보이지만 실상은 대량 살상 무기나 공해 물질을 양산하여 종국에는 인간을 자멸하게 만드는 도구가 될 것이다. 그런데도 그 위력에 도취되어 그것들을 보화로 삼아 종노릇한다면 폭약이나 무기를 보호 신으로 모시고 머리에 이고 다니는 어리석음과 다름 아니다.

이사야 선지자는 "이스라엘이여 네 백성이 바다의 모래 같을지라도 남은 자만 돌아오리니 넘치는 공의로 파멸이 작정되었음이라"(사 10~22; 롬 9:27)고 예언했다. 오늘날 지혜롭다고 자고하며 지혜로워지려고 노력하는 자가 비록 바다의 모래 같을지라도 남은 자만 구원을 받을 것이다. '남은 자'가 누구인가? 소돔과 고모라와 같이 멸망한 후에 남을 자(롬 9:29), 곧 공의로 작정된 하나님의 심판에서 남을 자를 말한다. 그러니, 세상 지식과 재물에 눈이 어두워져 영원을 보지 못하고 현실에 도취한 자들이 종국에 '남은 자'가 될 길은 없다. 구원받을 수 없다. 이들에게 주님은 말씀하신다. "어리석은 자여 오늘 밤에 네 영혼을 도로 찾으리니 그러면 네 준비한 것이 누구의 것이 되겠느냐"(눅 12:20). 여기 '네 준비한 것'이 무엇이겠는가? 밤낮 탐구하고 연구하고 정성을 쏟은 그것들과 그로부터 얻은 재물이 아니겠는가?

바울은, "무엇이든지 내게 유익(켈로에, Gain)하던 것을 내가 그리스도를 위하여 다 해로 여길뿐더러 또한 모든 것을 해로 여김은 내 주 그리스도 예수를 아는 지식이 가장 고상하기 때문이라"(빌 3:7~8)고 고백했다. 그리고 주님께서는 "사람이 만일 온 천하를 얻고도 제 목숨을 잃으면 무엇이 유익하리요 사람이 무엇을 주고 제 목숨과 바꾸겠느냐"(마 16:26)라고 물으셨다. 어떤 지식이든 보화든 내 목숨과는 바꿀 수 없다. 내 목숨이 그만큼 귀해서가 아니라, 나를 살리기 위해 예수 그리스도의 피로 값 주고 사신 목숨이기 때문이며, 나를 살리기 위해 자기 생명을 대신 바치시면서 영생에 관한 지식을 주셨기 때문이다.

그 가장 고상한 지식, 예수 그리스도를 아는 지식은 한마디로 로고스에 관한 지식이다. 그 내용은 하나님의 존재, 하나님의 성품, 하나님의 의, 그의 사랑, 심판과 구원, 인간의 역사와 영원, 등에 관한 것들이다. 예를 들어 "하나님의 의(義)가 무엇인가?"라고 묻는다면 선뜻 바르게 대답할 사람은 많지 않다. 그러나 비록 그것을 잘 모른다고 할지라도 "만일 우리가 우리 죄를 자백하면 그는 미쁘시고 의로우사 우리 죄를 사하시며 우리를 모든 불의에서 깨끗하게 하실 것이요"(요일 1:9) 하신 말씀에서 "그는 미쁘시고 의로우사" "모든 불의에서" 우리를 구원하신다는 진리가 담겨 있음을 알 수는 있다. 그러므로 하나님의 의는 계약(언약)에 대한 신실성, 바른 질서와 관계, 만물의 존립 근거, 사귐의 신실성, 사람이 바라야 하는 것(갈 5:18), '복음에 나타난 의'(롬 1:17) 등 다양하다 하겠으나, 그 지식은 고상한 지식인 것이다.

세상에는 버려야 할 것이 있고 지켜야 할 것이 있다. '버린다'의 원어는 '아포 도키마조오'로서 성경에서 "건축자들이 버린 돌"(마 21:42), "버린 바 되어 죽임을 당하고"(막 8:31), "그가 …… 이 세대에게 버린 바 되어야"(눅 17:25) 등 의당 버려져야 함을 뜻할 때 사용된다. 그와 반대로 버려져서는 안 될 것이 버려지는 의미일 때는 원어 '엔 카타레이포'를 쓴다. 성경에서는 "내 영혼을 음부에 버리지 아니하시며"(행 2:27), "박해를 받아도 버린 바 되지 아니하며"(고후 4:9)나, 세상을 사랑하여 주를 버리는 것(딤후 4:10, 16), 성도들이 모이기를 폐하는 것(히 10:25) 등이다. 그런데 결로 버려서는 안 될 것을 버리고, 그와 반대로 썩어질 것, 거짓된 것, 초등학문 등 버려야 할 것들은 밥통이나 생명으로 삼아 굳게 지키는 과실을 범한다. 인간은 지혜가 부족하여 취사 선택을 바르게 하지 못하기 때문이다. 하나님께서 아담에게 선택의 자유를 주셨다. 그러나 첫 사람 아담과 오늘의 아담은 그 자유로 멀리 보지 못하고 수도 없이 실수하는 데 사용했다. 의를 버리고 죄를 선택했고, 선을 버리고 악을 선택했고, 영생에 이르는 양식을 버리고 썩을 양식을 선택했으며, 하늘의 것을 버리고 땅의 것을 선택했고. 영원을 버리고 잠시 잠깐을 선택했다. 왜 이런 실수의 연속이 역사의 주류가 된 것인가? 인간의 지식이 부분적이고 잘못되었기 때문이다. 오늘의 수많은 교파와 교인들의 삶이 그것을 여실히 증명하고 있다.

"우리는 부분적으로 알고 부분적으로 예언하나 온전한 것이 올 때에는 부분적으로 하던 것이 폐하리라"(고전 13:9~10). 아멘!

5 물적 증거와 영적 증거

무엇이든지 주고받으면 수여가 일어나 그 증거를 남긴다. 수여(授與)란 증거가 될 만한 것을 인격체 간에 주고받는 것을 말하며, 증거에는 외관적 증거로는 물증(物證)이 있고 내관적 증거로는 심증(心證)이 있다. 그중에서 신이 인간에게 주는 수여는 내관적 증거인 심증이지만 때로는 물증도 따르는 것을 본다. 그것을 장 칼뱅(Jean Calvin, 1509~1564)은 "소명(召命)의 증거"라고 하면서 두 가지 형태로 나타난다고 보았다. 그 하나는 말씀에 의한 외적 증거요, 다른 하나는 성령에 의한 내적 증거라고 했다. 그리고 그 소명의 주체는 하나님으로 보았고, 칼 바르트는 그 소명의 수급 책임은 자유의지를 가진 인간에게 있다고 보았다.

만일 칼뱅의 견해가 옳다면 공평하신 하나님의 사랑과 공의에 문제가 생기고, 그와 반대로 인간의 자유의지에 의한 결단에 구원의 책임이 있다면 그 확실성에 문제가 생긴다. 그리고 구원의 책임이 신의 편애에 있다면 신의 공의를 해명할 수 없으며, 각자의 자유와 양심의 감도(感度)에 있다면 하나님의 구원의 역사와 은혜를 과소평가하는 과오를 범할 수 있다. 그래서 구원은 신이 주도하시나 인간의 자유의지에 의한 반응과 선택에 따른다고 보는 것이다. 영혼이나 구원의 문제는 형이상학적 문제여서 특수한 감각과 이해력이 있어야 한다고 본다.

그것을 좀 더 이해하려면 시카고대학교 교수였던 과정신학자 다니엘 윌리엄스(D. D. Williams, 1910~1973)의 영역이론(Dimension Theory)과 예일대학교 교수였던 노스롭(F. S. C. Northrop, 1893~1992)의 개념이론(Concept Theory)을 알 필요가 있다. 그들은 내관적 증거를 철학적, 논리적 증거 또는 비가시적 증거로, 그리고 과학적, 사회적, 가시적 증거를 형이하학적 증거 또는 외관적 증거로 구분했다. 그리고 윌리엄스는 모든 지식을 각자의 관계성(Implication)에 따라 독립된 세 영역(Dimension)으로 구분했다. 그는 실험과 경험으로 얻어지는 과학을 경험적 영역(Experimental Dimension)으로, 직관과 초경험에 의한 종교적 영역을 직감적 영역(Intuitional Dimension)으로, 그리고 철학과 논리를 이론적 영역(Theoretical Dimension)으로 구분했다. 이를 윌리엄스의 '삼중 개념'(Triple Concept)이라고 한다. 그리고 이들 차원이 다른 영역과 영역 사이에는 공통된 상관 요인(Relation Factor)이 있어 상호 이해와 교감이 가능하다고 보았다. 그것을 '윌리엄스의 이해력'이라고 한다.

그리고 과학적 지식은 경험과 실험을 통해서 얻어진 경험적 지식(기노스코)이지만 실은 자신이 직접 경험한 지식은 극소수에 불과하며 우리가 가진 과학적 지식의 90%는 스승이나 타인의 '정보 전수에 의한 간접 지식'이라 할 수 있다. 그렇다고 해서 간접 지식이 직접 지식과 꼭 같다고는 할 수는 없으나 간접 지식(오이다)을 직접 지식(기노스코)과 동일한 것으로 인정한다는 것이다. 그리하여 대부분의 과장된 간접 지식을 절대시하는 오류를 범하게 되나 누구도 그것을 문제시하지 않는 것은 그들 사이의 공통된 상관 요인이 있어 각자의 내관적 지식으로 인정하기 때문이라고 했다.

결국 간접 지식은 제삼자가 체험도 확증도 없이 받은 외관적 증거를 본인의 내관(內觀)적 증거로 인정하는 것이다. 즉 외관적 증거를 내관적 증거로 받아들이는 전환 작업이 아무런 구애(拘礙) 없이 이루어진 것이라면 남의 영적 경험도 내관을 통해 제삼자에게 전달될 수 있다고 보는 것이다. 매스컴의 힘이며 전도(傳道)의 효력이며 뉴스와 교육의 효력이 이 같은 것이라 할 수 있다. 그것이 모든 사람에게 동일한 '알 만한 내관'(롬 1:20, 21), 즉 상관 요인(Correlation factor)을 주셨다고 보는 이유다. 이 상관 요인에 의해서 타인의 내관적 증거가 나의 내관적 증거로 이전되는 것이다. 그럼에도 주님의 능력과 부활을 믿는 사람은 드물고 의심하는 사람은 많다. 왜 그런 것인가? 그것은 '부활할 수 있다'는 내관적 지식보다 '죽으면 다시 살 수 없다'는 외관적 인식이 충돌하여 압도하기 때문이다. 즉 외적 증거가 내적 증거를 압도하여 결론이 결정되기 때문이다. 이런 외관적 지식의 편향성은 과학이 발달할수록 심해질 것이며 죄가 관영하여 습관화될수록 심해질 것이다. 그것이 주님께서 예언하신 대로 말세에는 회개와 신앙이 어려워지게 되는 이유다.

그래서 요한 사도가 증언했다. "만일 우리가 죄가 없다고 말하면 스스로 속이고 또 진리가 우리 속에 있지 아니할 것이요 …… 만일 우리가 범죄하지 아니하였다 하면 하나님을 거짓말하는 이로 만드는 것이니 또한 그의 말씀이 우리 속에 있지 아니하니라"(요일 1:8~10). 그렇다. 우리는 스스로 속이는 자요, 거짓말하는 자요, 진리가 없는 자다. 그리하여 내관적 증거가 힘을 발휘하지 못하는 위선자가 된 것이다.

독일의 근대 철학자 칼 야스퍼스(Karl T. Jaspers, 1883~1969)는 실존철학의 이론가로 알려졌으나 실은 심리학자였으며 심리병리학(Psycho-Pathology)의 기초를 세운 사람이다. 그의 근본 이론은 지식이 많다고 그것이 다 사상을 만드는 것이 아니라 그중에서 '근본 지식'(Grundwissen)만이 근본 사상을 만든다고 했다. 즉 많은 다양한 지식 중에서 자기에게 유익하다고 보이는 선택된 지식, 곧 이성의 체(Sieve, 이기적 체)로 쳐서 알맹이는 빠지고 남은 찌꺼기 지식만이 사상의 근거가 된다. 그리하여 여러 사상 중에 자기의 유익을 위해 선택된 사상만이 근본 사상이 된다. 즉 이기적 이성과 영혼에 선택된 지식만이 유효 지식이 된다. 그렇게 보면 유효 지식이란 그 지식 자체의 진리성보다 자기에게 유효한 지식을 말하며, 지식이 많고 적음이 문제가 아니라 바른 양심과 마음의 문제라 할 수 있다.

그것은 이미 각 사람이 인정하는 많은 지식 사이에는 서로 상충되는 지식도 있고 별 중요성이 없는 지식도 있어 서로 거부 반응을 일으켜 선택 작업을 어렵게 만드는 것이다. 이 거부를 성경은 '멸시'(롬 2:3, 4)라고 했다. 결국 한 쪽을 멸시하는 거부 반응이 일어나는 것이다. 교육을 많이 받은 바리새인들과 서기관들, 그리고 가문의 전통을 자랑한 제사장들이 가난하고 무학무식한 나사렛 출신의 목수와 그의 제자인 어부들과 세리에게 어떤 존경도 줄 수 없었던 것은 이미 그들에게 전제된 내관적 지식이 깊이 자리 잡고 있었기 때문이다. 그렇게 보면 보지 못한 것, 이해되지 않는 이론이나 '고상한 지식'이 제삼자에게는 어려울 수밖에 없다. 단지 가능하다면 초자연적 체험에 의한 도움만이 가능하게 할 뿐이다.

그와는 다른 각도에서 노스롭은 "각 영역은 그의 특수성이 주어져 있으나 그것을 초월해 다른 영역을 이해할 수 있는 능력이 각 사람에게 주어져 있다."고 보았다. 그것을 '즉시적 이해(Immediate Apprehend) 능력', 또는 '노스롭 감각'(Northrop's Sense)이라고 하는 선천적 감각이다. 그 감각이 경험을 중시하는 과학이나 예감과 영감, 또는 직관(直觀)적 감각이 누구에게나 있어, 사람과 사람 사이에 존재하는 공통 인자(Factor)가 된다고 보았다. 그 공통 인자를 '즉시적 이해력'이라고 했다. 즉 이 특수한 비가시적 세계의 이해력은 선천적 지능으로 특별한 감각 또는 선견력(先見力)이라 할 수 있으며 각 사람에게 공통적으로 주어져 있다는 것이다.

예를 들면 색(色)에 대한 개념은 미술가에 국한된 것이 아니며 누구를 망라하여 꼭 같으며, 연극이나 음악이나 미술에 있어서도 동일한 공감대(共感帶)가 있다고 보았다. 이 공감대를 통해 모든 사람이 어느 정도까지는 동일하게 감상할 수 있다는 것이다. 그리고 살인이 죄라는 인식도 범죄자나 선량한 사람, 연출자나 청중을 망라해서 이해의 공감대가 동일하게 주어져 있으며 그것을 양심 또는 생각을 가진 증거라고 했다. 이 공통된 감각을 '노스롭 감각'이라고 한다. 이 감각 탓으로 작가가 쓴 소설과 시며, 음악가가 작곡한 곡이나 연주며, 화가의 그림에서 공감을 느낄 수 있다는 것이다. 하여 도스토옙스키의『죄와 벌』을 읽고 죄에 대한 공감을 느끼는 것이다.

그 이론에 따르면 과학자나 철학자나 종교인은 날 때부터 예정되었거나 유전인자가 다른 탓이 아니라 누구나 공통된 그런 감각을 가지고 있다고 보며, 과학자가 나오고 철학자가 나오는 것은 주어진 환경, 즉 가족과 친구의 조언, 접하는 기회, 서적과 경험, 사회적 요구 등이 원인이 된다고 보는 것이다. 그에 반해 유전설이나 예정설을 주장하는 이는 이 공통성을 부정한다. 누가 친구를 만나는 경우, 우연히 만날 수도 있고, 제삼자의 계획에 따라 필연적으로 만날 수도 있다고 보는 것이다. 그러나 비록 우연히 만난 경우에라도 인연을 맺는 것은 본인의 자유의지에 의한 결단에 의한다면 노스롭 감각을 긍정하는 것이다.

그러나 노스롭이 무시한 점이 있다. 그것은 그 '감각의 예민도'이다. 같은 음악이나 연극을 보고 눈물을 흘리는 사람이 있고 대수롭지 않게 보는 사람이 있다. 꼭 같은 꽃을 보면서 "원더플! 원더플!" 하며 감탄하는 사람이 있고 그런 어린아이와 같은 마음을 조소하는 사람이 있다. 꼭 같은 죄를 짓고도 밤잠을 이루지 못하는 사람이 있고, 그렇지 않은 사람이 있다. 죄책감의 감도에 따라 신앙이 생길 수도 있고 생기지 않을 수도 있다는 말이다. 따라서 노스롭의 감각이 동일하게 있다는 것이 중요한 것이 아니라 감각의 예민도가 중요하다. 하여 신과의 특별 관계, 또는 친구 관계, 부부 관계를 맺는 것도 그 감각의 예민도에 따라 다르다고 본다.

그런데 이와 같은 감도를 유전, 또는 숙명론, 또는 예정론으로 보는 경우가 많다. 예를 들면 바울이 들은 하나님의 음성을 다른 이들은 듣지 못했다. 그래서 그 사건을 두고 객관성이 없다고, 비과학적이라고 그 기사를 인정하지 않는 이가 많다. 아마 바울 자신도 노스롭의 감각인가, 특별은혜인가를 두고 고심했는지도 모른다. 그래서 믿음의 선배들은 단번에 믿음이 확립되는 경우보다 연속적 교제를 통해서 믿음이 확립되는 것을 볼 수 있다. 그와 같이 하나님의 끈질긴 설득으로 굴복이 있었다면 하나님의 특별은혜와 예정론을 주장할 수 있다. 회의(懷疑)와 이성을 굴복시킨 기적이라고 보면, 분명 하나님의 특별은혜라고 할 수 있다. 결국 은혜는 햇빛과 같이 공평한 계시요 내관적 증거이나 받는 사람의 준비성과 감도에 따라 다르다고 보는 견해와 하나님의 특별한 계획에 따른다고 보는 견해가 맞서 있다. 믿음의 객관성은 누구에게나, 어디서나, 언제나 동일하게 나타나는 과학의 객관성과는 다르다. 비록 그렇다 할지라도 그런 비슷한 경험이 결코 그만의 경험이 아니라 다른 사람에게도 일어난다고 보면 노스롭의 이론이 성립된다고 할 수는 있다. 그러나 성경에는 듣는 귀가 있고 듣지 못하는 귀가 있다고 했다. 그렇다면 '그 듣는 귀나 듣지 못하는 귀는 하나님의 택정에 의한 특혜인가? 아니면 죄악으로 인한 퇴화인가?'에 대한 견해 차이가 감각의 공통성을 주장한 '노스롭의 감각'에 대한 비판을 야기한다.

신학적으로도 특별은혜(Exceptional Grace)설과 일반은혜(Common Grace)설이 생겨난다. 하나님께서 모세나 바울을 택하신 것을 들어 특별은혜를 주장할 수도 있다. 그러나 주님의 말씀 "나는 너희에게 이르노니 …… 너희를 박해하는 자를 위하여 기도하라 이같이 한즉 하늘에 계신 너희 아버지의 아들이 되리니"(마 5:44~45)라고 하셨다. 여기 "이같이 한즉"은 누구나 할 수 있는 일이 아니며, 그같이 해야 하나님의 아들이 된다는 말이다. 따라서 노스롭의 감각이나 일반은혜설과도 무관한 것이며, 그렇다고 하나님께서 누구에게는 특혜를 주시고 누구는 예정하셔서 버리신다고도 생각할 수 없다는 주장과도 맞선다.

성경에는 "너희는 더욱 큰 은사를 사모하라"(고전 12:31)는 말씀도 있고 "더욱 큰 은혜를 주신다"(약 4:6)는 말씀도 있다. 여기 '더 큰'(메이존, Larger)은 특별은혜를 말한다. 그렇다면 어떤 자에게 '더 큰 은혜'나 '더 큰 은사'를 주시는가? 야고보 사도는 "그러므로 일렀으되 하나님이 교만한 자를 물리치시고 겸손한 자에게 은혜를 주신다"(약 4:6)라고 했고, 베드로 사도 역시 "하나님은 교만한 자를 대적하시되 겸손한 자들에게는 은혜를 주시느니라"고 했다(벧전 5:5). 그렇다면 '더 큰 은혜'는 더 겸손한 자에게 주시는 당연한 보답이라는 뜻으로서 교만하여 하나님을 멸시하는 자와 겸손하여 하나님에게 무릎을 꿇는 자에 대한 차별일 뿐이다. 은혜가, 겸손하여 하나님을 두려워하고 받아들이는 자세에 따른다면 '예정론'에 반대되는 것이다. 그리고 히브리 기자는 모세가 "애굽의 모든 보화보다 (믿음을) 더 큰 재물로 여겼으니 이는 상 주심을 바라봄이라"(히 11:26)고 했다. 이 말씀은 모세가 (믿음을) 더 큰 재물로 여긴 것은 '상 주심을 바라보았기 때문'이라는 뜻이다. 그렇다면 그가 받은 특혜는 이유 없는 특혜가 아니었다는 말이다.

히브리서 기자는 "주를 보지 못할 자 …… 하나님의 은혜에 이르지 못하는 자 …… 쓴 뿌리가 난자 …… 음행하는 자 …… 한 그릇 음식으로 장자의 명분을 판 자 …… 망령된 자 …… 축복을 이어 받으려고 눈물을 흘리며 구하되 버린 바"(히 12:14~17)된 자들처럼 하나님의 은혜를 거역한 자들이 되지 말라고 경고를 발했다. 이들은 교만한 자들이다. '망령되다'(디아크리노)는 것은 참 신을 '구별(Exclude)하고 의심하는 것'(마 21:21; 막 11:23; 고전 4:7)을 뜻한다. '은혜'(카리스)란 은총, 호의, 총애(Attractiveness)를 뜻하여 '마음이 끌렸다'는 뜻이다. 즉 신이 총애를 베푸신 것은, 당사자가 마음이 끌려 호의를 갖는 것을 신이 보시고 베푸신 호의를 말한다. 같은 은혜를 받아도 부모의 총애에 끌리면 효자가 되고, 받은 은혜를 무시하면 불효자가 된다. 하나님은 은혜를 받을 만한 자에게 은혜를 주시고(약 4:6) 은혜를 받지 못하는 자를 "하나님의 은혜에 이르지 못하는 자"(히 12:15)라고 했다. 따라서 이 말씀들은 은혜란 은혜에 이른 자에게 일차적 원인이 있다는 것을 뜻하며, 은혜를 각자가 받을 당연한 응답으로 본 것이다.

그러나 때로는 하나님의 시대적 계획을 이루시기 위해 특별계획을 세우시고 차별하여 특혜를 주시는 경우도 있다. 그 사역적 특혜를 수여할 '귀히 쓸 그릇'을 하나님께서 미리 정하시고 만드시는 경우다. 다윗 왕을 세우실 때, 제사장에게 이세의 집에 찾아가게 하셔서 어린 다윗에게 기름 붓도록 지시하신 것이나, 신자들을 체포하기에 혈안이 된 사울을 다메섹 도상에서 굴복시키신 일 등은 하나님의 특별계획이었다. 그러나 그것은 각자의 '재능을 보시고' 한 달란트에서 다섯 달란트까지 차별하여 주시는 신의 권한이지, 인간의 구원을 차별하신 것은 아니며 '자유의지'(Free Will)를 무시한 특혜(롬 2:4, 5)도 아니었다. 그것은 특혜를 수여할 당사자의 동의를 얻기까지 역사하신 것을 보면 알 수 있다.

칼뱅은 모든 구원의 원인을 전적 하나님에게 있다고 보고 각자의 희망이나 뜻과는 상관없이 하나님의 일방적 계획에 따라 '창세전에 미리 예정'(엡

1:4~5; 2:9; 3:11)하셨다는 것을 강조한다. 예를 들면 아브라함을 밧단 아람에서 택하여 유대 땅으로 인도하신 일, 여섯 번이나 거절(출 4:1~13)한 모세를 기어코 이스라엘 영도자로 삼으신 일, 하나님의 뜻을 외면한 요나(욘 1:3)를 큰 물고기를 통해 니느웨로 끌고 가신 일, 그 밖에 선지자들을 일방적으로 택해 사용하신 일 등이다. 그러나 복 주실 만한 자질과 준비성을 보신 것이냐? 아니냐? 하는 것은 하나님만이 답할 수 있는 일이다.

칼뱅은 이유 없는 예정설을 에베소서 1장 3~5절을 들어 강조했으나, 칼 바르트는 그 '창세전에 예정하신 것'은 어떤 개인 선택을 말하는 것이 아니고 '예수 그리스도를 통한 구원 계획을 세우심'을 말하는 것이며, 그 예정에 의해서 구원받게 된 것으로 보았다. 그것이 모든 사람을 공평하게 사랑하시는 하나님(마 5:45~48)께서 '누구나', '믿는 자마다', '모든 믿는 자'에게 구원을 주심을 말씀하신 이유이며, "청함을 받은 자는 많되 택함을 입은 자는 적으니라"(마 22:9~14)라고 하신 택함의 이유를 예복을 갈아입은 개인에게 돌리는 이유이다.

"여호와의 성민"(신 14:2), "믿는 자"(벧전 2:7), "부르심을 받은 자"나 "택함을 받은 자"가 누구인가? 부르심에 호응한 자라 볼 수 있다(마 22:9~14). 그리고 성경의 '너희는'이 "택하신 족속" "왕 같은 제사장들" "거룩한 나라" "그의 소유가 된 백성"(벧전 2:9) 등 복수로 표현 된 것을 볼 때, 이유 없는 개인의 특혜설 주장은 힘을 잃는다. 교회를 구약 시대와 같이 성도를 하나님의 위엄과 능력을 입은 거룩하고 흠 없는(엡 5:26~27) '신비적 몸'(Corpus Mysticum)으로 보기도 하나 '연약한 지체들'의 모임으로 보기도 한다. 그렇다면 지상의 교회는 아직 죄악에 물든 연약한 인간성을 지닌 사람들이 모인 곳이다.

복음주의는 구원의 책임은 각자에게 있다고 보고, 자기가 져야 할 '진노 쌓기'(롬 2:5)는 각자의 의지와 행위의 결과라고 본다. 인간의 선택의 자유와 의지는 하나님에게서 아담과 하와에게만 주신 것이 아니라 모든 인류에게 주셨다. 그렇다면 모세나 바울의 선택은 '귀히 쓸 그릇', 즉 '직무'를 위한 선택이었다는 것이다. 그리고 "하나님이 미리 아신 자들을 또한 그 아들의 형상을 본받게 하기 위하여 미리 정하셨으니 이는 그로 많은 형제 중에서 맏아들이 되게 하려 하심이니라"(롬 8:29) 하신 말씀을 근거로 칼뱅은 예지예정설을 주장했으나, 루터는 여기 "하나님이 미리 아신 자"는 '우리의 성품을 미리 아셨다'는 것으로 보았고, "또 미리 정하신 그들을 또한 부르시고, 부르신 그들을 또한 의롭다 하시고"(롬 8:30)의 "부르신 그들"은 '부르다'(카레오오, Call)의 제일 과거형으로서 '부름을 받은 자'(크레토이)의 수동태로 되어 있어 '부르심을 받아들인 자'로 해석했다.

모세나 바울에게 예외적인 특별 기회를 주었다 하더라도 그것이 그들의 납득과 동의를 무시한 강권(强權)이었는가 아니면 그의 동의를 얻기 위한 강권(强勸)이었는가에 견해의 차이가 있다. 모세가 하나님의 부르심을 여섯 번째 거절했을 때 하나님께서 노하셨다. 그러나 하나님께서 모세의 지팡이를 뱀이 되게 하시고, 그의 형 아론을 대변자로 제의하셨을 때에야 받아들였다. 결국 하나님은 모세가 그의 명을 받아들이도록 강권(强勸)하신 것이다. 바울은 부활하신 주님을 만난 후 큰 충격을 받고 사흘 동안 먹지도 마시지도 않았다(행 9:9). 그는 그동안 무엇을 생각했겠는가? 회의(懷疑)와 자성(自省)의 깊은 늪에 빠져 헤맸던 것이 아니겠는가? 그와 동시에 그가 박해자라는 것을 아는 아나니아에게도 회의가 있었다(행 9:13~14). 그 양자의 회의를 해소시키기 위해 성령님께서 나서셔서 절충하신다(행 9:15~19). 그것이 '귀히 쓸 그릇'을 택하시고 위하시는 하나님의 역사 방법이었다.

바울이 하나님의 역사하심을 납득한 것은, 아나니아가 그를 찾아와 안수하며 기도하자 그의 눈에서 비늘 같은 막이 벗겨져 다시 보게 되는(행 9:17~18) 결정적 계기가 있었기 때문이다. 그 이후에도 바울은 여러 계시를 받고 회의에 빠져 반문하기도 한다. 그러나 그 회의가 납득과 동의로 변하면서 순종하게 된 것이다. 그것은 하나님께서는 모든 사람에게 동일한 방법으로 접근하시지 않고 각각 다르게 역사하시나, 누구나 회의 단계에서 믿음의 단계로 전환할 때 "그의 신기한 능력으로 생명과 경건에 속한 모든 것"을 주시기 위해 "자기의 영광과 덕으로써 …… 부르신 이를"(벧후 1:3) 깨닫게 될 때에라야 하나님의 부르심을 알게 되기 때문이다. 이 모든 역사가 '내적 증거'(마르튀리온)가 되어 믿음과 순종이 따르게 되는 것이다.

그리고 '귀히 쓸 그릇'과 '천하게 쓸 그릇'으로 구별(롬 9:21~24)하신 것과 각자의 재능에 따라 다섯 달란트와 두 달란트, 한 달란트의 차별(마 25:14~30)을 두신 것은 효율적 사역 분담이었을 뿐, 그 보답은 차별 없는 '수고와 응답의 비례 법칙'(마 25:20~23)을 따랐다. 이것은 개인의 노력을 무시하는 예정설을 반대하는 대목이며 '착하고 충성된 종'과 '악하고 게으른 종'에 대한 응답으로 나타난다. 만일 그것이 예정된 대로 된 것이었다면 그 책임을 예정자에게 물을 필요도 없고, '악하고 게으름'을 따질 필요가 어디 있겠는가?

바나바는 유대인 제사장 가문의 혈통으로 자라나 예수님의 수난과 부활하심을 알았고 성령 충만함을 얻어(행 11:24) 신자가 된 자다. 그는 바울을 다소에서 안디옥 교회로 데려와서 키웠고, 독신으로 일평생을 주를 위해 봉사한 정통적 신자였다(고전 9:5~6), 그리고 디모데는 조모와 어머니의 신앙을 전수받은 사람이다(딤후 1:5). 그 밖에 구원에 참여한 많은 사람이 세례 요한의 세례와 예수님의 광야 설교를 듣고 회개한 자들이었으며, 마가의 다락방의 성령 체험을 '함께 받은 자'들이었다. 결국, 믿음은 자신의 회개와 성령의 감화를 받아 순종한 자들에게 주어진 특혜이다.

성경에서 인간을 표현할 때 '상한 갈대'(마 12:29)나 '천히 쓸 그릇'(롬 9:21; 딤후 2:20~21)이나 '연약한 그릇'(벧전 3:7), '질 그릇'(계 2:27) 등으로 말씀하셨다. 이는 원래 인간을 하나님의 형상으로 창조하셨을 때의 성품(약 3:17)이 죄에 굴복한 때문이다. 그리하여 '의의 종'(롬 6:16, 18)에서 '죄의 종'(롬 6:20)으로, 그리고 '편벽과 거짓'(약 3:17)된 종으로 전락하게 된 것이다. 여기 '편벽되다'(하디아-크리노)는 인간의 '선택'(크리노)이 '잘못됐다'(하디아)는 뜻이다. 성경의 '죄'(하말티아)란, 표적(標的)을 벗어났다는 뜻이며 그것 역시 하나님께서 정해 주신 표적(하나님의 의)을 인간 선택이 빗나간 것을 말한다. 그리하여 인간은 자기가 받을 상벌을 자기가 준비하는 것이다.

로마서에는 '의'(義)에 관한 말씀이 여러 번 나온다. "하나님의 의"(롬 4:6; 10:3), "믿음의 의"(롬 4:9, 11, 13; 10:10), "행위의 의"(롬 10:5) 등에서 '의'의 뜻은 굽지 않고 바른 것(마 3:2; 히 1:8; 벧후 2:15)것, 성결하고(약 3:17) 경건한 것(벧후 2:20), 진실하고(롬 1:18; 약 3:17, 살후 2:12) 공평한 것(롬 1:22; 히 1:8)을 말한다. 이것을 종합하면 바르고 경건하고 참되고 공평한 것이 '하나님의 의'이다. 그래서 "모든 믿는 자에게 미치는 하나님의 의니 차별이 없느니라"(롬 3:22) 하신 것이다. 공평하신 하나님께서 개인을 차별하여 누구는 '예정하시고' 누구는 '버리실' 수는 없다(마 5:45; 약 1:5, 7).

뜻과 생각을 가진 자는 각각 자기의 의가 있다. 그 속에 생긴 티가 점점 커지면 자기 눈의 '들보'가 되어 보아도 바른 판단을 하지 못한다. 부활하신 주를 만져 보아야 믿겠다는 도마는 '자기 의(義)'라는 들보를 가지고 있었다. 어린아이는 자라면서 세상도 알고 익숙해진다(롬 1:21). 그와 동시에 눈 속의 티가 들보로 자란다. 그러면 눈은 떠 있어도 손으로 만져 보는 맹인이 된다. 이것을 심리학자 팝킨(R. H. Popkin)은 "양심이 비양심으로(1단계), 비양심이 자기정당화(Self-Righteousness)로(2단계), 자기 정당화에서 궤변적 존재로(3단계) 전락하는" 타락 과정으로 설명했다. 이렇게 인간 각자가 세상 속에서 자라면서 스스로 때 묻고 타락하고 양심이 추악해지는 것이지, 의로우신 하나님께서 누구는 의로운 양심으로 태어나게 하시고 누구는 악한 양심으로 지으실 수는 없다.

성경에는 증거(證據)를 두 가지로 구분하고 있다. 겉으로 나타난 '외면적 증거'(데이크시스, Evidence)와 마음에 나타난 '내면적 증거'(마르튀리온, Proof)로 구별한다. '외면적 증거'는 육안으로 얻는 과학적 증거요 '내면적 증거' 마음으로 얻는 신앙적 심증(心證)이다. 신앙이 생기고 자라난다는 것은 자기의 내면적 증거가 자라나는 것을 말한다. 즉 영의 세계와 진리를 볼 수 있는 눈과 의지가 자라나는 것을 뜻한다. 그런데 양심의 증거(롬 2:15),

복음과 능력의 증거(롬 9:17), 그리고 하나님의 진노의 증거(롬 9:22) 등을 말할 때, 성경은 내면적 증거라 하지 않고 모두 '외면적 증거'(데이크시스)라고 한다. 그것은 복음의 능력이 나타나면 개인의 건강과 삶이 눈에 띄게 달라지고 가정이나 교회에 가시적 변화가 따르기 때문이다. 그리고 하나님의 진노도 가시적으로 나타난다. 그것을 "그들에게는 멸망의 증거(데이크시스)요 너희에게는 구원의 증거(데이크시스)"(빌 1:28)로 나타난다고 했다.

그러나 "내가 …… 하나님의 증거(마르튀리온)를 전할 때에 말과 지혜의 아름다운 것으로 하지 아니하고"(고전 2:1)나 "그리스도의 증거(마르튀리온)가 너희 중에 견고하게 되어"(고전 1:6)에서는 '내면적 증거'(마르튀리온)라고 하고, 그리스도께서 갈릴리 해변 먼지 길을 걸어 다니시며 복음을 증언하신 일도 역사적 증거(데이크시스)라 하지 않고 내면적 증거(마르튀리온)라고 하셨는가? 그것은 하나님의 증거, 그리스도의 증거 등에서 '예수'님은 객관적 증거를 위해 오신 것이 아니라 '나의 구원자, 그리스도'라는 영적 증거(마르튀리온)를 위해 오셨기 때문이다.

내면적 증거(마르튀리온)는 신앙적 영의 눈으로만 볼 수 있는 증거다(히 11:3). 이것은 양심과 영혼의 감각으로 얻는 심증(心證, 계 2:17)이며 물증(物證)과는 전연 다른 것이다. 하나님의 의, 죄 사하심, 하나님의 위로와 감화, 성령의 역사, 그의 능력과 영광 등은 다 육안으로는 보이지 않는 내적 증거(마르튀리온)이다. 그것은 각자가 믿음으로 얻는 증거다. 하나님을 믿는 자는 오직 이 증거를 붙들고 세상을 이기는 것이다. 아멘!

6 완전한 지식

인간 지식이 완전할 수 있는가? 옹졸한 고집덩이가 아니면 누구든지 맥을 치듯 단호하게 고개를 흔들 것이다. 인간 지식이 완전할 수 없는 것은 불완전한 이성으로 얻어지는 것이기 때문이다. 그리고 인간 지식은 이성의 창작품이 아니라 오로지 어떤 현상에 대한 포착과 납득일 따름이기 때문이다. 현상에 대한 포착이라는 면에서 마치 음악가가 작곡하는 것과 비슷하다고 할 수 있다. 작곡가는 마음에 떠오르는 아름다운 선율을 종이 위에 악보로 표시한다. 그렇다고 해서 어떤 선율과 곡을 임의로 만드는 것은 아니다. 남이 듣지 못하는 아름다운 선율과 화음을 마음이 듣는 대로 포착하여 작곡 기법에 따라 기록하는 것이다.

나는 예전에 악성(樂聖) 베토벤의 '운명' 교향곡이 청력을 잃어가는 시기에 만들어진 곡임에도 악기 종류의 특징에 따라 정확히 작곡되었다는 것을 이해할 수 없었다. '귀가 먹어 아무 소리를 들을 수 없는 상태에서 작곡을 했다면, 그 곡들은 상상에 의한 것일 텐데, 그렇다면 자기가 작곡한 곡을 어떻게 실감하며 작곡할 수 있었을까?' 하는 의문이었다. 그러나 나 자신이 90을 넘으면서 두 귀가 보청기를 사용하지 않으면 아무 소리를 들을 수 없게 되자 그 답을 알게 되었다. 아무 소리도 못 듣는 내 귀에 고장 난 녹음기처럼 아름다운 찬송이 온종일 반복 되풀이 되어 들려오는 것을 체험한 때문이다. 그 찬송의 선율과 음들은 젊을 때보다 더 선명하고 또렷하게 들린다. 하여 나는 작곡은 귀로 듣는 것이 아니라 마음으로 듣는 것이라는 것을 알게 되었다.

나는 음악가 중에 독일 태생 헨델(George F. Handel, 1685~1759)과 바흐(Johann S. Bach, 1685~1750)를 특히 좋아한다. 헨델은 독일에서 태어

나 젊었을 때 영국으로 건너가 영국 시민이 되었다. 그는 1741년 오라토리오 '메시아'(Messiah)를 작곡했는데, 그의 모든 곡 중 가장 많이 연주되는 곡이다. 그가 65세 되던 해 1750년 크리스마스 때, 런던 웨스트민스터 대사원에서 런던필하모닉 오케스트라의 연주와 대합창단의 협창으로 메시아 연주회가 열렸는데, 제2부에 마지막 곡 '할렐루야' 합창이 울려 퍼지자 많은 관중이 기립하여 눈물을 흘렸다는 기사는 너무도 유명하다. 그리고 바흐는 헨델과 한 달 차이로 독일의 같은 지역 작센(Saxony)주, 그것도 불과 80마일 떨어진 이웃에서 태어났다. 그러나 그들은 서로가 단 한 번도 만나지는 못했다. 바흐는 300여 곡(총 작품 1,080여 곡)의 걸작을 남기고 헨델보다 9년 앞서 56세에 사망했다. 그의 성악 작품으로는 교회 칸타타 200여 곡과 세속 칸타타, 오라토리오, 미사곡, 수난곡 등이 있는데, 그중 '마태 수난곡'(Matthäus-Passion), '요한 수난곡'(Johannes Passion), '크리스마스 오라토리오'와 칸타타 '마음과 입과 생명으로' 중에 나오는 '예수 우리의 기쁨'은 널리 알려진 종교음악 작품들이다. 또한 기악 작품으로는 바이올린과 첼로를 솔로 악기로 하는 협주곡이 유명하고, 관현악곡, 실내악곡, 클라비어, 파이프 오르간, 류트, 바이올린과 첼로 곡들이 있다. 그중 무반주 바이올린 소나타와 파르티타, 무반주 첼로 모음곡들은 종교적 신성함과 경외감마저 드는 곡들이다. 이런 걸작 중에서 나는 특히 파이프 오르간이 연주하는 장엄한 토카타와 푸가 곡들을 좋아한다. 바흐는 이렇듯 수많은 곡을 통해 헨델과 더불어 바로크 음악을 절정으로 이끌었다. 그러나 무엇보다 바흐 음악의 위대함은 '의지의 음악' 또는 '지성 음악'(Intellectual Music)이라는 데 있다. 결국 헨델과 바흐의 음악은 신의 위엄과 하나님 나라의 위대함을 체험으로 경험한 것을 음악으로 표현한 것이다.

지식이란 자연과학이든 인문과학이든, 생활 지식이든 신앙 지식이든, 바른 신앙이든 자기 지식 또는 사상에서 얻어지는 것이 아니고 오로지 계시에 의해 파악되었을 뿐이다. 그럼에도 그 지식이 완전하지 못한 것은 받은 계시를 과장(誇張)하거나 가장(假裝)하기 때문이다. 즉 계시가 아니거나, 계시를 받은 것이 없음에도 받은 것처럼 위증하는 경우가 많다는 말이다. 때로는 확실치 않는 계시를 확실한 것으로 오인할 수도 있고, 술이나 마약의 영향을 받거나 사욕과 사심에 이끌려 거짓된 소문과 지식을 만들어 내는 경우도 있다. 그래서 바울이 "내가 전한 복음은 사람의 뜻을 따라 된 것이 아니니라 이는 내가 사람에게서 받은 것도 아니요 배운 것도 아니요 오직 예수 그리스도의 계시로 말미암은 것이라"(갈 1:11~12), "우리 주 예수 그리스도의 하나님, 영광의 아버지께서 지혜와 계시의 영을 너희에게 주사 하나님을 알게 하시고"(엡 1:17)라고 한 것이다. 원래 계시(아팔뤼프시스, 마 11:25; 고전 14:6, 26; 갈 3:23; 벧전 1:12)의 근본 뜻은 '빛을 비춘다'(눅 2:32), 또는 '나타낸다'(Reveal, 마 10:26; 11:25; 요 12:38; 롬 1:17)라는 뜻이다. 이를 사도 바울은 "하나님의 영광을 아는 빛을 우리 마음에 비추셨느니라"(고후 4:6) 하신 것이다. 하여 음악이건 과학이건 철학이건 참된 진리는 인간이 스스로 만들 수 없다.

지식을 이용하려는 목적도 사람마다 다르고, 지식을 추구하는 목적도 사람마다 제각각 다르니, 거기서 얻어진 인간 지식을 완전한 지식이라 할 수는 없다. 더욱이 개인의 목적을 달성하기 위한 수단이 불완전한데 결과가 완전할 수도 없다. 하여 인간 목적과 기대에 짜 맞춘 지식이 어찌 완전할 수 있겠는가? 또한 인간에 대한 지식, 자연현상에 관한 지식이란 출생과 성장과 건강과 주어진 환경 조건에 따라 다 다르고 국한된다. 그리고 지식 추구의 목적이 참되고 완전할 수 없어 얻어진 지식도 참될 수도 온전할 수도 없다. 그러나 참된 지식은 단순하고 온전한 계시에서 얻어지는 것이어서 복잡할 수도 다양할 수도 없다. 다만, 그 지식을 받아들이는 마음이 어린아이와 같지 못해서 원래의 계시된 진리와 거리가 멀어지는 것이다.

오늘 아침에 가정 예배를 보면서 찬송 246장을 불렀다. "나 가나안 땅, 귀한 성에 들어가려고 내 무거운 짐 벗어 버렸네! 죄 중에 다시 방황할 일 전혀 없으니, 저 생명 시냇가에 살겠네! 길이 살겠네, 나 길이 살겠네! 저 생명 시냇가에 살겠네!" 아내와 나는 눈을 감고 이 찬송을 되풀이해 부르면서 처음 작곡 작시자가 받은 계시를 받기를 소원했다.

신은 인간을 지을 때부터 그 목적이 있으셨다. 하여 인간을 창조하시고 돌보심이 농부가 밭을 경작하여 씨를 뿌리고 돌보는 농사꾼과 같은 심정으로 지으셨고(요 15:1~2) 곡식이 잘 자라 열매 맺기를 원하셨다(요 15:5~7; 계 22:2). 그러나 인간은 자기에게 주어진 특권으로 하나님의 소원 곧 창조의 목적에서 벗어나 탕자가 되면서 하나님의 계시에서 멀어졌다. 그리하여 자기의 바벨탑을 높이 쌓아 올린다. 자기 힘으로 헛된 지식을 쌓고선 얼마든지 행복할 수 있다고 긍지와 자존심을 세운다. 그러나 거기에서는 항상 해소되지 못한 갈증으로 애만 태울 뿐 시원한 만족감을 얻지 못한다.

그런데 성경은 신에 대한 지식을 말씀하시면서 인간에게 '완전한 지식'(에피그노시스, 롬 3:20; 10:2; 4:13; 빌 1:9)에 이를 것을 권한다. 그 완전한 지식은 "우리를 부르신 이를 앎(지식)으로 말미암아"(벧후 1:3) 얻게 되는 '완전한 지식'[에피(Full)-그노시스(Knowledge)]이다. 사도 베드로는 '믿음에 덕을, 덕에 지식을, 그 위에 절제를, 인내를, 경건을, 형제 우애를, 사랑을 더하라'(벧후 1:4~7)고 하신 후 "우리 주 예수 그리스도를 아는 일(지식)에 게으르지 말라"(벧후 1:8) 하셨다. 즉 '신의 성품'(벧후 1:4)을 아는 지식, '믿음의 초석이 되는 지식'(벧후 1:5)과 그것이 성장한(벧전 1:6~7) 후에 얻게 되는 '완전한 지식'(벧후 1:8)을 권하고 있다.

이어서 사도 베드로는 완전한 지식을 얻어야 완전한 믿음을 기대할 수 있으며 그렇게 되면 "우리 주, 곧 구주 예수 그리스도의 영원한 나라에 들어감을 넉넉히 너희에게 주시리라"(벧후 1:11) 하시면서 그것이 참된 '유익'(오펠레이아 막 8:36)이라고 말하고 있다. 인간은 의식주에 관한 지식, 욕심을 충족시키는 지식이 유익한 지식이라고 생각한다. 그러나 그것들은 비천한 지식이며 믿음에 관한 '완전한 지식'은 현실에서 평안과 기쁨을 얻게 하여 유익을 주는 동시에 미래의 유익을 보장하는 것이다. 그래서 "믿음은 바라는 것(현실적인 것)들의 실상(지식)이요 보이지 않는 것(영원한 것)들의 증거"(히 11:1)라고 하신 것이다.

그러나 "너희가 하나님에게 열심이 있으나 지식(에피그노시스)을 좇는 것이 아니니라"(롬 10:2)고 바울은 경고했다. 등불이 되려면 기름과 심지만 있다고 등불이 되는 것이 아니라 심지에 불을 붙이는 뜨거운 불씨의 점화가 있어야 한다. 세상의 어떤 지식도 마찬가지이지만 하나님을 아는 지식이란 더더욱 신앙 심지에 불(열심)을 붙이지 않으면 빛을 받을 수 없다. 지식도 크든 작든 하나의 빛이다. 그러나 부분적 지식은 색깔이 있어 화합하지 못하는 경우가 많아 착오를 범할 수 있다. 그렇다고 완전한 지식을 나는 얻었다고 촐싹댄다고 해서 얻어진 것도 아니다. 완전한 지식(에피그노시스)은 '하나님의 의'(롬 10:2)와 '하나님의 뜻'(골 1:9)을 아는 것이며, 그 연후에 '사랑과 지식이 (함께) 풍성하게'(빌 1:9) 융합되는 것이다. 하나님의 의와 뜻을 깨달은 연후에 그 지식이 완전히 융합되면 아름다운 화음이 되어 '사랑의 체험'에 이르게 된다.

처음에 머리로 이해되지 않던 말씀이 첨차 '아는 것과 믿음의 결부'(히 4:2)가 일어나 자신의 개념이 되고, 그것이 '믿을 만하다'(Believable)는 심층 개념이 된다. 그리고 그 개념 속에 과거에 없었던 새로운 비전, 즉 영혼의 새 영역이 펼쳐지는 체험에 이른다. 그 새 영혼의 영역이 무엇인가? 어둠을 물리치는 빛이 비쳐져 새로운 패러다임의 '믿음'(피스듀오)으로 성장한 새롭고 온전한 지식이다. 그리하여 사도 바울이 간증한바, "내가 어렸을 때에는 …… 깨닫는 것이 어린아이와 같고 생각하는 것이 어린아이와 같다가 장성한 사람이 되어서는 어린아이의 일을 버렸노라"(고전 13:11)했던 장성한 지식과 믿음의 세계에 이르게 된다.

그리하여 바울은 "지혜에는 어린아이가 되지 말고 악에는 어린아이가 되라 지혜에는 장성한 사람이 되라"(고전 14:20)라고 권한 것이다. 그런데 왜 '지식에는' 하지 않고 '지혜에는' 하셨는가? 그것은, 지식은 앞서 말한 것과 같이 제3단계 지식 곧 활용할 수 있는 지식만이 유효하고, 그때서야 바른 지혜가 생기며, 바른 지혜가 있어야 '하나님의 모든 뜻 가운데서 완전하고 확신 있게 서도록'(골 4:12) 하기 때문이다. 즉 바울은 하나님의 뜻을 아는 지식과 지혜로 '믿음의 집터'를 얻을 수 있다고 본 것이다. 그 터 위에 기둥과 창문과 바닥과 지붕이 연합하여 서게 되면 구원에 이르는 것이다.

성경은 다 한 말씀(레마)이지만 긴 세월을 두고 다른 배경과 환경과 역사 속에서 다양한 저자들에 의해 기록되었다. 그리하여 같은 말, 비슷한 표현이라 할지라도 여건에 따라 전달하려는 뜻은 다르다. 그래서 말씀에는 상호 모순되게 보이는 부분도 있고 상충되게 보이는 부분도 있다. 하여 설교자가 성경 말씀을 전달하기 전 말씀의 적당성을 파악하기 위해 그 말씀의 배경과 개념과 뜻을 깊이 연구하고 당시성(當時性)과 실재성, 즉 현실적 계시를 파악하여 살아 있는 말씀을 재현하는 것이 중요하다. 이를 위해 묵상과 기도와 주석과 역사 연구 등이 필요한 것이다. 그렇지 못하면 말씀의 '완전한 지식' 대신 인간적 하찮은 계시로 수박 겉핥기식 전달이 될 수도 있다는 말이다.

주님께서 네 종류의 밭에 떨어지는 씨 비유를 들어 말씀의 씨앗이 자라는데 어떤 방해 요인이 있는가를 설명하셨다. '좋은 땅'을 '말씀을 듣고 시원스럽게 깨닫고 받아들이는 자'(마 13:23)로, '길사 밭'을 '말씀을 들으나 깨닫지 못하는 자'(마 13:19)로, '돌밭'을 '말씀을 듣고 기쁨으로 받되 잠시 견디다가 넘어지는 자'로, '가시떨기 밭'을 '말씀을 듣고 새싹이 자라나나 세상 염려와 유혹에 막혀 결실하지 못하는 자'(마 13:20~22)라고 하셨다. 여기서 중요한 사실은 하나님의 계시라 하더라도 각자의 준비된 '마음 밭'에 따라 계시의 효력이 다르다는 것이다. 즉 먼저 '깨닫는 마음 밭'으로 변화시키라는 권면이다. 아무리 같은 계시가 내린다 하더라도 흡수력(吸收力)과 보수력(保水力)이 없거나 가시나 잡초와 같은 세상 염려와 유혹이 잔뜩 뿌리 내리고 있다면 계시가 무용지물이 될 수밖에 없다. 그것이 농부이신 하나님(요 15:1)의 염려다.

이처럼 전연 '듣기에 둔한 자'(마 13:15)가 있고 '들음으로 복 받는 자'(마 13:16)가 있으며 '듣고 잠시 견디는 자'가 있고 '결실하는 자'가 있으니, 돌밭이나 가시밭도 경작하여 옥토로 만들 수 있음을 강조하신 것이다. 인간이란 처음부터 옥토인 사람은 없다. 길가 밭이요, 돌밭이요, 가시밭이다. 비록 그렇다 할지라도 회개하고 경작하면 옥토를 만들 수 있는 희망이 있다. 그 소망을 가진 사람은 초월자가 주는 씨앗을 기쁨으로 받아 심고 성령의 물을 주며 햇빛을 받아, 초월의 세계 속에 새로운 생명이 자라게 한다. 비록 낮고 원시적인 수준에서 출발한다 하더라도 그 천박한 마음 밭에 하늘의 높은 씨앗을 심어 영광의 열매를 수확하기를 하나님께서는 기대하신다.

성경은 "들을 귀 있는 자"(마 11:15; 13:9; 계 13:9)에 대해 말씀하신다. 그 '들을 귀'는 말소리를 듣는 귀가 아니라 말의 뜻을 듣고 순종하는 귀를 말한다. 듣고 씨앗이 움이 트게 하는 들음, 자라나게 하는 들음, 고난을 견디는 들음, 결실의 들음을 말한다. 그중에서 때를 기다리는 인내의 들음은 귀한 것이다. 아이가 자라면서 음식이 달라지는 것처럼 들음도 성장 단계마다 변해 간다. 그것은 말씀의 능력 곧 말씀을 통한 성령의 역사하심에 기인한다. 그러나 귀가 있다고 다 듣는 것이 아니며 '들을 귀'가 있어야 들을 수 있다. 그것을 흔히 '말귀'라고 하며 뜻을 알아차리는 귀를 말한다. 특히 하나님의 말씀은 성령으로 할례 받은 '말귀'가 있어야만 들을 수 있다. 하여 진리의 말씀은 "마음과 귀에 할례 받은 자"(행 7:51)만이 들을 수 있는 비밀(엡 3:2, 3)이 따로 있는 것이다.

나는 이제 나이 90이 넘으면서 보청기 없이는 의사소통이 어려워졌다. 보청기가 없어도 말과 소리는 들린다. 그러나 말의 뜻은 알아차릴 수 없다. 귀가 있어도, 소리는 들려도 '말귀'가 들리지 않는다. 분명히 아내가 불평을 말하는 데 그것이 나를 향한 불평인지 아이들을 향한 원망인지 말귀가 어두워져 이해할 수가 없다. 말귀를 듣지 못하면 대충 짐작은 가나 정확한 뜻은 알지 못한다. 시력도 떨어지면 모든 게 희미하게 보여 책이나 글을 읽어도 정확한 뜻을 파악할 수 없다. 결국 글에도 '글귀'와 '글눈'이 있는 것이다. 그리하여 꼭 같이 듣고 보아도 머릿속에 생기는 패러다임은 사람마다 달라서 각자 자기 위주로 해석하게 되고 오해가 생기기도 한다.

사람들은 자기를 옳게 보이려 하고(눅 10:29) 자기를 위해 지식과 재물을 모은다(눅 12:21; 20:28; 롬 14:7). 자기를 지혜롭다고 자처하며(롬 11:25) 자기 자랑으로 삼는다(행 5:36). 그리고 자기를 높이며(마 23:12) 자가당착으로 살다가(롬 14:22) 종내 자신을 사탄에게 내어 주고 자신을 잃게 된다(눅 9:25). 결국, 그들의 그릇됨에 상당하는 보응을 받게 된다(롬 1:27). 하여 성경은 "스스로 조심하라"(눅 21:34), "스스로 삼가하라"(행 15:29)고 권면하는 것이다. 세상에는 자신 있게 "나는 진리를 본다!"거나 "깨달음을 얻었다!"라고 장담하는 이들이 많다. 그러나 그가 깨달은 이치는 사실상 진리와는 전연 다른 경우가 허다하다. 그래서 세상에는 광신자가 많을 수밖에 없다. 그릇된 지식을 믿고 열을 올리는 것을 보고 미쳤다고 하지만, 막상 광신자는 그 누구도 자신의 그 어리석은 광기(狂氣)를 알아차리지 못한다. 바로 이것이 자신을 비우는 회개를 거듭해야 하는 이유다.

'마음으로 보고 마음으로 듣는'(행 22:15; 28:27; 계 2:7, 11, 17, 27) 내관적 감각(Introspective Sense), 또는 영적 감각이 예민할수록 하나님의 말씀과 그의 뜻을 바르게 깨닫게 된다. 하여 신령한 지식과 깨달음이 없는 영적 항해는 위험천만한 모험이다. 말씀의 나침판과 깨달음의 키가 없다면 순항은 기대할 수 없기 때문이다. 그것이 들은바 그 말씀이 역사하여 믿음과 화합(히 4:2)해야만 하는 이유다. '화합'(순케란누미)은 서로 대등하게 섞여 융화되는 것을 뜻한다. 지식이 무엇과 화합한다는 말인가? 신앙(생활)과 화합한다는 뜻이 무엇인가? 그것은 말씀을 깨닫고 믿어 그 말씀에 순종하면 새로운 진리를 더 깨달아 알게 되는 순환 원리를 뜻한다. 그것은 마치 이륜 자전거로 여행하는 것과 같다. 앞바퀴와 뒷바퀴가 있다고 해서 넘어지지 않는 것도 아니다. 지식의 앞바퀴가 방향을 잡으면 믿음의 뒷바퀴가 앞으로 밀어 전진할 때만 넘어지지 않고 목적지로 가게 한다. 그때 중요한 것은 앞바퀴의 방향 수정에 있다. 만일 핸들을 쥔 자가 옹졸하여 자기 고집에 사로잡혀 좌로나 우로 치우치면 결과는 보나 마나다.

"너희가 은을 받지 말고 나의 훈계를 받으며 정금보다 (말씀의) 지식을 얻으라"(잠 8:10), "나는 주의 종이오니 깨닫게 하사 주의 증거를 알게 하소서"(시 119:125), "전파하는 자가 없이 어찌 들으리요"(롬 10:14) 하신 말씀들을 앞바퀴라 한다면, "믿는 자에게는 능히 하지 못 할 일이 없느니라"(막 9:23), "처음 믿음을 저버렸으므로 정죄를 받느니라"(딤전 5:12)는 믿음의 뒷바퀴요, "이는 그들로 하여금 믿음을 온전하게 하고"(딛 1:13), "양심의 악을 깨닫고(앞바퀴) …… 온전한 믿음(뒷바퀴)으로 하나님께 나아가자"(히 10:22)는 뒷바퀴의 전진 원리라고 할 수 있다. 그러므로 온전한 믿음은 '신령한 지식'과 '겨자씨 믿음'(눅 17:6)의 화합이다. 겨자씨는 씨앗 중에서도 지름이 1mm도 못 되는 아주 작은 씨앗이다. 이 풀씨가 자라나 성장하면 키가 4~5m가 넘는 큰 나무가 되어 공중의 새들이 깃들인다는 것은 기적이다. 바른 지식과 굳건한 믿음의 조화는 이와 같은 겨자씨의 기적을 만든다.

그래서 "우리가 다 하나님의 아들을 믿는 것과 아는 일에 하나가 되어 온전한 사람을 이루어 그리스도의 장성한 분량이 충만한 데까지 이르리니 이는 우리가 이제부터 어린아이가 되지 아니하여 사람의 속임수와 간사한 유혹에 빠져 온갖 교훈의 풍조에 밀려 요동하지 않게 하려 함이라"(엡 4:13~14)고 권면하신 것이다. 여기에 '믿는 것과 아는 일'(에피그노시스)에 '하나가 되는'(에노테타, Unity) 것이 그리스도의 장성한 분량이 충만한 데까지 성장하는 길, 곧 그리스도의 충만하심의 경지에까지 이르는 길이다. '믿는 것과 아는 일', 그것을 어떤 이는 "구원의 길은 '모노레일'(Mono-Rail)이 아니고 '신령한 지식'과 '신앙'의 쌍 레일(Dual-Rail)"이라고 표현했다.

제2장

진리

1 상대적 진리와 절대적 진리

진리에는 절대적 진리가 있고 상대적 진리가 있다. 상대적 진리란 주어진 여건과 상황에 따라 변하는 진리, 조건부 진리, 시대에 따라 변하는 진리를 말하지만 절대적 진리는 어떤 경우에도 변하지 않는 진리를 말한다. 따라서 값싼 상대적 진리는 쉽게 얻을 수도 있고 버릴 수도 있으나 절대적 진리는 쉽게 얻어질 수도 버려질 수도 없다. 그런 분명한 특성이 있음에도 사람들은 절대적 진리와 상대적 진리를 구분하지 못하거나 절대적 진리는 없다고 단언한다.

자연 속에 숨은 진리는 인간의 탐구 방법과 과학의 발달에 따라 날로 새로운 학설이 나오고 이론과 원리가 변하는 것은 부인할 수 없다. 그리고 신의 존재나 내세에 대한 진리는 심오하여 인간이 각성하여 깨달은 것이라도 완전한 진리는 될 수 없다. 마치 흑암 속에서 더듬어 짐작하듯 불완전한 것이기 때문이다. 넓은 외부의 세계를 보지 못하고 오성(悟性)의 제한된 형식, 공간, 시간, 그리고 인과성(因果性)에 관한 극히 부분적 깨달음을 포착할 뿐이다. 그렇게 얻어진 진리는 주어진 환경과 여건에 따라 수시로 변하는 특성이 있다. 그럼에도 사람들은 "이것이 진리다!"라고 외치기도 하고 그 말에 현혹되어 자기의 자유와 주어진 귀중한 권한을 포기하고 종노릇하며 자기가 묶여진 사슬이 황금 사슬이라고 자랑한다.

참된 진리는 둘이 될 수도 상대적일 수도 세월에 따라 변할 수도 없다. 그럼에도 예부터 진리는 대립된 이중성을 가진다고 영지주의(Gnosticism)는 주장한다. 그것은 그들의 진리가 절대성이 없다는 것을 자인한 것이다. 성경 말씀에 관해서도 진리의 단일성과 중첩성, 절대성과 상대성에 대한 주장을 왕왕 볼 수 있다. 그래서 성경 말씀은 깊이 들어 갈수록 어렵고 여러 주석을 보고 연구해도 간단한 회답을 얻기가 쉽지 않다. 그것이 말씀을 읽을 때 억지 해석이나 이해가 되지 않도록 주의해야 하며 오해가 생기지 않도록 성령님의 도움을 구해야만 하는 이유다. 왜 억지가 되어서는 안 되는가? 억지는 흑암 속을 더듬는 손끝의 느낌에 따라 얻어진 자기 경험적 인지를 뜻하기 때문이다. 그리고 흔히 그런 깨달음은 이미 가지고 있었던 선입견과 기대감에 좌우되기 때문이다. 그것이 선입견이 없는 '어린아이가 되지 아니하면' 참 진리를 깨달을 수 없는 이유다.

이를 의식한 어떤 성경학자는 그런 혼란을 막기 위해 말씀에 "밑줄을 치지 말라"(Don't Underline)고도 하고 "한 구절에도 손가락질하지 말라"(don't finger on a verse)고도 권면한다. 그리고 성경을 읽을 때 어떤 부분에 치우쳐 편식(偏食)하지 말고 아무리 자기 입에 맞는 음식이라 할지라도 '골고루' 먹으라고 권하는 것은 말씀의 겉보기 다양성과 이질성(異質性)을 넘어 통일성과 절대성을 얻으라는 권면이다. 그러나 그렇게 강조한다고 쉽사리 그것이 얻어지는 것도 아니다.

말씀에는 아기 젖같이 부드러운 부분도 있고, 반대로 단단한 음식도 있다(히 5:12~14). 절대 금지 사항도 있고, 권면 사항도 있다. 그리고 네가 알아서 하라는 허용 사항도 있다(고전 6:12; 7:6, 15). 그리고 주님께서 "내가 진실로 진실로 네게 말하노니……"라고 시작하신 말씀들처럼 누가 보아도 변괴가 없는 일관된 말씀도 있고, 그렇지 않고 서로 반대되거나 모순되게 보이는 말씀도 있다. 이들은 다 진리의 다양성과 이질성을 나타낼 뿐 서로 모순되거나 대립될 수는 없다. 그리고 때로는 다양성을 넘어 반대되는 말씀으로 보이는 경우는 주어진 상황이 다를 뿐, 진리가 변했다거나 융통성이 있다는 것도 아니다.

예를 들면 성경에는 "화평하라"(마 5:9; 골 1:20; 히 12:14)는 말씀도 있고 "내가 세상에 화평을 주러 온 것이 아니요 검을 주러 왔노라. 아비와 딸이, 며느리와 시어머니가 불화하게 하려 함이니"(마 10:34~35)라는 말씀도 있다. "싸우라"(고전 9:26; 딤전 1:18; 6:12; 딤후 4:7; 히 12:4)는 말씀도 있고

"다투지 말라"(딤후 2:24; 약 4:2)거나 "온유하라"(마 5:5; 고전 4:21; 갈 5:23; 엡 4:2)는 말씀도 있다. 이것은 전자는 악령과 그리고 자신의 정욕과의 싸움을, 후자는 이웃이나 타인과의 다툼으로 그 상대가 다를 뿐이다. "시험하지 말라"(약 1:13)도 있고 "시험하라"(고후 13:5; 엡 5:10; 딤전 3:10; 요일 4:1)도 있다. 이것도 대상에 따라 다르다고 보면 된다. 그렇지만 형제를 비방하거나 판단하지 말라(마 7:2~3; 고전 4:5; 약 4:11)는 말씀도 있고, 형제를 판단하여 너희 중에서 쫓아내라(고전 5:12, 13; 11:13~15)는 말씀도 있다. 이웃을 네 몸같이 사랑하고 돌보라는 말씀(마 5:43; 19:19; 눅 10:27~30; 롬 13:9; 갈 5:14)도 있고 사귀지도 말고 함께 먹지도 말라(고전 5:11)는 말씀도 있다. 참고 용납하라는 말씀도 있고(호 4:4; 고후 11:1; 엡 4:2; 골 3:13), 다른 복음을 전하는 자(고후 11:4)나 어리석은 자(고후 11:19)를 용납하지 말라는 명도 있다. 이것들은 대상에 따라 용납해서는 안 될 것과 될 것을 지적한 것이다.

"권세와 싸우라"(엡 6:12), "복종하지 말라"(갈 2:5)는 말씀도 있고, "세상 권세에 복종하라"(롬 13:1~3; 히 13:17)와 "겸손과 온유로 하고 오래 참음으로 사랑 가운데서 서로 용납하라"(엡 4:2)는 말씀도 있다. "근심하지 말라"(엡 4:30; 살전 4:13; 벧전 1:6)도 있고 "근심하라"(고후 2:4; 6:10; 7:9~11; 약 4:9; 고후 7:10)도 있다. "항상 기뻐하라"(빌 3:1; 4:4; 살전 5:16)도 있고 "슬퍼하라"(약 5:1), "우는 자와 함께 울라"(롬 12:15)도 있다. 주님께서 심판자로 오셨다는 말씀(요 9:39; 12:31)도 있고, 심판하려 함이 아니라는 말씀(요 12:47)도 있다. 따라서 말씀에는 어린아이도 먹을 수 있는 젖 같은 쉬운 말씀도 있고 어른도 소화하기 어려운 말씀도 있다.

구약에서는 하나님께서 아브라함과 이삭과 야곱에게 축복하셔서 부유하게 하셨다. 그리고 재물이 많은 것을 축복으로 말씀(잠 10:15; 14:20; 18:11; 22:7)하신다. 그러면서도 의인 욥을 하나님께서 복을 주사 재물이 부유하게 하신 후에 사탄을 허용하여 그를 시련과 가난과 질병으로 시험했다. 그런가 하면 "사람이 시험을 받을 때에 내가 하나님께 시험을 받는다 하지 말지니

하나님은 …… 친히 아무도 시험하지 아니하시느니라 오직 각 사람이 시험을 받는 것은 자기 욕심에 끌려 미혹됨"(약 1:13)이라고 말씀하셨다. 그렇다면 부귀는 축복의 결과인가? 사탄의 시험인가? 갈피를 잡을 수 없다.

그리고 주님의 가르치심 가운데 부자와 거지 나사로의 이야기, 부자 관원의 실망(눅 18:18~25), 부자와 과부의 헌금(눅 21:1~4), 그리고 약대와 바늘귀 이야기(마 19:24) 등에서 주님은 결코 부자를 축복으로 보시거나 헌금 금액을 평가 기준으로 보시지 않았다. 그럼에도 "여호와는 가난하게도 하시고 부하게도 하시며"(삼상 2:7)라고 했고 '영과 육과 세상 범사'의 3박자 축복(시 16; 요삼 :2)을 주신다는 말씀도 있다. 그리고 '불경건한 자가 이익을 얻는 것'(욥 27:8~9), '부자가 누리는 것'(욥 27:19)은 하나님의 허용으로 된 것으로 보았다. 그리하여 구약의 진리와 신약의 진리는 다르다고 주장하기도 한다. 정갈한 이해가 없으면 회의가 둥지를 트는 법이다. 그리하여 하나님의 명령이나 지시에 대해 보통 사람은 말할 것도 없고 많은 선지자가 이따금 회의에 빠지곤 한다.

눈물의 선지자 예레미야가 "내가 주께 질문하오니 악한 자의 길이 형통하며 패역한 자가 안락함은 무슨 연고입니까?"(렘 12:1)라고 하나님에게 항문(抗問)했다. 형통과 안락은 하나님의 축복으로 선악을 따라 주어지는 것이라면 악한 자가 형통할 수 있느냐는 회의. 그런 질문은 요나 선지자도 했으며(욘 4:1~3), 상당한 구약 선지자들도 가졌던 의문이다. 의로운 자가 복을 받고 악한 자가 멸망한다면 세상은 세월이 흐를수록 의로운 세상으로 변해져 갈 것이다. 그러나 세상은 그와 반대로 세월과 더불어 악해져 가니, 그것을 이해하기 어렵다. 오로지 악한 자와 의로운 자를 공평하게 사랑하시는 하나님(마 5:44~45)으로 이해될 따름이다. 그리고 하나님의 뜻과 섭리대로 세상이 운영된다는 것이 진리라면 세상은 흐르는 세월과 더불어 점점 천국이 되어져야 한다. 그러나 실은 "인자가 올 때에 세상에서 믿음을 보겠느냐!"(눅 18:8)라고 주님께서 예고하신 대로 갈수록 세상은 타락이 극도로 치닫게 될 것이다.

상대적 진리가 절대적 진리가 될 수 있는가 하는 것은 오래된 질문이다. 결국 진리는 모순을 허용하지 않는다. 그렇다면 상대적 진리란 비합리를 말하며 비진리일 뿐이다. 그러나 상대적으로 보이나 절대적 진리가 있고 절대적으로 보이나 불완전한 진리가 있다. 예를 들어 보자, "사람은 누구나 말(언어)할 수 있다."라거나 "사람은 서서(직립 동물) 걷는다."라는 것은 보편적 진리는 될 수 있다. 그러나 '누구나' 대신 '일반적으로'라는 말이 첨부되면 절대적 진리가 될 수 있다, "장미는 분홍색 꽃이 핀다."라고 하면 절대적 진리는 될 수 없으나 "분홍색 꽃이 피는 장미도 있다."라고 하면 모순이 없는 타당한 진리는 된다. 주어진 시기와 여건과 조건하에서만 성립되는 진리라 할지라도 그 조건이 명시되면 절대적 진리가 될 수 있다. 단지 그 제한 조건이 일반성과 공통성이 인정될 경우 진리라 할 수 있다. 그 제한 조건은 보편성을 해치는 것이 아니라 다양성을 밝힐 뿐이다.

"장미는 여러 가지 색의 꽃을 피우나 다 줄기에 가시가 있다."라는 명제는 누가 보아도 모순이 없는 진리라 할 수 있다. 그렇다고 해서 장미에 관한 유일한 진리라거나 완전한 진리라고 할 수는 없다. '여러 가지 색'이 아니라 '몇 가지 색'만 있기 때문이다. 오성(悟性)의 제한된 형식, 공간, 시간, 그리고 복잡한 인과성을 포착하지 못한 진리는 다 부분적 진리라 할 수 있으나 상대적 진리라고는 할 수 없다. 그와 반대로 제한된 조건이 명시되어 있거나 암시되어 있고 그 제한된 조건 내에서 예외 없이 입증될 수 있는 진리는 그것을 인정하는 주관적 경험의 세계에서는 절대적 진리가 된다. 예를 들면 하늘에서 신의 음성을 들었다거나 기도하여 병이 나았다거나 하는 것도 '성령으로 말미암아'라는 공통분모의 일반적 조건이 성립한다면 '절대적 진리'가 된다. 단지 그 진리가 5천 년 전이나, 오늘이라 할지라도 모순 없이 입증될 수 있어야 한다.

기독교의 진리가 절대성이 있다는 것은 신의 계시에 의한 것이라는 전제(前提)나 선험(先驗)에 의한 것이 아니라, 체험과 믿음의 확증에 의한 것이라면 누가 뭐라 해도 자기에게만은 절대적 진리라고 할 수 있다. 그리고 누구에게도 같은 조건하에서 입증될 수 있는 진리라면 절대적 진리가 될 수 있다. 그것이 말씀을 해석할 때 말씀의 바른 뜻을 이해하기 위해 다른 어떤 곳에서라도 같은 말씀의 절대적 진리성을 찾아 바른 뜻을 파악하는 것이 필요한 이유다. 그리고 주어진 시간과 공간의 조건을 파악하여 절대적 진리성을 발견해야 한다. 그렇게 보면 구약 시대의 진리와 신약 시대의 진리가 다르다고 보는 주장은 잘못된 것이다.

바울은 고린도전서 6장 12절에서 "모든 것이 내게 가하나 다 유익한 것이 아니요 모든 것이 내게 가하나 내가 무엇에든지 얽매이지 아니하리라"라고 고백한다. 이와 비슷한 말을 고린도전서 10장 23절에서는 "모든 것이 가하나 모든 것이 유익한 것은 아니요 모든 것이 가하나 모든 것이 덕을 세우는 것은 아니니"라고 표현하고 있다. "무엇에든지 얽매이지 아니하리라" 대신 "모든 것이 덕을 세우는 것은 아니니"라고 표현되었다. 따라서 여기서 '가하다'는 '인간은 자유가 주어진 존재'라는 진리이면서 또한 '덕을 세우는 일에는 윤리적 구속 아래 있다'라는 반대 진리이다. 여기서 말하는 '덕'(오이코도미에, Edify)은 물질적으로 심리적으로 남에게 유익을 주는 '덕'(德), 또는 이득(利得)을 뜻하는 것이 아니고 '집 짓기'(오이코도미에)로서, 옛날에 집 없는 사람을 위해 이웃들이 모여 집을 짓는 것을 뜻하며, 자의에 의해 기쁨으로 성전을 짓는 것을 뜻한다. 즉 인간은 자유로우나 더욱 이웃의 집을 짓기에 힘쓰라는 절대적 진리다. 이 말씀을 이해하려면 "내가 무엇에든지 얽매이지 아니하리라"(고전 6:12)와 "때가 단축 되었다"(고전 7:29)라는 부수 조건을 이해해야만 한다. 바로 여기에 "가하나 …… 가하나"는 인간의 '법적 자유'를 말하나 한편 그 자유는 '윤리적 구속 아래 있는' 자유라는 진리이다.

바울은 "모든 것이 다 유익(슘페레이, Expedient)한 것이 아니다"(고전 6:12)라고 한 후 "누구든지 자기의 유익을 구하지 말고 남의 유익을 구하라"(고전 10:24), "모든 일에 모든 사람을 기쁘게 하여 자신의 유익을 구하지 아니하고 많은 사람의 유익을 구하여 그들로 구원을 받게 하라"(고전 10:33)고 가르치고 있다. 이것이 인간의 실리주의와 반대되는 진리다. 하나님의 진리인 계명에는 절대 해서는 안 될 "하지 말라"는 '불가법칙'(不可法則)과 "하라"는 '필수법칙'(必需法則)이 있다. 그 이외에 우리의 자유의사에 맡겨진 규례가 있다. 그리고 그 계명과 규례를 지키든 지키지 않든 선택의 자유가 있으나 그에 따르는 책임을 져야 한다는 것이 심판의 진리다.

세상의 빈부나 성공은 자기의 지혜와 수고의 결과이며 이것은 심는 대로 거두는 진리이다. "공든 탑은 무너지지 않는다."는 절대적 진리라고 할 수 없다. 인생은 늘 순탄한 것만은 아니어서, 때로는 맑은 하늘에서 불이 떨어지기도 하고, 거친 들에서 큰 바람이 불어와 집을 쳐 무너지게도 하며, 가족을 잃기도 하고, 야만인들에 의해 재산과 생명을 잃기도 하는 것이 세상 진리이다. 하나님이 만드신 세상에 어떻게 그런 일이 있을 수 있는가? 라고 생각할 수 있으나 세상에는 순리만 있는 것이 아니고 회오리바람도 지진과 산불과 역병도 있는 것이고, 공든 탑이 무너지는 일도 있는 것이고, 인간의 욕심과 반역의 결과로 파괴와 병과 실패와 절망이 온다는 것도 진리다. 그리고 이 모든 관례와 특례, 순리와 모순이 함께 있는 세상 속에서 신의 계시와 진리에 귀를 기울여 그의 능력과 신비 속에서 절대 진리를 받아들이면 구원의 복을 받을 수 있다는 것이 세세토록 변치 않는 기독교의 진리다.

베드로가 주를 처음 만났을 때 두려워하여 "주여 나를 떠나소서!"(눅 5:8)라고 했던 그가 3년 후 최후의 만찬 자리에서 모두 주를 버려도 자신을 결코 주님을 떠나지 않겠다고 맹세까지 했으나, 주님께서 십자가에 달리시던 날 속절없이 주를 배반했다. 왔다 갔다 하는 흔들리는 인간 심리, 갈대 같은 마음에 절대적 진리가 있다 하더라도 심었다 뽑고, 물 주고 옮기는 반복 속에 진리가 깊이 뿌리를 박을 수 없다. 인간의 제한된 오성으로 공간과 시간, 그리고 복잡한 인과성을 포착하려는 시도는 가상하다 할지 모르나, 인간은 누구를 막론하고 자연현상을 초월할 수 없어서 오성으로 깨닫는 인간이란 자연과 역사의 변천에 따라 변하는 부평초와 같다. 큰 소리로 장담하며 절대적 진리란 '믿는 것이다' 했다가 그다음 순간 절대적 진리는 없다고 주장하는 눈뜬 맹인들은 그렇다 치고, 믿음을 가진 신자나 지도자들도 이따금 혼돈에 빠져 "오오라 나는 괴로운 사람이로다." 할 뿐, 그다음에 "그러나 감사하리로다."가 없다.

키르케고르(Kierkegaard, 1813~1855)가 죽은 후 그의 낡은 서류함에서 그의 귀중한 버려진 원고를 발견하고 출판된 책이 『이것이냐 저것이냐?』(Entweder-Oder, 1893)이다. 키르케고르 당시의 윤리적, 종교적 문제들을 소설 형식으로 표현한 책으로, 교회 내의 다양한 형식주의, 교인들의 진리를 빙자한 모순된 삶을 구상화하여 진리에 대한 혼돈이 생활에 반영된 것을 밝혀 철학적으로 분석 비평한 내용이다. 이와 같이 왜 진리를 추구하는 교회 내에서도 갈대처럼 비진리가 왕성한 것인가?

하나님께서는 인간이 꼭 지켜야 할 율법을 주시고 심는 대로 거두는 순리의 자연법을 주셨다. 그리고 율법의 613가지나 되는 그 많은 율례와 규례를 주시면서 다 개인의 자율에 맡기셨다. 원례 율법(노모스)이란 '가르침'이라는 뜻과 '원리', '규정' 또는 '진리'라는 뜻이 담겨 있다. 즉 율법은 인간을 얽매이게 하는 것이 아니라 '자유에 이르는 원리를 가르치신 것'이다. 그 밖의 일들은 우리의 자유로운 선택에 맡기셨다. 그리고 선택의 결과는 각자가 책임져야 할 것을 경고하셨다.

종교 철학자 엘리아데(Mircea Eliade, 1907~1986)는 그의 '인간 본질의 중첩성(重疊性)'에서 진리의 복잡성과 중첩성을 강조한다. 그는 이것을 히말라야의 리쉬케쉬(Rishikesh)에 있는 암자에서 수도 중에 깨달았다고 한다. 그는 말년에 4권으로 된 『종교 이념의 역사』(A History of Religious Idea, 1981-1988출간)을 저술했는데, 인간의 이념은 홑겹이 아니고 여러 겹으로 되어 있으며 그것은 육안으로 보는 세계와 내시안으로 보는 중첩된 세계라고 했다. 즉 일상적인 속(俗, Profane)에서 보는 진리가 있고 초월된 성(聖, Sacred)에 속하는 진리가 따로 있다고 주장하고 있다. 저속한 현실에서 선험적 실제로 인간이 얻을 수 있는 유익과 존재의 의미와 진리는 홑겹이 아니고 겹겹이라는 것이다. 그는 그것을 벗기는 방법으로서의 요가 이론을 확립했다. 불교의 해탈도 비슷한 원리에서 나온 것이다. 즉 그는 인위적 방법으로 겉껍질을 벗기면 종국에 속 알맹이 진리에 도달할 수 있다고 보았다. 그렇지만 기존 인식을 벗겨 무효화시킬 수 있는 보장은 주지 못했다.

옛날 어느 동네에 김 첨지와 박 첨지가 살았다. 김 첨지는 깨끗한 것을 좋아하여 아침마다 요강(방안에 두고 오줌을 누는 그릇)을 깨끗이 씻어 엎어 두었다. 박 첨지는 반대로 늘 아침이 되면 요강을 비우고 물을 담아 두었다. 어느 날 박 첨지가 김 첨지의 집에 놀러 왔다. 그리고 입구에 엎어 둔 요강을 보고 신기하게 보더니 친구에게 물었다. "여보게 김 첨지! 자네는 아궁이도 없는 요강을 어디다 쓰나?"고 물었다. 친구가 "허! 허!" 웃더니 "이 사람아 뒤집어 보게나."라고 했다. 박첨지가 요강을 뒤집어 보더니 깜짝 놀라며 말했다. "아이구나! 밑도 없군!"이라고 했다는 이야기다. 결국 사람은 자기 습관이나 유익에 젖어 진리를 보는 시각도 변질되게 마련이다.

성경은, '유익'(숨포로오, Benefit)은 '벗기는 것'이 아니라 '참여하는 것'이라고 가르친다. 자연은 껍질을 벗긴 속도 겉과 별반 다르지 않기 때문이다. "하나님은 우리의 유익(숨포로오)을 위하여 그의 거룩하심에 참여하게 하시는"(히 12:10) 것임을 시사하면서 참 영적 유익(숨포로오, 고전 6:12; 7:35; 히 12:10)이 무엇인가를 가르치고 있다. 인간적 속 알맹이를 찾는 것이 아니라 추한 자기는 버리고 "그의 거룩하심에 참여하라"는 것이다. 그러면 '세상 유익'(아난카이오스, Profit, 빌 1:24; 3:7; 딛 1:11)과는 전연 다른 유익, 곧 '영적 유익'을 얻을 수 있다는 것이다. 하나님의 법도와 의와 진리는 상대적인 것도 불확실한 것도 인간적 유익과 비슷한 것도 아니며 분명하고 확실한 절대적인 진리를 제시한다. 그러나 인간은 욕심과 정욕에 얽매여(약 1:13~14) 이기적 유익(Profit)만을 추구하는 것에 습관화되어 참 평안과 영생과 진리가 따로 있다는 것을 인정하지 않는다.

여기 '얽매이다'는 노예가 된다는 뜻이다. 즉 결혼, 기쁨, 건강, 부요, 물질, 돈, 명예 등에 노예가 되어 이기적 유익(Profit)만을 추구하며 주어진 자유를 상실하게 된 것을 말한다. 절대적 진리를 깨닫지 못하는 이유가 무엇인가? 진리를 판단하는 시각이 자기 유익(Profit)에 얽매어 있기 때문이다. 성경은 "그는 진리의 영이라. 세상은 능히 그를 받지 못하나니 이는 그를 보지도 못하고 알지도 못함이라"(요 14:17) 하시고 "평안을 너희에게 끼치노니 곧 나의 평안을 너희에게 주노라, 내가 너희에게 주는 것은 세상이 주는 것과 같지 아니하니라"(요 14:27) 하신다. 바로 이것이 진리를 믿을 때에 얻게 되는 '믿음의 유익'(고전 13:1~13), 곧 진리가 주는 평안을 말한 것이다. 기독교의 진리는 자기의 유익만을 위한 진리가 아니다. 세상 진리를 세 살배기 옹졸한 철딱서니 진리라고 한다면 하나님의 진리는 바르고 건전한 성인의 진리요, 피동적인 죽은 진리가 아니라 살아서 역사하는 능동적 진리다. "선한 싸움을 싸우고 나의 달려갈 길을 마치고 믿음을 지켰으니 이제 후로는 나를 위하여 의의 면류관이 예비되었도다"(딤후 4:7, 8) 하신 바울의 고백처럼 선한 싸움에서 승리를 얻기 위한 진리요, 평안을 얻기 위한 진리이다. 그로 인한 약속하신 유익(숨포로오)은 전 인류를 위한 절대적 진리라 하겠다. 그것은 결코 나만을 위한 진리는 아니다. 자애(自愛)를 초월한 자애(慈愛)요, 열악한 믿음이 아니라 온전한 믿음, 비천한 삶이 아니라 영광된 삶으로의 변화를 약속하신 진리다. 아멘! 아멘!

2 진리가 무엇이냐?

　예수님께서 빌라도 법정에서 하신 마지막 증언은 "내가 이를 위하여 태어났으며 이를 위하여 세상에 왔나니 곧 진리에 대하여 증언하려 함이로라 무릇 진리에 속한 자는 내 음성을 듣느니라 하신대"(요 18:37)였다. 그 말을 듣고 빌라도가 질문을 했다. "진리가 무엇이냐?"(요 18:38). 예수님께서는 그의 질문에 답하지 않으셨다. 세상에는 여러 가지 보화가 있으나 진리만 한 귀중한 보화는 없다. 그래서 누구나 그 귀중한 보화를 원한다. 하지만 것을 찾지도 얻지도 못한다. 거기에는 다 이유가 있다. 혹여 진리를 알아도 '이것이다'라고 말할 수도 없다. 유치원 다니는 아들이 아버지에게 물었다. "아버지는 미분 방정식을 아세요?"라고 물었다. 수학자인 아버지는 기가 차서 대답을 할 수 없었다.

　사람들이 진리를 원하지만 찾지 못하고 볼 수 없는 이유가 있다. 그것은 시각의 한계와 눈의 초점 때문이다. 자기 시야에 들어 있다고 해서 다 보는 것도 아니며, 그중에서 초점 안에 든 것만 볼 수 있다. 그리고 자기가 볼 수 있는 시각(視角)은 극히 국한되어 한계가 있다. 눈이 얼굴 정면에 붙어 있기 때문이다. 하여 자기 얼굴이 향하고 있는 정면의 한 부분을 볼 수 있을 뿐이다. 어떤 천재나 만능 수재라 하더라도 모든 분야를 다 잘하는 것은 아니다. 특히 잘하는 분야가 있고 지능도 한계가 있듯이 아무리 현명하다고 해도 자기 등 뒤는 볼 수 없다. 어떤 이는 몸통을 돌리거나 목을 돌리면 될 일이라며 아무 문제 될 것이 없다고 말할지 모른다. 그러나 그 방향 전환은 자라면서 기계적으로 고정되어 버려 어린아이로 거듭나기 전에는 불가능하다. 마음의 움직임은 그다음 문제이다.

　대부분의 종교는 자연을 향하거나, 앞에 가로놓인 생리적 번뇌를 향하거나, 혹은 과거의 과오를 보고 슬퍼하거나 미래를 보고 근심하거나 희망 품거나 기대를 거는 데서 생성된다. 즉 자기 앞에서 희망찬 진리를 찾는다. 본인도 수양관을 약 30년간 운영하면서 한적한 솔밭과 산과 하천의 미적 조화를, 꽃과 자연의 운치 등 외형에서 하나님의 은혜와 영혼의 신성을 추구할수 있다고 착각했다. 그러나 종내 깨달은 것은 외로움과 고립이 자아를 발견하는 데 도움이 될 수는 있으나, 그것도 자연 숭상의 미신적 신앙이 될 수있다는 결론을 얻었다. 아무리 아름다운 곳이나 엄숙한 곳에서 얻을 수 있는 감동도 잠시 잠깐이며 세상의 한 부분에 지나지 않기 때문이다. 결국 사람들이 바라고 희망하는 방향은 육신의 안일과 행복, 순간적 즐거움 등 잠시 있다가 없어지는 땅의 영광(빌 3:19)이요 어두운 세상의 반딧불에 불과하다.

"진리가 무엇이냐?" 빌라도는 혼돈에 빠져 있었다. 진리를 원했으나 자기시야에 갇혀서 진리를 찾지 못해 소원한 질문이었다. 그러나 그는 이미 몸도 목도 돌릴 수 없는 목석이 되어 한 방향으로만 향에 서 있는 동네 입구의나무 장성이었다. 그의 시선은 이미 생명력이 없는 형이하학적 진리에 초점을 두고 있었다. 변화무상한 현실 속에 있는 그에게 절대적 진리가 이해될수는 없기에 주님께서 답을 피하신 것으로 짐작된다. 참된 진리는 세상이추하다고 등을 돌리는 그곳에 있다는 것을 이해하기 어렵다. 참된 진리는'지식이 새롭게 하심을 입을 때' 곧 창조하신 분의 형상을 따라 끊임없이 새로워져서, 참지식에 이를 때(골 3:10) 나타나는 것이다.

지식에는 형이상학적 진리가 있고 형이하학적 진리가 있다. 형이하학적진리에는 인식론을 바탕으로 한 철학적 진리나, 자오킴(R. H. Jaochim)과러셀(B. Russell) 등이 주장한 경험적 진리 또는 과학적 진리가 있다. 그리고 하틀리(Field Hartley)의 언어의 진리, 그리고 역사의 진리…… 등 다양한 실용 진리가 있다. 형이하학적 진리는 빌라도와 같은 현세에 속한 자가원하는 진리여서 참된 진리와는 너무도 거리가 멀다. 그러나 그 세상 진리는 변하는 물질세계와 더불어 곧 변하고 버려질 허무한 진리여서 절대적 진리를 받아들일 만한 준비가 되지 않는 자에게는 보는 시야가 달라 아무 의미가 없기 때문이다. 그럼에도 인간은 현실적 진리에 만족하지 못하고 하염없이 진리를 추구한다. '진리가 무엇이냐?'를 갈구한다.

주전 약 3백여 년 전에 살았던 아리스토텔레스(Aristoteles, BC 384~322년)는 그 답을 "진리란 참된 것을 참되다고 말하는 것"이라고 했고 플라톤은 "진리는 사색으로 추리되는 것이 아니라 발견되는 것이며, 형식과 논리와 신앙이 정당화(Justify)시킨 참된 것, 또는 실재하는 것"이라고 정의했다. 언어 사전에는 진리에 대해 두 가지로 정의를 내린다. 진리란 1) 현실(Reality)이나 사건(Fact)에 대한 질(Quality)과 상태(State)의 참됨, 2) 신앙에 의해 참된 것으로 받아들여진 사건의 질과 상태의 진실성이라고 했다. 하나는 자연적 진리 또는 과학적 진리를, 다른 하나는 형이상학적 진리 또는 종교적 진리를 말한 것이다. 결국 말로 표현된 진리란 불완전하며, 진리란 표현을 초월하는 무관한 본질이라고 보는 것이다. 따라서 진리란 말의 전달로는 불가능하며 본질과 본질의 상통에서만 느껴지고 믿어질 뿐이라는 말이다. 이것이 빌라도가 준비되지 못했던 점이다.

철학자 에릭 프랑크(Erick Frank)는 1943년 옥스퍼드대학에서 열리는 세계적 강좌 <Mary Flexner 특강>에서 "진리는 불완전한 사상의 조화만으로 발전되는 것이 아니다."라고 하면서 주관적 지성의 제한을 받는 이성의 한계성을 지적했다. 즉 "진리란 말이나 설명으로 이해되는 것이 아니라 제한된 자아에서 이탈하여 객관적 세력을 인정하는 믿음으로만 진리를 체험할 수 있을 뿐이다."라고 주장했다. 그리고 성경의 진리는 죽음과 투쟁과 죄책감에서 파악되는 체험을 통한 이해여서 자기 본질을 초월하는 진리이다. 즉 참 진리는 인간이 밝히는 것이 아니라 신이 신앙적 경험으로만 전달하는 '보지 못하는 것에 대한 증거'이다.

결국 자연과학적 진리든 종교적 진리든 진리란, 1) 실재성(Actuality)과 2) 진실성(Fidelity), 그 밖에 3) 진정성(Sincerity)과 4) 불변성(Constancy)을 가진 실체라고 말할 수 있다. 여기 표현된 진리의 특성이란 '언어로 표현된 진리'를 말한다. 이점이 예수님께서 빌라도의 질문에 대답하지 않은 또 다른 이유였다고 본다. 진리란 실재하는 보화이지만 말로 표현될 수 있는 것이 아니고 심혼(心魂)에 와닿을 때 '이것은 진리다.'라고 느껴질 따름이다.

그렇다면 진리가 거짓이 판을 치는 이 세상에 있을 수 있는가? 모든 것이 잠깐이요 순간마다 변하는 세상 가운데서 변하지 않는 실체나 진리가 있을 수 있는가?라는 의문을 갖지 않을 수 없다. 주님께서는 "진리를 알지니 진리가 너희를 자유롭게 하리라"(요 8:32), "내가 곧 길이요 진리요 생명이니"(요 14:6), "진리의 성령이 오시면 그가 너희를 모든 진리 가운데로 인도하시리니"(요 16:13)라고 하셨다. 즉 하나님께서 주시는 진리를 알면 자유(엘류테이아, Freedom)를 얻을 수 있다는 말씀이다. 즉 참된 자유, 죄에서의 자유, 심판에서의 자유, 고통과 불안에서의 자유, 모든 구속에서의 자유를 얻을 수 있는 '능력을 가진 진리', '진리 가운데로 인도하는 진리'는 '신자가 믿을 때 들어오시는 진리'(요 14:17)이며, '우리 안에 거하시는 진리'(요 17:20)요, 그 진리가 우리로 믿게 하는(요 8:45~47) 것이다. 진리가 없다면 믿어지는 것도 없을 것이요(요 8:44~45). 믿어지면 '진리를 아는(기노스코) 것'(요 8:32)이라고 했다. 그리고 이 진리는 살아서 역사하며 길을 인도하며(요 16:13), 거짓과 구속에서 자유롭게 한다(요 8:44, 32). 결국 기독교의 진리는 진리를 얻은 데 있다. 여기 '진리를 아는 것'에서 '앎'은 이성적 앎을 말하는 것이 아니라 '경험적 만남' 곧 이론을 초월한 '맞닥뜨림'이나 '부딪침'을 의미한다. 이것이 어떻게 가능한가?

흔히 인간이 저지르는 가장 큰 실수는 자기가 진리를 파악할 능력을 가졌다고 과신하는 데 있다. 철없는 어린아이가 부모의 마음을 알 수 없다. 아무리 천재라 할지라도 학자의 깊은 지식을 몇 마디 듣고 다 이해할 수는 없다. 아무리 지혜자라 하더라도 중생의 진리, 구원의 진리, 영생의 진리를 파악할 수는 없다. 흔히 쉽게 "네 속에 들어갔다가 나왔다."라며 장담하는 이도 있다. 그러나 아무리 한 몸이 되어 가까이 사는 부부간이라 할지라도 서로가 속속들이 이해한다는 것은 언어도단이다. 단지 상대방이 솔직하게 털어놓을 때만 부분적으로 알 수 있다. 하물며 신께서 당신 세계의 광대한 절대적 진리를 인간에게 다 털어놓을 수도 없다. 그가 계시한 진리는 구원에 관한 극히 적은 일부일 뿐이다.

어떤 이는 인간은 '만물의 영장(靈長)', 즉 만물 중에 '신령한 힘을 가진 우두머리'라고 장담한다. 그러나 그에게 신령한 힘이 어디 있던가? 실은 만물의 영장이 아니라는 증거는 너무도 많다. 인간의 고귀함을 잊고 죄의 늪에 빠져 자애(自愛)의 부패에서 헤어나지 못하고 양심을 폐기한 자가 만물의 영장이 될 수는 없다. 추악한 현실에 적응된 정욕의 우두머리요, 거짓과 죄악에 물든 괴수일 뿐이다. 죄인의 중용(中庸)이란 죄악과의 타협일 뿐, 선(善)을 모르는데 선과 악의 중간에 머무를 수도 없다. 물질세계에 눈이 어두워져 진리를 분간할 능력을 상실한 때문이다. 결국 인간은 현실에 적응하기 위해 허망한 착각 속에서 살고 있다

인간은 어려운 현실 속에 발을 딛고 살면서 비현실 속에 사는 꿈을 꾼다. 화려한 미래에 대한 꿈과 야망을 먹고 사는 것이다. 그렇게나마 자기 욕심을 채워 보려는 본성이 거짓을 벗지 못하게 한다(요 8:44). 그 끝없는 욕망이 진실성과 진리를 무시하고 거부한다. 하여 교도소에 갇힌 죄수나 고달픈 삶에 구속(拘束)되어 신음하는 자처럼 하늘을 나는 꿈과 망상에 빠진다. 그리고 그 야망과 망상에 사로잡혀 거짓의 탈을 쓰고 '진리가 무엇이냐'고 반문한다. 고의로 양심의 고통을 잊고 거짓된 환각 속에 사는 자에게 진리를 답할 필요는 없다. 여기 '진리를 알지니'(요 8:32)라는 말씀이 함의하는 바가 무엇인가? 진실한 밭이 없는데 진리가 움틀 수는 없다. 그것이 회개가 진실의 우선이요 진리의 선행 조건인 이유이다. 회개로 밭을 기경해야 한다.

나치 수용소에서 혹독한 대우를 받으며 죽음을 기다리던 유대인들은 예외 없이 누구나 밤마다 어렸을 때의 고향을 그리워하며 자유롭게 부모와 형제와 친구들을 만나는 꿈을 꾸었다. 그러던 그들에게 전쟁은 끝나고 꿈에 그리던 해방과 자유가 왔다. 그날 그들은 환호성을 지르며 수용소 문을 뛰쳐나와 시내로 갔다. 그리고 저녁이 되어 잠자리를 찾아 수용소로 되돌아왔

다. 그런데 그들의 얼굴에는 기쁨이 충만하지 않았고 이전과 별반 다름없었다. 한 친구가 "이봐, 오늘 기쁘던가?"라고 물었다. 그러자 다른 친구가 "정말이지 전혀 느끼지 못했어!"라고 대답했다는 기록이 남아 있다. 그들이 그토록 바랐던 자유는 잠재의식 속에서 꿈꾸었던 환상일 뿐 현실 속에서는 없었던 것이다. 결국 사람은 각각 자기 환상과 진리를 분간하지 못하는 어리석은 존재들이다.

이 현상을 심리학에서 '비인격화'(非人格化)라고 한다. 즉 오랜 현실적 고통과 그에 적응하려는 습관으로 인하여 자기를 상실하고 자기가 아닌 다른 인격으로 변질하게 된 것이다. 비인격화가 일어나면 어떤 자유나 해방감이나, 평안이나 평화나, 기쁨을 현실에서 발견하지 못하고 전연 다른 세계에서 얻으려는 자가당착에 빠지게 된다. 이와 같은 모든 거짓된 허상과 망상에서 해방되는 길 즉 돌이켜 순박한 어린아이로 되돌아가는 길은 회개의 길밖에 없다. 비인격화가 일어나면 자기 울타리 속의 환상에 빠져서 형제나 부모나 심지어 아내가 죽어도 눈물 한 방울 흘리지 않는 굳어진 마음이 된다. 그 마음을 '화인 맞은 마음'이라고 한다. 그 마음으로 참된 것 곧 진리를 알 수 있는 가능성은 전연 없다. '믿음이 있노라'고 자긍한다고 해서 진리를 깨닫는 것도 아니다. 습관과 이상의 분리 현상 속에서 진리는 존재할 수 없다.

철학이란 진리를 다루는 학문이라기보다 진리성과 정의(定義)를 추구하는 학문이다. 그리하여 '진리냐?' 또는 '진리가 아니냐?'에 대한 논문이 수없이 많이 발표되지만, 그들이 다룬 논문들은 진리가 아닌 어떤 개념에 대한 개인적 논리에 불과할 뿐이다. 그래서 항구히 인정받는 절대적인 정의는 철학으로 얻어질 수 없다. 학문적 진리란 어느 분야에 국한된 특성의 영향을 받은 제한적 진리이기 때문이다.

그러나 진리(眞理, 알레테이아)란 '참의 원리'라는 뜻이다. 이 '참'(眞)은 변함도 수정도 없는 '항구 불변의 원리'를 뜻한다. 그러나 그런 절대적 진리란 인간이 만든 학문이나 극히 국한된 좁은 분야에 한해서 찾을 수 있는 것이 아니다. 진리는 모든 현실을 초월한 것이어야 하며, 역사와 풍속과 문화와 종교를 초월한 것이어야 한다. 즉 현실적이면서 현실을 초월한 것, 인격적이면서 인격을 초월한 것, 역사적이면서 역사를 초월한 것이어야 한다. 그러면서도 모든 조건에 부합된 것이어야 한다.

버트런드 러셀(Bertrand Russel, 1872~1970)은 종교적 진리를 부인하면서 『자유인의 숭배』(Free Man's Worship, 1923)와 『종교의 요소』(The Essence of Religion, 1912)에서 "종교의 진리는 근거가 약하다."라고 단정했다. 그는 그 이유로 종교의 주체가 되는 신의 존재의 불확실성을 강조했다. 그는 "누가 나를 만들었는가?"나 "누가 천지를 창조한 신을 만들었나?" 하는 제1원인(第一原因)의 답이 없다면 신이 천지를 창조했다는 것은 제2원인이며 신이 인간에 접근했다는 말은 성립하지 않는다고 했다. 결국 그는 인간의 이성의 동의를 받을 수 있는 것, 즉 합리적이고 이해될 수 있는 것만이 진리라고 본 것이다. 결국 그는 이성의 한계를 들어 진리는 없다고 본 것이다. 이와 같은 그의 사상은 현대의 이단자 프리메이슨(Freemason)의 근간이 되어, 그 회원이었던 데카르트(René Descartes, 1596~1650), 스피노자(Spinoza, 1632~1677), 괴테(Goethe, 1749~1832) 등 회의주의(懷疑主義)자들의 사상적 기반이 된다. 결국 자신을 대자연의 부분으로 보지 않고 절대자의 위치에서 판단한 것이다.

이에 현대의 평론가 브라이트만(Edgar S. Brightman, 1884~1953)이 러셀에 관해 평가하기를, "그는 수학, 교육학, 논리학, 윤리학, 철학, 종교학 등 다양한 분야에서 천재라는 평을 받고 있으나 실은 자기 명성을 위한 얄팍한 해설자에 불과하다. 그는 97세의 장수를 누렸으나 마음에 안정을 얻지 못하고 정신 분열증을 앓다가 사망했다. 결국 그는 많은 지식을 얻었으나 그 지식의 불확실성으로 고통 가운데 지나다가 안정을 얻지 못한 채 서거했다." 라고 했다.

나는 철학자는 아니지만 제2원인에서 제1원인을 추정할 수도 있다고 본다. 시계나 차를 만든 사람을 알아야 시계나 차를 평가할 수 있는 것이 아니라 그가 만든 시계나 차에서 그 설계자를 역으로 평할 수 있다. 이것이 실증주의의 원리다. 자기의 십 대 선조(先祖) 할아버지를 본 사람은 아무도 없다. 그러나 그가 존재했다는 것은 후손의 존재가 입증하는 것이다. 기독교의 제1원인인 하나님의 존재는 그의 아들이 오셔서 "나를 본 자는 아버지를 보았거늘"(요 14:9) 하신 말씀에서 확증된다. 그리고 그가 "아버지의 뜻은 아들을 보고 믿는 자마다 영생을 얻는 이것이니"(요 6:40), "보혜사 곧 아버지께서 내 이름으로 보내실 성령 그가 너희에게 모든 것을 가르치고……"(요 14:26), "평안을 너희에게 끼치노니 곧 나의 평안을 너희에게 주노라"(요 14:27) 하셨으니, 그의 가르침과 그가 끼치신 평안을 오늘도 받고 느낄 수 있고, 그대로 체험할 수 있다면 그것이 제1원인을 추정케 한다. 그리고 그가 "내가 곧 길이요 진리요 생명이니 나로 말미암지 않고는 아버지께로 올 자가 없느니라"(요 14:6) 하셨고, 그 외에도 많은 약속을 주셨고 그 약속이 과거에도 이루어졌고 현재에도 이루어지고 있다면 그 약속을 처음 주신 이를 의심할 필요가 없다. 그가 그토록 애타게 "진실로! 진실로!" 하신 진리들을 의심할 필요가 더 있겠는가?

하나님의 세계와 인간의 세계, 영의 세계와 물질의 세계는 공간과 시간에 있어 유사성이 없어 비교가 되지 않는다. 하나님께서 천지를 창조하시기 이전에도 영의 세계는 있었다. 그 세계를 히브리서 기자는 "이 창조에 속하지 아니한 더 크고 온전한 장막"(히 9:11)이라고 했고, 바울은 '셋째 하늘'(고후 12:2)이라고 했다. 바울이 셋째 하늘에 갔다 온 자신의 체험을 14년 동안이나 비밀로 해왔던 사실을 '그리스도 안에 있는 한 사람'이라는 제3자 주어로 기록한 기사(고후 12:2~4)를 의심할 이유가 없다. 그는 그 비밀을 "사람이 감히 이르지 못할 말"(고후 12:4)이라고만 했다. 그 하늘나라(파라데이소스, 눅 23:43; 계 2:7)는 '말로 표현할 수 없는 진리'라는 것이다.

'진리'에 대해 구체적으로 밝힌 사도는 요한이다. 요한복음은 "태초에(엔 알케, In the beginning) 말씀(로고스)이 계시니라"(요 1:1)라고 시작한다. 이 '태초'는 창세기 1장의 우주 창조를 뜻한다. 이 '천지가 시작할 그 안에(엔,

in)'의 '엔'은 비 시간적 영역을 나타내는 전치사(요 1:1, 2, 4; 4:52, 53)로 사용되어 있어 '영원 안에'라거나 '태초 안에'는 몇 천만 년을 뜻하는지 몇 억 년을 뜻하는지 인간의 이해를 초월하는 것이다. 단지 인간이 알아야 할 진리는 하나님께서 인류 역사의 배후에 계시다가 이천 년 전에 '진리', 또는 '로고스'로 나타나셨다는 사실이다.

진리가 무엇이냐? 진리는 21세기에 사는 인간의 것이 아니라 영원하신 하나님의 것이다. 단지 주님께서 이 땅에 오셔서 몸으로 보이신 진리가 있고, "내가 진실로 너희에게 이르노니……" 하신 진리가 있고, 예화로 어렴풋이 말씀하신 진리가 있다. 그리고 구약과 신약 속에 하나님의 뜻과 운영 진리가 나타나 있다. 그렇다고 할지라도 "모든 성경은 하나님의 감동으로 된 것으로 교훈과 책망과 바르게 함과 의로 교육하기에 유익하니 이는 하나님의 사람으로 온전하게 하며 모든 선한 일을 행할 능력을 갖추게 하려"(딤후 3:16~17) 하는 능력의 말씀이요 진리라고 했으니, 결국 성경의 진리는 인간을 교육하여 완전하게 하는 데 '유익을 주기' 위함이며, 천지 창조와 운영 원리를 밝히기 위한 진리라기보다 인간의 구원을 위해 '능력을 갖추게' 하는 진리이다. 그 진리 속에는 '참된 믿음', '참된 경건', '참된 구원'을 위한 계명도 있고 계시의 진리와 약속의 진리, 능력의 진리가 있다.

우리에게 진리를 알게 하신 이가 아무리 참되시며 순전하시다(요 3:33; 마 22:16; 롬 3:4; 살전 1:9) 하더라도, 또한 사도의 증언이 아무리 참되다(요삼 12) 하더라도, 그들의 '참된 음료'(요 6:55)와 진액(요 15:1~5)을 먹고 자란 성도들이 무엇에든지 참될 수밖에 없다(빌 4:8) 하더라도, 그것을 증명할 수 있는 길은 우리가 받은 그 은혜가 진리였다는 것을 우리의 삶을 통해 입증하는 것이다(벧전 5:12).

"무엇에든지 아무에게도 거리끼지 않게 하고 오직 모든 일에 하나님의 일꾼으로 자천하여 많이 견디는 것과 환난과 궁핍과 고난과 매 맞음과 갇힘과 난동과 수고로움과 자지 못함과 먹지 못함 가운데서도 깨끗함과 지식과 오래 참음과 자비함과 성령의 감화와 거짓이 없는 사랑과 진리의 말씀과 하나님의 능력으로 의의 무기를 좌우에 가지고 영광과 욕됨으로 그러했으며 악한 이름과 아름다운 이름으로 그러했느니라 우리는 속이는 자 같으나 참되고 무명한 자 같으나 유명한 자요 죽은 자 같으나 보라 우리가 살아 있고 징계를 받는 자 같으나 죽임을 당하지 아니하고 근심하는 자 같으나 항상 기뻐하고 가난한 자 같으나 많은 사람을 부요하게 하고 아무것도 없는 자 같으나 모든 것을 가진 자로다"(고후 6:3~10). 사도 바울은 이와 같은 삶을 통해 자기가 받은 은혜가 진리였음을 입증하고 있다. 겉보기에는 참 진리를 모르는 자 같으나 참된 진리 가운데 사는 자라고 증언하고 있는 것이다. 아멘! 할렐루야!

3 유(有)와 무(無)

유(有)와 무(無)를 철학에서는 하나의 실체(實體)로 본다. 무가 있다는 것을 어떻게 증명할 수 있는가? '아무것도 아닌 것'(Nichts), 또는 '허무'(虛無, Nihil) 감을 느낀다는 것, 그리고 유에는 시작이 있고 현실이 있고 쇠잔과 퇴화가 있다는 것이 '무'가 있다는 증거로 본다. 허무감과 있는 것을 '없게 하라'거나 '무로 돌리라'는 것은 '무'가 있기 때문이라는 것이다. 즉 무엇이든 현재 '있는 것'은 '없게 될 수 있다는 것'을 말한다. 그리하여 철학에서는 '무'의 증거로 '허무 의식'을, 심리학에서는 '허무감'을 든다. 이런 이치에 따라, 유는 잠깐이요 무는 영원하며, 유는 무에 비해서 무시할 만큼 작고 유약하다고 보았다. 즉 무의 세력은 유를 압도하고도 남을 만큼 강해서 유를 지배한다고 본 것이다. 그것이 불교나 여러 종교의 허무 사상의 기반이다.

그러나 유의 실체(實體)와 성상(性相)은 동일한 것이 아니다. 표상(表象)에서 실체를 추리할 수도 있고, 성상의 추리에서 실체의 근거를 얻을 수도 있다. 그러나 그 추리가 반드시 옳다는 보장은 없다. 예를 들면 철학이나 논리학이나 미학에서는 빛과 어둠을 별개로 보나 과학에서는 빛만이 존재하는 실체이며 어둠은 빛의 약함을 나타내는 간접 표상으로 볼 뿐이다. 그에 대해 아인슈타인(Albert Einstein, 1879~1955)은 흑체(Black Body)설을 들어 어둠의 실체를 주장해 왔다. 그것이 최근에 우주 망원경을 통해 입증되었다 하더라도 그것은 원자핵과 전자 사이의 허공이 없어진 고밀도의 중량체로서 빠른 속도로 날아가는 빛의 입자, 소위 광양자(光量子, Photon)까지 흡수하여 빛 반사가 일어나지 않기 때문이라고 본다. 결국 흑체는 무의 증거가 아니라 유의 변형이며 빛에 의한 현상체를 무효화시키는 실체이다. 즉 실체가 있어도 나타나지 않을 수 있고, 나타나지 않는다고 없는 것이 아니라는 진리다. 그렇다면 가시적인 실체와 비가시적인 실체가 있을 뿐 무는 존재하는 실체가 아니라는 결론에 도달한다.

모든 현상계(現象界) 속에서의 유와 무의 구별과 비 현상계 속에서의 유와 무의 구별은 전연 다르다. 즉 영적 세계는 비현상계에 속해 있을 뿐 분명히 존재하는 실체로 본다. "보이는 것은 잠깐이요 보이지 않는 것은 영원함이라"(고후 4:18) 하신 것은 보이는 실체는 잠깐이지만 보이지 않는 실체는 영원하다는 뜻이다. 즉 영적 존재는 잠깐 나타나는 가시적 존재와 비교할 수 없는 장구한 실체라는 뜻이다. 영혼이나 신이나 천국이나 지옥의 실체는 인간이 보든 보지 못하든 영구히 존재하는 실체라는 진리다. 평안이나 염려는 눈에 보이지 않으나 분명히 있다. 심리 또는 마음, 영혼이 있다는 산 증거는 살아 있는 사람과 사람이 마지막 운명하는 순간에 알 수 있다. 그리고 마음의 병과 육의 병이 다른 것도 물적 증거나 심적 증거(심증)라 할 수 있다.

기독교는 주님께서 주시는 영적 계시로서, 풍성한 은혜와 죄 사하심과 하나님의 뜻을 알게 될 때(엡 1:7~9), 눈에 보이지 않는 선물과 은혜를 분명히 받게 될 때, 그 계시들이 이론이나 상상이 아니라 실체라는 것을 알게 된다. 개념이나 생각이나 추리는 분명히 존재하나 나타나지 않으며 평안이나 은혜나 생명 등은 표현할 수 없으나 실체임을 인정하게 되는 것이다.

사람은 언젠가 죽는다. 육체는 멀쩡한데 왜 죽는가? 죽음을 '떠났다'라거나 '서거(逝去)했다', 또는 '돌아갔다'라고 한다. 무엇이 떠났는가? 지난 세기 초에 스웨덴의 생명과학자들이 죽어가는 사람을 큰 평량기(坪量器) 위에 눕혀 놓고 무게의 변화를 측정한 후 사람의 영혼의 무게가 6g이라고 발표한 일이 있었다. 그러나 그것은 정설로 받아들여지지 못했다. 존재하는 것은 다 중량체가 아니다. 그리고 비중(比重)도 다 다르다. 무거운 것도 있고 가벼운 것도 있다. 금속이라고 다 무거운 것도 아니며 기체라고 다 가벼운 것도 아니다. 그렇다면 중량이나 형태로 영혼의 존재를 입증하려는 시도도 어리석은 아이들 장난이라 하겠다.

그렇다면 존재란 현물(現物)인가? 상상인가? 이에 관해 독일의 철학자 하이데거(Martin Heidegger 1889~1976)가 그의 대표작『시간과 존재』(Sein Und Zeit, 1927)에서 밝히고 있다. 그는 영혼과 같은 형이상학적 존재를 '현존재'(Dasein)로 그리고 그 현존재의 본질을 '실존'(實存)이라고 정의했다. 결국 그는 인간 실존의 의의를 육체로 보지 않고 의식하는 실체, 즉 영혼으로 본 것이다. 결국 '나는 존재한다.'라는 뜻은 육체를 말하는 것이 아니라 나의 존재를 의식하는 '현존재'를 말한다고 본 것이다. 결국 나의 마음이나 영혼과 같은 비현상체가 '많은 사람 중의 한 사람'이 아니라 '유일한 나'라는 현존재로 본 것이다. 즉 나는 나의 몸을 가지며, 나의 의식과 운명을 의식하는 존재로서 각자성(各自性)과 유용성(有用性) 그리고 목적을 가지고 행동하는 기투성(企投性)을 가진 개체요 존재라고 정의했다. 여기 기투성이란 나의 몸을 말하는 것이 아니라, 책임이 부여된 '나'라는 뜻이며 목적과 유용성을 의식하는 존재요 목적을 두고 계획하고 노력하는 존재를 말한다. 즉 그 현존재란 현재 먹고 즐기고 사는 존재가 아니라 내일을 바라보며 목적을 가지고 현실을 초월한 '생명'을 추구하는 존재라는 것이다. 그것을 하이데거는 "자기가 자기 자신이 된 본래적(本來的) 존재", 즉 인간 본연의 존재라고 했다. 그리고 이 존재를 가시적 존재와는 전연 다른 개체로 보았다. 즉 '나'라는 개체는 가시적 육을 말하는 것이 아니라, 내재하면서 보이지 않는 '나'를 뜻한다는 것이다.

그러나 그가 말한 '의식하는 존재'라거나 '자각하는 존재'란 뇌와 심리 활동을 초월한 영혼의 속성을 의미하여 '생명'의 유용성과 기투성에 따라 평가받을 수 있는 존재라고 보았다. 즉 그는 '인생'이란 육이 현세에서 먹고 자고 살다가 끝나는 허무한 존재가 아리라 그의 삶의 기투성, 즉 영적 기투성을 의식하는 존재이며, 영적 기투란 각자의 육의 생명이 끝날 때 그의 기투성에 따라 정당하고 공평하게 평가 받을 영혼의 본질을 말한 것이다. 그리고 그 영의 존재는 육의 생명을 압도하는 영생의 힘과 능력을 가진 실체이며 그것을 육을 초월하는 '비본래적(非本來的) 존재'라고 했다.

하여 그는 '비본래적 존재'를 육의 사고와 책임으로부터 해방된 존재로 보고, 육의 가시적 존재는 '본래적 존재'라고 하면서 '이름 없는 세인'(世人, Das Man)이라 했다. 이에 관해 그는 길가의 의자에 앉아 지나가는 사람들을 뜻 없이 구경하는 무의미한 동물적 존재가 이름 없는 세인 곧 본래적 존재라면, 그에 반해 차의 의자에 앉아 분명한 목적을 가지고 목적지를 향해 달리는 자아(존재)를 '비 본래적 존재'라고 구체적인 비유를 들어 설명했다. 즉 어떤 사람이 옷을 입고 차를 몰고 일터로 간다고 했을 때, 그의 70kg의 몸이나 옷이나 차는 다 본래적 존재이며, 그의 직장에 대한 기대, 계획, 희망으로 출근하는 실체가 비본래적 존재로서 참된 현존재라는 것이다. 그리고 현존재는 반드시 공존 인간(이웃)에 대한 염려(念慮, Sorge)와 고려(考慮, Fursorge)와 配慮(Besorgen)와 책임을 아는 존재라고 했다. 이렇듯 그는 존재를 형이상학적 가치관에서 입증한 것이다.

또한 그는 『형이상학(Metaphysics)란 무엇인가』에서 "유가 있듯이 무(無)도 형이상학의 대상이며 그것은 불가해한 비밀이 가득한 실재다."라고 했다. 그리고 불안은 무의 존재를 의식하는 현상, 즉 불안은 무가 있기 때문에 나타난 현시(顯示)이며 현존재를 무로 이입(移入)시키는 현상, 즉 있는 것을 없게 만드는 현상이라고 했다. 그리고 존재자에게는 불안이 있으며 그것은 무를 인정하고 무에 빠질까 두려워하는 심리라고 했다. 결국 존재의 증거는 무를 의식하고 극복하려는 노력이라고 보았다. 그것은 인간은 자기 마음대로 살 자유가 부여된 존재가 아니라 덕을 세워야 하는 의무가 부여된 존재(고전 9:19; 10:23)라고 하면서 "왜 사람은 덕과 선을 의식하며 부담감을 인간 실존의 필수 요건으로 보는가?" 하는 물음을 던지면서 그것이 신의 존재를 입증하는 것으로 보았다.

실체의 본질과 현상은 같은 것이 아니다. 현상은 보는 이에 따라 다르나 본질은 동일하다. 예를 들면 이방인이나 나그네는 본질과는 무관하며 현상에 지나지 않는다. 어린아이나 늙은이도 현상의 차이일 뿐 '아무개'라는 본질은 동일하다. 현상은 그 사람의 나이와 조건에 따라 변해도 본질은 변하지 않는다. 태어날 때부터 농부였다가 어느 날 어부가 된다고 해서 한 존재

116

가 없어지고 다른 존재가 생긴 것도 아니다. 단지 갈아입은 의복에 불과하다. 겉보기 변화일 따름이다. 사물의 성상은 묘사에 불과하며 묘사란 과장과 거짓을 내포하는 표현이어서 '참'이나 '실체'와는 멀다. 그러나 사람들은 현상에 도취되면 본질을 무시하며 보지 못하는 경향이 있다.

니체는 『선악의 피안』(1886)에서 생의 가치론을 언급했다. 사물에는 보이지 않는 가치(價値, Value)와 보이는 가격(價格, Price)이 각각 있다. 가치는 가시적으로 보이지 않으나 가격은 겉으로 나타나지만 보이지 않는 본질의 유효성에 따라 정해진다. 그러나 거짓된 세상에서는 본질이 변해서라기보다 겉보기 형상에 따라 가격이 변한다. 말하자면 내재하는 상품보다 겉포장에 좌우된다는 뜻이다. 즉 눈에 보이는 가격이 있고 보이지 않는 귀중한 가치가 따로 있다는 것이다. 그러나 가격은 사람의 인식 판단에 의한 유효성과 희귀성과 인정성에 따라 시시각각으로 변한다. 그러나 숨은 가치는 본질이 변하지 않는 한 변하지 않는다. 사람도 남의 평가와 선전에 따라 하루아침에 천민이 영웅이 되기도 하고, 양민이 죄인으로 추락하기도 한다. 그것은 날마다 변하는 증권 시장과 같다. 그러나 정확한 눈에는 그의 가치는 이미 오래전부터 정해져 있는 것이다. 그럼에도 사람들은 변하는 가격에 치우쳐 절대적인 가치를 무시한다.

인도에는 지금도 인간의 가격을 절대시 하는 카스트 제도가 엄연히 살아있어, 주민 등록증에 다섯 등급이 표시되어 있다. 승려나 스승은 제1급이요, 오물 청소를 담당하는 사람은 제5급이다. 5급은 5급끼리 교재와 결혼이 허용된다. 3급인 상인이 4급인 기술자와 섞이거나 왕래하거나 혼인하지 않는다. 이런 국가가 아니라 하더라도 인종 차별은 있고 사회 계급은 엄연히 존재한다. 그것이 오늘날 인종 차별을 만들고 인식의 높은 담을 쌓아 이웃과 이웃의 관계를 막는 참극을 빚는다. 결국 인간 사회는 겉보기 가격만 인정하는 사회다. 하여 60평 아파트에 사는 사람은 30평 아파트에 사는 사람을 차별한다. 방이 많다고 본질이 다른 것도 변하는 것이 아닌데도 말이다.

인간의 참된 가치는 신이 부여한 보이지 않는 달란트에 있다. 누가 다섯 달란트를 받은 자인지 한 달란트를 받은 자인지 인간은 알 수 없다. 평민과 제사장의 직책이나 직급은 가격표일 따름이지 가치를 나타내는 것은 아니다. 잠시도 없으면 살 수 없는 공기나 물은 가격은 없지만 가치는 무엇과도 비교할 수 없다. 가격표는 귀족의 훈장에도 죄수의 족쇄에도 군인들의 계급장에도 VIP 좌석에도 다 다르게 매겨져 있다. 그러나 믿음이나 삶이나 인격의 가치는 아무 데에도 나타나 있지 않다. 오직 심령을 보시는 신만이 알 수 있을 따름이다. 만일 내세와 신의 심판이 없다면 인간이 바른 평가를 받을 기회는 없을 것이다. 그럼에도 사람들은 가격에 현혹되어, 사람이 무엇으로 심든지 그대로 거두게 하실 심판의 날을 작정하신 하나님을 업신여긴 채 가치와는 거리가 먼 삶을 산다(갈 6:7).

어떤 이는 허수아비와 그림자를 실체라고 주장하며 보이지 않으면 없다고 단정한다. 그런데 화학에서는 물체의 형상은 변해도 그 성분(본질)의 변화는 없다는 '성분 불변의 원리'를, 물리학에서는 에너지의 형태는 변해도 에너지 총량은 변하지 않는다는 '에너지 보존 원리'를 주장하여 보이지 않으면 실체가 없다는 그들의 시야를 넓혀 주었다. 나무가 타면 나무의 탄소는 탄산가스와 일산화탄소로, 수소와 산소는 수증기로, 타지 않는 금속 성분은 재로 변하거나 증발할 뿐 없어진 것은 없다. 원자 간의 결합 에너지의 차이가 열과 빛으로 공기의 극히 적은 일부의 온도를 높일 뿐이다. 그러나 '유'가 '무'로 변한 것도, 무에서 유가 생긴 것도 없다. 그리고 영혼은 그의 갈 곳으로 간다. 그러나 사람들은 겉만 보고 '유'가 '무'로 변한다고 판정한다.

죽음은 현존재의 시야에서 사라지는 것이다. 그 알리바이가 그리도 대단하여 현존재의 안전(眼前)에서 사라지면 '끝났다'로 규정한다. 그리고 그 순간 그에게 속한 모든 것을 무로 돌린다. 그것을 릴케(Rainer Maria Rilke, 1875~1926)는 그의 '일기'에서 대도시에서 대량 생산되고 그만큼 병들어 죽는 세인의 죽음을 '작은 죽음'으로 그리고 위대한 업적을 남긴 죽음을 '위대한 죽음'으로 구분했다. 결국 그는 '작은 무'와 '큰 무'로 구분한 것이다. 그는 수도(修道)나 오도(悟道)의 인간적 노력으로 죽음 곧 '무'를 구분한 것이다.

예수께서 세상에 계셨던 33년 동안 세 번 인간의 죽음을 보시고 눈물을 흘리셨다. 나인 성 과부의 아들의 죽음(눅 7:13), 나사로의 죽음(요 11:35), 그리고 예루살렘의 멸망(죽음)을 미리 보셨을 때(눅 19:41)였다. 그러면 예수께서도 죽음과 멸망을 슬퍼하신 것이다. 그렇다면 그가 죽음을 '무'로 보았기 때문인가? 회당장 야이로의 딸의 죽음에도 "아이가 죽은 것이 아니라 잔다."라고 했고, 죽은 나사로의 누이 마르다에게 "예수께서 이르시되 나는 부활이요 생명이니 나를 믿는 자는 죽어도 살겠고 무릇 살아서 나를 믿는 자는 영원히 죽지 아니하리니 이것을 네가 믿느냐"(요 11:25~26) 하신 주님께서 슬퍼하신 이유가 이해되지 않는다. 그 말씀에 마르다는 "주여 그러하외다 주는 그리스도시요 세상에 오시는 하나님의 아들이신 줄 내가 믿나이다"(요 11:27)라고 하면서도 죽은 오라비의 부활은 믿지 못했다(요 11:39). 그렇다면 주님께서 눈물을 흘리신 이유를 알기가 쉽지 않다. 인간은 죽음을 다 무로 돌아가는 것으로 여기고 죽음의 이별을 슬퍼한다.

　나는 요한복음의 마지막 장(21장)을 읽고 신기한 깨달음 받은 적이 있다. 주님께서 부활하신 후 제자들과 디베랴 바닷가에서 재회하신 기사다. 그것을 어떤 이는 주님께서 제자들에게 갈릴리에서 만날 것을 예언하셨기 때문이라고 보는 이가 많다. 그러나 부활을 믿지 않았던 제자들! 손으로 만져 보아야 믿겠다고 했던 제자들! 주님께서 승천하시는 것을 보면서도 믿지 못했던 제자들(마 28:17)이 그 말씀을 믿고 따른 것이라고는 생각할 수 없다. 디베라 바닷가에서 주님께서 베드로에게 "네가 이 사람들보다 나를 더 사랑하느냐?"라고 세 번 물으셨다. 그런데 첫 번째와 두 번째는 '아가페스(love) 메(me)'로 곧 "나를 아가페의 사랑으로 사랑하느냐?"라고 물으셨으나 세 번째는 달랐다. '피레이스 메'로 곧 아가페의 사랑이 아니라 필로스의 사랑(인간적 사랑)을 물으셨다. 나는 그 점을 오래 이해할 수 없었다. 그리고 깨닫게 된 것은 신의 고귀한 사랑은 '아가페'가 아니라 중보자의 '필로스'라는 사실이다.

　그런 의미에서 "인간의 연애는 평등한 선택에서만 시작된다."라고 한 가

가와 도요히코 목사의 정의가 옳다고 본다. 왕이나 재벌들이 돈으로 매수하여 삼은 아내로부터 참된 애정을 느낄 수 없다는 이치다. 인간적 사랑은 평등하고 공평한 널뛰기와 같다. 그렇지 못하면 대가를 지불한 사창일 뿐이다. 인간의 정(情)은 둥근 공과 같아 수평으로 평등하지 못하면 공은 굴러가지도 굴러오지도 못한다.

주님께서는 하나님의 본체시나 사람의 몸을 입고 오셔서(빌 2:6~7) 인간의 중보자(메스테스, Mediator)가 되셨다. 그는 '하나님과 사람 사이의 중보자'(딤전 2:5), '언약의 중보자'(히 8:6)로 오신 것이다. 그리고 "그 중보자는 한편만 위한 자가 아니니……"(갈 3:20; 히 6:13)라고 하시며, 하나님의 아들이 인간으로 오셔서 함께 굶주리시고, 같이 피곤해하시며, 분노하시며, 함께 우시면서 인간과 평등한 입장에서 중보자가 되신 것이다. 그의 슬픔은 가면도 가식도 아니었다. 그는 진정한 중보자가 되기 위해 인간으로 변해져 있었다. "이로 말미암아 그는 새 언약의 중보자시니 …… 죄에서 속량하려고 죽으사 …… 영원한 기업의 약속을 얻게 하려"(히9:15) 하시려고 낮은 천민으로 오신 것이다. 그리하여 같이 웃고, 같이 우신 것이다. 사람은 죽음을 '끝', 또는 종결로 보고 슬퍼한다. 그는 그 슬픔을 체험하신 것이다.

당나라 시인 왕유가 가을밤 빈방에 앉아 "늙어감이 서럽네"라고 시를 읊었다. 그것을 읽고 한국 불교의 대표 법정 스님은 "텅 빈 방에 홀로 앉아 그 넉넉함을 모르고 한 말"이라고 꼬집었다. 그리고 '텅 빈 충만을 얻는 지혜'를 강조했다. 결국 불교는 '빈방의 허무'를 찬양하는 종교다. 그러나 기독교는 빈방이 아니라 엄연히 있는 자아 속의 아름다운 사랑을 높이 본다. 불교는 허무를 절대적 진리로 인정하나 기독교는 엄연히 존재하는 것을 무로 보고 비웃거나 멸시하지 않는다. 그리하여 일생을 허무하고 무익한 것으로 보지 않는다. 나타난 현상은 허무하게 보이나 그 현상의 배후에 역사하시는 하나님의 뜻과 섭리가 허무할 수는 없기 때문이다.

'허무'주의는 모든 것을 허무하게 보는 허약 증상이다. 약해지고, 쇠잔하는 현상을 '무'의 증거로 삼는다. 그리하여 한탄하며 허무감을 느끼며 그 자위책을 지혜라고 말한다. 그리고 자기를 비워 무의식 상태가 되면 무와 동화되는 지혜를 얻었다고 말한다. 무의식, 무감각의 경지를 지혜로 본다. 허공에 두 팔을 저으며 "봐라, 아무것도 없지 않은가?"라고 외치는 맹인에게 무슨 즐거움이나 기쁨이 있을 수 있겠는가? "모든 객관은 주관에서 온다."는 철학의 원리처럼 주관이 허무이면 객관도 허무일 수밖에 없다.

회의주의의 창시자로 프랑스의 중세 신부 몽테뉴(Michel de Montaigne, 1533~1592)를 든다. 그는 그의 수필집 제1권에서 허무주의는 판단의 불확실성에서 온다고 했다. 그리고 그 책의 47장에 사람이 오판하여 허무주의에 빠지게 되는 경우를 일곱 가지로 들었다. 그중 네 가지를 보면, 자기가 보기에 기대할 만한 가치를 발견할 수 없을 때, 자기의 팔이 이미 많은 것을 골라 꽉 차 있어 여유가 없을 때, 욕심의 한계에 다다라 더 바랄 것이 없을 때, 진리와 비 진리를 분간할 수 없을 때 허무주의에 빠진다고 했다.

그리고 그는 참 존재의 파악은 내재하는 실존만이 가능하다고 보았다. 그러면서 이렇게 예를 들었다. 저울[천평(天秤)]의 반대쪽이 이미 무겁게 잔뜩 실려 있다면 다른 한 쪽에 추를 얹는다고 무게를 달 수 있겠느냐?라고 반문하며 저울로 스스로 판단하며 살도록 신이 인생을 만드셨으나 타락으로 한 쪽의 무게가 도를 넘어 그 기능을 상실했다고 말했다. 그것이 주님께서 "돌이켜 어린아이들과 같이 되지 아니하면 결단코 천국에 들어가지 못하리라"(마 18:3) 하신 이유이다.

"범사에 기한이 있고 천하만사가 다 때가 있나니 날 때가 있고 죽을 때가 있으며 심을 때가 있고 심은 것을 뽑을 때가 있으며 죽일 때가 있고 치료할 때가 있으며 헐 때가 있고 세울 때가 있으며 울 때가 있고 웃을 때가 있으며 슬퍼할 때가 있고 춤출 때가 있으며 …… 사랑할 때가 있고 미워할 때가 있으며 전쟁할 때가 있고 평화할 때가"(전 3:1~8) 있으며, 그 "헛된 일"(전 5:7)들 속에서 살아가는 "사람에게 영원을 사모하는 마음을 주셨고"(전 3:11), 그 인생이 결국 "다 흙으로 돌아가나 인생의 영혼은 위로"(전 3:20) 돌아간다고 성경에서 말씀하고 있다. 인생의 영혼이 헛된 것들 속에서 결국은 위

로 돌아간다는 희망, 즉 영원을 사모하는 마음을 주셨다는 말씀이다. 하여
나고 죽는 일이나, 심고 뽑는 일이나, 헐고 세우는 일이나, 울고 웃는 일이
나, 사랑하고 미워하는 일 등 범사 모두가 영원의 한 부분임을 나타내고 있
다.

그러나 세상은 "변하는 것은 영구할 수 없다."라는 명제를 오랫동안 진리
로 인정해 왔다. 따라서 태어나면 죽게 되고, 심은 것은 뽑게 되는 변화는 영
원에 속하는 것이 아니라고 주장한다. 반면, 성경은 변화하는 겉의 속에는
변하지 않는 영원한 실체 곧 태어나고 죽는 육에 속하지 않고 영원에 속한
존재, 즉 속사람이 있다고 밝히고 있다. 그래서 사도 바울은, 인간은 영(프뉴
마)과 혼(프쉬케)과 육(소마)을 가졌다(살전 5:23)고 말씀했으며, 생각하고
믿는 '마음'(고전 14:14; 히 4:12; 10:38~39; 13:17; 약 1:21; 5:20 등)을 영원
한 실체 곧 영혼으로 보았다. 하여 육은 흙으로 돌아가나 영혼은 영원한 세
계로 돌아간다고 한 것이다.

장자나 노자나 부타는 '무자아(無自我)의 자아(自我)'를 주장한다. 불교
는 '좌선'(坐禪), '해탈'(解脫), '열반'(涅槃), '정토'(淨土) '반야검'(般若劍) '반
야선'(般若船) 등을 강조한다. 이 모두는 자아를 버리는 길, 묶인 자아에서
벗어나는 길, 더러운 것에서 스스로 깨끗함을 입는 길, 생사의 짐을 벗는 길,
버릇과 타성과 번뇌를 절단하는 지혜의 길, 악을 두려워하지 않고 선을 추
국하지도 않고 인연을 따라 사는 길 등을 강조함으로써 망각과 무아의 경지
를 추구하게 한다. 하지만 이는 다 삶을 무로 돌리도록 하는 소극적 시도요
해법이다. 그렇게 노력한다고 해탈과 열반에 이를 수 있다는 증거도 없다.
그런데 자아를 부인하고 좌선으로 번뇌를 절단하고 '무의식'의 경지인 열반
에 이르면 알려짐도 이룸도 불균형도 없는 상태를 얻을 수 있다고 하면서
그것을 '텅 빈 충만'(Full Emptiness)이라고 한다. 이는 결국 인생의 의의와
사명을 무효화하는 것이다.

여기에서 생각할 점은 엄연히 존재하는 활동의식이 잠재의식으로 옮겨
졌다 손치더라도 그 인식이 포착한 현상은 거짓일 뿐 참은 아니다. 그렇다

면 그들이 '빈 방'이라고 주장하는 망각의 빈 공허(空虛)는 거짓된 허상에 지나지 않는다. 그리고 그 '무'의 충만을 얻기 위한 수단도 노력도 다 '거짓된 허상'에 속는 일이라고 볼 수밖에 없다. 그것은 세상 삶이 차츰 상대적으로 어려워지면서 짜증과 부정이 관심과 긍정을 압도하여 현실을 허무화해 현실 속의 자아를 분리시키려는 망상에 불과하다. 친구와 이웃과 가족들의 존재를 무로 돌려 모든 책임에서 해방되려는 이기적 심리로 보인다.

철학자 마르틴 하이데거(Martin Heidegger, 1889~1976)는 독일 바덴주(州) 메스키르히에서 목사의 아들로 태어나 그 역시 신학교를 졸업하고 시골 목사가 된다. 그는 목회 도중에 왜 기독교는 '신은 존재한다는 전제(前提)하에 신앙을 강요하는가?' 그리고 '존재한다는 뜻이 무엇인가?' '어떤 것이 참 존재인가?'를 두고 고민하다가 성직을 포기하고 프라이부르크대학교 철학과에 입학한다. 거기에서 당대의 유명한 현상학(現象學)의 거장 에드문트 후설(Edmund Husserl)의 제자가 되어 현상학을 배웠고 34세에 마르부르크대학교 철학 교수로 임명된다. 1928년 후설의 뒤를 이어 프라이부르크대학교 교수, 1933~1934년 총장을 지낸다. 그는 목가적인 시골 풍경을 즐겨 슈바르츠발트의 산장에서 지냈으며 두 번이나 베를린대학교의 교수 초청을 받고도 거절하고 그곳에서 줄곧 살다가 은퇴한 후 고향 메스키르히로 돌아간다.

그가 『존재와 시간』(Being and Time, 1927)을 발간하여 일약 명성을 얻었을 당시 뮌헨대학 강연에 초청을 받았다. 그 큰 대강당은 인산인해를 이루어 복도에까지 입추의 여지가 없을 정도였다. 단상에 선 그는 벗어진 이마에 키 작고 땅딸막한 사람이었으나 당차고 분명한 어조로 그 많은 청중을 압도했다. 그는 "있다는 것(有)과 없다는 것(無)은 어떤 것입니까?"그리고 "그 존재와 무의 현시(顯示)된 증거는 무엇입니까?"라고 질문을 던졌다. 그리고 "내가 존재한다는 현시된 증거는 불안(Dread)입니다"라고 답을 내렸다. 즉 그는 인간의 존재 증거를 불안(不安, Dread)으로 보았다. 불안(Dread)은 원인이 있는 두려움(Afraid)과는 달리 아무 이유도 없이 누구에게나 닥치는 막연한 공포를 뜻하며 언젠가는 직면하게 될 죽음과 종말에 대한 두려움 때문이라고 보았다. 기쁨도 행복도 인생에게 있는 현시라 할 수 있으나 그것을 압도하는 보편적이며 일반적인 증거는 불안이라고 하면서 '존재의 종말 의식'(終末意識)이라고 했다. 누구나 행복한 시간은 빠르게 지나가나 고통의 시간은 길다. 이것이 시간의 상대성이다. 그리고 의식에도 상대 의식이 있어 인생의 두려움과 고통이 압도할 때 인생을 '무'로 본다고 했다.

기독교에서는 두려움의 근본 원인을 두 가지로 본다. 그 하나는 "만일 우리 마음(양심)이 우리를 책망할 것이 없으면 하나님 앞에서 담대함을 얻고"(요일 3:21)에서 두려움은 죄에 대한 양심의 반응으로 본다. 그래서 세례 요한이 "회개하라! (그러면) 천국이 가까웠느니라!"(마 3:2) 하며 외친 것도 회개로 두려움이 없는 천국을 얻으라는 뜻이다. 즉 죄가 관영할수록 두려움은 증폭하며, 두려움의 원인은 "사랑 안에 두려움이 없고 온전한 사랑이 두려움을 내쫓나니 두려움에는 형벌이 있음이라"(요일 4:18)에 있다고 본다. 즉 두려움은 하나님을 경외하여 순종하는 사랑, 그 사랑이 없는 삶의 결국이 당면할 형벌 의식에 기인한 것이다.

철학에서 한때 '영원'의 특성을 절대 불변으로 보았다. 즉 변하는 것은 시작이 있고 종말이 있다는 것이다. 그 사상이 변해 오늘에는 영원이란 변화가 끝없이 계속되는 것으로 본다. 즉 변화에는 반복되는 사이클 변화가 있고 그렇지 않은 변화가 있으며, 이 사이클 변화를 영원한 변화라고 보는 것이다. 그리고 가시적 물질세계의 변화와 비가시적 영의 세계의 변화 법칙은 전연 다르다고 본다. 때로는 이 두 가지 변화가 서로 간섭하기도 하고 영향을 미치기도 하나 반드시 다 그런 것이 아니라고 보는 이유는 비가시적인 변화는 보다 지속적이며 꾸준한 반면 가시적 변화는 주기가 짧고 현저하여 인식되기 쉬울 뿐이라고 보기 때문이다.

"스스로 속이지 말라 하나님은 업신여김을 받지 아니하시나니 사람이 무엇으로 심든지 그대로 거두리라"(갈 6:7)나 "나는 길이요 진리요 생명이니

나로 말미암지 않고는 아버지께로 올 자가 없느니라"(요 14:6)는 어느 세대를 망라하고 변하지 않는 절대적 진리요 유가 무로 될 수 없다는 진리다. 이 진리가 변화 속에 방황하는 인생에게 영원한 평안(요 14:27)을 약속하고 있다. 아멘! 아멘!

4 말씀(레마)

소리는 어떤 의미를 전달한다. 소리를 들으면 무엇이 떨어졌는지 나뭇가지가 부러졌는지 알 수 있다. 그러나 생명체의 소리는 단순한 소리가 아니라 생명의 요구를 전달하는 복잡한 의미를 가지고 있다. 새들이나 동물의 울음소리나 사람의 웃음소리는 각각 다른 의미와 감정을 전달하는 능력이 있다. 세레나데나 창 소리는 청각을 통해서 듣는 사람의 마음에 구슬픈 감정을 불러일으킨다.

전쟁터의 북이나 나팔 소리는 각각 다른 의미를 가졌으나(고전 14:7~8) 그 소리는 약속된 암호이기 때문에 그 의미를 아는 사람에게만 효과가 있다. 말이나 언어 역시 사람의 감정과 뜻을 좀 더 구체적으로 전달하는 상호 약속된 암호다. 말 또는 언어(言語)란 머리에 상(想)과 의미, 그리고 가슴의 느낌과 영혼의 갈구를 전달하는 능력이 있다. 하여 말을 통해서 자기의 개념(뜻)을 상대방에게 전달한다. 바울은 "세상에 소리의 종류가 많으나 뜻 없는 소리는 없지만 내가 그 소리의 뜻을 알지 못하면 내가 말하는 자에게 이방인이 되고 말하는 자도 내게 이방인이 되리니"(고전 14:10~11)라고 했다.

'보는 것'(홀라오오, 마 5:38; 7:3; 13:13)은 '감지하는 것'(마 14:30)이고 '관심을 갖게 하는 것'(마 16:6; 18:10; 요 13:11)이지만 말은 그 이상의 비상한 힘을 가지고 있어 몇 마디 말이 듣는 상대의 감정을 움직여 기쁨을 주기도 하고 그로 인해 결연한 친구가 되기도 하고, 영혼을 움직여 위로와 희망을 주기도 하며, 일생을 송두리째 바치게도 만든다. 더욱 몇 마디 약속이나 계약은 천금과 같은 무게가 있어 일평생을 구속한다. 그래서 서양 사람들은 중대한 약속을 한 후에 "You have my words."라고 한다.

말에는 별 의미가 없는 농담(弄談)도 있고 의미를 지닌 진담(眞談)도 있다. 그러나 이 '담'(談)은 특별한 목적을 지닌 계획된 말이다. 그 담 속에 어떤 진지한 이치를 실으면 강론이 된다. 어떤 경우든지 전달자의 개념이 피 전달자에게 그대로 이전될 때 목적이 달성되지만, 표현 능력과 이해력에 한계가 있어 이따금 소귀에 경 읽기로 끝나기도 한다. 그리고 말과 글에도 표현력, 이해력이 달라 전달에 한계가 있다. 그래서 말이 통하는 사람이 있고 통하지 않는 사람이 있다. 말이 통하면 공감대를 이루어 어떤 관계가 이루어진다. 부자나 형제나 친구도 혈육 관계보다 마음의 관계가 더 중요하다.

사람이 사는 곳에는 어디나 말이 무성하다. 질문이나 답은 삶에 요긴한 말이다. 답이 길어지면 설명과 해설이 된다. 감정과 혼을 실어 강하게 전달하는 갈파(喝破)나 설파(說破)에서 사용되는 표현으로 '가로되'나 '갈(喝)하되'가 있다. 이는 말하는 사람이 자신의 뜻과 의도를 강력히 주장할 때 쓰는 말이다. 윗사람이 말하는 '가라사대'는 모두 자신의 깊은 뜻을 남기려는 목적이 있다. 그럼에도 그 목적이 정확히 달성되는 경우는 드물어 말이 공중에 퍼져 없어지는 경우도 있지만, 기억 속에 오래 남기도 한다. 세상에는 많은 스승이 자기의 '가라사대'를 남긴다. 그것들은 그 진리성에 따라 보약처럼 어느 기간 동안 효력을 발휘한다. 그렇게 오랜 세월 동안 거르고 농축된 말은 보약처럼 그 효과가 사람들의 가슴에 오래도록 남는 법이다. 그러나 인간의 말은 진리성과 능력이 약하고(행 5:34~9), 세월이 흐르면 기억에서 증발한다. 그러나 하나님의 '말씀'(레마)은 세대가 변해도 영구한(계 1:8~1) 것은 그 진리성과 능력 때문이다.

말의 힘으로 죄인을 유도 신문하기도 하고 상대방에게 최면(催眠, Hypnosis)을 걸기도 한다. 설교 방법에도 말씀 해설을 위주로 하는 주석설교나 강해설교가 있고, 어떤 주제를 잡아 뜻을 강조하는 주제설교도 있다. 이들은 다 말씀을 주제로 삼은 것이지만 말씀의 참뜻이 밝혀지지 않고 설교자의 뜻이나 사상을 전하는 등 긁기 설교나 심리 설교는 아무리 열정으로 호소한다 할지라도 하나님의 말씀은 되지 못한다.

보물이 반드시 커야 할 필요가 있을까? 다이아몬드나 금덩이가 집채만

한 것이 있던가? 만일 있다면 그것은 보물이 될 수 없었을 것이다. 그렇지만 물량주의로 병든 현실은 크기만 하면 보석이 아니라도 좋다고 외친다. 두세 사람이 주님의 이름으로 모인 곳에 하나님의 진리가 살아 있는(마 18:20) 것으로 만족하는 사람은 없다. 사망으로 가는 길은 넓고 순탄하여 찾는 이가 많고 생명으로 인도하는 길은 좁고 협착하여 찾는 이가 적다는 말씀을 진리라고 생각하는 사람이 드문 세상이 되었다. 말씀이 귀해진 것이다.

그래서 "영을 다 믿지 말고 오직 영들이 하나님께 속하였나 분별하라 많은 거짓 선지자가 세상에 나왔음이라"(요일 4:1) 하시며, 그 말을 다 믿지 말고 영을 시험하라(행 5:9; 고전 12:10; 14:29)고 하셨다. 왜 '시험하라', '분별하라' 하신 것인가? 거짓 선지자들의 능력 없는 말이 많아졌기 때문이다. 인간의 말과 최면 설교가 난무하고 있기 때문이다. 수중의 생물이 사는 것은 물 때문이 아니라 수중에 녹아 있는 용존 산소 때문이다. 말씀 속에 성령의 활력소가 없으면 영혼은 살 수 없다(요 4:14). 인간의 말은 생기 없는 물이며, 자기 사상, 자기 뜻이 꽉 차 있어 생수와는 멀다.

대화에 필요한 활력소는 신선한 공기가 공급되는 대화여야 한다. 그러나 인간의 말들은 아무리 지혜로운 말이라 할지라도 생수가 못된다. 더욱 잡다한 세상 이론으로 오염된 죽은 물이다(요 8:44). 거기에는 성장 호르몬이나 '뿌리의 진액'(롬 11:17)을 기대할 수 없다. 이 진액(로이테토스, Fatness)은 하나님의 말씀이다. 그러나 현대 교회의 설교는 그 진액이 희소한 더럽게 오염된 죽은 물이다.

과실을 맺지 못하는 가지는 목적을 달성하지 못한 죽은 가지다(요 15:4). 나무는 뿌리가 눈에 보이지 않는다고 뿌리가 없는 것이 아니며 뿌리가 살아 있다는 것은 둥치와 가지를 보면 안다. 뿌리는 본질이며 가지나 열매는 뿌리의 상징이다. 뿌리가 살아 있으면 상징이 죽을 수 없다. "내 안에 거하라 나도 너희 안에 거하리라 가지가 포도나무에 붙어 있지 아니하면 스스로 열매를 맺을 수 없음 같이 너희도 내 안에 있지 아니하면 그러하리라 나는 포도나무요 너희는 가지라 그가 내 안에, 내가 그 안에 거하면 사람이 열매를 많이 맺나니 나를 떠나서는 너희가 아무것도 할 수 없음이라"(요 15:4~5)고 예수님께서 말씀하셨다. 그래서 기독교 보수파인 '에이미슈'(Amish, 아미시)들은 예수님을 닮아 화장도 파마도 페인트칠도 하지 않는다. 그리고 '신령한 것은 신령한 것으로만'(고전 2:13, 15) 판단하려 한다. 그러나 그들도 오늘날 많이 달라졌다. 그들이 퇴화된 이유가 무엇인가?

눈이 있어도 보지 못하는 눈이 있고(마 13:13, 롬 8:24), 귀가 있어도 '들을 귀'(막 4:9, 23; 7:16)가 없는 귀가 있다. 그래서 "귀 있는 자는 성령이 교회들에게 하시는 말씀을 들을지어다"(계 2:7, 11, 17; 29; 3:6)라고 명령하신 것은 신령한 말씀을 듣는 귀, 즉 '마음의 귀가 있는 자'라야 성령이 교회들에게 하시는 말씀을 들을 수 있고, 그 말씀을 들을 수 있어야 그 말씀에 순종하여 이긴 자가 될 수 있어 구원의 복을 받게 되기 때문이다. 그러나 심령이 '완악'(마 13:15)해지고, 굳어지면 '들을 귀'가 없어진다. 그래서 '들음으로 복이 있다'(마 13:16) 하신 것이다.

말에는 뜻을 담은 진담도 있고 뜻 없는 농담도 있다. 진담은 어떤 상태의 원인과 결과를 알리는 시작이며, 그것은 겨자씨같이 작지만 운명을 좌우하는 계기가 된다. 운명은 태어날 때부터 정해진 것이 아니라, 부모의 말, 친구와 스승의 말, 책이나 성경을 통한 깊고 힘 있는 말씀이 씨앗이 되어 자라나면서 스스로가 만드는 것이다. 모든 파멸과 성취의 계기(契機)는 말에서 온다고 할 수 있다. 모든 교육이란 체험도 중요하지만 말이 기본이다. 알아듣는 귀의 감각이 둔하면 말은 들려도 말의 뜻을 알지 못한다.

말에는 어떤 뜻이 담겨 있고, 그리하여 말은 능력을 발휘한다. 하지만 영원한 생명을 죽이고 살리는 능력은 오직 하나님 말씀에만 있다. 말씀에는 능력이 있어 기쁨과 희망을 주기도 하고 실망과 파멸로 이끌기도 한다. 그와 반대로 아무 능력이 없는 무의미한 말도 있으나 의미를 실은 말은 어떤 것과 비교할 수 없는 큰 힘이 있어 사람을 위협하여 공포를 주기도 하고 기쁨과 평안과 생명을 주기도 한다. 그러나 어떤 철인의 말과 같이, 말이 거품으로 비대해지면 본질을 찾기 어려워 결국 그 본질을 잃게 된다. 주님이 주신 말씀(레마)에는 거품이 없다. 그런데 어떻게 거품이 생기는가? 그것은 인간이 계면활성제(界面活性劑, Surfactant)를 첨가하기 때문이다.

말의 능력이 고스란히 그대로 전달되는 경우도 있고 듣는 이의 마음가짐에 따라 왜곡되기도 한다. 마호메트(Muhammad)는 "나는 다만 하나의 사자(Paigamber, Messenger)일 뿐이다. 나를 숭배하지 말라. 나는 단지 신의 전언 자일 뿐이다. 나를 바라보지 말라. 그대에게 메시지를 보내는 신을 바라보라."고 했다. 그와는 대조적으로 그보다 육백 년 앞서 오신 예수님께서는 "내가 곧 길이요 진리요 생명"이다, "나로 말미암지 않고는 아버지께로 올 자가 없다"(요 14:6)라고 선언하셨다. 그리고 "하나님은 사랑이시라 사랑 안에 거하는 자는 하나님 안에 거하고 하나님도 그의 안에 거하시느니라"(요일 4:16), "사랑은 하나님께 속한 것"(요일 4:7), 그리고 "믿음과 사랑과 인내함에 온전하라"(딛 2:2) 하셨다. 그러나 신자들은 '오병이어의 기적'이나 '베드로의 그물'(눅 5:6)만 본다.

성경이 완성되기까지의 역사는 파란만장하다. 주후 50~60년경부터 쪽복음으로 시작된 성경은 그 연후에 성경 사본이 만들어졌으며, 현재 알려진 성경 사본(Codex) 다섯 개 중에 세 개의 사본은 주후 3~4세기에 발견된 것이다. 그중 구교의 바티칸 사본(Codex Vaticanus)은 현재 신교에서 외경으로 인정하는 부분도 포함되어 있으며, 창세기의 1~46장까지와 사무엘하 2장 5~7절, 10~13절, 시편 105편 27~45절, 105편 12절, 138편 6절, 그리고 신약의 히브리서 9장 14~28절, 디모데전서, 디도서, 빌립보서, 요한 계시록이 빠져 있다. 그리고 시리아의 에브라임 사본(Codex Ephraemi)은 독일 신학자 티센도르프(Tischendorf)에 의해 1843년 세상에 알려졌으나 그가 시내산 속에 있는 성 카타리나 수도원에서 1859년 발견한 시내산 사본(Codex Sinaiticus)과도 차이가 있다. 그것 역시 구약의 일부와 신약의 전부가 기록되어 있으나 현재 성경에 없는 '바나바서'와 '헤르마스의 목자서'가 실려 있다.

사본 중에도 현재까지 가장 귀중한 그리스어 사본으로는 아프리카 알렉산드리아에서 1628년에 발견되어 현재 대영국 박물관에 보존되고 있는 알렉산드리아 사본(Codex Alexandrinus)이다. 여기에는 창세기 14장 14~7절, 15장 1~5절, 16~19절, 16장 6~9절, 사무엘상 12장 18절~14장 9절, 시편 49편 20절~79편 11절, 신약의 마태복음 1장 1절~25장 5절, 요한복음 6장 50절~8장 52절, 고린도후서 4장 13절~12장 6절 등이 누락되었다. 그러나 이들 사본 넷을 종합한 것과 거의 일치하는 사해 사본(Dead Sea Scrolls)이 1947년 사해의 북서안 동굴에서 발견되어 아직도 연구가 계속되고 있다.

결국 구약은 주전 3500년경부터 구전된 것이 주전 약 700년경에 양피지와 갈대로 만든 파피루스나 비석이나 토기에 기록되었으며, 신약 역시 주후 50년에서 150년 사이에 쪽복음으로 기록된 것이 3~4세기에 정경으로 완성된 것이다. 그것은 주로 당시에 이스라엘 사막 지대에 약 이 백 곳이나 되는 쿰란 수도원의 수도사들에 의해 이루어졌으며 그들의 주업이 기도와 성경 자필 복사였다. 그들은 양피지와 파피루스 등에 기록된 편지 형식의 글의 조각을 수집하여 저자의 필치와 내용의 유사성, 표현 방법 등을 따지며 기도로 한 단계 한 단계를 신중히 종합 집필한 것이다. 그들이 그토록 신중히 일삼은 단계는 (1) 작성(Composition), (2) 성전 승인(Canonization), (3) 표준화(Standardization) 그리고 (4) 기록(Transmittization)이었다고 학자들은 밝히고 있다.

얼마나 신중히 진행했던지, 예를 들면 단계마다 여러 학자와 수도사들이 기도와 토의와 비평의 과정을 거쳤다. 비평 단계만 보더라도 '형식 비평' 단계와 '내용 비평' 단계, 그리고 '언어 비평' 단계로 나누어 그때마다 기도와 토의와 비평을 거쳐 결정을 신중히 다루었다고 한다. 그러나 당시의 정경은 하나로 통일되어 있지 못해 4세기에 니케아 회의와 알렉산드리아 회의에서 로마 법황의 명령하에 당대의 감독과 주교들이 모여 장기간의 토의를 통해 외경(外經)과 정경(正經)이 구별되었다.

구약은 히브리어로 신약은 아람어와 그리스어로 되었던 것이 735년에 휘트비(Whitby) 수도원의 코드만(Venerable Bede Coedman)에 의해 라틴어로 바뀌었다가 950년에 수도사 얼드레드(Monk Ealdred)에 의해 영국 북방 방언(North Umbrian Dialect)으로 처음으로 번역된다. 그것이 11세기에 들어 런던의 서민 영어로 번역되고, 다시 14세기에 들면서 많은 부분이 옥스퍼드 신학자 존 위클리프(John Wycliffe, 1330~1384)에 의해 위클리프 성경이 탄생되고, 'King James Bible'이 완성된다. 그것이 기반이 되어 전 세계 여러 나라 방언으로 그리고 여러 서민 성경(Koine Bible)으로 다시 번역된다.

현대 유대인 심리학자요 종교학자인 에릭 프롬(Erich Fromm, 1900~1980)은, 구약은 1200년 이상 구전된 모세 오경과 수백 년 이상 구전된 예언과 역사들이 작은 민족 이스라엘에서 기록되었고, 신약의 공관복음은 말씀이 선포된 후 30년에서 60년 이상 구전되거나 기억되었다가 기록된 것이어서 확실성이 약하며, 바울 서신은 개인 편지에 불과하다(딤후 4:9~16)고 주장하며, 아예 성경을 절대 무오한 하나님의 말씀으로 보지 않았다. 그리고 그는 "누가 무엇을 듣고 몇 년이 지난 후에 기록했다면 들은 그대로를 정확히 기록할 수 있겠느냐?"라며 신의 능력과 언어 전달의 진리성을 부인했다.

스위스의 기독교 윤리학자 에밀 브루너(Emil Brunner, 1889~1966)는 말씀의 비합리성을 들어 성경을 진리성이 없는 신화로 단정했다. 그는 예수님의 기사 내용의 기록 순서가 공관 복음 간에 서로 일치하지 않고 같은 사건 간의 내용의 차이와 비합리성을 들어 역사적 진리성에 의문을 표했다. 그리고 바울 서신을 개인적 서신으로 보았는데, 디모데 전후서, 특히 디모데후서 4장 9~16절 말씀을 들어 '레마'로 볼 수 없다고 했다. 모든 바울 서신, 베드로 서신, 야고보 서신 등은 개인의 문안과 부탁일 뿐 하나님의 말씀이라고 볼 수 없다는 것이다. 또한 그는 예수님께서 율법을 '일 점 일 획도' 부인할 수 없는 진리라고 선언하신 것(마 5:18), 제자들의 '시대와 역사를 초월한 말씀'(벧전 1:25), '영생의 말씀'(요 6:68; 행 5:22; 11:14)이라고 한 것 등 일부는 레마라고 할 수 있으나, 바울이 "모든 성경은 하나님의 감동으로 된 것”(딤후 3:16), “복음은 모든 믿는 자에게 구원을 주시는 하나님의 능력”(롬 1:16; 고후 6:7; 살전 1:5)이라고 한 것을 부인하며 ‘성경의 일괄적 절대성’을 부인했다.

인간 세계에서 의사 전달 방법은 말 또는 기록된 글이나 문서밖에 없다. 그중에서 말은 오래 기억에 남지 못하나 기록물은 오래 남는다, 문자(그람마)로 기록한 기록물(그라포오)을 ‘성서’(그라페에)라고 한다. 예수님 당시에도 구약 성서가 있었다. 그리고 성도들은 주일마다 회당에서 성서(그라페에)를 낭독했다. 예수님께서는, 성경은 하나님의 예언이라고 하셨고(막 14:49; 눅 4:21; 24:27; 요 7:38; 13:18; 19:24, 36, 37). “성경이 내게 대하여 증언하는 것”(마 21:37; 요 5:39; 행 1:16; 고전 15:3)이라고 하셨다.

그러면 성경은 무엇을 말하고 있는가(갈 4:30)? 성경에는 하나님께서 이스라엘을 인도하신 역사와 예언과 간증과 고백과 계시가 함께 실려 있으나 그 핵심은 그리스도에 관한 증언이요(요 2:22; 7:38, 42), 하나님의 능력을 믿게 함이요(막 12:24), 그의 뜻이 이루어짐을 알게 함이요(행 1:16), 그를 믿는 자가 받을 ‘의로워 짐’(갈 3:80)과 받을 구원, 그리고 ‘부활과 생명’(요 11:25), ‘영생을 알게 하심’(요 11:26)이요, 주를 믿는 자는 ‘하나님의 영광을 볼 것’(요 11:40) 등에 관한 예언이다. 그리고 하늘나라 백성이 될 것과, 그것을 얻는 방법, 자격과 권리와 영광을 얻을 수 있는 길과 진리와 생명에 관한 것이다.

그것들을 기록한 방법은 증언과 예언과 이상과 계시 등을 통해서 이루어졌다. 그 배후에는 항상 성령의 감동이 절대적 기본이다. 그리하여 역사적 기록은 있었던 사건을 적나라하게 그대로 기록되었다. 그 속에는 민족의 대이동 기사도 있고 가족과 개인의 이야기도 있다. 그리고 전쟁과 인간의 추악상도 그대로 기록되어 있으나 그 배후에 하나님의 뜻과 인도가 있었다는 것, 회개를 통한 회복, 하나님의 용서와 구원, 인도와 계시 속에 그의 구원의 열정과 사랑이 고스란히 실려 있다. 그리고 그 모든 역사의 배후에는 숨은 하나님의 구원 섭리와 진리가 있다. 그래서 부분적으로는 이해가 되지 않기도 하고 모순되게 보이는 부분도 있다. 그러나 말씀은 항상 살아서 역사하는 하나님의 구원의 기록이라는 것은 의심할 여지가 없다.

신의 말씀이나 뜻을 그대로 믿는 사람은 인간이 참 신을 두고 '합리냐 비합리냐?'를 따질 수 없다고 생각한다. 그 이유는 인간의 합리와 신의 합리는 비할 수 없이 다르기 때문이다. 인간의 세 살배기 합리를 가지고 신의 합리를 평할 수 없다. 만일에 한다면 철없고 무지함을 나타낼 뿐이다. 철없는 어린아이는 부모에게 자기가 무엇을 안다는 것, 할 수 있다는 것을 자랑한다. 그것이 인간의 근본 심리요 인간은 누구나 자존심을 가졌다는 증거다. 그러나 그 자존심이 교만이라는 것을 늙어도 모른다. 자존심이 강하면 강할수록 자기를 내세워 교만해진다. 이 교만과 고집이 회개나 변화를 막을 뿐 아니라 자기 구원을 자기가 차단한다. 그래서 자기 합리를 강하게 주장하는 자는 항상 스스로 외롭다. 그리하여 겸손한 자는 남의 동정과 사랑을 받으나 교만한 자는 타인의 미움을 쌓을 뿐이다. 내 자신을 비우면 말씀의 지혜와 진리를 알 수 있다.

구약에서는 욥이 환상과 꿈을 얻었으며(욥 4:13; 33:15), 야곱이 이상(창 46:2)을, 다니엘이 꿈과 환상을(단 1:17; 2:19; 7:1, 15~16; 8:15) 그리고 선지자들은 꿈과 계시를 받았다(렘 23:25~28). 신약에서는 마리아와 요셉에게, 그리고 사도들에게 꿈과 환상으로 지시하셨다. 이방인 백부장 고넬료에게 성령이 나타나 베드로를 청하라 명하신다(행 10:3). 그리고 욥바의 해변에 있는 시몬의 집을 찾아가게 하신다. 성령은 이튿날 정오 때 베드로에게 환상을 통해 이상한 계시를 하신다(행 10:3~10). 그렇게 성령의 지시와 계시를 통해 이방 전도의 문을 열게 하신 것이다. 이렇게 시작된 그리스 전도의 여정이 신약 성경에는 심한 가난과 환난과 핍박 속에서 믿음을 지킨 칭찬받은 성도로 기록이 남아 있다(고전 16:6; 고후 1:16; 2:13; 7:5; 8:1~2). 그리고 성령께서 바울에게 아시아 전도를 금하시고 마게도냐 전도를 지시하셨다(행 9:1~9; 16:6~10; 22:6~1, 17~21; 26:12~18). 그 밖에도 모든 행동 지시를 성령님께서 지시하시고 인도하신 기록이 그의 서신의 핵심이었다. 그렇다면 이와 같은 환상과 계시를 합리성을 따져 믿을 수는 없다.

성경은 성령의 지시(눅 24:49; 행 10:38; 롬 15:13; 엡 3:16)에 따라 인간이 대필한 것이며, 성령의 영감과 그 지시를 따라 기록된 것으로 믿는 이유가 이성적 합리와는 전연 상관이 없다. 그것이 성령의 역사였다는 것을 믿으면 하나님의 말씀(레마)을 전적으로 의심치 않는다. 그 견해는 성령의 저시의 구체성과 정확성과 능력을 믿는 믿음(히 1:3; 4:11~13; 11:3) 때문이다. 사도들이 받은 성령의 역사와 지시가 얼마나 정확한가는 오순절 성령강림 이후의 이적들을 보면 알 수 있다. 특히 사울과 아나니아의 환상, '영의 기도와 마음의 기도'(행 14:1~39), 바울의 여행 목적지를 하나하나 지시하신 일, 베드로에게 환상으로 지시하신 일 등을 보면 알 수 있다.

그 말씀의 보화 곧 진리를 질그릇 같은 천한 나사렛 목수를 통해서, 그리고 그의 어설픈 제자들을 통해서, 불완전한 언어와 사람을 통해서 신이 인간에게 전달하셨다는 사실은 이성으로는 믿기 어렵다. 그래서 근대에 사해 사본을 사막에서 우연히 발견한 목동은 그 막대한 가치를 알지 못해 열두 두루마리를 고물상에게 개당 1불을 받고 팔았던 것이다. 그러나 그 진가가 개당 수천만 불 도 넘는다는 것을 알았을 때 얼마나 원통했을지 짐작이 간다. 성경을 하나님의 '레마'로 보느냐 인간의 '말'로 보느냐의 차이다. 믿음은 그 자체가 합리와 이해를 초월할 때 오는 것이다. 그리고 그 믿음이 이해나 합리와 비교할 수 없는 고귀한 것임을 알 때 귀하다는 것도 알게 된다. 말씀과 과학 어느 쪽이 더 믿음직(Reliable)하냐? 하는 것은 논리적 선택이나, 확률과 객관이나, 이성적 판단으로는 불가능하다. 그것이 나사렛 목수를 의심했으나(요 1:46) 그를 신으로 받아들인 나다나엘의 믿음이다. 순금과 쇠 조각, 값 비싼 진주와 저질 진주의 차이는 그가 발하는 빛에 있다. 즉 레마의 진리성과 진가는 그 은은한 빛, 즉 진리성에 있다.

흔히 사람들은 '빛 없는 채색'이나 '능력 없는 형식'에 도취한다. 그리고 학벌이나 지위나 돈이 있으면 있을수록 교만(휘페르-에파노스, 눅 1:51; 딤후 3:2)해지고, 아무 건더기가 없어도 자존심으로 자고(自高, 휘페르-아이로

마이, 고후 12:7; 살후 2:4)해진다. 이런 자들을 하나님은 물리치시고(약 4:6) 대적하신다(벧전 5:5). 그리고 미워하신다(롬 1:30). 그것이 "하나님을 모르는 자들과 우리 주 예수의 복음에 복종하지 않는 자들에게 형벌을 내리시리니"(살후 1:8)라고 하신 이유다. 그러나 실은 자기 스스로가 진리를 짓밟아 자멸하는 것이다.

자고하고 교만하다는 것은 진리 앞에 자기를 굽히지 않는다는 뜻이다. 자존심이 강하면 강할수록 자기의 잘못이나 무지나 비천함을 시인하지 않는다. 그것을 'Self Respect' 곧 스스로 높이는 마음을 말한다. 자기를 높이기 위해서는 자기의 부족을 시인할 수 없다. 그래서 자존심이 강한 자는 절대 회개할 수 없다. 하여 나는 무지하다거나 죄인이라는 것을 시인하지 않는다. 그래서 남에게 동정받을 수 없어 항상 외롭다. 그것이 어린아이가 되어야 하는 이유다. 아멘!

5 로고스

요한 사도는 '태초에 계셨던 말씀'(로고스, 요 1:1)이 "육신이 되어 우리 가운데 거하시매 우리가 그의 영광을 보니 아버지의 독생자의 영광이요 은혜와 진리가 충만하더라"(요 1:14)라고 증언했다. 요한은 예수님을 따라다니며 유심히 관찰한 결과 예수님은 인간의 몸을 입으신 신이심을 볼 수 있었던 제자다. 그리하여 그는 다른 제자들이 다 주를 버리고 떠난 골고다에서 유일하게 주님의 임종을 지켰던 제자가 된다. 그가 깨달은 결론은 신이 육체를 입고 이 땅에 오신 로고스라고 했다. 그 로고스가 창조자(요 1:1)요, 생명의 본체(1:1~4)시요, 빛이시며(1:5), 생수의 근원(4:10; 7:38)이요, 하나님의 뜻(6:39), 영생의 떡(6:27, 51; 10:28), 참(7:28, 29)이시며, 생명의 빛(8:12), 인류의 목자(10:1, 11), 죽은 자의 부활, 생명(11:25), 참 포도나무(15:1)요, 진리의 전달자(17:18)라고 밝힌 것이다. 그렇다 하더라도 왜 '말씀'(로고스)이라고 했는지, 그 로고스의 존재가 종잡아 무엇을 의미하는지 이해가 쉽지 않다.

그리고 그는 그 '로고스'의 설명을 그럴듯한 추론이나 포토제닉한 묘사로 하지 않고 사실 그대로 불완전한 인간들의 말을 이용하여 '말씀'(로고스)이라고 한 것이다. 그렇다면 그 뜻이 무엇인가? 말에는 뜻 없는 말은 없지만 별 의미가 없는 말도 있고 깊은 의미가 담긴 말도 있다. 그렇다고 참된 진리라고 할 만한 말은 세상에는 드물다고 하겠다. 로고스란 진리의 원리(原理), 또는 생명의 원체(元體)라고 말할 수 있다. 그래서 주님께서 "나는 길이요, 진리요, 생명이니"(요 14:6)라고 하신 이유다.

성경은 로고스를 여러 가지로 표현한다. '말씀'(눅 24:19; 롬 15:18; 고후 10:11), '기도'(마 26:44; 막 14:39), '예언'(요 2:22; 18:32), '명령'(눅 4:36; 벧후

3:5, 7), '지시'와 '교훈' 또는 '메시지'(눅 4:32; 요 4:41; 행 2:41; 고전 1:17), '선언'(마 15:12; 요 4:39), '이유' 또는 '동기(요 1:1, 14; 요일 1:1; 계 1:13) 등이다. 이것으로는 로고스의 참뜻을 종잡아 짐작할 수 없다. 그러나 그 뜻은 기도와 예언과 지시와 교훈, 그리고 명령과 지시 등의 '말씀'으로 나타난 주인이라는 의미이다.

말씀이 자각(自覺)을 일으킨다면 그 말씀을 한 주체가 있다는 것이다. 그 주체를 감히 누구라고 인간이 말할 수 없어 '말씀의 주체'(로고스)라고 한 것이다. 그 자각을 일으킨 근거(말씀)를 터로 삼아 사람은 자기 집을 짓는다. 그래서 어렸을 때 들은 몇 마디가 일생을 방향 짖는다. 그래서 무슨 말씀을 집터로 삼느냐에 따라 집과 삶은 달라진다. 그 집에서 오래 행복을 얻을 수도 있고 고통을 겪고 멸망할 수도 있다. 인간의 말은 소멸되지 않기 위해 '정말로'라거나 '진실로'라고 강조하지만 마음에 오래 남아 있지 않는다. 그러나 주님께서 "진실로 진실로 이르노니" 하신 말씀들은 "내 말은 진리다."라는 뜻이어서 깊고 무게 있는 영구한 집터가 된다. 그래서 그는 "누구든지 나의 이 말을 듣고 행하는 자는 그 집을 반석 위에 지은 지혜로운 사람 같으리니"(마 7:24)라고 하신 것이다.

그러나 하나님의 말씀 자체가 반석 같은 기초(基礎)이지만 그 기초 위에 집이 지어지지 않는 반석은 반석일 뿐 기초가 되지 못한다. 하나님의 반석은 집의 기초를 위한 반석이다. 하여 주님께서는 영원한 집을 갈구하는 자에게 "내가 진실로 진실로 말하노니……"를 반복하시며 그 말씀 위에 '영원한 집짓기'(마 7:26~27)를 하라고 하신 것이다. 그 진실한 진리만이 영원한 생명을 보장하는 기초이기 때문이다. 주님께서 갈릴리 해변과 산 위에서, 그리고 광야에서 그렇게 던지신 말씀(로고스)이 각 사람의 집터가 된 것이다.

주님께서는 자신이 '길이요 진리요 생명'(요 14:6)이라고 선포하셨다. 그런데 이 말씀은 하나님의 인간을 향하신 뜻과 예수님의 본질적 성품을 말할 뿐, 그 이유를 말하고 있지는 않다. 예를 들어, 하나님을 태양으로 본다면 그의 현현(顯現)을 빛, 또는 말씀(로고스)으로 보았다. 그래서 요한은 "하나님은 빛이시라 그에게는 어둠이 없고"(요일 1:5)라고 했고, 예수님 자신도 "나는 세상의 빛이니 나를 따르는 자는 생명의 빛을 얻으리라"(요 8:12) 하셨다. 그리고 인간에게 "빛을 믿으라 그리하면 빛의 아들이 되리라"(요 12:36) 하셨다. 이 말씀들은 이해를 위한 해설이 아니다. 그리고 어떤 원리나 뜻을 해명하는 것도 아니다. 단지 하나님과 예수 그리스도의 특성이 어둠을 물리치고 현실을 보게 하는 빛이라는 것이다. 태양 빛은 나타난 실체이지만 육안으로 태양을 볼 수는 없다.

자연에는 의미나 뜻이나 목적과 같은 비현상(非現像) 세계가 있고 가시적인 현상 세계가 있다. 이 두 세계는 차원이 달라 유사한 패러다임으로 묶을 수 없다. 참 진리를 이해하기 쉽지 않은 이유가 바로 여기에 있다. 그래서 말씀의 참 뜻은 깨닫지 못하고 의미 없는 겉핥기 해설만 난무하게 된다. 인생은 그 빛보다 태양 자체를 보이라고 떼를 쓰나, 태양 자체를 보는 날에는 눈이 멀거나 죽임을 당할 것이다. 니체는 "삶의 이유를 아는 사람은 어떻게 사느냐의 방법은 문제가 되지 않는다."라고 했다. 예수님도 삶의 이유를 묻지 말고 내 길을 따르라고 하신다. 그것이 빛을 비추어 길을 보여 주신 이유이며, 로고스로 오신 주님의 가르치심이다.

삶의 이유란 추상적이며 형이상학적인 것이어서 아무리 알아듣기 쉽게 설명한다고 해도 이해될 수 없다. 길거리에 서서 지나가는 사람에게 "당신이 지금 사는 이유가 무엇입니까?"라고 묻는다면 답할 수 있는 사람은 아무도 없다. 그것은 존재의 근본 이유를 모르기 때문이다. 모르는 이유는 어둠 속에 있기 때문이다. 로고스(빛)로 오신 예수 그리스도를 통해서 '나타난 길', '진리', '생명'을 빛 속에서 보게 되면 알게 될 뿐이다. 그리고 그 '나타난 의미, 또는 본질'을 믿고 그 빛을 받음으로 자기가 작은 등불이 되는 것이다. 바로 이것이 "그리하면 빛의 아들이 되리라"(요 12:36)하시고, 성도를 '빛의 아들들'(살전 5:5)이라고 하신 이유다. 이것은 원리나 설명이 아니라 하나님의 말씀은 진리(요 17:17)라는 '선언'이다. 그리하여 신의 실체를 불완전한 언어로 힘겹게 표현하여 대언한 것이 '나타난 로고스'이다.

성경 진리 속에는 창조의 진리, 자연의 진리, 생명의 진리, 운영의 진리, 의와 심판의 진리, 구원의 진리, 육적, 영적 현상 진리, 역사와 종말의 진리 등이 다 담겨 있다. 그 진리의 실체를 '나타난 로고스'라고 하신 것이다. 그것이 불완전한 인간의 말로 표현되어 있어 성령의 도움 없이 이성적 깨달음으로는 이해할 수 없다. 단지 자연이 빛을 받는 것처럼 받는 길 밖에 없다.

성경은 말씀(로고스)을 생명력이 있는 씨앗으로 보았다. 씨앗은 작으나 지각과 영혼에 닿으면 뿌리를 내린다고 본 것이다. 주님은 말씀을 씨앗으로 보시고 그것이 뿌려진다 하더라도 마음 밭에 따라 씨앗의 성장은 다르듯 말씀의 성장도 다르다는 것을 비유로 풀이하셨다. 말씀을 듣고도 마음이 굳어져 듣지 못하는 길가 밭, 귀가 있어 듣기는 들어도 성령의 수분이 없어 씨앗이 싹터 자라지 못하는 돌밭, 싹이 트고 자라다가 세상의 염려와 재리의 유혹에 기운이 막혀 중단하는 가시밭, 말씀을 듣고 견디어 열매 맺는 옥토를 구분하셨다(마 13:18~23). 결국 씨앗이 뿌려진다고 다 싹이 트고 성장하고 결실하는 것이 아니라 들음에서 싹이 트는 것은 마음 밭의 조건과 환경에 따라 차이가 있으며 성장이나 결실은 씨앗 탓이 아니라 마음 밭 탓이다. 그리고 가라지나 잡초, 가시를 심는 마귀 탓이다.

어떤 이는 "무슨 진리가 이렇게 복잡하냐?" 하고, 다른 이는 "이렇게 간단하냐?" 비아냥거린다. 그래서 사도 요한은 요한복음의 결론으로 "오직 이것을 기록함은 너희로 예수께서 하나님의 아들 그리스도이심을 믿게 하려 함이요"(요 20:31), "예수께서 행하신 일이 이 외에도 많으니 만일 낱낱이 기록된다면 이 세상이라도 이 기록된 책을 두기에 부족할 줄 아노라"(요 21:25)라고 했다. 즉 말씀은 진리의 요약문(要約文)이라서 마치 감추어진 비밀, 또는 감추어진 보화를 찾는 보물섬의 약도(略圖)와도 같다. 그럼에도 "모든 성경은 하나님의 감동으로 된 것으로 교훈과 책망과 바르게 함과 의로 교육하기에 유익하니 이는 하나님의 사람으로 온전하게 하며 모든 선한 일을 행할 능력을 갖추게 하려 함"(딤후 3:16~17)이라고 했다. 여기 '갖추게 한다'는 충분하게 한다는 뜻이다. 또한 '갖춤'은 원어로 '완성한다'(Complete)와 '공급한다'(Furnish)는 뜻이 함께 담겨 있다. 이는 성경 말씀은 그냥 말(언어)이 아니라 완성시키는 능력을 가진 실체라는 뜻이다. 또한 영적 성장을 위한 영양 공급(고전 1:24; 엡 3:12~20; 4:16), 승리를 위한 무기 공급(고후 6:7; 10:4; 엡 6:11~14; 살전 5:8), 하나님의 뜻을 이루기 위한 능력 공급을 뜻하며 그 공급의 주체가 로고스라는 것이다.

　로고스의 효과를 태양빛에 비유해 보자면, 태양빛 중 자외선은 생명 효과, 가시광선은 교육 효과, 그리고 적외선의 난방 효과 등으로 비유해 볼 수 있겠다. 그중에서 로고스의 한 부분인 '말씀'(레마)은 가시광선에 해당한다고 볼 수 있다. 그러나 그 로고스는 더 심오한 실체여서 신의 현현(顯現)을 뜻한다. 그런데 그 효과가 모든 사람에게 동일하게 나타나지 않는 이유가 무엇인가? 같은 은혜를 같은 장소에서 입은 열 나병환자와 같다. 다윗의 "주의 증거들은 나의 즐거움이요 나의 충고자니이다"(시 119:24)라는 간증처럼 같은 증거와 같은 충고를 받아도 다윗처럼 즐거움으로 받는 자가 있고 못마땅하게 여기는 자가 있다. 같은 빛을 받아도 잘 자라는 식물이 있고 말라 비틀어지는 식물이 있다. 왜 같은 은혜가 받는 이에 따라 다른 것인가? 어떤 자식은 아버지에게 효자가 되고, 어떤 자식은 불효자가 되는가? 은혜는 그 은혜의 가치를 아는 자의 것이다. 어떤 아버지가 자식들에게 똑같은 선물로 값비싼 공작 기계를 주었다고 하더라도 그 기계의 작동 원리와 활용도를 아는 자식에게는 좋은 선물이 되나, 그렇지 못한 자식에게는 무용지물이 된다.

　로고스는 선인과 악인에게 동일하게 비추시는 햇빛이며 동일하게 내리는 단비(마 5:45)와 같다. 그 선물을 하나님의 말씀으로, 하나님의 진리 또는 하나님의 뜻, 하나님의 능력으로 나타내셨다. 그 속에는 많은 비밀이 요약되어 있다. 그래서 천국 비밀(마 13:11; 눅 8:10), 하나님의 비밀(고전 4:1; 엡 3:9), 하나님 뜻의 비밀(엡 1:9; 3:3), 그리스도의 비밀(엡 3:4; 골 2:2; 4:3), 복음의 비밀(엡 6:19), 믿음의 비밀(딤전 3:9), 경건의 비밀(딤전 3:16) 등 숨겨진 비밀(무스테리온, Mystery, 요 17:18)이라고 했다. 왜 비밀이라고 하셨는가?

그 이유는 인생이란 단순한 것이 아니요 복합적 존재이며 각자의 운명은 동일한 것이 아니라 각자의 개성에 따라 각기 다른 신비로운 존재이기 때문이다. 하여 진리와 보화를 추구하는 성의와 열성이 다르며, 찾고, 구하고, 문을 두드리는 열정이 각기 다르다. 열성과 열정의 정도뿐만 아니라. 그것이 욕심에서 비롯된 것인지 순결한 지에 따라 로고스 효과는 극명히 다르다. 믿음의 사람은 취향과 목적과 사상이 다른 삶의 집을 짓는 사람들이다. 잠시 있다가 지나가는 나그네 인생임을 깨달은 자이다. 그런 자들에게 로고스는 빛이 된다.

신자란 극히 간단하게 요약(Abstract, 개요)된 약도(略圖)를 믿고 씨름하면서 참 보물을 찾아 헤매는 탐험가와 같다. 단지 다른 점이 있다면, 신자는 성령의 인도하심이 있어 수시로 성령께 '개안'(開眼)과 '개문'(開門)을 구하고 찾도록 부탁한다. 그러나 성령의 도움과 지시는 인간의 선입견에 따라 다양하게 느껴지기 때문에 서로 다른 견해와 대립이 생긴다. 하나님의 진리에는 둘도 아니고, 대립도 있지 않으나 각자가 자기가 만든 색안경을 끼고 보기 때문에 나타나는 현상이 다르게 보일 뿐이다.

그렇다면 완전한 진리란 무엇을 말하는가? 칸트(Immanuel Kant, 1724~1804)는 그의 인식론에서 "주관 없는 객관은 없다."고 전제하면서 '색안경'이 생기는 이유를 인간의 자기 주관으로 보았다. 즉 오성(悟性)의 인식 형식은 공간과 시간의 인과성(因果性)에 의해 다르게 나타나므로 종합적이며 객관적인 진리를 포착할 수 있는 순수이성은 불가능하다는 것이다. 둘째 이유는 인간의 '현상인식'(現像認識)이란 난공불락의 요새의 겉모습을 멀리서 관측하는 것과 같아 정확성이 없다고 했다. 즉 요새의 내부 시설이나, 기능이나, 비축된 무기나 그 속에 움직이는 군사들의 사기와 능력 따위의 실체는 볼 수 없는 것이다. 즉 진리의 실상을 포착할 수 없는 두 번째 이유는 진리와 인간 인식의 간격 때문이라 본 것이다. 이것이 '진리의 인도자'(요

16:13)로 로고스가 필요한 이유다.

쇼펜하우어(Arthur Schopenhauer, 1788~1860)는 한 걸음 더 나아가 그의 대표작 『의지(意志)와 표상(表象)으로서의 세계』에서 그것을 더 깊이 있게 설명했다. 어떤 말이나 표정이 서로 다르게 표현될 때 관심이 서로 대립된 이해를 갖게 한다. 그러나 같은 진리를 두고 다르게 보는 것은 사람은 누구나 표상에 치우쳐 겉만 보기 때문이며 본질의 차이 탓이 아니라고 했다. 그리고 대립 속의 통일과 양립 속의 단일이 가능한 경우는 이해가 아니라 의지와 결단이라고 했다. 즉 믿음이라고 본 것이다. 그렇다면 같은 견해와 이해가 어떻게 가능한가? 그는 그것을 외적 힘과 의지에 의해 가능하다고 보았다. 즉 그가 말한 외적 힘, 또는 공통된 자극이란 성령의 인도나 신의 계시를 말한 것이 분명하다. 즉 바른 믿음이란 하나님의 계시, 로고스를 그대로 가감 없이 받아들이는 것이다. 그런 믿음은 대립 속에 통일을, 모순 속에 이해를 갖게 하는 능력이 따른다고 본 것이다.

그것이 믿음으로 구원받고 인간 스스로의 선행으로 구원받는 것이 아니라고 하신 뜻이다. 선행은 선악을 구별하는 바른 이성과 그것을 실천하려는 의지가 있어야 하지만, 성경은 성령의 인도하시는 선행과 이성적 선행은 다르다고 밝힌다. 행함이 없는 믿음은 구원받을 수 없다는 말씀(약 2:14, 24)도 있고 "너희가 돌이켜 어린아이들과 같이 되지 아니하면 결단코 천국에 들어가지 못하리라(마 18:3)는 말씀도 있다. 그러면서 "젖을 먹는 자마다 어린아이니 의의 말씀을 경험하지 못한 자"(히 5:13)라고 한 것은 '말씀의 경험', 즉 말씀을 순종하면서 얻는 경험은 이성의 판단과 다르다는 것을 지적한 진리다. 젖과 여문 음식, 즉 로고스의 난해도에 대한 소화력, 즉 이해력의 차이가 사람마다 다름을 말한다. 로고스란 단순하고 얕은 진리가 아니라 소화가 쉽지 않는 여문 음식이라는 것이다. 그래서 로고스를 따르는 데 소화되지 않는 여문 음식이 있다. 소화의 장해물이 무엇인가?

주님께서 십자가에 달려 고통을 당하신 세 시간 동안, 십자가 아래에서 그를 눈물로 지켜본 제자는 요한 한 사람과 여인 몇 사람밖에 없었다. 그런데 부활하신 후 세 번식이나 나타나신 주님을 눈으로 보았던 제자들이 - 만져 본 것은 도마만은 아니었다(눅 24:39; 요일 1:1) - 그렇게 다 보고도 듣고도 만져 보았어도 속절없이 떠난 이유가 무엇인가? 그것은 로고스를 믿지 못하는 회의 때문이다. 무슨 회의가 아직도 남아 있어 주님께서 승천하시는 마당에 의심하는 제자들이 있었던가(마 28:17)? 그들은 한때 충성을 맹세하기도 했고(마 26:33; 눅 22:33; 요 13:37), 죽음을 각오하고 칼을 뽑기도 했다(눅 22:50). 그러나 그들의 의지는 인간적 계산이었다. 결국 인간의 이성으로는 로고스를 알지 못한다.

한때 바울의 열성적이던 동역자들은 역경 속에서도 그를 따랐으며, 그들의 봉사는 모든 의심을 녹일 듯 뜨거웠다. 그러나 겹겹이 쌓인 끝없는 고난을 겪으면서 종내 바울을 버리고 뿔뿔이 떠나 버린 가슴 아픈 사연이 성경에 기록되어 있다(딤후 4:10~16). 그들은 다 사명(엡 2:10)을 받고 성령의 지시를 따라 헌신하기로 결심한 자들이었다. 그런데도 그토록 확고했던 결심을 버린 원인이 무엇이었을까? 인간 의지는 사람에 따라 다소의 차이는 있으나 나약하여 여문 말씀(로고스)은 소화시키지 못하기 때문이다. 그래서 시험에 떨어지지 않도록 '깨어 있으라'(마 26:41), '기도하라'(눅 11:4; 22:40), '두려워하라'(갈 6:1), '절제하라'(고전 7:5)고 강권하신 것이다.

여문 말씀을 소화하지 못하는 그 첫째 이유는 사탄의 활약이다. 아무리 충성된 종이라 하더라도 피곤하여 잠들 때가 있고, 아무리 옥토라 하더라도 사탄이 밤중에 틈을 타서 가라지를 뿌리는 법이다(마 13:25). 하여 주인의 밭에 알곡과 가라지가 함께 자란다. 처음 얼마 동안은 알곡과 가라지를 구별할 수 없으나 어느 기간이 지나면 가라지인 것을 알게 된다. 그러면 농부이신 하나님(요 15:1)은 가라지를 뽑다가 곡식까지 뽑을까 염려하여(마 13:28~30) 가라지를 뽑지 말고 '가만 두라.' 하신다. 가라지 뿌리와 알곡의 뿌리가 한태 엉켜 있기 때문이다. 뿌려진 가라지를 제거하려다가 알곡도 잃을 수는 없는 노릇 아닌가.

유대에서 흔히 볼 수 있는 가라지(지자니아, Tares)란 보리와 비슷한 잡초로 결실하기 전 까지는 잎과 줄기의 모양이 보리와 같아 구별하기 어렵다. 더구나 가라지는 생존력이 강해 보리보다 더 무성해진다. 그러면 농부들은 가라지를 보리로 오인하고 기뻐한다. 그러다가 늦게 서야 알게 되지만, 그땐 이미 늦었다. 그렇다 하더라도 가라지는 추수 때나 골라내야 한다. 가라지를 골라내지 않으면 복통과 설사와 식중독을 일으켜 생명을 위협한다. 믿음을 닮은 회의가 종내 사람의 영적 생명을 해치는 독소가 되는 것처럼.

여기에 유의할 점이 하나 있다. 그 독의 씨를 뿌린 자가 누구냐, 하는 것이다. 주님은 그를 마귀라고 하시지 않고 '악한 자'(마 13:19), '원수'(마 13:28)라고 하셨다. 원어로는 '적대성 인간'(엑스트로스 안드로포스, Hostile Man, 敵對性 人間)이다. '적대성'이란 '대적(對敵)하지 않고 피해를 입히는 것'을 뜻한다. 미소와 궤계로 대하면서 피해를 입히는 자를 말한다. 그들이 나에게 무엇을 했는가? 아무 자극도 충격도 준 일은 없다. 단지 내가 잠들어 몽롱할 때, 내 이성에 조용히 회의의 씨를 뿌린다. 무성한 겉보기 성공과 행복을 보이며 진리에 회의를 갖게 한다. 그렇게 세상 학문과 화려한 물질과 위세 당당한 권력으로 유인하는 것이다.

이성에는 긍정적 이성도 있고 부정적 이성도 있다. 하나는 믿는 마음이요 하나는 의심이다. 그런데 인간은 긍정적 이성보다 부정적 이성에 친숙하다. 뉴턴이 사과나무 밑에서 낮잠을 자다가 사과가 떨어지는 것을 보고 "왜 물체는 아래로만 떨어지는가?"라는 괜한 회의를 품게 되어 만유인력의 법칙을 발견했다. 그때까지만 하더라도 사람들은 순박했다. 그러나 회의가 성공의 비결이라는 것을 깨닫게 된 군상은 돌다리도 두들겨 보는 습관이 생겼다. 실은 야곱도, 아니 그 이전의 가인도, 그 이전의 아담과 하와도 회의했고 타락했다. 회의가 물질과 과학을 발달시켰으나 사람에게 선글라스도 함께 제공했다.

성경 말씀에도 납득되지 않는 부분이 있고, 당면한 현실과 맞지 않는 경우도 많기에 회의하지 않을 수 없으나, 그렇게 회의가 발전되면 내 이성이 옳다는 확신에 함몰되어 로고스를 인정하지 못한다. 바울의 가르치심 가운데는 정(正)과 반(反)의 변증법적 진리가 수두룩하다. 하여 성경 지식이 깊어지면 '왜 그럴까?' 하는 회의도 깊어진다. 그래서 성경을 많이 아는 자는 신학자는 될 수 있어도 신앙자가 되는 것은 아니다. 신자란 말씀을 그대로 믿고 따르는 자다. 신학도 학문이어서 '회의'가 이해의 밑천이다. 그러면 회의가 믿음의 전제 조건인가?라는 질문에 답해야 한다. 그러나 그에 대해 주님은 "돌이켜(회의도 염려도 없는) 어린아이가 되지 아니하면 결단코 하늘나라에 들어갈 수 없다."라고 답하신다.

흔히 사람들은 회의가 지식으로, 그리고 믿음(피스튜오오)으로 발전한다고 생각한다. 그러나 초기에는 '어떻게 하면 잘 살 수 있을까?' '어떻게 고민을 해결할 수 있을까?' 등, 이기(利己)적 이성에서 출발하지만, 성령의 역사로 인하여 모험적 믿음 즉 밑져 봐야 본전이라는 이기적 믿음으로 발전하면서 차츰차츰 이타적 신앙으로 변하게 되는 것은 순전히 로고스의 능력 탓이다. 그리하여 하나님을 아는 것에 자라 가며(골 1:10; 2:19), 예수 그리스도의 은혜와 그를 아는 지식(벧후 3:18; 고후 10:15; 엡 2:21)이 자라나는 것이다.

그러나 하나님의 말씀을 인간의 용어로 표현하다 보니, 그리고 성경 원전을 또 다른 언어들로 번역하다 보니 많은 문제가 발생한다. 예를 들면 인간적 평안(하네시스, 고후 2:13; 7:5; 8:13)이 있고, 하나님이 주시는 평안[샬롬(히), 에이레네(헬), 요 14:27]이 있다. 한글로는 똑같이 평안으로 번역되나, 후자를 참된 평안 또는 평화, 평강이라고 하고 하나님과의 화해(和解), 영혼의 평화(샬롬)를 뜻한다. 누구와의 화해인가? 자기 고집만을 따르던 인간과 거룩하신 하나님과의 화해. 오로지 그것은 죄인에게는 가당치도 않는 로고스의 선물(요 14:16, 27)이다. 주님께서 "내가 너희에게 주는 평안은 세상이 주는 것과 같지 아니하니라"(요 14:27)하신 평안, "평안이 너희에게 있을지어다"(마 10:13), "구원하였으니 평안히 가라"(막 5:34; 눅 3:48), "평안을 너희에게 주노니"(요 20:19, 21, 26) 하신 평안은 자기 이성을 초월하는 평안이다. 그것이 바로 사도 바울이 성도를 위해 간구했던 '하나님 우리 아버지와 주 예수 그리스도에게서 주어지는 은혜와 평강'(고전 1:3; 엡 1:2; 빌 1:2)이다.

믿음은 자기 포기요 로고스를 영접함이다. 돌아온 아들에게(눅 15:22~24) 더 힘든 사명을 주시며 순종을 요구하기도 하시고 좋은 의미의 시험이든(요 6:6; 히 2:18; 11:17; 고전 10:13; 13:5), 나쁜 의미의 시험이든(요 6:6; 8:6; 행 5:9, 10; 고전 7:5; 갈 6:1; 약 1:13) 힘겨운 시험을 주시기도 한다. '불법을 미워하는 것'(히 1:9)이나 '원수를 미워하는 것'(마 5:43)은 쉬운 일이다. 그러나 '자기 목숨'까지(눅 14:26), '자기 육체'까지(엡 5:29), '자기 생명'까지 미워하는 자라야 영생을 얻는다(요 12:25)는 말씀들은 이해를 초월하는 로고스의 명령이다. 심지어 "무릇 내게 오는 자가 자기 부모와 처자와 형제와 자매와 더욱이 자기 목숨까지 미워하지 아니하면 능히 내 제자가 되지 못하고"(눅 14:26) 하신 말씀은 결코 이해가 쉽지 않다. 세계 도처에 있는 수도원(Monastery)들의 수도사들은 첫 서약으로 자기 핏줄이나 가족을 버리고 생각지 않겠다는 맹세를 한다. 여기서 '미워한다'(미세오)는 원수로 '미워한다'(Hate)는 뜻이 아니고 하나님보다 '더 사랑하는 것'(마 10:37), '더 중히 여기는 것'(눅 16:13)의 반대어로 쓰였다. 그렇다 하더라도 '더 사랑하면 내 제자가 되지 못한다'는 말씀은 결코 순종하기 쉽지 않다.

세상에는 어느 때나 야곱과 에서, 사울과 다윗, 발람과 발락이 있다. 그리고 그들의 삶 속에는 니느웨와 다시스가 있다. 요한은 빛과 어둠, 꿈과 현실, 자유와 속박을, 야고보는 말과 실천, 자의와 타의, 시련과 시험을, 베드로는 버린 돌과 머릿돌, 자유자와 종, 참 선지자와 거짓 선지자를, 바울은 사탄과 하나님, 징계와 인내, 하나님의 법과 죄의 법, 형벌과 상급, 용서받은 자와 받지 못한 자, 현세와 내세 등등 수많은 상대적 진리를 밝혔다. 그러나 로고스는 그들 각자에게 태양 빛처럼 아무 반대 없이 능력과 진리로 나타내 보이고 있다. 그것을 믿는 것이 로고스 신앙이다. 아멘!

6 나를 따르라

"나는 우연한 존재인가? 아니면 계획된 존재인가?" 또는 "우주는 우연히 (By Accident) 생겼는가? 아니면 계획된(by plan) 것인가, 또는 필연인가?" 그에 대한 견해는 천태만상으로 다양하다. 그러나 성경은 우주를 창조하신 신만이 인간에게 정답을 말하실 수 있다고 한다. 그뿐 아니라 신만이 인간에게 "너는 나를 따라오라 내가 너희를 사람을 낚는 어부가 되게 하리라"(마 4:19)하실 수 있다고 한다. 그리고 우리로 하여금 그분의 자취를 따라오라고(에파코로우 데오, 벧전 2:21) 하신다. 즉 신(데오)을 무조건 순종하게(에파코로우) 명하신 것이다. 이런 명령은 어떤 철학자나 과학자나 권세자도 할 수 없다. 혹 어떤 사람이 했다 할지라도 자신이 생명의 진리와 방향을 알지도 못한 채 그 진리를 찾아 어슬렁거리는 입장에서 이런 확언을 할 수 없다. 창조의 근본 원리나 생사의 이치를 모르는데 "나를 따라오라!" 장담할 사람은 없다.

플라톤은 그의 저서 『티메우스』(Timeus, BC 360)에서 우주의 규칙(Dogma)과 영혼의 규칙을 발견하고 겨우 신의 존재를 밝혔다. 그리고 같은 견해를 아리스토텔레스도 주장했다. 중세에 와서는 토마스 아퀴나스(Thoms Aquinas, 1225~1274)가 우주의 질서로부터 신의 존재를 나타내는 다섯 가지 길(five ways of demonstration of existence of god)과 네 가지 자연법칙, 즉 영원의 법칙, 자연의 법칙, 인간의 법칙, 심령의 법칙을 발표하면서 그 법칙들을 세운 신의 섭리를 설명했다. 근래에 와서는 이 분야의 선봉자로서 미국의 클라크(Robert E. D. Clark, 1906~1984)와, 펜실베이니아 주립대의 쉴링(Harold K. Schilling, 1899~1979), 피츠버그의 주교 존 라이트(John Wright) 등이 자연신학을 확립한다.

자연신학자들은 과학자와 철학자가 발견했던 것과 동일한 결론에 도달했다. 그것은 우주는 어느 구석을 망라하고 동일한 질서(Order) 하에 있다는 것이다. 그것으로부터 우주는 같은 목적과 계획 하에 설계되었다는 설계(Design)설을 확립한다. 그들은 첫째로 우주는 예외 없는 일반 질서(Ordinary Order)와 특별 질서(Special Order)가 있을 따름이며 그 질서는 결코 우연일 수 없다고 보았다. 두 번째로 물질을 구성하는 분자의 원자 간 결합에도 동일한 일정한 법칙이 성립되어 있음을 발견했다. 많은 원소로 구성된 무기물 분자나, 주로 탄소와 수소와 산소로 구성된 유기물 분자들이 각각 특수한 결합 법칙과 질서 하에 이루어지고 유지되는 것은 각 원자의 외각전자의 궤도 특성에 따라 일정한 결합각(結合角)과 거리를 유지하고 있기 때문이라는 것이다. 그러나 그 구성 원리의 통일성이나 자연의 규칙과 질서를 안다고 정신과 영혼의 방향을 알 수 있는 것은 아니다. 그들은 단지 필연설을 주장할 뿐이다.

BC 1세기에 살았던 로마의 철학자 티투스 루크레티우스 카루스(Titus Lucretius Carus, BC 94~55)는 자연에는 일정한 규칙과 자연법칙이 있을 뿐만 아니라 그것을 이탈하는 사고나 재난이나 질병이 발생할 경우 그들이 종내 원 상태로 회복하려는 힘이 작용하는 것을 발견하고 눈에 보이지 않는 '비가시적 실체'(Unseen Body)가 있다고 주장했다. 중세에 들어 그로부터 목적론(Teleology)이 발달하면서 두 가지 이론으로 나누어진다. 그 하나는 어떤 의식을 가진 실체에 의한 설계설(Design Theory)과 다른 하나는 우연설(Accidental Theory)이다. 그리고 우연설을 주장하는 학자는 인간은 '신 공포증'(Theophobia)이 있어 신이 존재한다고 의식하지만, 신이라는 '궁극적 실체'(Ultimate Reality)는 증명될 수 없다고 단언했다.

현대 자연신학자인 영국 케임브리지대학 교수 레이번(C. E. Raven, 1885~1964)은 순간적 충격에 의해서 기존 질서가 파괴되는 것을 무질서(Disorder)라고 하고, 그것이 점차적으로 안정된 영구한 질서로 회복되는 것을 유효질서(Effective Order)라고 하면서 자연에는 유효질서가 있으며 바로 이것이 신 존재의 증거라고 했다. 그리고 그는 그 회복하는 힘이 없다면 자연은 무질서로 파괴 또는 분해되고 말 것이지만, 그 회복하는 힘이 있다면 인간은 그 힘이 이끄는 방향으로 나아가야 한다고 했다. 하여 그는 자연의 목적론(Teleology)을 주장하기에 이른다.

자연 과학이 발달하면서 실험주의(Empiricism)와 이론주의(Rationalism)가 함께 기반을 잡게 된다. 그러나 과학적 정의란 추측(Presupposition)에서 출발하여 가설(假說, Hypothesis)이 서고, 그것이 객관적으로 납득할 수 있는 증거를 얻을 때 학설(學說, Theory)이 된다. 그리고 더 나아가 그 학설이 절대적 진리로 인정될 때 법칙(Law)으로 승격된다. 그러나 그 어떤 최종 법칙에도 영혼의 삶이나 방향을 제시하는 법칙은 없다. 천재 물리학자 아인슈타인도 신을 발견하지 못했다고 했다. 특히 물리학에서 하이젠베르크(Werner Karl Heisenberg, 1901~1976)의 양자역학의 불확정성 원리나, 화학에서 물질의 화학반응에 반드시 일어나는 중간체(Radical)를 파악할 수 없다는 원리나, 영국의 과학자요 철학자인 로크(John Locke, 1632~1704)가 지적한 것과 같이 많은 결론이 반대 결론이 불가피함에도 불구하고 변증법(辨證法, Dialogue)에 의해 한쪽이 정설로 판정되는 경우가 많다는 것을 들어 논리적 정당성이 약하다는 주장은, 모두 자연의 근본 요소(Real Essence)를 알 수 없다고 단정한다. 자연의 변화 원리를 안다는 것과 인생의 목표를 안다는 것은 전연 다른 것이다. 목표와 종점을 알 수 없는데 "나를 따르라!" 할 사람은 아무도 없다.

다윈이 동물의 진화론을 주장한 이후 진화론자들 중에서도 "만일 자연 진화가 사실이라면 진화는 더욱 복잡하고 다양한 진화체로 갈라져야 하나 그렇지 않고 인간이라는 고도의 단일 생명체로 진화되었다는 견해는 모순"이라고 보았다. 하여 진화론을 반대하는 창조론이 맞서게 된다. 즉 진화론이 옳다고 가정한다면 형태와 구조와 조직이 다양한 중간체, 예를 들면 원숭이와 인간의 중간체, 사람의 머리를 가진 동물을 상상했던 고대 이집트의 석상이나 벽화와 같은 혼합 생물이 오늘에도 있어야 한다는 것이다. 그 해명을 위해 '목적 진화론'이 대두된다. 즉 인간이라는 최종 목적을 향해 진화되었다는 견해다. 그렇다면 그 목적을 누가 세웠느냐는 질문과, 우연에는 어떤 방향이 설정될 수 없다는 결론에서 구차한 '진화 설계설'이 대두된다. 그러나 생명체의 형태 진화보다 정신적 진화의 해명이 어려워 그 진화 설계설도 궁지에 빠지게 된다. 그러면서 막연히 언젠가 미래에 밝혀질 것이라는 희망을 제기한다. 그렇다고 막연한 희망으로 "나를 따르라!" 할 수도 없다.

그런데도 많은 과학자가 자연의 '설계설'(Design Theory)을 반대하면서도 어떤 의식체에 의한 '뜻의 산물'(Product of Mind)이라고는 보지 않는다. 예를 들면 철새가 계절에 따라 대 이동하는 것이나 다람쥐가 가을 열매를 땅에 묻는 것이나 사람이 자전거를 타는 것은 다 동물의 '반자동반응'(Semi Automatic Response)으로 보며, 그 행동에 대해 합리적인가 아닌가를 생각할 필요가 없다고 주장한다. 그에 반대하여 영국의 유전학자요 철학자인 워딩턴(C. H. Waddington, 1905~1975)은 새들이 우는 것이나 철새가 이동하는 것은 그들이 이동할 때 선도자 또는 선험자가 앞서는 것을 들어 경험에서 얻어진 '습관설'(Epigenesis)을 주장한다. 그러나 인간이 아무리 경험이 많은 도사라 하더라도 습관으로 바른 양심을 얻을 수 없다는 것이 밝혀져 누구도 양심으로 "나를 따르라!" 할 자는 없다는 것은 분명하다.

최근 인간의 예언, 예시, 투시, 최면술, 영몽 등을 통해서 텔레파시(Telepathy)와 이성(Idea)의 초월적 능력은 물질의 범주 속에 구속할 수 없다는 사실이 밝혀졌다. 그리고 어떤 사람의 뇌에서 다른 사람의 뇌로 직접적 대면을 통하지 않고 생각이 옮겨질 수 있다는 것과, 그것이 이루어질 때 전파나 전자장의 영향을 전연 받지 않는 힘에 의한다는 사실이 확고해졌다. 그리고 혈압이나 생리가 영혼과 심리 상태의 지배를 받는 것이 밝혀져 거짓말 탐지기가 생겼다. 더욱 진실과 거짓뿐만 아니라, 선과 악에 대한, 그리고 미(美)와 추(醜)에 대한 사람의 인식과 느낌이 동일하다는 것이 밝혀지면서 마음은 물질에 속하지 않으며 뇌(Brain)의 활동이 아니라는 결론에 도달한다. 그것으로부터 물질(뇌) 없이 마음은 존재할 수 없다는 유물론적 결론이 옳지 않으며 마음(心) 없이 물질이 존재할 수 없다는 유심론(唯心論)이 성립하게 된다.

사람이 수(數)를 셀 때 반드시 어떤 물건이나 구체적 실체를 두고만 가능한 것이 아니라 실체가 아닌 허상에 대해서도 가능하다. 하여 수(數)의 개념에는 한 치의 오차가 없다고 보면서 한계가 없는 무한수(無限數)도 실체로 인정한다. 심(心, Mind)과 물(物, Matter)의 상호관계(Interact)가 이루어짐을 주장한다. 즉 하나나 둘이나 셋이란 수는 1001이나 2021와 같은 동일한 존재의 개념을 가지며, 이는 어떤 무한수의 경우에도 같으며, 인간이 헤아릴 수 없는 초월된 범위를 심령의 범위로 보는 것이다. 그리고 보면 수학의 추상개념이 발달된 인도에서 요가나 추리 종교가 시작된 이유를 이해할 수 있다. 결국, 정신과 영혼의 존재를 육의 존재와 같이 부인할 수 없다는 것이 과학이 발달하면서 밝혀진 것이다. 즉 원자나 분자의 구성 원리로부터 막연하게나마 그 배후의 비가시적 실체(Entity)를 인정하지 않을 수 없게 된 것이다.

사실이 이런데도, 바울이 아테네에서 토론한(행 17:18) '에피쿠로스'(Epicurean)들은 시세로(Cicero)의 영향을 받아 "우주를 창조한 신은 창조 이전에는 우주가 없는 상태 하에 있었을 것이다. 그렇다면 그가 존재할 공간이 없는데 신은 어떻게 존재했겠느냐?"라고 반문했고, 다른 철학자는 "우주를 창조한 신은 누가 창조하였느냐?"라고 반문했다. 영국의 철학자며 작가인 무신론 진화생물학자인 헉슬리(Aldeus L. Huxley, 1894~1963)는 그의 책 『악기(惡氣)와 광기(狂氣)』(Badness, Madness)에서 "우주의 창시자를 저들의 신이라 하고, 그 신이 인간의 육을 입고 태어나 자기의 창조물인 보잘것없는 적에게 처형된 사실과 불신자들을 적으로 간주하여 보복 살해한 중세의 신도들의 광신"이라고 교회사를 들먹이며 악평했다. 그는 약 50권에 달하는 저서로 유명해졌다. 그는 젊었을 때 의사가 되려는 꿈을 이루지 못하고 영문학을 전공했으나 일평생 열등감에 사로잡혀 살다가 마지막 3년간 시력을 잃고 불행한 일생을 마친다.

당대의 천재 수학자요 과학자인 블레즈 파스칼(Blaise Pascal, 1623~1662)은 구원을 확률로 착각했다. '신이 있다'와 '신이 없다'의 둘 중에서 어느 하나를 선택하는 확률은 2분의 1, 즉 50%라고 했다. 50퍼센트를 넘어 55%의 믿음으로 한쪽을 택하면 45%의 회의가 혼합된 상태에 있다고 보았다. 그것이 옳다는 확증은 믿음이 55%에서 60%나 70%로 자라나게 되면서 회의는 40에서 30%로 감소되는 것으로 보았다. 그의 이런 생각은 그가 30세가 되던 1654년 11월 23일 밤, 기도하던 중 하늘에서 내린 밝은 빛과 뜨거운 성령 체험을 하면서 바뀌게 된다. 믿음은 확률이 아니라 기적이라는 것이다. 그 놀라운 밤, 그는 영원히 자신을 맡기겠다는 서약을 기도문으로 적어서 옷 안에 꿰매어 항상 몸에 지니고 다녔다고 한다. 이후 1658년 무렵부터 '그리스도교의 변증론'(辨證論)을 집필하기 시작했으나 병으로 완성하지 못한 채, 39세에 생을 마감했다. 사망 후 그의 친척과 지인들이 그의 침대 밑에서 그 원고들을 발견하여 정리 출간한 유고집이 『팡세』(Pensées)라는 고백 일기다. 결국 신자라 하더라도 "나를 따르라!" 할 수 있는 사람은 드물다는 것이다.

파스칼의 놀라운 체험과 비슷한 일화는 많으나 그중에서 감리교의 창시자 요한 웨슬리(John Wesley, 1705~1791)의 감리교 운동을 들 수 있다. 그는 기독교의 진리를 점진적 접근으로 보고 신학을 마치고 1728년 목사가 된다. 그다음 해 옥스퍼드의 거룩한 모임(Holy Club)에 가담하여 예배와 기도를 강조하며 개인 성결운동을 주창했다. 그리고 병자, 극빈자, 감옥, 고아원 방문을 통해 사회 정화 운동을 전개하며 의지의 변화를 강조한 그는 10년이 지나 35세 때, 1738년 5월 24일 기도 중 뜨거운 체험을 하게 된다. 그리고 고백하기를 "우리는 성장하여 완전에 이른다고 생각한다. 그러나 실은 완전에로 (돌발적으로) 탄생하는 것이다."라고 했다. 그리고 그는 유신론(有神論)에서 변화하여 '유신론'(唯信論, Solifidianism)을 주장하게 된다. 그는 믿음에도 '날마다 죽고' '날마다 새로워지는' 점진적 변화도 있으나 돌발적 변화가 반드시 있어야 하며 그것을 역사적 변화라고 했다. 마치 대나무가 자랄 때 속이 텅 빈 통으로 얼마 동안 자라다가 마디가 생긴다. 대나무가 강한 바람에 부러지지 않는 것은 마디가 있기 때문이다. 신앙도 역사적 마디가 생겨야 폭풍에 부러지지 않는다. 신앙 성장에는 역사(歷史)가 있고, 역경을 통과한 역사적(歷史的) 순간이 있다.

어린아이가 강가에서 소꿉장난을 하며 자라날 때는 신에 대한 신(信)도 불신(不信)도 없다. 그것은 따뜻하게 보살피는 부모가 늘 곁에 있기 때문이다. 철이 들어 외롭고 험한 인생길, 산골짝 길과 험한 징검다리 인생길을 혼자 갈 때 친근한 안내자가 필요하게 된다. 그때 감사할 대상을 알게 된다. 믿음은 결코 확률도 투기도 아니다. 단지 믿음의 초기에는 안갯속에 아련히 보이는 영의 세계가 마치 숲이 우거진 강 건너 미지의 땅처럼 희미하다. 그러던 어느 날 갑자기 안개가 걷히고 희미한 형상이 분명해지며 건너편에서 신의 광명을 보며 신의 음성을 듣게 된다.

신자란 교회를 다니는 사람, 성직을 맡은 사람, 교회의식을 지키는 사람이 아니다. 이런 외적 형식적 신앙이 지속되면 마디가 없고 속이 빈 통나무가 될 뿐이다. 신자란 육적 생활 방향이 바뀔 뿐 아니라, 양심이 회복되고, 의지가 변하고, 속사람이 새로워지며(고후 4:16), 과거에 보이는 것을 주목하던 것에서 변화를 받아 보이지 않는 것으로 초점이 변한(고후 4:18) 사람이다. 주님을 모방하여 그를 따르며, 믿음으로 행하고 보는 것으로 행하지 않는(고후 5:7) 사람이다. 이처럼 몸으로 주를 기쁘시게 하는(고후 5:9) 자가 되어야 주를 따르는 자이며, 주님을 본받아 작은 등불이 되어 나도 다른 사람에게 "나를 따르라!" 할 수 있다. 그러기 위해서는 기도와 간구가 있어야 하며 봉사와 헌신의 주님을 닮는 경험을 쌓아야 한다. 그렇다 할지라도 나 자신은 주님을 앞서지 않고 그의 뒤를 따르는 자임을 결코 잊어서는 안 된다.

영생의 보화란 없다고 미리 포기하는 사람이 많다. 그러나 예수님은 '밭에 감추어진 보화'(마 13:44)가 있다고 하셨다. 휴양지나 강가나 모래사장이 아니라 살려고 땀 흘려 일하는 고된 삶 속에 깊이 숨겨져 있다고 하셨다. 보화를 숨긴 이유는 그것이 보화이기 때문이다. 그리고 숨긴 이유는 보화의 주인 될 자격이 정해져 있기 때문이다. 아무 데나 아무나 찾을 수 있게 숨겨져 있지 않다. 숨겨진 그 밭에 일하는 사람만이 찾을 수 있다. 보화를 찾겠다는 믿음을 가지고 마음 밭을 깊이 뒤엎은 자만이 보화를 발견할 수 있다. 그리고 발견한 그때, 보화를 발견한 농부는 더할 나위 없는 기쁨을 얻는다. 어느 날, 어느 순간에 하늘에서 빛이 비취는 체험을 얻는 때가 올 것이다.

그러나 그 길에도 몇 가지 주의해야 할 점이 있다. 첫째가 믿음은 이성을 초월하는 것이지만 비이성적 열심은 광기(狂氣)이다. 따라서 균형을 잃은 흥분과 상기된 망상을 추종하는 행동이 아니라 하나님의 로고스에 부합되는 추종을 해야만 한다. 그리고 둘째가 유신론(唯信論, Solifidianism)으로 믿음만 있으면 선행은 필요치 않다는 주장이다. 이는 야고보서를 무시하여 행함을 가치 없는 것으로 비하하는 치우친 믿음이다. 셋째로 율법무용론(Anti-nomianism)으로 믿는 자에게는 도덕이나 율법이 필요치 않다는 주장이다. 마지막 넷째로 완전주의(Perfectionism)다. 이것은 성결교나 퀘이커파와 신성 침례파들이 가졌던 사상으로 죄는 육으로 인한 것이어서 육은 벌을 받을지라도 영혼은 상관이 없다는 사상이다. 그러니 참으로 신앙은 단순한 것 같으면서 복잡하다고 하겠다.

어떤 나그네가 무거운 봇짐을 등이 휘어지게 지고 험로를 가고 있었다. 길가에서 한 젊은이가 그에게 물었다. "당신은 무엇 때문에 인기척이 드문 이 위험한 길을 택했소? 그리고 이 험한 여정을 여분의 옷도 지팡이도 돈지갑도 없이 간단 말이요?"라고 다그쳐 물었다. 죽도 제때 얻어먹지 못한 듯한 피골이 상접한 나그네는 대답했다. "글쎄, 강 건너편에는 죄 사함을 받은 성실한 자들만 사는 곳이 있다더군. 사랑과 신뢰와 인정이 있는 곳이라지. 어디 이 썩은 세상에 그런 곳이 있던가? 비록 현실에서 고생한다 하더라도 영원한 세상에서는 그렇지 않았으면 하네!"라고 답했다. 젊은이가 균형을 잡느라 비틀거리는 나그네에게 재차 물었다. "누가 그곳을 알려 주던가요?" 나그네는 한숨을 깊이 쉬며 답했다. "옛날에 그곳에서 왔다는 신이 계셨고 그의 제자가 쓴 편지가 있지, 그것을 믿고 그 길을 따라가는 거야."라면서 손때 묻은 책 한 권을 보여 주었다. 젊은이는 다시 다그쳤다. "그 말을 어떻게 믿나요?" 나그네는 두 팔을 크게 저으며 말했다. "믿는 것이 있지. 내 옆에 서 있는 이 안내자이지! 그의 도움이 없고서야 이 탁류를 넘을 수 있겠나?" 젊은이에게는 그 나그네가 몹시 가련하게 보였다. 그때 그 안내자가 입을 열었다. "하나님께서 세상의 미련한 것들을 택하사 지혜 있는 자들을 부끄럽게 하려 하시고 세상의 약한 것들을 택하사 강한 것들을 부끄럽게 하려 하시며 하나님께서 세상의 천한 것들과 멸시받는 것들과 없는 것들을 택하사 있는 것들을 폐하려 하시나니"(고전 1:27~28), "우리 마음을 주 앞에서 굳세게 하리니 이는 우리 마음이 혹 우리를 책망할 일이 있어도 하나님은 우리 마음보다 크시고 모든 것을 아시기 때문이라"(요일 3:19~20)고 나그네를 타일렀다.

제3장

회개와 변화

1 회개가 없어진 교회

"구원의 흰옷으로 갈아입는 첫 단추가 무엇입니까?"라고 어떤 학생이 내게 질문을 했다. 아마 그 학생은 회개를 한다면 구체적으로 무엇부터 해야 할 것인가를 몰랐던 것 같다. 성경은 회개를 추한 평상복을 벗어 버리고 준비된 깨끗한 예복으로 갈아입는 것으로(마 22:12) 비유한다. 잔칫집에 초대받은 하객은 깨끗한 새 옷으로 갈아입거나 혼가에서 준비해 둔 예복으로 갈아입는 유대 나라 풍습에 근거한 비유다. 그런데 깨끗한 예복으로 갈아입는 것은 회개의 첫 단계에 불과하다.

예수님께서는, 자기 아들을 위하여 혼인 잔치를 베푼 임금이 잔치에 참석한 많은 하객 중 예복으로 갈아입지 않은 한 사람을 바깥 어두운 데로 쫓아내는 비유를 마치신 후, "청함을 받은 자는 많되 택함을 받은 자는 적다."(마 22:14)라고 하셨다. 이 비유는 청함을 받은 것으로 천국 잔치에 참여할 수 있는 것이 아니라 택함을 받아야 참여할 수 있다는 것, 택함을 받은 자는 극히 적다는 것, 그리고 그 택함은 잔칫집 주인이 하되, 왕가에서 준비해 준 예복으로 갈아입는 일은 초정을 받은 당사자의 몫이라는 것을 밝히고 있다.

그런데 여기 혼인 잔치 비유에서 쫓겨난 자는 오직 한 사람뿐이다. 그렇다면 청함을 받는 많은 사람 중에 단 한 명만 밖으로 쫓겨났으니 택함을 받은 자가 많아야 하는 것이 상식이다. 그런데 왜 그와는 반대로 택함을 받은 자가 적다고 하신 것일까? 그것은 다음 서너 가지 이유로 생각해 볼 수 있다. 그 첫째는 하나님 나라는 우리가 상상할 수 없는 깨끗하고 화려하며 거룩하고 영광스러운 곳이라는 것, 둘째는 그곳의 잔치는 하루 이틀이 아니라 영원한 향연이라는 것, 그리고 셋째가 갈아입어야 할 옷이 마음과 영혼의 옷이어서 영혼의 상태와 본질을 파악하기가 쉽지 않다는 것 등이 옷 갈아입는 회개가 여간 어려운 것이 아님을 암시한다. 그러니, 택함을 받은 자가 적을 수밖에 없다.

왜 그다지도 회개가 어려운 것인가? 하나님의 혼인 잔치에 초대에 응한 자는 그 초대에 대한 '참여 자세'(參與姿勢)가 확실해야 한다. 즉 천국 혼인 잔치 참여를 위한 '자신의 태도'가 어떤지 자기 자신에게 묻고 자신을 돌아보아야 한다. '나를 초대한 분의 의도'와 그분의 '초대에 합당한 나의 준비가 무엇인가?'를 스스로 질문해야만 한다. 많은 사람이 그런 질문 없이 단순히 예수님의 기적을 보고, 그 능력에 감탄하여 "나는 무능한 죄인입니다."(눅 5:8)라고 두루뭉술하게 고백한 것을 회개로 착각한다. 하여 옛 구습을 벗어던지지 못하고 익숙한 과거의 생활양식이 좋사오니 간섭하지 말아 달라고 고집한다. 혹 습관의 일부는 벗어 버릴지 몰라도 본질의 변화 곧 '옷 갈아입기'는 어림도 없다. 그리하여 많은 사도와 제자들도 오순절의 회개의 대역사가 이루어지기까지 '불법을 행하는 자'(마 7:22~23) 그대로 남아 있었다. 그러면서도 베드로처럼 천태만상의 과오를 범하면서 의인으로 착각하고, 성령 체험과 사도로서의 대 역사를 이루면서도 남의 눈치나 보는 비양심이 남아 있었다(갈 2:11~14). 그러면서도 그들은 제자로서 큰 지장을 느끼지 않았다.

이처럼 '옷 갈아입기'가 어려운 이유가 무엇인가? 그것은 왕께서 예비하신 예복으로 갈아입기는 단순히 한두 가지 나쁜 버릇을 고치는 것이 아니라 옷 전체, 즉 상의와 하의, 속옷과 겉옷, 즉 생활양식과 습관의 부분적 변화가 아니라, 인식의 변화이며 가치관의 변화이며 인간 본질의 변화를 말하기 때문이다.

모든 종교와 도덕과 윤리, 그리고 체면(體面)은 겉보기 형식의 옷이다. 인간 체면이란 인과(因果)에 대한 인식과 사상과 생활양식, 또는 질문에 대한 회답, 속사람의 반응, 또는 표현을 말한다. 그것이 겉옷이다. 인간 본질의 겉은 나타난 '인식과 사상'의 형태일 뿐이다. 종교란 그 본질과 그로 인한 인과에 대한 인식과 믿음의 겉옷이다. 그래서 인간됨의 특징은 누구나 자기 나름의 인식과 믿음에 있다. 비록 종교가 없는 도적과 살인자에게도 자기 나름의 인식과 믿음의 겉옷이 있다. 그것을 자기 몸에 맞는 옷이라 한다. 공자는 예절을 옷으로, 아리스토텔레스는 인간 본질을 옷으로 보았다. 그래서 사람들은 자기 생활에 알맞은 편한 옷을 입는다. 거지에게 귀족의 옷을 입힌다고 그에게 맞을 리가 없다. 아무리 좋은 옷이라 하더라도 거추장스럽거나 불편한 옷은 불편할 뿐이다. 그리고 인간 본질은 '과거와 현재에 나타난 겉옷' 즉 늘 입는 평상복을 보면 그의 속사람을 알 수 있다.

공자는 인간의 근본을 인(仁)에 두었다. 그리고 그 '인'을 경건, 지혜, 배움, 정의와 같은 '덕'으로 보았다. 그리고 그 '인'을 얻는 길을 '도'(道)라고 하면서 『논어』에서 "아침에 도를 들으면 저녁에 죽어도 좋다."(이인편)라고 했다. 듣고 깨달으면 족하다는 뜻이다. 그러나 어디 사람이 듣고 깨닫는다고 새 사람이 되던가? 습관화된 추하고 더러운 겉옷을 갈아입지 않은 채 깨닫는 것이 무슨 소용이 있단 말인가? 그래서 예수님은 옷 갈아입는 회개를 통해 겉옷뿐만 아니라 속옷(속사람)까지 새로워져야 한다고 하신 것이다.

공자는 깨닫는 것과 옷 갈아입기가 다르다는 것을 몰랐다. 혹 죄를 깨닫는다고 해서 죄가 없어지는 것도, 사람이 하루아침에 의로워지는 것도 아니다. 그렇다고 하더라도 그 죄로 인해 마음에 불편이나 찔림이나 아무 고통을 느끼지 못하는데 옷을 갈아입을 리가 없다. 그래서 공자의 영향을 받은 동양 기독교가 회개를 도외시하는지도 모를 일이다. 그러나 베드로가 오순절 이후에 성령의 체험을 받고 회개를 부르짖었을 때, 3천 여 군중은 '마음에 찔림을 받아' 큰 비통을 느꼈다. 이 찔림은 다윗이 "나는 내 죄과(罪科)를 아오니 내 죄가 항상 내 앞에 있나이다."(시 51:3)라고 애통하며 회개하게 했던 고통이었다. "어찌 할꼬!"(포이에소멘, 행 2:37)라며 애통했던 군중의 외침은 죄를 깨달은 자의 당황과 두려움과 고통의 외침이었다.

육체의 큰 병을 도려내는 수술을 할 때는 마취제를 사용하여 무의식 상태에서 한다. 마취가 잘되느냐 못되느냐가 수술의 성공 여부를 가늠한다. 그러나 속사람의 수술은 마취제가 없다. 하여 회개는 극심한 찔림과 아픔이

크면 클수록 수술의 성공 여부가 결정된다. 그 극심한 통증이 대수술이 시작된 표시이며 그 통증이 없다면 회개가 시작되지 못한 증거다. 오늘 교회에 이 비통의 아우성이 없다는 것이 회개가 없어진 증거요, 죄 신경이 마비된 증거다. 그것이 노아 때나 소돔 때의 현상이 아니던가?

회개의 찔림과 통증은 어디서 오는가? 다윗은 그 찔림을 위해 기도했다. "하나님이여 내 속에 정한 마음을 창조하시고 내 안에 정직한 영을 새롭게 하소서"(시 51:10). '정결한 마음과 정직한 영'으로 자기의 죄과를 알고 그로 인한 고통과 찔림이 생기게 해 달라는 기도이다. 죄 신경이 죽어 없는데 죄로 인한 고통이 있을 리 없다. 오늘날 교회에 회개가 없어진 것은 안일과 평강과 축복만을 추구하는 교인들의 파렴치로 인해 양심의 죄 신경이 죽은 것이다. 아무리 땅을 치고 통회한다 하더라도 마음과 영에 찔림이 없는데 진정한 통회 자복이 있을 리 없다. 베드로는 "너희가 회개하여 각각 주 예수 그리스도의 이름으로 세례를 받고 죄 사함을 받으라"(행 2:38)고 죄 사함을 부르짖었다. 그러나 오늘의 교회는 "믿기만 하면 구원받는다."라며 부르짖는다.

세례 요한의 첫 외침은 "믿어라!"가 아니라 "회개하라, 천국이 가까이 왔느니라!"(마 3:8)였다. 주님의 첫 선언 역시 "복 받으라!"가 아니라 "죄인을 불러 회개시키러 왔다."(눅 5:32)였으며 주님의 첫 설교는 '심령이 가난한 자, 애통하는 자······'가 복을 받을 수 있다는 것이었다(마 5:1~12). 그래서 루터의 95개 조항의 첫 조항에 '예수 그리스도의 첫 명령은 회개였으므로 신도들의 시작은 회개여야 한다.'고 강조하고 있다. 구원을 원하는 사람은 많은데 먼저 회개하고 죄 사함을 받아야 하는 것은 왜 모를까? 많은 종교가 구원과 영생을 주장하지만 기독교만이 유일하게 참회와 회개를 강조하는 이유가 무엇인가? 천국이 현세와 그만큼 다르고 그 문이 좁고 길이 험난하기 때문이다. 그 좁은 문으로는 죄 짐을 지고 들어갈 수는 없기 때문이다. 그런데도 "나는 죄인입니다!"라고 애통하며 통회 자복하는 일이 없다면 무엇이 잘못되어도 크게 잘못되었다.

내주께더가까이

세례 요한이 요단강에서 세례를 베풀 때, 많은 바리새인과 사두개인이 나오는 것을 보고 말했다. "회개에 합당한 열매를 맺고 속으로 아브라함이 우리 조상이라고 생각지 말라!"(마 3:8, 9). 그러나 오늘의 신자는 "나는 예수 믿는 가정에서 태어났으며, 삼대(三代), 사대 신자다."라고 자랑한다. 어디 삼대나 사대 신앙이 회개와 무슨 상관이 있던가? 그 당시의 유대인들은 적어도 아브라함의 40대 신앙이 아니었던가? 그것을 예수님께서 인정해 주셨던가? 그와 반대로 그들을 향해 '회칠한 무덤'이요 독을 품은 '독사의 후손'이라고 질책하신 이유가 무엇이었던가?

주님께서는 회개의 순간을 새 생명이 움트는 순간으로 보셨다. 씨앗이 있고, 그 씨앗이 땅에 떨어져 자라나려면 성령의 수분을 흡수하여 움이 터져야만 한다. 그리고 그것이 자라나 아름다운 꽃이 피고 종국에 귀한 열매가 맺는 것이다. 그래서 '회개에 합당한 열매'를 맺으라고 하신 것이다. 즉 회개가 없으면 움이 터져 생명이 자라날 수 없다. 회개는 씨앗의 알몸이 완전히 썩어 배아(胚芽)가 자라도록 육질이 죽는 것을 말한다. 그것은 자신의 죽은 모습을 드러내는 부끄러운 추태(醜態)다. "나는 이런 부끄러운 죄인입니다."라는 고백은 보기 흉측한 추태이지만, 그때 속사람이 움이 트고 하늘나라에서는 기쁨이 된다(눅 15:10). 회개는 의인이 되는 것이 아니라 '죄인'이 되는 것이요, '죄인의 괴수'가 되는 것이다. 그러나 오늘의 신자에게는 회개란 생소할 따름이다.

'정결한 마음과 정직한 영'은 죄의 암덩이를 도려내고 제거하려는 자에게 주어진다. 정결한 마음과 정직한 영이 죄의 암덩이를 제거하는 유일한 회생 길이지만, 그 죄 덩어리를 제거하기 위해서는 가슴을 찌르는 고통이 온다. 그것을 견디기 위해 '새 술'(행 2:13)에 취해야 한다. 그 연후에야 '회개에 합당한 열매'가 맺어지는 것이다. 그것이 일어나지 않을 때는 '열매 맺지 않는 나무'가 되어 '찍혀 불에 던져지리라'(마 3:10) 하신 저주를 받게 된다. 그렇다면 죄는 한 번 회개한다고 끝난 것일까? 여기에서 중대한 문제가 야기된다. 회개는 처음 믿을 때 한 번이면 충분한 것인가?(일회설, 一回說) 아니면 일평생 반복되어야 하는 것인가?(반복설, 反復說) 하는 문제이다.

죄의 암세포는 다시 재발하는 힘이 있어 그 연후에도 솟아오르는 샘물로 매일 발을 씻는 '청결 회개'가 지속되어야만 한다. 그런데 어떤 부흥강사가 "회개하고도 미심쩍어 회개를 되풀이하는 것은 믿음이 없는 증거"라고 외치는 것을 들은 적이 있다. 그러나 회개했다고 죄의 뿌리가 없어지거나 다시는 같은 죄를 범하지 않는 사람은 없다. 밭을 한 번 매었다고 잡초가 자라나지 않던가? 깊이 뿌리가 박힌 가시나무를 뽑았다고 되살아나지 않던가? 잠든 사이에 마귀는 새로운 씨를 뿌리고, 통회 자복했어도 아름다운 여자나, 차나 집을 보면 탐심이 생겨나지 않던가? 한번 목욕했다고 다시 때가 묻지 않던가? 그래서 날마다 시마다 씻어야 한다(요 13:10). 매일 사는 집을 한번 말끔히 대청소를 했다고 먼지와 거미줄과 때가 또다시 없을 수는 없다. 그리고 풍화는 지속적 재수리(Renovation)를 요구한다. 그것이 이스라엘 백성이 해마다 제사를 되풀이해야 했던 이유이다. '골수에 숨은 죄'(히 4:12)도 있어 회개는 한두 번으로 끝마무리를 지을 수 없다(요 13:8~10). 재수술만이 예방법이다(마 10:14; 18:8). 사람은 누구나 어떤 면에 약점을 가지고 있다. 하여 마귀는 그 특성을 잘 알아 끈질기게 재 침투를 꾀한다.

히브리서 기자는 예수 그리스도의 속죄 사역에 관해 다음과 같이 기술했다. "그는 저 대제사장들이 먼저 자기 죄를 위하고 다음에 백성의 죄를 위하여 날마다 제사 드리는 것과 같이 할 필요가 없으니 이는 그가 단번에 자기를 드려 이루셨음이라"(히 7:27). "해마다 늘 드리는 같은 제사로는 나아오는 자들을 언제나 온전하게 할 수 없느니라"(히 10:1). 그렇다. 구약 이스라엘 백성이 죄를 속하기 위해서는 날마다 양의 피로 속죄의 제사를 드려야 했지만, 예수 그리스도의 대속의 피는 자기를 믿고 힘입어 나아오는 자들의 죄를 '단번'에 씻고 구원하실 능력(히 7:25)이 있다. 그런데 여기 '단번'에 대한 해석은 복잡하다. 그럼에도 바울은 "나의 자랑을 두고 단언하노니 나는 날마다 죽노라"(고전 15:31) 하셨다. 물론 이 말씀은 부활을 위한 죽음을 말씀한 것이지만 그 죽음은 자기의 약한 것, 부끄러운 것을 드러내어 죽이는 회개를 말한 것이라 할 수 있다. 그 첫째는 원죄요 다음은 현실 죄요, 셋째는 종의 책임을 다하지 못한 죄였다.

철학에서는 인간의 존재를 선천적 본질(本質)과 현실적인 실존(實存)으로 구분한다. 그래서 먹고 배설하는 신진대사가 있다는 것은 사람이 살아 있다는 증거이다. 인간이 영적 삶을 살고 있다는 것도 영적으로 신선한 생명의 양식과 생수를 섭취하고 추한 죄를 배설하는 것으로 증명된다. 흡수만 있고 배설이 없다면 병난 징조다. 바른 진리를 깨달으면 반드시 회개가 따르기 마련이다. 흡수가 먼저냐 배설이 먼저냐? 하는 것은 철학적 문제다.

철학자 사르트르(Jean Paul Sartre, 1905~1980)는 "인간의 실존은 본질에 앞선다."라고 했고, 심리학자 프로이트(Sigmund Freud, 1856~1939)는 "본성(본질)은 후천적 습관(실존)에 앞선다."라고 맞대꾸했다. 그는 그 본질을 누구나 배제할 수 없는 성욕과 욕심의 존재로 보았다. 여기 '앞선다'란 '우세하다'는 뜻이다. 결국 한 사람은 원죄보다 현실 죄가 앞선다고 보았고, 다른 한 사람은 원죄가 현실 죄보다 절대적이라고 본 것이다. 그런데 만 달란트 빚을 탕감을 받은 자가 백 데나리온 빚을 탕감해 주지 않아서 옥에 갇히게 되는 주님의 비유에서 만 달란트의 빚을 원죄로 백 데나리온의 빚을 현실 죄로 해석하기도 한다(마 18:24~33). 조상이 갚지 못한 빚은 후손이 갚아야 하는 원 빚을 '원죄'로 보고 백 데나리온은 이웃 동료에게 빚진 현실 죄로 보기 때문이다.

기독교는 '한 사람 아담으로 인한 죄'(롬 5:12~21; 고전 15:22), 곧 다윗이 말한 부모의 유전 죄(시 51:5), 인간의 정욕, 소유욕, 이생의 자랑(성취욕) 등(요일 2:16) 누구에게나 있는 원죄를 말하고 있다. 그것이 기본이 되어 세상으로부터 다양한 죄가 생겨난다. 이 죄들은 누룩이 밀가루 반죽을 잠시 동안에 발효시키듯 오염시킨다. 동성연애가 미국의 어느 한 주를 얼마 전에 잠식하더니 삽시간에 동양 예의지국까지 밀려들어 왔다. 그뿐 아니라 다양한 후천적 죄들이 온 인류로 하여금 죄의 채무자로 만들었다. 그러나 그 채무를 무시하는 담대한 군상이 교회 안에도 노아 때의 대홍수처럼 범람하고 있다.

죄의 본질이 무엇인가? 죄가 생과 사의 위기를 재촉하고 있음에도 죄에 무감각해져 회개가 실종된 이유가 무엇인가? 그 이유를 찾는다면 첫째로 편리한 평상복에 친숙해져 있는 교인들, 죄를 책망하며 회개를 촉구하는 소리를 듣기 싫어하는 교인들의 프라이버시와 병든 자존심에 문제가 있다(딤후 4:3~4). 더불어 교인들의 죄를 들먹여 군중 심리를 자극하기 싫어하는 교역자, 교인들의 가려운 귀나 긁어 주기 좋아하는 교역자에게 원인이 있다. 하여 교인들은 원죄와 상습 죄, 심리적 죄와 영적 죄를 분간하지 못하며, 받은 달란트는 무상의 선물로 여기고 종으로서의 사명은 안중에도 없다. 그 결과 신자들은 종으로서의 책임을 흙 속에 묻어 두고 그들의 '잿빛 신앙'을 바른 신앙으로 착각한다.

둘째로 죄의식이 마비된 양심에 원인이 있다. 그리하여 원죄는 고사하고 현실죄도 의식하지 못한다. 사회적 죄(Crime)와 종교적 죄(Sin)가 다르며, 사회적 규정과 도덕적 규정, 그리고 신앙자의 사명과 세속적 사명이 다른 데도 오늘의 신자는 그 차이를 가리지 못한다. 세상의 패역한 풍조(마 12:12)를 따라 죄가 죄인 줄도 모르고 죄를 묻어 둔 채 '평안하다, 안전하다'며 자위하는 신앙에 '통회자복'이 사라진 이유가 있다. 그리고 '죄의 쏘는 것'은 사망(고전 15:55, 56)이지만 그 쏘는 것을 느끼지 못하면 죄가 없다고 착각한다. 그것은 예정론자들이 가져다준 편리한 풍조 탓인지도 모른다.

죄(Sin)란 통속적으로 사회법을 어기는 범과(犯科)나 사회악을 범하는 범과(犯過)를 말한다. 하나님의 백성은 그보다 월등하게 엄격한 율법적 죄와 양심의 죄, 원죄와 습관죄, 과실과 허물을 구분하고 있어 다 다름에도 그에 관해 알려고도 하지 않는다. '음욕을 품고 여자를 보는 것'(마 5:28), '육신의 정욕과 안목의 정욕과 이생의 자랑'(요일 2:16), 헛된 교만과 자존심, 욕심과 시기, '형제를 사랑하지 않는 죄'(요일 3:14), 등을 전연 죄로 인정하지 않는다. 그러나 주님은 그것을 간음과 도적과 살인죄라 하셨다(마 5:21~42). 주님은 범심(犯心)과 범과(犯科)를 동일한 것으로 보셨다. 그러나 오늘의 신자들은 그것을 동일시하지 않는다.

마태복음 5장 21~22절에서 주님께서는 형제에게 노하고, 욕하고 미련한 놈이라고 하면 심판을 받고 지옥 불에 들어가게 된다고 '양심의 죄'에 관해 말씀하신 후, 23절에서는 예물을 제단에 드리려다가 형제에게 원망들을 만한 일이 '생각나거든' 먼저 형제와 화목한 후 예물을 바치라고 말씀하셨다. 말씀이 그런데도 '생각나거든'을 마치 회개하지 않아도 무방하다는 뜻으로 착각한다. 하지만 이 말씀은 잠재의식 속의 '숨은 죄라도' 기도하여 생각나게 해서 회개하라는 권면이다. 그래서 회개는 자기 속사람만이 알 수 있는 마음 밭을 파헤쳐 죄를 생각해 내어 고해(告解, Confess)하고 그 회개에 합당한 열매를 맺는 것이다. 만일 죄가 있어도 생각나지 않아 무방하다면 하나님의 판단이 어찌 공의로운 심판이 되겠는가? 하늘에는 우리의 행위가 소상하게 기록된 책(계 20:12)이 있다는 뜻이 무엇일까?

죄(하말티아)의 근본 뜻은 목표 또는 과녁을 벗어났다는 뜻이다. 하나님의 뜻, 하나님의 통치에 만족하지 못하고 '패역'(悖逆), '거역', '불순종', '반항' 등으로 맞서려는 인간 본성을 말한다. 신자란 믿고 순종하는 자라는 뜻이다. 무엇을 순종하는가? 각자에게 주어진 지키라는 명령이 있다. 그 첫째는 일반적인 법도요 그리고 개개인에게 주어진 사명이다. 은혜를 망각한 불순종의 세대요, 하나님께 목이 곧은 백성이 누구인가? '어그러지고 거스러져'(빌 2:15) 굽게 되어 정도(正道)를 벗어난 탕자가 누구인가? 자기에게 주어진 명령과 사명을 마다하고 반역한 자가 누구인가? 아담과 가인을 닮은 오늘의 실존주의 인류가 탕자요 자기의 독립성(Privacy)만을 추구하는 패역자가 아닌가?

하나님께서 선지자를 통해서 하나님께 '패역'(스코리오스)한 세대, 창조의 목적에서 '굽게'된 세대를 얼마나 한탄하셨는가? 패역과 거역, 불순종과 반항이 죄(하말티아)와 불의의 원인이다(눅 3:5). 왜 반항 끼가 생겼는가? 왜 아담이 하나님을 거역하고 에덴을 떠나게 되었는가? 왜 탕자가 아버지를 떠났는가? 그것은 그들이 하나님의 은혜에 불만을 품은 욕심 탓이요 실존주의 독립심 탓이다. 자기 권리를 주장하고 예속을 거부한 것이다. 결국 죄란 인간이 하나님을 떠나 자유롭게 방탕한 삶을 고집하는 것이다. 그러나 오늘의 인간은 그 누구도 하나님을 떠난 자유와 독립을 죄라고 보지 않는다.

어떤 노인이 캐나다로 갓 이민한 젊은 부부에게 그의 자녀들이 너무 자유분방하여 예의가 없고 몸단장과 화장이 지나치지 않느냐고 타일렀더니 얼굴을 붉히며 "한국에서 잔소리와 구속이 싫어 이민했더니 여기에도 아직 있군요!"라고 답했다. 그 말을 듣고 노인은 혼자 중얼거렸다. 탕자가 하나님의 법도와 부모의 애정 어린 간섭이 싫어 먼 나라로 가서 허랑방탕하다 결국 돼지를 쳤던 곳, '반역자들의 피난처'가 바로 이곳이었던가? 하며 한탄했다.

장 칼뱅은 인간의 원죄를 "인간이 신에 대립하여 하나님을 거역한 후에 자신의 죄를 숨기고 낙관하는 것"이라고 정의했다. 본질 속에 숨어 있는 반항과 불순종의 원죄가 날이 갈수록 뻔뻔스러워져 '회칠한 무덤'이 되었다. 그러면서도 부모의 무덤과 숲이 우거진 산속에 살면서 "나는 자연인이다!"라고 현대인은 외친다. 그리고 그들은 도시의 긴장에서 해방되어 산속에 들어가 심산유곡에서 팔을 벌리며 심호흡을 하며 그 느슨한 해방감을 행복이라고 착각한다. 남에게 구애받지 않고 자유분방한 삶을 축복으로 착각한다. 그들은 사람 속에서 받는 긴장감, 책임감을 구속으로 착각한다.

'반항성'과 '독립성'은 인간이 가지고 있는 본질적 죄다. 인식론자 데카르트는 "나는 생각한다. 고로 나는 존재한다."라고 말했다. 실존주의자 까뮈(Albert Camus, 1913~1960)는 "나는 반항한다. 고로 존재한다."라고 하면서 인간의 기본권이 반항이라고 말했다. 무신론자 헤겔(G. W. F. Hegel, 1770~1831)은 『노예의 변증법』에서 노예의 투쟁은 주인 없는 세상이라는 것을 말하면서 반항을 용수철로 보고 누르면 누를수록 커지는 인간 본성을 강조했다. 그리고 인간의 모든 역사란 반항의 기록이라고 했다. 그것이 오늘의 사회와 가정의 반목, 노동조합의 집단 투쟁, 폭력과 테러, 그리고 반란과 전쟁이 끊이지 않는 이유다. 그래서 헤겔은 종국에는 '국가 소멸'까지 예언하였다. 그러나 칼뱅은 인간의 원죄를 "인간이 신에 대립하여 하나님을 거역한 후에 자신의 죄를 숨기고 낙관하는 것"이라고 정의했다. 죄를 범하고 낙관하는 것이 '무덤을 회칠'하는 일이다. 주님께서 우리를 자유하게 하려고 오신 것은 '죄에서의 자유'가 아니던가? 그 자유는 회개로 죄에서 해방된 자유를 말하는 것이다.

왜 반복된 회개가 필요한가? 이유는 죄의 반복성 습관 때문이다. 그것이 바울이 "나는 단언하노니 나는 날마다 죽노라"(고전 15:31) 하신 이유요, '중생의 씻음'으로 매일매일 '성령의 새롭게 하심'(딛 3:5)을 강조한 이유다. 즉 자신의 본질이 죽는 만큼, 회개로 자기의 죄를 들어내는 만큼 새롭게 되는 것이다. 그것이 '온전하게 되며 굳건하게 되는'(벧전 5:10) 길이다. 선과 악이 교차하는 갈대 같은 믿음이 안정화되는 것을 말한다(살전 3:13; 살후 2:17; 약 5:8). 주님께서는 "목욕한 자는 발밖에 씻을 필요가 없느니라 온몸이 깨끗하니라"(요 13:10) 하셨다. 여기서 전신 목욕은 양을 잡아 속죄제를 드리는 유월절 제사로서 '총괄적 회개'를 의미하고, 외출하여 돌아올 때마다 손발을 씻는 것, 곧 발 씻기는 '당일 회개'를 의미한다. 하여 '온몸'을 씻는 회개는 한 번이면 족하나 손발은 매일 씻어야 한다. 죄로 더러워질 때마다 그때그때 회개해야 한다. 분노로 형제의 마음을 상하게 한 것, 남에게 분노하고 욕하고 의심한 것 등등 현실적 죄를 그때그때 씻으라는 것이다.

바울은 회개의 최종 목표를 '옛 사람과 그 행위를 벗어 버리고 새 사람을 입는 일'로 보고, 이는 '자기를 창조하신 이의 형상을 따라 지식에까지 새롭게 하심을 입은 것'(골 3:9~10)이라고 했다. 즉 하나님의 형상을 따라 새로워지는 '성화 회개'가 '예복으로 옷을 갈아입는 회개'다. 이것이 회개의 최종 목표라 할 수 있다. 즉 행위와 지식과 인식의 회개, 그것은 "하나님을 따라 의와 진리의 거룩함으로 지으심을 받은 새 사람을 입는"(엡 4:24) 새 옷 갈아입기다. 옛 옷은 '음란과 부정과 사욕과 악한 정욕과 탐심과 분과 노여움과 악의와 비방과 입의 부끄러운 말'(골 3:3, 5)이며, 새 옷은 '창조하신 이의 형상'(골 3:10)이다. 여기 '악의'(카키아)는 악의(惡意, Malice)가 아니라 '저열

(低劣, Meanness)한 생각'으로 남에게 매정한 것, 무관심하고 냉정한 것을 뜻한다.

옛 옷을 벗어 버리는 구체적 방법이 날마다 죽여야 하고 날마다 회개하는 것이다. 자기가 범한 죄과(罪過)만 구체적으로 드러내어 고백(Confession)하는 것이 아니라 생각과 지식까지 새로워지는 것이다. 여기 '~까지'는 '~부터'를 전제로 하는 말이다. 회개를 통해 죄를 고백하는 일로 '부터' 변화가 일어나 '옛 사람과 그 행위를 벗어 버리고 새 사람을 입는' 변화까지를 말한다. 회개 연후에 또 다른 선행을 행하기'까지' 더해야 할 일곱 단계(벧후 1:5~7)가 있다. 믿음에 덕을, 덕에 지식을, 지식에 절제를, 절제에 인내를, 인내에 경건을, 경건에 형제 우애를, 형제 우애에 사랑을 힘써 더하는 것이다. 이것이 '신의 성품에 참여하는'(벧후 1:4) 새 옷 갈아입기다. 이것이 주님께서 말씀하신 갈아입어야 할 '예복'(마 22:12)이다.

침례교는 침례에 앞서 회개를 강조하고 가톨릭은 고해(告解)를 구원의 성사(聖事)로 삼고 있다. 세례 받을 사람의 명단이 두어 주 전에 계시되면 후보자는 밤마다 교회와 성당에 나가 사제로부터 교육을 받는다. 그 연후에 매일 24시간 성전 문을 열어 두어 신부가 교대로 성도의 고해(Confess)를 받는다. 그것은 성도의 회개를 구원의 필수 성사로 보기 때문이다. 그러나 장로교나 감리교, 그리고 다른 교파들은 세례나 성찬은 강조하면서도 회개는 등한시한다. 그러기에 근대 신학자 폴 틸리히는 "오늘의 교회는 세속화와 기복 사상과 이기주의로 자기 양심을 퇴행시켜 회개가 없는 거대한 정신병동으로 변하고 있다."라고 고발했다.

주님께서는 "그 열매로 나무를 안다."(마 12:33)고 하셨다. 좋은 나무는 좋은 열매를 맺고 나쁜 나무는 나쁜 열매를 맺는다는 진리다. 나쁜 열매 속에는 행동열매와 심리열매가 있다. 속의 더러움과 겉의 더러움은 차이가 없다(마 7:16~23), 이성을 보고 음욕을 품는 것은 이미 간음한 것과 같다(마 5:27~28). 너희 원수, 너희를 박해하는 자를 미워하는 것도 죄(마 5:43~48)요 속 열매이다. 그리고 "아버지의 온전하심과 같이 너희도 온전하라"(마

5:48) 하신 것도 속 열매를 말한다.

사람은 겉옷만 볼 수 있을 뿐, 속옷은 보고 싶어도 볼 수 없다. 하여 속옷에 돈이나 귀중품도, 마약이나 독약이며, 칼이나 권총도 숨기려 한다. 그래서 비행기를 탈 때는 X-Ray 검사를 받는다. 그러나 마음에 품은 악한 계획은 누구도 짐작할 수 없다. 성경은 사람을 그릇(Vessel)에 비유한다. 그래서 귀한 믿음(고후 4:7)을 가진 자를 '귀한 그릇'(행 9:5; 딤후 2:21), 그렇지 못한 자를 '멸하기로 준비된 그릇'(롬 9:22)이라고 했다. 그 그릇들의 차이는 재질(딤후 2:20~21)의 차이가 아니라, 그릇의 정결함(깨끗함)의 여부와 그릇 속에 든 것이 보화인지 쓰레기인지에 달렸다. 그리고 그 그릇의 속은 하나님만이 아신다.

이사야 6장에는 이사야가 하나님의 부르심을 받고 환상 중에 성전에 임하신 하나님을 뵙는 장면이 기록되어 있습니다. "그때에 내가 말하되 화로다 나여 망하게 되었도다 나는 입술이 부정한 사람이요 나는 입술이 부정한 백성 중에 거주하면서 만군의 여호와이신 왕을 뵈었음이로다 하였더라 그 때에 그 스랍 중의 하나가 부젓가락으로 제단에서 집은 바 핀 숯을 손에 가지고 내게로 날아와서 그것을 내 입술에 대며 이르되 보라 이것이 네 입에 닿았으니 네 악이 제하여졌고 네 죄가 사하여졌느니라 하더라"(사 6:5~7). 이 말씀에 보면, 이사야의 회개와 핀 숯불에 의한 죄의 사하심과 악의 제거가 동시에 일어나는 연속 작업임을 볼 수 있다. 즉 내가 회개한다고 죄 사함과 악이 자동적으로 없어지는 것이 아니라 인간의 회개작업이 있고 잇따라 은혜의 뜨거운 소멸작업(燒滅作業)이 있음을 밝히신 것이다. 그래서 회개는 가슴이 냉철하게 '차가워지는' 회개작업과 '뜨거워지는' 죄 사함의 경험이 따른다(계 3:15).

칸트는 도덕의 기본을 양심(良心)으로 보았다. 그리고 양심이란 죄를 짓고 느끼는 고통 의식(意識)이라고 했다. 독일어로 양심은 'Gewissen'으로 '과거를 아는 지식', '도덕의식'을 뜻한다. 즉 죄의 고통, 가슴앓이를 말한다. 다윗은 그 고통을 '나를 찌르는 주의 화살'이고 '나를 누르는 주의 손'(시

38:2)이라고 표현하면서 "내가 아프고 심히 구부러졌으며 종일토록 슬픔 중에 다니나이다"(시 38:6)라고 했다. 이 같은 아픈 감각이 없다면 양심이 죽은 자이다. "너희는 세상의 소금이니 소금이 만일 그 맛을 잃으면 무엇으로 짜게 하리오 후에는 아무 쓸데없어 다만 밖에 버려져 사람에게 밟힐 뿐이니라"(마 5:13)하신 대로 '맛 잃은 소금'이다. 양심이 감각을 잃다니! 세상의 부식을 막을 소금이 짠맛을 잃다니! 도무지 있을 수 없는 일이 오늘날 일어나고 있다. 소돔화(Sodomize) 현상이 온 것이다.

양심은 다양하다. '더러워진 양심'(고전 8:7)도 있고, 그 양심이 회개로 씻음 받고 '청결한 마음과 선한 양심'(딤전 1:5; 벧전 3:16)으로 돌아갈 수도 있다. 바울은 "내가 말한 양심은 너희의 것이 아니요 남의 것이니 어찌하여 내 자유가 남의 양심으로 말미암아 판단을 받으리요"(고전 10:29) 하며 나를 위한 양심 이외에 남을 위한 양심까지 염려했다. 율법을 강조하는 율법적 양심(롬 2:15)도 있고 덕을 강조하는 행동 양심도 있다(고전 10:23). 죄를 범하고 깨닫는 죄의식(고후 7:10~11)이 굳어지면 죄의 아픔을 느끼지 못하는 굳은 양심(엡 4:18; 롬 11:7, 25)이 된다. 이런 다양한 양심을 주님께서 비유하신 마음 밭과도 연관해 볼 수 있겠다(마 13:4~5). 길가 양심, 돌밭 양심, 가시떨기 밭 양심, 옥토 양심(마 13:5~7, 20~22).

마태복음 5장 21절 이하에서 말씀하시는 간음과 폭력과 미움과 편애는 누구나 알 수 있는 죄이다. 그러나 6장에서 주님께서는 외식과 욕심과 의식주(衣食住)의 염려를 '이방인'(마 6:32)들이 짓는 죄라고 하셨는데도 그런 죄를 죄로 보지 못하는 양심도 흔히 있다. 그런 양심이 '맛 잃은 소금'이다. 그런 양심은 신자가 아니라, 이방인과 다름 아니다. 하여 그들을 '이방인'(에드니코스, Heathen)이요 '불신자'(행 15:3~23; 18:6; 21:19; 26:17~23; 롬 2:24; 15:18)요, '불순종의 아들'(엡 2:1~2)이요, '마음의 허망한 것을 행하는 자'(엡 4:7)요, '하나님을 모르는 자'(살전 4:5)라고 했다. 이들의 대명사가 '이방인'이다. 이방인이란 불신자라는 뜻이며 죄를 깨닫지 못해 회개하지 않는 자라는 의미다.

회개는 죄의 씨앗을 차단하는 것이다. 죄의 씨는 무서운 생명력이 있다. 많은 사람이 어떤 부자 젊은이처럼 죄를 하나님의 법도나 계명을 어기는 것으로만 착각한다(눅 18:18). 그러나 키르케고르는 『죽음에 이르는 병』에서 "죄란 서로 다른 개개의 죄가 개별적으로 따로 있고, 그들이 서로 겹치거나 병렬(竝列)하는 것으로 착각하나 오히려 같은 동일한 것이요 인간이 가진 근본적인 원죄가 재범(再犯), 삼범…… 반복되면서 거대한 괴물로 성장한 것"이라고 했다. 즉 초범(初犯)의 주홍 빛 죄가 반복되면서 진홍 빛 죄가 되고 그것이 점차 사탄으로 변하는 성장 특성이 있다는 말이다.

　키르케고르는 구약 이스라엘이 속죄제나 속건제를 위해 양이나 소를 살 때 돈을 치르는 것을 들어 예수님의 속죄 대가를 '만 달란트라는 갚을 수 없는 빚'(마 18:24~27)으로 보았다. '구속'(救贖, 아포루트로시스, 눅 21:28; 롬 3:24; 8:23; 골 1:14)이란 속전(Ransom)을 대신 내고 놓임을 받는다(히 9:12)는 뜻이다. 그래서 구속의 은혜는 무상(無償)이 아니라 대상(代償)이요, 회개(悔改)는 혼자의 회심이 아니라 주인과의 회계(會計, 마 18:23~35)라고 한 것이다. 그러나 그 일만 달란트를 사함 받은 종은 대불(代拂)을 깨닫지 못해 은혜가 무효화된 것이다(마 18:28~35). 은혜(카리스)란 감사(카리스)라는 뜻을 겸하고 있다. 마치 화폐의 양면처럼 정면은 은혜(카리스)요 뒷면은 감사(고전 10:30; 골 3:16)이다. 감사가 없는 은혜는 무효요, 뒷면이 백지면 그 화폐는 위조품이다. 회개는 반드시 감사를 동반한다. 삶 속에 감사가 없다면 회개(悔改)와 회계(會計)가 없다는 증거다.

　여기에 회개의 또 다른 의미가 있다. 마태복음 18장 23절이 개역한글 성경에는 "천국은 종들과 회계(會計)하려 하던 어떤 임금과 같으니'로 되어 있었다. 그런데 개역개정판에는 "천국은 그 종들과 결산하려 하던 어떤 임금과 같으니"로 개정되어 회계(會計)가 결산(決算)으로 그 의미가 좀 묽어졌다. 그러나 원문에는 '거래(로곤)를 함께 계산하는(순-나이로오)'으로 되어 있어 성령님과 '함께(순) 정산한다(나이로오)'는 뜻이다. 회개(悔改)는 혼자서 하는 회개(回啓)가 아니라 더불어 함께 정산하는 회계(會計)를 말한다. 성령님이 동참하지 못한 회계에 성령의 은혜가 내릴 리가 없다. 바리새인에게 예수님께서 "너희가 (스스로) 본다고 하니 너희 죄가 그대로 있느니라"(요 9:41)고 하셨다. 저들은 회개를 자기 스스로 보는 것으로 착각했다. 그래서 스스로 보는 자들은 자신들이 진 채무가 얼마인지 알지 못해 그들의 죄가 그냥 남아 있게 된다. 회개는 성령님과 함께 정산해야 한다. "마음에 (성령의) 뿌림을 받아 양심의 악을 깨닫고 몸을 맑은 물로 씻는"(히 10:22) 회개만이 '새 생명을 얻는 기쁨'(요 16:21)을 줄 것이다.

2 왜 회개가 어려운가?

회개는 비교적 간단한 작업 같으나 회개만큼 어려운 일도 없다. 그 이유가 무엇인가? 거기에는 몇 가지 분명한 이유가 있다. 그 첫째가 범죄(하말티아)는 신에 대한 인간의 반항이요 이탈이며, 회개는 인간이 신에게 복귀하는 것이기 때문이다. 사람이 부자간이나 부부간의 의를 끊고 한 번 떠나면 다시 합하기 여간 어렵지 않다. 그래서 탕자가 아버지에게 돌아오는 기사(奇事)가 일어날 때 아버지가 기뻐하여 베푸는 잔치는 바로 천국 잔치를 상징한다. 회개가 그만큼 어려운 이유는 회개는 먼저 본질적 변화가 일어나고 그다음 피상적 변화가 뒤따르기 때문이다.

본질적 변화란 타락한 성품, 또는 죄악 된 본질이 하나님께서 창조하신 원래 성품으로 되돌아가는 것이다. 사악함이 조금도 없는 어린아이의 마음, 즉 신의 성품으로 되돌아가는 역변화, 즉 자연 변화의 반대인 역변화가 일어나는 것을 말한다. 그것을 주님께서 어른이 어린아이로 되돌아가는 역성장만큼 어려운 변화로 보신 것이다.

굳어진 습관을 버리는 일은 여간한 결단 없이는 어렵다. 하물며 본성을 변화시키는 일은 오죽할까. 로프를 축소시켜 바늘구멍에 넣는 것이 오히려 쉬울 지경이다. 사람이 '자기의 본질'을 바르게 알기도 어렵지만 설사 안다 손 치더라도 본성을 옷 갈아입듯 벗어 버리고 자기에게 전연 맞지 않는 새옷으로 갈아입기란 말처럼 쉽지 않다. 더욱 옛 사람의 배후에는 사탄의 강력한 지배가 있어 결코 쉽지 않을 것이다. 의사가 암 말기 진단을 내리면 열 사람 중 아홉은 절대 그럴 리가 없다고 부인한다. 사정이 이러한대 눈에 보이지 않는 영혼의 죽을병인들 시인하기가 쉬울 리 없다. 오히려 자기편에서 그럴 리 없다고 맞장구를 치는 친구들이 고마울 뿐이다.

주님께서 갈릴리 바닷가에서 복음 전파를 시작하셨을 때, 그를 옹위하고 따라다닌 군중은 적지 않았다. 그 중에는 율법을 잘 알고 준수하는 바리새인도, 말씀을 줄줄 외우는 서기관들도 있었다. 그런데 주님은 그들을 외면하시고 바닷가에서 열심히 고기잡이로 간신히 생을 유지하는 무학 무식꾼 베드로와 안드레, 야고보와 요한(마 4:18, 21; 막 5:10)을 제자로 삼으셨다. 그 이유는 오직 그들이 죄인인 것을 시인했기 때문이다(막 5:8, 10). 그들이 주님을 만나자 죄책감에 두려워하며 떠는 것을 보셨기 때문이다. 그러나 오늘날 자기 죄를 시인하고 "주여, 나를 떠나소서! 나는 죄인입니다."라고 두려움에 떠는 이가 얼마나 될까?

어떤 분이 오랜만에 만난 교우에게 인사를 했다. "그동안 회개했습니까?" "죄를 처리했나요?"라고 했더니, 그 교우가 갑자기 얼굴을 붉히고 미치광이처럼 분노를 터뜨렸다. 회개가 나쁜 말인가? 왜 그것이 그토록 화를 낼 일이란 말인가? 죄 없는 사람이 어디 있는가? 복 받을 길을 말하는데 얼굴을 붉히고 발끈하는 이유가 무엇일까? 그것은 자기는 의롭다고 믿는 바리새인의 자존심 탓이다. 주님께서 "너희 바리새인은 지금 잔과 대접의 겉은 깨끗이 하나 너희 속에는 탐욕과 악독이 가득하도다 어리석은 자들아 겉을 만드신 이가 속도 만들지 아니하셨느냐"(눅 11:39~40)라고 하셨을 때, 바리새인들은 얼굴빛이 창백해지고 화가 치밀어 올라 어찌할 바를 몰랐다. 그들은 종국에는 주님을 십자가에 처형한다. 주님께서 서기관들과 바리새인들을 정죄했다. "화 있을진저 외식하는 서기관들과 바리새인들이여 잔과 대접의 겉은 깨끗이 하되 그 안에는 탐욕과 방탕으로 가득하게 하는도다 눈먼 바리새인이여 너는 먼저 안을 깨끗이 하라 그리하면 겉도 깨끗하리라 화 있을진저 외식하는 서기관들과 바리새인들이여 회칠한 무덤 같으니 겉으로는 아름답게 보이나 그 안에는 죽은 사람의 뼈와 모든 더러운 것이 가득하도다 이와 같이 너희도 겉으로는 사람에게 옳게 보이되 안으로는 외식과 불법이 가득하도다"(마 23:25~28). 이 말씀 어디에 과장이 있단 말인가? 속을 깨끗이 하지 않으면 다 소용이 없다는 것이 과연 헛말이란 말인가? 그들 속에 탐욕과 방탕, 외식과 불법이 가득하다는 말이 잘못된 판단이던가? 잔과 대접은 먹는 것과 마시는 것을 담는 그릇이다. 그릇은 겉과 속이 다르지 않다. 그러나 인간 그릇은 겉과 속이 다르다. 또한 인간 그릇은 뚜껑이 있어 남들은 그 속을 알 수 없다. 주님께서는 '속', 곧 '사람의 마음'에서 나오는 것들은 악한 생각 곧 음란과 도둑질과 살인과 간음과 탐욕과 악독과 속임과 음탕과 질투와 비방과 교만과 우매함 등이며 모든 악한 것들이 다 사람의 속에서 나와 사람을 더럽게 한다(막 7:21~23)고 하셨다. 이 말씀 이 과장된 말씀인가? 결코 아니다. 이 말씀이 사실이라고 시인한다면 가슴을 치며 하늘을 우러러 회개할 일이 아닌가? 바리새인과 서기관들이 누구인가, 그들은 하나님과 죄의 결과를 잘 알고 하나님의 율법을 잘 지키려 애쓰는 사람들이 아닌가. 기절초풍할 일은 하나님을 잘 알고 섬긴다는 그들이 하나님께서는 인간의 겉이 아니라 속을 보신다는 사실을 모른다는 것이다. 그것을 알았다면 절을 열 번하고, "오! 어찌할꼬!" 통곡하며 회개를 하고, 십자가의 보혈로 씻음 받고 '새 사람'(아나 카이노우타이, Being Renewed, 고후 4:16)이 되기를 원했을 것이다.

그런데 고맙고 귀한 회개가 그토록 어려운 이유가 무엇일까? 바울은 주를 위해 생명을 내놓고 따랐던 사도였다. 광야에서 3년을 기도하며 지냈고, 10년을 주를 위해 봉사했음에도 "내 속사람으로는 하나님의 법을 즐거워하되 내 지체(겉사람) 속에서 한 다른 법이 내 마음의 법과 싸워 내 지체 속에 있는 죄의 법으로 나를 사로잡는 것을 보는도다 오호라 나는 곤고한 사람이로다 이 사망의 몸에서 누가 나를 건져내랴"(롬 7:22~24) 하며 탄식했다. 어디 바울이 회개를 거부했던가? 아니다. 그는 눈물로 회개하며 하나님의 법을 즐기는 새 사람 되기를 원했으나, 하나님의 법을 섬기려는 속사람과 죄의 법을 지키려는 겉사람의 치열한 싸움이 있는 것을 본 것이다. 그리고 한탄한다. "내가 한 법을 깨달았노니 곧 선을 행하기 원하는 나에게 악이 함께 있는 것이로다"(롬 7:21). 즉 사망에서 생명으로의 전환점(Break Point)에서 고통하는 자신을 발견한 것이다.

주님의 '잃은 아들을 되찾는 아버지' 비유에서, 탕자가 부모를 떠나 자유를 추구한 결과가 무엇인가? 그가 부모를 떠나 유산과 자유를 얻었을 때의 기쁨은 하늘을 날듯했을 것이다. 마음껏 정욕이 이끄는 대로 즐기며 소원을 이루었다고 얼마나 행복해했을까. 그러나 돈을 다 탕진하자, 그 나라 백성 중 한 사람에게 붙어 종노릇 하며 돼지를 치는 신세로 전락한다. 성경에서 돼지(휘스)는 보통 "돼지가 씻었다가 더러운 구덩이에 도로 누웠다"(벤후 2:22)거나, "너희 진주를 돼지 앞에 던지지 말라"(마 7:6)에서처럼 다 자란 큰 돼지를 말한다. 그러나 탕자가 "돼지(코이로스)를 치게(보스케)"(눅 15:15)에서처럼 '코이로스'는 아직 더러운 습관이 들지 않은 새끼 돼지를 말한다. 하여 '코이로스'가 자라나 더러운 '휘스'가 된 후에 도살장으로 팔려 가는 것을 본 탕자가 깨닫는 바가 있었는지 그는 아버지의 집의 품꾼 중 하나가 되리라 하며 아버지 집으로 돌아간다.

네덜란드의 화가 렘브란트(Rembrandt H. van Rijn, 1606~1669)가 그 극적 장면을 묘사한 명화,「돌아온 탕자」가 러시아 상트페테르부르크(St. Petersburg) 에르미타주 미술관에 걸려있다. 그 그림 앞에는 감상하려는 관람객이 연중 끊이지 않는다. 홍포를 입은 근엄한 아버지 앞에 초라한 거지로 돌아온 아들은 무릎을 꿇고 아버지를 쳐다보며 회개의 눈물을 흘리고 있다. 아버지는 두 눈을 지그시 감고 아들의 등에 두 손을 얹고 있다. 오랜 세월이 만든 주름진 눈가에는 당장에라도 터져 나올 듯한 감격을 꾹 참고 있는 아버지의 신음을 여실히 보여주고 있다. "아직도 거리가 먼데 아버지가 그를 보고 측은히 여겨 달려가 목을 안고 입 맞추었다"(눅 15:20)는 말씀에서 아들이 총총 거름으로 사라진 그 길목에 서서 하염없이 바라다보며 애태워 기다리신 뜨거운 애정을 엿볼 수 있다. 아버지의 관심은 죽은 아들이 살아 돌아왔다는 사실, 잃었던 아들을 다시 얻었다는 사실만으로 충분했다. 아버지는 아들을 그렇게 기다리셨는데 아들은 왜 그렇게도 돌아오기가 어려웠던가? 회개는 과거를 청산하고 성부 하나님의 품으로 돌아오는 것이다. 이 복된 과정이 그다지도 어려운 이유가 무엇인가?

내주께더가까이

「돌아온 탕자」를 보려고 수만 리를 달려간 미국의 어떤 교회 지도자가 그 그림에 도취되어 일주간을 그 앞에서 떠날 줄 몰랐다는 글을 읽은 적이 있다. 그는 그 그림에서 "죄인 하나가 회개하면 하늘에서는 회개할 것 없는 의인 아흔아홉을 인하여 기뻐하는 것보다 더하리라"(눅 15:7)는 이해하기 어려운 하나님의 신비에 감격했던 것이다. 그리고 그는 탕자가 누구나 다 갖는 망향의 정을 억제하면서 돌아오지 못하게 한 이유가 무엇이었을까? 하는 의문의 답을 찾고 있었다.

종내 그가 얻은 답은 두 가지였다. 그 첫째는 굴레를 벗고 자유를 갈망하는 인간의 기본 욕구 때문이다. 인간은 자라면서 형틀과 같은 속박 아래 묶이게 된다. 학교에 다니면서 학교의 제도, 시험의 굴레, 스승과 선배의 감시와 속박, 그리고 군대에 입대하면서 준엄한 상관과 무거운 군율의 속박, 그리고 제대 후 얻은 해방감은 잠시일 뿐 다시 직장과 호구지책을 위한 속박과 처자식에 대한 책임감의 속박 아래서 죄의 쇠사슬에 묶이게 되는 것이다. 그 속에서 열망하는 것이 있다면 '굴레에서의 해방'일 뿐이다. 그리고 그 생존의 지배가 무서운 '죄의 속박'이라는 것을 알아도 어쩔 수 없이 따라가야만 하는 운명이라고 여긴다. 하여 "죄가 너희 죽을 몸을 지배하지 못하게 하라"(롬 6:12) 하신 말씀을 우습게 본다. 그러나 회개하여 자신을 "죄에게 내주지 말고 오직 너희 자신을 죽은 자 가운데서 다시 살아난 자같이 하나님께 드리며"(롬 6:13) 하셨고 "(그리하면) 죄가 너희를 주장하지 못하리니 이는 너희가 법 아래에 있지 아니하고 은혜 아래에 있음이라"(롬 6:14) 하셨다. 여기에 분명 '육체적 구속'이 있고 무서운 '죄의 지배'가 있다. 비록 그렇다 할지라도 죄가 주장하지 못하게 죄에게 자신을 내주지 말고 하나님께 드리라고 바울 사도는 권하고 있다. 그러나 '죄가 너희를 주장하지 못할 것'이라고 단언하고 있음에도 사람들은 죄의 영혼 구속(拘束)보다 목구멍이 포도청이라는 현실적 육의 구속을 더 두려워한다.

탕자가 종내 깨달은 것은 부모의 사랑과 풍부함은 굶주림의 창살과 비교할 수 없다는 것을 깨닫는다. 그가 귀향을 결심한 동기는 극심한 허기를 견디지 못했을 때 '먹을 것이 많은 아버지 집'이 생각났기 때문이다. 그런데도 돌아가는 결단과 실행은 쉽지 않았다. 정든 고향을 그리워하지 않는 사람이 있겠는가! 하물며 재산을 탕진하고 재기 불능의 거지야 말할 나위도 없을 것이다. 을씨년스러운 가을이 지나고 뼈를 에는 찬바람이 몰려올 때면 건초 더미 속에서 긴 밤을 새우며 새봄이 되면 변설 없이 아버지 집으로 돌아가 리라 마음먹었다. 그러던 겨울이 지나고 또 다른 봄이 오면 그토록 다짐했 던 결심도 눈 녹듯 사라지고 다시 뼈에 찬바람이 스며드는 혹한이 오면 그 제야 오랜 고질병처럼 또다시 따뜻한 고향집과 정든 옛 친구와 노닐던 고향 길이 밤마다 꿈길을 재촉했다. 그럼에도 그 길을 속히 달려가지 못한 이유 가 무엇일까? 그것은 그의 누더기 거지 행색 때문이었다.

사람이라면 누구나 타향에서 성공하여 금의환향하기를 원하지 비참한 거지 행세로 돌아갈 사람은 아무도 없다. 번듯한 시종을 앞세우거나 내노라 하는 좋은 차를 몰고 모두가 부러워하는 시선과 갈채를 받으며 돌아갈 수 는 있다. 그러나 죄인으로 수갑을 차고 돌아갈 수는 없다. 그것이 죄인의 귀 향이 죽는 것보다 더 어려운 이유다. 그래서 자신이 죄인이 되는 회개는 알 량한 자존심 때문에 결코 쉽지 않은 것이다. 이것이 자기를 부인(否認)하고 주님을 따르라(막 8:34)고 하신 이유다. '자기 부인'이 무엇인가? 내 자유, 내 권리, 내 자존심을 버리는 일이다. 그것이 두 번째 이유다.

사람이 살아 있다는 증거는 자존심을 가졌다는 데 있다. 보잘것없이 지 키는 도덕이나 윤리도 자존심 때문이다. 그 자존심 때문에 자기를 비우는 회개도 믿음도 이루어지지 못한다. 사람은 누구나 목숨 걸고서라도 자존심 을 지키려 한다. 자존심만은 절대 버릴 수 없다는 아집이 생존의 의의인 마 냥……. 그리하여 자존심의 선글라스를 끼고 썬텐한 창문을 올린 채 차를 타고 지나가며 자연을 감상한다. 피부가 햇빛에 상할까 염려하여 겉보기 구 경만 한다. 그것이 육체의 안일에 종이 된 '할례파'(빌 3:3)요 그냥 왔다가 가 는 '역사적 실존'이다.

그러나 시간에 얽매이지 않고 차가운 물에 발을 담가 씻으며, 꽃과 숲의 향기에 감탄하며 깊은 산속을 헤집고 다니는 신앙인을 세상은 '초역사적 실존'이라고 비웃는다. 그러나 그는 "무엇이든지 내게 유익하던 것을 …… 해로 여김은 내 주 그리스도 예수를 아는 지식이 가장 고상하기 때문이라"(빌 3:7~8), "어떻게 해서든지 죽은 자 가운데서 부활에 이르려 하노니"(빌 3:11)라고 했던 바울의 고백을 분명 실감한 자이다. '나는 살아있다는 의미가 무엇인가?'를 파악하고 생존 감각과 청결 의식, 즉 신의 창조 의식과 감각을 되찾으려는 회개가 일어난 자이다. 그러나 그것은 '나는 현실에서 죽어도 좋다!'는 결심 없이는 불가능하다.

예수님께서 이스라엘 중에서 이만한 믿음을 보지 못했다고 극구 칭찬하신 사람은 유대인이 아니라 가버나움의 백부장이었던 이방인이다. 그는 자기 하인의 중풍병을 고치기 위해 예수님께 직접 찾아와 간구했다(누가는 백부장이 장로 몇을 예수님께 보내었다고 기록함). 주님께서는 그의 간구를 들으시고 "내가 가서 고쳐 주리라."(마 8:7) 하셨으나, 그는 "주여 내 집에 들어오심을 나는 감당하지 못하겠사오니 다만 말씀으로만 하옵소서 그러면 내 하인이 낫겠사옵나이다"(마 8:8)라고 했다. 주님께서는 이와 같은 그의 겸손과 믿음을 칭찬하셨다. 당시 로마군 백부장이라면 모든 사람이 두려워하는 존재였다. 그런 그에게는 백부장으로서의 위세와 자존심을 어느 구석에서도 볼 수 없었다. 이것은 기적이 아니고서야 있을 수 없는 대변화이다.

주님께서는 "내가 너희에게 이르노니 이와 같이 죄인 한 사람이 회개하면 하늘에서는 회개할 것 없는 의인 아흔아홉으로 말미암아 기뻐하는 것보다 더하리라"(눅 15:7)고 회개를 강조하셨다. 여기서 '회개할 것 없는 자'는 '오이티네스(Who) 오우(No) 크레이아(needs)'이다. 그 원문의 뜻은 '죄가 없는 자'가 아니라, 죄가 있어도 '회개할 필요가 없다고 생각하는 자'이다. 즉 회개할 필요가 없다고 생각하는 자 아흔아홉보다 죄인 한 사람의 회개를 더 기뻐하신다는 의미이다. 이는 '죽어도 자존심만은 못 버리겠다는 자'가 99%라는 뜻이다. 모든 것은 버려도 자존심만은 버릴 수 없다는 자가 99%라고 하신 것이다. 하여 죄인이 회개하고 돌아오는 확률은 백 명 중 하나만큼의 힘드는 기사(奇事)이다. 그것이 하나님은 의로운 금의환향보다 한 사람의 죄인 귀향을 더 기뻐하신다는 진리이다. '복음(福音)은 죄인을 위한 것'이지만 그 복음을 받아들이는 자는 극소수에 불과하다.

자연현상은 다 기적이 아니다. 그중에 과학적 지식으로 이해되는 것, '그것은 당연지사!'라는 것들은 기적이 될 수 없다. 이성으로 이해되지 않는 신비로운 것, 흔히 볼 수 없는 진기한 것들을 기적, 또는 기사(테라스, 奇事)라고 한다. 그것을 보고 사람들은 감탄하고 믿기도 한다(요 2:11; 3:3; 6:2, 14). 사람들은 첫째는 떡을, 그다음은 표적을(요 6:26) 구하고 찾으며 주님을 따랐다(요 7:31; 9:16). 그런데 그런 현상들보다 더 진기한 기적은 1%에도 못 미치는 회개다. 떡을 얻기 위해서, 불치의 병이 낫기 위해서, 불안의 현실 속에서 평안을 얻기 위해서 인산인해를 이루었다. 그러나 죄 사함 받고 구원을 얻기 위해서 따르는 자는 거의 없었다. 죄 사함 받고 구원을 얻기 위해서 주님을 따르는 자들을 일반인들은 신비주의자라고 비웃는다.

신비주의자는 자연의 변화를 보고 신의 능력과 기적에 감탄하고 그것을 믿는 사람이다. 춘하추동의 변화 속에, 실재적 변화가 있다면 그것은 기온의 변화일 뿐이다. 그러나 그 가운데서 어떻게 생명이 태어나고 자라나고 꽃이 피고 후손이 생기고, 그 속에 기쁨과 슬픔이 교차하는지는 알지 못한다. 그 모두가 이상이요 기적이다. 그러나 그보다 더한 신비는 회개하면 주홍빛 같고 진홍빛 같은 죄가 눈같이 양털같이 희게 됨을 받는 데 있다. 자연의 어떤 신비로운 외적 현상보다 죄로 죽은 양심이 되살아나 거듭남을 체험하는 신비이다. 자연을 감상할 줄 알고 그것을 존중하는 것은 역사적 실존일 뿐이다. 자기는 죽고 영의 세계를 보는 초역사적 실존으로 거듭나는 '인간 변화'가 회개다. 인간의 참된 존엄성은 여기에 있다.

그런데도 복음을 믿어 더러운 죄를 드러내고 노출시키지 못하는 근본 이유가 무엇일까? 그 첫째 원인은 '육신의 정욕과 안목의 정욕과 이생의 자랑'(요일 2:15~16) 때문이다. 이것은 인간의 타락된 본질이며, 그 때문에 하늘나라보다 이 세상을 더 사랑하게 되고 하나님보다 나를 더 사랑하게 되는 것이다. '나를 사랑하는 근본 욕구', 즉 자애심(自愛心) 때문에 자기를 배반하기가 쉽지 않다는 것이다.

그것을 심리학자들은 자애주의 또는 자기 도취주의(Narcissism)라 부른다. 이 나르시시즘은 그리스 신화에 나오는 케피소스(강의 신)의 쌍둥이 중 한 아들의 이름 나르키소스(Narcissos)에서 왔다. 나르키소스는 연못 수면에 비친 자기 미모에 도취되어 그곳을 떠날 줄 모르고 있다가 종래 굶어 죽어 그 자리에서 한 포기 수선화가 되었다는 신화에서 왔다. 사람들은 그 신화를 말도 안 되는 우화로 보는 이가 많다. 그러나 사실은 누구 할 것 없이 사람은 모두 자기도취 병에 걸려 있다. 회개한 신자도 예외는 아니어서 나르시시즘에 빠질 수 있다. "나는 이미 회개한 사람이다." "그만하면 꽤 괜찮은 신자다!"라는 자애심이 하늘을 찌른다면 말이다. 이 자애감에 도취되면 자기의 추한 모습도 추한 냄새도 정다워진다. 이것이 돼지우리를 박차고 떠나지 못하는 이유다.

이 야릇한 '실존 욕(慾)'이 모든 회개를 기피하게 만든다. 그래서 댈키스(Dalkeith Press. 2005)의 심리학 보고서에 의하면 사람은 누구나 자신의 외모와 옷치장과 소유와 명성 등 겉사람에 지나치게 신경을 쓰는 본성을 가졌다고 한다. 거울을 자주 보며 분에 넘치는 고급 차를 선호하며, 남이 가지고 있지 않는 어떤 지식이나 재능이나 선행이나 가문이나 경험을 자랑하고 뽐내고 싶은 야욕이 있으며, 그 야욕이 이루어지면 성취감에서 잠시 기쁨을 얻지만 이루어지지 않을 때는 비굴해져 남을 헐뜯고 자신을 정당화한다. 그리고 종내 남과 잘 어울리지 못해 하나님의 백성에게 주어진 사명을 지키지 못하고 소외된 삶을 살게 된다고 했다.

인품이나 인격(Personality)이란 라틴어의 '가면'(假面, Persona)에서 왔다. 하여 인간의 '나르시시즘'은 거짓된 가면에 속는 것이다. 정다운 미소를 짓는 가면, 품위와 온유의 가면, 위협적 가면, 수다로 많이 아는 척, 진한 화장과 꾸밈으로 잘난 척, 침묵과 미소로 순박한 척, 너털웃음으로 호탕한 척, 남의 동정을 구해 슬픈 척, 이렇게 저렇게 수시로 바뀌는 보호색 가면에 남도 자신도 속고 사는 것이다. 그 가면에 친숙해져 인간은 거짓의 탈을 벗지를 못한다. 그 가면에 속아 만족하고 있는데 '지속적 회개'가 있을 수 없다.

매주 월, 목, 이틀을 금식하며 십일조를 바치며 율법을 엄수하여 '율법의 의'로는 흠이 없는 바리새인에게 세례 요한과 예수님께서는 "독사의 자식들아 누가 너희에게 일러 장차 올 진노를 피하라 하더냐"(눅 3:7; 마 12:34; 23:33)라고 정죄하셨다. 그리고 '회칠한 무덤'(마 23:27)이라고 책망하셨다. 그것은 지나친 표현이었을까? 무덤도 겹겹으로 회칠만 하면 썩은 송장도 산 사람처럼 정이 가는 것일까?

'회칠한 무덤', 이것을 심리학에서는 '궤변적(詭辯的, Sophisticate) 심리' 또는 궤변주의(Sophism)라고 부른다. 이것은 양심의 타락으로 '자기 정당화'가 극에 달해, 회생 불가능한 상태를 말한다. 자기 정당화는, 자기는 선하고 자기는 옳다고 치켜올리는 심리에 기인한다. 이는 타락의 양상이지만 회복의 가능성은 있다. 그러나 '안 그런 사람이 어디 있어?'라는 궤변(詭辯, Sophisticated)에 빠지면 회복이 불가능하게 된다. 아담이 선악과를 따 먹은 후 여호와 하나님의 낯을 피하여 동산 나무 사이에 숨어 있는 아담에게 물었다. "그 나무 열매를 네가 먹었느냐?" 그때 아담은 "하나님이 주셔서 나와 함께 있게 하신 여자 그가 그 나무 열매를 내게 주므로 내가 먹었나이다."라며 궤변을 한다. 하나님께서 아우를 죽인 가인에게 물으셨다. "네 아우가 어디 있느냐?" 가인은 "내가 아우를 지키는 자입니까?"라고 당돌하게 반문했다. 이렇듯 궤변은 아담 때부터 있었던 또 하나의 '인간 본성'이다. 자기 잘못을 거짓으로 가장하는 궤변에 빠지면 회개가 더욱 어려워진다. 죄를 숨기려는 궤변이 회개가 없어진 세 번째 이유다. 스스위스 심리학자 데오도어(Theodore Flournoy, 1854~1920)는 무의식 상태의 심리를 연구한 결과 인간 윤리의 타락 순서를 '범죄-자기 정당화-궤변(詭辯)'이라고 했다. 궤변은 악을 선으로 가장하는 타락 현상이다.

이런 병자를 정신병리학에서는 가학증환자(加虐症患者, Sadist)라고 부른다. 이 환자는 남이 고통을 당하는 것을 보고 쾌감을 느끼며 당연한 것으로 생각하고 그것을 즐기는 사람을 말한다. 어떤 사람이 그런 자인가? 학생들에게 성적을 가혹하게 매기는 것을 즐기는 스승, 남을 악평하면서 쾌감을 얻는 사람, 남이 가난하고 어려운 것을 당연지사로 보는 사람이다. 그래서 '궤변자'는 남을 사랑할 수도 용서할 수도 없다. 남을 용서할 수 없는 사람은 남에게 용서받을 자격이 없는 사람이다. 사람은 자기가 받은 경험을 따라 남에게 행한다. 그러나 궤변자는 자기는 만 달란트의 해택을 받아도 남에게는 백 데나리온도 허용하지 못한다(마 18:32, 33). 이미 '새끼 돼지'(코이로스)가 자라나 악습에 익숙한 '큰 돼지'(휘스)가 된 것이다. 그런 자는 '은혜를 맛보고 타락 한 자'(히 6:4)이다.

베드로가 예수님께 물었다. "형제가 내게 죄를 범하면 몇 번이나 용서하여 주리이까? 일곱 번까지 하오리이까?" 예수님께서는 "일곱 번뿐 아니라 일곱 번의 일흔 번까지라도 하라"(마 18:21, 22) 하셨다. 왜 일곱의 일흔 번까지 해야 하느냐? 그것은 그렇게 한다 하더라도 '일만 달란트'에는 비할 바가 못 되기 때문이다. 즉 백 데나리온은 일만 달란트의 백만분의 일이기 때문이다. 그리고 인간은 끝없이 넘어지는 허약한 체질이라는 것을 아시고 많은 은혜를 입은 자는 많은 은혜를 남에게도 베풀 의무가 있다는 것이다.

주님께서 십자가에 달리시기 며칠 전, 주님께 은혜를 입은 마리아가 베다니 시몬의 집에서 값 비싼 나드 향유를 예수님의 발에 붓고 여인들이 귀히 여기는 자신의 머리털로 그의 발을 닦았다. 그것을 보고 300데나리온의 향유 값을 운운하며 빈정댄 제자가 있었다. 그렇게 생각한 것은 결코 그만은 아니었을 것이다. 그들은 다 자기들이 받은 사랑을 알지 못하는 궤변자들이었다. 궤변자의 특징은 자신이 받은 은혜도 잊고 자신이 남에게 베풀어야 할 의무도 전연 알지 못한다. 그리고 자신의 부족을 커버하기 위해 둘러대고, 엎어치고, 반문한다. 그들은 이런 비뚤어진 행태를 '거룩한 궤변'(Holy Sceptisism)이라고 한다. 이것이 바리새인들의 '회칠'(灰漆)이었다. 이는 오늘의 많은 기독교인이 자기가 받은 사랑과 은혜를 감사할 줄 모르게 된 이유이다. 남의 도움 없이 자기 힘으로 살았던 사람일수록 은혜를 받고도 그것을 은혜로 느끼지 못해 궤변자가 된다.

만일 누가 "당신은 왜 가난한 이웃을 돕지 않죠?"라고 물으면, "가난한 자기 가족, 친척을 두고 남을 돕는 것은 위선이지요."라고 한다. "그러면 당신 형제나 친척을 얼마나 돕고 있습니까?"라고 물으면, "남을 돕는 것도 자기 우월감에서 오는 교만이지요. 그들에게 부담을 줄 뿐이죠."라고 궤변을 댄다. 남을 용서하는 것도, 사회봉사도 그 어느 것도 하지 않으면서 이유만 만드는 궤변주의(Sophism)는 모든 감동과 회개를 삼켜 버리는 '블랙홀'이다. 궤변적 사고는 어린아이처럼 진리를 액면 그대로 받아들이지 못한다. 이것이 회개가 없는 이유다. 저자는 이점을 되돌아보며 많은 잘못을 늙어서야 뉘우친다.

행위는 의지와 믿음의 열매라고 흔히 말한다. 그렇지만 행함보다 더 중요한 것은 마음이다. 마음만 있으면 행위는 따르는 법이다. "나무도 좋고 열매도 좋다 하든지 나무도 좋지 않고 열매도 좋지 않다 하든지 하라 그 열매로 나무를 아느니라"(마 12:33)하신 말씀을 나무(마음)와 열매(행함)를 동등시하신 것으로 보기 쉽다. 그러나 열매의 근본은 나무요, 나무의 목적은 열매라고 하신 말씀이다. "선한 사람은 그 쌓은 선에서(근본) 선한 것을 내고 악한 사람은 그 쌓은 악에서 악한 것을 내느니라"(마 12:35) 하셨다. 결국 선이나 악은 마음속에 쌓은 것이 나타난 것뿐이다. 결국 궤변자란 악에 친숙해져서 악의 종이 된 자를 말한다.

양심은 '죄의 통각(痛覺)'이요 '선의 미각(味覺)'이다. 이 감각을 회복시키는 것이 회개이지만 퇴화된 양심을 돌이켜 어린아이의 감각으로 변화시키는 '회개'를 '메타노이아', 즉 '함께(메타) 지각(노이아)한다'고 한 것이다. 나의 둔한 감각을 성령님의 도움으로 성령님과 함께 지각하는 것이다. 그것을 주님께서는 주인과 회계(會計)하는 것으로(마 18:23) 묘사하셨다. 참회승(懺悔僧)이 참회사(懺悔寺)에 기거하며 누더기 가사를 입고 눈물로 참회(懺悔)한다 하더라도 그것이 회개일 수 없다. 회개는 성령님께서 죄에 대한 감각을 주셔서 그것을 감지(카타노에오, 마 7:3; 눅 6:41)하게 하시며, 그것이 왜 하나님 앞에 죄가 되는지를 깨닫게(수니에미, 마 13:15, 23; 눅 18:34)하시고, 그리고 그 죄의 형벌이 무엇인가를 알게 하시며, 마음의 통각을 주셔서 '웃음이 애통으로 바뀌어'(약 4:9; 눅 6:25; 고전 5:2; 약 4:9) '곤고하고 가련'하게 하시는(롬 7:24; 계 3:17) 것이다. 그것이 바로 '하나님의 뜻대로 하는 근심'(루페, Grief)이요, '구원에 이르게 하는 회개'(고후 7:9~10)이다.

그러나 종말 심판 때는 하나님과의 마지막 정산이 있을 뿐이다. 그때는 지난날의 삶, 곧 나에게 한 달란트를 맡기신 일, 내게 '네 가난한 이웃을 돌볼 것'을 부탁하신 일 등을 잘 감당했는지 결과가 밝혀질 것이다(마 25:21, 26, 30). "외모로 보시지 않고 각 사람의 행위대로 심판하시는 이를 너희가 아버지라 부른즉 너희가 나그네로 있을 때를 두려움으로 지내라"(벧전 1:17).

3 이방인

　나라마다 자기 백성의 기득권과 유익을 보호하기 위해 시민권 제도를 만들어 자기 민족과 이방인을 구별하고 차별한다. 원래 '이방인'(異邦人)의 '방'은 '나라 방'(邦) 자로서 이방인이란 다른 나라 사람 곧 '외국인'이라는 뜻이다. 그러나 성경에서는 그 외에 몇 가지 다른 뜻으로 사용하고 있다. 그중하나가 '이방인'(할로푸로스, 행 10:28; 히 11:34)으로 '다른 종족'이라는 뜻이다. 이는 핏줄을 따져 구분한 것이다. 부모가 자식을 낳으면 본적지에 가서 출생신고를 하는 즉시 시민의 준법 의무와 법적 보호를 받게 된다. 요셉이 고향 베들레헴을 찾은 것도 그 때문이었다. 호적에 등록되지 않은 자를 이방인(할로푸로스)이라 불렀다. 그리고 가장 많이 사용된 '에드니코스'(마 6:32; 10:5, 18; 20:19, 25; 28:19)는 '이방인', '다른 민족', '다른 종족'등으로 번역되기도 하나, 습관과 언어가 다른 종족이라는 뜻이다. 한 지역에 함께 살더라도 언어가 다르거나 습관이 다르면 '이방인'(에드니코스)이라 불렀다. 혈통과 습관을 중시한 유대인들은 이방인이 할례를 받고 개종하더라도 옛 습관이 남아 있어서 아브라함의 후손이 될 수 없다고 보았다.

　유대인들은 하나님을 '아브라함의 하나님'으로 믿고 있었다(마 3:9; 8:11; 요 8:33). 그런데 세례 요한은 세례를 받으려 광야로 구름 떼처럼 모여든 이스라엘 백성들에게 외쳤다. "독사의 자식들아 누가 너희에게 일러 장차 올 진노를 피하라 하더냐 그러므로 회개에 합당한 열매를 맺고 속으로 아브라함이 우리 조상이라 말하지 말라 내가 너희에게 이르노니 하나님이 능히 이 돌들로도 아브라함의 자손이 되게 하시리라"(눅 3:7, 8)고 했다. 여기서 '돌'이란 누구인가? '돌'처럼 무지하고 완악하여 하나님의 법도와 율례를 모르는 '에드니코스'를 말한다.

이 무슨 저주의 말인가! 막말도 유분수지 그런 무서운 패담과 악담을 하다니! 유대인이 설사 속으로 아브라함의 자손이란 자부심을 가졌다 하더라도 그것이 무슨 큰 잘못이기에 독사의 자식(마 23:33)이라며 조상까지 싸잡아 저주하신 것인가? 아브라함의 후손이라면 그런 저주와 악담에 분노가 치솟고도 남을 일이다. 그러나 세례 요한이나 예수님께서 "화 있을진저!"라고 하신 본의는 바리새인과 서기관들의 형식적이고 외식적인 신앙(마 23:2~33)을 꾸짖으신 것으로, 그들의 위선적인 외식 신앙을 선악의 감각이 없는 돌로 보신 것이다. 죄를 회개할 줄 모르는 그들을 돌덩이로, 돌짝밭으로 보셨다는 말이다.

인간의 존엄성(尊嚴性)이 어디에 있는가? 육체적 조건인가? 피부 색깔인가? 지식인가? 습관인가? 예의범절인가? 그런 피상적인 것이 아니다. 겉치레 인간은 겉치레에 얽매여 있으나, 속치레를 중시하는 사람은 형식보다 마음을 중시한다. 인간의 존엄성은 죄악을 깨닫고 회개하여 신을 닮아 거룩해져 감으로 신성을 되찾는 데 있다. 그리하여 끝없는 회개로 바른 양심을 찾아 바르게 살려고 노력하는 자다. 그러나 실은 사소한 습관과 언어로 구분하고 피부색으로 차별하지 않는 사람이 어디 있던가? 개인의 속사람과 착함은 작은 액세서리일 뿐, 재물과 간판이 인간 평가 기준이 아니던가? 같은 종족끼리 모인 교회 내에서도, 학벌 차별, 지방 차별, 직업 차별, 빈부 차별 등이 고스란히 그대로 살아 있다면 교회는 크기만 다른 돌무더기일 뿐이다.

금욕주의 에세네파의 선지자였던 세례 요한도 이방인과 병자들과 어울려 체통을 지키지 않는 예수님을 의심하게 된다(눅 7:20). 유대인들은 예수께서 그들의 조상을 들먹여 욕하는 말 때문에 예수님은 물론 그의 제자들과 추종자들(행 7:54~50; 12:2), 그리고 헤아릴 수 없는 많은 성도들을 죽였다. 그 적대감의 반작용으로 근래에 와서 유대인들 역시 육백만이나 보복 학살을 당했다. 이 같은 '이방인 차별 의식'이 역사상의 모든 전쟁과 멸시와 싸움의 원인이 된다. 하여 생명을 바쳐 이방인과 싸운 중세의 십자군이 오늘에도 많다.

프랑스계 알제리아인 작가 까뮈(Arbert Camus)는 24세의 젊은 나이에 노벨 수상작품『이방인』(1942)을 썼다. "내가 어쩐지 침입자 같고 남아도는 존재인 것 같다."라고 생각하는 주인공 뫼르소는 교육은 받았지만, 미래의 계획도 없고 생활의 변화도 원하지 않으며 현재의 순간순간을 즉흥적으로 살아가는 청년이다. 그는 같은 아파트에 사는 포주 레몽과 어쩌다 친구가 된다. 그는 레몽이 전 연인을 폭행한 사건에 레몽 측의 증인이 되면서 그와 계속 엮이는데 어느 날 레몽과 관계가 좋지 않았던 아랍인 패거리와 패싸움을 하다가 우발적으로 아랍인을 살해하고 이 세상에서 '이방인'이 되어 재판을 받는다. 변호사는 그가 가벼운 형을 받을 것이라고 예상했으나, 재판은 점차 다른 방향으로 흘러간다. 어머니의 나이도 모르고 어머니의 장례식에서 눈물도 흘리지 않았으며 장례 다음날 여자와 관계를 맺고 희극 영화를 보았다는 사실과 태양 빛 때문에 총을 발사했다는 자신의 증언 때문에 판사와 배심원은 그를 '개선 불가능한 이방인'으로 낙인찍어 사형을 선고한다.

『이방인』은 현실에서 소외되어 이방처럼 살아가는 뫼르소의 부르짖음을 통해 '진짜 이방인은 부조리(不條理)의 인간(Absurd man)'임을 보여준다. 화려한 법복을 입고 권위의 방망이를 휘두르는 탐욕이 찬 재판관, 그리고 부정과 음란과 죄악에 물든 인간, 차별의식으로 악을 도모하는 '부조리의 인간'들을 총칭하여 '이방인'이라고 한다. 안락의자에 앉아 생을 즐기며 별 변명과 해괴한 논리로 자신을 위장한 자가 바로 '부조리한 살인자이며 이방인'이라고 고발한 것이다. 결국 '부조리한 사회'가 자기 콤플렉스에 의해, 이방인을 만들고 그들을 죽여 암매장하여 '이방인의 공동묘지'를 만든다고 외친 것이다. 죄에 대한 의식이 전연 없는 최고의 창조물인 인간에게 부조리만 남게 된 현실이 이방인의 묘지를 만든 것이다. 결국 타락한 부조리의 인간이 바로 이방인(에트니코스)이라고 고발한 것이다

요한복음 12장에 이해하기 어려운 이야기가 나온다. 유월절 명절이 되어 예수님께서 예루살렘으로 올라가 성전에 계셨다. 그때 마침 유대교로 개종한 헬라인 몇 사람이 예수의 소문을 듣고 그를 만나러 갔다. 그런데 성전

내 주께 더 가까이

에는 유대인 남자만 들어갈 수 있는 안뜰이 있고 여자와 이방인 개종자들이 들어갈 수 있는 바깥뜰로 구별되어 있었다. 그러니 그들이 애를 쓴다 하더라도 안뜰에 계시는 주님을 만날 수는 없었다. 그들은 절망 가운데 바깥뜰에서 서성거리고 있었다. 그때 그들이 예수님의 제자 중 한 사람인 빌립을 바깥뜰에서 만나게 된 것은 천만다행한 일이었다. 성경에는 왜 빌립이 그곳에 있었는지 자세한 설명이 없다. 어떤 학자는 단지 그가 비위가 약하고 수줍은 성격이라 안뜰에서 제물이 될 양들을 죽이고 불에 태우는 비릿한 냄새가 역겨웠던 탓으로 추측한다. 다행히도 그들은 예수님의 제자 빌립을 만나 예수님을 대면할 것을 간청하게 된다. 빌립은 곧 안뜰로 들어가 같은 고향 사람인 베드로의 아우 안드레를 만나 그와 함께 예수님께 부탁하여 바깥뜰로 모셔 나오게 된 것이다. 예수님께서는 이들 이방인을 쾌히 맞아 주셨다.

그들이 무엇을 예수님에게 물었는지는 알 수 없다. 그러나 그들이 예수님을 '주님'(큐리에)이라고 한 것과 그들에게 예수께서 하신 대답, 곧 '인자가 들려야 할 것'과 '한 알의 밀이 땅에 떨어져 죽어야 할 것'을 말씀하시며 '내가 이를 위하여 이때에 왔다.'(요 12:27)라고 하신 내용으로 보아 세상을 구원할 메시아에 관한 질문을 했을 것으로 짐작할 따름이다. 주님께서는 한 알의 밀이 땅에 떨어져 썩어야 그 씨의 배자(胚子)가 살아 자라나 열매를 맺게 되는 원리를 비유로 들어, 자신의 사명을 이방인에게 아무 거리낌 없이 말씀하신 것이다. 이는 당시 이방인을 멸시하는 유대인의 풍습으로는 이해하기 어려운 장면이다.

예수님께서 잉태되시기 전 천사가 마리아에게 찾아와 수태고지를 했다. "보라 네가 잉태하여 아들을 낳으리니 그 이름을 예수라 하라 그가 큰 자가 되고 지극히 높으신 이의 아들이라 일컬어질 것이요 주 하나님께서 그 조상 다윗의 왕위를 그에게 주시리 영원히 야곱의 집을 왕으로 다스리실 것이며 그 나라가 무궁하리라"(눅 1:30~33). 예수님께서 '다윗의 후손'으로 태어나 인류를 구원하실 것을 예언한 것이다. 훗날, 이 말씀을 사도 바울은 '그의 아들에 관하여 말하면 육신으로는 다윗의 혈통에서 나셨고 성결의 영으로는 죽은 자들 가운데서 부활하사 능력으로 하나님의 아들로 선포되셨으니 곧 우리 주 예수 그리스도시니라'(롬 1:3~4)라고 증언했다. 구약의 예언들(시 89:3~4; 사 9:7; 겔 37:25)이 그대로 성취된 것을 밝힌 것이다. 예수님은 유대인에게 약속된 메시아인 동시에 인류의 구세주(요 3:16~17)로 오신 것이다.

그러나 예수님의 행적을 더듬어 보면 대부분이 유대 나라에 국한되어 있고, 주로 유대인들에게 복음을 전파하셨으며 이방인을 비하하신 것같이 보이는 석연치 않는 부분도 있다. 한번은 갈릴리에서 약 100Km 떨어진 지중해 연안의 두로(Tyre)와 시돈(Sidon) 지방으로 내려가셨다(마 15:21~28). 그 지방은 수로보니게(막 7:26)라고 불렸으며 '시리아의 베네게'라는 뜻으로 종려나무가 많아 아름답고 자색 물감을 생산하여 상업이 왕성한 지방이었다. 그리고 이 지방은 주전 7백 년 전부터 발달하여 지중해 동해안과 흑해 사이의 베니게(Phoenicia)로 알려졌으며 좋은 목재로 조선과 해상 무역이 왕성한 지방이었다.

이 지방은 그리스인과 가나안 원주민이 사는 곳으로 주전 3천 년경부터 애굽의 속국으로 있다가 블레셋에 예속되면서 바알과 아세라 다산(多産)의 신(神)을 섬기게 되었다. 바알과 아세라 목상을 섬기는 제사는 여승들이 나체로 의식을 치르는 등 노골적 음란이 극에 달한 제사였다. 하여 그 지역은 도덕이 땅에 떨어져 있었다. 그런데도 그 지방은 상업과 공업이 발달하여 유대인들이 드나들면서 유대인 혼혈족이 많아졌고, 두로 왕 하람이 다윗과 솔로몬에게 성전과 궁전 건축 자재를 공급하면서 우호 관계에 있었다(왕상 5:1~12). 그런데 이스라엘 7대왕 아합 왕(BC 874~852)이 시돈 왕 엣바알의 딸 이세벨과 결혼하면서 사마리아에 바알 신당을 건립하면서 이스라엘도 바알을 숭배하게 되었다(왕상 16:28~33). 그때 선지자 엘리야가 갈멜 산상에서 우상 바알과의 생명을 건 대결로 이스라엘을 일시 우상에서 돌이키게 했다. 이런 연유로 이스라엘은 전통적으로 사마리아 사람을 더러운 개(쿠나리아)로 멸시하게 된다.

예수님의 소문도 그 지역들에까지 널리 퍼져 있어(마 4:24) 그곳에서 갈릴리까지 예수님을 만나려고 찾아온 사람들도 많았다(막 3:8). 그렇다면 예수님께서 이방 지역에 가신 것은 그들을 위한 복음 전도가 목적이었던가? 그러나 성경을 자세히 살펴보면, 참 목적은 그렇지 않다. 두로와 시돈 지방으로 가신 기록에서 마태복음의 기사와 마가복음의 내용은 다소 차이가 있다. 마태복음에는 "예수께서 거기서 나가사 두로와 시돈 지방으로 들어가시니 가나안 여자 하나가 그 지경에서 나와서 소리 질러 이르되 주 다윗의 자손이여 나를 불쌍히 여기소서 내 딸이 흉악하게 귀신 들렸나이다 하되"(마 15:21~22)로 병자 치유 사건이 마을 입구에서 일어난 것으로 기록하고 있다. 그러나 마가는 "예수께서 일어나사 거기를 떠나 두로 지방으로 가서 한 집에 들어가 아무도 모르게 하시려 하나 숨길 수 없더라 이에 더러운 귀신 들린 어린 딸을 둔 한 여자가 예수의 소문을 듣고 곧 와서 그 발 아래에 엎드리니"(막 7:24~25)라고 기록했다. 즉 이 두 말씀이 상충되는 것이 아니라 마태는 현상 설명을, 마가는 목적 설명을 한 것이다. 이 둘을 종합하면 예수님께서 한집에 들어가 조용히 쉬시려는 목적으로 이방 땅을 찾아 들어가셨던 것이다.

마가의 기록을 들어 매튜 헨리는 "하나님의 종은 이따금 분주한 삶에서 도피하여 제 정비해야 하는 것을 보여 주신 것"이며 "나타날 때와 숨을 때, 복음을 전할 때와 준비할 때를 구분하신 것"으로 해석했다. 이것이 오늘의 안식년 제도의 근간이 된다. 즉 인간의 몸을 입으신 주님께서도 쉼이 필요했던 것이다. 그런데 난데없이 딸이 귀신이 들어 고통을 당하고 있던 가나안 여인 하나가 예수님의 뒤를 따라오며 "다윗의 자손이여 불쌍히 여기소서!" "주여 저를 도우소서!"라고 목청을 높여 외쳤던 것이다. 여인의 간청에도 예수님께서는 묵묵부답으로 걸어가셨다. 제자들이 보다 못해 그 여인에게 민망해서가 아니라 귀찮게 여겨 "저 여자가 우리 뒤에서 소리를 지르오니(그만 그의 소원을 들어주시고) 보내소서"(마 15:22)라고 한다. 그런데 어떻게 된 판인지 예수님께서는 그 여인의 고함소리와 제자들의 재촉을 아랑

곳하지 않으시고 "자녀의 떡을 취하여 개들에게 던짐이 마땅하지 아니하니라"(마 15:26)고 하신다.

설사 자녀의 떡을 취하여 개들에게 던짐이 마땅하지 아니하다는 말씀이 옳다고 해도 사랑을 표방한 주님께서 이방인에게 '개들'이라고 말하실 수 있는가? 이 점이 문제가 된다. 성경 주석가들은 여러 가지 해석을 한다. 어떤 이는 이 말씀(마 15:28)을 들어 그녀의 신앙을 시험해 보기 위해 하신 고의적 표현이었다고 설명하고, 어떤 이는 끈질기고 위대한 믿음만이 예수님의 마음을 움직일 수 있다는 모범을 보여 주시기 위해서라고 구차하게 설명한다. 그러나 렌스키는 예수님은 어떤 경우에도 의도적으로 괴롭히거나, 가식적 연극을 하지 않으셨으며, 인간처럼 진실하지 않게 비윤리적 행위를 하신 일도 없다고 주장한다. 그렇다면 '개'라고 하신 예수님의 진의는 무엇이었을까?

예수님의 하신 말씀은 다 진리이다. 그렇다면 "나는 이스라엘 집의 잃어버린 양 외에는 다른 데로 보내심을 받지 아니하였노라"(마 15:24) 하신 말씀도 진리이다. 그리고 모든 것을 미리 다 아시는 주님께서 속내를 감추시고 인간들처럼 시험하신 일이 없다. 그렇다면 예수님께서 차마 입 밖에 내기 어려워 묵묵부답하시다가 "나는 이스라엘 집의 잃어버린 양 외에는 다른 데로 보내심을 받지 아니하였노라" 하신 것이나 "자녀의 떡을 취하여 개들에게 던짐이 마땅하지 아니하니라"(마 15:26)하신 말씀도 진리이다. 그렇다면 예수님의 사명은 전 인류의 구원과는 무관한 것이었던가? 아니다. 예수께서 '이스라엘 집'이라고 하신 뜻은 야곱의 후손 곧 혈통적 이스라엘을 말하는 것이 아니라 '하나님이 통치하시는 집'이라는 뜻이며 '믿고 구원받을 자들의 집'을 의미하신 것으로 보아야 한다.

주님은 인간을 순한 양이라거나(눅 15:4) 뿔난 염소로 묘사하셨다(마 25:32). 그리고 베드로 사도는 씻었다가 도로 시궁창에 눕는 돼지(벧후 2:22)로 비유했고, 주님은 바리새인을 지적해 '독사(에키드나, 큰 코브라)의 새끼'(마 3:7; 12:34; 28:33)라고 말씀하셨다. 그렇게 보면 이방 여자를 하나님의 떡 부스러기를 먹고사는 '작은 개'(쿠나리아)로 본 것은 사실 그대로를 말씀하신 것으로 무리가 없는 표현이었다. 예수님은 결코 단테의 말처럼 "묘 속에서 시를 짓는 시인도, 호언장담만 늘어놓는 정치가"도 아니셨다. 이방인은 우상을 섬기며 육체의 정욕대로 사는 개에 불과했으며 '하나님의 통치'밖에 있었다. 사실이 그러했다.

예수님께서 제자들에게 전도 훈련을 위한 사명을 주시고 예비 사역지를 정해 보내시면서 "이방인의 길로도 가지 말고 사마리아인의 고을에도 들어가지 말고 오히려 이스라엘 집의 잃어버린 양에게로 가라"(마 10:5~6) 하셨다. 그것을 아브라함과의 약속 탓으로 보기도 하고 예비 사역지로 이스라엘을 지정하신 것이라고 본다. 그러나 마지막 전도 사명을 주셨을 때는 "너희는 가서 모든 민족을 제자를 삼으라"(마 28:19) 하셨다. 따라서 마태복음 10장 5~6절은 예수께서 '예비사역'(豫備使役)을 위험한 '본사역'(本使役)과 구분하셔서 집안에서 훈련하신 것으로 보면 된다. 그렇게 보면 '오히려'(마 10:6)는 '현재로서는'라는 뜻으로서 먼저 할 일과 다음 할 일을 구분하신 것뿐이다,

여기서 사도 바울이 "나는 헬라인이나 야만인이나, 지혜자나 어리석은 자에게 빚진 자라"(롬 1:14) 했던 말을 생각할 필요가 있다. 그가 이방인에게 '빚진 자'라니? 빚이란 갚지 않으면 도적과 동일한 형을 받고 감옥에 갇혀야 한다. 복음을 전하지 않으면 형벌받게 될 죄라는 것이 복음 사명에 대한 바울의 양심적 고백이다. 그렇다면 그가 빚진 이유가 무엇인가?

첫째는 그가 진 빚은 은혜의 빚이다. 그가 사함 받은 원래의 빚은 도저히 다 갚을 수 없는 빚이다. 그는 아브라함의 후손 유대인으로 길리기아 다소에서 났고 가말리엘의 문하에서 조상들의 율법의 엄한 교훈을 받았고 하나님께 대해 열심히 특심하여(행 22:3) 예수의 추종자들을 수 없이 투옥하고 살해했다. 하여 자신이 만 달란트의 빚쟁이라는 것을 알고 있었다.

두 번째는 사명의 빚이다. 그는 다메섹 도상에서 예수님을 만나 아나니아를 통해 이방 전도의 사명을 받았다. 하여 그는 아브라함의 후손이었으나

이방 전도를 우선으로 삼았다. 그러면서 "악을 행하는 각 사람의 영에는 환난과 곤고가 있으리니 먼저는 유대인에게요 그리고 헬라인에게며 선을 행하는 각 사람에게는 영광과 존귀와 평강이 있으리니 먼저는 유대인에게요 그리고 헬라인에게라"(롬 2:9~10)고 했다. 이것은 차등이나 서열을 말하는 것이 아님을 이어지는 절에서 밝힌다. "이는 하나님께서 외모로 사람을 취하지 아니 하심이니라"(롬 2:11).

세상에서 반드시 해야 할 의무 중에 구원의 소식(롬 10:15)을 전해야 하는 의무와 은혜의 빚을 갚는 의무보다 더 무거운 의무는 없다. 바울은 그 사명을 이렇게 표현했다. "내가 복음을 전할지라도 자랑할 것이 없음은 내가 부득불 할 일임이라 만일 복음을 전하지 아니하면 내게 화가 있을 것이로다 내가 내 자의로 이것을 행하면 상을 얻으려니와 내가 자의로 아니한다 할지라도 나는 사명을 받았노라"(고전 9:16~17). 그는 복음 전도의 사명을 중책이 부여된 사명, 또는 이행하지 않으면 벌 받을 사명으로 본 것이다. 즉 안 해도 무방한 '옵션'(Option)이 아니라 '의무'(Obligation)라고 한 것이다. 그리고 그는 그 각오를 이렇게 표현한다, "이 후로는 누구든지 나를 괴롭게 하지 말라 내가 내 몸에 예수의 흔적을 지니고 있노라"(갈 6:17). 그 '예수의 흔적'이 무엇이었을까? 주님의 손과 발과 옆구리의 못과 창 자국을 말하는 것이 아니겠는가? 흔적이란 그 당시에 있었던 군인과 종과 아내와 빚진 자의 이마에 불로 지진 주인의 각인(刻印)을 말한다. 하여 바울은 자신이 죄인이요, 빚진 자와 종의 각인을 지니고 있다는 것을 말하고 있는 것이다.

세 번째 이유는 하나님께서 아브라함과 그의 후손에게 맺으신 축복의 언약 때문이었다(롬 3:4). 그 언약이 어떻게 맺어졌는가? 하나님께서 아브라함을 시험하사(창 22:1) 독자 이삭을 제물로 바칠 것을 명하신다. 그를 시험하신 목적은 "하나님의 의와 공도를 행하게 하려"(창 18:19) 자기의 자식을 버릴 수 있는가를 시험하신 것이다. 그가 순종하여 칼을 든 찰나에 하나님께서 "그 아이에게 네 손을 대지 말라 …… 내가 이제야 네가 하나님을 경외하는 줄을 아노라"(창 22:12) 하시고 "내가 나를 가리켜 맹세하노니 네가 이같이 행하여 네 아들 네 독자도 아끼지 아니하였은즉 …… 내가 네게 큰 복을 주고 …… 네 씨로 말미암아 천하 만민이 복을 받으리니"(창 22:16~18) 하셨다. 즉 아브라함에게 축복하신 목적은 그를 통해 천하 만민이 복을 받게 하심에 있었다. 하여 바울은 "하나님은 홀로 유대인의 하나님이실 뿐만 아니라 이방인의 하나님이시며, 할례자의 하나님이실 뿐만 아니라 무 할례자의 하나님도 되신다"(롬 3:29)고 천명하게 된다.

성경에서는 이방인을 습관과 생각과 종교가 다른 사람, '이방인'(에드니코스, 마 6:32; 10:5)이라고 칭했다. 즉 우상 숭배자요 도덕이 없는 자라는 뜻이다. 반면에 언어나 출생 지역이나 종족이 다른 사람을 '외방인'(外邦人, 알로프로스, 행 10:28; 히 11:34)라고 불러 차별이 더 심했다. 그런데 예수님께서 시돈 여인을 알로프로스라고 하지 않고 '이방인'(에드니코스)라 부르셨다. 그리고 예수께서는 모든 족속(에드니코스)을 제자로 삼아 예수께서 명하신 모든 말씀을 가르쳐 지키게 하라(마 28:19~20)고 최후의 부탁을 하셨다. 그들에게 복음을 전하고 사랑하고 섬기라는 사명을 제자들에게 주신 것이다. 이로써 하나님은 홀로 유대인의 하나님이실 뿐만 아니라 이방인의 하나님도 되시며, 천하 만민이 복을 받게 될 것이기 때문이다.

인종 분리주의(Ethnicism)는 '에드니코스'에서 왔다. 언어와 풍습과 문화가 '다른 종족'을 차별하는 사상이다. 그것은 바벨탑이 무너진 이후 생겨난 것으로 보인다. 그러나 인종이 점차 섞이게 된 오늘에는 그 개념이 달라졌다. 언어의 국경이 없어지면서 종족이 섞여 혼혈되고 풍습이 평준화된 현대인에게 이방인의 정의가 모호해졌다. 그럼에도 학벌과 직급과 계급과 재물이 새로운 이방인을 만들고 있다. 아파트 평수나, 정견(政見)이나 교파나 이념이 다르면 서로가 이방인이 된다. 그리고 그 이방인 사이에는 별별 부조리가 성행하고 있다.

까뮈가 『이방인』으로 노벨문학상을 받은 것은 주인공의 삶과 부르짖음을 통해서 부조리한 인간상과 부조리한 사회를 적나라하게 드러냈기 때문이다. 프랑스 알자스 출신 광산 노동자인 아버지와 전혀 교육을 받지 못한 스페인계 어머니 사이에서 태어난 까뮈는 빈곤과 병고를 겪으며 성장했다. 하여 그는 삶과 죽음의 모순, 이 세상과 자신과의 모순과 대립에 관한 사색을 하며 자랐다. 이런 성장 과정 속에서 그는 부조리 의식을 갖게 되었는데 전쟁, 점령, 수용소, 저항 운동 체험을 통해 더욱 다져졌다. 이런 의식 때문에 그는 한때 고향 알제리에서 추방당하기도 했다. 이렇게 그의 뼛속에 깊이에서 싹트고 자란 부조리의 철학을 『이방인』 주인공 뫼르소의 거짓 없는 입을 통해서 호소한 것이 인정받은 것이다. 그러나 까뮈 역시 양심의 처벌은 터치하지 못했다. 그 추한 죄인의 입을 통해서 세상이 부조리로 꽉 차 있음을 고발했고 부조리한 세상이 부조리한 그를 전기의자에 앉혔을 뿐, 세상도 그 누구도 부조리한 세상의 이방인이요 자기 생의 이방인이기도 한 주인공을 새 사람으로 바꾸지 못했다.

데카르트가 발견한 인식론은 그 오래전 소크라테스 때부터 있었다. 소크라테스는 『변명』에서 "사람들은 착각한다. 사랑을 받는 자가 있기 때문에 사랑하는 것이 아니라 사랑하는 자가 있기 때문에 사랑을 받게 되는 것이다. 보이는 것이 있기 때문에 보이는 것이며 보기 때문에 보이는 것이 아니다."라고 유명한 정의를 내렸다. 이것은 내가 인식하기 때문에 사물이 존재한다는 인식론의 정의와 반대되는 것이다. 인식론이 오늘의 실존주의의 기반이 된 것은 진보라기보다 퇴보가 될 수도 있다. 그 이유는 사실 본위나 진리 본위가 아니라 인식 본위로 우주를 인정하는 유치한 진리관이기 때문이다. 마치 어린아이가 자기가 있기 때문에 우주가 있다고 착각하는 것과 같다.

"내가 인식하기 때문에 내가 존재한다."라는 선험주의(先驗主義)도 과학의 발달에 큰 공을 세운 것은 사실이지만 참된 진리를 반대하는 것이다. 인식론이 철학을, 선험주의가 과학을 잠식하더니 신앙도 자기 본의의 신앙으로 전락시켰다. 자기가 믿는 진리만이 옳다고 주장한다. 자기가 죄를 인식하지 않으면 죄는 없다고 보는 과오(롬 3:10~12)를 범한다. 모든 진리를 자기 판단 기준으로 보는 주관의 착오를 범하게 된 것이다.

어떤 사람이 신호위반으로 벌금딱지를 받았다. 그리고 그는 그 당연지사를 못마땅해 불쾌해한다. 왜 불쾌한가? 엄연한 법과 드러난 사실을 인정하지 않기 때문이다. 왜 인정하지 않는가? 인간은 객관보다 주관에 치우치기 때문이다. 모든 세상이 다 자기를 위해 있다는 자기중심 사상, 철없는 어린아이의 생각, 즉 인식론적 사상이 지배하기 때문이다. 신앙이란 하나님의 뜻과 의를 인정하고 '그리스도 안에서 통일'(엡 1:10)되는 것이다. 양심이 이기(利己)로 비틀어지면 자기중심이 되어 사실을 허위로, 거짓을 참으로 위장(거짓 창조)한다. 더 나아가 위증하고 거짓말하게 된다. 그것은 바른 눈과 양심이 없다는 증거다. 즉 양심이 없다면 그의 인식도 바를 수 없다.

어떤 사람은 분명히 교통 위반을 하고도 법에 걸리지 않고 빠져나가자 큰 숨을 내쉬며 기뻐한다. 범죄를 무사히 넘기기만 하면 스릴을 만끽한다. 그 스릴을 행운이나 복으로 오인한다. 남이 나의 과오를 보지 못한 것을 다행으로 생각하는 도피 심리다. 그래서 죄인은 자기의 비밀과 잘못을 다 아는 자를 적으로 간주한다. 그리고 자기 양심이 죽은 것을 다행으로 생각한다. 그래서 술이나 마약이나 악한 친구를 반갑게 맞이한다. 맑고 깨끗한 인품보다 '인간적'이고 타협적이고 표리부동한 친구를 찬사(讚辭)한다(요 3:19). 그렇게 하여 위선자(딤전 4:2)로 타락해 간다. 그것이 회개와 부활을 부인하는 사두개인(마 22:23)의 모습이다.

부활(아나스타시스)의 원 뜻은 '아나(Upward) 스타시스(Existance)', 즉 '위를 향한 존재', 즉 '거듭난 존재'를 뜻한다. 땅만 내려다보던 존재가 위를 향한 존재로 변한 것이다. 없어진 양심을 되찾아 속(俗)에서 성(聖)으로 목표가 바뀌는 것이 부활이다. 그렇지만 그것은 분명히 이 세상의 지향과는 반대여서 맞지 않아 불행해질 수밖에 없다. 결국 양심적으로 산다는 것은 불행을 자초하는 길이 될 수 있다.

주님께서 이방인을 '개'로 지칭하신 것이나, 율법의 참뜻을 저버리고 남을 정죄하는 데 사용한 바리새인을 '독사의 새끼'라고 하신 것은 진실을 말씀한 것이다. 하여 주님께서는, '개'라는 말을 듣고도 "주여 옳습니다! (나는 개입니다.)"라고 인정한 이방인 시돈 여인에게 "이 말을 하였으니 돌아가라 귀신이 네 딸에게서 나갔느니라"(막 7:29) 하셨다. 여기서 '개'는 원어 '쿠나 리아'로 집안에서 키우는 작은 애완견을 뜻한다. 그런데 그 여인은 그런 말을 듣고도 싫은 내색도 없이 "옳습니다. 나는 개입니다."라고 인정했다. 이는 도덕도 예절도 없는 이방인 차별과 개 취급당하는 천대를 겸손히 감수한 것이고, 자신의 개 같은 삶을 액면 그대로 시인한 고백이다. 그런데 그 고백은 딸의 병 낫기를 바라는 소망보다 앞서 있었다. 주님께서 "이 말을 하였으니"라고 하신 이유는 그 여인의 고백에서 '에드니코스'라는 겉면보다 자신을 '개'라고 인정하는 그녀의 겸손한 내면을 보신 것이다. 이와 같은 겸손한 고백이, 진실한 회개가, 은혜 받을 동기가 된다. 겸손한 자에게 회개가 일어나게 하시며(행 11:18), 믿음의 문이 열리게 하시고(행 14:27; 롬 1:5), 순종하게 하셔서(롬 15:18) 구원에 이르게(롬 11:11) 하는 본을 보여 주신 것이다. 참된 회개는 '나는 개 같은 인간임'을 고백하는 것이다.

사도 바울은 "무릇 표면적 유대인이 유대인이 아니요, 표면적 할례가 할례가 아니니라"(롬 2:28)고 했다. '표면'(파네로오)이란 '드러난'이라는 뜻이다. 표면이 있다는 것은 내면이 있다는 증거다. 표면적 인간과 내면적 인간은 천양지차이다. 교회에 등록된 것, 세례를 받았다는 것, 율법을 지킨다는 것, 가족이 믿는다는 것, 혹 기도한다는 것, 장로, 목사라는 칭호 등은 표면일 뿐이다. 회개는 외면과 내면을 뒤집는 작업이다. 겸손한 마음으로 "옳습니다. 나는 개입니다."라고 뒤집어 보일 수 있어야 한다. 이방인 중에서 가장 불쌍한 자가 누구인가? 자신이 개라는 것을 모르는 자이다.

"내가 그리스도와 함께 십자가에 못 박혔나니 그런즉 이제는 내가 사는 것이 아니요 오직 내 안에 그리스도께서 사시는 것이라……"(갈 2:20). 아멘!

4 진홍 같은 죄

요한 사도는 "만일 우리가 우리의 죄(罪, 하말티아)를 자백(自白, 호몰로게오)하면 그는 미쁘시고 의로우사 우리 죄를 사하시며 우리를 모든 불의(不義, 아디키아, Iniquity)에서 깨끗하게 하실 것이요, 만일 우리가 범죄하지 아니하였다 하면 하나님을 거짓말하는 이로 만드는 것이니 또한 그의 말씀이 우리 속에 있지 아니하니라"(요일 1:9~10) 하셨다. 누구나 죄 없는 사람은 없다. 죄인임을 자백하면 사함을 받는다는 것을 천명한 말씀이다. 그런데 여기에 생각할 점이 있다. 첫째는 왜 죄를 자백하면 죄를 사하시고, 둘째는 "모든 불의에서 깨끗하게 하실 것"이라고 하셨는가? 즉 사하신 후에 또 깨끗하게 하심이 있어야 하는가? 죄 사함의 조건으로 '만일'(에안, if)이란 단서를 붙이신 이유가 무엇인가? 하는 의문을 가질 수 있다.

흔히 사하심과 깨끗하게 하심의 두 단계 사하심을 단순한 강조로 보기 쉽다. 그러나 죄를 사하는 것과 모든 불의에서 깨끗하게 하심은 다르다. 사하심은 현행범 죄인이 무죄로 회복됨이요, 깨끗하게 하심은 죄의 불의한 습성과 본질을 깨끗하게 회복시킨다는 뜻이다. 여기 '불의'(아디키아)란 악을 범할 수 있는 성품을 뜻하는 것으로 죄로 물든 양심의 상태라고 할 수 있다. 어떤 살인자가 20년 형을 받고 옥살이를 한다고 그의 본성이 깨끗이 변화되는 것은 아니다. 그러나 옥살이를 하지 않아도 우리가 죄를 자백하면 지은 죄를 사함 받을 뿐만 아니라 죄로 물든 양심과 본성의 씻음을 받고 깨끗하게 되는 것을 말한다. 이 두 번째 작업이 '어린아이'로 되돌리는 하나님의 작업이다. 죄과의 용서와 불의해진 본질을 이전 상태로 회복시켜 주신다는 이중 작업을 뜻한다. 그래서 "회개하고 구원을 받으라!" 명하신 것이다. 하나는 하나님과의 관계 회복이요, 다른 하나는 천국 백성의 자격 회복이라 하겠다. 이 첫째와 둘째 작업은 하나님만이 하실 수 있는 일이다.

어떤 이는 쉽게 회개하고 기쁨이 충만하여 "나는 구원받았다!" 장담하는 가 하면, 어떤 이는 회개를 거듭해도 어딘가 께름칙하여 불안해한다. 그 원인은 온전한 회개의 뜻을 모르기 때문이다. 회개는 몇 마디 말로 죄를 시인함으로 죄의 책임을 모면하는 것이 아니라, 자기 과거와 본성의 악함을 되새기며 회개할 때 성령님과 빚 회계(會計)가 이루어진다. 그것은 죄 사함과 굳어진 허물을 제거하는 마음의 변화, 또는 변심(變心)이 피의 씻음으로 이루어지는 것을 말한다. 구약에서는 70회나 '죄와 허물', '죄와 불의', 또는 '죄와 악함'으로 기록되어 있고, 사도 요한이 다시 '불의'(아디키아, Iniquity) 또는 '나쁜 마음'(不義, Wickedness)을 그토록 강조한 것은 그것들을 제거하는 회개가 천국 시민을 만들기 위한 하나님의 은혜의 특별 조치요 필수 조건이기 때문이다.

어떤 성경 주석가는 허물의 뜻을 풀이하여 '악함'[페샤(히)]과 범죄(Transgression), 반역, 분노(마 5:21), 음욕(마 5:28), 의심(약 1:6), 탐심(골 3:5), 의도적 심리적 또는 본성적 나쁜 행위(Wicked Act)라고 해석했다. 그러나 허물은 단순한 심리적 현상이 아니다. 구약에서 자주 나타난 '페샤'(렘 31:34; 겔 18:20)는 '굳어진(Concrete) 나쁜 마음'을 뜻한다. 다시 말하면 허물(파라-프토마, Iniquitiy)은 죄악성(Wickedness), 또는 불공정한 습관적 행위(Unfair Behavior)를 뜻하며, '파라프토마', 즉 '파라(부터)-프토마(추락)'(마 6:15; 막 11:25; 엡 2:1, 5; 롬 5:15; 갈 6:1)로 '본성의 타락(墮落)'을 뜻한다. 즉 회개란 나쁜 행위나 과실에 대한 회개만으로는 완전한 회개가 될 수 없다는 것을 말한다.

좀 더 자세히 말하면 죄는 상상과 추리에서 시작하여 계획과 실행으로 옮겨져서 범행이 된다. 상상과 추리가 죄의 근원이요 그것의 습관화가 죄의 근원, 곧 죄의 본질이다. 따라서 죄의 계획과 실행보다 더 중요한 것은 죄의 상상과 추리이다. 그러나 사람들은 그것을 중요시하지 않는다. 상상과 추리는 인간 본질에서 오지만 남의 본질을 타인이 파악할 수 없으며 본인도 자존심의 보호 아래 숨겨진 그 본질을 파악할 수 없다. 죄성의 파악이 어려운 것은 잠재의식 속에 숨어 있기 때문이다. 그 점이 성령의 도움이 필요한 이유다. 망각 속에 사라졌다고 죄성이 없어지는 것은 결코 아니다. 같은 죄를 범할 가능성은 그대로 남아 있는 것이다. 바로 이 사실이 회개의 더 중요한 요소이지만 사람들은 그것을 깨닫지 못한다. 따라서 회개의 하나는 죄과를 회개하는 것이요, 다른 하나는 기억을 되살려 죄성, 즉 허물을 회개하는 것이다. 그렇게 보면 하나님께서 "인자(仁慈)를 천대까지 베풀며 죄악(페샤, Transgression)과 과실(아원, Iniquity)과 죄(초타흐, Sin)를 용서하리라"(출 34:7)고 하신 뜻을 이해할 수 있다. 즉 죄악(페샤)은 범죄한 자국을 말하며 '아원'과 '초타흐'는 죄성을 말한다. 원어가 갖고 있는 이런 의미가 번역된 성경에 잘 나타나지 않는 것이 안타깝다.

조직신학 구원론에서 구원의 서정(序程)을 말할 때, 조명과 중생과 양육을 들고 있다. 이들 구원의 단계를 좀 더 자상하게 풀이하면 성령의 조명을 받고 하나님을 알게 되어 그를 동경하게 되면 죄를 깨닫고 양심의 고통을 느껴 통회 자복하고 회개함으로 중생하는 단계에 이르고 믿음이 성장하는 삼 단계를 말한 것이다. "만일 우리가 우리의 죄를 자백하면……"(요일 1:9~10)에서 '만일'(에안, if)은 다른 데서는 '……이면', '……거든', '……든지' 등 가정법 전제 조건이며 신약에서만 약 삼백 회 사용하고 있다. 그리고 이 가정은 믿기 시작할 때뿐만 아니라 믿음 생활을 하는 도중에도 항상 따라다닌다. "만일 사람이 믿음이 있노라 하고……"(약 2:14), "만일 우리가 하나님과 사귐이 있다 하고……"(요일 1:6), "만일 우리가 죄 없다 하면……"(요일 1:8), "만일 우리 마음이 우리를 책망할 것이 없으면……"(요일 3:21), "만일 너희가 선을 행하면……"(벧전 3:13) 등의 '만일'(if)은 구원받을 자의 절대적 필요조건을 말한다. 그리고 이것은 범죄보다 양심과 마음의 상태의 회복, 즉 '거듭남'을 말한다.

왜 "만일 우리가 우리의 죄를 자백하면……" 하셨는가? 그 첫째 이유는 우리 중에 죄 없다고 생각하는 자, 죄에 대해 자책감이 없는 자, 자책감이 있어도 회개하지 않는 자, 믿음이 있다고 하면서 죄의 본성이 그대로 남아 있는 자, 대다수를 지적하는 말씀이며, 둘째 이유는 그것이 구원의 절대적 조건이라는 뜻이다. 하나님께서 구원받을 자를 예정하셨다면 '만일(에안, If) ……한다면"이라는 조건 제시가 왜 필요하겠는가? 이것이 예정론으로 설명할 수 없는 또 하나의 대목이다. "만일 우리가 우리의 죄(하말티아, Sin)를 자백(호마로게오, Confess)하면 그는 미쁘시고 의로우사 우리 죄(하말티아)를 사(하페에, Forgive)하시며, 우리를 모든 불의(아디키아, Iniquity)에서 깨끗하게(카다리조오, Cleanse) 하실 것이요"(요일 1:9)라고 분명하게 죄의 사하심과 허물의 깨끗함(Cleanse/Purify)은 본인의 회개로 가능하다고 말씀하고 있다.

하나님께서 인간에게 자유를 주시고, 자의로 남과 더불어 살도록 계명을 주셨다. 그런데 하나님의 계명대로 살지 않고 자기 뜻대로 사는 것이 왜 죄가 되는지를 깨닫지 못한다. 주님께서 "너희가 사람의 잘못을 용서하면 너희 하늘 아버지께서도 너희 잘못을 용서하시려니와 너희가 사람의 잘못을 용서하지 아니하면 너희 아버지께서도 너희 잘못을 용서하지 아니하시리라"(마 6:14~15) 하셨다. 여기서 '잘못'은 '허물'(파라프토), 또는 '죽은 행실'(히 9:14)을 뜻한다. 하여 잘못을 용서한다는 것은 남의 상처, 또는 흉터를 제거한다는 의미이다. 그 허물이 자기에게나 남에게 있다고 불편할 것은 없다. 그래서 흔히 깨닫지 못하기 쉽다. 그러나 죄의 흉터는 남에게 혐오감을 줄 뿐 아니라 그 흉터를 가진 체 하늘나라에 들어갈 수는 없다. 그곳에는 죄의 불구자도 죄의 흉터도 없는 신령한 몸으로 부활한 성남(聖男) 성녀(聖女)들만 허용되는 곳이기 때문이다.

강도 만난 이웃을 돕지 않은 레위인과 제사장(눅 10:31~32; 행 5:1~3)들도 한때 은혜를 맛보고 부드러워진 자들이었다. 그러나 타락하여 회복이 불가능한 흉터를 가진 안타까운 기사를 보게 된다. 그래서 '불법을 행하는 자들'로 심판이 내려진 것이다(마 7:23). 무법은 처음부터 법을 모르는 것이요, 불법은 법을 알고 범하는 것이다. 왜 한번 은혜를 맛보고 다시 죄를 범하여 불법한 자가 된 것일까? 세상에 끈질긴 것들이 많다 하더라도 죄의 본성만큼, 죄의 허물만큼 끈질긴 것은 없기 때문이다.

실존주의란 각자가 자유와 책임을 진 존재라고 보는 사상이다. 실존주의 철학으로 유명한 프랑스의 사상가 사르트르(Jean P. Sartre, 1905~1980)는 "인간의 실존은 본질에 앞선다."(Precedes it's Essence)라고 정의했다. 그가 말한 실존은 자유와 생존 특권을 가진 것에 책임도 각자에게 있다는 뜻이다. 자유를 가진 인간의 실존(스타시스)은 절대적 생존 권리를 가지고 있어 그가 갖는 특성이나 본질보다 우위에 있다는 뜻이다. 즉 공간에 자유롭게 살도록 던져진 실존의 자유와 근본 권리가 인간 본질인 의무나 성품보다 우위이며 중요하다는 뜻이다. 그것을 그는 인간이란 어차피 자유롭게 던져진(condemed to be free) 존재라고 했다. 그것은 주어진 자유에 의해 죄를 짓기도 하고 목표를 세워 살기도 하고 생을 포기하기도 하는 자유가 있다는 것이다. 그러나 주님은 너희 자유를 주장하지 말고 "너희는 먼저 그의 나라와 그의 의를 구하라"(마 6:33)하셨으며, 바울은 자유로우나 유익해야 하고 덕을 세워야 할 책임(고전 6:12; 10:23)이 각자에게 주어져 있는 존재라고 말씀하고 있다.

그에 대해 덴마크의 키르케고르(Sören A. Kierkegaard, 1813~1855)는 신과 인간의 관계성을 연구하여 인간은 맹목적 자유를 받은 것이 아니라 신의 선물로 의지의 자유를 받아 죄와 절망과 고독과 고뇌와 우울의 반복 속에 살지만 …… 신에게 돌아가 각자에게 주어진 '최고의 사명'(Highest Task)을 되찾도록 지어진 존재이며, 그것을 위해 신은 인간에게 믿을 만한 증거를 주시어 신앙에 이르게 하신다고 했다. 즉 자유의지로 범죄와 실망과 좌절 속에서 은혜를 자각하고 새롭게 태어나, 인간 본연의 사명을 찾아 '죄에서의 자유'를 얻는 것이 하나님의 뜻이라고 본 것이다. 사르트르가 생존과 범죄의 자유를 말했다면, 키르케고르는 반항과 순종의 자유를 강조한 것이 다르다. 가인과 아벨, 사울과 다윗, 그리고 모든 인류는 이 두 자유 사이에 방황한다고 볼 수 있다. 그 사이의 전환은 오직 회개밖에 없다. 그러나 오늘의 신자들은 '원죄'라고 하는 '본질의 죄'를 무시한다. 그리고 본질은 변할 수 없다고, 그리고 본질적 죄는 사함 받을 수 없다고 덮어 둔다.

그 자유를 위해 "너희는 죄가 너희 죽을 몸을 지배하지 못하게 하여 몸의 사욕에 순종하지 말고 또한 너희 지체를 불의의 무기로 죄에게 내주지 말고 …… 의의 무기로 하나님께 드리라"(롬 6:12~13)고 한 것은 본질적 죄를 덮어 두어도 무방하다는 뜻이 아니다. "……말고, ……말고" 하며 회개의 반복을 강조하고 있다. 죄는 능동적이며 의도적이며, 습관적이어서 재범, 삼범…… 계속하여 칠 범에서 일흔 범의 반복이 가능하기 때문이다. 그래서 죄를 회개하고 사함 받은 후에도, 구습(엡 4:22)이 남아 있어 옛날 악습이 다시 살아나는 것이다. 그리고 무서운 세상 풍조(히 2:1)에 오염되어 더러워지면 양심의 시력이 떨어져 죄를 죄로 의식하지 못하게 된다. 그런 경우에는 몇 번 회개했다고 허물이 지워져 깨끗하게 되는 것이 아니다. 구원을 끝까지 견고히 잡기 위해서(히 3:6; 고전 3:16)는 발 씻는 회개가 지속적으로 반복되어야 한다. 왜 발인가? 발은 가장 더러워지기 쉬우며, 발을 씻으려면 손도 몸도 도와야 하기 때문이다.

회개가 반복되어야 할 또 다른 이유가 있다. "너희는 스스로 씻으며 스스로 깨끗하게 하여 내 목전에서 너희 악한 행실을 버리며 …… 선행을 배우며 정의를 구하며……"(사 1:16~17)라고 하신 말씀에서 회개는 한 단계 씻음에서 그치는 것이 아니라, 악한 행실을 버리며, 선행을 배우며 정의를 구하는 여러 단계임을 말하고 있다. 지난 죄를 회개하고, 씻음을 받는 회개에서 양심과 습관의 변화를 위한 원죄 회개, 그런 연후에 선과 의를 실천하기 위한 전환 회개가 있어야 참된 회개가 된다는 뜻이다. 하여 누가 이웃이나 형제와 다투어 피해를 주었다면 회개는 고해만이 아니라 화해와 자기희생을 각오해야만 한다. 이를 위해 신약 원어에서만 '스스로'(하우토우, by oneself)라는 말이 백 번 이상 나타나 있음에도 번역본에서는 그 다수가 생략된 것이 아쉽다. 회개는 봉지에 싸서 버리는 쓰레기가 아니라, 낱낱이 들먹여 원인을 찾아 정산하는 것이다.

구약에서는 강도(強度)가 다른 두 종류의 회개가 언급되어 있다. 소극적 뉘우침을 뜻하는 '나캄'과 적극적 회개를 뜻하는 '수브'로 구분한 것이다. 이사야 1장과 43~44장의 회개는 구원에 이르게 하는 '수브'로서 사함과 용서를 받게 되는 적극적 회개다. 즉 적극적 회개가 있을 때 하나님의 적극적인 사하심과 도우심을 받을 수 있다는 것이다. "오라! 우리가 서로 변론하자! 너희 죄가 주홍 같을지라도 눈과 같이 희어질 것이요, 진홍같이 붉을지라도 양털같이 희게 되리라"(사 1:18) 하신 여호와의 말씀에서 '수브'는 하나님 앞에 죄의 근원을 따지는 '변론'이 있어야 함을 알 수 있다. 여기서 '오라!' 하심은 아버지의 친근한 초대를 나타내신 것이다. 그리고 '양털'은 그냥 양털이 아니다. 때 묻고 태양 빛에 황화(黃化)된 누른 양털보다 희고 순결한 어린양의 털색, 즉 진백(眞白)을 말한다.

그런데 자세히 보면 이사야 1장 18절에 의미심장한 말씀이 기록되어 있다. 그것은 "우리가 서로 변론하자." 하신 것이다. 어떤 주석가는 하나님께서 변론하자고 하신 뜻은 항상 회의(懷疑) 속에 사는 인간의 본질을 아시고 "내가 할 수 있나 없나 내기하자."라는 뜻이라고 했다. 아마 그 당시에는 걸핏하면 돈이나 물건을 걸고 내기하는 습성이 있었던 것 같다. 하나님께서는 인간이 지은 초범이나 가벼운 죄의 허물을 주홍빛 핏자국으로, 그리고 반복된 중질 죄, 본성적 죄, 겹겹이 쌓여 굳어진 중죄(허물)를 진홍색 핏자국으로 묘사하시며 "내기하자!" 하신 것이다. 염색은 단 한 번에 이루어지는 쉬운 작업이다. 그러나 탈색은 여러 번 반복하더라도 원상태로 탈색하는 것은 불가능하다. 아무리 좋은 탈색제를 사용한다고 하더라도 핏자국은 남는 법이다. 그러나 회개하면 하나님께서는 진홍빛 허물도 감쪽같이 희게 하신다.

미국의 현대 문학가 호손(Nathaniel Hawthorne)의 유명한 작품『주홍글씨』(The Scarlet Letter, 1850)를 대학 시절에 읽고 감명을 받은 일이 생각난다. 이 작품은 1642년 보스턴으로 이주한 한 청교도 마을을 배경으로 삼고 있다. 주인공 헤스터 프린은 남편과 이민 문제로 의견이 대립되어 신앙의 자유를 선택하고 남편보다 먼저 신대륙에 도착한다. 홀로 지내던 그녀는 옥스퍼드 출신의 준수한 외모를 가진 젊은 목사 딤스데일과의 간통으로 딸아이를 낳게 된다. 남편 없는 여인이 아이를 낳았으니 그녀는 관습에 따라 주민 재판을 받게 된다. 재판장에서 그녀는 끝까지 간음의 대상자를 밝히지 않는다. 결국 그녀는 '간음자'(Adulteress)라는 판정을 받고 그 형벌로 주홍색 'A' 자를 가슴에 달고 일생을 살게 된다.

그 주홍 글씨로 인해 그녀가 받은 잔인한 멸시와 소외는 감옥 같은 형벌이었다. 그녀는 억울한 현실을 탄원했지만 부부간의 키스도 금지된 준엄한 청교도 사회에서는 그녀의 탄원이 먹혀들어 가지 않았다. 그럼에도 많은 고뇌와 갈등 속에서 오로지 하나님 앞에 청결하게 되기를 바라며 살아간다. 그 고통스럽고 견디기 어려운 처지에서 가난한 이웃들을 도우며 살아가는 헤스터 프린은 점차 성녀가 되어간다. 그러나 미남 딤즈데일은 겉으로는 거룩한 목사로 행세하지만 속으로는 죄책감에 시달린다. 그는 자기의 숨겨진 죄 때문에 금식과 철야기도 등 격심한 수행으로 자신을 채찍질한다. 그로 인해 딤즈데일은 신도들에게 더욱 존경을 받게 된다. 그러나 죄를 고백하고 사함 받지 못한 그는 살아 있는 사람으로 보이지 않을 만큼 쇠약해진다. 그리하여 그의 가슴에는 주홍 글씨 문신이 새겨진다. 결국 7년 후 딤즈데일은 목회를 사면하고 헤스터 모녀와 함께 군중 앞에서 가슴에 새겨진 주홍 글씨를 보여 주며 자신의 죄를 고백하고 그 자리에서 죽는다.

이 소설은 죄를 자백하는 것은 어렵다는 것, 그리고 인간은 죄의 낙인을 찍기를 즐기며 용서보다 정죄를 지향하는 사회의 허위성을 지적하며, 위선과 권위주의가 선량한 자를 희생시키는 가혹하고 비틀어진 사회를 고발하는 작품이다. 그리고 인간이 새긴 주홍 글씨 'A'는 양심에 새겨진 죄의 표시요 영원히 지울 수 없는 주홍, 또는 진홍색 흔적으로 마음에 남는 것을 시사하는 한편, 하나님께서는 그 마음에 새겨진 주홍 글씨 같은 주홍 죄, 진홍 죄라 할지라도 회개하면 말끔히 지워 버리기를 원하신다는 것을 암시하고 있다.

그렇게도 어려운 죄 사함이 정작 이루어지게 되면 자신에게 놀라운 변화가 일어나는 것을 발견하게 된다. 두려움과 고통이 환희와 평안으로 바뀌는 것이다. 그러나 여기에 주의해야 할 점이 있다. 그 환희와 평안으로 자신이 의인이 된 것을 발견하는 것이 아니라 죄인이라는 것을 발견하고 겸손해진다는 사실이다. 죄인임을 발견하고 겸손해지는 것이 죄 사함 받은 증거요 양심이 소생되었음을 나타내는 증거다. 이것이 예수를 믿고 겸손해진 바울(고전 9:27)이 얻었던 증거이지만, 그것을 믿지 못해 회개를 거부하는 바리새인이 너무 많았다. 하여 예수님께서는 "어찌하여(디아티, Why) 내 말을 깨닫지 못하느냐?"(요 8:43, 46)고 그들의 위선을 한탄하신 것이다.

주님께서 베푸신 산상 설교 가운데 "너희가 이렇게 기도하라." 하시며 소위 '주님의 기도'를 가르치셨다. "우리가 우리에게 죄지은 자를 사하여 준 것 같이 우리 죄를 사하여 주시옵고"(마 6:12), 그리고 이어서 "너희가 사람의 잘못을 용서하면 너희 하늘 아버지께서도 너희 잘못을 용서하시려니와 너희가 사람의 잘못을 용서하지 아니하면 너희 아버지께서도 너희 잘못을 용서하지 아니하시리라"(마 6:14~15)라고 가르치셨다. 결국 남을 용서하는 것은 자기가 용서받은 증거가 된다.

'용서하면, 용서하지 아니하면'은 '만일(에안, if) ……한다면'이라는 단순 가정문이 아니다. '만일'(에안, if) ……'가르'(for)라는 두 개의 접속사를 사용하고 있기 때문이다. 즉 조건을 제시하는 '만일'(에안, if)에 그 결과를 해명하는 '그렇게 하면'(가르, then)이 붙어 있어, 그렇게 하면(가르, or) 반드시 (Certainly/by all means) 나타나는 결과가 있음을 말하고 있다. 만일 …… 하면 반드시 ……하실 것이요, 만일 ……하지 않으면 반드시 ……하지 않는다는 말이다. 즉 만일 용서하면 반드시 사함 받을 것이요, 만일 용서하지 않으면 반드시 사함 받지 못한다는 절대적 부정 관련성을 설명하고 있는 것이다(마 6:14, 15). 즉 자기 죄를 사함 받으려면 남을 용서해야만 하는 전제 조건을 말하고 있다. 그렇다고 일만 달란트의 회개를 매일 하라는 것은 아니다. 백 데나리온에 대한 회개를 하라는 것이다. 목욕한 자는 '회개에 합당한 열매'가 있어야 하고 '발만 씻는' 의무가 따를 따름이다.

여러 해 전 몬트리올에 있었을 때, 현지인들의 개혁장로교 주일 성경 공부 시간에 있었던 일이 생각난다. 강의자가 말씀을 읽었다. "너희는 스스로 조심하라 만일(에안, if) 네 형제가 죄를 범하거든 경고하고 회개하거든 용서하라"(눅 17:3~4). 그리고 그는 "누구든지 죄 사함을 받으려면 먼저 자기 잘못을 뉘우치는 회개가 있어야 사함을 받을 수 있다."라고 말했다. 이후 질문 시간에 "남이 나에게 잘못했을 때, 그가 반드시 잘못을 시인하고 입으로 고백해야만 그를 용서하는 것이 옳으냐? 그가 찾아와 회개하지 않더라도 무조건 용서하는 것이 옳으냐?" 하는 문제가 대두되었다. 그는 회개하지 않는 인간성(눅 11:29)과 "네 형제가 …… 회개하거든 …… 일곱 번 네게 돌아와 내가 회개하노라 하거든 너는 용서하라"(눅 17:3, 4)는 말씀을 강조하며 구체적으로 고백해야 용서할 수 있다고 당당하게 강조했다. "그러면 어렸을 때나 수십 년 전 잊은 죄, 다시 만날 수 없는 사람에 대한 죄는 어떻게 되느냐?"라고 그 질문자가 다시 물었다. 그는 좀 난감한 표현을 지으며 "그래도 말씀이 그러니 어쩌겠느냐."라고 어정쩡한 답을 했다.

'회개하다'(메타노에오오)의 뜻은 마음을 고친다 또는 뉘우친다는 뜻이 있어, 가톨릭과 러시아정교에서는 신부에게 반드시 고백하는 고해성사(告解聖事)를 강조한다. 그렇지만 성경에는 구체적인 고해나 회개 없이 그의 마음을 보시고 죄를 사하신 일들을 얼마든지 볼 수 있다(마 9:5; 눅 5:20; 7:42, 47). 그들 중심에 통회하는 마음이 있음을 주님께서 보시고 용서하신 것이다. 문제는, 그런 통회 자복하는 마음이 없는 자, 용서를 구하지 않는 자에게도 무조건 용서해야 하느냐는 것이다. 그래서 부자간에도 교우간에도 잘잘못을 따지는 까다로운 사람이 많다. 하지만 성경에 "죄인을 미혹된 길에서 돌아서게 하는 자가 그의 영혼을 사망에서 구원할 것이며"(약 5:20)라는 말씀도 있고, 사도들이 회개하지 않는 형제를 권면한 예는 많다(행 13:43; 18:4; 19:8, 26; 28:23; 고후 5:11; 약 3:3). 그리고 주님이 가르치신 기도 가운데 "우리가 우리에게 죄지은 자를 사하여 준 것같이 우리 죄를 사하여 주옵시고"(마 6:12)라는 말씀도 있다. 특히 주님께서 가르쳐 주신 기도에는 중요한 두 가지 진리가 담겨 있다. 그 첫째는 '내가'가 아니라 '우리가'에 있다. 내게 죄지은 자가 누군가? 그도 남이 아니라 '우리'라는 한 지체에 속한 자라는 뜻이다. 둘째는 먼저 "우리에게 죄지은 자를 사하여 준 것같이"나, "네 형제를 실족케 하지 말라"는 말씀(눅 17:1~2)을 보면 형제간의 용서가 우선이요 그다음에 우리 죄가 사함 받는 순서를 말하고 있다. 즉 나의 죄가 사함 받을 수 있는 전제 조건이 우리가 먼저 남의 죄를 용서하는 것이다.

이와 같은 취지로 말을 했더니, 그는 '회개하거든……'(눅 17:3)이라는 말씀이 생략된 것이라고 강조했다. 그리고 그다음 말씀을 보면 일곱 번이라도 네게 죄를 짓고 네게 돌아와 회개하면 그때마다 용서하라(눅 17:4)고 하신 것이 아니냐고 반문했다. 그는 '회개하면'이라는 말씀에 방점을 찍어 강조했다. 그러나 주기도문 뒤에 하신 말씀에는 "너희가 사람의 잘못을 용서하면 너희 하늘 아버지께서도 너희 잘못을 용서하시려니와 너희가 사람의 잘못을 용서하지 아니하면 너희 아버지께서도 너희 잘못을 용서하지 아니하시리라"(마 6:14~15) 하셨다. 즉 남을 용서하는 것을 자기가 용서받을 조건으로 말씀하신 것이다. 그리고 여기서 '사람의 잘못'에는 지은 죄나 과실뿐 아니라 사죄하지 않는 잘못도 포함되어 있다고 할 수 있으며, 그것도 용서하라는 것이다. 특히 "사랑은 오래 참고 사랑은 온유하며 …… 교만하지 아니하며 …… 성내지 아니하며, 악한 것을 생각하지 아니하며……"(고전 13:4~7; 9:12)라고 하신 말씀과 "네 원수가 주리거든 먹이고 목마르거든 마시게 하라 …… 악에게 지지 말고 선으로 악을 이기라"(롬 12:20~21) 하신 말씀을 보면 원수를 용서하지 않고 사랑할 수는 없다. 용서 없이 먹이고 마시게 한다면 그것은 위선이다.

마태복음 18장에서는 이 문제를 더 상세하게 다루고 있다. 남을 실족하게 하는 일이 없을 수는 없으나 실족하게 하는 그 사람에게는 화가 있다고 하시고(6~7), 작은 자 중 하나도 업신여기지 말라 하신 것(10), 길 잃은 양 한 마리를 찾아다닌 목자(12~14) 이야기, 네 형제가 죄를 범하거든 가서 너와 그 사람과만 상대하여 권고하라 하신 것(15), 그리고 베드로가 예수님에게

"주여 내 형제가 내게 죄를 범하면 몇 번이나 용서하여 주리이까? 일곱 번까지 하오리이까?"라고 물었을 때, 주님의 대답은 "일곱 번뿐 아니라 일곱 번을 일흔 번까지라도 하라." 하셨다(21~22). 여기에는 '와서 회개하거든 용서하라'는 전제 조건이 없다. 내가 하나님 앞에 사함 받기 위해서는 반드시 전제 조건인 회개가 필수이지만 내 죄를 사함 받기 위해서는 무조건 내가 남을 용서하는 것도 필수 조건이다. 그리고 또 우리가 남을 무조건 용서하지 않으면 안 되는 이유가 있다.

첫째 이유는, 주님께서 주인에게 일만 달란트의 빚을 탕감받은 자가 자기에게 백 데나리온 빚진 동료를 찾아가 빚 갚을 것을 독촉한 이야기를 하시면서 "네가 빌기에 내가 네 빚을 전부 탕감하여 주었거늘 내가 너를 불쌍히 여김과 같이 너도 네 동관을 불쌍히 여김이 마땅치 아니하냐?"(마 18:32~34) 하시고 그의 일만 달란트 탕감을 무효화하는 비유를 드셨다. 여기에 중요한 대목은 큰 빚을 탕감받은 자는 '마땅히'(데이, Must) 해야 할 일이 있다. 그것은 자기 동료에게 사과나 회개를 요구하는 용서가 아니라 무조건 용서해야 하는 것이다. 내가 받은 탕감이 일만 달란트이기 때문이다. 일만 달란트를 탕감받았으니 일만 달란트의 백만 분의 일인 백 데나리온의 빚은 무조건 용서해야 할 의무가 있다는 것이다. 하여 주님께서는 "불쌍히 여김이 마땅하다." 하신 것이다. 큰 사랑을 받은 자는 무조건 작은 사랑을 보답해야 할 의무가 있다는 말이다. 그것이 '마땅히'의 원리다.

두 번째 이유는, 사랑은 허다한 죄를 덮기 때문이다. "무엇보다도 뜨겁게(에크테네, Fervent) 서로 사랑할지니 사랑은 허다한 죄를 덮느니라"(벧전 4:8). 여기 '덮는다'(칼립프토오, Cover, 마 10:26; 고후 4:3)는 엄연히 있더라도 덮어 버리는 것이다. 이것은 주님의 사랑을 이해하지 못하면 불가능한 진리다. "사랑은 불의를 기뻐하지 아니하며"(고전 13:6), "사랑은 악을 미워하며"(롬 12:9)라는 말씀에서 주의할 점은 불의와 악을 미워하라는 뜻은 범죄한 자를 미워하라는 것이 아니다. 따라서 '죄를 덮는다'는 죄가 있더라도 죄지은 자를 덮어 용서한다는 뜻이다. 이것은 자기 자식을 헐뜯는 자를 가로막고 변호하는 부모의 심정을 말한다. 하여 "사랑은 허다한 죄를 덮는다"는 "서로 종노릇하게"(갈 5:13) 만드는 원리다. 자기의 진홍 같은 죄를 남이 숨겨 준다면 나도 그를 사랑할 것이다(요일 4:12~18). 내게 빚진 자는 언제나 어디서나 항상 있다. 그러니 사랑만 있다면 그를 무조건 용서할 수 있다. 죄 사함 받고 새 사람으로 전환(轉換)한 증거는 용서이다.

회개는 자기 죄를 묵인하고 의인이 되기 위함이 아니라 자기 죄를 통감하고 죄인이 되는 것이다. 자기의 큰 죄를 자인하는 자는 남의 작은 죄를 용서하지 않을 수 없다. 남의 죄를 사하고자 하는 양심은 자신의 죄를 사함 받기 위한 양심이다. 회개는 두려움을 되씹기 위해서가 아니라 하나님의 사랑을 깨닫기 위함이다. 회개는 자기 혼자서 하는 것이 아니라 성령님과 함께하는 것이다. 회개는 하나님의 사랑을 깨닫고 나의 구원을 위함만이 아니라 남의 구원을 위함이다. 회개로 죄 사함을 받은 증거는 하나님의 사람으로 변하는 것이다.

"사랑 안에 두려움이 없고 온전한 사랑이 두려움을 내쫓나니 두려움에는 형벌이 있음이라 두려워하는 자는 사랑 안에서 온전히 이루지 못하였느니라"(요일 4:18). 주여 나의 죄를 사하소서! 그리고 주님의 사랑을 알게 하소서! 아멘!

5 본성(本性)의 변화

존재하는 것은 본질이나 본성이 있다. 본질(本質, Nature)은 자연에 존재하는 것들의 근본적 성질(性質, Property)을 뜻하며, 본성(本性, Character)은 그중에서 인격체가 갖는 본질 또는 내면적 특성을 말한다. 돌이나 나무와 같은 물질은 엄격히 따지면 본질은 있어도 본성은 없다고 볼 수 있다. 인간의 본성이나 나의 본성에 대한 지식은 누구나 어림잡아 짐작하기도 하고, 알아 고치려고 노력하기도 한다. 그렇다 하더라도 누구를 막론하고 '정확하게 자기를 안다'(에피기노시스, Full-Knowledge)고 장담할 수는 없으며, 혹 일부를 알아도 그것을 자기 마음대로 고칠 수도 없다. 그것은 본질이나 본성은 주어진 것이며 자기가 만든 것이 아니기 때문이다. 그래서 사람은 자기 본성을 파악하지 못하며, 혹 파악했다 하더라고 자기 뜻대로 고칠 수도 없다.

내 키가 170이라고 한다면 그것은 주어진 유전과 오늘까지 먹고 살아온 결과일 따름이며, 그 길이의 측도는 온 세계가 인정하는 프랑스 파리에 도량형 기준에 의거한다. 인간의 외모뿐만 아니라 인간의 선악 특성도 삶의 결과이며, 선악의 기준은 신에게 있을 수밖에 없다. 그런데 그 본성을 자기 자신도 잘 모르면서 남을 비판하기도 하고, 보이는 것도 모르면서 보이지 않는 영의 세계를 말하기도 한다. 왜 자기가 자기 본성을 알 수 없는 것인가? 그것은 비가시적인 것이어서 파악하기 어렵기 때문이다. 하여 누구나 자기 편향으로 길들여진 생각으로 아전인수 격 짐작만 할 따름이다.

사람들은 사람의 본성을 인격으로 착각한다. 본성은 본질에 속하지만, 인격은 나타난 범주에 속한다. 겉으로 나타난 인격은 그리스어로 '가면'(假面)이라는 뜻이다. 인격을 속에 숨은 자아의 표상이라고 생각할지 모르나 실은 진면이 아니라 가면이다. 하물며 나타나지 않는 인간 본성은 그 자체가 거짓된 본성, 즉 가장하려는 위선을 가지고 있어 자기를 꾸며 남을 속이지만 자기도 속기 일쑤다. 인간 겉모습의 연출되는 표현은 가히 기술적이어서 자기 스스로도 속는 과감하고 거짓된 본질의 일면이다. 그렇게 겉은 아름다우나 속은 무덤처럼 썩은 냄새가 나지만 그것도 익숙해지면 아무런 불편을 느끼지 못한다. 그래서 남의 충고나 성령의 감화 없이는 자기 본성을 알 수 없다.

"인간의 본성이 무엇입니까?"라고 스승 아리스토텔레스에게 제자가 물었다. 본성(本性)이라는 말을 많이 듣기도 했고 또 말하기도 했지만 그것이 무엇인지 정확히 몰랐기 때문에 했던 질문이었을 것이다. 아리스토텔레스는 "현재를 위하여 과거에 어떠했느냐는 것(What is was for it to be)이다."라고 답했다. 이를 해석하면 '본성이란 과거와 현재에 동일하게 파악되는 특성'이라고 할 수 있다. 사람의 말버릇이나 행동이나 식성이나 사고방식 속에 숨어 있다가 항구적으로 나타나는 특성이 본성이라는 말이다. 즉 본성이란 과거나 현재나 미래나 변하지 않는 개성(個性)이라는 뜻이다. 그러나 인간이 과거를 잊어버리고, 현재를 가식으로 위장하고, 미래를 상상할 수 없다면, 자기 본성을 알 수 없다는 결론에 도달한다.

결국, 본성이란 과거나 현재에 변하지 않으며 변할 수 없는 성질이라는 뜻이다. 그렇게 본다면 두어 가지 의문이 생긴다. 그 하나는 그 변하지 않는 인간의 본성을 자신도 알 수 없다면 인간이 회개한다고 거듭나 새 사람이 된다는 것이 가능한가? 하는 것이고, 다른 하나는 자기의 본성을 정확히 파악할 수 없는데 바른 회개나 변화가 가능한가? 하는 것이다. 즉 인간의 공통된 특성은 자기의 장점은 기억하나 단점을 모른다는 것이다. 그렇다면 성경에서 말씀하는 '중생'이나 '새 사람'이라는 본성 변화가 자기만의 회개로는 가능할 수 없다. 그래서 많은 사람이 혹 회개(悔改)는 하는데도 본질 변화는 일어나지 않는 것이다. "그런즉 내 자신이 마음으로는 하나님의 법을 육신으로는 죄의 법을 섬기노라"(롬 7:25)고 했던 바울의 고백은 회개란 자기 혼자만의 결산이 아니라, 성령님과의 동석 회계(會計)가 함께해야 함을 보여주고 있다.

"여러분! 인간이 아무리 노력해도 이기적인 본성은 절대 변하지 않습니다. 그러니 성화돼야 천국에 간다고 착각하지 마십시오. 오로지 주님의 공로로만 갈 수 있습니다."라며 어떤 이가 설교했다. 변화하지 못해도 주님의 공로로 천국 갈 수 있다고 강변한 것이다. 또 어떤 이는 "육신의 정욕과 안목의 정욕과 이생의 자랑"(요일 2:16)은 이 세상에서 좇아온 것이어서 어쩔 수 없는 인간 본성이라고 했다. 성질이 급한 어떤 이는 혈기를 부린 후에 "내 본성이 그렇게 생겨 먹었으니 어쩔 수 없다."라고 타고난 천성에 책임을 돌린다. 그렇다면 아무리 회개한다 하더라도 본성의 변화는 요원한 것인가?

데카르트는 인간 본성을 '자아'(ego)의 개념에서 찾는다. "자아란 본질적으로 개인적 사고라고 하는 욕심을 뜻하며 타자(他者)와 구별된다."라고 했다. 즉 타자와 구별된 존재, 그것이 존재의 의의라는 것이다. "그러므로 자아와 타자 사이에는 상당한 거리가 있고 의견 상충으로 충돌과 불화는 불가피한 것이다. 그로 인해 뜻이 같은 사람끼리 모인 공동체라 할지라도 평화가 항상 위협을 받는다."라고 했다. 그리고 그의 저서 『성찰』(Meditationnes de Prima Philosophia)에서 개성이 다르면서도 동일하게 갖는 공통성이 있는데 그것은 상호 불신에서 오는 불안과 회의(懷疑)라고 했다.

그는 타락 현상이 생기는 첫째 원인을 불안으로 보았으며, 그 불안을 가리켜 "깊은 바다를 헤엄치면서 발이 땅에 닿지 않은 불안"이라고 했다. 그 가운데서 살아남으려는 의지가 욕망이며, 이 욕망이 불안을 만족시키지 못할 때 믿음은 회의로 탈바꿈한다고 했다. 즉 그는, 인간은 발이 땅에 닿을 수 없는 깊고 오묘한 경지를 허우적거리며 발버둥 치다가 회의에 빠져 종래 실족(失足, 스칸다리조오, Scandal, 마 11:6; 5:29; 18:7)하게 된다는 것이다. 즉 타락은 안전의 경지가 현실과 멀어서 아무리 몸부림친다 하더라도 보장받을 수 없다는 불안에서 온다고 본 것이다. 바로 이것이 믿음의 뿌리(마 13:21)가 자라게 하여 인간 스스로 신의 성품(벧후 1:4~11)으로 변하기가 어려운 이유다.

무신론자 프로이트(S. Freud)는 인간의 타락은 "인간이 신의 특수한 창조물이라는 특권을 박탈당한 후 어쩔 수 없이 주인의 행세를 못하고 가련한 약자로 전락한 것이 원인"이라고 보았다. 그러나 실은 특권을 박탈당하기 이전에 타락의 원인이 있었다. 그것은 마치 개량품종(F-1)이 유전 법칙을 따라 몇 대를 지나면 자연 퇴화되는 것처럼, '참감람나무'가 '돌감람나무'로 퇴화(롬 11:17, 24)되는 필연적 현상이다. 주님께서도 "너희는 너희 아비 마귀에게서 났으니 너희 아비의 욕심대로 너희도 행하고자 하느니라 그는 처음부터 살인한 자요 …… 거짓말쟁이요 거짓의 아비가 되었음이라"(요 8:44)라고 하셨다. 바울도 "전에는 우리도 육체의 욕심을 따라 지내며 육체와 마음의 원하는 것을 하여 다른 이들과 같이 본질상 진노의 자녀"(엡 2:3)였다고 했다. 즉 태어났을 때, '처음부터' 부모의 죄성을 이어받고, 그 죄의 본질이 발전한 것을 '본질상 진노의 자녀'였다고 한 것이다.

첫째는 '아비의 욕심'을 유전 받고(시 51:5), 둘째로 '세상 풍조'(환경, 풍속)를 따르고, 셋째로 '공중 권세 잡은 자'(사탄)를 따르며(엡 2:2~3), '육체의 욕심을 따라' 자연 퇴화가 일어난 것이다. 따라서 마귀의 유혹(요일 3:8)과 그 유혹을 반겨 따르는 인간 특성(약 1:13~14)이 타락의 근본 원인이라 하겠다. 비록 은혜를 받고 잠시 새로워졌다 할지라도 마귀는 포기하지 않고 더 악한 귀신 일곱을 동원하는(눅 11:26) 극성을 부린다. 즉 마귀의 수법이 다양화되고 공격 강도가 심해지는 현실에서 양심이 침몰하는 비극(딤전 1:19, 20)이 일어나게 된다. 그리하여 토했던 것을 도로 먹게 되며(잠 26:11) 씻었다가 더러운 구덩이에 도로 눕는 돼지(벧후 2:22)로 전락하는 것이다.

씻었다가 더러운 구덩이에 도로 눕는다는 말이 함의하는 바는 무엇이겠는가? 회개했다고 장담할 수 없다는 뜻이 아닌가? 이것은 한번 은혜를 받고 새 사람으로 중생한 자라고 할지라도 세상 유혹에 의해 다시 가치의식(價値意識)과 본성이 타락할 수 있다는 것을 뜻한다. 그래서 깨끗한 자들에게는 모든 것이 깨끗하나 더럽고 믿지 아니하는 자, 믿음이 파선(破船)한 자들에게는 아무것도 깨끗한 것이 없고, 오직 그들의 마음과 양심이 점점 더 더러워지는 것이다(딛 1:15). '더러워졌다'(미아이노)란 '타락했다'는 뜻이며, 믿는 자가 타락하면 믿지 않는 자보다 더 악해지는 것(벧후 2:2~22)을 사도 바울은 경고했다(딤전 1:19~20). 그렇다면 '믿음의 파선'이란 뱃속에 세상 물이 차 바닷속으로 가라앉는 것을 말하는 것이 아닌가? 사실이 이러하니, 언감생심 성화를 안달한다 하더라도 그것은 부질없는 몸부림이란 말인가?

성경에 기록된 '본성'(퓌시스)의 뜻은 '타고난 성품'(Natural Endowment)이라는 뜻과 '자연적 성향'(Natural Disposition)'이라는 두 가지 뜻을 가지고 있다. 전자는 선천적 본성을, 후자는 자연의 영향을 받은 후천적 변화를 말한다. 그렇다면 선천적 성품과 후천적 성향은 각각 독립된 별개인가? 아니면 상호 영향을 미쳐 선천적 본성도 변할 수 있는가? 하는 의문과, 후천적 성품도 본성이라 할 수 있는가? 하는 의문이 생긴다.

만일 본성의 후천적 변화가 없다면 다음 두어 가지 현상이 일어나야만 한다. 첫째는 세상의 모든 사람의 본성은 한 치의 차이도 없이 꼭 같아야만 한다. 모든 인류가 같은 한 조상에서 태어났기 때문이다. 둘째는 아무리 세대가 지나가도 갓 태어난 어린아이는 몇 천 년 전 옛날과 같아야 하고, 아무리 세월이 흐른다 하더라도 인성의 타락이나 악화는 생길 수 없어야 한다. 그러나 요즈음 태어난 아기들은 옛날 아기보다 또록또록하다고 한다. 그리고 성경에는 '이방인의 본성'(롬 2:14), '돌감남나무의 본성'(롬 11:21, 24) 등을 말하고 있는데 이는 태어날 때부터 퇴화된 본성을 나타내며 '길들여진 성품'(약 3:7)이 자라면서 악화되는 것을 뜻한다고 할 수 있다. 그래서 유전은 제 일의 천성이요 습관은 제 이의 천성이라고 한다.

만일 본성이 후천적으로 선하게 변할 수 없다면 구원에 이르는 성화나, 신의 성품을 닮는 일(벧후 1:4~11), 더욱 힘써 부르심과 택하심을 굳게 하는(벧후 1:10) 일은 기적이 일어나지 않는 한 실질상 불가능하다고 볼 수밖에 없다. "너희는 너희 아비 마귀에게서 났으니 너희 아비의 욕심대로 너희도 행하고자 하느니라 그는 처음부터 살인한 자요 …… 그가 거짓말쟁이요 거짓의 아비가 되었음이라"라고 주님께서 말씀하셨다. 마귀가 우리를 낳은 아비라는 뜻이 무엇인가? 마귀가 그의 본성을 우리에게 유전시켰다는 뜻이다. 그렇다면 그와 반대되는 변화, 즉 성화는 요원하다고 말할 수밖에 없다. 그러나 성령에 의한 그 반대 방향으로의 변화가 있다는 것이 기독교의 진리다. 예수 그리스도께서 오셔서 회개하는 자의 죄를 용서하시고 허물(본성)과 마음을 깨끗하게 하셔서 천국 백성이 되게 하는 길을 여셨기 때문이다. 그것을 '온전하게 하시는 역사'라고 한다. 단지 사탄과 성령의 인도 중에 어느 쪽을 믿고 따르느냐에 달려 있다.

프로이트는 인간의 성품을 행위자가 갖는 고정의식(固定意識)이라 하면서 선천적 유전도 중요하지만 후천적 습관을 중요시했다. 그는 활동의식과 잠재의식, 그리고 무의식이 행위에 미치는 비중은 각각 대등하며, 잠재의식과 무의식은 물속에 잠겨 숨겨진 빙산과 같아 눈에 뜨이지 않을 뿐 나타난 부분보다 여러 배 더 많은 영향을 행위에 미치는데, 이를 본성의 퇴화 원인으로 보았다. 그리고 그는 활동의식이 시간의 흐름에 따라 잠재의식과 무의식으로 변하기도 하고, 그와 반대로 잠재의식이 활동의식으로 되살아나 후천적 요인이 된다고 했다. 그리고 교육과 환경과 같은 후천적 요인도 본성의 변화를 주는 요인으로 보았다.

"팔은 안으로 굽는다"는 속담이 있다. 사람의 이기적 본성은 변하지 않는다는 뜻이다. 이는 선천적 성악설에서 온 것이지만, 성경은 선한 인간 속성 곧 참감람나무의 속성이 돌감람나무의 '본성'(퓌시스)으로 퇴화(롬 11:24)되는 것으로 보았다. 하나님께서 '보시기에 좋았던' 아담과 하와가 선악과를 따먹고 타락한 후, 줄곧 성품의 퇴화, 습관화, 형식화(롬 2:14), 무지(갈 4:8), 이성의 타락(롬 1:21), 회의(눅 24:38), 욕심(롬 1:26), 교만(고전 4:6, 18~19; 5:2), 꾸밈(골 2:18), 정욕(딛 3:3; 벧후 1:4; 2:12)등의 타락(고전 8:7; 히 9:9, 14; 10:2)이 본성의 퇴화요인이 됐다.

그렇다면 하나님이 만드신 완전한 인간에게 어떻게 이런 타락이 온 것이냐 하는 문제가 대두된다. 그 이유를 여러 가지로 설명하지만, 그중 가장 인정을 받는 설로는 하나님께서 인간에게 주권과 자유를 주셨다는 것, 마귀의 활동을 허용하셨다는 것, 그리고 모든 자연 변화는 엔트로피(Entropy, 混亂度)가 증가하는 방향으로 진행되도록 지어졌다는 것이다. 그렇게 본다면 인간의 타락은 자연현상에 불과하다. 그것이 좋든 싫든 자연현상이라면 누가 그것을 막겠는가?

시냇물이 흐르고 있다면 흐르는 방향이 반드시 있다. 인간에게도 눈에 보이는 흐름이 있고 보이지 않는 사상의 흐름, 욕구의 흐름, 습관의 흐름이 있다. 그 흐름을 풍조(風潮)라고 한다. 물 흐름이 지구의 중력 탓이듯, 죄의 흐름은 마귀의 중력 탓이다. 고요한 연못에 돌을 던지면 수면을 따라 사방으로 횡파(橫波)가 일어나며 그와 동시에 보이지 않게 물속으로 종파(縱波)가 일어난다. 흐르는 물은 이 두 방향의 힘이 합하여 한 방향으로 힘이 작용한다. 그것을 물리학에서는 벡터(Vecter) 합성이라고 하는 힘의 합성 원리다. 개인이나 사회에 변화가 일어났다면 눈에 보이는 풍조(風潮)와 보이지 않는 사조(思潮)가 영향을 미친 것이다. 어느 시대든 새로운 풍조를 만드는 사람이 있고 눈에 보이지 않는 사조가 있다.

변화에는 외부 힘의 영향 없이 자연스럽게 일어나는 변화 즉 자연 변화 또는 자발적 변화(Spontaneous Reaction)가 있고, 외부에서 힘(Energy)이 가해져 일어나는 역반응(逆反應, Reverse Reaction)이 있다. 화학에서는 자연 변화를 정반응(正反應)이라고 하고, 역반응을 비자연 반응이라고 한다. 자연 속에 일어나는 대부분의 반응은 정반응이며, 역반응 즉 물이 역류한다거나, 거센 파도가 일어난다거나, 폭풍이 분다거나 하는 역반응은 외부에서 힘이 작용할 때만 일어난다. 물이 낮은 데로 흐르는 것은 자연 반응이다. 그러나 낮은 곳의 물이 높은 곳으로 역류하는 만조 현상은 달의 인력에 의한 역반응이다. 자연 물질이 산화되고 풍화되고 부패되고 퇴화되는 것은 자연 반응이다. 그러나 식물의 동화작용이나 광합성은 태양 빛에 의한 역반응이다. 그 역반응은 하나님의 빛의 은혜(마 6:45~48; 5:14~16)이나 오직 인간에게만 그것을 받거나 배척할 수 있는 선택의 자유를 주신 것이다.

예를 들어 차가 엔진의 힘에 의해서 속도를 내는 것, 사람이 물체를 높이 드는 것, 물을 가열하는 것 등은 인간이 만든 비자연 반응이요 그 가해진 힘의 작용이 없어지면 원래 상태로 돌아가는 자연 반응이 일어난다. 그때 여기(勵起)된 상태에서 안전 상태, 또는 자연 상태로 되돌아가려는 힘을 자유에너지(Free Energy)라 부른다. 이 자유에너지는 외부의 힘이 가해질 때만 증가하거나 저축된다. 결국 사람은 그 힘이 모여 긴장하거나 질서를 지키거나 여기 상태(Excited State)가 되는 것을 싫어하며 낮은 상태로 돌아가려는 기질이 있다. 이를 자유사상이라 한다.

사람이 태어나 교육과 교화에 의해 선하게 되는 것은 후견자의 노력에 의한 비자연 변화요, 사회 풍조에 따라 퇴화되는 것은 자연 변화다. 아브라함의 믿음이 이삭과 야곱에게 전달되면서 차츰 약화되는 현상은 자연 반응이요. 드물게 믿음과 착한 성품이 후손에게 전수되는 경우(딤후 1:5)는 외부의 힘에 의한 비자연 반응이다. 믿음이 식어 퇴화(退化)되는 것은 자유에너지가 감소하는 자연 반응이며, 믿음이 뜨거워지는 역반응은 신의 은혜로 외부에서 주어진 힘의 공급 때문이다.

비자연 반응으로 "그리스도의 은혜의 풍성함을 따라 그의 피로 말미암아 속량 곧 죄 사함을 받는"(엡 1:7) 것도 사실이다. 그런 경우에는 회개나, 거듭남이나, 성화와 같은 뜨거운 은혜로 인한 역반응(Reverse Reaction)이 일어나는 경우다. 이것은 자연에서 볼 수 없는 에너지가 작용되었다는 증거이며, 신의 촉매 작용과 힘이 가해졌다는 증거다. 이로 말미암아 돌이켜 어린아이가 되는 변화, 구습을 벗는 변화, 새 사람을 입는 변화, 그리고 죽음에서 생명으로 부활하는 역변화가 일어나는 것이다.

죄 사함을 받았다는 것이 무엇인가? 죄가 우리의 죽을 몸을 지배하지 못하게 하여 몸의 사욕에 순종하지 않고 지체를 불의의 무기로 죄에게 내주지 말고 오직 우리 자신을 죽은 자 가운데서 다시 살아난 자같이 하나님께 드리며 자기 지체를 의의 무기로 하나님께 드리게 되는(롬 6:12~13) 역반응이 일어남을 말한다. 그렇게 되면 죄가 우리를 주장하지 못하게 될 것이다. 이는 우리가 법 아래 있지 아니하고 은혜 아래 있기 때문이다(롬 6:14). 이렇게 죄를 떠나는 일! 의로워지는 일! 법 아래에서 은혜 아래로 이동하는 일(엘곤)들은 힘(두나미스)가 가해 질 때만 가능하며 역반응이 일어난 증거다.

바울이 "하나님께 감사하리로다!"(롬 7:25) 한 것은 바로 이 역반응을 발견했기 때문이다. 그리고 "또한 그를 믿어 약속의 성령으로 인 치심을 받았다"(엡 1:13)는 변화의 보증을 성령님이 하셨다는 사실은 비참한 현실에 희망을 던지고 있다. 바울은, 한 성령으로 말미암아 말씀의 지혜를, 어떤 사람에게는 성령을 따라 지식의 말씀을, 다른 사람에게는 같은 성령으로 믿음을 …… 어떤 사람에게는 ……을, 어떤 사람에게는 ……을 주신다(고전 12:8~11)고 했다. 즉 성령의 힘으로 구원의 역반응을 행하셔서 각 사람에게 주시는 힘의 공급을 밝힌 것이다. 성령의 힘의 능력으로, 곧 하나님의 능력으로, 곧 그리스도의 능력이 우리에게 머묾으로 우리는 약한 데서 온전해지는(테레이오스) 것이다. 하여 사도 바울은 다음과 같이 고백했다. "나에게 이르시기를 내(그리스도) 은혜가 네게 족하도다 이는 내(그리스도) 능력이 약한 데서 온전하여짐이라 하신지라 그러므로 도리어 크게 기뻐함으로 나의 여러 약한 것들에 대하여 자랑하리니 이는 그리스도의 능력이 내게 머물게 하려 함이라"(고후 12:9).

모든 역반응은 어떤 힘이 역사할 때만 일어난다. 자연 반응은 외부에서 힘이 주어지지 않아도 자연스럽게 일어나지만, 역반응은 힘의 작용이 있을 때만 일어난다. 바울은 그리스도의 능력이 약한 데서 온전하여지는 역반응의 이유를 '그리스도의 능력이 연약한 자신에게 머물게 하려 함'(고후 12:9)이라고 했다. 즉 '능력이 머문다'는 것은 능력의 지속적 공급을 뜻한다. 그밖에도 성경에는 하나님께서 역사하시는 능력을 각각 다른 단어로 표현하셨다. 그중에 약 20회는 '크라토스'(엡 1:19; 6:10; 벧전 4:11; 5:11 등)로, 그리고 역시 약 20회는 '이스크스'(마 12:29; 눅 11:21~22; 고전 10:22; 히 11:34 등)로, 그리고 약 400회는 '두나미스'로 표현하셨다.

'크라토스'는 어떤 존재가 갖는 숨은 힘을 뜻하며 '말씀의 힘'(행 19:20),

'힘의 능력'(엡 6:10), '영원한 능력'(딤전 6:16), '하나님이 공급하시는 힘'(벧전 4:11), 등으로 영어의 'Energy'와 같은 뜻이다. 이것은 물체뿐만 아니라 인간이 갖는 '위치의 에너지', '결합 에너지', '반응 에너지'를 말하며, 사람의 권력, 또는 건강(눅 1:80; 2:40; 고전 16:13; 엡 3:16) 따위에 잠재된 에너지를 말한다. 예를 들면 소화력, 활동력, 정신력 또는 권력이나 영력 등도 '크라토스'라고 할 수 있다. 사람의 피 속에는 영양 공급과 노폐물 제거와 병균을 제어하는 힘이 있다. 그와 같이 그리스도의 피에는 양심을 죽은 행실에서 깨끗하게 하는 힘(히 9 :14)이 있다. 이 힘은 믿고 구하는 자에게 만 주어지는 힘이다.

'두나미스'는 잠재해 있는 힘이 밖으로 나타난 능력, 또는 표면화된 위력을 뜻한다. 그것을 영어로는 'Might', 'Force', 'Strength'로 표현한다. 성경에서 두나미스는 '사랑의 능력'(딤후 3:5), '믿음의 능력'(살후 1:11), '부활의 능력'(빌 3:10) 등 가시적으로 나타난 능력을 뜻하며, '능한 자가 많지 아니하며'(고전 1:26), '속사람을 강건하게 하는 능력'(엡 3:1), '하나님의 나라는 …… 오직 능력에 있다'(고전 4:20) 하신 능력, 믿는 자에게 나타나는 '하나님의 능력'(롬 1:16)을 말한다. 그 능력은 '우리 가운데 역사하시는 능력'(엡 3:20)이요 '신기한 능력'(벧후 1:3)이다. 그러나 이 능력은 자석(磁石)과 같아 자석처럼 가까이 접근했을 때 그 힘이 전달된다. 그러나 하나님의 능력을 받아 신자가 되고, 주의 종이 된다 하더라도 그 능력을 발휘하지 못하는 종이 있다. 왜 능력을 발휘하지 못하는가? 자기 생명을 유지하는 힘, 남에게 도움을 줄 수 있는 여유 있는 힘을 갖지 못하기 때문이다. 성경의 많은 이적과 기사, 감화, 용서, 위로, 격려, 돌보심, 인도하심 등은 다 우리를 구원하시는 하나님의 능력(두나미스)이다. 그 능력에 의해 우리가 믿게 되고, 죄 사함 받고, 본성이 변해 성화되어 새 사람으로 변하게 된다. 이런 변화를 일으키는 감화력, 변화력, 활동력 등이 성령의 '두나미스'이다.

그 힘에 의해서 믿음이 온전하게 되며(약 2:22), 하나님의 사랑이 온전하게 되며(요일 2:5), 선을 위하여 낙심하지 않으며 참으며(히 12:3), 죄와 피 흘리기까지 싸우며(히 12:4), 주안에 머물러 속사람이 능력으로 강건하게 되며, 믿음으로 말미암아 그리스도께서 마음에 계시게 되고, 사랑 가운데서 뿌리가 박히고 터가 굳어져서 지식에 넘치는 그리스도의 사랑을 알고 그 너비와 길이와 높이와 깊이가 어떠함을 깨닫게 되어 하나님의 모든 충만하신 것으로 충만하게 된다(엡 3:16~19).

이것은 분명 자연 반응인 풍화, 퇴화, 혼합, 부패와 같은 풍조를 따라 '흘러 떠내려가는'(히 2:1) '세상 순리'와는 정반대인 역반응이다. 수월한 내리막길을 두고 힘든 오르막길을 택하는 것은 평안과 자연의 이치를 역행하는 바보짓이라고 세인들은 생각한다. 그러나 내리막길은 마귀의 퇴화 작용, 자연의 풍화(風化) 작용으로, 혼돈과 분노와 미움과 싸움, 멸망과 죽음 등 힘들지 않고 순리로 일어나는 자연 반응이며, 그와는 달리 역행하여 새로운 창조에 동참하는 것이 기독교의 순리다. 자연의 순리를 따라 힘듦 없이 사는 자연인, 중용인(中庸人), 도덕인은 자연 반응의 순리를 따라 사는 자들이다.

불행과 사망에 이르는 것도 자연 순리의 정반응일 뿐이다. 그래서 제자들이 날 때부터 맹인 된 자를 보고 "랍비여 이 사람이 맹인으로 난 것이 누구의 죄로 인함이니이까 자기니이까 그의 부모니이까?"(요 9:2)라고 맹인으로 태어난 원인을 예수님께 질문했다. 그들은 아무리 생각해도 자연 순리의 인과 법칙으로는 그 답을 얻을 수 없었던 것이다. 주님께서는, 누구의 죄로 인한 것이 아니라 그에게서 '하나님이 하시는 일'(역반응)을 나타내고자 함이라고 대답하셨다. 즉 인과 법칙이 아니라 신의 법칙에 의한 역반응을 위함이라고 대답하신 것이다. 그러나 제자들은 그것을 이해하지 못했다. 주님께서는 진흙을 이겨 그 맹인의 눈에 바르시고 실로암 못에 가서 씻으라 하신다. 흙은 모든 자연 반응의 최종 결과물이다. 그러나 맹인의 눈에 흙을 바르신 것은 하나님께서 아담을 지으셨을 때 흙에서 생명체가 되게 하신 그 역반응을 따른 것이다.

그렇다 하더라도 현실적으로 죄성을 지니고 태어나 죄 가운데 물든 인간에게 신의 성품으로 변하는 역반응이 가능하겠는가? 하는 회의가 믿음을 가진 자에게도 있다. 죽어 몸이 부패하여 흙과 물이 되는 훗날에 다시 생명체로 부활하는 역반응이 가능할 것인가? 의심한다. 그러나 그런 역반응으로 아담과 하와를 지으셨다면 인간의 부활은 그 역반응의 재연(再演)일 뿐이다. 어거스틴[St. Augustine, 354~430, 이하 아우구스티누스(Aurelius Augustinus)]은 그의 저서『기독교 교리』(De Doctrins Christiana, 426)와 『삼위일체』(De Trinitte, 420)에서 그리스도의 신성(데오테스, 골 2:9; 벧후 1:4)을 밝히면서 그의 능력에 의하여 인간 본성이 신의 성품으로 변화하는 것을 설명했고, 『신에 속한 신』(God out of God's)에서도 인간이 신의 성품, 즉 영원성과 권능과 신성을 얻게 되는 것을 말하고 있다.

한밤중에 예수님을 은밀히 찾아온 니고데모는 유대인 지도자요 산헤드린 공회원이었다. 그가 찾아온 목적을 그가 말하기도 전에 예수님께서는 아시고 "사람이 거듭나지 아니하면 하나님의 나라를 볼 수 없다."(요 3:3)고 말씀하신다. 주님은 진작에 그가 지상 권세에 만족하지 못하고 하나님의 나라를 갈망하고 있음을 아셨던 것이다. 주님의 말씀의 뜻을 파악하지 못한 그는 "사람이 늙으면 어떻게 날 수 있습니까?"(요 3:4)라고 질문했다. 그는 거듭나는(중생) 원리를 몰랐던 것이다. 하여 주님은 바람과 같은 성령의 역사를 말씀하신다. "바람이 임의로 불매 네가 그 소리는 들어도 어디서 와서(시발점) 어디로 가는지(종착점) 알지 못하나니 성령으로 난 사람도 다 그러하니라"(요 3:8). 바로 이것이 성령으로 거듭나는 이치다. 바람의 자연 속성(Natural-Ally)을 들어 영적 속성(Spiritual-Ally)를 설명하신 것이다.

바람은 공기가 힘을 받아 움직이는 현상이지만 공기가 있다고 생기는 것이 아니다. 사람들은 공기로 산다고만 알고 있다. 그러나 바람이 불어야 산다는 것은 모른다. 바람은 선풍기와 같이 바람을 일으키는 힘 곧 '두나미스'가 작용할 때만 일어난다. 공중에 증발된 수증기는 먼지를 핵을 삼아 일차적으로 네댓 개의 물 분자가 뭉쳐지면 세찬 바람이 불 때 서로 부딪혀 2차적으로 이십 여 개의 물 분자로 뭉쳐져서 구름을 만든다. 즉 바람이 불어야 비가 내리고, 태풍이 호우를 동반하는 이치다. 이처럼 성령이 있다고 영이 사는 것이 아니라 성령의 바람이 불어야 영이 산다는 것이다. 이것이 다른 종교와 다른 점이다.

그러나 사람들은 성령의 바람이 있어야 사는 것도, 그 바람이 어디서 오며 어디로 가는지도 모른다. 자연의 바람이 부는 원인도 역할도 모르는데 성령의 흐름을 알리가 없다. 영의 바람은 물론 자연의 바람도 참으로 신기하다. 공중에 무슨 그리 큰 미는 힘이 있어 바람의 움직임이 시속 200km를 넘을 수 있다는 것을 이해할 수 없다. 바람이 한쪽으로 쏠리면 반대쪽에는 진공이 생길 수밖에 없다. 그러나 진공은커녕 고기압과 저기압의 차이는 몇십mm에 불과하다. 1기압(760mmHg)에 비한다면 아무것도 아니다. 그런데도 바람이 큰 고목과 집을 뿌리 채 뽑아 무너뜨리며 차나 배를 먼 육지로 던지는 그 힘을 혹자는 중력설을, 혹자는 자력설을 들지만 인간은 '어디서 부는지, 어떻게 부는지' 알지 못한다.

성경학자 그린(Oliver B. Greene)은, 바람의 비밀을 들어 주님께서 말씀하신 중생의 원리를 2단계로 풀이했다. 제1단계는 '성령의 바람에 대한 지각 단계', 즉 '인지(認知) 단계'이며, '감상(感賞) 단계'라고 했다. 성령의 바람을 인지하는 단계를 말한다. 그러나 사람은 바람은 항상 불지만 어디서 오며 어디로 가는지 느끼지 못한다고 말한다. 하여 그는 사람들은 음악회에 참석 조건을 입장권으로 보나 실은 '감상력'이라고 하면서 "많은 신자가 영적 감각 없이 영생의 입장권만 찾는다."라고 꼬집었다. 그리고 제2단계로 '유충이 나비가 되는 변화 단계'를 들었다. 유충은 날지 못하는 처지라서 나비가 갖는 신비로운 축복을 알지 못한다(히 6:12; 벧전 1:5). 하여 "거듭나지 아니하면 하나님의 나라를 볼 수 없다"(요 3:3) 즉 거듭나면 하나님의 나라를 볼 수 있는 '변화 단계'가 있다는 것이다. 즉 성령의 바람을 '느끼는 단계'와 영의 세계를 보는 '변화 단계'는 다르다고 밝힌 것이다. "물과 성령으로 나지 아니하면 하나님 나라를 볼 수 없다" 하신 말씀은 성령의 바람에 의한 변화의 단계, 제2단계를 말한다.

예수님께서 니고데모에게 "너는 이스라엘의 선생으로서 이러한 것들을 알지 못하느냐" 하시며 바람의 근원도 역할도 알지 못하는 것을 꾸짖으신다. "내가 문 밖에 서서 두드리노니 누구든지 내 음성을 듣고 문을 열면 내가 그에게로 들어가 그와 더불어 먹고 그는 나와 더불어 먹으리라"(계 3:20)고 성령께서 교회들에게 말씀하신다. 그러니 아무리 성령이 문밖에 서서 두드려도 문을 열지 않으면 성령의 바람은 들어갈 수 없다. '문을 열어야' 성령의 바람(행 2:2)이 들어오셔서 역사하신다. 성령이 문밖에서 두드려 문이 덜거덕거려도 사람들은 단잠을 방해한다고 싫어할 뿐이다. 신이 누구를 예정했기 때문에 구원에 이르는 것이 아니라 문을 열기 때문에 구원이 시작되는 것이다.

주님께서 두 명의 강도와 함께 십자가에 못 박혀 처형당하실 때, 주님을 따르겠노라 맹세했던 제자들은 뿔뿔이 흩어져 도망쳤다. 그러나 산헤드린 공회원인 아리마대 사람 요셉은 빌라도에게 주님의 시체를 당당히 요구하여 장사를 지낸다(막 15:43~46). 그리고 밤중에 예수님을 찾아왔던 니고데모는 값비싼 몰약과 침향 섞인 향유를 100리트라(약 54.5근)나 준비하여 골고다에서 요셉을 만난다. 그가 가지고 온 그 몰약과 향품(요 19:39)은 시체를 염할 때, 천을 감으면서 칠하는 방부제다. 니고데모가 천을 가져오지 않았다는 것으로 보아 미리 요셉과 책임을 분담한 것이 아닌가 한다. 어쩌면 이렇게 사람이 변할 수 있단 말인가? 로마군에 의해 십자가의 극형을 당한 스승의 시신을 정중하게 장사하다니! 소심했던 겁쟁이가 생명의 위협을 감수하다니! 그것은 그가 종래 성령의 바람을 체험한 증거가 아니겠는가.

6 사함 받은 증거

원인이 있으면 반드시 결과가 있다. 그러나 원인이 있어도 그것을 모르면 결과를 알지 못한다. 결과를 알게 된다면 그것은 원인을 알려고 고심하고 궁리했다는 증거다. 지나간 세월은 되돌릴 수 없고 엎질러진 물은 다시주워 담을 수 없듯이 지은 죄는 반드시 형벌이 따르고 아무리 수습하더라도원상태로 되돌릴 수는 없다. 그렇다 하더라도 이 원칙을 깨고 지은 죄를 사함 받고 원상태로 되돌릴 수 있는 길이 없겠는가? 타락한 인간을 원상태로되돌릴 수는 없겠는가? 되돌릴 수 있음을 입증하려면 그 많은 죄, 진홍 같은죄, 원죄와 상습 죄, 그리고 죄로 얼룩진 허물까지 사함 받고 지워졌다는 증거가 있어야 한다.

사회적 범죄는 객관적 심판에 따라 형량이 주어진다. 그러나 양심의 죄의 심판은 없는 것 같지만 죄가 마음에서 태동할 때 이미 판결은 정해져 있다(롬 6:23). 양심의 죄가 태동하여 드러나기까지 뻔뻔스럽게 숨길 수 있다하더라도 결국은 시간문제다. 태동한 아이가 시간이 되면 탄생하듯 양심의죄가 결국에 드러나면 죄인은 갑자기 자기 얼굴을 숨기고 숨을 구멍을 찾는다. 판결로 죄목이 드러났기 때문이다. 그러나 드러나는 죄목들은 양심적죄의 극히 적은 일부에 불과하다. 단지 사회악처럼 드러난 '범과'로 취급할뿐 심리적 죄와 본질적 죄는 죄로 따지지 않기 때문이다.

니체는 『즐거운 지혜』에서 인간의 양심에 대해 이렇게 말했다. "물이 흘러 들어오고 나가는 수구에 체념의 둑을 높이 쌓아 썩은 물이 차오른 연못이 되었다. 거기에 흥미의 낚싯바늘을 던진다고 하더라도 무엇을 얻겠는가?" 그는 썩은 사회를 죄의 원인으로 보면서 그 속에서 타락 원인을 양심의체념으로 보았다. 다른 것은 몰라도 양심을 포기하고 버린 사회에서는 아무

내주께더가까이

것도 기대할 수 없다는 것을 비관한 것이다.

심리학자 프로이트는 "양심을 신의 작품으로 본다면 자연의 일출(日出)과 일몰(日沒)은 몰라도 그 이외의 것은 실패작이다. 그렇지 않고 양심이 세상에서 적응하기 위해 부모가 자식에게 주입한 행동 양식이라면 인류를 속박하는 무익한 족쇄다."라고 양심의 무용성을 주장했다. 그와 반대로 옥스퍼드의 루이스(C. S. Lewis 1898~1963)는 "어느 시대를 막론하고 도둑질이나 비겁함을 찬양한 문명은 없다. 오로지 직선이 있어야 곡선을 알듯이 신이 주신 양심이 있기 때문에 비양심을 아는 것이며 의로운 것이 살아 있기 때문에 불의를 인식하는 것이다."라고 양심을 강조했다. 그것을 프로이트 '기하학적 도덕률'이라고 빈정댔다. 그러나 루이스는 양심은 죄의식 또는 선악을 판단하는 감각이지만 오늘 어디에 그런 곧은 직선 양심이 있단 말인가?라고 한탄했다.

원래 양심의 역할은 선과 악을 구분하는 눈, 아름다움과 추함을 감지하는 감각으로 보았다. 하이데거는 그 눈 때문에 나타난 특징이 두려움이라고 보았다. 그러나 두려움에는 두 가지 두려움이 있다. 하나는 현실적 피해를 의식하는 육적 두려움(Afraid)이고 다른 하나는 신의 심판을 의식하는 막연한 영적 두려움(Dread)이다. 전자는 두려움의 대상이 나타났을 때 생기는 특징이 있고, 후자는 특별한 대상도 없이 항시 짓누르는 불안이다. 그런데 양심이 결백해야 한다는 생각은 오늘날에는 옛이야기에 불과하다. 오늘의 양심은 피로 물들어 주홍빛이 되었고 겹겹이 쌓여 진홍빛이 되었다. 하여 양심의 죄를 심판자이신 신께 사함 받고 다시 희게 될 수 있겠는가? 믿고 회개함으로 용서받을 수 있다면 그 용서받은 증거가 무엇인가?라고 반문한다.

요한복음 8장 1~11절에는 간음한 여인의 기사가 실려 있다. 그 기사가 요한의 일반 문체와 다르고, 기사 앞뒤 내용의 연결성이 부자연스럽다는 이유로 요한의 글로 의심하는 학자들도 있다. 그러나 그 기사에는 문체나 연결성을 초월하여 인정하지 않으면 안 될 고귀한 말씀의 진리가 숨어 있다. 간음한 여인의 기사에 의하면, 율법을 통달한 서기관과 바리새인들이 간음하다 현장에서 잡힌 여인을 끌고 와서 당시의 통례를 따라 종교 재판을 시도했다. 그 당시에는 죄인이 잡히면 성전 뜰이나 광장으로 끌고 가서 두 사람의 증언을 따라 랍비나 지도자가 죄목을 정하고 그와 관련된 율법 조문을 읽고 "돌로 치라!" 명하면 사형 집행은 간단하게 이루어졌다. 그 여인의 간음죄 판결은 기정사실이어서 주위를 둘러싼 관중들의 손에는 이미 돌이 들려져 있었다. 그러나 다른 때와 달리 많은 바리새인이 예수님에게 그 판정을 의뢰한 것은 예수를 랍비로 인정해서라기보다 예수를 고발할 조건을 얻으려고 시험한 것이었다. 만일 예수께서 평소처럼 "죄인을 용서하라." 하신다면 동석한 제사장이 그를 율법 배반자로 판결하여 돌로 종식할 수 있게 되며, 평소와 달리 "돌로 치라!" 한다면 그의 사랑의 가르치심을 무효화시키는 효과를 거둘 수 있기 때문이다. 그래서 다른 때보다 묘한 흥분과 살기가 감돌고 있었다.

그때, 예수님께서는 태연히 몸을 굽히시고는 손가락으로 땅에 글을 쓰셨다. 그리고 일어나 "너희 중에 죄 없는 자가 먼저 돌로 치라"(요 8:7) 하시고 다시 몸을 굽혀 손가락으로 땅에 무엇인가를 쓰셨다. 이에 군중들이 예수의 말씀을 듣고 양심에 가책을 느껴 어른으로 시작하여 젊은이까지 하나씩 하나씩 나가고 오직 예수와 그 가운데 서 있던 여자만 남게 되었다. 그렇다면 그 군중들도 양심이 있었다는 말 아닌가? 그 양심은 어떤 양심이기에 죄지은 여자를 끌고 왔다가 주님의 말씀에서 무엇을 깨닫고 돌아갔다는 말인가? 그들이 양심에 가책을 일으킨 그 '글'은 무엇이었을까? 등등 많은 질문을 야기한다. 그에 대해 학자들은, 간음한 여인에게 돌을 막 던지려는 순간 주님께서 극렬분자들의 숨겨진 죄목을 쓰시자 그들이 두려움을 느꼈기 때문으로 해석한다.

말씀에 의하면 죄 있는 자가 남을 송사하거나 돌로 칠 경우 그도 같은 형벌을 받게 되어 있다(신 19:18~19; 롬 2:1~3, 5). 그래서 주님께서는 "돌로 치라." 하시지 않고 "죄 없는 자가 돌로 치라!" 하신 것이다. 이 세상에 죄 없는 자가 어디 있겠는가(롬 3:23; 5:12; 요일 1:8)? 그리고 사람의 과거와 현

내주께더가까이

재를 투시하는 능력이 있으신 주님께서 그들의 알량한 죄목을 땅에 쓰셨을 때, 아무도 감히 먼저 돌을 던질 자가 없었다. 그리하여 그들은 하나씩 그 자리에서 숨 죽여 떠나가게 된 것이다.

신앙의 근본은 기적을 믿는 것만이 아니라 잃어버린 양심을 되찾는 것이다. 그러므로 "믿음과 착한 양심을 가지라"(딤전 1:19; 벧전 3:16) 하신 것이다. '양심'(순-에이데시스)은 '함께'(순) '보는 것'(에이데시스), 즉 'Con-science'를 말한다. 누구와 함께 보는 것인가? 성령님이다. 사도 바울은 "내 양심이 성령 안에서 나와 더불어 증언하노니"(롬 9:1)라고 했다. 즉 착한 양심은 '그리스도의 영'(요 16:7~8)과 인간의 영이 '더불어' 활동하는, 신인협동 작용이다. 양심의 감각은 신이 인간을 창조하셨을 때 주셨으나, 타락으로 퇴화되었다. 그러나 퇴화한 양심이 성령의 힘으로 변화가 일어나는 것, 즉 죽은 양심이 살아나는 것을 거듭남(새로 태어남, 새 창조)이라 한다.

양심은 범죄로 더러워지고(고전 8:7), 약해지면(고전 8:12), '화인 맞은 양심'(딤전 4:2)이 된다. 곧 사탄의 화인(火印)을 맞아 감각을 상실한 양심이 된다. 그 양심으로는 죄를 깨닫게 할 수 없다(히 10:2). '오직 선한 양심의 간구'(벧전 3:21)만을 들으시는 성령께서 죄인의 간구를 들으실 수 없는 것이다. 그래서 믿음만 있다고 구원에 이르는 것이 아니라 먼저 '믿음과 착한 양심을 가지는'(벧전 3:16) 회개 작업이 일어나야 한다. 이처럼 '청결한 양심과 선한 양심'(딤전 1:5)이 천국 백성의 필수 요건이지만, 양심이 세파에 물들면 '다시 죄를 깨닫는 일이 없어져'(히 10:2) 그 회개가 요원해지는 것이다.

양심이 굽는다는 뜻이 무엇인가? 원래 양심은 선악을 판단하는 잣대이지만, 이기심과 자기 정당화와 궤변으로 자기 팔이 안으로만 굽듯이 굽게 되는 것을 말한다. 굽은 양심은 아무리 곧은 진리와 공의로운 말씀을 보아도 바르게 이해하지 못한다. 회개는 단순히 과오를 아는 것이 아니라 굽은 양심을 바르게 고침을 받는 것이다. 어떤 부흥 집회 마지막 날 몇 사람이 일어나 자기의 숨은 간음죄, 사기죄, 절도죄를 통회 자복하고 적나라하게 간증하는 놀라운 이변이 일어났다. 집회가 끝난 후 한겨레신문 기자가 그들을 찾아가 그 내용을 기사화해도 무방하겠느냐고 물었다. 그랬더니 반응은 달랐다. 그들은 아직도 죄의 두려움에서 해방되지 못하고 있었다. 고침을 받은 바른 양심은 하나님 이외에 두려워할 대상이 아무도 없지만 그들은 사람의 눈을 두려워하고 있었다.

회개는 속의 가면과 거짓을 벗는 본질 변화를 말한다. 그러나 그렇지 못한 겉껍질 회개도 있다. 사도 베드로는 세례에 관해 설명하면서 세례는 육체의 더러운 것을 제하여 버림이 아니요 하나님을 향한 '선한 양심의 간구'(개역개정)이며 이는 예수 그리스도의 부활로써 이루어진 것이라고 했다. '선한 양심의 간구'를 개역한글 번역은 '선한 양심이 하나님을 향하여 찾아가는 것'으로 새 번역은 '선한 양심이 하나님께 응답하는 것'으로 공동번역은 '깨끗한 양심으로 살겠다고 하나님께 서약을 하는 것'으로 번역했다. 결국, 세례(회개)란 하나님을 향한 선한 양심의 회복을 말하는 것이다. 따라서 양심은 하나님을 향한 선한 마음이다. 그래서 '양심의 회복'을 '양심의 부활'로 보기도 한다. 부활(아나스타시스)이란 '아나(Upward)-스타시스(Existance)', 즉 '위를 향한 실존'라는 뜻이다. 즉 양심의 눈이 변화를 받아 그 초점이 위를 향한다는 뜻이다.

간음한 여인의 양심이 부활한 증거는 누가복음 7장 36~50절 기사에서 볼 수 있다. 예수님께서 베다니 사람 바리새인 시몬에게 식사 초대를 받으시고 그의 집에 들어가 앉으셨을 때 그 동네에 죄를 지은 한 여자가 향유 담은 옥합을 가지고 와서 예수의 뒤편 발 곁에 서서 울며 눈물로 그 발을 적시고 자기 머리털로 닦고 그 발에 입 맞추고 향유를 부었다. 그날이 예수님께서 유월절에 십자가에서 죽임을 당하시기 엿새 전이었다는 요한의 기록(요 12:1)과 이틀 전이었다는 마가의 기록(막 14:1), 그리고 그 여인이 향유를 예수님의 머리에 부었다는 마태의 기록(마 26:7)과, 발에 부었다는 누가의 기록(눅 7:38)의 차이점 등을 들어 신학자 불트만(R. K. Bultmann)은 성경 유오설(有誤說)을 주장했고, 어떤 이는 각각 다른 사건으로 보기도 한다. 그러나 그런 지엽적인 것이 문제가 될 아무런 이유가 없다. 단지 그 여인이 간음하다가 잡힌 여인(요 8:1~11; 눅 7:37)이라는 사실과 그 여인의 비상한 행동이 그녀가 '죄 사함을 받았다는 증거'라는 사실에 주목할 필요가 있다.

그 여인은 동네에서 죄인으로 낙인찍힌 여인(눅 7:37)이었다는 것이 요한복음 8장의 간음한 여인과 동일 인물로 보게 한다. 왜 사람은 신이 용서한 자를 죄인으로 낙인을 찍는가? 남에게 죄를 전가하고 자기를 의롭게 보이는 심리 때문이다. 이를 심리학에서는 '자기 정당화' 또는 '자존심'이라고 한다. 그 낙인찍힌 여인은 죄 사함 받은 것이 너무도 고마워 예수님의 뒤로 비장하게 다가와 예수님의 발을 눈물로 닦고 3백 데나리온이나 되는 고가의 향유를 그의 발에 붓고 자기 머리털로 닦았다. 이 행위는 자기를 묵살하는 자멸 행위다. 과거 나병환자였던(마 26:6) 베다니의 시몬도 그 여인의 행동을 이해하지 못했다(눅 7:39). 믿음이 없이 주를 따라다닌 제자들(요 6:64; 12:4~6)도 이해할 수 없었다. 예수님께서는 완전한 성품의 소유자를 제자로 삼으신 것이 아니다. 죄인을 불러 회개시키려 오셨다(눅 5:32). 눈물로 주님의 발을 적시고 그 머리털로 닦았던 그 여인에게 주님께서 선언하신다. "네 죄 사함을 받았느니라. 네 믿음이 너를 구원하였으니 평안히 가라."(눅 7:48, 50).

인간은 하나님의 그 사죄의 은혜를 깨닫지 못하고 회개의 흉내만 낸다. 그러다가 나병이 치유함을 받으면 자기의 알량한 믿음 탓으로 착각한다. 나병은 지금은 '한센(Hansen, Henrik, 1841~1912) 병'이라 하나, 고대 유대 나라에서는 '죄(부정)의 징계'로 여겨, '차-라아스'(징계)라 불렀다. 하나님을 무시한 아람 나라 나아만 장군(왕하 5:1~27), 마음이 교만한 웃시아 왕(대하 26:16~19), 그리고 모세를 비방한 그의 누이 미리암(민 12:1~10; 26:57), 우상을 섬긴 유다 왕 아사랴(왕하 15:1~5) 등이 나병환자가 된 것은 그들이 교만하여 하나님을 무시했기 때문이다(사 59:2; 잠 16:18). 율법은 나병환자를 '부정한 자'로 여겨 사람들과의 접촉을 금했으며(레 13:2~17) 가정을 떠나 격리했으며 사람이 그들에게 접근하면 "나는 부정하다(코이노오) 부정하다!"라고 외치게 해서 사람들의 접근을 차단했다(레 13:42~45). "예수 선생이여 우리를 불쌍히 여기소서!"했던 열 사람의 나병환자도(눅 17:11~19) "코이노오!"를 합창했을 것이다. 그들은 다 깨끗함을 받았으나 하나님께 영광을 돌리며 돌아와 예수의 발아래에 엎드리어 감사한 사람은 사마라아인 한 사람밖에 없었다.

'부정하다'(코이노오)란 '더럽다'(마 15:11~20; 히 21:28)라는 뜻과 '속되다'(행 10:15; 11:9)라는 뜻이어서 "부정하다!"라고 외치게 한 것은, 자신이 '무엇이든지 속된 자고, 가증한 자고, 거짓말하는 자여서 결코 그리로(하늘나라) 들어가지 못할'(계 21:27) 죄인임을 스스로 자백하고 회개하게 한 말이다. 양심과 영혼이 감각을 잃은 죄인 된 것을 고백하게 한 것이다. 그리하여 그 고백이 회개로 이어져 병이 낫게 되면 제사장에게 가서 정결함을 확인받고 속죄제를 드리도록 한 것이다. 그런데 나병이 나은 열 사람 중에 진정으로 회개한 사람은 단 한 사람밖에 없었다(눅 17:17~19).

젊었을 적 일 년 반 유럽에 유학했을 때의 일이다. 어디서 왔냐고 묻기에 코리아에서 왔다고 했더니, 그들은 나를 반기며 '아리랑'을 부르고는 그 뜻이 무엇이냐고 물었다. 나는 엉겁결에 나도 잘 모르겠다고 얼버무렸다. '아리랑 스리랑'은 이 땅에서 일어난 많은 전쟁 중에 사랑하는 가족과 친족과 헤어질 수밖에 없었던 원한(怨恨)의 '열두 고개'를 이음동어(異音同語)로 말한 것이 아닌가 싶다. 그러나 그때 내가 놀란 것은 그 뜻도 모르면서 아리랑 민요를 불렀다는 것이다. '코이노오'나 '주기도문'을 뜻도 없이 외우는 상실증 환자가 '바로 나라는 사실을 깨닫는 순간이었다.

감리교 창시자 요한 웨슬리(John Welsley, 1703~1791)의 아버지는 영국의 한 시골 마을 목사로 평생을 살았다. 그는 열일곱 명의 자녀를 낳았다. 그의 열셋째로 태어난 웨슬리가 여섯 살 되던 해, 1709년 2월 9일, 밤 11시에 목사관에 불이나 집 전체가 30분 만에 전소했다. 불이 진화된 후 아버지는 그곳에 모인 군중에게 눈물을 흘리며 감격하여 말했다. "동네 어르신들, 우리 무릎을 꿇고 하나님께 감사합시다. 하나님은 나의 아이들을 다 살려 주셨습니다." 하시며 잿더미 속에서 감사했다. 그 아버지의 산 신앙이 웨슬리로 하여금 그가 가는 곳마다 그 감격을 되새기며 간증하게 했다.

칼뱅주의자들은 하나님께서 미리 예정된 자를 부르시고, (조건 없이) 의롭다 하시고, 영화롭게 하신다(롬 8:30)고 주장한다. 그러나 바울은 '영화롭게 하신다'는 말씀에 앞서 '하나님을 사랑하는 자'(롬 8:28)라는 전제 조건을 말하고 있다. 즉 운명에 의해 택함을 받은 탓이 아니라 죄 사함의 감격을 인하여 하나님과 '사랑에 빠진 자'가 그의 뜻대로 부르심을 입은 자이며, 이들에게 모든 것이 합력하여 선을 이루게 될 것임을 먼저 전제한 것이다. 양심의 변화 없이 죄에서의 해방을 느낄 수는 결코 없다. 굳어진 현실적 죄와 속사람의 죄성에서 변화를 받아 해방된 느낌에서 감사와 기쁨은 샘솟는 것이다. 죄 사함 받은 증거가 무엇인가? 감격과 감사가 그 증거다.

가룟 유다의 인격과 특성은 성경의 여러 곳에서 나타나 있다. 계산속이 빠르고 예수님을 떠나지 않고 순종성이 있는 제자였다(요 6:66~67). 그가 3년이나 주를 가까이 모신 것을 보아 그 나름의 신실한 믿음도 있었던 것 같고, 예수님을 판 후에 양심의 뉘우침으로 자살한 것을 보면 양심도 있었다고 볼 수 있다(마 27:3~5). 그렇다면 무엇이 잘못되어 그는 은 30에 스승 예수를 판 것인가? 분명한 것은 그는 마리아의 300백 데나리온이라는 돈에 현혹되어 있어 주님의 은혜와 사랑을 몰랐던 사람이었다. "제자 중 하나로서 예수를 잡아 줄 가룟 유다가 말하되 이 향유를 어찌하여 삼백 데나리온에 팔아 가난한 자들에게 주지 아니하였느냐 하니 이렇게 말함은 가난한 자들을 생각함이 아니요 그는 도둑이라 돈궤를 맡고 거기 넣는 것을 훔쳐 감이러라"(요 12:4~5). 그리하여 종래 그는 '직무를 버리고 제 곳으로 간'(행 1:25) 것이다.

죄 사함 받은 증거는 첫째로 사랑의 발견에 있다. 예수님께서는 동네에서 죄인으로 낙인찍힌 여인의 비상식적 행동을 못마땅하게 여긴 집주인 시몬에게 500데나리온 빚진 자와 50데나리온 빚진 자의 '빚 탕감'을 예로 드시며 "둘 중에 누가 탕감해 준 자를 더 사랑하겠느냐?"(눅 7:42)라고 반문하심으로 '죄 사함과 사랑의 비례법칙'을 밝히신다. 죄 사함 받은 두 번째 객관적 증거는 감사에 있다. 감사의 표현 또한 50데나리온, 500데나리온에서 일만 달란트의 빚 탕감을 받은 자에 따라 다르다. 주님께서는 그 여자에게 "네 죄 사함을 받았느니라."(눅 7:48) 하신다. 죄를 용서하시는 주님의 그 사랑은 3백 데나리온으로도 감사를 표할 수 없는 일만 달란트의 가치이다. 가룟 유다의 헌신적 봉사도, 시몬의 식사 대접도, 그 여인(마리아)의 눈물에는 비길 것이 못 되었다.

사함 받은 객관적 증거 세 번째는 성령을 받아 말씀을 분변(딤후 2:15)하며, 마음에 만족(딤전 6:6; 고후 3:5; 빌 4:11)과 기쁨(빌 4:4)과 평강, 즉 감성의 변화가 일어나 진리의 허리띠를 띠고 선한 싸움에 참여하는 것(엡 6:10~18)이다. 그것을 사도 요한은 "우리에게 주신 성령으로 말미암아 그가 우리 안에 거하시는 줄을 우리가 아느니라(기노스코, 경험적으로 안다)"(요일 3:24)라고 한 것이다. 즉 회개(메타-노이아)란 죄인만의 '죄 인지'(Recognition of Sin)가 아니라 성령님과 '함께(메타)-감찰(노이아)'하는 협동 작업이다. 성령님의 '지각'(노오, 知覺)으로 알 수 있게 된다는 말이다. 그리하여 '사랑 안에 두려움이 없고 온전한 사랑이 두려움을 내쫓는'(요일 4:18) 대변화가 일어나는 것이 회개하고 죄 사함 받음의 증거이다. 따라서 사함 받은 객관적 증거가 '회개에 합당한 열매'(마 3:8)를 맺음이다. 이처럼 죄 사함 받는 증거는 양심의 변화요 가치관의 변화요 행동의 변화이다.

칼뱅은 그의 『기독교강요』 3권 11장에서 '회개의 결과는 죄 씻음'(Remission of Sin)이요 '하나님의 의(義)의 전가(轉嫁)'라고 하면서 그것을 죄인을 의롭다고 하시는 '칭의'(稱義, Justification)라고 했다. 그리고 그 칭의, 즉 "예수 믿는 자를 의롭다 하려 하심"(롬 3:26)을 "정죄를 받아야 마땅한 자를 믿음을 보시고 죄에서 자유하게 하신 것"(3-11-3)으로 설명했다. 그리고 "누가 하나님이 택하신 자를 고발하리오 의롭다 하신 이는 하나님이시니 누가 정죄하리오"(롬 8:33~34)라고 강변했다. 그러나 여기서 아쉬운 점은 칼뱅이 변화의 요소인 자기 시인(是認, 요일 4:15)과 양심의 변화와 자발적 행함(요일 3:18)을 간과한 것이다.

또한 칼뱅은 "하나님의 은혜로 값없이 의롭다 하심을 얻은 자 되었으니"(롬 3:24)와 "그의 기쁘신 뜻대로 우리를 예정하사 예수 그리스도로 말미암아 자기의 아들이 되게 하셨으니"(엡 1:5~6; 고후 5:18~20; 롬 4:6~8) 등의 말씀을 들어 "죄를 인정하기 전에 일방적으로 예정하셨다."라는 과감한 주장을 하게 된다. 이것은 죄인이 회개하기 이전에 예정하심으로 구원받았다는 뜻이다. 그러면 당연히 예정된 자는 회개와 변화가 따른다고 보았다. 그는 개인의 자유의지나 결단은 상관없다고 본 것이다. 만일 그 주장이 옳다면, 도중하차(히 6:4)나 세파에 떠내려가는 일(히 2:1)이나 "약속이 남아 있을지라도 너희 중에 혹 이르지 못할 자가 있을까 함이라"(히 4:1)고 염려하신 말씀들은 그의 주장과는 모순된다. 그러니 비록 사함을 받은 증거를 얻었다 하더라도 나는 이미 얻었다고 장담하지 않고 늘 깨어 믿음을 지키도록 힘써야 할 것이다.

주님의 산상 수훈에는 많은 축복의 약속이 주어져 있다. 특히 마태복음 5장 3~12절 축복의 약속에는 '그런 자는'(에스틴)이 한 번, '그리하면/ 때문에'(오티)가 여덟 번 나온다. 즉 '그렇게 하면'이라는 변화 조건이 제시되어 있다. 그리고 마태복음 6장 33절에서는 '이 모든 일[(판타(all)-토우타(these things)]을 구하면' 앞에 '먼저(프로톤) 그리하면' 주시겠다고 약속하신다. 즉 '그리하면'(카이)이나 '그렇게 하면'을 '구하고'(Ask), '찾고'(Seek), '문을 두드리'(Knock)는 즉 'A, S, K'를 허락하시는 '허락의 전제 조건'으로 밝히신 것이다. 이에 더하여 시험을(눅 4:13) 끝까지 견디며(마 24:13) 열매를 맺을 때 그 마지막(테로스)에 영생이 주어진다(롬 6:22)고 말씀하셨다. 즉 견디고 싸우고 이기는 자에게 마지막에 구원이 허락되는 것이다. 어떤 자가 사함 받은 자인가? 하나님께 구하여 응답을 받는 자이며 싸우는 자요, 견디는 자다. 아멘!

제4장

새로운 피조물

1 영원히 솟아나는 샘

인류의 가장 큰 갈망은 영생(永生)이라고 할 수 있다. 그 갈망이 신을 두려워하는 종교를 낳았기도 하고 다른 한편으로는 신이 인간에게 접근하여 영생을 제공하는 종교를 낳기도 했다. 흔히 죽음을 가리켜 이생을 하직하고 떠나는 것으로 말한다. 건장하시던 부모가 갑자기 삽시간에 죽으면서 "먼저 간다."라고 작별하더니 밤마다 꿈에 나타나 생시처럼 대화를 한다. 그래서 친근한 조상의 영을 믿는 편이 확실하다고 생각하는 다신교가 생겨난 것이다. 그러면서도 날마다 병과 고통과 죽음이 생을 가로막고 있음을 목격하면서 영원히 사는 영생(永生)이 과연 가능한가? 질문을 던지기도 한다. 그러나 그에 대해 긍정적 답을 줄 수 있는 종교나 학문은 많지 않다.

하루살이는 수명이 한 시간에서 길어야 이삼 일이다. 어두운 새벽에 태어난 형이 아침에 태어난 아우에게 말했다. "너는 세상이 캄캄한 것은 모르지?"라고 으스댔다. 그 말을 듣고 아우가 가느다란 꽁지를 흔들며 말했다. "형! 그런 세상이 어디 있어! 이 세상에는 어둠이란 없어!"라고 대들었다. 이틀 전에 태어났다는 하루살이 도사가 곁을 지나다가 싸움을 말리며 말했다. "너희들은 참으로 어리석구나! 어두운 밤이 있은 후에는 밝은 낮이 오고 그 낮이 지나면 또 밤이 온다. 너희들이 싸운다고 영원한 낮도, 안 싸운다고 영원히 밤만 있는 것도 아니란다."라고 대답했다. 형제는 손을 잡고 화해하면서 "우리가 그 영원을 몰랐군요!"라고 했다. 아마 하루살이는 한 해를 영원으로 보는지도 모른다. 낮과 같이 개명기에 태어난 사람은 낮을, 밤과 같은 암흑기에 태어난 사람은 밤 같은 영원을 상상한다. 그러니 누구도 영원한 세상을 실감하는 것은 쉬운 일이 아니다.

예수님께서 제자들과 갈릴리 호수를 건너실 때였다. 배가 육지를 멀리 벗어났을 때, 풍랑이 일어나 배가 흔들리고 물결이 배를 덮쳤다. 그것을 보고 제자들이 두려워 주님을 깨우며 "주여 구원하소서! 우리가 죽겠나이다!"라고 했다. 그들은 풍랑이 생을 종결하는 것으로 착각했다. 주님은 풍랑 속에서 평안히 주무시고 계시다가(마 8:26) 일어나셔서 "어찌하여 무서워하느냐? 믿음이 작은 자들아!" 하셨다. 제자들의 영원을 보지 못하는 믿음을 책망하신 것이다. 베드로도 옥중에서 사형을 앞두고 풍랑 속에서 잠드신 주님처럼 깊은 잠을 잘 수 있었다(행 12:6). 어떻게 역경 속에서 이런 평안을 얻을 수 있었을까? '영원한 생명'(요일 2:25)과 '사랑의 세계'(요일 4:18)에 대한 패러다임을 가졌기 때문이다. 영생을 믿는 자, 영원한 사랑을 아는 자에게는 영생의 희망이 있지만, 그 영생을 믿음으로 실감하기는 쉽지 않은 것 같다.

인간의 지식으로는 무로부터 유가 발생한다거나 발생한 것이 영원히 존재할 수 있다고 믿어지지 않는다. 무(無)란 아무것도 없다는 뜻이며, 그로부터 아무것도 나올 수 없다는 뜻이다. 시작이 있으면 끝이 있고 창조가 있으면 종말이 있다는 뜻이다. 무에서 창조되었다는 것도, 창조된 것이 영존한다는 것도 모순이다. 그래서 어떤 종교학자는 출생 이전에 영혼이 신과 함께 영원히 존재했다고 보는 영원설을 주장하기도 하나, 자연의 생명은 종자(種子)의 반복된 회생(回生)일 뿐 시작이나 창조(創造)라는 개입을 허용하지 않으며, 피조물이 영원히 생존할 수 있다는 초자연설도 허용하지 않는다. 결국 영원(영생)이란 인간 이성이나 합리로는 믿을 수 없는 신의 세계를 인정하는 길밖에 없다. 하여 초지식의 세계를 인정하는 것을 믿음이라 말한다.

영생이란 영원한 생명을 말하지만, 철학이나 과학에서는 변하는 것은 영원할 수 없다고 본다. 즉 태어나는 것, 자라는 것, 병들고 약해지는 것, 녹슬고 부서지는 것, 죽는 것 등은 무엇이든지 제한된 존재요 없어질 운명이다. 영혼이 영생하려면 영혼이 깨닫고 중생하여 자라나고 항구적 기쁨과 희망 속에서 변함이 없어야 한다. 그렇다면 그와 반대로 병들고 타락하고 슬퍼하다가 죽는 삶 속에서 항구적 천국을 이룰 수 있는가? 하는 의문을 가지게 된다. 그래서 철학이나 논리학에서는 자연과 자연에 속한 생명의 영원성을 인정하지 않는다.

과학도 마찬가지 견해를 피력한다. 육체적 활동이나 정신적 활동에는 에너지의 공급이 필요하여 식욕과 먹는 양이 같아야 한다. 그런데 어릴 때와 성장할 때, 병들 때와 노쇠할 때 에너지 공급에는 큰 차이가 생긴다. 따라서 육체의 죽음은 영원한 활동이란 불가능하다는 것을 입증한다. 그리고 생화학적으로도 항구하고 동일한 신진대사는 불가능하다. 그러므로 영생이나 영원은 거짓된 허상으로 보는 것이 상식이다. 그러나 변하는 것은 육체일 뿐이며, 육의 생리와 전혀 다른 힘의 공급이 있다고 인정하는 길만이 영원한 생존이 가능함을 보게 된다.

성경에는 신께서 직접 "나는 알파와 오메가요 처음과 마지막이라"(계 1:8; 21:6; 22:13)고 자신의 존재를 세 번이나 계시하고 있다. 여기서 "시작과 마침이라"(계 22:13)이라고 하신 것은 영생이란 있을 수 없다는 뜻으로서의 시작과 마침이 아니다. 신의 영원한 세계에 관해 신약 성경에는 약 160회 기록되어 있다. '영원'(아이오온)을 '세상 끝'(마 24:3; 13:39, 49 등), '내세'(막 10:30; 눅 18:30 등), '세세'(롬 11:36; 벧전 4:11; 계 1:6, 18; 4:9 등) 등으로 다양하게 표현하고 있다.

"나는 하늘에서 내려온 살아 있는 떡이니 사람이 이 떡을 먹으면 영생하리라. 내가 줄 떡은 곧 세상의 생명을 위한 내 살이니라."(요 6:51)라고 주님께서 말씀하셨다. 그 말을 듣고 유대인들이 "이 사람이 어찌 능히 자기 살을 우리에게 주어 먹게 하겠느냐?"라고 회의를 나타내었다. 이에 주님께서는 "내가 진실로 진실로 너희에게 이르노니 인자의 살을 먹지 아니하고 인자의 피를 마시지 아니하면 너희 속에 생명이 없느니라 내 살을 먹고 내 피를 마시는 자는 영생을 가졌고 마지막 날에 내가 그를 다시 살리리니 …… 이 떡을 먹는 자는 영원히 살리라"(요 6:53~58) 말씀하신다. 그것이 오늘의 성찬예식의 의의다. 즉 주님의 살과 피로 이루신 속죄로 새 사람이 되지 아니하면 영생을 얻지 못함을 시사하신 것이다.

주님께서 예루살렘 성전을 둘러보시고 성 밖 베다니로 가시는 도중에 시장하셔서 잎이 무성한 무화과를 보시고 열매를 찾으셨다. 무화과나무는 6월, 8월, 12월, 세 번 열매를 결실한다. 유대 나라는 무화과를 추수할 때는 율법에 의해 반드시 나그네를 위해 나무의 열매를 남겨 두도록 되어 있어 주님도 그 나무에 가까이 가셨던 것이다. 그러나 그 나무는 잎은 무성한데 있어야 할 열매는 없었다. 있어야 할 열매가 없는 무화과나무! 그것은 생존 의미를 상실한 나무가 아니겠는가. 주님은 그 나무에게 "이제부터 영원토록 사람이 네게서 열매를 따 먹지 못하리라"(막 11:12~14) 저주하셨고, 그 무화과나무는 뿌리로부터 말라버렸다(막 11:20). 주님께서 '세상'을 영원의 한 부분으로 보신 것이다.

주님께서 사마리아 샘가에서 여인에게 "내가 주는 물을 마시는 자는 영원히 목마르지 아니하리니"(요 4:14) 하셨고, 주님을 믿은 유대인에게 "사람이 내 말을 지키면 영원히 죽음을 보지 아니하리라"(요 8:51) 하셨고, 죽은 나사로의 집에서 "무릇 살아서 나를 믿는 자는 영원히 죽지 아니하리니"(요 11:26)라고 단언하셨다. 주님께서는 현실을 영원의 한 부분으로 보시면서 주님을 믿으면 영생할 것을 약속하신 것이다. 히브리서에서 "예수 그리스도는 어제나 오늘이나 영원토록 동일하시니라"(히 13:8)하신 뜻도 어제나 오늘이 독립된 별개가 아니라 영원의 한 부분이라는 것을 말씀하신 것이다. 따라서 오늘 또는 내일 바르게 믿지 못하면 영원한 생명을 얻을 수 없다. 그러므로 중요한 것은 '영원은 언제 시작하는가? 언제 끝나는가?' 하는 문제가 아니라, 오늘은 영원의 부분이요, 영원의 지표(指標)라는 사실이다.

공자는 3천 명의 추종자가 있었고 그중에 십철(十哲)이라고 부른 열 명의 제자가 있었다. 공자는 그는 그들에게 "군자의 도는 희로애락을 밖으로 드러내지 않는 것"이라고 가르쳤다. 그러나 그의 사랑하는 제자 안회가 죽었을 때 대성통곡했고, 제자 염백우가 나병으로 죽어갈 때, 창틈으로 그의 손을 어루만지며 애통했다. 그 누구도 의지로는 죽음의 슬픔을 이기지 못한다. 결국 공자도 맹자도 영원한 삶, 영생을 인정하지 못했다.

그러나 주님은 "나는 알파와 오메가요 처음과 마지막이라"(계 21:6) 하셨다. 알파와 오메가는 그리스어 알파벳의 첫 글자와 끝 자, 즉 '시작과 마침'(계 22:13)을 뜻한다. 그렇다면 문장 그대로 보면 분명히 영원이 아니라 시작과 종결이 있다는 뜻이다. 그러나 성경학자 렌스키는 "역사의 시발과 종결이 아니라 하나님 사역의 시발과 성취"를 말한 것이라고 했다. 그는 요한계시록 21장 4절, "다시는 사망이 없고 애통하는 것이나 곡하는 것이나 아픈 것이 다시 있지 아니하리니 처음 것들이 지나갔음이라"는 말씀에서 '처음 것'은 '앞선 것'을 뜻하며 고된 현세를 뜻한다고 하면서 "보좌에 앉으신 이가 가로되 보라 내가 만물을 새롭게 하노라"(계 21:5) 하신 것은 "새 하늘과 새 땅"(계 21:1)의 영원한 세상이 현세에 이어져 있음을 의미한다고 그는 말했다. 따라서 "나는 알파와 오메가요 처음과 마지막이요 시작과 마침이라"(계 22:13) 하신 말씀은 역사의 시발과 종결을 의미하는 것이 아니라는 것이다.

불교는 윤회설을 믿는다. 그래서 현실적 덕행과 덕과를 강조하는데 이를 가리켜 화엄(華嚴)이라고 하며 대승불교에서는 이를 중시한다. 신라의 원효대사가 중국의 불교를 연구하러 가다가 황해도 어느 마을에 이르러 날이 저물자 어느 빈 초가집에 하룻밤을 묵게 된다. 밤중에 목이 말라 부엌문을 열고 더듬어 바가지에 담긴 물을 마시고 다시 잠이 들었다. 다음 날 아침 부엌의 그 바가지가 두개골이었고 담긴 물은 썩은 빗물이라는 것을 발견하고 큰 깨달음을 얻는다. 그 길로 그는 대국 수련을 포기하고 신라로 되돌아와 대승불교를 만들게 된다. 그가 각성으로 깨달은 것을 요약하면, "이 세상의 온갖 현상은 모두 마음에서 일어나며, 모든 법은 오직 인식일 뿐이다. 마음밖에 법이 없는데, 어찌 따로 구할 필요가 있겠는가." 하는 것이다. 즉 그는 바가지나 생수란 생각하기에 달렸다는 것, 인간 인식은 다 착각일 뿐이며 법은 각성(覺醒)을 통해서만이 얻을 수 있다는 원리를 깨우친 것이다.

그리하여 그는 불경을 기록한 둥근 통을 한 번 돌리면 그 속의 진리를 탐독한 것과 같다고 보는 형식적 소승불교를 반대한다. 아이가 없어 불공을 드리는 자에게 중이 아이를 낳게 하더라도 뜻이 선하면 선이 되는 것으로 보고, 자신이 중이면서 선덕 여왕의 애인이 된다. 그는 화엄경을 통해서 선악의 상대성 진리를 깨달은 것을 밝힌다. 그러나 기독교는 인간의 깨달음이나 각성으로는 정욕과 욕심을 없이하는 중생(重生, 거듭남)에 미칠 수 없으며 악한 본질에서 벗어날 수 없어 구원에 이를 수 없다고 본다. 그리하여 주님께서는 "진실로! 진실로!"라고 진리를 선포하시면서 그가 가르치신 절대적 진리로 완전한 새 사람이 되어야 영생을 얻을 수 있음을 선포하셨다.

문제는, "내가 주는 물을 마시는 자는 영원히 목마르지 아니하리니 내가 주는 물은 그 속에서 영생하도록 솟아나는 샘물이 되리라"(요 4:14) 하신 이 말이 누구의 말인가에 있다. 사도 요한의 말이 아니라 보좌 위에 앉으신 하나님과 그리스도(계 1:1~2, 8; 21:3)의 말씀이며, 새로운 성 곧 거룩한 성 새 예루살렘에 들어가지 못할 자(계 21:8)와 들어갈 자(계 21:27)를 구별하신 분의 말씀이다. 그리고 거룩한 성 새 예루살렘에 들어갈 자는 깨닫는 자가 아니라 '이기는 자'(계 21:7)라고 했다. 즉 예정된 자가 아니라 스스로 싸워 '이기는 자'(계 21:7~8)라고 한 것에 유념해야 한다. 그 성에는 생명의 근원인 '생명수의 강'(江)이 있어 그 강이 "하나님과 어린 양의 보좌로부터 흘러나와"(계 22:1~2) 생명의 원천이 된다.

성경에서 '창조하셨다'(빠라, Create, 창 1:1; 출 34:10; 민 16:30; 시 51:12)는 없었던 것을 지으셨다는 뜻이다. 이것을 들어 철학자들은 영원성을 부인한다. 하나님의 창조(시작)가 있었다면 영원은 없다고 주장한다. 그러나 여기 영원성은 인간의 이해를 초월하는 것이며 신의 능력을 나타내는 대목이어서 인간의 상상 영역 밖에 속한다. 단지 분명한 것은 인간이 가시적으로 볼 수 있는 물질세계만이 창조하신 것이 아니라 비가시적인 '생기'(生氣, 창 2:7)를 불어 넣어 창조하신 것이다, 그 생기는 바로 '하나님의 생기'였다.

그런데 하나님의 창조 기록을 보면 "땅이 혼돈하고 공허하며 …… 하나님의 영은 수면 위에 운행하시니라"(창 1:2), "물 가운데에 궁창이 있어 물과 물로 나뉘라 하시고"(창 1:6), "천하의 물이 한 곳으로 모이고 땅이 드러나라 하시니 그대로 되니라"(창 1:9), "하나님이 땅의 흙으로 사람을 지으시고 생기를 그 코에 불어넣으시니 사람이 생령이 되니라"(창 2:7) 하셨다. 그리고 "주의 구원의 즐거움을 내게 회복시켜 주시고 자원하는 심령을 주사(빠라) 나를 붙드소서"(시 51:12)에서 자원하는 심령을 '주시'는 것을 생기를 '불어 넣는다'와 '창조하셨다'와 동일한 '빠라'를 사용하고 있다. 즉 하나님께서 창조하신 것들은 무에서 유를 만드신 것이 아니라, 창조할 당시에 이미 있었던 것(땅, 물)에서 '나누고' '모으고' '지으신' 것이다. 특히 생기와 영혼은 하나님 자신의 것을 불어넣으신 것이다. 창조된 것 중에 가시적인 것은 '창조하셨다'와 '지으셨다'로, 그리고 비가시적인 것은 '있게 하셨다', '주셨다'로 기록했다. 이 모든 것을 종합하여 '창조하셨다'라고 하신 것이다.

사도 바울이, '하나님께서 만물보다 먼저 계시고 만물이 그 안에 있다'(골 1:17)는 것과 '영원부터 만물을 창조하신 하나님 속에 감추어졌던 비밀의 경륜'(엡 3:9)을 알게 된 것은 성령의 도움으로 영적 철이 들어 시각이 열려 그리스도와 하나님과 인간과 만물이 감추어져 있는 영원을 보는 눈이 열렸기 때문이다. 마치 아무리 영재라도 어린아이는 아빠의 겉모습은 알아도 속마음은 알지 못한다. 하지만 철이 들면 사리를 분별할 줄 아는 내관(內觀)이 생겨 아버지의 속마음을 읽을 수 있게 되는 것처럼 영적 철이 든다는 것은 가시적 세계 배후에 숨은 비가시적 세계, 즉 마음이나 내면을 보게 되는 것을 뜻한다. 애벌레의 시각에서 나비의 시각으로 변한 것이다.

사도 바울은 "할례나 무할례가 아무것도 아니로되 오직 새로 지으심을 받은 것만이 중요하니라"(갈 6:15) 하셨다. 이것은 형식 변화나 사소한 영적 진리를 깨닫거나 각성하는 것이 아니라 '새로 지으심을 받은 새 사람'을 새 창조로 본 것이다. 예수를 믿고 구원받는 일은 어떤 형식적인 사소한 변화가 아니라 '새 창조'되는 엄청난 사건임을 나타낸다. 하여 바울은 이렇게 고백하고 있다. "그러므로 우리가 이제부터는 어떤 사람도 육신을 따라 알지 아니하노라 비록 우리가 그리스도도 육신을 따라 알았으나 이제부터는 그

같이 알지 아니하노라 그런즉 누구든지 그리스도 안에 있으면 새로운 피조물이라 이전 것은 지나갔으니 보라 새것이 되었도다"(고후 5:16~17).

'새것이 되었다'는 원어로 '새것으로 창조되었다'이다. 영적으로 겉사람과 다른 새로운 피조물로 탄생되었다고 한 것이다. 그렇다면 믿고 회개하고 거듭난 후 그리스도 안에서 '새로운 피조물'로 탄생된 것의 증거요 사함 받은 증거가 무엇인가? 고린도후서 5장 16절에 의하면 '어떤 사람도 육신을 따라 알지 않는다'는 것이다. 즉 사람에 대한 가치관, 평가 기준이 달라져 그들에 대한 나의 태도가 180도 달라진 것, 바로 그것이 새로운 피조물이 된 증거이다. 그리고 새로운 피조물이 되는 근본 이유가 무엇인가? "그리스도의 사랑이 우리를 강권하시기"(고후 5:14) 때문이다.

결국 철학이나 과학이 보는 영원이란 유한세계(有限世界)에서 보는 추리에 불과하며 신앙적 영원은 유한세계를 초월하여 무한세계를 보는 소망이라 말할 수 있다. 하나는 현실에 얽매인 하루살이나 애벌레의 견해요, 다른 하나는 현실을 초월한 나비의 견해라 하겠다. 비록 인간이 신과 같이 되는 것은 아니라 할지라도, 하루살이의 견해와 나비의 견해가 있듯이, 육의 견해와 신령한 견해는 현실과 영원만큼 다르다. 그렇게 보면 절대적 영원이란 이 세상에서 알 수 있는 것도 실감할 수 있는 것도 아니며, 소망의 눈으로만 볼 수 있을 뿐이다.

혹 영안이 터진 철든 자라고 해서 그가 진리를 통달했다고 장담할 수는 없다. 하여 '더러움을 피한 후에 다시 얽매이게'(벧후 2:20) 되기도 하고, 바울처럼 "내가 이미 얻었다 함도 아니요 온전히 이루었다 함도 아니라 오직 내가 그리스도 예수께 잡힌바 된 그것을 잡으려고 달려가노라 형제들아 나는 아직 내가 잡은 줄로 여기지 아니하고 오직 한 일 즉 뒤에 있는 것은 잊어버리고 앞에 있는 것을 잡으려고 푯대를 향하여 그리스도 예수 안에서 하나님이 위에서 부르신 부름의 상을 위하여 달려가노라"(빌 3:12~14)라고 고백하기도 한다. 여기 '얻었다 함'은 깨달음과 확신을, '이루었다 함'은 받은 사명의 완수를 의미하는 현재 완료형이다. 그러나 이런 고백은 영원을 바라

보는 자가 아니면 결코 할 수 없는 고백이다.

'두렵고 떨림으로 너희 구원을 이루어 가는'(빌 2:12) 것이나 '나는 날마다 죽노라'(고전 15:31) 했던 사도 바울의 몸부림은 새 창조로 거듭나기 위해 영원과 현실, 유한과 무한의 경계선에서의 피나는 노력을 보여 준다. 상상할 수 없는 원대한 미래를 보는 자의 '자각 증상'(롬 7:25)이다. 그래서 사도 바울은 "믿음과 소망과 사랑은 항상 있을 것"(고전 13:13)을 강조했으며, "모든 것을 참으며, 모든 것을 믿으며, 모든 것을 바라며, 모든 것을 견디느니라"(고전 13:7) 하신 것이다.

주님께서는 "내가 진실로 진실로 너희에게 이르노니 내 말을 듣고 또 나 보내신 이를 믿는 자는 영생을 얻었고 심판에 이르지 아니하나니 사망에서 생명으로 옮겼느니라"(요 5:24) 하셨다. 이 말씀을 구원파들은 믿으면 이미 구원이 완료되었다는 증표로 간주한다. 그러나 이 말씀에는 두 가지 진리가 숨어 있다. 하나는 일생의 긴 여정은 하나님에게는 순간이요 동시(同時)라는 진리이다. 그래서 구원을 '사망에서 생명으로 옮기는 것'이라는 현재형 진리로 나타낸 것이다. 이는 현재를 현재완료형으로, 과거는 과거 완료형으로 표현하는 유대인들의 습관 때문이다. 즉 현재 아는 것과 현재 가지고 있는 것은, 이미 알고 있는 것과 이미 가지고 있는 완료형으로 보는 습관 때문이다. 그리고 다른 하나는 '내 말을 듣고'에 있다. 즉 구원은 '명령을 듣고 순종하는 자'에게 있다는 진리이다. 하여 구원파의 주장은 이 두 가지를 간과한 반쪽짜리 구원론이다.

새 창조가 이루어지면 영원의 기쁨과 평화를 맛보게 된다. 그래서 "너희는 마음에 근심하지 말라! 하나님을 믿으니 또 나를 믿으라! 내 아버지 집에 거할 곳이 많도다 …… 또 다른 보혜사를 너희에게 주사 영원토록 저희와 함께 있게 하시리니 …… 내가 아버지 안에, 너희가 내 안에, 내가 너희 안에 있는 것을 너희가 알리라"(요 14:1~10) 하셨던 것이다. 이 '상호 내재(內在)'의 의미는 매우 깊다. 여기서 간과하지 말아야 할 점은 우리가 아버지 안에 있다고 해서 당장에 나의 생각과 판단과 가치관이 소멸되는 것도, 나의 인생고가 없어지는 것도 아니라는 사실이다. 주님께서 "누구든지 나를 따라오려거든 자기를 부인하고 날마다 제 십자가를 지고 나를 따를 것이니라"(눅 9:23; 14:27)고 말씀하셨다. 왜 '자기부인'(自己否認)이 필요한가? 그것은 아직도 옛 사람이 남아 있기 때문이다.

하이데거는 인간 존재의 두 번째 특성을 "시간과 사물과 타자와의 관계성"에 두었다. 즉 실존이란 유아독존(唯我獨存)이 아니라 '세계 속의 존재'(Being in the World), '타인과 사물과 관련된 존재'(Committed Being)라고 하면서 상대적 존재에서 절대적 존재로의 변화를 주장했다. 그는 새로운 존재의 특성을 '남과 함께하는 존재'(Being with Others)라고 칭했다. 흐르는 물이 방울방울 떨어질 수 없듯이 인간은 서로 손잡고 가야 할 운명이다. 즉 현실은 물방울과 같으며 영원은 그 흐름과 같다.

성경은 한 걸음 더 나아가서 나와 남의 2자 공존이 아니라 하나님과 나와 남의 3자 공존을 밝힌다. 영원체란 '나만의 존재'가 아니라 '다른 영원체와의 공존(共存)'을 뜻한다. 그래서 성경의 많은 진리는 어느 한 시대나 어떤 한 개인에 관한 것이 아니라 타자와의 관계성을 강조한다. 영원 속의 인생은 아브라함도, 부모도 종도 악당도 함께 가야 할 친근한 이웃일 뿐이다.

하이데거는 실존의 세 번째 특성을 '현재성'(Every Dayness)이라고 했다. 현재는 영원의 한 부분인 동시에 영원은 현재 속에도 있다. 그러면 현 존재란 아무 힘듦이 없이 영원과 잇대어 존재한다. 그렇게 보면 실존이란 역사 속에서 구별된 존재도 과거나 미래와 무관한 독립된 고아가 아니다. '영원 속의 존재'일 뿐이다. 내 육이 죽어 흙으로 돌아가는 날, 육의 물질 중량은 그대로 풍화되고 영혼은 니체가 말한 것처럼 '최중량'(最重量)으로 분리되어 지구 중력에서 자유로워져 그때 신의 세계로 돌아가는 것이 아니다. 살아 있는 오늘 이미 영원과 잇대어 영생하고 있는 것이다. 문제는 '그것이 오늘 가능한가?' 하는 데 있다.

키르케고르도 영원의 동시성(同時性)을 강조했다. 성경에 "주께는 하루가 천 년 같고 천 년이 하루 같다"(벧후 3:8) 하신 말씀이 있다. 시간 개념을 꼭 그 문자대로 환산해서는 안 되겠지만 만일에 한번 해 본다면, 천 년이 하루라면 10년은 14분에 불과하다. 만일 인간이 90세까지 산다고 하더라도 주께는 두 시간이요 천년은 하루에 지나지 않는다. 그렇게 보면 인생의 과거와 미래란 하나님에게는 현재일 뿐이며 인류의 역사란 며칠에 불과하다. 이것이 하루살이와 인생의 공통점이라 하겠다. 누구나 그 영원을 안다면 역사의 과거와 현재와 미래는 순간이요 동시에 불과할 것이다. 인생은 늙을수록 동시성을 깨닫게 된다. 서른 살의 아버지와 두 살의 아들 사이에는 큰 갭이 있다. 세월이 흘러 아버지가 90세가 되고 아들이 60대 노인이 되고 손자가 30대가 되면 다 동기가 된다. 영생을 체험한 자는 모두가 동기(同期)일 뿐이다. 그리하여 신앙인은 신과 인간은 영원한 존재라는 것, 하나님과 그리스도 안에 거하는 자는 영생을 얻었다는 것(요 10:28; 롬 2:7; 5:21; 요 3:15)을 이해할 수 있다.

주님께서 사마리아 여인에게 "내가 주는 물을 마시는 자는 영원히 목마르지 아니하리니 나의 주는 물은 그 속에서 영생하도록 솟아나는 샘물이 되리라"(요 4:14) 하셨다. 이 말씀에는 현재와 영원의 동시성이 나타나 있다. 오늘 마시면 영원히 목마르지 않을 그 물은 지금부터 영원히 솟아나는 샘물이 될 것이다.

육은 샘물을 마시고 살지만 영은 영원히 솟아나는 샘물, 곧 성령을 마시고 산다(갈 4:6). 이것이 육의 샘물과 영의 생수가 다른 점이다. 주님께서 주시는 물이 무엇이기에 영생토록 솟아나는가? 그 영적 생리 작용을 사마리아 여인은 몰랐다. 물이 생체의 갈증을 해소하는 이유가 무엇인가? 한두 컵 물을 마시는 데는 불과 일 분이면 충분하다. 그러나 그 물은 체내를 돌며 영양분을 공급하고 체온을 유지하며 노폐물을 제거하는 작용을 한두 주간 지속한다. 그리하여 음식은 한 달이나 40일을 금식해도 생명이 유지되나 물은 10일 이상 마시지 않으면 육은 살 수 없다. 그와 같이 영체의 물인 성령을 마시는 자는(요 7:37, 38) 믿음의 샘물(행 11:16, 17)로 진리를 깨닫게 하고 (골 1:9; 2:2) 죄를 씻어 내는(엡 5:26; 히 10:22) 영의 생리작용을 한다. 그리하여 주님이 주시는 생수를 마시면 한두 주가 아니라 영원히 목마르지 않게 하신다고 한 것이다. 어떻게 한 번 마셨는데 영생하게 되는가? 세상 이치에 맞지 않는 진리다. 그러나 영적 생수는 한 번 마시면 영체 내에서 한두 주 순환하며 생명을 유지하게 하는 것이 아니라 영생하도록 솟아나며 순환하는 진리다. 그것이 '영생하도록' 솟아나는 생수이다. 거기에는 피로도 병도 죽음도 없다.

철학자 하이데거는 "인간은 죽음을 위한 존재가 아니라 죽음을 향한 존재"라고 했다. 아무도 죽음을 위해 사는 사람은 없다. '죽음을 위한 존재'란 죽음을 종지부로 보는 현실적 관념이며 '죽음을 향한 존재'란 영원을 향한 이동 관념이다. 인간은 현재에 머무를 수 없이 이동하는 시간 속에서 죽음을 향해 나아가는 존재이며 그것을 통과하는 존재라는 뜻이다. 그는 그 죽음을 '작은 죽음'이라고 하면서 '병증'(病症) 정도로 보았다. 병이나 고통은 오래 지속되는 것이 아니며 죽음도 잠깐 지나가는 일시적 현상으로, 신자에게 죽음은 통과해야 할 '사망의 음침한 골짜기'(시 23:4)일 뿐이어서 통과한 후에는 그것이 '별 것' 아닌 하나의 과정에 불과하다는 것을 알 것이라고 했다.

그렇다면 오늘 이미 영원과 잇대어 영생하는 것이 어떻게 가능한가? 오늘 여기서 영생을 미리 체험하는 데는 몇 가지 조건이 있다. 첫째는, 유일하신 참 하나님과 그가 보내신 예수 그리스도를 알아야 한다(요 17:3). 둘째는 회개하고 세례를 받아야 한다(요 6:53~58). 셋째는 하나님의 종이 되어 거룩함에 이르는 열매를 맺어야 한다(롬 6:22). 이 모든 것을 종합하여 "믿는 자는 영생을 가졌다"(요 6:47)라고 하신 것이다.

주님께서는 "이 물(성령)을 마시는 자마다 다시 목마르지 않는다."라고 하셨다. 어떻게 그것이 가능한가? 그것은 우리의 영이 성령의 샘이 되어 '영원히 솟아나기' 때문이다. 육의 갈증은 육의 피곤과 과로에서 온다(마 10:28; 11:28). 그러나 영의 갈증은 영적 무지와 차단에서 온다. 성령은 그리스도의 생명이 우리 안에 있음을 증언(요일 5:6~8)하실 뿐 아니라 살아서 역사하는 능력이시다(마 11:28). 하여 현실적으로 세상을 이기게 하며(요일 5:5) 평안을 누리게 한다(요 14:27). 그렇게 성령은 영원히 솟아나 생명을 얻게 하는 것이다. 하여 주님께서 주시는 물(성령)을 마시는 자에게는 지옥의 목마름(눅 16:24)이 다시는 없다.

'거듭난 나'는 어떤 나인가? '변화 이전의 나'는 고독하고 나약한 나였지만 '거듭난 후의 나'는 시간과 공간 속에 성령과 공존하는 나요, 생의 의무와 책임이 부여된 '나'다. 나의 육은 분명 늙어가고 있다. 그러나 그것은 육일 뿐, 내 속에 새롭게 된 영은 영원과 조화를 이루며 사는 것이다. 그리하여 몸은 늙어도 어린아이가 되는 것을 발견한다. 그리고 나는 더는 고독한 나가 아니라 이웃과 성령님(요일 4:13)과, 하나님(요일 4:7)과 함께하는 나를 발견한다. 사랑하는 사람과 함께하는 시간은 짧게 느껴지듯 주님과 함께하는 시간은 역경에도 영생을 맛본다.

세상 고역에 지친 바리새인이 주님께 물었다. "하나님의 나라가 어느 때에 임하나이까?" 즉 "하나님의 임재가 언제부터 시작됩니까?"라고 물었다. 주님께서는 "하나님의 나라는 볼 수 있게 임하는 것이 아니요, 여기 있다 저기 있다고도 못 하리니 하나님의 나라는 너희 안에 있느니라"(눅 17:20~21) 하셨다. 바리새인들은 그 말씀의 뜻을 이해하지 못했다. 그들은 메시아의 도래로만 생각했고, '볼 수 있게'[파라(From)-테레오(Observe)], '임하는'(헬 코마이, Appear) 것으로만 생각했다. 그러나 성경은 '선한 양심'(벧전 3:21)으로 거듭날 때 '하나님의 영'의 임재(고전 2:11)를 알 수 있다고 했다.

세상에는 가변체와 불변체가 있고 가시체와 비가시체가 있다. 영원에 관해서도, 영원이 불변의 영속(永續)인가? 변화의 연속(連續)인가?를 두고 견해가 다르다. 그 견해는 신의 존재론(Ontology)과 목적론(Teleology)의 학문적 견해에 따라 다르다. 인간이나 물질 자체 곧 모든 자연은 신선하다고 보는 그리스 철학자들은 신의 존재와 영원성을 인정했다. 그러나 오늘의 실존주의와 물질주의자들은 영원성을 인정하지 않는다. 인간이 분리한 금속과 합금(Alloy)과 인간이 합성해 낸 새로운 고분자 물질(Synthetic Polymer)과 모래에서 분리하여 만들어 낸 실리콘 다이오드(Silicon Diode)와 컴퓨터(Computer)에서 새로운 세계를 개척한 거인인 현대인의 관념은 달라졌다. 임시로 존재하는 것은 무엇이든지 도래했다가 사라지는 것으로만 본다.

그리하여 유대인들, 특히 바리새인들과 사두개인들은 그리스인들과 달리 영생을 몰랐다. 그들이 성경을 많이 알아도 진리는 몰랐다. 그 이유는 그들이 현실주의자여서 현상과 실체만을 중시했기 때문이다. 그들은 '참 존재'(에스틴)를 가시적 실체만으로 생각하여 있다가 없어지거나 없다가 도래(到來)하는 실체로 오해했다. 그러나 주님은 '참 존재'(에스틴, Exist)란 보이는 것이 아니라 보이지 않는 것이며, 너희 마음속에 존재하고 있는 영원체라고 하셨다. 쇄하고 흥하고 태어나고 죽는 것들은 다 참 존재가 아니며, 나타나지 않는 영원한 세계가 참 존재라고 말씀한다. 그래서 육을 '겉사람', '모형', '천막집', '그림자', '허수아비', '쭉정이' 등으로 묘사했다. 그러나 보이지 않는 영혼, 곧 속사람이 '영원한 실재'(에스틴 아이오니오스, 고후 4:16)이기에 주님께서는 "내가 영생을 주노니"라고 하신 것이다.

성경이 뜻하는 신의 수여(授與, 디도오미)에는 두 가지 수여가 있다. '신'(데오스)이 주격(主格)으로 '……에게'(여격, 與格) '……을'(대격, 對格) 수여하는 것이다. 그런데 여격과 대격이 영어에는 분리되어 있지 않다. 수여의 형태에 있어서도 '가시적 수여'(아플람바노)와 '비가시적 수여'(데코마이)로 구분한다. 즉 하나님께서 가시적 수여(아플람바노)를 하는 경우는 '행한 일을 따라 상당한 보응을 받는 것'(눅 23:41; 롬 1:27), '금세에 받는 것'(눅 6:34; 16:25; 18:30)들이다. 즉 물질과 가족과 이웃을 받는 것이다. 그러나 비가시적 수여(데코마이)는 '주를 영접하는 것'(마 10:14, 40; 눅 2:28; 9:53), '은혜를 받는 것'(고후 6:1), '교훈을 받는 것'(눅 8:13; 살전 2:13; 약 1:21) "하나님 나라를 받는 것"(마 10:15; 눅 18:17) 등이다. 이 비가시적 수여가 '영생하도록 하는'(요 4:14; 12:25) 수여다. 바로 그것이 주님께서 하나님의 나라는 볼 수 있게 임하는 것이 아니고, 또 여기 있다 저기 있다가 아니라 너희 속에 이미 존재한다고 하신 뜻이다(눅 17:20~21).

어떤 이는 '영원한 삶이 가능한 것인가?'를 의심한다. 그러나 영원은 기정사실이며 영원하신 하나님(요 16:26)께서 약속하시며(요 3:15; 딤전 6:12) 보증하신 것이다.

2 삼위일체(三位一體) 신앙

성경에는 '삼위일체'(트리아스)라는 단어가 어디에도 없다. 초대 교회에서는 유일신이라는 말만 왕왕 들을 수 있었다. 그러던 것이 2세기 후반에 들면서 유일신 사상을 강조한 일위설(一位說, Unitarism)이 생겨났고, 같은 시기에 예수님을 하나님과 대등한 신으로 본 이위설(二位說, Binitarism)과 대립된다. 이후 성령님도 동격이라는 삼위일체설이 나오게 되면서 한 객체가 셋 형태로 나타났다는 삼위형태설(Triformity Theory)과 각각 다른 세 객체가 동일한 성품을 가지셨다는 삼위중복설(Triplicity Theory)이 대립되면서 피비린내 나는 교권 다툼과 함께 교계는 어지럽게 된다. 이윽고 4세기에 들면서 이 문제를 해결하기 위해 2차에 걸쳐 감독회의가 니케아와 알렉산드리아에서 열리게 되고 삼위일체설(삼위중복설)이 채택된다.

일위설은 원래 성경의 유일신 사상에서 왔다(신 6:4; 사 43:10; 44:6, 8; 45:5). 예수님 자신도 하나님을 아버지라 했고, 하나님께서 그를 '내 사랑하는 아들'(눅 3:22)이라고 직접 말씀하셨다. 그리고 우리의 기도의 대상은 예수님이 아니라 하나님이시며(마 6:14~15), 하나님의 뜻대로 행하는 자가 천국에 들어간다는 것(마 7:21)과 예수님 자신이 매일 하나님께 기도하셨으며, '아버지께서 내게 하라고 하신 일'(요 17:4), '아버지를 영화롭게', '아버지께서 내게 주신 말씀 …… 내 것은 다 아버지의 것'(요 17:8~12), 이제 일을 마치고 '아버지께로 간다'(요 17:13)고 하신 말씀들을 들어 예수님을 하나님께 예속된 사역자로 보고 유니테리언(Unitarian)들이 일어난 것이다.

유니테리언은 위에 열거한 것 외에도 주님께서 겟세마네 동산에서 하신 마지막 기도 중에 "아버지여 만일 할 만하시거든 이 잔을 내게서 지나가게 하옵소서 그러나 나의 원대로 마시옵고 아버지의 원대로 하옵소서"(마

26:39)라고 하신 것, "그 날(세상 종말의 날)과 그 때는 아무도 모르나니 하늘의 천사들도, 아들도 모르고 오직 아버지만 아시느니라"(마 24:36)고 예수님 자신이 증언하신 것, 선지자들의 예언에서도 메시아 예수를 '다윗의 후손'(시 89:3~4; 110:4; 사 9:7; 겔 37:25)이라고 한 것, 마리아가 받은 천사의 수태고지에서도 "그가 큰 자가 되고 지극히 높으신 이의 아들이라 일컬어질 것이요 주 하나님께서 그 조상 다윗의 왕위를 그에게 주시리니"(눅 1:32) 하신 것들을 들어 예수님을 하나님과 동격으로 볼 수 없다고 주장했다.

그들은 다시 세 파로 분리되어 그중 로빈(Parr Y. Robbin)이 시작한 '초대 복음주의 유니테리언'은 그래도 성경을 신앙 기본으로 삼은 파였다고 보기도 하나, 그 이후에 파생한 '자유주의 유니테리언'들은 성경을 인간이 쓴 불완전한 기록으로 보고 '성경 유오설'을 주장하며 합리적 해석을 강조한다. 그들은 예수를 다윗의 후손으로 보면서, 그의 사랑의 계명에 치중하여 예수 그리스도의 구속사역은 전 인류, 모든 종교인의 죄를 다 구속하기 위한 것이라고 주장한 화란 신학자 야곱(Jacob Arminus, 1560~1609)에 의해 분리된다. 그들은 주일을 지키며 찬양과 설교와 예배와 성서 연구와 실천 생활을 강조하며, 하나님의 무한한 사랑과 무제한적 속량을 주장한다. 그리고 믿음이 약한 자나 없는 자의 회심을 위한 연옥(하데스)설을 주장하며 영원한 지옥(게헨나)은 없다고 강조한다.

유일신 사상, 즉 '하나님은 유일하시다'(God is one entity)라는 사상은 알렉산드리아의 오리겐(Origen Adamantius, 184~253) 등에 의해 뉘사(Nyssa)에서 태동된 이후 꾸준히 지속되더니 17세기에 들어 구라파 전역에서, 1820년에는 미국 포틀랜드에서, 그리고 1961년에는 보스턴에서 '유니테리언 다원교회'(Unitarian Universal Church, U. U.) 또는 '여호와의 증인 교회'로 발전된다. 그리고 2002년에는 캐나다와 필리핀으로 확장되면서 U. U.가 기독교 전통 신앙을 흔들고 있다.

그들은 겉보기에는 기독교 신앙과 큰 차이가 없는 것같이 보이나 예수님을 신의 위치에서 퇴락시키고 성경 유오설을 주장하며 지적 자유와 포괄적 사랑(Inclusive Love)을 강조한다. 그리고 영감을 강조하며 영원 지옥설을 반대한다. 기독교를 유일신교(Unitarian)로 이름을 바꾸고 유대교는 물론 불교, 힌두교, 이슬람교 등도 포용하여 '영감의 공통성'을 주장하는 다신교로 변질했다. 그러면서도 구교와 신교를 적대시하는 모순을 견지하고 있다.

그 밖에도 유니테리언 다원교회(U. U.)는 현재 가장 문제가 되는 '새 시대 유니테리언'(New Age U.)으로 또다시 분립하게 된다. 이들은 성서를 참고 서로 볼 뿐 예수 그리스도의 피에 의한 속량을 반대하며 범신론(Panentheism)을 주장하고 신비주의를 강조하는 다신교로 전락한다. 그들은 무조건적인 하나님의 사랑만을 주장하여 하나님의 의와 법도를 전적으로 무시하는 큰 과오를 범하면서 강력한 선교활동과 합리적 성경 해석으로 젊은 세대를 유인하고 있다.

'새 시대 유니테리언'들은 자기들만이 유일한 '여호와의 증인'이라고 주장한다. 예수님 자신도 "주 너의 하나님께 경배하고 다만 그를 섬기라"(마 4:10) 하셨고, 율법을 지켰으며(신 6:13), "나는 참 포도나무요 내 아버지는 농부라"(요 15:1) 하셨고, "너희는 내가 명하는 대로 행하면 나의 친구라"(요 15:14) 하셨으며, "내가 내 아버지께 들은 것을 다 너희에게 알게 하였다"(요 15:15) 하셨고, 예수께서 성령에게 이끌리어 마귀에게 시험을 받으러 광야로 가신 사실(마 4:1~11) 등을 들어 그들은 예수님을 하나님과 동격의 신으로 볼 수 없다고 주장한다. 예수님의 신성을 부정하고 삼위일체를 거부한 것이다. 그러나 기독교 신앙은 예수님과 하나님의 관계에서 예수님의 한결같은 절대적 순종과 헌신은 부자(父子)의 관계에서 온 것이며, 부자 관계가 곧 성품이 같은 동격의 신이심을 입증한 것으로 본다. 부활하신 주님을 믿지 못했던 도마가 십자가에 못 박히셨던 손과 창에 찔린 옆구리를 만지고 나서 "나의 주님이시요 나의 하나님이시니이다"(요 20:28)라고 고백하자, 주님께서는 "너는 나를 본 고로 믿느냐 보지 못하고 믿는 자들은 복되도다"(요 20:29) 하셨다.

성령님은 하나님에게 예속된 영일 뿐 독립된 개체로 볼 수 없다고 보는 이신주의(二神主義, Ditheism)는 그리스도론의 발전사를 연구한 스코틀랜드의 역사신학자 래리 허타도(Larry W. Hurtado)의 논문 「초대교회의 이신론자」(이위일체론자, Binitarian)(1998)에 잘 나타나 있다. 그리고 어드먼(William B. Eerdman, 1882~1902)의 논문(2003)에는 "이 사상은 사실상 일신 사상과 큰 차이가 없으며 성령의 신격을 완전히 무시하는 유대주의"로 평했다. 그러나 성령도 하나님의 지시를 따라 역사하는 하나님의 사역자로서 같은 신의 성품을 가진 신으로 보는 것이 삼위일체 사상이다.

삼위일체설을 주장한 사람은 1세기 말의 로마의 감독 클레멘트(Clement)와, 안디옥 교회의 감독 이그나티우스(Ignatius), 2세기의 저스틴 마터(Justin Martyr)와 리옹의 이레나이우스(Ireneaus), 그리고 3세기의 그레고리(Gregory) 등이 있었으나 4세기에 들어 알렉산드리아의 아타나시우스(Athanasius)와 히포의 아우구스티누스(Augustine, 어그스틴)가 신에 대한 지식과 '삼위일체설'을 정립하게 된다. 그즈음 동 로마제국의 니케아(오늘의 터키, 325년)에서, 그리고 지중해의 북 아프리카 연안의 알렉산드리아(375년)에서 2차에 걸쳐 교회 감독 회의가 열려 '성부와 성자와 성령을 믿사오며……'라고 삼위 하나님에 대한 신앙고백이 포함된 사도신경이 책정되는 등 삼위일체설이 확고한 기반을 잡게 된다.

그 당시의 사도신경(Apostolic Creed)에는 제1~28항까지가 삼위일체에 관한 매우 복잡한 내용이었다. 그뿐만 아니라 많은 가톨릭의 형식 조항들이 포함되어 있어 390년 밀란(Milan)회의에서 일부 수정되었으나 니케아 신조에는 아직도 성모 마리아 숭배와 가톨릭 사상이 포함되어 있었다. 하여 종교개혁 이후 영국에서 웨스트민스터 신조로 대개혁이 불가피하게 된 것이다. 그에 앞서 중세기 들어 영국 교회는 니케아 신조 대신 아타나시우스 신조(Athanasian Creed)를 채택했다.

일반적으로 삼위일체 사상을 정립한 사람은 이방인 개종자 아우구스티누스(Aurelius Augustine, 354~430)로 본다. 그러나 그는 니케아 회의 때는 아직 태어나지도 않았고 2차 회의 때는 감독이 아니어서 참석하지 못했다. 그의 여섯 권의 저서 가운데 신앙 체험을 기록한『고백』(Confession) 다음에 쓴 책,『삼위일체론』(Trinitas)에서 삼위일체 사상을 기록하게 된다. 이 책에서 주장한 삼위의 동일성은 삼위의 외적인 품격은 다르나 내적인 성품은 같다는 것이다. 말하자면 키나 용모, 직위, 위엄, 등 품격(品格)은 삼위가 다 다른 개체(個體)이나 성격, 사고, 감정, 습관 등, 내적 성품(性品), 즉 신성은 같다고 한 것이다. 신에게 외적 성품이 있을 수 있겠는가? 구태여 있다고 한다면 아버지와 아들, 통치자와 권한 대행 등의 외적 품격을 뜻하며 그것에서 그들은 서로 다르다는 것이다. 그러나 품격은 다를지라도 같은 '신의 성품'(벧후 1:4)을 가진 같은 신이라고 한 것이다. 좀 더 구체적으로 말한다면 뜻과 지식, 성품, 자비와 사랑, 능력과 권능 등이 동일한 신 곧 예수께서 하나님과 '동일 본질을 지닌' 존재라는 뜻이다. 그리하여 그는 '신에서 난 신'(Gods out of God), 즉 '삼위로 존재하는 유일신'을 사상을 정립하게 된다.

중세 후기에 들면서 로마 가톨릭과 영국 국교 사이에 마찰이 심해지면서 영국 특별침례교가 주동이 되어 국왕의 동의를 얻어 런던의 웨스트민스터 사원에서 교회 대표들이 모여 예배의식, 교리, 교회행정 등 다양한 분야에 걸쳐 오랜(1633~1643) 심의 끝에 웨스트민스터 교리(Westminster Catechism, 1646~1648)를 제정하게 된다. 그 골자는 삼위일체, 예수의 부활, 오직 말씀(Sola Scriptura), 오직 믿음(Sola Fide), 그리고 칼뱅의 예지예정론을 기반으로 하는 신앙 고백문을 만든 것이다. 그것이 다시 1689년 웨스트민스터에서 일차 수정되고 그 이후에도 교파에 따라 여러 차례 수정된다. 1887년 미국 장로교회가 제20, 23, 24, 31조를 수정했으며 1903년 다시 16조를 수정했고, 그 이후에도 많은 조항이 수정된다. 최종적으로 1975년에 수정된 것이 오늘날 장로교에서 통용하는 웨스트민스터 신조다. 복음주의와 감리교는 칼뱅주의 부분을 다시 수정하였으나 삼위일체 신앙에 관한 부분은 기독교의 핵심 사상으로 남아 있다. 그렇다면 삼위일체 사상이 그토록 교리적 쟁점의 핵심이 된 이유가 무엇인가?

삼위일체란 라틴어 'Trinitas'(三重, Threefold)에서 왔다. 4세기에 대주교 회의에서 설정한 '세 사람으로 나타난 유일신'(Only one god in three persons)의 해설은 '창조주 하나님', '구세주 예수', '시행자 성령'의 삼위는 "아버지로부터(제1원인), 아들로 말미암아(제2원인), 성령 안에서(제3원인)"라는 각각 다른 직책으로 역사하신 동일한 하나님이시라는 것을 강조한 것이다. 이 간단한 정의를 인정하느냐, 하지 않느냐에 따라 구원관이 다르고 교파가 분립하게 된다.

삼위일체설의 근간은 성경이다. "하나님이 이르시되 우리의 형상을 따라 우리의 모양대로 우리가 사람을 만들고"(창 1:26), "여호와 하나님이 이르시되 이 사람이 선악을 아는 일에 우리 중 하나같이 되었으니"(창 3:22), "여호와께서 이르시되 …… 우리가 내려가서"(창 11:6~7), "여호와께서 마르레의 상수리나무들이 있는 곳에서 아브라함에게 나타나시니라 …… 그가(아브라함이) …… 눈을 들어 본즉 사람 셋이 맞은편에 서 있는지라 그가 그들을 보자 …… 이르되 내주여 내가 주께 은혜를 입었사오면 …… 여호와께서 이르시되"(창 18:1~2, 13), "내(이사야)가 또 주의 목소리를 들으니 주께서 이르시되 내가 누구를 보내며 누가 우리를 위하여 갈꼬"(사 6:8) 등의 성경 구절들에서 '우리'나 '셋'은 삼위를 지적한 것으로 본다.

또한 성경은, 예수님께서 창조 이전에 계셨고 창조에 동참하신 증거를 여러 번 증언하고 있다(요 1:2, 3; 17:5, 24; 엡 1:4; 2:10; 3:9; 골 1:5, 16; 히 4:3; 9:26; 벧전 1:20; 계 4:11; 3:14; 11:15; 13:8). 그리고 예수님은 하나님이 보내신 자요(요 10:36; 17:18, 21; 18:37; 요일 4:9, 14), 빛이요(요 1:4~5, 9~10; 8:12, 23; 9:5; 11:9; 12:46), '길이요 진리요 생명'(요 14:6)이시며, 권능자(요 14:27), 영원한 자(요 14:19), 하나님의 아들(요 11:27; 13:1), 심판자(요 8:24; 9:39; 12:31, 47; 계 13:8; 17:8), 세상 주관자(계 11:15) 등 하나님과 대등한 권세를 가진 신이심을 입증하고 있다.

그리고 성령에 대한 많은 기사들(요 16:7~8; 행 1:4~8; 2:1~6, 17, 38 등등)과 예수님께서 제자들에게 하신 마지막 부탁 가운데 "모든 민족을 제자로 삼아 아버지와 아들과 성령의 이름으로 세례를 베풀고"(마 28:19) 하신 말씀 등은 성부와 성자와 성령님의 동등한 신성을 확증하여 나타내고 있다. 그리고 "나를 본 자는 아버지를 보았다." 하신 주님의 말씀은 부자의 동일성(요 14:8~20; 15:24; 17:25; 행 2:33)을, "나와 아버지는 하나"(막 8:38; 요 10:33~38)라고 하신 자신의 말씀에서는 동일체를, 하나님께서 자신과 함께하심(눅 2:49; 요 16:32)에 관한 말씀 등은 존재의 일치를, 그 밖에도 뜻의 동일성(갈 1:4), 성품의 동일성(고후 1:3; 요일 2:15; 고전 1:3; 고후 1:2; 갈 1:3 등), 은혜의 동일성(고전 1:3; 고후 1:2; 갈 1:3 등), 권능의 동일성(요 3:35~36; 14:27; 16:15), 영광의 동일성(요 1:14, 18; 롬 6:4; 엡 1:17; 빌 2:11) 등을 성경이 증언하고 있다.

유대인들이 예수님과 정면 대립하게 된 것은 예수께서 자신들의 조상 아브라함보다 크고 그 이전부터 계셨다고 말했기 때문이다. "아브라함도 선지자도 죽었거늘 네 말은 사람이 내 말을 지키면 영원히 죽음을 맛보지 아니하리라 하니 …… 너는 너를 누구라 하느냐"(요 8:52~53)라고 예수께 대들었다. 그러자 예수께서 "내게 영광을 돌리시는 이는 내 아버지시니 곧 너희가 너희 하나님이라 칭하는 그이시라 너희는 그를 알지 못하되 나는 그를 아나니 만일 내가 알지 못한다 하면 나도 너희같이 거짓말쟁이가 되리라 나는 그를 알고 또 그의 말씀을 지키노라"(요 8:54~55)라고 사실 증언을 하셨다. 아니나 다를까? 이에 분노한 유대인들이 "네가 아직 오십 세도 못되었는데 아브라함을 보았느냐?" 하며 다그치자 "진실로 진실로 너희에게 이르노니 아브라함이 나기 전부터 내가 있느니라"(요 8:58)고 답하셨다. 이에 유대인들의 분노는 극에 달했고 당장이라도 돌을 들어 그를 치려고 했다. 예수님께서 숨어서 성전에서 나가지 않으셨다면 그것으로 예수님의 사역은 중단되었을 것이다.

예수께서는 생명을 내어놓고 진리를 말씀하셨다. 그 누가 자기 생명을 바치면서 거짓말을 하겠는가? 나는 예수님의 삶과 말씀이 진실하다는 것을 증언한 여러 목격자들, 그리고 여러 제자들의 동일한 증거를 의심 없이 믿는

다. 만일 거짓이라면 죄인을 구원하기 위해, 그리고 가난하고 병든 자에게 복음을 전하기 위해 무슨 유익이 있다고 곤경에 빠지면서까지 생명의 위협을 받으면서까지 거짓말하겠는가. 그런 일은 상상조차 할 수 없기 때문이다.

예수님은 자신이 진리를 나타내시기 위해 오셨다고만 하시지 않고 자신이 '생명의 떡'(요 6:35, 51)이시며, '생수의 근원'(요 4:14)이시며, '생명의 빛'(요 1:4~5; 8:12)이시며, '길이요 진리요 생명'(요 14:6)이시며, '하나님과 동등하심'(요 5:18)을 말씀하셨다. 그리고 성령님을 '진리의 안내자'(요 16:13; 요일 5:6)이시며, '보혜사'(요 14:16)이시며, "아버지께로부터 나오시는 진리의 성령이 오실 때에 그가 나를 증언하실 것이라"(요 15:26)고 하심으로 성령께서도 인격체이심을 증언하셨다. 그러기에 바울도 성령님을 하나님의 능력 시행자(롬 15:13)로서 우리의 연약함을 도우시며 우리가 마땅히 기도할 바를 알지 못하나 말할 수 없는 탄식으로 우리 대신 간구하신다고 했다(롬 8:26~27). 그리고 "성령 안에서 거룩하게 되며"(롬 15:16), "은사는 여러 가지나 성령은 같고, 직분은 여러 가지나 주는 같으며, 사역은 여러 가지나 이루시는 하나님은 같으니(고전 12:4~6)라고 '성령님은 하나님과 그리스도와 함께 역사하시는 분'이심을 증언했다. 역기서 '은사'(카리스마톤)는 성령이 주시는 선물이요, '직분'(디아코니온)은 성자 예수님이 맡기시는 성직이요, '사역'(에네르게마톤)은 하나님께서 주시는 능력(두나미스)을 말한다. 즉 하나님께서 세 분 곧 3위로 역사하심을 나타낸 것이다.

여기 고린도전서 12장 4~6절에서 '성령은 같고, 주는 같으며, 하나님은 같으니'라고 '같다'(오토스)가 세 번 반복해서 나온다. '같다'(오토스)는 단순히 '같다' 즉 '비슷하다'는 뜻이 아니다. 이것은 영어로 'very himself'(바로 그 자신)이다. 즉 형태는 여러 가지나 동일한 인격체라는 뜻이다. 그리고 '여러 가지'(디아이레세이스)란 '여러 종류'(Diversities)라는 뜻이 아니라 '여러 형태로'라는 뜻으로서 단일체의 분포(Distribution)를 뜻한다. 하여 '여러 가지나'는 '나타난 형태는 다르나 모든 면에서 같다.'라는 의미이다. 즉 성령의 은사, 그리스도의 직분, 하나님의 능력은 다양하게 나타나나 다 동일하다고 명시하고 있는 것이다. 바로 이것이 기독교의 유일신 사상이다.

어떤 이는 삼위일체를 태양 빛으로 빗대기도 한다. 태양 빛은 한 줄기 빛이지만, 따뜻하게 하는 적외선(길)과 어둠을 물리치고 진리를 나타내는 가시광선(진리)과 식물의 동화작용을 일으켜 생명체가 생기게 하며 자라게 하며 먹거리를 만드는 자외선의 생명 효과(생명)가 함께 존재하는 것과 같다. 각 효과는 다르나 한 태양 빛에서 나오는 한 빛(Autos)이라는 것이다. 그래서 주님께서 자신이 "나는 길이요 진리요 생명"이라고 삼위일체 하나님이심을 밝히신 것이다. 이 삼위일체의 분할과 종합 효과를 오늘날에는 기독교 밖에서도 통용하고 있다. 그리하여 삼위일체 학원이니, 삼위일체 영문법이니 하는 뜻은 정도(正道)와 종합(綜合)과 능력(能力)을 강조한다.

역사(歷史)는 흘러 지나가는 강물과 같다. 그 물의 수원을 찾아 거슬러 올라가면 어느 깊은 산골짝에 수원이 있을 것이다. 그렇다고 한 수원이 큰 강이 되는 것이 아니라 여러 개의 수원이 합쳐져서 큰 강이 되는 것과 같다. 시대의 사상이나 개념(槪念)도 여러 강줄기를 이룬 선배들의 수고와 피를 담아 오늘 유유히 흐르고 있는 것이다. 그 흐름 속의 물에게 너는 어느 지류에 속했느냐고 따져 물을 필요가 있겠는가? 결국 성부와 성자와 성령이 함께 합해서 자연과 인류 역사를 만든 것이다.

자연현상은 모두가 기적 아닌 것이 없다. 그중에서도 생명처럼 신기한 것은 없다. 생명의 기적을 생각할 때 신비주의자가 되지 않을 수 없다. 그러면서도 어쩔 수 없이 죄악에 매여 종노릇하는 현실을 벗어나지 못한다. 단지 민감하지 못해 그 신비를 파악하지 못할 뿐이다. 철학은 선악과 생명을 파악하려고 시도한다. 모든 종교는 선악을 구별하여 취사선택하려고 노력한다. 그러나 기독교는 "우리가 아직 죄인 되었을 때에 그리스도께서 우리를 위하여 죽으심으로 하나님께서 우리에 대한 자기 사랑을 확증하셨느니라"(롬 5:8)라고 하고, "우리의 옛 사람이 예수와 함께 십자가에 못 박힌 것은 죄의 몸이 죽어 다시는 우리가 죄에게 종노릇하지 아니하려 하려 함이니"(롬 6:6)라고 한다. 즉 기독교는 죄에서 해방되어 구원에 이르는 것은 성부, 성자, 성령의 역사에 의한 것이라고 말한다.

성경 에베소서 1장 10절에 "하늘에 있는 것이나 땅에 있는 것이 다 그리스도 안에서 통일되게 하려 하심이라"는 말씀이 있다. 이 말씀을 어떤 성경학자는 "예수께서 나아와 말씀하여 이르시되 하늘과 땅의 모든 권세를 내게 주셨으니"(마 28:18), "하늘에 있는 자들과 땅에 있는 자들과 땅 아래에 있는 자들로 모든 무릎을 예수의 이름에 꿇게 하시고 모든 입으로 예수 그리스도를 주라 시인하여 하나님 아버지께 영광을 돌리게 하셨느니라"(빌 2:10~11), "또 만물을 그(예수 그리스도)의 발 아래에 복종하게 하시고 그를 만물 위에 교회의 머리로 삼으셨느니라"(엡 1:22) 하신 뜻이라고 보았다. 그런데 "그리스도 안에서 통일(아나케파라이오오)되게 하려 하셨다"에서 통일의 뜻은 'Head up' 또는 'Sum up'이라는 뜻이어서 '합계(合計)한다'는 뜻이다. 즉 하나님이 하시는 일, 성령의 하시는 일을 그리스도께서 종합하신다는 뜻이다. 그리스도가 아버지와 아들과 성령의 역할을 종합하여 통일되게 하셨다는 것이다. 바로 이것이 주님께서 "내가 길이요 진리요 생명"이라고 하신 이유다.

그런데도 신자 중 어떤 이는 예수께서 하나님의 아들로 오심을 이해하지 못해서 그의 말씀이 절대의 능력과 진리로 피부에 와닿지 않는다. 하여 빌립은 주님을 따라다니며 눈으로 보면서도 그가 하나님의 구원 역사의 대행자임을 알지 못했다. 그는 많은 이적 기사와 진리의 가르침을 받았으나 그것이 구체적으로 나타난 뚜렷한 한 진리로 정립하지 못해 하나님을 보여 달라고 주님께 조른다. 이에 주님께서는 "나를 본 자는 아버지를 보았거늘 어찌하여 아버지를 보이라 하느냐!" 하셨다. 예수 그리스도는 2천 년 전에 세상에 오셨다. 그러나 2천 년이 지난 오늘 '그가 누구인가?' '어떻게 나타났는가?' 그리고 '어떻게 오늘 역사하시는가?'를 믿는 것이 '삼위일체 신앙'이다.

사도 요한은 "이로써 너희가 하나님의 영을 알지니 곧 예수 그리스도께서 육체로 오신 것을…… 시인하지 아니하는 영마다 하나님께 속한 것이 아니니, 이것이 곧 적그리스도의 영이니라"(요일 4:2~6)라고 증언했다. 하나님의 영, 육신으로 오신 그리스도, 성령, 이 셋으로 나타난 한 하나님을 시인하지 못한다면 오늘 나의 영이 하나님에게 속하여 구원받을 영이 될 수 없다.

독일의 루터교 신학자 하르나크(Adolf V. Harnack, 1851~1930)는 기독교의 본질에 관해 말하면서 "기독교를 여러 가지로 정의할 수 있으나 한마디로 표현한다면 하나님에 대한 신앙"이라고 했다. 그리고 "하나님을 확실히 알고 그리스도와 성령으로 인한 그와의 바른 관계가 형성될 때 '유효 은혜'가 이루어져 하나님께 인정받게 되는 것"이라고 했다. 또한 그는 "기독교의 본질은 교회나, 예배의식이나, 다른 형식적 활동에 있는 것이 아니라 각자의 영이 하나님의 뜻을 깨닫고 지상에 나타나신 그리스도를 본받아 살며 성령의 역사로 치유함을 받아 영생을 얻는 하나님의 협동 능력에 있다."라고 했다.

독일 신학자 에벨링(Gerhard Ebeling, 1912~2001)은 그의 저서『기독교의 본질』(1963)에서 하르나크의 견해에 첨부하여 '기독교의 신앙'이란 다른 종교와 같이 별난 사람이 인간 편에서 신에게 접근하는 '특수 신앙'이 아니다. 신이 인간 모두에게 접근하여 삼위의 역사로 구원에 이르는 '일반 신앙'이라고 했다. 그리스도의 현현(顯現)은 전 인류, 즉 '누구나'를 위해 오신 것이며, 결코 '예정된 몇'을 위해 오신 것은 아니라는 것이다. 그런데도 "오늘의 교회는 삼위의 능력은 사라지고 역사박물관이나 교파전시장으로 전락되었다."라고 꼬집었다. 그는 현재 교회는 삼위가 살아서 역사하는 현장이 아니라 삼위가 결핍되어, 교회는 하나님의 능력이 나타나지 않는 박물관으로, 예배는 관객을 위한 전시장으로 전락했다고 본 것이다.

사도 바울이 그토록 애타게 부탁한 것도 율법과 의문과 초등 학문과 할례와 침례 등 죽은 형식에서 자유를 얻도록 살아서 역사하는 신의 체험을 강조했으나, 오늘의 신도들은 그 능력보다 구약의 역사, 꿈 이야기 등 골동품에서 깨어나지 못하고 있다. 바울이 베드로와 의견이 대립한 것도 그 부분이었다(갈 2:11~21). 냉장고에 수십 년 냉동된 해산물에 조미료를 친다고 해서 활어(요 21:10)의 맛을 기대할 수는 없다. 콸콸 소리를 내며 솟구쳐 오르는 생수와 강물의 활력의 차이는 비교할 수 없다. 그러나 오늘의 교회에는 야곱의 우물은 있어도 '수가 샘가의 생수'(요 4:5~14)는 없어졌다. 오순절 다락방의 생수, 뜨거운 성령 체험과 성도들이 모인 곳마다 나타났던 '불의 혀'는 사라진 것이다. 성부와 성자와 성령을 통한 체험이 구원의 요소일진대.

3 아리우스(Arius)와 아타나시우스(Athanasius)

초대 교회의 성장은 괄목할 만하여 2세기 말에는 지중해를 넘어 이집트의 알렉산드리아로 세력이 퍼져 나갔다. 교회가 왕성해짐과 동시에 차츰 세력 다툼과 신앙 노선 분열이 심해지더니 3세기에 들면서 알렉산드리아의 신학자 아리우스(Arius, 256~336경)가 그의 사상을 구체화하여 아리안주의(Arianism, 이하 아리우스주의)를 창시하게 된다. 그의 스승이었던 오리겐은 단지 예수님을 하나님과 구분하여 "그는 아들로 태어나 시작이 있었고, 하나님은 시작이 없었다. 그리고 예수의 능력은 인간적으로는 놀라운 것이었으나 하나님의 능력과는 비교할 수 없다. 그러므로 예수는 인간보다는 우위에 있으나 하나님에게는 미치지 못한다.(Jesus was more than man. but less than God.)"라는 '반인 사상'(Semi-Human Theory)을 주장했다.

아리우스는 오리겐의 학설을 발전시켜 예수는 인간의 몸으로 마리아에게 잉태되었다는 것(Begotten), 예수와 마리아와의 관계성(요 19:27), 예수는 역사적 존재였다는 것(역사성), 그리고 하나님께 절대 순종했다는 것(권능의 비동일성, 마 26:42), 종말의 때와 중요 사항은 하나님만 아신다고 고백한 것(지적 비동일성, 마 24:26; 눅 21:9), 먹지 않으면 시장하셨고(마 21:18) 피곤하면 주무셨으며(마 8:24), 성전에서 분노하신 일(마 21:12) 등을 들어 예수가 인간이셨다는 것을 강조하며 예수 그리스도의 신성(神性)을 부인했다. 그는 오로지 여호와만 유일신이라는 '유일신사상'(Uniterianism)을 강조했다. 결국 아리우스파는, 예수님의 행적을 보고 "그가 어떠한 사람이기에 바다도 순종하는가?"(마 8:27)라고 감탄한 제자들처럼, 예수님을 인간과 신의 중간 정도의 존재로 본 것이다.

아리우스의 사상이 교회를 잠식하여 아리우스주의(Arianism)를 만

내주께더가까이

들어 교회 분열을 일으켰을 때, 불후의 성자 아타나시우스(Athanasius, 293~373)가 일어난다. 그는 알렉산드리아에서 태어나 독실한 부모의 신앙을 전수받아 아리우스주의에 반기를 들고 싸우게 된다. 그로 인해 생명의 위협을 수 없이 받았다. 주위에 사막이 산재해 있던 2백 여 곳의 수도원에 숨어 다니며 그를 암살하려는 세력을 피해 생명을 부지하면서 아리우스파들과 생명을 건 싸움으로 일생을 보내게 된다.

당시 아리우스는 광야의 수도원에서 오랜 수도와 기도로 수양하는 사람들이 인간 예수를 향해 '주'(Lord)라고 하는 것은 큰 잘못이라고 능변을 토했다. 아리우스의 제자였던 리비아의 사제 안토니(Antony)가 북 아프리카의 알렉산드리아에 나타나 예수는 半-神(Demi-God)이지 여호와 하나님은 아니라고 외쳤다. 그들의 선동에 많은 신자가 흔들리자 교계는 혼란에 빠지게 된다. 그래서 콘스탄티누스 대제(King Constantine, 274~337)가 터키의 니케아(Nicaea, Turkey)에서 주후 325년 5월 25일 교회 지도자를 소집하고(Councils of Nicaea, 제1차 니케아 공의회) "교회(Church)가 하나로 통일되지 못하고 분열과 싸움을 일삼는 것은 하나님에게 대한 모독이며 자멸"이라고 하며, 오직 통일만이 발전하는 길이라는 것을 강조하여 투표로 정통 교리(Orthodox Definition)인 삼위일체설을 제정하게 했다. 당시 대부분의 감독(Bishop)들과 신학자들이 아리우스주의자였으나 사회자였던 대제의 권위에 압도되어 아리우스주의자가 아닌 것처럼 행세했다. 이때 아타나시우스는 알렉산드리아 감독 알렉산더를 따라 니케아 공의회에 참석하여 아리우스의 이단설(異端說)을 단호하게 물리침으로써 명성을 얻어, 326년에 주교가 죽자 알렉산드리아 감독이 되어 46년간 섬기게 된다.

니케아 공의회가 끝난 지 채 3년도 지나지 않아 콘스탄티누스 대제는 아리우스의 사상을 차츰 알게 되면서 신학적 약세를 커버하기 위해 아리우스 사상을 받아들이고 정통파를 압박하기 시작했다 그 당시 교회를 대표하는 교황(법왕)과 나라를 대표하는 황제(왕) 사이에는 세력 다툼이 심했다. 그는 신학 충돌의 원인이 아리우스가 아니라 정통 신앙이라고 생각하게 되었다.

그가 원한 것은 진리 사수가 아니라 제국의 안정이었다. 그래서 그는 정통 신앙 추종자들과 아타나시우스가 제국 화합의 최대의 걸림돌이라고 생각했고 정통 신앙 추종자들을 추방하기 시작했다. 그는 아타나시우스에게 "교회에 오는 모든 사람에게 자유로운 견해를 허용하라. 어떤 신학적 주장을 금지하거나 배척하는 대감독은 물러나게 할 것"이라고 통보했다. 아타나시우스는 콘스탄티누스 대제의 요청을 거절했고 1년 넘게 알렉산드리아의 감독 자리를 떠나 콘스탄티노플로 가서 진리를 변호했다.

콘스탄티누스 대제는 재위 30년을 기념하기 위해 그리스도의 무덤 터에 웅장한 성전을 지어 축성식을 하려고 감독들을 초청했다. 초대받은 감독들은 예루살렘 길목 티루스에서 총회(335년 7월 11일)를 열었다. 중도파의 수장 가이사라의 유세비우스가 이를 주도했다. 이 총회에서 아리우스파의 대변자 니코메디아의 유세비우스와 알렉산드리아의 대감독직을 노리는 중도파 멜레티우스의 추종자들이 갖은 죄목을 붙여 아타나시우스를 모함했으며, 아타나시우스가 궐석한 상태에서 대감독직 해임을 결정했다. 티루스 총회는 장소를 예루살렘으로 옮겨(335년 9월 17일) 계속되었는데, 여기서 아리우스는 콘스탄티누스 대제의 기대에 부응하는 신앙고백서를 제출했고 콘스탄티누스 대제는 아리우스를 받아들이고 아타나시우스를 추방했다(1차 유배). 아리우스는 승리를 거머쥐게 되고 아리우스주의는 동방교회 안에서 '정통 신앙' 지위를 차지했다.

아리우스파를 지지했던 콘스탄티누스 대제(콘스탄티누스 1세)가 죽은 뒤, 그가 죽인 장남을 제외하고 둘째 아들 콘스탄티누스 2세(Constantine II, 재위 337~340)가 로마 제국의 황제가 되었으나, 셋째 아들 콘스탄티우스 2세(Constantius II, 재위 337~361)와 막내아들 콘스탄스(Constans, 재위 337~350)와 함께 제국을 분할 통치했다. 콘스탄티누스 2세는 삼위일체설을 신봉하고 니케아파를 지원했으며 유배된 아타나시우스(Athanasius)를 복권시켰다(337년),

이때, 동로마 제국의 황제 콘스탄티우스 2세는 맏형의 요청에 따라 그의 귀환을 승인하기도 했으나, 그는 339년에 니케아 공의회에서 이단으로 파문됐던 아리우스를 줄곧 지지한다. 소극적이던 보수주의 삼위일체 파가 신학적 기반을 갖추게 되자 아리우스주의자들은 유대인들과 이방인 신도들을 선동하여 지방교회를 정면으로 공격했다. 그들은 교회의 통치권과 정치적 실권을 장악하려는 음모를 꾸며 아타나시우스가 한 감독(알세니우스)을 살해하여 그의 시신을 해체했다고 거짓 선전을 하기에 이른다. 그리고 아리우스파들은 단독으로 안디옥에서 의회를 열고 니케아 신조를 변경하고 아타나시우스를 처벌하기로 결의한다(2차 유배).

이 시기, 콘스탄티누스 2세는 막내 동생 콘스탄스에게 북아프리카 영토의 분할을 요구하며 이탈리아를 기습 침공했으나, 콘스탄스 부대에 의해 살해되고, 콘스탄스 황제는 콘스탄티누스 2세가 다스렸던 지역까지 떠맡아 서로마 제국 전역을 통치하게 된다. 콘스탄스 황제는 콘스탄티우스 2세와는 달리 니케아파를 지지했으며, 아타나시우스를 돕기 위해 공의회를 주최하기도 했다. 아타나시우스는 알렉산드리아 시민 다수의 강력한 복귀 요청으로 346년 유배에서 귀환하게 되어 알렉산드리아 시민들의 밤늦도록 꺼질 줄 모르는 횃불 환영을 받았다. 유배에서 돌아온 그는 사막의 수도사들의 지지를 받아 10년간 삼위일체 신앙의 정통 교리를 펼쳐 나갔으며, 교회는 평화가 유지되는 것 같았다. 그러나 콘스탄스 황제가 350년에 그의 휘하에 있던 마그네티우스 장군의 반란으로 살해당하자 콘스탄티우스 2세가 마그네티우스를 섬멸하고(351년) 로마 제국의 단독 황제가 되면서 교회는 또다시 큰 소용돌이에 휘말리게 된다.

콘스탄티우스 2세는 353년에 프랑스 알레스(Arles)에서 제2차 Arles 공의회를 소집한다. 이 공회의회에서 니케아 신조가 수정 통과되나 여호와의 우월성과 단일성, 그리고 성삼위(Holy Trinity)와 예수 그리스도에 대한 신성(Devine Nature), 그리스도를 통한 구속(Redemption)이 명시되어 있지 않았다. 그 소식을 듣게 된 밀란 시민들과 알렉산드리아 시민들이 일어나 아타나시우스의 의견을 듣기 전에는 그 의회의 결의를 인정할 수 없다고 부르짖게 된다. 역사 기록에 의하면 알렉산드리아 교회에 신도들이 모였을 때 그 주위를 포위한 로마 군인들이 5천 명이나 되었다고 한다. 그때 아타나시우스는 그의 주교좌(主敎座)에 앉아 시편 136편을 읽었다. 그리고 성도들이 한마디 한마디를 큰 소리로 따라 복창했다. 그 내용 가운데 22회 반복된 "여호와께 감사하라"는 말씀을 읽었을 때, 그들은 로마군의 봉쇄 속에서 감격의 눈물을 흘렸다고 기록되어 있다. "우리를 대적에게서 건지신 이에게 …… 큰 왕들을 치신 이에게 감사하라! 그 인자하심이 영원하시도다……"라고 외쳤을 때 군인들이 성전을 침입했고 풍비박산이 된 신도들은 아우성을 치며 교회를 빠져 나갔다. 군인들이 아타나시우스를 잡지 못하자 가가호호를 수색했다. 기록에는 그 당시 그는 만 60세였으나 건장했고 그날 밤 나일강을 작은 배를 타고 도망쳤다(356년, 3차 유배). 그 이후 6년간을 한 수도원에서 다른 수도원으로 변장하여 숨어 다녔다. 당시 100세가 넘은 스페인의 성자 코르도바(Cordova)의 호시우스(Hosius, 256~358)는 체포되어 고문을 당했으나 보수주의(Orthodox)를 고수한다.

또한 콘스탄티우스 2세는 알레스 공외희에서 아리리우스파 주교들을 모아 법황을 정죄하는 선언문을 채택하게 했다. 이에, 아리우스 이단 논쟁 때 정통 교리를 강력히 수호하며 이단을 척결했던 지도자 로마 법황 율리오 1세(Julius, 재위 337~352)의 뒤를 이어 법황이 된 리베리우스(Liberius, 352~366)가 크게 분노하여 355년 밀란(Milan) 성당에서 의회를 다시 개최하였으나, 결국 나약한 리베리우스 법황은 아리우스파에게 주도권을 빼앗기게 된다. 이에 알렉산드리아 교구는 교인들의 극렬한 반대에도 불구하고 아리우스파 주교에 의해 장악된다.

이후 361년, 황제 콘스탄티우스 2세가 부제(副帝) 율리아누스의 배반으로 인해 서방으로 출정하던 중 병으로 죽고, 이교도(비기독교인) 율리아누스 황제가 되자 아타나시우스는 알렉산드리아로 돌아올 수 있었으나, 이듬해 다시 추방된다(362년, 4차 유배). 그 후 363년 율리아누스 황제가 죽자 아타나시우스는 알렉산드리아 감독직에 복귀했으나, 365~6년 잠시 추방당한다(5차 유배). 이렇듯 아타나시우스는 삼위일체에 대한 정통 신앙을 굽히지 않은 까닭으로 다섯 번이나 교구와 감독직에서 추방되고, 17년간 유배 생활을 해야 했다. 그는 373년 숨을 거두기까지 니케아 공회의 결의한 정통 교리들을 확고히 하는 일에 주력했다.

아타나시우스보다 61년 뒤에 태어난 아우구스티누스(Aurelius Augustinus, 354~430)나 성 제롬(St. Jerome, 347~420) 등 많은 삼위일체주의자가 일어나면서 삼위일체 사상은 왕성하게 되고 일위설은 점차 쇠퇴하여 Near-Arianism으로 바뀌게 된다. 아우구스티누스는 젊은 시절 방탕과 혼동 속에서 살았으나, 32세 때(386년) 기독교로 개종하여 395년 히포의 주교가 되었고, 삼위일체설을 더욱 깊게 확립했다. 성 제롬은 Aquileia 근처 Stridon (지금의 크로아티아 지역) 태생으로 12세에 로마에서 수사학과 라틴어, 철학을 공부한 후 19세 때 세례를 받고 당시의 유명한 신학교였던 Alexandria 교리학교에서 수학했으며 신학자가 된다. 그는 성경 해석과 애매한 교리를 밝히는 변증신학(Apologetic Theology)을 발전시켰다. 또한 382년부터 시작해서 406년에 신약성경을 헬라어에서 라틴어로, 구약성경의 경우에는 헬라어로 쓰인 70인역에서 라틴어로 번역하여 불가타 성경번역본을 완성했다. 무엇보다 그는 이단자들과의 논쟁에도 앞장섰는데 오리겐, 아리우스파, 펠라기우스파 등의 사상을 논박했다. 아리우스파에 관해 그는 "당시의 성직자들은 많은 국가의 녹을 받아 이곳저곳으로 회의에 참석하는 여행자였고 아리안들을 집결시키려고 노력했으나 기쁨을 얻지 못하고 믿음은 흔들리고 있었다."라고 기록하고 있다.

아타나시우스가 죽은 지 8년 뒤인 381년 콘스탄티노플 1차 공의회 이르러서야 마침내 니케아 공의회의 결정이 유일하고 합법적인 신앙고백으로 인정됨으로써 아리우스파에 대한 완전한 승리를 거둔다. 콘스탄티노플 1차 공의회는 로마 황제 데오도시우스 1세가 아리우스 이단 논쟁을 종결짓기 위해 소집했다. 이 회의에서는 아버지인 하나님과 아들인 예수 그리스도는 '동일 본질'(Homoousios, one substance, 호모우시오스)이라는 니케아 종교회의 결정을 재확인하는 니케아-콘스탄티노플 신조가 제정됐다. 또한 예수는 완전한 하나님이지만 사람은 아니라는 아폴리나리우스주의(Apolli-narianism)도 정죄되었다.

삼위일체 사상이 확립되기까지는 많은 희생과 피가 대가로 지불되었다. 길고 긴 시간에 이르는 진리 논쟁을 거쳐, 아버지와 아들과 성령은 다른 개체이시나 같은 성품과 목적을 가진 창조주이시라는 삼위일체설이 비로소 확고해지고, 일위신(一位神) 사상은 점차 쇠퇴하게 된다. 그러나 오늘날 일위신 사상은 합리주의와 과학의 발달에 힘입어 꾸준히 유지되고 있다. 현대의 물리학자 뉴턴도 아리우스주의자였고, 여호와의 증인이나 신교의 많은 이단종파들이 그 사상을 따르고 있다. 그들은 우리가 "주여!"라고 부르는 대상이 예수가 아니라 유일신 하나님이라고 강조한다. 오늘날도 많은 빌립이 있어, 예수님은 무시하고 하나님을 보여 달라고 하찮은 고집을 부린다. 그들에게 사도 요한이 극명하게 하신 말씀이 있다. "태초에 말씀이 계시니라 이 말씀이 하나님과 함께 계셨으니 이 말씀은 곧 하나님이시니라 그(예수)가 태초에 하나님과 함께 계셨고 만물이 그로 말미암아 지은 바 되었으니 지은 것이 하나도 그가 없이는 된 것이 없느니라 그 안에 생명이 있었으니 이 생명은 사람들의 빛이라 빛이 어둠에 비치되 어둠이 깨닫지 못하더라 …… 참 빛 곧 세상에 와서 각 사람에게 비추는 빛이 있었나니 그가 세상에 계셨으며 세상은 그로 말미암아 지은 바 되었으되 세상이 그를 알지 못하였고"(요 1:1~11)라고 했다. 그리고 사도 바울도 "그(예수)는 보이지 아니하는 하나님의 형상이시오 …… 만물이 그에게서 창조되되 …… 그가 만물보다 먼저 계시고 만물이 그 안에 함께 섰느니라 …… 그가 근본이요 죽은 자들 가운데서 먼저 나신자니 이는 친히 만물의 으뜸이 되려 하심이요"(골 1:15~18)라고 예수께서 창조 이전에 계셨고 만물이 그에게서 창조되었음을 증언하고 있다.

예수님께서 가르치실 때 알쏭달쏭한 비유로 말씀하셨다. 그것을 답답하게 생각한 제자가 주님께 묻는다. "어찌하여 그들에게 비유로 말씀하시나이까?"(마 13:10). 스승에게 충고 삼아 물었는지도 모른다. 예수께서 대답하셨다. "천국의 비밀을 아는 것이 너희에게는 허락되었으나 그들에게는 아니 되었나니 무릇 있는 자는 받아 넉넉하게 되고 없는 자는 그 있는 것도 빼앗기리라. 그러므로 …… 그들이 보아도 보지 못하며 들어도 듣지 못하며 깨닫지 못함이니라"(마 13:11~13)하셨다. 즉 말세에는 지식의 양극화(兩極化)가 일어날 것을 예언하신 것이다.

주님의 이 말씀 중에 "그들에게는 허락되지 않았다."와 "무릇(가르, For) ……없는 자는 있는 것도 빼앗기리라." 하신 말씀을 들어 어떤 이는 주님께서 오신 목적과 대상이 극히 국한된 것으로 보기도 하고, 혹자는 그 '특권'을 예지예정설로 보기도 한다. 그리고 사람들의 악하고 게으름(마 25:21)이 왕성하여 하나님의 구원 계획이 축소된 것으로 보기도 한다. 그러나 성경학자 렌스키는 "옳소이다(나이! Yes!) 이렇게 된 것이 아버지의 뜻이니이다"(마 11:26) 하신 주님의 말씀을 인용하여 이 예언의 확실성을 강조하면서 '철학과 헛된 속임수에 사로잡힘', '사람의 전통과 세상의 초등 학문을 따름'(골 2:8), '복음을 믿지 못하게 가리는(고후 4:3~4) 세상 신', 이 세 가지의 '가림 효과'를 그 이유로 설명한다. 즉 비밀을 아는 은혜는 하나님 편에서 주시기 싫어하심이 아니라(딤전 2:4; 벧후 3:9), 인간 편에서 철학과 헛된 속임수와 사람의 전통과 세상의 학문과 세상 신에 가려져서 거절하기 때문이라는 것이다.

믿음은 들음에서 생기기도 하고(갈 3:2, 5), 봄으로 믿기도 한다(요 20:29; 행 13:12). 알고 믿는 이도 있고(행 9:42; 요일 4:16) 보지 않고 믿는 경우도 있다(요 20:29; 벧전 1:8). 보지 않고 믿는 경우나 들음에서 믿음이 생기는 경우는 직접 보지 못해도 말씀을 읽거나 듣고 지식을 얻어 믿음이 생기는 경우를 말한다(행 24:14). 중요한 것은 앞장에서 말한 것과 같이 아는 것과 믿는 것, 선악을 아는 지식과 구원의 도를 아는 지식은 다르며, 믿음에도 여러 단계가 있다는 사실이다. 믿음의 단계마다 '믿음 위에 더해진 참 지식의 깊이'(벧후 1:5)도 다르다. 이 믿음 위에 서는 지식이 믿음과 화합(엡 4:13;

히 4:2)하여 온전한 지식이 될 때 온전한 믿음이 형성된다. 특히 세상에는 많은 스승이 있다. 그들로부터 얻은 종합된 지식이 하나의 패러다임을 형성한다.

사람들은 믿기만 하면 구원을 받는다고 장담한다. 그러나 모르는 것을 믿을 수 없고 안다고 다 믿는 것도 아니다. 믿음은 들음에서 나지만 그 들음 중에서 긍정된 종합 지식이 믿음이라는 패러다임을 형성한다. 어떤 이는 믿음을 구원을 보장하는 선불 수표로 착각하고 '믿음=구원'으로 유추(類推)한다. 그러나 구원에 이르는 믿음은 아무 믿음을 뜻하는 것이 아니다. 하나님의 종합적 진리에 부합된 믿음이어야 하며 그 믿음이 자라나 구원의 열매를 맺는 것이다.

사도행전 5장에 보면 사도들이 복음을 전하다가 투옥되었다가 주의 사자가 옥문을 열고 끌어내어 다시 생명의 말씀을 전하게 하신다. 이에 베드로와 사도들은 다시 잡혀 와서도 공회원들과 대제사장들에게 "너희가 나무에 달아 죽인 예수를 우리 조상의 하나님이 살리시고 이스라엘에게 회개함과 죄 사함을 주시려고 그를 오른손으로 높이사 임금과 구주로 삼으셨느니라 우리는 이 일에 증인이요"(30~32)라고 담대히 복음을 전하자, 그들이 크게 노하여 사도들이 없애려고 한다. 이때 율법 교사 가말리엘이 "너희가 이 사람들에게 대하여 어떻게 하려는지 조심하라! 이전에 드다라는 자가 일어나 …… 사람이 약 사백 명이나 따르더니 …… 흩어져 없어졌고 …… 갈릴리의 유다가 백성을 꾀어 따르게 하다가 …… 모든 사람이 흩어졌느니라 …… 이 사상과 소행이 …… 만일 하나님께로부터 났으면 …… (그를 투옥하는 것은) 도리어 하나님을 대적하는 자가 될까 하노라"(34~39) 하며 그들을 만류한다. 가말리엘의 말을 옳게 여긴 공회원들과 대제사장은 사도들을 채찍질하며 예수의 이름으로 말하는 것을 금하고 놓아주었다. 이에 사도들은 "예수 이름을 위하여 능욕 받는 일에 합당한 자로 여기심을 기뻐하면서"(41) 공회를 떠나간다. 여기서 사도들이 채찍으로 맞고 투옥되는 것을 기뻐할 이유가 무엇인가? 주를 위해 능욕을 받은 경험과 지식이 '하나님의 뜻'임을 확신했기 때문이다. 그리고 사도들을 죽이려 했던 대제사장과 사두개인들을 만류했던 율법 교사 가말리엘은 어떤 사람인가? 그는 비록 바리새인이었으나 역사 속에 숨은 진리를 발견한 지식인이라고 할 수 있다.

하나님의 빛과 진리가 예수 그리스도를 통해서 나타났으나 그것을 막는 '가림 효과'(Shade Effect)가 있다. 앞서 렌스키가 지적한 바와 같이 '철학의 속임수와, 세상 초등 학문, 그리고 어둠'의 '가림 효과'가 그것이다. 그 밖에도 하나님께서 땅에 묻으시는 '비밀 효과'도 있다. 왜 하나님께서 비밀에 부쳐 숨기시는가? 그것은 귀중한 보화이기 때문에 '구하고 찾고 두드리는 자'에게 주시기 위함이다. 아타나시우스 시대에나 어느 시대를 막론하고 '마귀의 가림 효과'와 '하나님의 비밀 효과'가 있다. 그 두 효과가 말세에 갈수록 더 심해지는 이유는 인간의 취향과 마귀의 발악이 점증하는 탓이다. 그것이 믿음 위에 지식을 더해야 하는(벧후 1:5) 이유다.

하나님의 구원의 진리는 '보화'요, '값진 진주'요, '빛과 소금'이요, '정금보다 귀한 지식'(잠 8:10)이다. 그렇게 귀한 지식을 아무에게나 주실 리가 없다. "여호와를 경외하는 것이 지혜의 근본이요 거룩하신 자를 아는 명철"(잠 9:10)이라고 하시면서 "지식이 없는 소원은 선하지 못하고"(잠 19:2), "세상에 금도 있고 진주도 많거니와 지혜로운 입술이 더욱 귀한 보배니라"(잠 20:15) 하셨다. 그러니 하나님을 경외하는 지혜와 지식이 없으면 더욱 교활해진 마귀의 함정을 이길 수 없다. 결국, 피비린내 나는 삼위일체 싸움은 예수 그리스도의 신위(神位)에 대한 지식 싸움이었다.

그러나 삼위일체설을 인정하지 않는 여호와의 증인과 유니테리언들이 오늘날도 기성을 부리고 있다. 주님께서 "너희 믿음이 어디 있느냐"(눅 8:25)라고 물으셨고, 믿음을 보시고 죄 사함을 선언하셨으며(눅 5:20), 때로는 믿음이 큼을 칭찬하셨다(마 8:10; 9:2, 29; 15:28; 막 5:34; 눅 7:9). 그런 주님께서는 "인자가 올 때에 세상에서 믿음을 보겠느냐" 한탄하셨다(눅 18:8). 주님께서 한탄하신 뜻이 무엇인가? 말세에 올바른 지식과 믿음을 보겠느냐는 뜻이 아니겠는가? 아무 믿음이나 상관없이 믿기만 하면 구원받는 것이 아니라, 바른 믿음이 구원을 받게 하는 것이다(롬 4:24; 6:8; 10:9, 11; 갈 3:22; 엡 2:5).

세상에는 많은 사건이 있고 사건마다 많은 사유(事由)가 있다. 그중에서 바른 사유를 믿기 위해서는 바른 이해와 지식이 있어야 한다. 참된 바른 지식은 구하고 찾고 두드리는 자에게 주신다고 주님께서 말씀하셨다. 그리고 "너희는 하나님을 믿으니 또 나를 믿으라"(요 14:1) 하신다.

4 신자의 회의(懷疑)

회의(懷疑)는 인간이 이성(理性)을 가졌다는 증거다. 그러나 회의가 깊어지면 회의주의가 되고 그것이 발전하면 허무주의(Nihilism)가 된다. 허무주의는 모든 것을 '허무'(Nihil)로 보는 회의주의(Skepticism), 곧 '의심증'(Scep)을 말한다. 회의주의에는 두 가지 회의주의가 있다. 그 하나는 지식의 결핍(Lack of Knowledge)에서 오는 회의로서 '철학적 회의'또는 '지적 회의'라고 부른다. 따라서 과학적 회의도 따지고 보면 철학적 회의라고 할 수 있다. 그리고 다른 하나는 신념 또는 신앙의 결핍(Lack of Conviction)에서 오는 '인격적 회의'다. 사람과 사람 사이의 회의도 지적 회의 또는 철학적 회의가 있고, 인격적 회의가 있다.

신앙 초기에는 말씀이나 진리에 대한 지적 회의가 앞서고, 신앙이 깊어지면서 인격적 회의가 발동한다. 앞서 말한 것처럼 믿음은 지적 확신에서 생기고, 신앙은 인격과 인격의 관계 형성에서 생겨난다. 지식은 이해에서 오는 것이며, 믿음은 이해를 훌쩍 초월한 지식에서 온다. 그리고 신앙은 상식을 초월한 인격과 인격의 관계 형성에서 온다. 상대를 알고 친해지면 믿음이 생기고, 그 믿음이 사랑하는 관계가 되면 신앙이 된다. 따라서 지적 회의는 믿음을, 인격적 회의는 신앙을 해치는 방해 요소다.

아들이 아버지에게 사업 계획을 설명하고 자금을 요청했다. 아버지는 그의 말을 믿을 수 없어 사업 자금을 주지 않았다. 그랬더니 아들은 몹시 서운하고 분하여 "나를 못 믿느냐!"며 펄펄 뛰었다. 아버지는 차분히 대답했다. "너의 인격을 못 믿는 것이 아니고 너의 지식을 못 믿는 것이다." "네가 그런 사업을 해 본 경험이 없으니 어떻게 네 말을 믿을 수 있겠느냐?" "너의 거짓없는 착한 마음이나 효심도 알지만 착할수록 세상에 속기 쉬워 세상을 못 믿는 것이다."라고 회의의 근원을 설명했다. 아버지의 아들에 대한 회의는 지적 회의였고 아들이 아버지에 대한 회의는 인격적 회의였다. 지적 회의는 지식을 얻으면 해소될 수 있으나 인격적 회의는 한번 굳어지면 회복하기가 쉽지 않다.

그리스 엘리스(Elis)의 피로(Pyrrho, BC 360?~270?)는 회의는 무지에서 시작된다고 정의했다. 회의주의를 의미하는 '피로니즘'(Pyrrhonism)이라는 말은 그의 이름에서 유래한다. 그는 우주의 본질과 기본 윤리(Pragmata)에 대한 무지와 인간의 적응 방법(Adapt Attitude)에 대한 지적 회의가 있고, 인간의 신념(Doxa)의 결핍에서 오는 인격적 회의가 있다고 보았으며, 철학적 회의를 이해의 결핍으로, 인격적 회의를 신념의 결핍으로 보았다. 그의 주장에 따르면 동양 사상이나 동양 종교는 철학적 회의에서 생겨났다고 볼 수 있다. 불교는 생사고락에 대한 철학적 회의에서, 힌두교와 라마교는 존재에 대한 철학적 회의에서 생겨났다. 그러나 기독교는 인간의 철학적 회의에서 시작된 것이 아니라 하나님이 육신이 되어 인간에게 접근하여 인격적 관계에서 시작된 것이다.

주전 5세기, 그리스의 철학자 플라톤(Plato)에 의해 플라톤주의(Platonism)가 생겨난다. 그것은 유한한 인간 세계에서 무한한 이상 세계를 묵상이나 명상으로 추리할 수 있다고 보는 사상이다. 플라톤주의는 주전 3세기에 들면서 아리스토텔레스에 의해 신플라톤주의(Neoplatonism)로 발전한다. 신플라톤주의는 묵상이나 명상 대신 논리적 추리와 깊은 사색으로 인간이 신에게 접근할 수 있다고 보고 신비적 방법을 배제한다. 즉 서양은 애당초 인간과 신의 관계성을 추구한 것이다. 그리하여 천재 화가 미켈란젤로나 현대 철학자들이 이 사상을 따라 신비의 깊은 경지를 개척하게 된다.

결국, 회의가 모든 지식의 기반이 된다고 해도 과언이 아니다. 그 영향을 받아 교회 내에서도 회의주의가 든든한 기반을 닦게 된다. 그중에 특기할 것은 3~4세기에 왕성했던 영지주의(Gnosticism)에 의한 회의다. 영지주의는 이원론적 회의로 영과 육의 대립설에 기인한다. 그로 인해 그노시스파는 예수님의 성육신(成肉身)을 부인하게 된다. 육은 악한 본질을 가졌는데 어떻게 신이 육으로 태어날 수 있겠느냐는 회의에서 시작된 주장이다. 그에 대해 아우구스티누스가 『회의주의에 대한 반박』(Contra Academicos)을 발표하게 된다. 여기서 그는 회의주의 논변의 잘못된 사용에 대해 경고하고 있는데, 논점은 1) 인간의 논리로는 영적 진리를 비판할 수 없다는 것, 2) 착오(Error)가 없는 인간 지식은 없다는 것, 3) 성경의 착오(Error)를 인간이 지적할 수 없다는 것, 4) 그리고 회의하는 자는 아무 일도 할 수 없다는 것이다. 그는 이에 관해 다음과 같은 예를 들어 설명했다. 두 사람이 목적지를 향해 길을 가다가 갈림길을 만난다. 두 사람은 들에서 일하는 농부에게 두 길의 목적지를 물었다. 농부는 그들에게 두 길의 종점을 말해 주었다. 그런데 한 사람은 그의 말을 믿고 곧장 걸어갔다. 그런데 다른 한 사람은 그를 물끄러미 쳐다보더니 그의 인격과 말의 신빙성을 분석하느라 그 자리를 떠나지 못했다. 그 농부가 정신 착란을 일으킨 것은 아닌지? 그가 장난삼아 골탕 먹이려는 것은 아닌지? 골머리를 앓는 동안 해는 지고 말았다는 것이다.

아우구스티누스는 회의주의를 인간의 악한 본성이요 실패의 원인이며, 두려움(Dread)에서 생겨난 부패 현상으로 보았다. 하여 더러워진 영혼은 속속들이 부패되어 있어 죄에 대해서는 회의가 없으나 의에 대해서는 회의를 갖는다고 했다. 이런 인간의 본성을 바울은 '본질상 진노의 자녀'(엡 2:3)라고 한 것이다. 그러나 그 영혼이 회개를 통해 새롭게 하심을 받게 되면 사망에서 건짐(벧후 2:9)을 받아 양심이 살아나면서 또 다른 두려움에서 회의(롬 7:24)가 생겨난다는 것이다. 결국 아우구스티누스는 회의를 자기 보호 의식이요 허약 증상으로 본 것이다.

성경에서 회의는 첫째, 무지에서 오는 회의(아포레오, Uncertain, 눅 24:4; 요 13:22; 갈 4:20)가 있다. 이 '아-포오레오'는 '포로스'(길/진리)가 '아'(아니다)는 부정을 뜻하며, 목적 달성에 대한 회의다. 그리고 진리나 사실 내용을 알게 된 후에도 당황하는 회의(디아포오레오, Perplerxed, 눅 9:7; 행 2:12; 10:17)가 있다. 그것은 자기가 몰랐던 반대 개념을 알게 될 때 당황과 근심으로 '혹시나'하는 회의가 생기는 경우다. 이것들은 다 '지적 회의'다. 둘째로 믿음의 부족에서 오는 회의가 있다. '의심'(디스타조오, Doubt, 마 14:31; 28:17)이다. "믿음이 적은 자여 왜 의심하느냐?" 하신 의심이다. 이 믿음의 부족에서 오는 의심이 신앙을 병들고 퇴화시킨다.

믿음은 "바라는 것들의 실상이요 보이지 않는 것들의 증거"(히 11:1)이다. '실상'이나 '증거'가 무엇인가? 회의를 무효화시키는 것이 아닌가? 믿음은 크게 나누어 세 가지로 분류한다. 첫째는 현실적 신앙, 또는 역사적 신앙이다. 그것이 도시에서 살던 아브라함과 사라가 미개한 산지 가나안으로 나갔던 순종형(順從型) 믿음을 말한다(히 11:8~11). 둘째가 기대형(企待型) 믿음이다. 미래에 대한 희망과 기대에서 믿어 보는 신앙이다. 그것이 라합의 경우(히 11:31)요, 부활 신앙(히 11:35)이요, 나오미의 신앙이다. 그리고 셋째가 종말형(終末型) 믿음이다. 그것이 노아와 롯의 신앙(히 12:5~11)이지만 오랜 세월 인내해야 하므로 지치기 십상이다. 이 세 가지 믿음은 반드시 있어야 하나 현실보다 미래, 미래보다 먼 종말에 관한 것일수록 '흑암과 사망의 그늘에 앉아 곤고함과 (회의의) 쇠사슬에 매이기'(시 107:10~11) 쉽다.

17세기 프랑스 수학자요 과학자였던 파스칼(Blaise Pascal)은 믿음과 회의의 원리를 확률로 설명했다. 불신 상태에서 어떤 내용을 선택할 때, 정(正)이냐 오(誤)이냐의 확률(確率)은 각각 1/2이며, 그런 상태에서 한쪽을 선택하는 것은 모험이요 투기로 보았다. 즉 다소의 지식을 얻어 극히 적은 5%의 믿을 만하다는 견해 차이가 생길 때, 비로소 55%의 믿음을 유발하여 45%의 회의를 품은 채 믿게 된다고 보았다. 결국 어떤 선택이든지 시작할 당시에는 믿음은 대등한 회의를 동반하여 줄다리기를 한다는 것이다.

이와 같이 이해타산적이며 이성적 선택은 이성이 발달한 젊은이들에서 흔히 볼 수 있다. 모험적이며 위험한 선택은 삶의 모든 면에서 볼 수 있으며, 그것을 '파스칼의 투기'(Pascal's Wager)라고 한다. 그는 그 위험한 선택이 차츰 자라면서 상대적으로 회의가 감소하게 된다고 보았다. 그러던 그가 서른아홉 살 되던 해, 죽기 얼마 전 밤 11시경 기도하는 중에 뜨거운 불로 임한 성령 체험을 하고 기록한 것이 유명한 『팡세』다. 그는 불같은 성령의 체험을 한 후에 모든 회의가 한순간에 사라지는 이변을 발견하고 확신을 얻게 된다.

신실한 기독교인이었던 16세기의 몽테뉴(Michel De Montaigne)는 그의 수필집에서 흔히 신자들이 갖는 두 종류의 회의를 밝히면서, 첫째가 신에 대한 직접적 회의요, 둘째가 신에 대한 간접적 회의로서 종교인들의 논리(Logic)의 우월성(Superiority), 형식화, 타락상에 대한 회의라고 했다. 흔히 신앙이 좋은 사람이 남을 향해 손가락질하며 "왜 이 모양이야!"라고 실망을 토로하는 경우다. 이 회의는 그릇된 자기 우월감, 즉 되지 못하고 된 줄로 생각하는 교만의 특징이다. 그리고 자존심이 강한 사람들이 갖는 우월감이다.

이와 같은 교만한 우월감은 불교의 석가모니처럼 왕자도 아니고, 교육을 많이 받은 현자도 아닌 구석진 나사렛에서 무슨 선한 것이 날 수 있느냐(요 1:46)? 목수의 아들이 아니냐(마 13:55)라는 직접적 회의를 쏟아낸다. 그러나 이것은 자기의 의를 내세우는 바리새인의 교만이라고 볼 수 있으며, 성경이 이런 자들을 길이 참고(약 5:8) 돌이켜 그들의 믿음을 굳게 하라(눅 22:32)고 권하신 이유다. 이와 같이 교만에서 오는 회의를 '실족'(失足, 스칸알롱, 벧후 1:10)이라 볼 수 있다. 믿음의 증거는 겸손과 순종이지만 회의의 증거는 교만과 원망이다.

몽테뉴는 그의 수필집 제1권에서 건설적 회의와 건설적 의견을 구분하면서 신자에게도 판단의 오류와 회의가 생기는 이유를 자기 지향(Intention)과 자기 의견(Opinion), 자기 유익, 변화하지 못한 아집, 우월감, 그릇된 상상과 감정 등에 의한 것이라고 했다. 수필집 1권 27장에서 "어린아이와 같이 되지 아니하면"(마 18:3) 회의가 없는 바른 신앙에 들어갈 수 없다고 지적하면서, 마음의 단순함(Simple-Minded)과 무지(Ignorance)는 다르다는 것을 강조한다. 그는 결론에서, 자기 자신이 똑똑하여 하나님에게 '어찌하여'(에안, Why)라는 의문을 가진 자, 자기 판단의 우월감에서 세상을 원망하며 하나님에게 순복하지 않는 자, 즉 오만에 도취한 자가 회의주의자가 된다고 했다. 그는 그것을 누구나 가지고 있는 자존심(自尊心, Self respect) 탓이라고 본다. 죽어도 버릴 수 없어 묘비에까지 남는 것이 자존심이던가?

근대의 대표적인 회의주의 철학자로는 독일의 니체(Friedrich W. Ni-etzsche, 1844~1900)를 들 수 있다. 니체에 의해 허무주의는 철학적·신학적 전통에 따라 주어져 있는 모든 가치의 전도(Umwertung)로 표현되었는데, 그의 회의주의는 독선적 회의주의, 염세적 회의주의라는 비판을 많이 받았다. 그는 할아버지와 아버지가 목사인 독실한 기독교 가정에서 태어나 어렸을 때부터 천재라는 평을 받으며 자랐다. 그는 학위도 받기 전에 은사였던 프리드리히 리츨 교수(F. W. Ritschl, 1806~1876)가 "나의 39년간의 교단생활 중에 이토록 성숙한 사람을 보지 못했다."라고 추천하여 24세의 젊은 나이에 바젤대학 고전어와 고전문헌학의 촉탁교수로 임명된다.

그는 『왜 나는 그처럼 현명한가』와 『이 사람을 보라』(1888)를 발표하면서 자신의 우월성에 도취해 당시 교회의 형식화와 비도덕성을 힐난하게 비판한다. 그 내용 중에 이런 말이 있다. "나는 일곱 살이라는 거짓말 같은 어린 시절에, 이미 어떤 사람의 말도 나에게 미치지 못하리라는 것을 알았다. 그러면서도 나는 얼마나 처연했던지 내가 한 일을 자책하거나 슬퍼하는 것을 본 사람이 있을 것인가? 나는 오늘도 역시 누구에게나 같은 친밀감을 가지고 있다. 가장 낮은 사람에 대한 경의도 충분히 지니고 있다. 모든 것에 오만감이나 경멸감이 조금도 없다. 그리고 '인간'에 대해 위대함을 표한다. 그 이유는 각자에게 주어진 운명을 사랑하는 것만이 그에게 주어진 의무라고 믿기 때문이다."라고 말했다. 그래서 사람들은 그를 자기긍정주의, 현실긍정주의자라고 평했다. 이런 주장까지는 문제 될 것이 없다.

그러나 차츰 자기 우월주의가 드러나게 된다. "자기는 남(他者)이 되는 것을 조금도 바라지 않는다. 자기에게 주어진 모든 숙명은 필연적이며 그것을 자기가 단순히 견디어 낼 것이 아니라 숨기지 않고 사랑할 뿐이다."라고 말했다. 하여 그는 자기 힘과 노력만 의지하는 초인(超人, Ubermensch)이라고 평가를 받는다. 그때까지만 하더라도 허브셔(Artur Hubsher)의 평과 같이 그는 일찍 원숙(圓熟)하여 사회가 허용한 당시의 기독교를 그가 배척한 것이지 자신이 반(反)기독교인은 아니었다. 그는 영민한 관조자요 결연한 사람이었다. 그러던 중 10년간 입산수도한 고대의 수도사 '차라투스트라'의 입을 이용하여 교회를 헐뜯기 시작했다.

『차라투스트라(Zarathustra)는 이렇게 말했다』(1883)의 1, 2부가 출판되고 그다음 해에 3부, 그다음 해(1885)에 4부가 발표될 당시에는 독일 사회는 흥분하여 니체를 '초인의 설교자'라고 찬사를 보냈다. 그리고 그 후속편으로 『선악의 피안』(1886)이 발간된다. 그때부터 강자의 도덕과 약자의 도덕, 선악과 우열의 개념, 가치관의 전도 등을 극명하게 주장한다. 그즈음 그는 쇠약해져 눈이 실명에 가까워진다. 44세 되던 1888년에 『안티크라이스트』(Anti-Christ)를 발간하고 2년 후 젊은 나이에 사망한다. 그는 『안티크라이스트』에서 "지금도 많은 적그리스도가 일어났으니 그러므로 우리가 마지막 때인 줄 아노라"(요일 2:18)의 '적그리스도'를 '비기독자'가 아니라 교회를 부지런히 다니며 기독교를 방해하는 '반기독자'로 보고 당시의 교회 타락상을 힐난하게 비평했다. 그리고 자신은 신과 영혼과 구원의 피안에 그 어떤 주의에도 이끌리지 않는 무신론자라고 고백한다.

대체로 회의주의자는 건설적 회의주의자이다. 그렇다고 하더라도 자기가 회의하는 것을 기반으로 저돌적으로 세상을 뒤엎으려는 오만한 자다. 그러다 결국에는 그저 스스로 회의에 차서 비관하며 쇠약해질 뿐이다. 그러나 회의가 독선과 맞물리면 하나님 나라의 일을 그르친다. 어떤 목사가 단위에서 장로를 억압하는 설교를 했다. 그리고 "교회를 떠나는 교인 중에 하나님 때문에 떠나는 사람은 없습니다."라고 장담했다. 그와 반대로 장로나 집사가 교역자를 득달같이 헐뜯는 경우도 있다. 결국 회의주의는 피로(Pyrrho)의 말과 같이 "인간 본질과 기본 윤리의 결핍"이 주요 원인이며, 또 다른 원인은 "하나님의 섭리에 대한 신뢰와 사랑의 결핍"에서 생겨난 것이다. 그것은 결국 믿음의 결핍(디스타조오)을 말한다.

따라서 상대적 회의, 인격적 회의는 회의적 철학자뿐만 아니라 신자들에게도 주의 종들에게도, 선지자들에게도 있다. 하나님의 지시와 명령을 받은 종이나 '데코마이'의 증거를 얻은 자 중에도 있다. 그러나 분명한 것은 그것으로 하나님의 섭리를 의심하며, 그의 권능과 사랑을 의심하는 결과를 초래한다면 그것은 크게 잘못된 것이다. 그와 동시에 그런 비판과 회의를 필요 불가결한 진보로 보는 견해도 있으나 회의는 믿음을 잠식하는 것이며 아담과 하와가 선악과를 따먹은 이유요, 요나가 니느웨로 가지 않고 다시스로 가려고 했던 상대적 회의다.

　믿음과 회의는 바른 지식의 결핍에서 시작된다고 볼 수 있다. 고대 그리스 철학자 아리스토텔레스의 글『영혼에 관하여』(On The Soul) 제3장에서 "영혼은 인간의 감각이 자연현상을 파악하는 장소"라고 하면서 인간의 감각은 단순히 피동적으로 사물의 상태 변화를 현상화 하는 것이 아니라 그 다양한 가능태(可能態)를 실현하는 능력을 갖추고 있다고 했다. 그리고 지식의 본거지를 영혼으로 보고 그 능력을 지식의 현실화라고 했다. 그에 반대하여 유물론자 에피쿠로스(Epicurus, BC 341~270)는 인간의 궁극적 목적인 행복은 정신적 상태(Ataraxia, 냉정)와 육체적 상태(Aponia, 무감각)에서 오는 자연현상으로 보고 유물론을 창설한다. 결국 유물론은 행복이 얻어지지 못할 때 지적 회의가 발동한다고 보는 견해다.

　신학적으로는 직접적 회의 또는 절대적 회의가 있고, 간접적 회의 또는 상대적 회의가 있다. 전자는 하나님의 말씀이나 구원의 진리나 섭리에 대한 회의를 말하며. 자기 지식과 신념에 도취하여 하나님의 섭리를 비판하는 자세를 말한다. 그리고 간접적 회의는 교회와 신자들의 타락상이나 위선과 부패 현상에 대한 불만에서 파생된 회의다. 어떤 이는 부패도 필연적 종말 현상으로 보고 체념하기도 하고, 그와 반대로 생명을 걸고 부정부패와 싸우는 이도 있다. 그 상대적 싸움을 선한 싸움으로 보느냐, 악한 싸움으로 보느냐, 하는 것은 간단하게 말할 수 없다고 본다.

　이스라엘 신정 후기에 있었던 4대 선지자 중 한 사람인 예레미야를 예로 들어 이 문제를 생각해 볼 수 있다. 예레미야는 주전 5세기에 젊은 나이에 소명을 받고 평생을 독신 선지자로 헌신한다. "여호와의 분노가 내게 가득하여 참기 어렵도다 …… 이는 그들이 가장 작은 자로부터 큰 자까지 다 탐욕을 부리며 선지자로부터 제사장까지 다 거짓을 행함이라 …… 그들이 가증한 일을 행할 때에 부끄러워하였느냐 아니라 조금도 부끄러워하지 않을 뿐 아니라 얼굴도 붉어지지 않았느니라"(렘 6:11~14), "너희는 예루살렘 거리로 빨리 다니며 그 넓은 거리에서 찾아보고 알라 너희가 만일 정의를 행하며 진리를 구하는 자를 한 사람이라도 찾으면 내가 이 성읍을 용서하리라 그들이 여호와께서 살아 계심을 두고 맹세할지라도 실상은 거짓 맹세니라 …… 그들의 얼굴을 바위보다 굳게 하여 돌아오기를 싫어하므로 …… 이 무리는 비천하고 어리석은 것뿐이라 여호와의 길, 자기 하나님의 법을 알지 못하니"(렘 5:1~4)라며 여호와의 말씀을 받아 당시의 종교적 부패상 곧 형식화된 제사와 예배에 불만과 회의를 가진 것은 당연지사로 치더라도, "사람마다 나를 조롱하나이다"(렘 20:7), "어찌하여 내가 태에서 나와서 고생과 슬픔을 보며 나의 날을 부끄러움으로 보내는고"(렘 20:18)라고 박절한 세상을 등지고 한탄하며 회의하는 그의 모습은 의아하다. 그것이 불씨가 되어 생수의 근원을 버린 자기 백성은 물론, 생수의 근원이신 하나님도 의심하게 된다(렘 17:13~15). 결국 간접 회의가 직접 회의로 변한 것을 볼 수 있다.

또한 예레미야는 "여호와여 내가 주와 변론할 때에는 주께서 의로우시니이다 그러나 내가 주께 질문하옵나니 악한 자의 길이 형통하며 반역한 자가 다 평안함은 무슨 까닭이니이까 주께서 그들을 심으시므로 그들이 뿌리가 박히고 장성하여 열매를 맺었거늘 그들의 입은 주께 가까우나 그들의 마음은 머니이다"(렘 12:1~2)라고 반문하는데, 여기서 상대적 회의가 절대적 회의로 변한 것을 볼 수 있다. 그는 의로우신 하나님이 어떻게 불의한 자를 심으시고 키우시고 열매를 맺고 왕성하게 하시는지를 반문하면서 변론을 일으켰다. 그렇다면 그는 절대 순종을 기강으로 삼은 종이라 할 수 있는가? 아니면 주의 종이 된 것에 자괴감을 느낀 것인가? 이것이 지적이며 자기 판단,

자기 의가 옳다고 믿는 자가 빠지기 쉬운 불신이다.

그보다 약 백 년 앞서 여로보암 시대(BC 750)의 선지자 요나도 회의와 반항의 사도였다. 그는 하나님의 지시를 따라 악하고 음란한 도시 니느웨로 가서 하나님의 뜻을 전하도록 사명을 받는다. 그러나 그는 처음부터 그 명령이 못마땅해 뜻을 어기고 멀리 스페인의 항구 다시스로 도망하다가 심한 풍랑을 만난다. 요나가 선원에게 기도를 권한 것을 보면 꽤나 흠칫한 면도 있었으나 자신이 자청하여 바다에 던져서 죽기를 원한 것을 보면 그의 사명감이 묘연하다. 그리고 그 후에도 그가 하나님께 매우 성내며 불평한다(욘 4:1, 4, 7~9). 하나님의 사역을 맡은 그가 그토록 하나님께 성내며 불평하고 비아냥거린 이유가 무엇이었던가? 그것은 니느웨 백성이 그 악한 길에서 돌이켜 떠난 것을 보시고 하나님께서 뜻을 돌이키셔서 그들에게 내리리라고 말씀하신 재앙을 내리지 아니하셨기 때문이었다(욘 3:10). 그는 하나님을 변절자로 보고 촐싹대는 종이 된다.

그러다가 그가 받은 작은 위안이었던 박 넝쿨을 하루아침에 하나님께서 마르게 하심을 보고 분노가 극도에 달한다. 왜 분노가 치밀었는가? 죄의 극에 달한 니느웨는 가만히 두시고 하나님의 종인 자기의 유일한 위안인 박 넝쿨은 마르게 하신 하나님을 이해할 수 없었던 것이다. 그러나 하나님께서는 그가 성내는 이유를 물으셨다. 그는 하나님께 당돌하게 답했다 "내가 성내어 죽기까지 할지라도 내가 옳습니다."(욘 4:9). 이것이 그 누구나 하나님을 믿고 따르면서도 자기 깊은 속내는 자기 생각이 옳다는 '자기중심적 의(義)'이다. 회의를 일으키는 이 같은 '자기 의'를 '자존심'이라 한다. 그 말썽꾸러기 니느웨는 그때 잠시 회개하여 사함을 받았으나 그 140년 후 다시 타락하여 멸망을 당하게 된다(나 1:1~13; 2:1~3:19).

믿음은 자아를 송두리째 부인하고 하나님의 뜻에 순복하는 것이지만 실상은 속으로 구시렁거리는 이들이 많다. 자기 나름의 판단과 의가 옳다는 그릇된 긍지가 회의로 변한다. 이와 비슷한 오만은 나아만 장군이나, 다윗이나, 솔로몬이나, 가룟 유다나, 심지어 베드로에게서도(갈 2:12~14) 볼 수

내주께더가까이

있다. 하물며 근대의 많은 '목이 곧은' 신자나 종들이야 말할 것도 없다. 하나님은 예레미야에게 말씀하셨다. "그들은 순종하지 아니하며 귀를 기울이지 아니하며 그 목을 곧게 하여 듣지 아니하며 교훈을 받지 아니하였느니라"(렘 17:23).

주님을 만나기 전 자기 상식만 따랐던 나다나엘도 있고(요 1:46), 오라비의 부활을 믿지 아니한 마르다와 마리아(요 11:24, 32), 많은 이적과 기사를 보면서도 끝까지 주님의 말씀을 믿지 못한 제자들(요1 2:37~38)도 있었다. 그것은 오늘이라고 다를 것이 없다. 시끌벅적 많은 군상이 교회 문을 드나들지만, 그중에 몇 사람이 주님의 뜻이라면 십자가를 지겠다는 참된 종인지 알 수 없다. 부활하신 예수님을 눈으로 보고, 듣고, 손으로 만져 보고도(요일 1:1), 예수님께서 승천하시는 때까지 사십 일 동안 주님 곁에서 하나님 나라의 일을 말씀하시는 주님의 가르치심을 듣고도(행 1:3), 예수께서 지시하신 산에서 부활하신 예수를 뵈옵고 경배하면서도 의심하는 사람들이 있었던(마 28:16~17) 것처럼.

회의는 근본적으로 말씀의 지식이 부족하거나 지식이 있어도 치우쳐 균형 잡힌 지식이 아닐 때 생긴다. 말씀에는 단순하게 보이나 상반되게 보이는 진리도 있고, 뜻이 깊어 오해의 소지가 있는 진리도 있다. 앞서도 말했듯이, 마태복음 13장 10~13절 말씀이 그렇다. 제자가 예수님에게 "어찌하여 비유로만 말씀하시나이까?"라고 질문했다. 주님은 그 이유를 "그들이 보아도 보지 못하며 들어도 듣지 못하여 깨닫지 못함이라" 하신다. 마태복음 13장 10~13절 내용을 마가복음에는 "보아도 알지 못하며 듣기는 들어도 깨닫지 못하게 하여 돌이켜 죄 사함을 얻지 못하게 하려 함이라"(막 4:12; 눅 8:10)라고 기록하고 있어 더욱 난해한 말씀이 된다. 이것을 들어 예지예정설을 주장하기도 하고 그 밖에 여러 설이 나왔다. 문제는 "천국의 비밀을 아는 것이 너희에게는 허락되었으나 그들에게는 아니 되었다" 하신 데 있다.

그런데 여기서 '그들'은 서기관과 바리새인들로서 진리를 듣기 위해 온 자가 아니라 트집을 잡기 위해 온 자요, 자기들은 이미 진리를 알고 있다고 자처하는 교만한 자들이었다. 바리새인들만 그런 것이 아니라 모든 사람은 자기 나름의 지식이 있고, 지식의 유추가 있어 각각 다른 이해와 해석과 상상을 제기한다. 그러나 많은 유추(類推) 가운데 진리성이 없는 유추가 많다는 것을 알지 못할 뿐이다. 특히 오늘날 많이 사용하는 패러다임(paradigm)은 '유추'(類推)라는 말에서 왔다. 즉 '상방이 추리로 얻을 수 있는 류(類)의 영역'을 말한다. 그것이 원만하지 못하고 각각 다르기 때문에 바른 신앙에 이르기가 쉽지 않다. 그러나 철학적 유추는 의미의 평등성을 뜻하여 그 유추가 빗나갈 수 있다. 따라서 영의 세계나 진리의 유추는 바른 영역을 확보하기가 쉽지 않다.

패러다임이라는 말은 그리스어의 '나타내고자 하는 의미'(Meaning to Show) 또는 '종합된 지식의 패턴'을 말한다. 이 말을 처음 사용한 그리스 철학자 아리스토텔레스는 어떤 대개념(大概念)을 설명할 때, 실재와 논리의 관계와 진리와 현실의 관계[關係, Analogia(그)]를 설명할 때 사용했다. 성경에서는 '······과 같으니'라고 하신 것으로서 설명자의 유추가 듣는 자의 유추를 형성하도록 한 것이다. 그러나 유추의 형성이 어려워 유추가 동일하지 못할 때는 '소귀에 경 읽기'가 된다. 더욱 현상계와 추상계(推想界), 물질계와 영계의 유추는 쉽지 않다고 하겠다. 아무리 주님께서 "나는 빛이다, 길이다, 생명이다."라고 하셔도 영적 패러다임이 없는 자에게는 그 말씀이 소귀에 경 읽기가 된다. 기도의 목적은 말씀에서 영의 유추를 얻기 위함에 있다.

성경은 '알곡과 쭉정이'(마 3:12), '겉사람과 속사람'(고후 4:16)의 차이를 말씀하신다. 왜 차이가 있는가? 자기 나름의 시각(Perspective)과 믿음의 패러다임이 서로 일치하지 않기 때문이다. 그리하여 깡그리 옛 퍼즐을 제거하지 못한 사람에게는 새로운 지식의 패러다임이 불가능하다. 왜 그들에게는 허락되지 않았는가? 그들에게는 깨닫지 못하게 하셨는가? 죄와 미움과 자기 사랑에 도취한 그들에게는 '하나님과 그리스도의 사랑'(요 3:16~20; 고전 13:1~8)의 패러다임이 없어 마찰과 회의만 생겨서 깨닫지를 못한다.

우리는 신앙의 현주소, 믿음의 실제성에 대해 항상 물음을 던져야 한다.

나의 믿음이 알곡인가 쭉정인가, 현실적인가 현실과 무관한 이상론인가, 바리새인의 독선적 신앙인가 율법적 신앙인가(롬 3:28), 일요일 신앙인가 표면적 신앙인가, 신학적 신앙인가 개인적 신앙인가, 회의적 신앙인가 가라지 신앙인가, 물거품 신앙인가 생수 신앙인가, 굽은 신앙인가 바른 신앙인가(벧후 1:15; 딛 2:7~8) 하는 것은 자기가 가진 회의를 분석하면 잘 알 수 있다.

자신을 향한 회의를 묻어 두고 자신이 알곡이라고 착각하는 것은 매우 위험한 일이다. 사도 바울은 "그러므로 우리가 낙심하지 아니하노니 우리의 겉사람은 낡아지나 우리의 속사람은 날로 새로워지도다"(고후 4:16)라고 했다. 나의 '겉과 안을 깨끗이'(눅 11:39~40)하는 대청소 곧 물로 씻는 요한의 세례(눅 3:16~17)에서 속을 청결하게 하는 성령 세례(행 1:5)로, 그리고 모든 더러움을 태우는 '불세례(사 4:4; 벧전 1:7)로 모든 회의가 불태워질 때, 우리의 얕고 부분적인 소화력이 성장하여 깊은 질문에 대한 해답과 종합적 패러다임이 형성될 때, 그때 비로소 하나님의 뜻을 이해할 수 있을 것이다. "우리는 부분적으로 알고 부분적으로 예언하니 온전한 것이 올 때에는 부분적으로 하던 것이 폐하리라"(고전 13:9~10). 아멘!

5 변증법적 신앙

변증법(辨證法, Dialectic)이란 변(辨, Dialect)과 증(證, Proof)의 합성어로 '대화로 증명(證明)한다.' 또는 '대화로 진리를 푼다.'는 뜻이다. 비가시적이며 손으로 잡을 수 없는 형이상학적 문제, 즉 윤리나 도덕이나 종교나 사상 문제 등의 심오한 진리를 대화를 통해서 합리적 결론을 도출하려는 시도다. 좀 더 구체적으로 말하면 인간의 지식이나 신앙은 편향성이 있어서 보편적이고 원만한 답을 얻기가 쉽지 않다. 현재에 있는 실례(實例)와 반대되는 견해를 대립시켜 바른 답을 얻고자 하는 방법이다. 그것을 해명하기 위해 기존 명제(命題)나 이미 확립된 전제(前提)를 정명제(正命題, Thesis)라 하고, 그와 정반대되는 실례나 혹은 가상적 이론을 인위적으로 설정하여 반명제(反命題, Antithesis)라 한다. 그것을 정명제와 대립시켜 토의한 후, 도출된 답을 합명제(合名題, Synthesis)라 부른다. 그것을 '정반합(正反合)의 원리'라고도 한다.

원래 변증법을 정립한 사람은 아테네의 철학자 소크라테스(BC 469~399)였다. 머리카락이 길고 엉성한 수염에 매부리코를 가진 그는 겉보기에는 무질서한 난봉꾼이거나 사기꾼처럼 보였다. 그러나 속은 누구보다 단정하고 질서 정연한 사람이었다. 그는 기존 사상이나 권위를 깡그리 무시하고 뚱딴지같은 질문을 끝없이 반복하여 본질적 회답을 얻도록 유도했다. 그는 모든 기존 사상이나 신앙을 그대로 맹종하는 우를 피하고 자기 발견을 하도록 시도한 것이다. 그 당시 그리스 철학은 신의 존재를 전적으로 인정하고 있었는데, 유대인들이 감히 '야훼'라는 이름을 부를 수 없어 '주'(아도나이, 히)라고 불렀듯이 그들도 신의 이름을 부르지 않고 '주'(퀴리오스, 헬)라고 불렀으며, 신의 속성이나 본질을 말하는 것도 허용되지 않았다. 그런 여건하에서 반대되는 명제를 가상적으로 정한다는 것은 신을 모독하는 큰 죄요, 더욱이 젊은 이들을 선동했다는 큰 죄목으로 결코 허용될 수 없었다. 그리하여 그는 종래 투옥되어 독배를 마시게 된다.

어떤 제자가 옥중의 그를 찾아와 하인을 살해한 자기 부친을 고발해야 하는지, 자기 아버지를 고발한다면 부모에 대한 불경죄가 되는지를 물었다. 그의 고뇌를 파악한 스승은 그의 살해 동기나 기존 사회법을 묻지 않고, "그대는 경신(敬神)은 무엇이며 불경(不敬)은 무엇이라고 생각하나?"라고 뚱딴지같은 '경신과 불경'에 대한 근본적 문제를 물었다. 젊은이가 "신의 뜻에 합당하면 경신이며, 그와 반대되는 것이 불경입니다."라고 답했다. "그렇지! 그렇다면 그 신의 뜻에 합당하다는 것은 누가 결정하나?"라고 반문했다. 제자는 잠시 머뭇거린 후 "그것은 물론 자신의 양심"이라고 대답한다. 여기서부터 그는 당시의 규례와 법을 무시하고 있었다.

제자의 말을 듣고 스승은 "그렇다면 그 양심과 사회 정의를 위해 부모를 고발한다면 왜 그것이 불경이라고 생각하나?"라고 반문했다. 그 제자는 "은혜 입은 부모에 대한 내 양심의 회답이요."라고 대답했다. "그러면 그 양심이 옳다는 것을 어떻게 증명하나?" 그리고 "그 양심(즉 자기 부모이기 때문에 죄악을 덮어 주는 양심)이 불경을 결정할 수 있나? …… 관청에 고발해야 한다는 것은 무슨 양심이냐? …… 그러면 네 말이 진리임을 무엇으로 증명할 수 있나?"라고 반문은 계속되었다. 그렇게 관념(이데아)을 떠나 문제의 본질(에이토스)을 스스로 찾게 한 것이 변증법의 시초였다. 그렇게 개인의 양심이나 신의 판단을 정(正)만 허용하는 사회에서 반(反)을 가정하고 따진 것이 불경죄가 되어 소크라테스는 사형을 받게 된다.

독일계 현상 심리학자 칼 야스퍼스(Karl Jaspers)는 정신병자를 집중 연구하다가 '주관성과 객관성의 차이'가 유치한 사람과 건전한 사람의 차이라는 것을 깨닫게 된다. 그는 키르케고르의 영향을 받아 "사람의 심령(Die Seele)은 시간과 공간을 초월한 존재이며 나타난 표상(表象)과는 전연 다른 독립된 주체"라는 것을 알게 된다. 그리하여 표상의 세계에서는 초월적 존재를 파악할 수 없다는 것과 겉보기 속성(屬性)에서 본질(本質)을 도출할 수 없다는 결론에 도달한다. 그리고 사람은 누구나 자기 특성에 공감을 줄 수 있는 것, 즉 자기 패러다임에 부합된 것만 선택하는 경향이 있어 가상적인 반명제를 설정하는 그 자체가 절대성이 있을 수 없다고 말했다. 그렇게 본다면 변증법은 이성을 바탕으로 하는 진리 탐구 방법일 뿐 신이나 영의 속성을 이해하는 방법이 될 수 없다는 말과 같다. 즉 정과 반의 패러다임이 없는데 그것을 가정하는 것이 모순이라는 것이다.

그에 반해 헤겔은 믿음이나 구원이나 하나님의 섭리와 같은 문제들을 취급할 때, 단순한 이성이나 상식적 관념을 초월한 양심의 법을 따르는 변증법을 이용한다면 가능하다고 주장했다. 칸트 역시 절대 이성이나 초월적 양심(또는 특수 이성)으로, 플라톤은 예감 또는 선견(Priori)으로 진리에 접근할 수 있다고 보았다. 그에 반해 신앙인들은 성령의 역사에 의한 영감(靈感)의 깨달음, 또는 내관(內觀)과 초월적 감각에 의해서만 가능하다고 본다. 즉 신앙은 인간의 어떤 합리적 이성의 노력으로 신령한 진리를 도출할 수 없으며 성령의 도움으로만 가능하다는 것이다.

그 와중에서 1790년 가을 튀빙겐대학 신학부에서 헤겔은 변증법에 관한 논문으로 신학 석사학위(Magister)를 수여받았다. 그가 6년간 튀빙겐 재학 당시 룸메이트였던 후대에 유명한 철학자 셸링(Joseph Schelling)과 시인 횔덜린(Friedrich Hölderin)과 매일 토론한 것이 큰 도움이 되었다. 그리고 그는 벨른과 프랑크푸르트에서 가정교사로 일하면서 변증법을 더 깊이 발전시켜『예수의 생애』(Life of Jesus)와『기독교의 확실성』(Positivityof the Christian Religion)을 발간하게 된다. 그리고 1797년 프랑크푸르트로 옮겨 변증법으로『정신의 현상학』(Phenomenology of Spirit, 1807)과『존재의 원리』(Doctrine of Being, 1812)를 출간한다.

특히 그가 발표한『기독교의 정신과 그 운명』(The Spirit of Christianity and it's Fate), 그리고 그의『종교에 관한 단장』(斷章, The Fragments on Religion, 1799)을 읽고 칼 바르트도 크게 감명을 받고 높이 평가했다. 그의 획기적인 논리는 그의 '부정의 원리'(The Concept of Sublimation)에 있다. 그의 부정(否定)으로 번역된 독어의 'Aufheben'은 땅에 떨어진 것을 '들어 올리는'(Lift up) 것을 뜻하고 있어 승화(昇華)가 더 가깝다. 그는 "존재란 비존재의 반대로서 비존재와 같이 변화하지 않는 것이 아니라, 변화하는 것이며 영구한 것"이라고 하면서 변하는 것은 영구히 존재할 수 없다는 기존 이론을 반대한다. 결국 그는 영원을 변증법적으로 설명하여 "존재의 증거가 보존과 변화"라고 주장하게 된다. 즉 변화는 영원의 반대어가 아니라, '수정과 보존'의 변화의 반복으로 보고 그것이 영구성을 나타내는 요인이라고 본 것이다.

그는 진리의 이해나 해석은 시대와 무관한 절대적인 것이 아니라 변할 수 있으며 그 변화 속에 절대성이 있다고 주장한 것이다. 즉 변화하는 것 중에는 수정 개선되는 상향 변화가 있고, 그와 반대로 악화 타락되는 하향 변화가 있다. 하향 변화가 상향 변화를 압도하는 경우는 종말을 가져오며, 그와 반대로 상향 변화가 압도하는 경우는 영원히 지속된다고 보았다. 이 진리는 가정이나 사회나 국가의 변천과 역사 속에 그대로 나타나며, 바로 그것이 자연이 하나님의 의와 심판을 따르는 증거라고 헤겔은 보았다.

즉 세상에는 '존재와 무', '질(質)과 양(量)', '개체와 집합', '합성과 분리', '물질과 영혼' 등은 시간에 따라 변하는 '내재와 초월'(Immanence and Tran-scendence)의 현상이며 서로 대립하는 요소들로 보이나, 대립 관계나 모순 관계가 아니라 단지 의존 관계일 뿐이라고 보았다. 그 변화로부터 합리적 토의에 의한다면 신의 존재와 영혼의 영원성을 밝힐 수 있다고 보는 자연신학(Natural Theology)과 신정통주의(Neo-Orthodoxy)가 일차 대전 후, 미국의 로워리(Wesley Lowery, 1990~)등에 의해 태동된다.

그리고 칼 바르트와 에밀 브루너가 변증법적 신학을 창시한다. 그들은 그때까지만 해도 인간적 접근과 이해의 노력이 허용되지 않는 절대적 '정통신학', 즉 말씀은 말씀으로만 해석하며 절대 순종만 허용되는 계시라고 보는 정통신학을 개방하여 성경 해석에 인간적 논리나 변증법을 도입할 수 있다고 주장한다. 저자는 그들의 주장이 옳다거나 틀렸다고 견해를 피력할 만한 입장은 아니다. 다만, 변증법적 신학을 말하려 함이 아니라 변증법적 신앙에 관심이 있을 뿐이다.

철학적 변증법은 원래 가정된 정(正)과 반(反)의 대립 내용을 이용한 해법이지만 하나님에게는 정만 있을 뿐 반은 애당초 허용되지 않는다고 보면, 신학적 변증법이란 말 자체에 모순이 있다고 볼 수 있다. 신은 있는데 없다고 가정할 필요가 없을 뿐 아니라 그것은 교만의 죄를 범하는 결과가 된다. 그런 추상은 희랍 시대처럼 불신이요 무모한 장난으로 볼 수 있다. 그러나 성경에는 절대적 진리가 있고 상대적으로 보이는 진리가 있다. 서로 상충되는 내용과 서로 모순되게 보이는 부분들이 많아 인위적 가정에 의한 반(反)이 아니라 성경에서 실증된 반, 또는 반대로 보이는 진리들을 대립시켜 모순성을 해명하는 방법으로 변증법을 이용한다면 이해에 도움을 얻을 수 있을 것이다.

바울이 다메섹 도상에서 주를 만난 후 준열히 헌신한 지 13년이 지난다. 그때 "오~호라 나는 곤고한 사람이로다. 이 사망의 몸에서 누가 나를 구원하랴!"(롬 7:24)는 회의적 절규를 토로한다. 그리고 "우리 주 예수 그리스도로 말미암아 하나님께 감사하리로다." 한 후, 그 이유를 "내 자신이 마음으로는 하나님의 법을 육신으로는 죄의 법을 섬기노라"(롬 7:24~25) 한다. 즉 바울은 하나님의 법과 육신의 법을 섬기는 대치 관계를 긍정해서가 아니라 새로운 생명에 의한 대치를 환영하고 그것을 감사의 조건으로 삼은 것이다.

바울의 절규는 자아가 '마음(노에오)의 법'인 정(正)과 그와 반대되는 '육신(살르키)의 법'인 반(反)을 섬기는 모순을 고백한 것이다. 여기 마음은 신령한 것을, 육신은 육적 생각과 정욕 등을 동시에 따르는 모순을 당연지사로 본 것이다. 육과 영의 변증법적 대립 관계를 깊이 토의하지 않으면 안 된다. 이 독립된 두 존재의 대치, 곧 신령한 것을 원하는 속사람과 원하지 않는 정욕의 대치가 진정한 인간임을 시사한 것이다. 즉 변증법적 신학으로는 그것이 정상적인 인간임을 허용한다. 그래서 영적 싸움이 누구에게나 있다고 보는 동시에 자기는 그렇지 않다고 주장하는 것을 허구로 보는 것이다(요일 1:8~10). 바울이 "마음으로는 하나님의 법을, 육신으로는 죄의 법을 섬기는 것을" 감사한다고 했다(롬 7:25). 왜 그것이 '감사 조건'이 될 수 있는가? 오히려 고통과 괴로움의 조건이 아니던가? 그러나 그는 그것을 변화 초기에 불가피한 정과 반의 대립 현상으로 보고 감사한 것이다.

이 같은 영과 육의 대립을 키르케고르는 자기의식의 종합이라고 하면서 자기 유한화(自己有限化) 즉 '모순된 자기'를 발견한 것이라고 했다. 그리고 그 양립된 '자기 발견'을 마치 탐험가가 신대륙이나 발견한 것처럼 기뻐하며 감사할 일로 보았다. 그런데 왜 그것이 '그리스도로 말미암아 온 것인가?' 하는 것이 쉽게 가늠되지 않는다. 그러나 칼 바르트는 그것을 그의 『로마서 강해』에서 육과 영의 대립 관계를 종합한 감사가 구원이 시작된 증거라고 했다. 그로 인해 칼 바르트(Karl Barth, 1866~1968)는 변증법적 신학의 창시자로 인정받게 된다.

그는 스위스 바젤에서 프릿쯔 바르트(Fritz Barth) 목사의 아들로 태어나 아버지를 따라 목사가 되어 그의 사상을 따르게 된다. 그리고 그는 키르케고르가 쓴 세 권의 『기독교의 실천』(Practice in Christianity)을 탐독하면서 그의 영향을 받게 된다. 그리고 13권의 『기독교 교리』(Church Dogmatics)와 『로마서 강해』를 발표하게 되어 신정통주의 '고백 교회'(Confessing Church)를 창시하게 된다. 그리고 당시 95%의 기독교인들이 서약했던 나치 서약서를 거부하고 1934년 그 유명한 '발마 선언'(Barman Declaration)을 발표하여 히틀러의 나치주의는 예수 그리스도의 진리를 왜곡한 것이라고 천명한다. 히틀러 역시 목사의 아들이었으나 유태인의 '가스 처형'을 성경의 '육의 죽임'(롬 6:4~12)으로 정당화했다. 참과 거짓의 차이는 자기 속에 존재하는 정(正)과 반(反)을 인정하고 바른 답인 합(合)을 찾지 못한 데서 온 것으로 보인다.

그는 『로마서 강해』를 통해서 하나님의 주권과 인간의 자유, 하나님의 은혜와 심판, 성령과 마귀 등 서로 대치된 진리의 해석에 변증법을 이용한다.

그리고 그는 하나님은 인간이 이해할 수 없는 '완전한 타자'(他者), 즉 정만 있고 반이 허용되지 않는 '무한한 질적 차이'(Infinite Qualitative Distinction)를 주장한다. 이 차이 때문에 신자가 된다 하더라도 신이 되는 것이 아니라 '옛 사람의 굴레를 덧입고 있는 모순된 인간'임을 주장한다. 바울이 로마서 7장에서 감사한 이유를 자기 이성이 '그리스도로 말미암아' 새로운 이성으로 변화되어 육신과 대치하고 있는 '놀라운 변화를 발견하고 감사한 것'으로 보았다. 불신자에게는 육과 영의 싸움이 없다. 그러나 신자에게는 '죄의 법' 아래 있으면서 하나님의 뜻을 순종하는 '변증법적 감사'가 있다.

키르케고르는 인간에게 절대적 자유는 없다고 보며, 육의 구속 아래 놓인 자유 또는 한정된 자유를 얻게 되는 것을 자기 변화 또는 자기 확장이라고 하면서, 육에 구속된 자유를 변증법적 자유(Dialectic Freedom)라고 불렀다. 루터도 이것을 '기독교인의 한정된 자유이며 그것이 인간은 신이 될 수 없는 증거'라고 말했다. 칼 바르트는 인간에게 절대적인 자유나 절대적인 변화는 있을 수 없다는 것을 들어 신은 인간과 다른 '완전 타자'(他者)로 보았다. 따라서 변증법적 견해로 본다면 완전이란 목표일 뿐 손에 쥔 현찰은 아니라는 결론에 도달한다. 오로지 불완전한 존재가 완전을 바라는 소망 가운데 살아갈 뿐이다. 늘 넘어지고 실수하는 죄인이 거룩한 성인으로 변화되어 가는 과정일 뿐이다. 이 점이 부름받은 순간에 온전한 의인이 된다고 보는 칼뱅주의(Calvinism)와 대립된다. 그리고 우리가 하나님 앞에 서는 날 '완전 자'로 서는 것이 아니라 '불완전 자'로 서는 것이다. 바른 신앙은 바른 목표를 향해서 가되 현실을 정직하게 파악할 수 있어야 한다.

믿음과 소망과 사랑은 항상 함께 있으라고 했으나 현실은 그렇지 못하고 믿음은 회의를 동반하고, 소망은 좌절과, 평화는 싸움과, 사랑은 미움과 함께 있다. 그러나 그것을 타락의 증상으로 보기도 하나 그것을 시인하는 솔직한 신앙을 변증법적 신앙이라 하며, 믿음이란 회의를 동반할 수 없다는 관념 때문에 분명히 존재하는 현실을 숨기려는 의도를 위선으로 본다. 그러나 그 둘 사이에는 성령 체험을 통한 증거를 얻은 자와 얻지 못한 자, 또는 변화받은 자와 변화받지 못한 자의 차이보다 허식을 벗고 내면의 진실을 표출시켜 은혜에 순응하려는 신앙과 그렇지 못한 위선적 신앙의 차이가 더 크다고 보는 것이다.

3백만 이스라엘 백성이 하나님께서 애굽에 내리신 열 재앙으로 해방이 되어 홍해를 육지같이 지나 하나님의 언약을 받고, 더울 때는 구름 기둥으로 추울 때는 불기둥으로, 배고플 때는 하늘 양식으로, 목마를 때는 반석에서 솟아난 물로 메마른 사막과 광야를 통과할 수 있었다. 그렇다고 그들은 그때마다 그 은혜를 기억하고 감사했던가? 그들은 고난 속의 축복을 보지 못하고 철없는 어린아이와 같이 축복 속에서 고난만을 보았다. 끝내 그로 인해 그들의 다수가 광야에서 멸망을 받게 된 것은 그 양자의 필연적 조화를 발견하는 변증법적 신앙이 없었기 때문이라 본다(고전 10:1~5).

그들은 감사 대신 원망만 했다. 믿을 만한 증거를 주시고 또 주셔도 하나님을 '멸시하고'(민 14:11) '원망하고'(민 14:27) '반역했다'(민 14:33). 그리하여 그들이 열 번이나 지도자를 악평하며 애굽으로 돌아가자고 반항했다(민 14:22). 왜 그들이 두세 달이면 족할 광야 횡단을 하나님께서 40년이나 걸리게 하셨던가? 그것은 그 반항 배들을 돌이키려 하신 하나님의 의지였다고 보인다. 그러나 광야의 고통을 견디지 못하고 애굽의 단맛을 잊지 못해 불평하는 그들을 하나님께서는 "광야에서 소멸되기까지 사십 년을 광야에서 방황하는 자가 되게"(민 14:22, 33) 하신다.

모순(矛盾)이라는 말은 창과 방패라는 뜻이다. 창과 방패는 서로 대립 관계이다. 창(矛)은 방패(盾)를 무효화시키는 것이요, 방패는 창을 무효화시키는 것이다. 이 '모순'의 대립 관계를 주장한 사람은 옛날 중국 초나라의 무기 상인이었다. 창을 팔면서 '어떤 방패로도 당할 수 없는 창'이라고, 그리고 연이어 방패를 들고 '어떤 창이라도 뚫지 못하는 방패'라고 농담 삼아 말한 일화에서 왔다. 세상 어디에나 모순 관계는 있다. 그리고 정(正)과 반(反)의 대립 관계를 모순 관계라고 한다. 그러나 그것은 믿음에 따라 상부상조의 협조 관계가 될 수 있다고 보는 견해가 변증법적 견해다.

그러나 모와 순은 반드시 나와 적의 관계도 반대 관계도 아니다. 오히려 상대를 양자가 적절히 사용한다면 상호 협조 기구로서 하나는 공격을 위한 도구로 하나는 방어를 위한 도구로 이용할 수 있다. 권투나 씨름뿐만 아니라 농구나 축구나 어떤 운동이라도 공격수가 있고 방어수가 있다. 그리고 개인 생활에서도 공격이 있고 방어가 있다. 그 양자의 조화가 인생을 성공적으로 이끌어 갈 수 있으며 자신을 보호할 수 있다. 그렇지 못하고 항상 공격하는 사람이나, 항상 방어만 하는 사람은 이 험난한 세상에서 승리를 얻을 수 없다. 왜 아버지가 자식을 사랑하면서 고통과 염려를, 그리고 매와 징계를 주시는가? 그것은 세상을 이기게 하려는 교육이 아니던가?

많은 종교는 절대적 선과 절대적 악을 강조하고 취사선택을 요구한다. 그러나 기독교는 선하다고 다 선이 아니고 내게 당장 해롭다고 절대적 악이 아니라고 본다. 그것이 선하다고 다 유익한 것이 아니며 덕을 세우는 선이 있고 세우지 못하는 선이 있다(고전 6:12; 10:23). 그래서 에릭 프랭크는 일반 종교는 상상에서 온 진리를 추구하는 것으로 보았다. 즉 아리스토텔레스는 "진리란, 그런 것은 그렇다고 하고 그렇지 않은 것(상상)은 그렇지 않다고 하는 것" 즉 상상으로 규정되는 것이라 했으나, 기독교의 진리는 상상이 아니라 얻은 체험을 구체화시킨 것이다. 성령의 인도에 의한 선한 체험도 있고 마귀의 유혹에 의한 위선도 있다. 이 양자 사이에서 치우치지 않고 바르게 정도를 지키려는 것이 변증법적 신앙이다.

세상에는 항상 야곱과 에서, 다윗과 요나단, 발람과 발락이 섞여 있다. 그리고 그들의 삶 속에는 니느웨와 다시스가 있다. 요한은 빛과 어둠, 꿈과 현실, 자유와 속박의 모순을, 야고보는 말과 실천, 자의와 타의, 시련과 시험의 모순을, 베드로는 버린 돌과 머릿돌, 자유자와 종, 참 선지자와 거짓 선지자의 모순을, 바울은 사탄과 하나님, 징계와 인내, 하나님의 법과 죄의 법, 형벌과 상급, 용서받은 자와 받지 못한 자, 현세와 내세의 모순 등 수많은 모순 관계를 늘 발견했다. 이 같은 모와 순은 자기를 보호하기 위함이지만 잘못 사용하면 자기를 해칠 수 있다. 그러나 그들은 그 대립 속에서 깨달음과 회개, 기도와 싸움, 인내와 위로를 얻을 수 있었기 때문에 성숙할 수 있었다. 모와 순을 잘 활용하여 '이긴 자'는 베드로요, 마가요, 누가요, 바울과 디모데 등이 되지만, '진 자'는 가룟 유다(마 27:5)요, 아나니아와 삽비라(행 5:1~11)요, 데마(고후 4:10)가 되는 것이다.

헤겔은 변증법으로 변화와 보존의 원리를 찾아 변화 속에 변하지 않는 영원한 진리를 찾으려 노력하였고, 영국의 웨스트민스터 교회 목사였던 마틴 로이드 존스(Martyn Lloyd Jones, 1899~1981)는 그의 저서 『그리스도의 감지할 수 없는 풍부』와 『산상 설교 연구』에서 하나님의 은혜의 경륜과 비밀(엡 3:1~21)은 오묘하여, 환난(엡 3:12) 속에서 얻는 담대함(엡 3:12)과 지식을 초월하는 사랑(엡 3:18)은 모순 속에 역사하시는 능력(엡 3:20)이라고 했다. 부모와 형제를 미워하며 주를 더 사랑하는 것도, 원수를 사랑하는 것도 인간적으로는 불가능한 모순된 진리다. 그리하여 주님의 산상설교의 지복(至福, Beatitude)을 변증법적 진리라고 보았다. 즉 가난한 자, 애통하는 자, 온유한 자, 의에 주리고 목마른 자, 긍휼히 여기는 자, 마음이 청결한 자, 화평하게 하는 자, 의를 위하여 박해를 받는 자가 복이 있다고 하신 주님의 가르치심을 '변증법적 진리'라고 한 것이다.

택함을 받아 하나님의 자녀가 되었다고 자만하는 자들이 알아 두어야 할 일이 있다. 그것은 죄로 유혹한 사탄이 때로는 하나님의 적이 아니라 하나님의 허용 아래 일하는 일꾼이라는 사실이다. 욥을 시험한 사탄이 하나님의 허락 없이 일을 저질렀던가(욥 1:6~12)? 수제자 베드로가 마지막 날 밤에 그의 스승에 대한 애정과 확신을 고백했으나(눅 22:33) 주님께서는 칭찬 대신 "보라! 사탄이 너를 밀 까부르듯 하려고 (내게 허락을) 청구하였다."(눅 22:31)라고 하시지 않으셨던가? 마귀도 추수의 일꾼이라는 것이다. 그렇다면 마귀도 때로는 진리를 깨닫게 하는 협조자가 되기도 한다.

골리앗 같은 장사도, 히틀러 같은 폭군도 오래가지 못했다. 세상은 사자나 독을 지닌 코브라가 득세하고 양이나 비둘기는 당장 멸종할 것 같다. 그러나 실은 그와 반대가 아니던가? 약자가 왕성한 것은 모순이다. 세상의 모든 것을 대립 관계로 본 영지주의자들은 모순의 협력 관계를 인정하지 않는다. 그러나 상대되는 현상 속에 절대적 진리를 얻기 위해 마귀도 은혜의 일꾼으로 역사할 수 있다는 것을 수긍하는 신앙을 변증법적 신앙이라 할 수 있다.

이스라엘 역사상에는 아말렉이나 블레셋과 같은 적과의 전쟁이 있었다. 12세기 유럽에는 십자군을 통한 싸움도 있었고, 15세기 프랑스의 16세의 믿음의 소녀 잔 다르크를 통한 전쟁도 있었다. 이것은 세상 세력과의 싸움(히 11:33~34)이었으나 성도에게는 '지체 속의 정욕과의 끝없는 싸움'(약 4:1; 벧전 2:11)도 있고, '죄(사탄)와의 피 나는 싸움'(히 12:4)도 있다. 그래서 성도를 '선한 싸움'(딤전 1:18)을 싸우는 '군사'(딤후 2:4)라고 한 것은 결코 육체적 싸움이나 전쟁을 뜻하는 것이 아니다. 이 같은 성도의 싸움은 "육신을 따라 싸우지 아니하며 …… 싸우는 병기는 육체에 속한 것이 아니요 …… 하나님의 능력"(고후 10:3~4)이며 "모든 이론과 하나님을 대적하는 모든 생각을 사로잡는"(고후 10:5) 싸움이다. 그 싸움의 무기와 장비는 '하나님의 전신 갑주'로서 '진리의 허리띠'와 '의의 호심경'과 '복음의 신', 그리고 '믿음의 방패'와 '구원의 투구와 성령의 검'이다(엡 6:12~17). 즉 성도에게 믿음의 방패와 성령의 검, 즉 방어용 무기와 공격용 무기를 동시에 가지라고 명하신 것이다. 그런데 정욕과 마귀를 대적하여 싸우되 "너희가 아직 피 흘리기까지는 대항하지 않음"(히 12:4)을 책망하셨다. 피 흘리기까지 싸우라니! 그러나 성도의 싸움의 대상은 어떤 사람이 아니다.

교회가 시작할 때는 한뜻을 가진 몇 사람이 뭉쳐 일이 순조롭게 진행되다가 어느 시기에 이르면 의견이 대립하며 난항을 겪게 된다. 엄격한 성격의 사람과 여유로운 성품의 사람 사이의 의견 차이가 분열의 근원이 되기도 하고, 사랑을 주장하는 사람과 율법을 주장하는 사람이 맞서기도 한다. 한쪽은 '의'를 주장하고, 한쪽은 '사랑'을 강조한다. 그러다 타협이 이루어지지 않으면 이 교회가 자기에게 맞지 않는다고 떠난다. 교회가 자기 생각과 무슨 상관이 있다는 말인가? 그리스도의 뜻은 자기 고집에 있는 것이 아니라 화합에 있다. 바울과 바나바가 마가를 두고 '심히 다투어'(행 15:39) 갈라선 것이 주의 뜻이던가?

고난과 평안을 대립 관계로 보는 것이 영지주의요, 그 대립을 상부상조로 보는 것이 변증법적 신앙이다. 하여 바울은 사랑하는 빌립보 교인들에게 "그리스도를 위하여 너희에게 은혜를 주신 것은 다만 그를 믿을 뿐 아니라 또한 그를 위하여 고난도 받게 하려 하심이라 너희에게도 그와 같은 싸움이 있으니⋯⋯"(빌 1:29~30)라고 말하지 않았던가. 다만 그가 "현재의 고난은 장차 우리에게 나타날 영광과 비교할 수 없도다"(롬 8:18)라고 한 것은 고난과의 싸움 가운데서 주님의 뜻을 생각하고 인내하라는 뜻이다.

왜 하필 믿음의 시련과 연단이 필요한가? 성도의 '믿음의 시련이 인내를 낳고'(약 1:3), '불로 연단된'(벧전 1:7) 믿음을 낳기 때문이다. 그런데 시험은 다 동일한 것이 아니라 시험에는 두 가지 시험이 있다. 그 하나는 분변하여 무조건 물리쳐야 할 유혹의 시험(고전 10:9; 갈 6:1; 약 1:13; 살전 5:21; 요일 4:1)이고 다른 하나는 신앙 성장에 도움이 되는 시험(요 6:6; 고전 10:13; 히 1:8; 2:18; 11:17)이다. 이 둘은 변증법으로 구분할 수 있다.

바울이 "무엇이든지 내게 유익하던 것을 내가 그리스도를 위하여 다 해로 여길뿐더러 또한 모든 것을 해로 여김은 내 주 그리스도 예수를 아는 지식이 가장 고상하기 때문이라 내가 그를 위하여 모든 것을 잃어버리고 배설물로 여김은 그리스도를 얻고"(빌 3:7~8)라고 했다. 여기서 '여긴다'(dia)가 세 번 나온다. 이 '여긴다'는 '인지한다'는 뜻이 아니다. 영문 성경에는 'Because of', 또는 'Account of'로 번역되어 있으나 원문의 뜻은 '깊은 고찰'을 뜻한다. 바울은 '육체와 영혼', '율법과 은혜', '유익과 해', '삶과 부활'(빌 3:4~9)을 변증법적으로 고찰한 후에 '가장 고상한 지식'을 얻었다고 한 것이다. 그리고 그는 "너희 눈을 밝히사 그의 부르심의 소망이 무엇이며", "기업의 영광의 풍성함이 무엇이며", "베푸신 능력의 지극히 크심을 너희로 알게 하시기를 구한다"(엡 1:18~19)고 했다. 여기 '무엇이며'는 분명한 '무엇'을 알라는 것이다. 바울은 시련과 연단, 유익과 해, 참된 지식과 세상 지식을 대립시켜 '가장 고상한 지식'을 알게 된 것이다.

세상에는 순리만 있는 것이 아니라 역리도 있다(롬 1:27), 하나님의 인자하심만 있는 것이 아니라 멸시도 있다(롬 2:4). 믿음에는 의심이(눅 24:38), 심은 후에 거둠이(요 4:37) 있다. 시골뜨기를 무시하는 사람이 있고 귀하게 여기는 사람이 있다(요 7:41). 그리스도로 인한 매임을 기뻐하는 사람이 있고 싫어하는 사람이 있다(빌 1:4). 멀리 보는 자가 있고 보지 못하는 자가 있으며(벧후 1:9), 은혜를 보답으로 보는 자가 있고 책망으로 보는 자가 있다(롬 4:4~5). 죄를 은혜로 생각하는 자가 있고 원수로 생각하는 자가 있다(롬 5:20~21). 이 모든 사건에 '어찌하여'(디아티, 마 13:10; 15:2; 요 8:43)나 '어찌하여'(이나티, 마 9:4; 27:46; 고전 10:9)로 물음을 던질 수 있다.

우리말에나 영어에는 '어찌하여?'나, '왜?'(Why)라는 말만 있다. 그러나 희랍어에는 뜻을 묻는 '왜?'(Why)에는 '디아티'와 '이나티'로 구별되어 있다. '디아티'는 알만한 사유, 피상적 이유(because of)를 물을 때, '이나티'는 동기, 목적, 까닭 등 근본 원인(Reason)을 물을 때 사용한다. 하나는 표면적 이유요, 하나는 근본적 이유를 묻는 말이다. "어찌하여(디아티) 저희에게 비유로 말씀하나이까?"(마 13:10)와 주님께서 "너희가 어찌하여(이나티) 마음에 악한 일을 생각하느냐?"(마 9:4)나 "어찌하여(이나티) 나를 버리셨나이까?"(마 27:46)는 각각 다른 뜻을 가지고 있다. 변증법적 사고는 바로 이 '이나티'를 얻기 위한 것이다. 교회나 개인의 발전도 '이나티'에 달려 있다. '이나티'가 현실적 부활과 승리를 얻게 한다.

미국 텍사스, 댈러스 교외의 작은 마을 스톤브라이어(Stonebrier)에 초교파 주민교회(Community Church)가 서 있다. 그 교회가 유명한 것은 건물이 큰 것도 교인수가 유달리 많은 것 때문도 아니다. 단지 그들이 세계 15개국에 2천 개 이상의 방송국을 세우고 복음 선교 운동을 시작한 스윈돌 목사(Charles R. Swindoll, 1934~)의 사역과 그가 펴낸 『하나님의 뜻의 신비』(1999) 때문이다. 그 책 제1장에서, 스윈돌 목사는, "하나님의 다스리심과 질서는 인간에 맞지 않는 신비"라고 하면서 욥기 38장 1절 이하와 42장 1~3

절 말씀을 들었다. "무지한 말로 생각을 어둡게 하는 자가 누구냐? …… 나는 깨닫지도 못한 일을 말하였고, 알 수도 없고 헤아리기도 어려운 일을 말하였나이다!" 욥은 수많은 역경을 겪었다. 그리고 그가 발견한 것은 "참된 진리는 역경 속에서, 참된 빛은 어둠 속에서 빛난다!"였다.

그 '이나티'를 아는 자 만이 "너희 원수를 사랑하며 너희를 박해하는 자를 위하여 기도하라. 이같이 한즉 하늘에 계신 너희 아버지의 아들이 되리니 …… 그러므로 하늘에 계신 너희 아버지의 온전하심과 같이 너희도 온전하라!"(마 5:43~48) 하신 뜻을 이해할 수 있을 것이다. 아멘!

6 확신(確信)

우리말 성경에는 '믿음'과 '확신'은 유사한 단어로 나타나 있으나, 원어에는 다른 단어로 표기되어 있다. 믿음에는 합리적이라서 믿는 믿음(피스튜오오, Believing)이 있고, 성령의 역사와 하나님의 계시에 의한 죄 사하심과 중생과 죽은 자의 부활 등 비합리적인 것을 믿는 신앙(피스티스, Faith)이 있다. 전자는 보고 믿게 되거나(요 6:30; 행 13:12) 듣고 믿는(행 15:7; 18:8; 9:42) 것으로 지식의 종합에서 얻어진 이성적 믿음이다. 이 믿음은 불완전하여 인간 본질을 변화시키지 못하며 두 주인을 섬기기도 하고(마 6:24), 토하였던 것에 돌아가고, 씻었다가 더러운 구덩이에 도로 눕기도 하고(벧후 2:22), 믿었다가 회의와 염려에 다시 빠지기도 한다(마 6:25). 그러면서도 신을 찾고 깊이 추구할 수도(롬 10:14) 있다.

그러나 예수님께서 칭찬하신 백부장의 믿음(마 8:10), 침상에 누운 중풍병자를 지붕을 뚫고 내린 사람들의 믿음(마 9:2), 끈질기게 따라오며 자식의 병 낫기를 구한 가나안 여인의 믿음(피스티스, Faith, 마 15:28) 등은 비합리와 불가능을 초월한 믿음이다. 즉 진리를 깨닫고 생각과 삶에 신비로운 변화가 일어나 그리스도의 진리를 초석으로 삼아 상식과 합리에 변화가 일어나 새집 짓기를 시작한 자의 믿음을 신앙(피스티스, Faith)이라 한다. 그렇게 보면 믿음은 새집 짓기의 기초 단계인 구상과 설계와 준비라 할 수 있으며, 이성적 판단이 기반이라 하겠다. 따라서 믿음(피스튜오오)을 집의 터 닦기라 한다면, 신앙은 그 위에 집짓기라 할 수 있다. 믿음을 남녀의 우정으로 본다면 신앙은 부부 관계가 형성되는 결혼이라 할 수 있다.

그렇다면 신앙과 확신의 차이는 무엇인가? 신학적으로는 신앙은 어떤 사실이나 진리에 대한 긍정이요 생활의 변화를 말하지만, 어떤 학자는 믿음을

'이해(理解)의 단정'으로 신앙을 '의지(意志)의 단정'으로 구별하기도 한다. 그에 비해 확신은 '진리에 대한 확증'(Absolute Proof)이요 '생명을 맡기는 단정'(斷定, Positive Assertion)으로 결혼한 아내가 헌신과 순종의 삶을 결단하는 것을 말한다. 여기 단정이라는 용어가 자기 위주의 결단을 의미하여 은혜를 무시하는 의지의 결단으로 보이나 거기에는 물론 하나님의 은혜와 성령님의 역사가 개입되지 않으면 불가능하다는 것은 말할 것도 없다. 그런데 신앙으로 족한데 왜 확신이 따로 있어야 하는지, 그리고 그 확신은 신앙이 어떻게 달라진 상태를 말하는지, 그리고 확신에 이르면 어떤 회의도 염려도 없어지는지 궁금할 수 있다.

신자들이 흔히 쉽게 "나는 확신하다!"라고 말한다. 그러나 그 '확신'(確信)의 뜻이 무엇인가? 그에 대한 신학적 해석은 다양하다. 신앙으로 비로소 은혜를 알게(롬 4:16~17) 되지만, 다 같은 은혜를 받아도 확신에 이르는 신앙이 있고, 이르지 못하는 신앙(롬 4:19; 14:1)도 있다. 받은 은혜를 땅에 묻어 두기도 하고(마 25:18), 세파에 떠내려 보내기도 한다(히 2:1). 그것을 염려하여 '굳게 서라'(고전 16:13; 히 13:9; 벧전 5:12)고 하시며 굳게 서지 못하면 탁류에 떠내려갈 수 있음을 경고한다(고전 1:6, 8; 히 3:6). 여기에 인간의 결단이 필요치 않다면 "굳게 서라."고 권할 이유가 없을 것이다. 주의 신실한 종이 별안간에 타락하는 경우도 있다. 이를 '탐욕에 연단된 마음'(벧후 2:14)이라고 한다. 세상에 대한 탐욕을 버리지 못하고 익숙해진 것을 '연단되었다'라고 한다. 믿고 신자가 되어도 이기적이고 정욕적인 그릇된 습성을 버리지 못하고 불의의 삯을 사랑한 발람(벧후 2:15)과 같은 삶을 살면서도 "주는 나를 돕는 이시니 내가 무서워하지 않겠다."(히 13:6)라고 말하기도 한다. 그리하여 그들은 '유혹에 진 자'가 되어 "세상의 더러움을 피한 후에 다시 그중에 얽매이고 지는"(벧후 2:20) 신앙이 된다. 이를 퇴보한 신앙이라고 한다. 무엇에 얽매였단 말인가? 세상의 더러움에 얽매인 신앙이다. 그런 신앙은 현세에 물든 역사적 신앙이다. 그래서 말세에는 경고를 무시하고 패배하는 경향이 있을 것을 예언하셨다(벧후 3:3~7). 그런 신앙과 반대로 험난한 현실에서 영혼의 안정과 화평을 유지하는 초월적 신앙을 확신이라 한다.

칼뱅은 신앙을 "하나님이 나를 용서하시고 받아들였다는 영적 신념"이라고 하면서 확신을 "우리에게 향한 신의 자선(慈善)에 대한 확실한 지식이며, 그리스도 안에 있는 무상약속(無償約束)의 진실성에 대한 심정의 확증(確證) 상태"[Inst. (Bk)III. 2~7]라고 말했다. 그보다 한국의 박형용 박사의 저서 『조직신학』에는 좀 더 구체적으로 서술되어 있다. 확신(確信, Assurance)에는 두 가지 확신이 있는데 그 하나는 객관적(客觀的) 확신이요, 다른 하나는 주관적(主觀的) 확신이라고 했다. 객관적 확신은 중보자 그리스도와 성령에 의한 약속에 의한 확증을 말하며 "우리가 마음에 뿌림을 받아 악한 양심으로부터 벗어나고 몸을 맑은 물로 씻음을 받았으니(객관적) 참 마음과 온전한 믿음으로 하나님께 나아가자"(히 10:22)와, "오직 믿음으로 구하고 조금도 의심하지 말라(주관적) …… 이런 사람은 무엇이든지 주께 얻기를 생각하지 말라"(약 1:6~7) 등을 예로 들었다. 그리고 주관적 확신을 "개인이 사죄함과 영의 구원을 스스로 인정하는 것이라고 하면서 '유신론(唯信論)-오직 믿음(sola fide) 사상'을 강조했다. 즉 그는 하나님의 객관적 예정으로 구원에 이르고 인간의 주관적 결정으로 확신에 이른다고 본 것이다.

가톨릭과 감리교는 각 개인이 주관적으로 신의 총애를 인정하고 개인적 이해와 선택으로 신앙에 이르러, 객관적 '뿌림'으로 '참 마음과 온전한 믿음(확신)에 나아가는'(히 10:22) 확신을 주장한다. 그러나 박형용 박사는, "오직 믿음으로 구하고 조금도 의심하지 말라 의심하는 자는 마치 바람에 밀려 요동하는 바다 물결 같으니 이런 사람은 무엇이든지 주께 얻기를 생각하지 말라"(약 1:6~7)는 경고의 말씀을 들어 우리가 기도하고 구할 때, 기도하고 나아갈 때, '오직 믿음으로 구하고 조금도 의심하지 않는 것'은 '배(신앙)의 닻'으로서 자기 주관적 확신이라고 했다.

주관적 확신이란 개인이 하나님의 은총으로 사죄함을 받고 구원을 얻을 것을 스스로 인정하는 믿음이다. 이 주관적 확신이 문제가 되는 것은 첫째

내주께더가까이

로 '엿장수의 마음'일 수 있다는 것이다. 옛날 엿장수는 엿을 길게 뽑아 담은 엿 통을 지고 가위질을 하며 돌아다녔다. 아이들이 돈이나 고물을 들고 와서 엿을 산다. 그때 엿장수는 아무런 가격 기준도 없이 예쁘게 보이는 아이에게는 길게, 미운 아이에게는 짧게 엿을 가위질했다. 그 옛 풍습은 인간의 근거 없는 주관적 행동이 어떤 것인지 보여 준다. 오늘의 신자들은 프라이버시라는 엿 통을 지고 자기 주관대로 고물의 가치를 매긴다. 그런 엿장수에게는 확신에 이르는 길도 모호할 수밖에 없다.

바울 서신 아홉 권은 바울이 각 교회로 보낸 편지다. 그중에서 제일 먼저 보낸 편지가 데살로니가 전후서이며(AD 52) 그다음이 갈라디아서(AD 55), 그다음 해에 고린도 전서와 로마서를 쓰면서 약 40세 때에 "새롭게 된 피조물"이 "하나님의 법과 죄의 법을 함께 섬기고 있다"는 고백을 "감사하리로다!"는 감탄으로 쏟아냈다(롬 7:25). 그리고 5~6년이 지나(약 AD 62) 로마 옥중에서 빌립보 교회로 보낸 여섯 번째 서신에서 "내가 이미 얻었다 함도 아니요 온전히 이루었다 함도 아니라 오직 내가 그리스도 예수께 잡힌바 된 그것을 잡으려고 달려가노라 형제들아 나는 아직 내가 잡은 줄로 여기지 아니하고 오직 한 일 즉 뒤에 있는 것은 잊어버리고 앞에 있는 것을 잡으려고 푯대를 향하여 그리스도 예수 안에서 하나님이 위에서 부르신 부름의 상을 위하여 달려가노라"(빌 3:12~14)라고 얼핏 '엿장수' 같은 고백을 한다. 그러나 이 고백이 엿장수와 다른 것은, 그에게는 분명한 푯대가 있었다는 점이다. 바울에게는 "그의 죽으심을 본받아 어떻게 해서든지 죽은 자 가운데서 부활에 이르려 하노니"(빌 3:10~11)라는 현실적 부활, 즉 성화의 목표가 있었으며, "이미 얻었다 함도 아니요 온전히 이루었다 함도 아니라"는 그의 고백은 바울이 아직 그 객관적 목표에 이르지 못했고 그 목표를 향해 달려가고 있음 말한 것이다. 그것을 '이미 얻었다'(람바노, Attain) 함도, 그리고 '온전히 이루었다'(테레오오, Accomplish) 함도 아니라고 부정하면서 "뒤의 것은 잊어버리고 앞에 있는 것을 잡으려고 달려가노라"라고 간증한 것이다.

그렇다면, 바울이 말하는 목표가 무엇일까? 어떤 이는 '확신'으로, 어떤 이는 중생이나 성화로 본다. 바울의 그 고백의 배후에는 수많은 고뇌와 회한의 날들이 있었음을 짐작할 수 있다. 주석에 의하면 4년 간의 긴 옥중 생활 중에 보낸 서신을 통해서 빌립보 교인들이 바울만은 완전한 신앙에 도달한 성취자라는 풍문이 세간에 돌고 있었다는 것이다. 그리하여 바울이 그 소문을 듣고 부정하기 위해 쓴 것이라고 했다. 여기 '함도 아니요'나 '여기지 아니하고'는 부정과거 앞에 '우크'(not) '오티'(that) '헤데'(already), 즉 '아직까지는 아니다'라는 부정과거가 붙어 있어, 이것을 '절망 속에서의 확신'이라고도 하고 '확신의 난관'으로 보기도 한다. 이것은 어려움 속에 '굳게 서 있는 것'(이스테미, 롬 5:2; 10:3)을 의미한다. 하여 이 고백은 등대와 같은 당당한 확신이 아니고 폭풍우 속에 외롭게 버티고 서 있는 장엄한 모습을 보여 준다. 풍랑 속에 닻을 내리고 역경과 고난을 겪으며 "마음을 은혜로써 굳게 하는"(히 13:9) 확신의 다짐이라 할 수 있다. 하여 바울은 "너희 속에 행하시는 이는 하나님이시니 자기 뜻을 위하여 너희에게 소원을 두고 행하게 하시나니"(빌 2:13), "너희 속에 착한 일을 시작하신 이가 …… (그) 날까지 이루실 줄을 우리는 확신하노라"(빌 1:6) 하신 것이다. 여기 '소원을 두고'나, '그날까지 이루실 줄을 확신한다'는 뜻이 무엇이겠는가? 그것은 "너희 사랑을 지식과 모든 총명으로 점점 더 풍성하게 하사 …… 예수 그리스도로 말미암아 의의 열매가 가득하게"(빌 1:9~11) 될 훗날에 관한 확신이다. 그리고 그 확신은 쉽사리 얻어지는 것이 아님을 밝힌 것이다.

　여기에서 믿음과 신앙은 서로 다르며 신앙과 확신의 차원이 다름을 짐작할 수 있다. 첫째로 믿음은 이성의 수긍(요 6:7; 고전 5:10; 요일 3:17)이라 할 수 있으며, 하나님께서 주시는 지각(요일 5:20)에 의해 얻어진 주관적 깨달음이다. 그렇다고 해도 주님의 가르치심을 전적으로 믿는 것도, 말씀을 전적으로 순종하는 것도 아니다. 믿어지면 믿고 믿어지지 않는 부분은 덮어두는 '얼거리 신앙'이다. 그런 신앙이 자라나 모든 회의와 염려와 두려움 속에서 흔들림이 없는 신앙에 이르면, 그제야 확신에 이르게 된다. 그렇다고 해서 죄와 실족에서 해방된 것도, 그리고 회의의 유혹에서 완전히 벗어난 것도 아니다. 오로지 그 확신은 결코 쉽지 않으나 그것을 위한 회개와 간구와 성령의 역사를 '두드릴 때' 허락된다. 그리하여 회의가 없는 믿음, 모든 선한 일과 말에 굳게 서서(살후 2:17), 길이 참고 마음을 굳게 하며(약 5:8), 예수를 집터로 삼아(갈 2:16), 모든 삶의 기대와 소망을 그에게 두며(벧전 1:21), 세파에 흔들림이 없는 '영혼의 닻'(히 6:19)을 진리의 터 위에 내릴 때 비로소 확신에 이르게 된다.

'닻'은 위험을 직면하여 생명을 보존하는 수단은 되지만 창파에 전진하는 것은 아니라 한 자리에 머물러 견디는 것을 말한다. 그러나 확신은 보존할 뿐 아니라 우리를 '온전하게, 굳게, 강하게'(벧전 5:10) 한다. 그렇게 되면 "마음을 다하며 목숨을 다하며 힘을 다하며 뜻을 다하여 주 너의 하나님을 사랑하고 또한 네 이웃을 네 자신 같이 사랑하라"(눅 10:27) 하신 계명을 가감 없이 그대로 순종할 수 있는 그다음 단계로 인도되는 것이다. 바울이 "내가 이미 얻었다 함도 아니요 온전히 이루었다 함도 아니라"(빌 3:12) 한 것도 확신으로 이 사명을 이루려는 몸부림이라 보인다. 그것이 과연 가능한가?

바울은 "이는 그가 모든 지혜와 총명을 우리에게 넘치게 하사 그 뜻의 비밀을 우리에게 알리신 것이요"(엡 1:7~8)라고 했다. 여기 '비밀을 알리심'은 진리의 객관성을 뜻하지만 우리에게 지혜와 총명을 넘치게 하신다는 것은 주관적 이해를 주신다는 뜻이어서 마치 대해를 항해하는 배의 선장에게 본사에서 무전으로 지시하는 것과 같다. 따라서 확신으로 사명을 이룬다는 것은 "너희는 진리의 말씀을 옳게 분별하며 부끄러울 것이 없는 일꾼으로 인정된 자로 자신을 하나님 앞에 드리기를 힘쓰라"(딤후 2:15)는 지시를 받은 자가 배의 '키'를 순종의 신앙으로 잡고 '성령을 따라 항해하는'(갈 5:16) 것을 말한다.

바울은 그리스도의 반석 위에 굳건히 세워진 '확신'(페이도오, Convinced, 롬 8:38; 14:14; 딤후 1:5, 12; 살후 3:4)으로 선한 싸움을 싸우고 자기의 달려갈 길을 마치고 믿음(페이도오)을 지켰다(딤후 4:7). 그가 자신의 믿음을 지켰다는 뜻이 무엇인가? "죽으면 죽으리라."고 했던 에스더의 생명을 바친 신앙을 뜻하는 것이 아니겠는가? 그렇다면 믿음을 '철'이 들어 하나님의 뜻을 알게 되는 것을 말한다면, '확신'은 변설이나 이의 없이 절대 순종하며 자기가 해야 할 도리와 의무를 수행하는 것을 말한다. 이 확신의 증표를 어떤 이는 "고해의 풍랑을 통과한 승리의 체험 증명서(Situational Statement)"라고 했다. 그래서 "믿음의 확실함은 …… 예수 그리스도께서 나타나실 때에 칭찬과 영광과 존귀를 얻게 할"(벧전 1:7) 자료가 될 것이다. 이 '페이도오'의 확신은 분명 믿음의 철든 자일 뿐 아니라 하나님의 뜻을 이루기 위해 헌신하는 것을 말한다.

그 전환을 남녀의 사랑 관계에 비한다면 한 여인이 믿음으로 결혼에 이르고 사랑과 희생과 순종으로 확신에 이른다고 할 수 있다. 즉 확신의 첫째 뜻은 신부의 절대적 사랑과 같다 하겠다. 그러나 인권평등 시대에 편향된 순종이나 한 남편을 위해 '죽으면 죽으리라'는 각오는 시대적 착오로 보인다. 하여 평등을 주장하는 현대 여성에게는 그것은 옛말일 뿐이다. 그러나 사실은 그것이 일방적 불평등한 의무로 보이나 결코 그런 것이 아니다. 오히려 하나님의 절대적 자비와 사랑과 희생에 어느 정도 상응하라는 뜻일 뿐이다. 신부의 확신은 하나님의 지고한 희생과 사랑을 이해하는 태도일 뿐이다. 하여 성경은 "모든 것을 참으며 모든 것을 믿으며 모든 것을 바라며 모든 것을 견디면서"(고전 13:7~12) '믿음, 소망, 사랑 이 세 가지를 항상'(고전 13:13) 지키는 한결같은(Steady) 신부 관계를 강조한다.

이에 대해 성경학자 렌스키는 흔히 두 가지를 오해하기 쉽다고 지적한다. 그 하나는 믿음과 소망과 사랑을 각각 독립된 별개로 오해하기 쉬우며, 둘째는 이 셋만 있으면 다른 것들, 즉 덕이나 지식이나 절제나 인내 등(벧후 1:5~7)과 같은 성도의 덕목과 사명(눅 4:18~19)은 필요하지 않다는 오해를 하기 쉽다고 한다. 즉 믿고 서로 사랑하여 결혼해도 그들이 성장하면서 경건과 인내와 절제와 자비가 보충되고 충족될 때에 비로소 확신에 이르는 것이다. 그렇게 본다면 확신이란 두 번째로 '견고한'(베바이오오, Firm, 롬 15:8; 고전 1:6, 8; 골 2:7; 히 13:9) 신앙을 뜻하며 이 '확신'이 합력하여 선을 이루어 비로소 어떤 고난에도 '흔들림이 없이 참여'(고후 1:4~7) 할 수 있게 되는 것이다.

그러나 오늘의 사람들은 변화에 익숙하여 신과 사람 간의 바른 애정 관계를 이해하지 못하는 것 같다. 하여 신의 절대성을 인정하지 않으려 한다. 그러면서 인간적인 '긍정적 사고'(Positive Thinking) 방법에 치우친 신념에 함몰되어 신앙이 타락하게 된다. 이런 주관적 확신은 자신을 신께 송두리째 바치거나 희생하는 것을 불가능하게 하는 요인이 된다. '긍정적 사고'란 어떤 과실에서 오는 두려움(Misguided Fear)을 심리적으로, 혹은 인위적으로 극복하여 인간적 행복이나 성공을 추구하려는 목적을 이루려는 방법이다. 따라서 자기를 희생하고 신에게 절대 순복하는 확신은 불가능하다. 그저 행복을 방해하는 요인들, 즉 의심과 긴장과 두려움과 공포를 심리적으로 상쇄하는 데 그칠 뿐이다. 미국의 필러 목사(Norman V. Peale, 1898~1993)가 쓴 8백 만 부나 팔린 『긍정적 사고의 힘』(Power of Positive Thinking, 1952)에는 "자신의 능력을 믿으라." "겸손보다 자기 능력에 대한 합리적 자신을 가지라." "자신을 냉정히 비평하여 자신감을 얻으라." 등을 주장한다. 세상에서의 성공 비결로 인생의 두려움을 극복하는 인위적 방법을 제시한 것이다. 이것은 2천3백 년 전에 있었던 에피큐리안주의(Epicureanism)와 거의 같은 사상이다. 그것은 순종과 희생을 주장하는 확신과는 거리가 멀다.

이와 같은 주관적 확신은 인위적이며 세상적인 방법에 지나지 않아 현실을 초월한 '영혼의 닻'(히 6:19)이나 세파에 흔들림이 없는 '소망의 담대함'(히 3:6, 14)과는 아무 상관이 없다. 그 닻은 자기 심성에 내려진 인위적인 것이어서 풍랑의 흔들림이나 변화를 막을 수 없다. 반석이신 그리스도와 하나님의 사랑의 대지에 믿음의 견고한 닻을 내리는 것과는 거리가 멀다. 왜 견고한 확신이 필요한가? 그 닻이 든든히 대지에 내려졌다고 풍랑을 피하는 것도 물리치는 것도 아니다. 오로지 풍랑에 떠내려가지 않을 뿐 세파의 흔들림과 그로 인한 배 멀미는 피할 수 없다. 바울이 제자들에게 말했다. "우리가 하나님의 나라에 들어가려면 많은 환난을 겪어야 할 것이라"(행 14:22). 그리고 베드로도 "더욱 힘써 너희 부르심과 택하심을 굳게 하라(스 테코오) 너희가 이것을 행한즉 언제든지 실족하지 아니하리라"(벧후 1:10) 했다. 이는 '깨어 믿음에 굳게 서는 것'(고전 16:3), 모든 궁핍과 환난 가운데서 굳게 서는 것(살전 3:7~8)을 말하며 '주 안에서 서는 것'(빌 4:1)을 말하고 있어 주관적 확신보다 은혜에 의한 객관적 확신을 말한다. 결국 은혜를 힘입지 못하고 자기 노력으로 안정을 유지하려고 할 때 실족하게 된다. 그러나 참된 확신을 가진 자는 바울이 그러했던 것처럼, "그 은혜에 의하여 믿음으로 말미암아 구원을 받았으니"(엡 2:8), "우리 몸의 속량을 기다리느니라"(롬 8:23) 하는 믿음으로 충만하다.

그와 반대로 미국의 신학자 켄덜(R. T. Kendall)의 저서『단 한 번의 영원한 구원』(Once Saved, Always Saved, 1985)에는 믿는 자의 '배교'(背敎, 아포스테미, Apostasy, 눅 2:37; 4:13; 고후 12:8; 딤전 4:1; 딤후 12:8)를 '모반', '반역', '물러감' 등으로 잘못 이해해서는 안 되며 '갈등'으로 보아야 한다고 주장한다. 결국 그는 한 번 믿는 자는 혹 고난과 역경에 처하여 잠시 갈등(Complication/ Trouble)을 일으키나 다시 돌아온다고 주장한 것이다. 그러나 성경에는 삼손이나 발람을 위시하여 수많은 종이 배신했고 엘리야 때는 대부분의 선지자가 주의 사명을 배신했다. 신약에서도 보면, 많은 갈라디아 신도가 바울이 가르친 복음에서 속히 떠나 다른 복음을 따랐고(갈 1:6), 많은 사람이 세상을 사랑하여 되돌아갔고(딤후 4:10), 하늘의 은사를 맛보고 성령에 참여한바 되고 선한 말씀과 내세의 능력을 맛보고도 타락하여 회개할 수 없는 지경에 이르렀다(히 6:4~6). 이런 배교에 관해 성경은, 땅이 채소를 내면 하나님께 복을 받고 만일 가시와 엉겅퀴를 내면 저버림을 당하고(히 6:7~8), 진리를 아는 지식을 받은 후 짐짓 죄를 범한즉 다시 속죄하는 제사가 없으며(히 10:26), 은혜의 성령을 (받고) 욕되게 하는 자가 당연히 받을 형벌은 얼마나 더 무섭겠느냐? 너희는 생각하라(히 10:29)고 경고한다. 이는 믿는 자의 배교나 떠남이 허다함을 보여 준다. 그리고 마태복음

7:21~24을 보면, 확신하는 종이라 하더라도 구원에 이르지 못함을 알 수 있다.

하나님께서 믿는 자기 백성에게 역경과 시련을 주시는 이유가 있다. 그 시련을 통해서 확신에 이르기 때문이다. 마치 특수병 훈련소가 극기와 단련을 위해 무거운 짐을 지고 극한 상황에서 고된 훈련을 반복하는 이유다. 역경과 극한 상황 속에서 육체적 인내와 기다림을 배우게 되듯, 정신적 단련 없이 이 험난한 세상을 이길 수는 없으며 주께서 남기신 사역을 맡을 수 없다. 그리고 저열한 현실의 격한 풍랑 속에서도 '사랑 안에서 온전히 이루는 기다리는 믿음'(요일 4:16~18)이 없이는 주님을 닮은 작은 중보자가 될 수는 없다. 사랑의 하나님께서 우리로 역경과 고난을 통과해야만 온전히 이루게 하신 뜻(계 6:11; 7:14; 단 12:1)을 때로 이해하기가 쉽지 않다. 그러나 역경과 고난의 용광로를 통과하여 불순물이 제거된 다음에야 값비싼 순금이 된다. 순금뿐만 아니라, 순순한 소금이 되기 위해서나 제단의 등불을 밝힐 기름이 되기 위해서는 고된 정제 과정을 통하지 않으면 안 된다.

앞 장에서 말한 것과 같이 하나님은 사랑하는 자녀에게 시험과 고난과 역경을 주신다. 그 이유는 알곡을 얻기 위함이다. 가을에 수확한 곡식 중 벼나 보리는 밀과 달리 먹을 수 없는 단단한 겉껍질이 있다. 겉껍질은 알곡이 사람들의 주식이 되기 위해 장기간 보관될 동안 보호하는 역할을 한다. 사람들은 왜 그 겉껍질을 주셔서 타작마당에서 고역을 겪도록 하시는 지를 이해하지 못한다. 이사야 선지자가 "내가 이스라엘의 하나님 만군의 여호와께 들은 대로 너희에게 전하였노라"(사 21:10) 하면서 "곡식은 부수는가, 아니라 늘 떨기만 하지 아니하고 그것에 수레바퀴를 굴리고 그것을 말굽으로 밟게 할지라도 부수지는 아니하나니 이도 만군의 여호와께로부터 난 것이라 그의 경영은 기묘하며 지혜는 광대하니라"(사 28:28~29) 하셨다. 그렇다. 말굽과 큰 돌 바퀴로 약한 곡식 위를 누르고 짓밟을지라도 알곡이 깨어지지 않는 신비를 사람들은 모른 체 '자기 의를 세우려고 한다'(롬 10:3).

예전에 읽은 『정신 병동』이란 책의 이야기가 생각난다. 어떤 목사님이 명성이 높은 정신병원을 찾아가 치유 방법과 성과를 배우고자 했다. 원장은 파안대소하며 "우리 병원은 정신병을 치료하려고 애쓰지 않습니다."라고 했다. 그 말에 목사님은 크게 놀라며 불쾌한 표정을 지었다. 원장은 그의 표정을 읽고 이렇게 답했다. "저들의 얼굴을 보십시오. 저들은 과대망상증이건 정신분열증이건 자신들이 위대한 성자요, 왕자요, 철학자라고 확신하고 있지 않습니까? 내가 무슨 권리로 그들이 누리는 행복을 빼앗겠습니까? 미칠 정도로 확신하고 있는데 무엇으로 깨우친단 말입니까?"라고 답했다. 그때 목사님은, 세상은 하나의 큰 '정신 병동'이라는 것을 발견한다. 의사건 환자건 큰 착각(錯覺)에 사로잡힌 병자라는 것을 깨닫게 된 것이다. '착각' 이것이 확신에 이르지 못하게 하는 큰 장애물이다.

바울은 말했다. "내가 증언하노니 그들이 하나님께 열심이 있으나 올바른 지식을 따른 것이 아니니라 하나님의 의를 모르고 자기 의를 세우려고 힘써 하나님의 의에 복종하지 아니하였느니라"(롬 10:2~3). 여기 열심이 있고 힘써 노력하나 무익한 삶을 사는 그들의 힘씀은 '자기 의'를 세우기 위해서다. 많은 이스라엘이나 가룟 유다도 자기 의를 확신하며 열심히 산 자들이다. 그러나 힘씀은 하나님의 의와는 무관한 확신이었다. 하나님의 종 발락이 자기 욕심을 따라 행했고, 삼손이나 사울이나, 한때 다윗도 그리고 많은 주의 종이 그릇된 확신으로 살았다. 세계를 큰 곤경에 빠트린 나폴레옹이나 히틀러도 다 자기 의를 위해 충성했다. 바울이 "너희는 굳게 서서 다시는 종의 멍에를 메지 말라"(갈 5:1) 하셨으나 누구나 자기 멍에에 충실할 뿐이다. 자기에게 충실하여 그것을 죄로 알지 못하는 자는 확신에 이를 수 없다.

그들은 자기를 위해 살며 은혜를 공짜로 바란다. 기대하지 않은 '하나님의 선물'(엡 2:8, 9)을 은혜로 받았기 때문에 아무런 대가나 의무는 없다고 주장한다. 선물은 호의로 준 것으로 공짜이어서 갚아야 할 책임은 없다. 그러나 호의는 공짜가 아니다. 호의와 사랑을 모르는 것은 염치없는 요기(妖氣)요 방약무도(傍若無道)의 이기(利己)다. 호의는 호의로 보답해야 할 의무가 있다. 만 달란트의 선물을 받았다면 백 데나리온의 호의는 보답할 의무가 있다(마 18:28~35). 임금의 혼인 잔치에 초대를 받았다면 왕가의 체통을 위해 예복으로 갈아입어야 한다(마 22:12~4). 은혜는 공짜이지만 십자가 사랑과 희생은 갚아야 할 호의다. 열 중 아홉은 무상의 선물이라도 하나는 보답해야 할 나의 성의다. 그래서 십일조(十一條)를 하늘나라 백성의 주민세라 한다. 그러나 오늘의 얌체들은 여유가 생기거나 '쓰고 남으면' 내는 것도 무방하다고 말한다. 호의에는 의무가 따른다. 그러면 그 의무가 무엇인가?

하나님의 뜻과 선의(善意)을 분별하는 것(롬 12:3), 선한 일이 억지로 되지 아니하고 자의로 되게(몬 14) 하는 것, 믿음의 도를 위하여 힘써 싸우는 것(유 3), 게으르지 말고 열심을 품고 주를 섬기는 것(롬 12:11), 예수 그리스도의 신부로서 '책망할 것이 없는 결백'(요일 3:21~22)을 지키는 것, 신앙에 굳게 서서 복음의 소망에서 흔들림이 없는 일꾼이 되는 것(골 1:23) 등은 은혜에 대한 보답 의무다. 확신이란 특혜도 특별 의무도 아니라 철든 신자가 지켜야 할 의무다.

키르케고르(Soren A. Kierkegaard, 1813~1855)는 신앙은 하나님의 공평하신 은혜(마 5:45~46)의 선물이라고 하면서, 스스로 '들음'(마 7:24; 막 7:14; 행 28:26; 롬 10:14; 고전 2:9; 14:2)에서 그리고 들은 그것을 '분변'(分辨, 디아크리노, 마 16:3; 1:21)해야 하며, 그뿐 아니라 은혜에 대한 '분별'(分別, 순-크리노, 고전 2:13)이 있어야 한다고 했다. '분변'(디아-크리노)은 '디아'(Through, 충분한) '크리노'(Separate, 구별) 즉 충분한 이성의 사리 판단을 뜻하며, '분별'(순-크리노)은 성령의 도움에 의한 '함께(순)하는 구별(크리노)'을 말한다. 즉 자기 이성의 판단으로 하는 주관적 분변과 성령의 협력으로 이루어지는 객관적 분별이 있어야 함을 밝히신 것이다. 주관적 '분변'도 중요하지만 은혜와 사명을 아는 객관적 '분별'은 더 귀중하다. 분변은 철이 드는 믿음이라면 분별(순-크리노)은 은혜로 확신에 이르는 것이다.

키르케고르는 확신을 깊이 생각한 사람이었다. 그는 상상력이 풍부하고 천재성이 있었으나 파란 많은 일생을 겪었다. 그는 소년기에 아버지와 불화가 심했고, 17세에 코펜하겐대학에 진학하여 9년간 친구와 교수들과 충돌하여 역경을 겪었다. 24세 때 15세의 소녀를 사랑하였으나 곧 헤어졌고 27세에 결혼했으나 1년 후 파혼하게 된다. 그는 말씀과 학문, 이상과 실상 사이에서 번민하며 길을 걸어가다가 노상에서 쓰러져 42세의 젊은 나이에 루터교 신부로 서거했다. 그는 일생을 비극 속에서 지냈으며 '절망'에 대해 깊이 생각했다.

그는 "절망은 고통과 비애, 슬픔과 비관에서 오는 것이 아니다. 다만 자기 의지가 하나님 뜻과 부합하지 못할 때 온다."라고 했다. 결국 그가 발견한 절망은 양심이 철들지 못한 자의 낙담을 말한 것이다. 그는 신자라 할지라도 바른 양심의 자아 발견이 없다면 절망에 놓인 것이라고 했다. 그리고 비록 고통과 역경 속에서도 성령에 의한 깊은 자성(自省)과 회개를 통한 분별에 의해서 '양심과 의지의 확장(擴張)'이 일어날 때 '절대적(무한성) 희망'이 가능하다고 했다. 그는 주관적인 '분변'보다 객관적인 '분별'에 의해 영원한 희망을 얻어질 수 있다고 보았다. 그와 반대로 세상의 역경을 당하여 선한 의지와 양심이 위축되는 경우를 "무한성 절망"이라고 하면서 인간은 "영원한 절망에 이르는 병"을 앓는 존재라고 했다.

그는 많은 비극에 노출되었을 때 믿음으로 자기를 잃지 않고 자각하려고 노력했다. 하여 그는 그 고난 속에서 자신에게 주어진 양심의 자유를 찾았는데, 그것을 '모순된 자유', 또는 '변증법적 자유'라고 했다. 그리고 그 제한된 자유 속에서도 제한 없는 자유를 확신에서 얻을 수 있다고 보았다. 예수님께서 "너희가 돌이켜 어린아이들과 같이 되지 아니하면"(마 18:3) 하신 것은 자기 당착(自己 撞着)이 없는 자아 발견을 말한 것이다. 그러나 "이만하면 괜찮다!"는 자기 당착이 없는 사람은 거의 없다.

예수님의 명성이 날로 높아져 갔을 때, 야고보와 요한의 어머니가 예수님께 자기의 두 아들을 주의 나라에서 좌우편에 앉게 해달라는 기발한 숙원을 진언한다. 예수님께서 "너희는 너희가 구하는 것을 알지 못하는 도다.

내가 마시는 잔을 너희가 마실 수 있느냐?"라고 물으신다. 그들은 거침없이 "할 수 있습니다."(마 20:20~22)라고 확신을 고백한다. 그 확신은 '당당한 요구'(아이투사, Demand)여서 상인들이 거래할 때 값을 따져 정당한 대가를 요구(아이투사)하는 것을 말한다. 그들의 나이, 주님을 따라다닌 경력, 우레 같은 용기 등 인간적 조건들을 고려한 요구였다. 오늘의 신자라고 해서 그와 크게 다를 바는 없다.

주님께서는 그런 조건들을 보시지 않고 "내가 마시는 잔(포태리온, 고난의 잔)을 마실 수 있겠느냐?"라고 물으신다. 그들은 그 고난의 잔이 어떤 것인지도 모르면서 "예, 할 수 있습니다."라고 대답한다. 주께서 잡히시기 전 마지막 날 밤, 그토록 확신하고 또 맹세한 그들은 다 깊이 잠들어 있었다. 그 때 주님께서는 피땀을 흘리시며 "이 잔을 내게서 지나가게 하옵소서. 그러나 …… 아버지의 원대로 하옵소서."라고 기도하셨다. 이 '간구'(懇求, 아이테오, 마 7:7; 26:39)는 당당한 '요구'가 아니었다. 그러나 오늘의 주의 종들은 무슨 근거가 있어 큰 교회, 좋은 보수, 남다른 명성을 자기가 받을 자격이 있는 정당한 요구로 착각하고 약한 교회는 업신여긴다. 철든 확신이 아쉽기만 하다.

찰스 스윈돌(Charles R. Swindoll) 목사는 그의 저서 『하나님의 뜻의 신비』(1999)에서 하나님의 뜻은 연구할수록 더욱 신비롭다고 하면서 "내 생각이 너희의 생각과 다르며 내 길은 너희의 길과 다름이니라 여호와의 말씀이니라 이는 하늘이 땅보다 높음 같이 내 길은 너희의 길보다 높으며 내 생각은 너희의 생각보다 높음이니라"(사 55:8~9), "깊도다 하나님의 지혜와 지식의 풍성함이여, 그의 판단은 헤아리지 못할 것이며 그의 길은 찾지 못할 것이로다"(롬 11:33)라는 말씀에 동의하게 된다고 했다. 그리고 그는 '적당'(適當)은 그릇된 자기 기준에서 온 것이며 하나님이 보시는 '합당'(合當, 유데토스, Suitable, 마 3:8; 10:37; 눅 9:62)과는 거리가 멀다고 보았다. 그리고 자기 당착은 신자나 교회 지도자에게도 있어 치명적 타격이 된다고 하면서 설교자가 아무리 유식한 설교를 한다 하더라도 설교자와 교인의 자아 발견과 올바른 의지 확장에 도움을 주지 못한다면 맹인이 맹인을 인도하는 위험한 처사(마 15:14; 23:16)라고 강조했다. 그리고 설교가 자기 의지 전달이 되어서도 안 되며, 지담(智談)이나, 미담(美談), 웅변 등을 철없는 분변으로 보았다. 자기 당착에 얽매인 자가 배워야 할 대목으로 보인다.

그러나 누구나 자기 당착의 희생물이 되어 있어 각자가 스스로 속고 있는 것을 모른다. 왜 자기가 자기에게 속고 있는 것인가? 자기가 '적당히 알고'(유스케에-모노오스, 롬 13:13; 고전 14:40; 살전 4:12) 행하면서 온전한 것으로 착각하여 형식과 예의, 또는 어떤 모양(Form/Mold)만을 갖추는 것(딤후 3:5)이 실족이라는 것을 모르기 때문이다. 이 심리적, 정신적 병은 신자로 하여금 확신에 이르지 못하게 하는 중요한 요인이 된다. 바울이 "우리는 이제부터는 어떤 사람도 육신을 따라 알지 아니하노라 비록 우리가 그리스도도 육신을 따라 알았으나 이제부터는 그같이 알지 아니하노라"(고후 5:16) 하신 이유다.

"내가 확신(페이도오)하노니 사망이나 생명이나 천사들이나 권세자들이나 현재 일이나 장래 일이나 능력이나 높음이나 깊음이나 다른 어떤 피조물이라도 우리를 우리 주 그리스도 예수 안에 있는 하나님의 사랑에서 끊을 수 없으리라"(롬 8:38~39). 아멘!

제5장

교회와 이웃

1 열 처녀와 다섯 신부

　주님께서는 헤어져야 할 때가 가까워진 것을 아시고 감람산에서 종말에
관해 마지막 설교를 제자들에게 하신다. 한 시대가 지나 종말이 오면 불법
이 성하여 많은 사람의 사랑이 식어지고 각박한 세상이 올 것을 말씀하신다
(마 24:12). 그리고 그때는 환난으로 신앙에 혼란이 올 것을 예언하시고, 신
랑을 맞는 열 처녀의 예화를 들어 준비성에 따라 혼인 잔치에 참여할 수도
있고 그렇지 못할 수도 있다는 것을 밝히신다(마 25:1~13). 이 예화를 두고
신자의 천국 입국으로 보는(마 22:2~14) 이도 있고, 어떤 이는 주님의 재림
(마 24:45~51)으로, 그리고 어떤 이는 마지막 심판 때(계 21:9~2:17)에 일어
날 일로 보기도 한다.

　그러나 성경학자 렌스키는 '주의 재림'(파루시아, 마 24:3 이하; 살전 4:15;
약 5:7) 때의 천국 입성을 말하고 있지 않다고 주장한다. 그 이유로 "혼인 집
손님들이 신랑과 함께 있을 동안에 슬퍼할 수 있느냐"(마 9:15), 그리고 "혼
인집 손님들이 신랑과 함께 있을 때에 너희가 그 손님으로 금식하게 할 수
있느냐?"(눅 5:34) 하신 것을 들어 주님의 초림을 말한다고 해석한다. 그러
나 마태복음 24장과 25장 전체를 종말 재림으로 보는 이들은 재림 때라고
주장한다.

　어떤 이는 열 처녀를 열 약혼녀로 보기도 하지만, 이 혼인 잔치(마 25:10)
는 당시의 부잣집 혼인 잔치를 예화로 든 것으로서 먼저 신부 집에서 첫날
성대하게 예식과 연회가 열리고 그다음 날 신부의 친구들과 신랑의 친구들
이 큰 행렬을 이루어 신랑 집으로 가서 한 주간 향연을 베풀며 즐거운 날들
을 보내는 관습에 근거한 것이다. 주님의 예화에서도 열 약혼녀라 하시지
않고 열 처녀(파르데노이스, Virgins, 마 25:1)가 신랑을 맞기에 편리한 가

까운 장소에 모여 신랑을 기다렸다고 하신다. 그리고 신랑이 신랑의 친구들과 한밤중에 왔다는 것, 그리고 그들 중에 준비된 다섯 처녀만 혼인 잔치에 참석하게 되었다는 것이다. 그런데 말씀의 핵심은 다섯 처녀는 '슬기 있고'(프로네오, Prudent) 다섯 처녀는 '미련했다'(모오로스, Stupid)는 데 있다. 결국 신랑이 늦게 온 목적이 있었다. 그것은 '슬기 있는' 처녀를 선별하기 위함이다.

결국 신랑의 선택 조건이 믿음이나 정절이나 미모나 교양도 아닌 '슬기'였다는 것이 믿어지지 않는다. 믿음이나 예절이나 미모는 보지 않고 다만 하잘것없는 작은 슬기를 선택의 기준으로 삼았다는 것이 도무지 이해가 되지 않을 수도 있다. 그에 앞서 종의 선발 기준이 '믿음 만' 보시지 않고 '충성되고 지혜 있는 종'(마 24:45, 48)과 '악하고 게으른 종'(마 25:26) 또는 '무익한 종'(마 25:30)인 것도 중요하지만, 열 처녀의 경우 다섯 처녀는 미련했고 다섯 처녀는 슬기로웠다는 데 핵심이 있다. 결국 '믿음'과 '충성'이 없었다면 애당초 신랑을 기다리지도 않았을 것이나, 신랑은 그것만을 보시지 않았다.

'미련하다'(모오로스, 마 5:22)는 뜻은 '어리석다'(고전 3:18), '무식하다'(딤후 2:23)는 뜻이다. 그리고 '슬기 있다'(프로네오)는 단순히 사려 깊다는 뜻이 아니라 '영의 생각'(롬 8:6~7), '성령의 생각', '하나님의 뜻'(롬 8:27)을 아는 것을 뜻하며, '성령에 의한 지혜와 총명'(엡 1:8)을 가진 것을 뜻한다. 즉 다섯 처녀는 지혜가 있어 자신을 믿지 않고 성령 충만의 기름을 예비했던 것이다.

'지혜'란 사건의 내용이나 진리를 그대로 파악하는 능력을 말한다. 그러나 오늘의 지혜는 그와는 반대이다. 어떤 시인은 "머리 위에 지난밤의 비에 깨끗이 씻긴 하늘이 걸려 있다"고 하늘을 빨래거리로, 어떤 이는 바다를 어머니로, 어떤 이는 세상을 손바닥으로 비유하여 실감을 유도한다. 현대 미술가는 고대 사실주의 그림을 경멸한다. 그리하여 인상파는 자연 속에서 얻을 수 있는 인상(印象, Impression)만을 그리며 지혜롭다고 자처한다. 그러더니 오늘에는 인상을 넘어 핵심만을 추출하는 추상파(抽象派)가 득세하고 있다. 옛날에는 조화(造花)를 향기가 없다고 업신여기더니 오늘날은 생화(生花)보다 비싸다.

옛날에는 '참'이나 '진실'이나 '성실'을 귀하게 보았다. 그러나 오늘은 약고 거짓되어도 재치 있는 것을 높이 평가한다. 팔십 노인이 머리카락을 검게 물들이고 젊은이가 어른 행세를 한다. 거짓이 진리를 조롱하고, 사악함이 충실을 희롱하는 시대다. 그렇다고 누가 그것을 나무랄 수도 없다. 적당히 제멋대로 산다고 누가 핀잔을 줄 수도 없다. 이런 종말의 시대에 신랑을 맞이할 성실하고 참된 다섯 처녀를 '슬기 있는 처녀'라고 칭찬하시고, 그와 반대로 융통성과 아량이 많은 처녀들을 '미련한 처녀'라고 하신 것이다.

누가 미련한 자인가? 세상에서 지혜 있는 줄로 착각하는 자(고전 3:18), 육신의 일만 생각하는 자(롬 8:6~7), 자기를 살필 줄 모르는 자(롬 8:27)들이다. 신자라 할지라도 영의 세계와 신의 성품을 보는 시각은 천태만상이다. 말씀의 배후에 숨은 참뜻과 진리는 보지 못하고 광대들의 춤과 현상에 도취된 자, 주님의 말씀을 바로 이해하지 못하는 자가 이 세대를 보지 못하는 자요 자기의 본질을 모르는 미련한 자이다. 그들은 미련함을 자연스럽고 시대에 알맞다고, 그리고 앞서간다고 뽐내는 자들이다.

사람이 갖게 되는 증거에는 육안(옴마)으로 본 것도 있고, 영안(오프토마이)으로 얻은 것도 있다. 그중 영안으로 하나님을 보며(마 5:8), 징조를 보며(마 24:30), 미래를 보는 통찰력이 생겨 시간과 공간 이면을 볼 수 있다. 그리하여 어두운 밤인지 낮인지를 구분할 수 있다. 낮과 밤을 구분 못하는데 어두운 밤을 준비할 리가 만무하다. 슬기로운 자는 그 '슬기'로 말보다 행함(마 23:3)을, 겉사람보다 속사람(마 5:3~8; 롬 7:22~23; 고후 4:16)을, 나타난 외식보다 숨은 믿음(마 9:2; 막 2:5; 눅 7:9)을 구분하며, '의와 인과 신'(마 23:23), 사람들의 '사악'(마 22:18)과 '탐욕과 악독'(눅 11:39), '중심과 마음'(마 9:4; 12:34; 13:15; 막 2:8)을 보시는 신을 파악한다. 그와 동시에 신은 인간처럼 나타난 화려한 꽃만 보시지 않고, 열매에서 나무를 보며 준비성에서 '슬기로움'을 보신다. 슬기 있는 자는 미래를 대비하나 미련한 자는 현실만 즐긴다. 따라서 슬기 있는 자만 미래를 보는 눈을 가진다 할 수 있다.

현실을 파악하는 눈은 육안 외에도 학문의 세계를 보는 지안, 정신적 세계를 보는 심리안, 영의 세계를 보는 영안도 있다. 엘리사의 종 게하시가 영안이 떠져 도단 성을 둘러싼 천군을 본 것(왕하 6:17~18)이나, 바울이 제3천국과 여러 계시를 본 것(고후 12:1~10)이나, 사도 요한이 천군 천사와 천국을 본 것(계 1:2 이하) 등, 많은 주의 종이 하나님의 계시를 본 것은 육안 밖에 모르는 사람에게는 이해할 수 없는 세계다.

바울은 '육체에 가시'가 있어 그것을 없애 주시길 기도했다. 그런데 주님께서 이르시기를 "내 은혜가 네게 족하도다 이는 내 능력이 약한 데서 온전하여짐이라"(고후 12:9)고 답하셨다. 이에 바울은 "그리므로 그리스도를 위하여 약한 것들과 능욕과 궁핍과 박해와 곤고를 기뻐하노니 이는 내가 약한 그때에 강함이라"(고후 12:10)고 고백한다. 즉 하나님의 응답은 자기의 약점을 아는 '족한 은혜'이다. 약점을 안 후에 대비하는 '슬기'를 알게 하신 것이다. 신앙은 현실을 의탁하며 미래를 예비하는 것이다. 그런 의미에서 교회란 영안을 여는 '안과 병원'이라 할 수 있다.

주님께서 감람산에서 하신 마지막 설교는 세상 종말과 예수님의 재림 때에 있을 현상에 관한 내용들이다(마 24:3~25:46). 그중에서 '충성되고 지혜 있는 종'과 '악하고 외식하는 종'(마 24:45~51)에 관한 기사는 교회 사역자에 대한 평과 경고이며, 열 처녀에 대한 비유는 종말의 신도들에 대한 예언이다(마 25:1~13). 그런데 경고하신 내용을 보면, 주의 종에게는 '충성과 지혜'를, 열 처녀에게는 '슬기'(마 25:8)를 천국 입성 조건으로 말씀하신다. 하나님의 뜻을 아는 자와 달란트의 은혜를 받은 주의 종에게는 충실과 게으름, 착함과 악함을 따라 심판하시나, 하나님의 뜻과 계획을 기다리는 열 처녀에게는 슬기와 미련으로 구별하신다는 말이다. 즉 시대의 변화를 영안으로 깨닫고 정확히 처리하는 재능, 즉 슬기를 보신다는 것이다.

유전(Tradition)을 좇지 않는 사람은 없다. 유전은 잠재의식 속에 굳게 터 잡은 자기 본질이다. 아무리 자기가 선하게 산다고 자처해도 어렸을 때부터 배인 관습과 유전을 떠날 수는 없다. 영으로 산다고 해서 '괴악하고 악독한 세상'에서 음행하는 자들, 탐하는 자들, 토색하는 자들, 우상 숭배하는 자들과 도무지 사귀지 않을 수도 없다(고전 5:8~10). 물질을 도외시 할 수도 없다(고전 7:31). 그래서 그 둘 사이에 끼어 살아야 하는 신자에게는 "오오라 나는 괴로운 사람이로다!" 하는 번뇌가 있을 수밖에 없다. 바로 여기에 '슬기로워야' 하는 이유가 있다. 슬기란 바른 통찰과 판단으로 사려 깊게 행동하는 지혜이기 때문이다.

그 옛날 예수님께서 당시의 유전을 뛰어넘어 사마리아 여인과 수가 샘가에서 정다운 대화를 나누셨다(요 4:9~26). 만일 어떤 사람이 그 장면을 보았더라면 살인 사건이 날 뻔한 일이다. 그러나 예수님은 유전을 깡그리 무시하고 사마리아 여인과 대화를 나누셨다. 그리고 이방인 스로보니게 여인의 청을 들어 주신 일, 간음한 여인을 처형장에서 구하신 일, 로마 군인 백부장의 청을 받아 그의 종을 고치신 일, 율법으로 금지된 나병환자를 만져 고쳐주신 일, 안식일에 밀밭 사이로 가신 일 등은 당시의 유대인의 율법과 유전을 깡그리 반역하는 일이었다. 그러나 예수님의 대답과 행동은 참으로 지혜롭고 슬기로운 처사였다. 그럼에도 수제자 베드로도 유전을 배척하지 못한 것을 보면(갈 2:11) 슬기 있는 다섯 처녀가 되는 것은 결코 쉬운 일이 아닌 것 같다.

그 슬기가 무엇인가? 그 슬기는 시대를 분별(디아크리노)하는 능력이다. 여기 '디아-크리노'의 '크리노'는 구별한다, 선택한다는 뜻이다. 거기에 '충분히'(디아)라는 말이 붙어 충분한 이해로 분별하는 것을 말한다. 그래서 주님께서 바리새인과 사두개인에게 "너희가 날씨는 분별할 줄 알면서 시대는 분별할 수 없느냐"(마 16:3) 하셨다. 그리고 "믿음이 있고 의심하지 아니하면"(마 21:21)은 원어에는 "믿음이 있고 분별력이 있으면"으로 되어 있다. 그리고 바울은 온전한 자의 지혜를 말하면서 "영적인 일은 영적인 것으로 분별하느니라"(고전 2:13) 하신다.

또한 슬기는 분변(아이스데에테리온, Understand), 즉 내적 통찰력(Insight)에 의한 깨달음(아이스데에시스)을 말한다. 그것이 영적 분별이다. 육적 시력이 있듯이 영적 시력이 있다. 육안의 시력이 백내장이나 녹내장으로 잃게 되듯이 영안에 죄의 허물이 덮이면 영적 시력은 0.3 이하로 떨어지게 된다. 영적 시력이 없으면 선악을 분별할 수 없다(히 5:14). 이 능력 상실, 즉 '깨달음 상실'(아나로스, 롬 12:6)과 소금이 그 '맛을 잃는 것'(아나로스, 막 9:50)은 같은 단어를 사용하고 있다. 따라서 주님께서 제자들에게 "너희는 세상의 소금이니 소금이 만일 그 맛을 잃으면 무엇으로 짜게 하리요 후에는 아무 쓸데없어 다만 밖에 버려져 사람에게 밟힐 뿐이니라"(마 5:13)이라고 하신 것은 제자들이 영안을 상실하여 '깨달음이 없어지는' 것을 말한다. 그리고 맛을 잃은 소금은 밖에 버려져 사람에게 밟힐 뿐이다. 즉 맛을 잃은 소금은 미련한 다섯 처녀를 말한다. 이들 곧 '내적 통찰력이 없는 자'는 버림을 받아 천국 잔치에 참석할 수 없게 되는 것이다. 그들이 밤중에 기름을 찾아 다닌다 할지라도 헛수고일 뿐이다.

하이데거는 진리란 "은폐 상태로부터 해방된 것", "초감각에 의해 개시(開示, Unverborgenheit)된 것"이라고 했다. 그리고 "진리란 존재의 개방이며 소리 없는 목소리요, 존재와 시간 속의 신화적인 대지(大地, Erde)"라고 했다. 그리고 그 '대지'는 모든 것이 그것으로 "귀환하는 미래적인 세계"라고 설명을 덧붙였다. 그렇지만 그 위대하고 웅장한 진리도 미련한 자에게는 무슨 소용이 있던가? 그렇게 시력을 잃은 자는 아무 쓸데없어 밖에 버려져 사람들에게 밟힐 뿐이다.

하나님의 계시(啓示, 아포칼륍토, 고후 12:1, 7; 갈 1:12; 엡 3:3)는 신이 '드러낸다'는 뜻이다. 누구에게 드러낸다는 말인가? 그의 '자녀에게'(마 11:25), '신자들에게'(빌 3:15) 드러낸다. 하나님의 진리를 믿는다는 것은 하나님을 진리의 계시자로 시인하는 것이다. "내가 길이요 진리요 생명이라" 하신 것은 계시자가 '나'라는 분명한 선언이다. 그렇지만 오늘날 누가 그 보화를 눈물겹도록 감사하며 감지덕지 받아들이던가? 그저 있으면 있는 대로 없으면 없는 대로 족할 뿐이다. 누가 보충이나 수긍이나 해명을 찾아 목숨을 걸고 덤비던가? 그것을 믿고 따르던가? 오! 얼마나 미련하고 슬기 없는 다섯 처녀인가?

진리란 맑은 물 위에 드러난 반석도 아니다. 때로는 흙탕물 속에 숨어 있거나 밭에 깊이 묻힌 보화다. 그래서 드러나 보이지 않는 진리는 아무리 영안이 밝다 하더라도 그것을 파악하기는 결코 쉽지 않다. 예를 든다면 "나는 길이요 진리요 생명이다"(요 14:6)라는 말씀은 서론도 해명도 없다. 그에 대한 해설은 헤아릴 수 없을 만큼 많다. 그럼에도 그 많은 견해를 분별하여 행동하는 지혜로운 처녀가 결코 많지는 않다. 천국은 믿기만 하면 얻는다는 말에는 귀가 솔깃하나 지혜로운 자의 것이라는 말은 어쩐지 어색하기만 하다.

'믿음'(Belief)을 라틴어로는 'fides'라고 하여 사물의 진실성과 진리성을 인정하는 마음이며 '신앙'(Faith)은 'fiducia'라고 하여 어떤 '인격체가 다른 인격체와 관계를 맺는 것'을 말한다. 프라이버시를 숭상하는 작금의 세대는 그냥 아는 정도라면 몰라도 누구와 관계를 맺고 구속(拘束)되는 것을 꺼린다. 그래서 선진국일수록 '결혼자'보다 결혼하지 않고 사는 '동거인'의 수가 결혼자의 수와 비슷하다. 그래서 적당히 믿는 믿음(fides)은 쉬워도 신앙(fiducia)으로 자신을 얽매이는 것을 바보라고 생각한다. 그래서 가급적 중책은 피하고 골머리 앓는 일은 맡지 않는다. 그것을 주님은 "미련하고 슬기롭지 못하다" 하신 것이다. 신랑 집에서의 연회와 환희는 기대하면서도 신랑께 구속되는 기름 준비는 하지 않는다. 그것이 참 지혜롭지 못한 다섯 처녀의 특징이다.

슬기로운 자만이 신랑의 혼인 잔치에 들어가는 것은 외형적 믿음보다 내면적 성품을 보시는 지혜로운 신랑의 처사이다. 여기서 슬기란 앞서 말했듯 세상 풍조에 물들지 않은 다섯 처녀의 지혜로운 행동을 말한다. 그러나 그것마저 대수롭지 않게 보는 처녀들이 오늘에는 태반이다. 하여 주님께서 "청함을 받은 자는 많되 택함을 받은 자는 적다"(마 22:14) 하신 것이다. 저자가 미국에서 공부할 당시 어떤 교수 방에 불이 밤 12시까지 항상 켜져 있는 것을 보고 그는 아내나 가족이 없는 사람인가 보다고 짐작했다. 그러던 어느 날 친구가 나에게 그 교수는 자기 학문과 결혼한 자라고 귀띔해 주었다. 어떤 이는 사람 대신 학문이나 예술을, 그리고 차나 기계나 기술을, 어떤 이는 돈, 물건, 술, 향락, 도박, 사업, 재물, 명예 등과 인연을 맺는다. 그런 자에게는 신랑 집이 없다. 어쩌다가 화려한 혼인 잔치에 관심이 있다 하더라도, 등만 예비하는 형식에 끝일 것이다. 누가 한밤중에 기름을 구해 어두운 거리를 헤매겠는가?

반면에 사랑은 산 생명체 간의 이해와 교제를 통한 현실적 상관관계이지만 생명이 없는 사물이나 작품이나 사상이나 그 무엇과 사랑에 빠져 이성을 잃은 미치광이도 많다. 종교성이 많은 아덴 사람(행 17:22)들은 존재하지도 않는 자작(自作) 신과 자기들의 손으로 만든 생명 없는 우상 앞에 절하는 미치광이였다. 바울이 그들에게 "우리 하나님은 각 사람에게서 멀리 떠나 계시지 않고 가까이 계시며"(행 17:27), "모든 사람에게 믿을 만한 증거를 주시며 회개하라 명하신다"(행 17:30)고 외쳤지만 인간은 여전히 정신 나간 미치광이다. 베스도 황제가 바울이 처형당해 죽은 예수의 부활을 강변하자 그를 정신 이상자로 보고 "네가 미쳤도다. 네 많은 학문이 너를 미치게 하였구나!"(행 26:24)라고 했다. 이미 십자가에 처형되어 죽은 예수를 산 자로 보고 그의 초대에 응하여 혼인 잔치를 기다리는 처녀들을 불신자들은 미치광이로 본다. 그러나 정작 살아 부활하신 신랑을 죽은 자로 보는 '미치광이'가 더 많다.

살아 있다는 증거는 단순하다. 죽었다는 사람이 손가락 하나가 움직여도, 가냘픈 맥박이 뛰어도 산 증거로 족하다. 하물며 대화나 상호 수여나 교제가 있다면 말할 것도 없다. 그것으로 신뢰와 사랑이 생긴다. 바울이 다메섹 도상에서 주님의 음성을 듣고 "당신은 누구십니까?"라고 물었다. 대답은 "나는 네가 박해하는 예수다."였다. 그것으로 산 증거는 충분하다. 그러나 그 증거도 바울에게는 자기 일생을 바칠만한 사랑의 대상으로는 충분치 못했다. 주께서는 아나니아에게 "직가라 하는 거리고 가서 유다의 집에서 다소 사람 사울을 찾으라. 그가 기도하는 중이니라."(행 9:11)고 명하신다. 그 증거로 아나니아는 정확히 찾아가 바울을 만난다. 그렇지만 바울은 그것도 처음에는 믿지 못한 것 같다.

가이사랴의 이달리야 부대의 백부장 고넬료는 하나님을 경외하며 항상 기도하는 사람이었다. 하루는 환상 중에 하나님의 천사가 그에게 이른다. "욥바에 있는 무두장이 시몬의 집에 유숙하는 베드로라 하는 시몬을 청하라. 그 집은 해변에 있다."(행 10:1~2)는 명령이었다. 그는 그것을 그대로 믿고 하인을 보내게 된다. 그런데 하인이 욥바 가까이 갔을 즘에 주의 종 베드로는 네 귀를 맨 큰 보자기 같은 것 속에 각종 금지된 짐승과 곤충과 새들이 담겨 있는 것을 환상을 보게 된다. 그때 "잡아 먹으라!"는 소리가 들렸다. 그것은 율법을 어기는 일이었다. 하여 베드로는 "주여, 그럴 수 없습니다. 나는 어렸을 때부터 속되고 깨끗하지 않은 것을 결코 먹지 않았습니다."라고 단호히 거부한다. 그러자 "하나님께서 정하게 하신 것을 속되다 하지 말라."고 명하시는 소리를 듣게 된다(행 10:9~16). 그러나 그것으로도 베드로는 자신의 기존 인식을 포기할 수는 없었다.

이들 중에 누가 인간의 유전과 고정 관념을 떠나 바른 신앙을 가졌는가? 의문과 회답, 명령과 순종의 인격과 인격의 수여가 있었다 할지라도, 말씀을 귀히 여기고 이의 없이 절대 순종하는 믿음은 결코 쉬운 일이 아니다. 그것이 가버나움의 백부장이 "말씀만 하옵소서. 그러면 내 하인이 낫겠습니다."(마 8:8)라고 했던 이타적이며 겸손한 신앙이 "이스라엘 중 아무에게서도 이만한 믿음을 보지 못하였노라."(마 8:10)는 극찬을 받게 한 이유였다. 슬기로운 다섯 처녀가 지혜로워 기름을 미리 준비했다는 것은, 단순히 지혜로웠기 때문만은 아니다. 슬기로운 다섯 처녀는 신랑을 그토록 귀히 여기고 사랑하고 기다렸다는 증거다.

사랑하는 사람을 기다리는 사람은 반드시 그 표가 나기 마련이다. 그 표는 아무리 주님이 더디 온다손 치더라도 잠들지 않고 깨어 있으며, 더욱이 때가 칠흑 같은 밤이라면 등불을 준비하는 것으로 드러난다. 집 안과 밖에 등불이 켜져 있다는 것은 귀한 손님을 기다린다는 증거다. 유대 풍습에는 객은 불 꺼진 집에 들어가지 않는다. 그래서 밤중에 찾아올 나그네를 기다릴 경우에는 등불을 끄지 않는다.

영국의 윌리암 로(William Law, 1686~1761)는 성경을 깊이 연구한 끝에 『거룩한 생활에의 간곡한 부름』이라는 책을 섰다. 그리고 그 책에서 "반쯤 크리스천이 된다는 것은 불가능하다."고 결론을 내렸다. 그는 사랑이나 믿음은 어정쩡한 반쪽은 있을 수 없다고 보았다. 아내가 남편을 사랑하면서 다른 남자를 동시에 사랑할 수 없다. 설사 한때 많은 남자를 친구로 사랑했다 하더라도 결혼할 때는 그들을 다 자르는 고통을 겪어야 한다. 그래서 주님은 "아버지나 어머니를 나보다 더 사랑하는 자는 내게 합당하지 아니하고 아들이나 딸을 나보다 더 사랑하는 자도 내게 합당하지 아니하며……" (마 10:37~39) 하신 것이다. 사랑이나 믿음은 많은 것을 희생하고 사랑하는 사람을 위해 모두를 바치는 것이다. 아멘! 아멘!

2 신앙과 이웃

세월이 흐르고 세대가 바뀌면서 세상도 사상도 변해가고 있다. 현대인의 신앙도 과거와 달리 현실주의 신앙으로 변하고 있다. 현대인은 자기에게 주어진 생은 자기가 원하는 대로 살겠다는 사상, 즉 개인주의와 실리주의로 산다. 법적으로는 열여덟 살이 되면 사생활은 물론 진학, 취업, 결혼 등 모든 당면 문제들을 자기가 결정하며 동시에 스스로 책임진다. 그래서 옛날과 같이 부모나 형제나 다른 이가 책임지거나 간섭하고 지도하는 시대는 지나갔다. 자신의 인생과 직결된 신앙 문제에 있어서도 남의 의견이 비집고 들어갈 틈이 없어졌다. 혹 남의 의견을 참작한다 하더라도 자기 의견과 판단이 압도적이다.

현대 실존주의의 창시자 장 폴 사르트르(Jean-Paul Sartre, 1905~1980)는 자신이 단 한 번도 실존주의를 언급한 일도 없을 뿐 아니라, 자신이 실존주의자라는 것을 알지 못한 것 같다. 그러나 그의 소설이 그 사상을 바탕으로 삼고 있어 실존주의 창시자로 인정받고 있을 뿐이다. 그는 그의 작품『존재와 무』(Being and Nothingness)에서 우주의 존재를 "의식을 가진 존재"와 "의식이 없는 존재"로 나누었다. 그리고 의식을 가진 존재의 특징은 의식의 향성'(志向性)이 있다고 보았다. 자기가 지향하는 바를 자유롭게 추구하는 본질과 주권을 가졌다고 본 것이다. 그는 그 '지향의 자유'를 "자유롭지 않을 수 없는 절대적 자유"라고 주장했다. 그리고 인간은 아무렇게나 우주에 던져진 우연한 존재로서 각각 자기의 삶을 자기 지향에 따라 자유롭게 영위해 갈 권리와 책임을 가졌다고 생각했다.

실존주의란 20세기 초 두 차례나 겪은 세계대전 이후에 자생한 현대 사조다. 그들은 철조망에 둘러싸인 죽음의 대기 수용소에서 배고픔과 곤욕과 죽음의 공포에 압착되어 삶의 기쁨이나 애착이나 희망 같은 진액은 다 빠져 나간 뼈와 껍질만 남은 '실존'이라는 앙상한 자아의 본질을 파악하게 된 것이다. 그리고 그 절망에 놓인 자아에게 관심을 가지거나 도울 수 있는 사람은 '자아'라는 '실존'밖에 없다는 것을 뼈저리게 느낀 것이다.

그 속에서 "너! 인생이란 무엇인가?" "인간의 본질이란 무엇인가?" "벌레나 짐승과 다른 점이 무엇인가? 그리고 생존의 의의가 무엇인가?"라는 궁극적 질문을 던지게 되고, 그 회답은 "산다는 것은 괴로운 것", "인생이란 외로운 것", "자기 인생을 책임져 줄 사람은 자기밖에 없다는 것"이었다. 그리하여 인생의 삶이란 믿을 곳 없는 허무한 것이라는 결론에 도달한다. 그러면서도 그는 자살하지 않고 살아야 할 이유가 무엇인가를 고민하게 된다. 결국 실존주의란 전쟁과 생존 경쟁의 절망 속에 필연적으로 자생한 사상이며 키르케고르는 그것을 "절망의 세대"라고 말했다.

그 와중에서 궁극적으로 부귀나 감투나 평안의 성취는 기대하지 않더라도 자기에게 주어진 책임과 자유가 무엇인가를 알고 그것을 최대한 시도해 보려는 견해가 실존주의자들 속에 태동하고 있다. 그리고 그 삶의 책임감 또는 삶의 의의를 인간의 본질로 보고 생존 의욕을 가진 미래 지향적인 실존주의가 심리학자나 정신분석학자들 사이에 일어나게 된다. 빅터 프랭클(Victor E. Frankl, 1905~1997), 에른스트 브로흐(Ernst Broch, 1885~1977), 장 폴 사르트르(Jean-Paul Sartre, 1905~1980) 등이 그들이다.

유태인으로서 아우슈비츠 수용소에서 살아남은 실존주의 정신과 의사 빅터 프랭클은 찾아온 정신질환 환자에게 꼭 같은 질문을 던졌다. "당신은 왜 자살하지 않았소?"였다. 그리고 그는 환자의 답에서 그의 생존 희망의 이유를 발견하고 치료 방향을 설정했다. 이 같은 그의 치료 방법이 그가 "실존 분석적 정신요법(Logo-therapy)", 또는 "논리 요법"의 창시자가 되게 했다.

튀빙겐 출신의 실존주의자 에른스트 브로흐는 "인간은 본질적으로 더 나아지려고 소망하는 존재"라는 주장을 가소롭게 보면서도 "인간의 실존은 본질에 앞선다."라는 주장을 한다. 여기 '앞선다'는 뜻은 더 의의가 있다거나 더 가치가 있다는 뜻보다 '실재성과 유익성이 있다'는 뜻과 '불가피하다'는 뜻을 가지고 있다. 하여 본질에 대한 가치관은 허구에 지나지 않는다는 함축적 의미가 있다. 그런 속성은 남을 위한 희생이나 십자가를 지고 주를 따르지 않는 자는 제자의 자격이 없다는 주님의 말씀(마 10:38)을 우습게 본다. 그것이 "하나님의 일을 생각하지 아니하고 도리어 사람의 일을 생각하는" 초기 베드로의 신념(마 16:23)을 닮은 것이다. 만일 베드로가 돌이키지 않았다면 "사탄아 내 뒤로 물러가라!"고 주님께 저주받는 '사탄의 제자'요 '십자가의 원수'가 될 뿐이었을 것이다.

사르트르는 "인간이란 더 나은 것을 지향하는 존재이며, 인간의 자유란 각자의 지향(志向)에 따라 무엇을 선택할 자유와 지향하지 않는 대상을 무효화(無效化)할 자유를 가졌다고 했다. 그는 그것을 그의 작품,『존재와 무』(1943)에서 다음과 같이 설명하고 있다. 어떤 사람이 전화를 받고 카페로 친구 피에르를 만나러 간다. 그리고 그는 두리번거리며 카페 안에 존재하는 모든 사람을 살피며 지향한 친구 피에르 이외의 존재를 하나씩 무효화한다. 그가 지향한 친구 이외의 존재 중에는 형제도 부모도 친지도 포함된다. 그들은 다 자신에게 의미 없는 존재로서 무효화할 수밖에 없다고 본다. 자기에게 현실적으로 유익을 주는 존재만이 중요하며 인간 본질이나 인간관계의 중요성이나 예의 따위는 고전적 유물로 볼 뿐이다.

여기에 실존주의의 문제가 야기된다. 그가 카페 안에 있는 많은 존재를 자기 지향에 따라 깡그리 무효화하는 것이 옳은가? 피에르를 만나기 위해 왔더라도 그 이외의 다른 사람들 중에도 귀중한 만남이 있을 수 있다고 보는 옛날의 낭만적 사고는 다급한 현실에 맞지 않다고 보는 것이 옳은가? 하는 중대한 문제에 봉착하게 된다. 피에르 이외에 그 자리에는 부모나, 형제나 이웃은 물론 뜻하지 않는 귀한 상대를 만날 수도 있다. 그러나 그런 존재는 자신에게는 적어도 그 순간에는 아무런 의미가 없다고 보는 것이 실존주의다. 실존주의는 결국 인간 본연의 존엄성은 다 무의미하다고 보면서 '이웃의 존엄성'도 따라서 소멸되는 종말 사상에 빠지게 된다.

사르트르는 후설(E. Husserl)과 하이데거(M. Heidegger)의 현상학(Phenomenology)의 영향을 받아 관찰의 허무성을 주장한다. 의식(Consciousness)을 가진 자가 사물을 관찰할 때 대상이 된 존재(in-itself)를 자기의식과 같은 존재로 착각한다는 것이며, 자기 경험 안에서 잡은 의식된 존재란 실재와는 전연 다른 허무한 존재일 뿐이라고 본 것이다. 즉 그는 의식체(주체)의 인식 능력(Power)을 불확실한 부정적 능력(Negative Power)으로 보고, 그 능력으로 얻은 결론은 실존이란 허무(Nothingness)에 불과하다는 것이다. 내가 남을 존경한다거나 불쌍하게 본다거나 하는 것은 나의 착각일 뿐 무의미한 착상이라는 주장이다. 결국 실존주의는 허무주의에서 왔다고 하겠다.

성경에도 인간의 허무를 풀이나 꽃을 들어 "인생은 그 날이 풀과 같으며 그 영화가 들의 꽃과 같다"(시 103:15)라거나 "이 백성은 실로 풀이로다……"(사 40:6~8)라고 한다. 이 말씀의 근본 뜻은 인생의 수명과 영화(사 28:4; 약 1:10~11)는 풀의 꽃과 같이 짧고 허무하다는 것이다. 그래서 "모든 육체는 풀과 같고 그 모든 영광은 풀의 꽃과 같으니 풀은 마르고 꽃은 떨어지되 오직 주의 말씀은 세세토록 있도다 하였으니 너희에게 전한 복음이 곧 이 말씀이니라"(벧전 1:24~25)라고 했다. 즉 인생은 짧고 그의 영화는 허무하나 하나님의 말씀은 변함이 없다는 뜻이다. 결국 하나님을 인정하지 않으면 모든 것이 허무할 수밖에 없다.

그래서 "너희가 거듭난 것은 썩어질 씨로 된 것이 아니요 썩지 아니할 씨로 된 것이니 살아 있고 항상 있는 하나님의 말씀으로 되었느니라"(벧전 1:23) 하신 것이다. 이 말씀은 인생이란 육체의 수명이나 그 영화만 보아서는 안 되며 썩지 아니할 씨도 있고 열매도 있음을 알라는 것이다. 그리고 말씀으로 영원한 생명을 얻어 조급하게 낙담하지 말라는 권고다. 씨란 잘 간수하여 썩지만 않는다면 몇십 년이 지나도 다시 움이 트고 싹이 날 수 있다. 인간의 학문이나 철학이나 종교는 일회용 인스턴트식품이어서 수명이 풀의 꽃과 같이 짧다. 그러나 하나님께서 계시하신 절대적 진리는 변하지 않고 퇴화되지 않는 영원한 것이라는 뜻이다. 그것이 인간의 각성에서 태동된 다른 종교와 다른 점이다.

독일의 철학자 에른스트 브로흐는 역사 속의 예술, 문학, 철학, 종교 등을 총 망라하여 고찰한 후 인간의 불완전성을 발견하고 『유토피아 정신』 (1918)과 『희망의 원리』(Principle of Hope, 1954)를 발간한다. 요지는 모든 인간의 역사는 관찰할 수 있는 범위 내에서 얻은 불완전한 과거와 현재를 바탕 삼아 더 좋은 미래를 추구하나 '완전한 미래', 즉 유도피아는 기대할 수 없다는 결론이다. 그것을 깨달은 현대인은 허무한 현실 속에서 오직 자기에게 유익을 주는 실리(實利)만 가치 있는 것으로 보게 되고 실리주의와 경험주의의 공중누각을 만든다. 그들은 영원은 포기하고 현실에 집착하는 것이다.

그런 사상의 영향을 받아 현대의 기독교도 변질되어가고 있다. 삼박자 축복에 치우쳐 실리가 없는 기도나 순종이나 헌신이나 봉사나 희생이나 십자가는 의미를 상실하게 된 것이다. 그것을 미국의 Episcopal 교단의 신학자 폴 뷰런(Paul Van Buren, 1924~1998)은 '현실에 구속되어 자유를 잃은 신앙'으로 보면서 '부활 신앙만을 절대적 생명력'이라고 주장하게 된다. 그러나 그의 주장은 힘을 얻지 못하고 있다.

실존주의 신앙과 실존적 신앙은 비슷하다. 실존주의 신앙은 체계화된 실존주의 사상의 기초 위에 현실적 실리를 추구하는 믿음을 뜻하지만, 실존적 신앙은 그런 철학적 기반이 없다 하더라도 실리적이며 현실주의에 치우친 신앙을 말한다. 실존적 신앙의 특징은 오직 현실적 축복에만 의미를 두어 주님의 십자가의 참뜻을 알지 못할 뿐만 아니라 하늘나라와 하나님의 심판은 불확실하며 말씀을 자기에게 편리하고 유익하게만 해석한다. 그렇게 믿음으로 심리적 안전을 추구한다. 실존적 신앙은 "그들이 평안하다, 안전하다 할 그때에 임신한 여자에게 해산의 고통이 이름과 같이 멸망이 갑자기 그들에게 이르니 결코 피하지 못하리라"(살전 5:3) 하신 예언에는 관심도 없다.

실존적 신앙의 특징이 무엇인가? 첫째로 하나님의 뜻, 참 진리가 무엇인가보다 "자기에게 유익을 주는 진리가 무엇인가?"에 관심을 둔다. 그리하여 참 진리를 따르는 것보다 자기 이성의 선택을 따른다. 둘째로 신은 인간 각자에게 사명을 주셨지만 그것은 귓결에 담고 있을 뿐, 그것을 위한 희생과 사명감은 전혀 느끼지 않는다. 그리하여 한 달란트를 땅에 묻어 두고 자기에게 지워진 의무에는 관심이 없으며 향락과 안일만을 추구한다(마 25:14~30). 셋째로 내세보다 현실을 추구하여 기복신앙에 빠진다. 그리하여 부(富)를 진리보다 선호하며(마 19:22) 그 부를 지키기 위해 남과 담을 높이 쌓고 시야를 가린다(눅 16:19). 넷째로 육의 사람, 즉 옛 사람이 죽지 않아 새 사람으로의 변화(엡 2:8; 갈 2:20)가 일어나지 않는다. 이것을 한마디로 표현하면 가치관의 변화가 일어나지 못해 죽은 옛 사람의 무덤 속에 머물러 회칠하고 사는 신자다.

이런 믿음을 신념(信念, 행 26:5; 약 1:26~27)이라고 하며 말씀을 기초로 한 신앙과는 차이가 크다 하겠다. 신념은 자기 이성과 사상의 터 위에 자기가 설계한 집으로서 '자의적 신앙'(헤델로드레스케이아, 골 2:23)이라고도 한다. 이것은 '자기가 만든'(헤델로, Self-made)과 '숭배'(드레스케이아, Religion)의 합성어로 '자기 본위의 신앙'을 의미한다. 이 자기 터 위에 지은 집은 창수와 홍수에 떠내려 갈 수밖에 없는 모래 위의 집이다(마 7:26). 그와는 달리 '반석 위에 지은 집'은 자기가 선택한 위치에 자기가 설계하여 닦은 터가 아니라, 내 뜻과는 상관없이 하나님의 말씀의 영구한 반석 위에 지은 집이다. 인간은 터가 몇 평이냐? 집이 몇 평이냐? 구조가 얼마나 편리하냐? 등 가시적 인공 시설에만 관심을 둘 뿐 보이지 않는 집터에는 관심이 없다. 그러나 성경은 집터와 건축물의 재질과 건축 양식을 제시하고 있다.

어떤 늙은이가 한숨을 내쉬며 말했다. "내가 관심을 두고 타이르고 도와야 할 친인척은 옛날에는 사돈의 8촌까지였다. 그러던 것이 작년에는 4촌으로, 그리고 금년에는 2촌으로 범위가 줄어들었다." 이유인즉 자기 5촌 질녀가 고등학생일 때 화장을 짙게 했기에 그의 에비에게 타일렀더니 "지금이 어느 때인데 남의 일에 참견하느냐?"라며 냉정하게 등을 돌리더라는 것이다. 그 말을 들은 그의 친구가 말했다. "5촌이 뭐야? 부자간의 2촌도 옛말일세!" 하면서 자기 아들이 신앙도 없고 배경이 고약한 여자를 데리고 와서 결혼하겠다고 고집한다는 것이다. "애지중지 키웠더니 이제는 남이 되어 버렸다."며 한탄했다.

현실 문화가 가져온 결과는 인간을 고독한 미아(迷兒)로 만들더니 이제는 적대시하게 만든다. 이웃과 담을 쌓고 철창으로 소외시킬 뿐만 아니라 남을 경계하고 미워한다. 왜 미워하는가? 성격이 더럽다고, 습관이 나쁘다고, 버릇이 없다고, 시건방지다고, 잘난 척한다고, 고집스럽다고 미워한다. 운동 경기장에서 어떤 선수가 실수를 하면 관중은 "그를 빼라!"고 고래고래 고함친다. 자기와 아무런 상관도 없는 아나운서나 영화배우가 마음에 들지 않는다고 못 봐준다. 로마의 경기장이나, 스페인의 투우장의 함성은 피를 흘리며 생명이 끊어지는 것을 보고 쾌감을 얻는 복수 심리다. 서부영화도 그렇다. 이웃이 없어진 실존주의와 독선주의가 가져온 무서운 현실이다.

어렸을 때 감명 깊게 읽은 책 가운데 헤르만 헤세(獨, Hermann Hesse, 1877~1962)의 단편 『아우구스투스』(Augustus, 1913)의 이야기가 생각난다. 그는 거작 『데미안』으로 노벨 문학상을 받았으며, 이해하기 쉬운 그의 단편 소설들은 나의 어린 마음을 깨우친 좋은 작품들이었다. 주인공 유복자 아우구스투스의 어머니 엘리자베트는 그를 낳기 전 그를 위해 간곡한 소원, 말하자면 최소한 교수나 왕은 될 정도의 꿈을 꾸며 지냈다. 그녀의 마음을 잘 알던 이웃 노인 빈스방거 씨는 아우구스투스가 세례를 받던 날 대부가 되어 주었고 믿을 수 없는 선물을 약속한다. 그녀가 그동안 아들을 위해 좋은 것을 많이 빌었겠지만, 딱 한 가지만 소원을 선택해서 말하면 이루어지도록 해 주겠다는 것이었다. 아우구스투스의 어머니는 미와 지혜와 부와 명예와 건강 등 여러 가지를 고민하다가 "모든 사람이 아들을 사랑하지 않을 수 없게 되는 것"으로 소원을 압축하게 된다. 과연 아우구스투스는 잘생긴 용모에 건강과 재능으로 모든 사람의 흠모의 대상이 되며 자란다.

아우구스투스는 사람들이 그를 보며 사랑과 흠모와 존중해 마지않는 마음을 이용해서 무례히 행하고 사기도 치고 향락에도 빠지는 등 악행을 저지르며 타락해 갔다. 그러나 종래 그는 그런 삶에 공허를 느끼며 자살하려 한다. 그때 대부 빈스방거 씨가 찾아와 "네 어머니의 소원은 너에게 저주가 되어 버렸으니 네 소원을 한 가지 들어 줄 수 있도록 허락해 달라."고 하면서 네게 가장 부족했던 게 무엇인지 떠올려 보라고 한다. 아우구스투스는 "사람을 사랑할 수 있게 해 달라."고 한다. 다음날, 친구와 그를 알던 모든 사람들이 그를 혐오하고 증오하며 욕설을 퍼부으며 모욕하고 때리며 소동을 벌렸다. 그리고 그가 저질렀던 모든 악행을 고발한다. 그는 재판을 받고 어두운 감옥의 고독과 상실감 속에서 애타게 사람의 시선을 그리워한다.

아우구스투스가 형을 끝내고 옥문을 나섰을 때 비록 그에게는 사람들을 즐겁게 하고 매혹시켰던 이전의 모습은 없어지고 늙고 병든 초라한 노인의 몰골이었으나 그는 새로운 사람이 되어 있었다. 그에게 적대적으로 대하는 사람들의 시선에도 그는 감동했으며, 길가에서 즐겁게 뛰노는 어린이, 어머니의 품에 안겨 그의 얼굴을 바라보며 방긋 웃는 젖먹이, 집 앞 벤치에 앉아 시든 손을 햇볕에 쬐고 있는 노인들 사랑했고, 노동자와 창녀까지 형제자매로 여겨졌다. 과거에는 일말의 관심도 없었던 그 모두가 그렇게 사랑스럽고 신비롭게 다가왔다. 그는 발길을 멈추고 깊은 감회에 빠진다. 그리고 그들 하나하나가 남이 아니라 자기에게 주어진 소중하고 아름다운 이웃이라는 것, 그것이 사람을 지으신 하나님의 선물임을 깨닫고 그는 이름 없는 봉사자가 된다. 그는 신이 인간에게 하사한 바른 가치관을 찾은 것이다.

어떤 율법사가 "내 이웃이 누구입니까?"(눅 10:29)라고 예수님께 이웃에 대한 정의를 물었다. 예수님께서는 여리고 도상에서 강도를 만나 화를 입고 길가에 쓰러진 가련한 사람에 대한 일화를 들어 답하셨다. 사회에서 존경받고 종교심이 많은 제사장과 레위인은 피투성이가 된 피해자를 보고 불쌍하다는 느낌이 없지 않았으나, 현실적 입지에서 자기 관심을 무효화한다. 당시 성전에서 봉사한 40명 가까운 제사장들의 대부분은 지방에 있는 가족을 떠나 예루살렘에서 장기 근무를 하고 있었다. 그리하여 그들의 꿈에 그리던 하향 길은 걸음을 재촉하기에 충분했다. 그리고 율법을 통달한 레위인도 그를 보고 파하여 지나갔다. 그러나 뜻밖에도 관심을 가져준 사람은 사회에서 인정받지 못하는 사마리아인이었다. 그에게는 초면부지의 그를 소외시킬 만한 이유가 앞의 두 사람들보다 더 많았다. 그는 하루하루 벌어 먹고사는 넉넉지 못한 서민이어서 만일 그가 사경을 헤매는 피해자를 데리고 간다면 시간적, 경제적 손실은 물론 어쩌면 범인으로 혐의를 받아 억울하게 투옥당할 수도 있었다. 그러나 그는 앞서간 두 종류의 실존주의자와는 달랐다. 그는 그 모든 의심을 물리치기에 충분한 인간에 대한 바른 가치관을 가지고 있었다. 모든 일들을 감수하고 갈 길을 멈추고 강도 만자 자의 옷깃을 찢어 피를 닦아 주고, 자기 짐승에 태워 주막으로 가서 돌보아 주었다. 그리고 그 이튿날 주막 주인에게 데나리온 둘을 내어 주며 이르되 그를 돌보아 주기를 부탁하며(옛날에는 병원이 없었다) 비용이 더 들면 돌아올 때 갚겠다고 한다. 이 비유를 마치신 주님께서 율법사에게 되물으셨다. "네 생각에는 이 세 사람 중에 누가 강도 만난 자의 이웃이 되겠느냐?" 율법사가 "자비를 베푼 자입니다."라고 하자 주님께서 "가서 너도 이와 같이 하라."고 하셨다. 결국, 주님께서는 인간에 대한 바른 가치관(마 23:11~12; 눅 14:11; 요 8:15)을 가지고 이웃을 대할 것(마 25:40, 45)을 말씀하신 것이다.

여기 예수님께서는 '이웃'이란 '가까이 사는 사람'(게이토온, living near-by, 눅 14:12; 15:6, 9; 요 9:8)이 아니고 '마음이 가까운 사람'(프레시온, Close Person, 눅 10:27~36; 롬 13:9~10; 갈 5:13; 약 2:8)이라는 것을 밝히셨다. 즉 주님께서는 '이웃'이란 '제 몸'과 동등한 가치를 가진 사람이라고 하신 것이다. 그래서 "네 이웃을 네 몸과 같이 사랑하라"(마 19:19)는 새 계명을 주신 것이다. 그렇다면 이웃이란 그냥 관심을 갖은 사람이 아니라 사랑으로 자기 생명처럼 돌보아야 할 대상임을 시사하신 것이다. 그리고 이어서 사람을 차별하여 대하면 죄를 짓는 것이라고 하신다(요 7:24). 야고보서도 사람을 차별하여 대하면 죄를 짓는 것이니 네 이웃 사랑하기를 네 몸과 같이 하라고 권면한다. "형제들아 영광의 주 곧 우리 주 예수 그리스도에 대한 믿음을 너희가 가졌으니 사람을 차별하여 대하지 말라 …… 너희가 만일 성경에 기록된 대로 네 이웃 사랑하기를 네 몸과 같이 하라 하신 최고의 법을 지키면 잘하는 것이거니와 만일 너희가 사람을 차별하여 대하면 죄를 짓는 것이니 율법이 너희를 범법자로 정죄하리라"(약 2:1~9).

요한 사도는 "누구든지 하나님을 사랑하노라 하고 그 형제를 미워하면 이는 거짓말하는 자니 보는바 그 형제를 사랑하지 아니하는 자는 보지 못하는바 하나님을 사랑할 수 없느니라"(요일 4:20) 했다. 이웃 사랑이 하나님 사랑에 앞서는 것을 밝히신다. 예수님께서 제자들에게 "너희 의가 서기관과 바리새인 보다 더 낫지 못하면 결코 천국에 들어가지 못하리라"고 하셨다. 그것은 율법만 아무리 잘 지킨다 하더라도 이웃을 만들지 못하면 천국에 들어가지 못한다는 뜻이다. 그리고 이어서 "나는 너희에게 이르노니 형제에게 노하는 자마다 심판을 받게 되고……"(마 5:21~22)라고 하셨다. 여기 '형제'(아델포스)란 '친형제 또는 이웃 형제'를 말한다.

그것이 주를 따르기 어려운 점이요 참 제자가 되기 어려운 점이다. 그래서 그 당시에도 "많은 제자들이 떠나가고 다시 그와 함께 다니지 아니하더라"(요 6:66)고 했다. 주님께서는 열두 제자에게 "너희도 떠나겠느냐?"고 물으셨다. 왜 주님께서 그런 매정한 질문을 사랑하는 제자들에게 하셨을까 생각해 본다. 주님께서는 그들의 생각과 가치관을 이미 다 알고 계셨던 것이다. 주님께서 두 명의 다른 살인범과 함께 십자가에 달리시던 날, 제자들은 결국 주님을 버리고 떠났다. 왜 떠났을까?

주를 떠난 자들의 공통된 구실은 그의 "말씀이 어렵도다. 누가 이 말씀을 들을 수 있겠느냐?"(요 6:60)였다. 여기 '어렵다'(스크레로스)나 '들을 수 있겠느냐'는 이해가 안 된다는 뜻이 아니라 '듣기(하코오오) 어렵다.' 즉 '순종(마 17:5; 행 3:22~23; 28:28)하기 어렵다.'는 뜻이다. 왜 이웃 사랑이 그토록 어려운가? 하나님께서는 인간에게 자연을 다스릴 책임을 주시면서 아가페의 사랑으로 '이웃 삼으라.'는 것으로 인간관계를 맺으라 하셨다. 그 깊은 뜻은 서로 관심을 가지고 어려울 때 돌보고 싸매 주며 자기 몸처럼 사랑할 수 있는 이웃 삼으라는 것이다. 그렇지만 인간은 형제도 경쟁의 대상일 뿐, 다툼과 시기로 미워하고 용서하지 못하는 나쁜 본질을 가지고 있다. 그 근본 이유는 자존심 탓이다.

파리의 번화한 거리 여기저기에 세워진 나폴레옹의 동상을 바라보며 "그대의 외로움이 내 모습과 같구나!"라고 한탄한 사르트르의 탄식이 오늘에도 들려온다. 나폴레옹(Napoleon Bonaparte, 1769~1821)은 이태리 출신 부호의 자녀 열한 형제 중 넷째로 태어나 자라나는 동안은 이름이 없었다. 청년기에 군에 입대하면서부터 성공일로를 달려 장군이 된다. 그리하여 최선봉에 서서 온 구라파를 제패한 역사상 가장 위대한 장군이 되면서 안하무인이 되어 혁명을 일으켜 1799년 제1통령(첫 의장, Consol)이 된다. 그는 그것으로 만족하지 않고 많은 사람을 죽이고 종래 자신이 황제의 자리 (1804~1815)에 앉게 된다.

그러나 그가 영국과의 전쟁에서 폐하고 1815년 10월에 지중해 남쪽에 있던 영국령, 세인트헬레나섬 형무소 독방에 갇혀 외로운 여생을 보냈다. 그의 전기에는 그에게 진정으로 애정을 준 사람, 가까운 이웃은 아무도 없었다고 했다. 그는 자기의 위대한 꿈을 이룬 풍운아였으나 그가 성공하면 할수록, 자기가 위대해지면 위대해질수록 더욱 외로워졌다. 주위의 사람을 믿지 못해 외로웠고, 접근할 수 없게 만든 담이 두터워 외로웠다. 1821년 5월 5일, 51세의 나이에 위암으로 세인트헬레나섬 지하 감옥 독방에서 쓸쓸히 죽음을 맞았다. 그러나 진정한 죽음의 원인은 이웃이 없는 고독이었을 것이다. 하나님의 선물인 이웃을 멸시한 결과는 고독밖에 없다. 이웃이 없는 가치관은 멸망을 초래할 뿐이다.

실존주의의 결과가 무엇인가? 이기와 자유에서 얻은 열매는 고독의 형벌이 아니겠는가? "너희는 자유가 있으나 그 자유로 악을 가리는 데 쓰지 말고 오직 하나님의 종과 같이 하라"(벧전 2:16). 아멘! 아멘!

3 회개에 합당한 열매

"당신은 회개에 합당한 열매가 있습니까?"라는 질문에 선뜻 대답하지 못하다가 "하나님만 아시지요."라고 대답하는 사람을 보았다. 어떤 이는 '합당한'이라는 뜻을 잘 몰라 머뭇거리기도 하고 그와 반대로 "그럼요, 있고말고요!"라고 장담하는 이도 간혹 있다. "어떻게 그것을 장담하시죠?"라고 되물으면 "말씀에 만일 우리가 우리 죄를 자백하면 그는 미쁘시고 의로우사 우리 죄를 사하시며 우리를 모든 불의에서 깨끗하게 하실 것이요(요일 1:9)라고 하셨으니 지은 죄와 불의를 회개한 자는 당연히 열매를 맺겠지요."라고 얼버무린다. 그러나 그 열매가 '적당한 열매'인지 '합당한 열매'인지를 구분하지 못하는 것이 문제다. 적당한 열매는 자기 기준의 열매를, '합당한 열매'는 하나님의 기준에 합당한 열매를 말하지만 사람은 자기 기준을 넘기가 결코 쉽지 않다.

어떤 젊은 목사님이 한국에서 캐나다로 이민을 왔다. 그래서 아직 정리되지 않은 새집에서 이사 예배를 보는데 어떤 교인의 눈에 익숙한 담요가 눈에 띄었다. 그것은 대한항공 여객기 안에서 본 푸른색 담요였다. 그 집사님이 어떻게 그 담요가 여기 있느냐고 물었다. 그는 당황하며 "우선 덮을 것이 없어서……"라고 얼버무렸다. 몇 달 후 그 교회 장로님이 아침 시간에 어떤 상점으로부터 전화를 받았다. 내용인즉 그 목사 사모가 딴 교인의 고객 아이디카드(매년 회비를 낸 가격 할인 카드)를 빌려 사용하다가 그 상점에서 적발된 것이다. 말하자면 자기는 한 푼 회비를 내지 않고 남의 이름을 도용한 것이다. 문제는 '그것이 뭐 그리 대수로운 범죄냐?' 하는 데 있다. '적당한'(고전 13:13) 열매인가? 아니면 '합당한 열매'(마 3:8)인가를 구분하지 못하는 증거다. 많은 성도가 적당히 살면서 합당히 살고 있다고 과신한다.

성경 말씀에는 깊이 생각하지 않으면 바르게 이해되지 않는 부분이 많다. 주님께서 "그들의 열매로 그들을 알지니 가시나무에서 포도를, 또는 엉겅퀴에서 무화과를 따겠느냐 이와 같이 좋은 나무마다 아름다운 열매를 맺고 못된 나무가 나쁜 열매를 맺나니 좋은 나무가 나쁜 열매를 맺을 수 없고 못된 나무가 아름다운 열매를 맺을 수 없느니라"(마 7:16~18) 하시고 "나더러 주여 주여 하는 자마다 다 천국에 들어갈 것이 아니요 다만 하늘에 계신 내 아버지의 뜻대로 행하는 자라야 들어가리라"(마 7:21)고 하셨다. 여기 그들의 열매로 그들을 알 수 있다고 했으나 그것도 쉽게 분간할 수 있는 것이 아닌 듯하다. 주의 이름으로 선지자 노릇 한 종, 주의 이름으로 많은 권능을 행한 종들에게 "불법을 행하는 자들아 내게서 떠나가라"(마 7:23) 하시면서 그들을 '불법을 행한 자'라고 하시지 않았는가?

여기 '회개의 열매'라 하시지 않고 '회개에 합당한 열매'라 하신 뜻이 깊다. 하나님께서 보시는 '합당(合當)한 열매'는 인간이 보는 '적당(適當)한 열매'와는 큰 차이가 있다는 데 문제가 있다. 그것이 무슨 차이가 있어 구원에 직결되는 것인가? 영어로 '적당하다'는 'fitting/ proper/suitable'이며 '합당하다'는 'Sufficient'이다. 이것도 분명한 구분이 서지 않는다. 그러나 희랍어에서는 '적당하다'는 아래 사람, 또는 본인의 판단에서 보는 주관적 기준을 말하고, '합당하다'는 윗사람 또는 남이 보는 객관적 기준을 말한다. 하나는 인간의 판단이요, 하나는 하나님의 판단, 또는 자기 주관을 떠난 객관적 판단을 의미한다. 사람들은 다 자기 나름의 주관이 있고 가치관이 있어서 남들이 보는 객관과 상관이 없다. 더욱 실존주의 시대에는 주관이 강한 것이 특징이다.

하나님께서 합당하게 여기시는 경우가 세 가지 있다. 첫째는 하나님께서 보시는 합당의 자격(아크시오스, Qualified)이 따로 있으며, '회개에 합당한 열매', '이 같은 일을 행하는 자는 사형에 합당하다'(롬 1:32), '그 삯을 받는 것이 마땅하다'(딤전 5:18) 등(마 10:10, 37, 38; 행 26:20; 계 3:4)은 의로 우신 하나님의 합당(合當)을 말한 것이다. 둘째는 하나님의 기대와 요구에

'만족스럽다'(히카노스, Sufficient)는 뜻으로서 '새 언약의 일꾼 되기에 만족하게'(고후 3:6), '성도의 기업의 부분을 얻기에 합당하게'(골 1:12)라고 하신 경우다. 하나님께서 쓰시기에 충분한 자격을 말한다. 셋째는 보응을 받기에 '가치가 있다'(카타크시오오)로서 '부활함을 얻기에 합당히 여김을 받은 자'(눅 20:35), '그 나라에 합당한 자로 여기심'(살후 1:5; 행 5:41) 등을 말한다.

위의 경우는 대체로 본인도 어느 정도 짐작할 수 있으나 그와 반대로 본인이 전연 짐작할 수 없는 '합당'도 있다(마 7:22). 그런 경우는 하나님 나라에 합당하지 않게, 즉 해가 되는 경우라 할지라도 하나님께서는 내버려 두신다고 했다(눅 9:62; 롬 1:28; 히 6:7). 그런 때는 하나님께서 합당하게 여기지 않으시나 늘 '참으시는 것을 생각하라'고 하신 경우다. 무엇을 참으신단 말인가? 그것은 진노를 참으신다는 뜻이 아니겠는가? 그러므로 "죄인들이 이같이 자기에게 거역한 일을 참으신 이를 생각하라"(히 12:3)는 말씀은 '합당한 회개'가 없을 경우 아비규환이 될(마 7:23; 10:33; 25:10~12; 눅 13:25) 심판만 기다리고 있음을 알라는 의미가 내포되어 있다.

그리고 인간의 '적당'(適當, Well Fit)은 자기 판단 또는 자기 이치에 부합한 것을 말하며 그것을 '유스케에모노스'(Fitness)라고 했다. 이 뜻은 자기 '이치에 합하게'(고전 7:35), 자기 주관에 '적당하게'(고전 14:40), '아름답게'(고전 12:23, 24), '단정하게'(롬 13:13; 살전 4:12), 그렇게 믿고 사는 것을 말한다. 즉 다 자기 생각대로 살며, 인간 편에서 보는 '적당한 삶', '편이(便易)한 견해'로 분별없이 사는 것을 말한다. 인간이 자위로 '적당하다!'라고 생각하는 것이 하나님께서 보실 때 "합당하다!" 하실 리가 없다. 철없는 어린아이가 떼를 쓴다고 다 들어 주실 리가 있겠는가? 회개란 자기의 적당을 버리고 하나님의 합당을 받아드리는 것이다. "아버지의 아들이라 일컬음을 감당하지(아크시오스) 못하겠나이다"(눅 15:21) 했던 탕자의 고백이 바로 그것이다.

어떤 자가 철없고 어리석은 자인가? 제멋대로 살면서 누리는 평안과 행복을 하나님의 축복으로 오인하는 자다. "그들이 평안하다, 안전하다 할 그 때에 임신한 여자에게 해산의 고통이 이름과 같이 멸망이 갑자기 그들에게 이르리니 결코 피하지 못하리라"(살전 5:3) 하신 말씀을 기억해야만 한다. 우리의 평안은 "평안을 너희에게 끼치노니 곧 나의 평안을 너희에게 주노라"(요 14:27; 20:19) 하신 주님의 평안이다. 주님이 주시는 평안은 그리스도의 고난에 참여할 때 얻는 즐거움(벧전 4:13), 고난 속에서 성령이 주시는 기쁨과 평강과 희락(롬 14:17; 15:13)을 말한다. 주님께서 "내가 너희에게 주는 것은 세상이 주는 것과 같지 아니하니라"(요 14:27)라고 하실 때, '같지 않다'(우, 카토오)의 '않다'(우, No)는 절대부정을 의미하며 '같다'(카토오, Just as)는 동일성이나 유사성을 나타내고 있어 '절대 동일할 뿐이거나 같지 않다'는 뜻이다.

예수님께서 "화 있을진저 외식하는 서기관들과 바리새인들이여 회칠한 무덤 같으니 겉으로는 아름답게 보이나 그 안에는 죽은 사람의 뼈와 모든 더러운 것이 가득하도다"(마 23:27)라며 책망하셨던 바리새인들이 어떤 사람들이던가? 그들은 매주 월요일과 목요일 이틀씩 금식하며 기도했다. 또한 칠일간의 유월절과 초막절에는 여물고 맛없는 무교병을 먹으며 포도주와 고기를 멀리하여, 풍염하던 살집이 보기에 딱한 몰골이 되기까지 하면서 그들은 하나님의 법도와 그들의 유전을 엄격히 지키며 기도했다. 그 기도의 주제는 지은 죄의 회개였다. 그럼에도 그들의 회개는 형식에 치우쳐 합당한 열매가 없었다. 자기의 의는 고스란히 살아 있는, 회개의 모양만 갖춘 기도였던 것이다. 그리하여 '선한 열매'(골 1:10)가 없는 작희(作戲)에 지나지 않았다. 하여 주님께 '외식하는 자들'(마 23:1~39)이라고 책망을 받았던 것이다. '외식자'란 외모만 적당히 갖춘 자라는 뜻이다. 마치 해마다 한 번씩 회칠한 무덤처럼.

주님께서는 "구하라 그리하면 너희에게 주실 것이요 …… 구하는 이마다 받을 것이요 …… 너희 중에 누가 아들이 떡을 달라 하는데 돌을 주며 …… 너희가 악한 자라도 좋은 것으로 자식에게 줄 줄 알거든 하물며 하늘에 계신 너희 아버지께서 구하는 자에게 좋은 것으로 주시지 않겠느냐"(마 7:7~11)라고 하셨다. 이 말씀에는 기도와 응답이 구체적으로 약속되어 있다. 어떤 '적당히'도 허용되지 않는다. 여기에 '하물며'는 '포오소오'(How much)에 '말론'(More)이라는 연결사가 붙어 상상을 초월하는 '합당'(合當)함으로 응답하신다는 뜻이다. 그렇다면 '더 좋은 것'의 참뜻이 무엇이겠는가? 흔히 그것을 더 좋은 돈벌이나, 성공, 횡재 등의 '뺑튀기'로 착각한다. 그러나 어떤 주석가는 "너희가 악할지라도 좋은 것을 자식에게 줄 줄 알거든 하물며 너희 하늘 아버지께서 구하는 자에게 성령을 주시지 않겠느냐"(눅 11:13)라는 말씀을 들어 성령이라고 했고, 요한 웨슬리는 '더 좋은 것'을 "죄를 용서하실 뿐 아니라 그것을 파괴하시는 것"이라고 하면서 죄를 회개하면 그 죄의 근원인 죄지을 마음, 죄의 본성까지 제거해 주시는 것이라고 했다. 즉 웨슬리는 "만일 우리가 우리 죄를 자백하면 그는 미쁘시고 의로우사 우리 죄를 사하시며 우리를 모든 불의에서 깨끗하게 하실 것이요"(요일 1:9)라는 말씀을 들어 범과(犯科)뿐만 아니라 '범심'(犯心)/'본질'까지 깨끗하게 하신다는 뜻으로 본 것이다.

여기 요한일서 1장 9절, '모든'(파스) '불의'(아디키아)에서 '모든'은 영어의 'All'이 아니고 'Every'란 뜻이며 '불의'(아디키아, Iniquity)는 '허물'로 번역되기도 하나 인간의 원죄에 속한 본성을 말한다. 그리고 그 모든 불의를 낱낱이 '깨끗하게 하심'(카다리조오, Purify)은 그냥 씻는다는 뜻보다 철저한 정화를 뜻하여 모든 모르고 지은 죄, 습관적 죄, 본성적 죄도 사함을 받는 것을 말한다. 흔히 이 같은 본성적 죄를 간과한 채 의도적 죄, 계획된 죄만 죄라고 보기 쉽다. 왜 회개해도 합당한 열매가 없는가? 그것은 불의 곧 본성적 본질적 죄까지 회개하는 '합당한 회개'가 없이 밖으로 드러나는 허물 정도의 죄만 '적당히 회개'하기 때문이다.

성 제롬은 그것을 숨은 보물찾기와 같다고 하면서 가까이 있어 찾기 쉬운 죄도 있으나, 멀리 숨은 죄도 있어 그런 죄는 샅샅이 살펴 풀과 흙더미를 헤쳐 보지 않으면 알 수 없다고 했다. 바울은, 말세에 고통 하는 때가 이를 것인데 그때 경건의 모양은 있으나 경건의 능력을 부인하는 자들 중에 어리석은 여자를 말의 지혜로 유인하여 범죄하게 할 것인데, 그 여자들은 죄를 무겁게 지고 여러 가지 욕심에 끌려 항상 배우나 끝내 진리의 지식에 이를 수 없다(딤후 3:6~7)고 했다. 애굽의 마술사 얀네와 얌브레가 모세를 대적한 것같이 그들은 신비로운 능력을 행사하며 사람을 유혹하여 진리를 대적했다(딤후 3:8). 그들도 경건한 모습을 갖추었고(딤후 3:5) 믿음도 그럴듯하게만 보였다. 그러나 그들은 마음이 부패했고 믿음에 관하여는 '버림받은 자'(하도키모이)들이었다(딤후 3:8). 여기 '하도키모이'란 '불로 시험해 본다'(도키모스)'에 부정사 '하-'가 붙어 '불 시험에 실패했다, 즉 불 시험에 '불합격 판결을 받는 자'을 뜻한다.

그렇다면 '회개에 합당한 열매'란 선지자 노릇도, 병 고치는 능력도, 유창한 언변도, 구제 사업도 아니다. 그보다 자기를 사랑하는 자애심, 이기심, 자존심을 죽이고 새 사람으로 태어나는 것이다. 남을 속였다거나, 도적질했다거나, 남에게 피해를 입혔다거나 하는 것은 부적당한 죄요, 의를 모르면서 자기 생각이 옳다는 자존심, 변하지 않는 가치관 등은 세상 사람들의 공통된 불의를 말한다. 사람들은 '부적당'(不適當)한 죄를 말하지만, 실은 그들의 '부적당'은 그들의 '적당'(適當)과 큰 차이가 없다.

주님께서 "그들의 열매로 그들을 알지니" 하시고는 "나더러 주여 주여 하는 자마다 다 천국에 들어갈 것이 아니요 다만 하늘에 계신 내 아버지의 뜻대로 행하는 자라야 들어가리라"(마 7:21)고 하셨다. 하나님 아버지의 뜻대로 행하는 자, 아버지의 뜻에 합당한 자라야 천국에 들어갈 수 있다는 진리를 밝히신 것이다. 자연의 나무와 열매의 관계에는 '적당'이란 없다. 이점을 과소평가한 많은 확신자와, 주의 종들, 이적과 기사를 행하며 권능을 행한 자들이 천국에 들어가지 못해 항의했을 때, 주님께서는 조금도 양보 없이 말씀하신다. "그 날에 많은 사람이 나더러 이르되 주여 주여 우리가 주의 이름으로 선지자 노릇 하며 주의 이름으로 귀신을 쫓아내며 주의 이름으로 많은 권능을 행하지 아니하였나이까 하리니 그때에 내가 그들에게 밝히 말하되 내가 너희를 도무지 알지 못하니 불법을 행하는 자들아 내게서 떠나가라"(마 7:22~23) 하셨다. 여기 '도무지'[위데(by no means)-포테(totally)]란 '포테'가 붙어 가혹하고 준엄한 심판을 말한다. 가혹하고 준엄한 심판을 받게 하는 그 차이가 어디서 온 것인가? 세상이 다 인정한 종들을 주님께서 '도무지-절대로-알지' 못한다니! 기절초풍할 노릇이다. 그 견해의 차이는 '불법'과 '무법'의 차이다. 무법은 법이 없는 것이요 불법은 법이 있음을 알고 범하는 것이다. 이것이 '하나님의 의(義)'와 '인간의 의'의 차이요 하나님의 합당과 인간의 적당의 차이다.

인간의 영혼과 정신 그리고 감정에 대해서 학문적으로 연구한 학자는 많다. 그중에서 에드문트 후설(Edmund Husserl)과 윌리엄 딜시(W. Dilthy) 등을 손꼽을 수 있다. 그러나 심혼(心魂)의 객관적 현상에 대해서 가장 깊이 파고들었던 철학자는 독일의 칼 야스퍼스(Karl Jaspers, 1883~1969)라고 본다. 야스퍼스는 칠백 여 년 간 농부였던 독일의 한 가문에서 태어나 베를린대학과 하이델베르크대학에서 의학을 전공하고 심리학과 정신병리학 학자가 된다. 그리고 그의 논문, 「정신병리학에서의 현상학적 연구 방향」(1971)에서 처음으로 정신의학의 방법으로서 현상학(現像學)이 도입되었다. 그리고 철학을 연구하여 하이델베르크대학 철학과 교수로 봉직하는 동안 그는 육체(das leib)에 반대되는 심령(die seele)에 대해 논문을 썼다. 그것이 「망상인지(妄想認知) 분석론」(1912)이다. 그리고 「일반 정신병리학」과 「심혼 현상학」, 「희망과 근심」(1920) 등을 발표했다.

칼 야스퍼스는 영혼, 정신, 마음 등을 총망라해서 사고하는 주체를 '심령'(Die Seele)이라고 불렀다. 그리고 그 심령은 누구에게 소유 되거나 외적으로 정확하게 나타나는 객체가 아니며 단지 귀납적 추리로 어림잡아 인지할 수 있는 실체로 보았다. 즉 뇌조직학, 실천심리학, 실험심리학 등으로 그 실체를 추리할 수 있으며 심령의 현상을 내관적으로 이해, 파악, 검증할 수 있다고 보았다. 그렇게 자신의 심령을 드러내는 것을 '자신의 현재화'(現在化)라고 불렀다. 그는 그것을 신체의 종합검사와 같은 것으로 본 것이다. 즉 영혼의 과거나 미래는 불확실하며 자각하는 순간만 확실한 증거가 된다고 했다. 즉 자신의 영혼의 상태를 자신이 정확히 파악할 수 없으며 그것을 인지할 수 있는 객관적 방법을 '육감'(六感, Sixth Sense)으로 보았다.

그러나 육감은 주체의 심령 상태에 따라 변하는 주관적 사고여서 꼭 같은 상황에서도 다르게 인지되는 '현재화'(現在化)가 일어나며, 한때 기쁘다가 곧 비관에 싸이는 변화가 일어난다고 했다. 따라서 그가 말한 현재화로 오로지 남에게 공감을 줄 수 있는 객관적 '나', 그것이 아마 신이 보시는 나의 정체에 가깝다고 본 것 같다. 사람들은 자신을 잘 알고 있다고 스스로 생각하지만 실은 자기 당착으로 말미암아 '미화된 자기', 자기 기호에 맞는 자기만 알 뿐, 자기 실체는 모르고 있다는 것이다. 그리하여 자기가 아는 자신은 자기 잣대에 맞춘 자기, 아전인수로 자기 편애에 치우친 자기여서 진정한 자기가 아니라는 것이다. 즉 판단 기준이 이미 굽은 양심이어서 자신의 본질은 알 수 없다고 본 것인데, 이는 옳은 주장이다.

실존주의자 사르트르는 "인간이 가치 있는 일에 자신을 바치는 한에서 인간일 뿐이다."라고 하면서도 "그 가치 선택은 누구나 자기 마음대로 할 수밖에 없는 운명에 놓여 있다."고 했다. 그는 '사람의 가치관은 때에 따라 변하는 주관적인 것'이라고 본 것이다. 그리고 "인간은 임의로 사고하고 선택할 수 있으나 아무 근거가 없는 상태에서 스스로 근거가 되어야 하는 불안과 고통을 가지고 산다."고 했다. 즉 정확한 판단 기준을 위한 객관적 증거가 없다는 것이 불안의 원인이라는 것이다. 이렇게 판단 기준이 수시로 변한다면 인간에게 바른 의(義)의 기준이란 있을 수 없다는 결론을 얻게 된다.

인간은 하나님의 의(마 6:33; 롬 3:21)를 모르고 '자기의 의'를 고집하는 습성이 있다(롬 10:3). 그러나 하나님의 의에 주리고 목마른자(마 5:6)가 예수 그리스도를 믿고 의지하면(롬 4:11) 성령의 도움으로 (롬 14:17) 하나님의 의와 진리의 거룩한 새 사람으로 새 창조를 받게 된다(엡 4:24). 그때 구원의 반열에 서게 된다. 예수님의 공적 전도 초기에 70인을 유대 나라 고을로 보내셨다. 그들이 돌아와 놀라운 체험을 보고 했을 때 그것으로 기뻐하지 말고 너희 이름이 하늘에 기록된 것을 기뻐하라(눅 10:20)고 하셨다. 그러나 그 과거의 기록(겔 13:9; 단 12:2; 빌 4:3)은 지워질 수 있다(출 32:32~33; 시 69:28; 계 3:5). 그러므로 지난날에 생명책에 기록된 것으로 족한 것이 아니다(눅 10:20). 과거에 받은 은혜로서 에벤에셀(삼상 7:12)의 하나님도 중요하나 오늘 나와 함께 하시는 임마누엘(마 1:23; 28:20)의 하나님이 나를 어떻게 보시는가 하는 것이 더 귀중하며 종래 하나님의 심판대 앞에서 의롭다 인정을 받는 것이 더 귀중하다. 마지막 날에 환난과 시험을 이긴 자라야 구원을 받는 것이다(시 4:3; 단 12:1; 빌 4:3; 히 12:23; 계 3:5). 따라서 구원받을 신자는 언제나 오늘 현재가 중요하다. 그러니 이 세대를 본받지 말고 오직 믿음을 새롭게 함으로 변화를 받아 하나님의 선하시고 기뻐하시고 온전하신 뜻이 무엇인지(현재) 분별하는 자(롬 12:2)가 되어야 한다.

주님께서 당대의 종교 지도자들에게 구름과 바람의 흐름을 보고 천지의 기상을 분간(도키마조오)할 줄 알면서 그 이상으로 시대를 분간하지도 옳은 것을 스스로 판단하지도 못하느냐고 책망하셨다. 세상 돌아가는 것이나 역사의 흐름을 분간하지 못하는 것을 책하신 것이기도 하지만, 무엇보다 하나님의 뜻을 분별하지 못하는 것을 한탄하신 것이다(눅 12:54~57). 이는 인간의 분별력은 어느 한도 내에 있음을 시사한다. 즉 인간의 지혜나 지식이라는 작은 능력은 구름과 바람과 비의 관계처럼 현실적이며 단순한 변화에 한해서 유효성이 있을 뿐이다. 그와는 비교할 수 없는 시간과 공간을 초월한 역사나, 비가시적인 신령한 영의 세계에 대한 '분별', 즉 영원한 세계의 현재화는 신의 도움 없이는 불가능하다는 것이다.

결국, 나를 위하기보다 나를 망치는 것은 나의 본성에 있다. 그것은 '나'라는 굽은 본성이 나를 멸망으로 사로잡아 가기 때문이다. 많은 학자가 그 이유를 이기적 아집 때문으로 본다. 인간의 본성을 자유와 반역으로 본 까뮈는, '인간은 산다는 그 자체가 자기 나름의 반역 행위이며 자기 가치 판단에서 온 것이지만, 그 판단이 옳은 것이냐 아니냐 하는 것보다 반역하여 자유스럽게 암묵적으로 어떤 가치를 내세울 따름'이라고 했다. 따라서 절대성이 없는 '불확실한 가치 판단'이란 심리학자나 뛰어난 철학자에게도 있을 수 있으며 회개했다고 자처하는 신자에게도 있다고 본다. 그것이 '나 홀로 서기'보다 나는 죽고 주안에서 부활하는 새 사람만이 귀한 이유다.

헤밍웨이(Ernest M. Hemingway, 1899~1961)는 이탈리아에서 군인으로 지낸 경험을 담아 낸『무기여 잘 있거라』(1929), 스페인 내전에서의 다양한 경험으로 저술한『누구를 위하여 종은 울리나』(1940), 쿠바의 핑카에 자리 잡고 살면서 집필한『노인과 바다』(1952) 등의 소설 작품으로 유명하다. 그는 1953년『노인과 바다』로 소설 부문 퓰리처상을 받은 후 1954년 노벨문학상을 수상함으로써 세계 문학계의 거장이 되었다. 그 후 그는 1960년 쿠바 혁명이 일어나자 쿠바에서 미국으로 돌아와 아이다호의 케첨에서 지내며 작품을 쓰려 했으나, 불안과 우울증에 시달리며 치료를 받아야 했다. 그러다 1961년 자기가 사랑했던 은도금한 엽총으로 자살하고 만다. 이처럼 이름난 작가나 심리학자나 철학자들이 자살하거나 불행한 종말로 생을 마무리했다는 사실은 무엇을 말하는가? 그들이 남은 감동시킬 수 있으나 자신은 방황하고 있었다는 증거가 아니겠는가. 그럼에도 불구하고 각자의 '현재화'로 객관적 원인 분석을 통하여 왜곡된 편견을 어느 정도 바로 잡는 데 도움을 준다. 비록 심리학이나 철학이 완벽한 해결책을 제시하지 못한다 하더라도 말이다. 그러나 그것이 믿음의 현재화에 도움을 줄 수 있다손 치더라도 구원의 증거가 될 수는 없다.

믿음의 씨앗, 특히 겨자씨는 눈에 뜨이지 않는 작은 것이다(마 13:31). 그러나 그것이 백 배, 육십 배, 삼십 배(마 13:8)로 자라면서 숨기려야 숨길 수 없는 증거로 나타나게 된다(마 13:32). 어디 그뿐이던가. 오병이어란 한 사람의 점심거리에 불과하지만 5천 명을 먹이고도 열두 광주리나 남았다. 몇 사람의 사도들에 의해 수백, 수천 명이 구원의 길로 인도되지 않았던가? 그래서 주님께서 말씀하셨다. "하늘과 땅의 모든 권세를 내게 주셨으니 그러므로 너희는 가서 모든 민족을 제자로 삼아 아버지와 아들과 성령의 이름으로 세례를 베풀고 내가 너희에게 분부한 모든 것을 가르쳐 지키게 하라 볼 지어다 내가 세상 끝날까지 너희와 항상 함께 있으리라"(마 28:18~20) 하신 것이다. 그렇다면 주님의 권능은 오늘에도 살아 역사하고 있는 것이다.

사도 요한은 "사랑하는 자들아 영을 다 믿지 말고 오직 영들이 하나님께 속하였나 분별(도키마조오)하라"(요일 4:1) 하셨고, 사도 바울은 "너희는 믿음 안에 있는가 너희 자신을 시험하고 너희 자신을 확증(도키마조오)하라"(고후 13:5)고 명령하셨다. 그리고 "너희로 지극히 선한 것을 분별(도키마조오)하며"(빌 1:10)라고 권면하고 있다. 시험, 확증, 분별은 다 동일한 '도키마조오'로서 인간의 이성적 활동으로 보이나, 선과 악, 의와 불의, 참과 거짓을 성령의 도움으로 분별하는 '현재화' 작업을 말한다. 그것은 "모든 신령한 지혜와 총명에 하나님의 뜻을 아는 것으로 채우게"(골 1:9) 됨, 즉 '충만한 지혜'를 받은 자만이 얻게 되는 '확증'이다. 그것은 또 하나의 '회개에 합당한 열매'라 할 수 있다.

이와 같이 성령으로 말미암는 현재화는 '성령의 힘'의 '능력'(두나미스)으로 하나님의 신비를 알게 하는 '능력의 체험'이라 하겠다. 그것이 있을 때 '합당한 열매'를 맺게 된다. 그리하여 사도 바울은 주께서 모든 지혜와 총명을 우리에게 넘치게 하셔서 그 뜻의 비밀을 우리에게 알리시고(엡 1:8~9), 우리 주 예수 그리스도의 하나님이, 영광의 아버지께서 지혜와 계시의 영을 주셔서 하나님을 알게 하시고 마음의 눈을 밝히셔서 성도 안에서 그 기업의 영광의 풍성함, 그의 힘의 위력을 알게 하신다고 했다(엡 1:17~19).

성경은 하나님과 그리스도의 산 증거를 많은 선지자와 사도들이 보고 들은 바를 증거로 남긴 것이다. 추상적 추리로, 혹은 각성(覺醒)이나 정신 수양으로, 혹은 학문이나 진리 탐구로는 하나님의 진리와 뜻과 역사하심의 그 깊이와 넓이와 높이의 심오함(롬 10:2)을 짐작할 수 없다. 인간의 영혼에 관한 진리도 능력의 한계 밖인데, 하물며 신의 존재나, 그의 성품이나, 그의 뜻이나, 그의 능력이나, 그의 운영 방법을 짐작하거나 깨닫는 것은 어불성설이라 하겠다. 하물며 선과 악, 영의 세계, 구주(救主)의 강림과 재림, 구원의 진리, 성령의 역사, 하나님의 심판, 영원의 세계, 그중 어느 하나라도 어떤 방약무도한 인간이 감히 각설할 수 있겠는가?

기독교의 진리는, 듣고 본 것을 객관적 증거(마르튀레오, 요 3:11, 26, 28, 32; 19:35; 21:24; 요일 1:2; 4:14; 계 1:2)라고 한다. 사도 요한은 요한복음에서만 이 객관적 증거(마르튀레오)를 33회 사용했다. 그 증거는 두 사람 이상의 증인을 가진 객관적 증거(요 5:31; 8:18; 15:26; 히 7:17; 요일 5:13)라는 것, 성경의 대부분은 많은 사람이 동시에 보고 들은 일들을 기록한 것으로 올바른 지식(롬 10:2)이요 진리(요 1:8, 32, 34; 18:37; 요삼 3)라는 것을 증언하고 있다. 예수 그리스도에 대해(요일 5:9~10 등), 성령에 대해(요 14:25~31; 행 2:1~4; 15:8; 히 10:15; 요일 5:6 등), 그리고 의로워짐에 대해 (히 11:4), 주님의 부활에 대해(고전 15:15), 하나님의 살아 계심과 그의 뜻과 역사하심에 대해 성경은 증언하고 있다(행 2:23; 13:36; 20:27; 고전 4:5; 12:11; 엡 1:11). 그뿐 아니다! 주님을 믿고 하나님의 뜻을 행한 후에 약속을 받게 될 것(히 10:36), 그리고 많은 은혜를 받을 것을 증언하고 있다.

죄 사함 받은 증거란 은혜 받은 증거를 말한다. 은혜 받은 증거란 받은 은혜가 값싼 은혜가 아니라 값비싼 은혜라는 것을 알게 됨을 말한다. 왜 값비싼 은혜인가? 내 죄 사함을 위해 주님께서 십자가에 달려 흘리신 그 피 값으로 우리를 사셨기 때문이다(고전 6:20; 7:23; 계 5:9). 예수 그리스도의 속량, 곧 그의 피 값으로 말미암아 하나님의 은혜로 값없이 의롭다 하심을 얻은 것이다(롬 3:24). 그 대속의 값을 뼈 깊이 알게 되는 것이 죄 사함 받은 증거다.

몇 해 전 한국에 있는 큰 외손자가 간염 말기로 사경을 헤맬 때, 서울 아산병원에 입원하여 간 수여자를 기다리고 있었다. 그러나 그에게 자기 간을 높은 대가로 팔겠다는 자는 있었으나 교통사고로 사망한 자였고 그것도 간의 대부분이 지방간이어서 부적절한 것이었다. 생사를 넘나드는 위험 아래 하루하루를 고심하며 기다리는 어느 날 수여자가 나타났다. 그는 바로 간을 수여하려 했던 이의 친동생이었다. 그는 자식이 둘이나 있었고 생계가 어려운 처지에 있었다. 그의 아내와 자식들을 생각하고 수없이 망설였을 것이다. 수술은 시작되었고 그의 간의 3분의 2를 잘라 이식하는 열아홉 시간의 대수술이었다. 나는 그 시간에 맞추어 기도하는 중 깊은 생각에 빠졌다. 내가 만일 젊어서 과연 그런 처지에 있다면 내 간을 내어 줄 수 있겠는가? 하물며 나와 상관없는 이웃이나 생면부지의 남을 위해 아무 대가 없이 내 간을 내어 줄 수 있겠는가? 더욱이 그가 나를 업신여긴 장본인이라면 그것이 가능하겠는가? 이해가 되지 않았다. 아무리 생각해도 그리스도의 십자가 사랑 외에는 답이 없었다. 그 사랑 때문에 간을 내어 줄 수 있었을 터이다.

십자가의 사랑을 받은 자는 반드시 나타나는 그 증거가 있고, 십자가의 죄 사함을 받은 자는 반드시 표면적 증거가 있다. 만일 그것이 없다면 자기를 사신 주를 부인하는(벧후 2:1) 증거요 내 죄 사함은 이루어지지 않았다는 증거가 아닌가? 농부가 열매를 바란다면 늦은 비와 이른 비를 기다려 길이 참아야 하며(약 5:7), 나의 생명을 조금도 귀한 것으로 여기지 아니하고(행 20:24), 보배롭고 지극히 큰 약속을(벧후 1:4) 믿고 주를 따라야 할 것이다. 세상에는 "나를 따르라!"고 외치며 깃발을 흔드는 위인들은 많다. 그러나 골고다로 십자가를 지고 죽으러 가는 자는 결코 많지 않다.

주님은 수제자 베드로에게 세 번이나 "나를 따르라!"(마 4:19; 16:24; 요 21:19) 하셨다. 그리고 세 번이나 "네가 나를 사랑하느냐?" 반문하셨다(요 21:15~17). 왜 세 번이나 다그쳐 반복하셨는가? 뉘우치고 회개하고 결심해도 그만큼 주를 따르는 것은 쉽지 않아 딴 길로 가기 때문이다. 디트리히 본회퍼(Dietrich Bonhoeffer)는 그의 저서 『나를 따르라』에서 주를 따르는 것이 어려운 세 가지 이유를 들었다. 그 첫째가 자신의 죄를 지불한 대가의 값을 모르기 때문이며, 둘째가 그를 따르는 데는 그리스도의 멍에를 메고 따라야 하지만 그것이 무엇인지 모르기 때문이며, 그리고 세 번째가 주를 따르라는 뜻은 자신을 죽여 산 제물로 바치는 것이지만 "자기를 사신 주를 부인하고"(벧후 2:1), "그리스도께서 헛되이 죽으시게"(갈 2:21) 만들기 때문이라고 했다. 그는 1931년, 독일 귀국을 극구 말리는 친구의 간청을 뒤로하고 1년간 머물렀던 미국을 떠나 다시 독일로 돌아가 나치즘에 저항하다 1943년 체포되어 강제수용소에 수감되었다. 그리고 1945년, 히틀러 암살에 연관된 혐의로 사형을 당한다. 주님의 멍에를 메고 주님을 따랐던 삶이었다.

아무리 객관적 증거라 하더라도 그것이 내가 인정할 수 없는 진리라면 소용이 없다. "믿음은 바라는 것들의 실상이요 보이지 않는 것들의 증거"(히 11:1)라고 했다. '바라는 것'이나 '보이지 않는 것'이란 과거와 현재와 미래의 영적 세계의 일들에 대한 것이며, 믿음은 인간 능력의 한계를 초월하여 '바라는 것'이나 '보이지 않는 것'을 해결할 수 있는 '현재화'(現在化) 방법이다. 바로 이 '구원의 현재화'에 죄 사함의 문제가 있다(히 11:2~40; 행 10:43; 26:22; 롬 3:21). 과거 위인들의 '믿음의 현재화'가 그들의 확신의 증거다. '믿음의 현재화'란 옛날 선진들의 삶 속에 있었던 진리의 체험들이며, 오늘 나의 죄 사함 받은 증거라 하겠다. 선진들이 겪은 고난과 인내를 오늘 똑같이 체험하는 것을 말한다. '과거의 현재화'가 이루어진 자에게는 '미래의 현재화'도 일어날 수 있다. 그것을 키르케고르는 과거와 현재와 미래의 동시성(同時性)이라고 표현했다. 즉 영원하신 하나님에게는 장구한 세월도 하나의 점에 불과하기 때문이다. 그리고 믿음이 확신과 소망과 사랑(고전 13:13)의 현재화로 발전하면 구원의 시작(엡 2:8; 4:13; 빌 1:25; 딛 1:13; 히 10:22), 영생의 현재화가 일어나게 된다.

그러나 믿음을 장담하며 결연한 자세로 서약한 후에(막 14:31) 주님을 부인했던 제자들(마 26:70)처럼, 의심이 생겨 믿음이 연약해지기도 하고(롬 14:1; 히 3:13; 딤후 2:18), 구원의 길에서 벗어날 수도 있으며(딤전 6:21). 종래 멸망의 길에 서기도 한다(히 2:1; 4:1, 6, 11). 이렇게 하나님의 은혜로 말미암아 얻게 된 믿음의 보화를 잘 지키지 못하고 자아의 동물적 상기(祥氣)와 허영 탓으로 마귀의 유혹을 벗어나지 못하는 책임, 즉 믿음의 현재화가 지속되지 못한 책임은 우리 자신에게 있다. 그래서 말씀은 나약한 우리를 미리 아시고, 깨어서 끝까지 잘 지키도록 권면하고 있는 것이다(살전 2:10~12).

구원의 현재화는 진리와 믿음을 지키는(퓌라조오) 데 있다. 더러워짐을 이기고 정결을 지키는(Protect/guard, 요 17:12; 딤전 5:21~22) 것, 모든 탐심을 물리치는(눅 12:15) 것과 삼가하는(딤후 4:15; 벧후 3:17) 것, 말씀과 부탁 받은 의무를 지키는 (keep, 눅 11:28; 딤전 6:20; 딤후 1:14) 것, 그리고 음란을 피하는(행 21:25) 것 등을 '지키라'(퓌라조오)고 한 것이다. 즉 '지키라'(퓌라조오)는 이미 얻은 객관적 증거를 잊지 말고 꾸준히 보존하라는 뜻이다. 아무리 좋은 추억이나 증거도 잘 간수하지 못하면 퇴색되고 소멸하는 법이다. 믿음은 각자가 져야 할 멍에와 짐을 꾸준히 견디며 지키는 것이다. 어떻게 견디고 지킬 것인가? 주님께서는 단지 "나의 멍에를 메고 내게 배우라 그리하면 너희 마음이 쉼을 얻으리니 이는 내 멍에는 쉽고 내 짐은 가벼움이라"(마 11:30) 하셨다.

죄 사함을 받은 증거가 무엇인가? 그 증거는 '멍에'(쥬고스, Yoke)를 지고 잘 견디고 있는가에 있다. 멍에란 유대 나라에서 들일을 하는 소가 메는 '쌍(雙)멍에'나 상인들의 '천평(天平) 저울'(쥬고스, Balance)를 뜻한다. 쌍멍에(쥬고스)를 멘다는 것은 멍에의 한 쪽은 내가 부담하고 반대쪽은 주님이 담당하신다는 뜻이다. 그 뜻은, 세상 짐은 주님을 믿는다고 주님께서 전담하시는 것도 내가 홀로 지는 것도 아니라는 의미다. 그렇다고 주님께서 한쪽을 반부담 하시되 내가 힘쓰는 만큼만 돕는다는 뜻도 아니다. 쌍멍에는 한쪽이 너무 세거나 빨라도 일이 순조롭지 못하다. 일이 순조롭기 위해서는 강한 쪽이 약한 쪽에 맞추어 조절하게 되나 약한 쪽이 함께 힘을 써야 한다. 어떤 주석가는 쌍멍에의 그 한 쪽은 주님이 담당하고 있어 무겁지 않고 가벼운 이유를 짐의 반부담(半負擔) 원리를 초월하여 죄 짐은 주님이 전담하시되 전도 사역은 인간의 협조를 부탁한 것으로 보았다. "수고하고 무거운 짐 진 자들아 다 내게로 오라"(마 11:28) 하신 뜻은 죄의 짐은 주님이, 사명의 짐은 인간이 져달라는 뜻이 담겨져 있다고 본 것이다.

외롭게 혼자서 각각 자기 일을 할 때 피로와 괴로움은 두 배, 세 배가 된다. 그렇지만 같은 수고도, 고난도, 유혹도 선한 친구가 함께할 때 그 수고는 기하급수적으로 감소한다. 그리하여 '주님의 멍에', 즉 '나는 길이요 지리요 생명'이라 하신 이가 반려자가 되시니, "내 멍에는 쉽고 내 짐은 가볍다"(마 11:30) 하신 것이다. 그는 단순히 반부담하는 이웃과 친구가 아니라 그의 쌍 멍에는 인도자요, 위안자요, 구속자(救贖者)로서 짐 자체를 가볍게 하신다 는 것이다. 주님의 파트너로서 '주님의 멍에'를 지고 갈 때 모든 실수와 허물 과 의무도 가벼워진다. 그 가벼움이 사함 받은 증거요 '회개에 합당한 열매' 이다. 아멘!

4 살아 계신 하나님

　"신은 살아 계시는가?" 이 질문은 철학자나 종교인이 아니더라도 누구나 갖는 의문이다. 혹 어떤 이는 "그거야 당연히 살아 계시지."라고 하거나 어떤 이는 "살아 계신다(요 6:57)고 하셨으니 그냥 믿어야 하지."라고 반문한다. 그래서 '신은 살아 계신다'는 확인이나 체감 없이 그저 그 전제(前提)하에 믿는 이가 많다. 이 문제를 구체적으로 제의한 이들은 유대교도이며, BC 고대 북이란에서 태어난 조로아스터(Zoroaster, BC 660~583)와 그의 추종자들이었다. 그의 그리스어 이름은 차라투스트라(Zarathustra)이며 다신교와 동물 희생 제사 제도를 확립하여 힌두교와 비슷한 신앙을 창립한다. 그리고 BC 800년에서 200년 사이에 인도에서는 석가가 불교를 창설했고, 중국에서는 유교의 창시자 공자(BC 551~479)와 도가(道家)의 창시자 노자가 조상신을 숭배를 장려했는데 조상 숭배는 다신 숭배 사상이다. 이런 복잡한 신관(神觀)의 변천 속에 지구 역사의 차축(Die Achse, 車軸)으로 그리스도가 BC 0년(참고, 학설은 BC 4년경)에 태어난 것은 당연한 일이었다고 독일 철학자 칼 야스퍼스(Karl Jaspers, 1883~1969)는 그의 저서 『역사의 시작(Origin)과 목적(Goal)』에서 말했고, 역사 철학자 리케르트(Heinrich Rickert, 1863~1936) 역시 같은 주장을 했다.

　흔들림이 없는 인류 역사의 구심력이 하나님과 예수님께 있다고 보는 '차축사상'(車軸思想), 즉 구심력을 받아 그와 동일한 거리감에서 그를 볼 수 있다는 '여호와의 인력 사상'이 아브라함 때나 예수님 당시나 21세기에나 다를 바 없이 오늘날에도 살아 있다. 성경에는 '항상'(하마, Always), '함께' 또는 '더불어'(메타, With)라는 말씀이 500번 이상 나온다. "우리가 항상 주와 함께 있으리라"(살전 4:17), "자기와 함께 살게 하려 하였느니라"(살전 5:10)

등의 '항상' 또는 '함께'란 역사는 변해도 주님과의 거리는 아무 변화가 없다는 것을 뜻한다. "내가 오래 너희와 함께"(요 14:9), "보혜사를 영원토록 너희와 함께 있게 하사"(요 14:16) 등은 예수님은 세월은 달라져도 가까이 계시는 존재이심을 나타낸다.

예수님은 "오직 하나님에게서 온 자만 아버지를 보았느니라"(요 6:46), "나를 본 자는 아버지를 보았거늘 어찌하여 아버지를 보이라 하느냐"(요 14:9)라고 하셨다. 그것은 역사의 한가운데 계시는 예수님을 봄으로써 하나님의 존재를 믿을 수 있다고 예수님 자신이 선언하신 것이다. 그러나 불신자들은 예수님의 이 말씀을 2천 년 전에 있었던 지난 옛이야기로 묻어 버린다. 그리고 역사란 실재와 같을 수 없는 기록에 불과하며 과거사는 그 당시에 적절한 사건이었을 뿐 현재에도 동일한 유효성이 있다고 보지 않는다. 그러나 예수께서 남긴 많은 흔적이 오늘 교회를 통해서 남아 있다면 그것으로 지금도 함께 살아 계시는 증거로 충분하다.

'살아 있다.' 혹은 '존재한다.'는 뜻은 근본적으로는 내가 경험했다거나, 현재 인지(認知)한다거나, 믿는다는 것과는 상관이 없다. 누가 믿는다고 존재하는 것도, 안 믿는다고 존재하지 않는 것도 아니다. 존재했다는 증거는 반드시 흔적이 있다. 역사상에 살았던 수많은 사람들, 그중에서 아브라함이나 다윗이나 링컨이나 그 누구를 직접 만난 사람은 현재 아무도 없지만 그들이 다 과거에 존재했다는 사실은 역사의 흔적을 보아 부인할 수 없다. 그러나 신이 현재 살아 있다거나, 나와 함께 계신다는 것은 역사와 아무 상관이 없다. 그리고 과거에 살았다는 것과 현재 살아 있다는 것은 또 다른 차원이어서 객관적 인식이 주는 감동과 체감 온도가 다르다. 그리고 믿음이 주는 존재 인식은 지식이 주는 인식과 거리감이 다르다. 과거의 생존이 현실화될 수 없으며, 지난 옛 인물이 오늘 어려울 때 아무런 도움을 줄 수도 없다. 그리하여 '존재했다.'는 것과 '존재하고 있다."는 것은 효력상 다르며, 나와 무관한 존재와 내 안에 지금 계시는 존재는 전연 다른 존재라는 것은 실감상 또는 경험상 다르다.

신이 살아 계신다는 것은 내가 피부로 느끼며 숨소리를 듣는다거나 음성을 들었다는 것뿐만 아니라 나와 마음이 통하여 대화의 대상이 될 수 있는 존재를 의미하며, 내가 의지할 수 있는 실체를 말한다. 특히, 나는 너와 다른 존재라거나, 나만이 확실한 존재라는 실존주의 시대에는 눈으로 볼 수 없는 신에 대해서 아무 구체적 정의를 내릴 수 없다. 그리하여 신에게 접근하는 것을 불확실한 감성이라고 보며 형이상학적 논리가 아무리 확실하다 하더라도 신의 존재를 입증할 수 없다고 말한다. 왜 입증할 수 없는가? 신은 가시적 대상이거나 사람에게 감지될 수 있는 알리바이가 성립되지 않기 때문이다.

역사가나 과학자들은 대홍수가 일어나고 지진과 화산이 폭발하며 온역과 기근과 전쟁이 터져도 그들은 '왜'(Why) 일어났느냐(제1원인) 하는 의문에 답할 신에게는 관심이 없고 '어떻게'(How) 일어났느냐(제2원인)에만 관심을 둔다. 그것은 '왜?'의 답은 인간의 능력 밖의 일이기 때문이다. 오랜만에 누구를 만나면 "안녕하십니까?"라고 회의적 의문을 표시한다. 그러나 그 누구도 원인을 알아 "안녕하실 것입니다. 샬롬!" 하는 이는 없다. 그것은 안녕의 근원이 신에게 있다 하더라도 그것을 인간이 알 수 없다고 보기 때문이다. 즉 신과 나와의 상관관계(相關關係)를 인정하지 않기 때문이다.

프랑스의 철학자 몽테스키외(Baron De Montesquieu, 1689~1755)는 "모든 왕조의 흥기(興起)와 몰락은 여러 원인에 좌우된다." 하면서 "우리들이 보는 모든 것은 맹목적 운명의 산물이 아니라 인간 각자의 행동에 의한 결과이며, 그 결과는 '본질'에 입각한 일정한 법칙과 원리의 지배하에 일어난다."라고 그의 『법의 정신』(Spirit Of Laws, 1748)에서 말했다. 그리고 그 원리는 정치, 경제, 환경, 심리, 등 형이상학적인 조건에 의해 귀납적으로 이루어진다고 보았다. 즉 현재는 10년 전, 또는 30년 전, 100년 전의 심은 씨앗의 결실이라고 보며, 모든 역사나 현실이나 미래는 '원인에 의한 사필귀정의 결과'로 보면서 역사의 원인과 결과에는 상관관계가 있으며 그 상관관계를 인정한다는 것은 그 원인과 결과의 법칙을 만드신 신의 존재를 인정하지 않으면 안 된다고 보았다. 그러면서도 그는 역사를 관찰하고 기록한 학자들의 견해와 원인 분석이 달라서 객관성이 없다는 것과 신의 뜻에 대한 인간적 견해와 결론이 각각 달라 동일한 결론을 얻기에 미흡함을 지적했다.

영국의 세계적 역사학자이자 국제 정치학자인 에드워드 카(E. H. Carr) 교수는 1961년에 케임브리지대학교에서 G. M. 트리벨리언에 관해 강의한 것을 엮어 만든 『역사란 무엇인가』에서 "역사란 과거의 여러 사건들의 원인과 결과를 정연한 질서하에 정돈한 학설"이라고 정의했다. 그리고 민족과 국가의 흥망성쇠와 교체에도 역사적 법칙이 있다고 했다. 그럼에도 불구하고 그 원인 분석에 있어서 철학적 애매성과 결정론적 연결성에 문제가 있어 확실한 결론을 내리지 못하는 현실을 한탄했다. 즉 역사에는 엄연한 법칙이 있음에도 인간의 애매한 결론에 문제가 있음을 지적한 것이다.

그리고 영국의 근대 사회학자 앨버트 다이시(Abert Venn Dicey, 1835~1922)는 "역사의 원인을 말할 때 가시적 기능 설명이 어려운 이유가 넓은 역사의 전모를 설명할 수 없기 때문"이라고 보고, '역사의 원인(Why)'이라기보다 '역사의 상황 설명(How)'이라 하는 것이 옳다고 하면서 역사의 원인 설명은 인간으로서는 불가능하다고 결론지었다. 결국, 역사에 의한 가시적인 현실 세계의 결과 분석에도 '질서 정연한 결론'이 쉽지 않다면 하물며 비가시적인 신의 존재에 대한 통일된 논리적 분석과 접근이 불가능하다는 것은 당연한 이치라 하겠다.

그렇다면 여기 대두되는 첫 번째 문제는 '신이 살아 있다'는 뜻이 무엇인가에 있다. 신의 존재 증거는 직접적으로 감지하는 것보다 존재자의 일과 역사(役事)로부터 간접 증거를 얻는 객관적 방법이 있다. 어떤 시골 사람이 서울에서 온 소포를 받았다거나 전화를 받았다면 그것을 보낸 사람이 서울에 존재하고 있다는 증거가 된다. 그 소포에 기록된 날짜에서 언제 그가 존재했다는 것을 알 수 있다. 그리고 그와 오늘 통화를 했다면 그의 존재는 물론 나와의 관계, 더 나아가서 그의 성품, 그의 의도와 목적을 짐작할 수 있다. 어떤 의사로부터 전화나 영상으로 병 진단과 처방을 받았다면 그리고 그의 지시를 따라 병이 나았다면 그 의사의 존재를 이론적으로 따질 필요가 있겠는가? 현실적 '그의 역사'(役事, 에네르가이, Energy)가 '그의 존재'를 입증하는 것이다. 결국 존재란 추리가 아니라 입증에 있다.

예수께서 "내 아버지께서 이제까지 일하시니 나도 일한다"(요 5:17)라고 하셨다. 그리고 히브리서에 "그로 말미암아 모든 세계를 지으시고 …… 그의 능력의 말씀으로 만물을 붙드시며 죄를 정결하게 하시고……"(히 1:2~3)라고 했고, 그 말씀의 진리와 효력을 예수님을 통해서 알게 되고, 자신이 하나님의 아들이라 하시면서 바로 병자를 치유하시며(요 5:1~9; 마 8:1~17), 가난한 자와 죄인의 친구가 되시며, 십자가에서 죽으시고 부활 승천하신 것을 많은 사람이 목도하고 입증했다면 그 이상 신 존재의 증거가 더 필요하겠는가? 그럼에도 사람은 하나님을 보여 달라고 조른다(요 14:8~9). 그것은 아직 예수의 입증을 확인하지 못했다는 증거다.

예수께서는 "만일 내가 내 아버지의 일(엘곤, Work)을 행하지 아니하거든 나를 믿지 말려니와 내가 행하거든 나를 믿지 아니할지라도 그 일은 믿으라"(요 10:37~38) 하셨다. 예수께서 행하신 그 일들이 범상한 인간이 할 수 있는 일인가, 신만이 할 수 있는 일인가를 보면 알 수 있다. 그리고 예수께서는 언제나 하나님을 "살아 계시는 아버지"(요 6:57)라고 하시면서 "내 아버지께서 이제까지 일하시니"(요 5:17)라고 하셨고 "나의 양식은 나를 보내신 이의 뜻을 행하며 그의 일을 온전히 이루는 것"(요 4:34)이라고 하셨다. 즉 예수께서 하신 일을 보고 하나님 아버지가 살아 계시는 증거를 얻으라는 것이다.

과학적 일의 정의는, W(일)=F(힘)×S(거리/변화)로 표현된다. 이 공식은 과학자들이 도출한 일의 법칙이다. 즉 이루어진 일(W)은 그것을 이루기 위해 작용된 힘(에너지, F)과 그로 인한 변화량(S)을 곱한 만큼 나타난다는 것이다. 예를 들면 차가 이룬 일은 엔진의 힘(F)에 이동한 거리(S)를 곱한 양과 같다는 뜻이다. 이 일의 법칙은 차나 기계가 하는 일뿐 아니라 자연의 모든 변화에도 적용된다. 어떤 변화가 일어났다면 작용된 힘이 있고, 그 힘이 작용했다면 그 힘의 주체가 있다는 증거이지만, 인간은 원인을 모르면 저절로 일어난 자연현상으로 묻어 버린다. 그리고 그 원인인 존재의 흔적과 발자국을 인정하지 않는다.

사람이 생존하고 자연에 변화가 일어났다면 그만큼 힘이 가해졌다는 뜻이며, 힘을 제공한 외적 또는 내적 원인이 있었다는 증거다. 몸에 상처나 병이 생겼다면 반드시 그 원인이 있고 그 이유가 있다. 그리고 그것이 정상으로 회복되었다면 그만한 힘이 작용했다는 증거다. 그 힘의 원인이 병균이든 약이든 물리치료든 말씀이든 혹은 영적인 힘이든 변화가 일어났다면 그 힘을 발휘한 주체(主體)가 있다는 증거다. 일에는 여러 가지 일이 있을 수 있으나 특히 죄인이 통회 자복한다거나, 죄질이 강한 옛 사람이 선량한 새 사람으로 변한다거나, 기도의 응답을 받았다거나, 기도로 병이 나았다거나 하는 것은 외적 힘이 작용했다는 증거다. 그 능력의 주체가 물질이든 신이든 변화의 주체가 있다는 증거요, 비록 자연 변화라 할지라도 그 자연 변화의 지배자가 살아 계시다는 증거다. 그리하여 "만일 내가 내 아버지의 일을 행하지 아니하거든 나를 믿지 말려니와 내가 행하거든 나를 믿지 아니할지라도 그의 일을 믿으라 그러면 너희가 아버지께서 내 안에 계시고 내가 아버지 안에 있음을 깨달아 알리라"(요 10:37~38) 하신 것이다.

어떤 일이 이루어졌다면 반드시 그 일의 목적이 있고 원인이 있다. 그런데 과학은 일의 제 일 원인이나 목적이나 동기를 모르면, 원인이나 동기라고 하지 않고 '활성화'(活性化, Activation)나 또는 '여기 상태'(勵起狀態, Excited State)라고 막연한 상태 설명만 한다. 즉 모든 자연 변화는 변화가 쉽게 일어나지 않도록 이런 안전장치가 있다는 것이다. 예를 들면 나무가 탈 때는 섭씨 300~500도의 온도가 되어도 연소를 유지할 수 있으나 불을 붙일 때는 800도라는 고온도의 착화점(着火點)에 도달해야 발화가 가능하게 된다. 차를 시동할 때 베터리에 의한 강력한 시동이 필요한 것과 같다. 그 다음은 그보다 훨씬 작은 에너지로 이동이 가능하다. 자연의 모든 현상은 서 있는 물체가 움직이기 시작할 때나 어떤 화학 반응이 일어나게 할 때는 높은 에너지를 주어 시동을 걸지 않으면 변화가 시발되지 않게 안전장치가 되어 있다. 즉 어떤 변화라도 계획과 의도(意圖)없이 변화가 생길 수 없게 되어 있다는 것이다.

다시 말하면 '일'(엘곤)에는 '의도적인 일, 또는 목적이 있는 일'(에네르게오, Operation, 엡 1:11, 20; 빌 3:21)만 가능하도록 되어 있으나 그 원인을 모르면 자연 변화라 한다. 그리고 신의 의도를 모르면 인간은 흔히 그것을 자연적 인과법칙(因果法則)으로 본다. 그렇다 하더라도 그 변화 법칙 속에 일률적 자연법칙이 있다면 그것을 우연의 산물이라 볼 수는 없다. 하나님이 개입된 일(에네르게오)을 '하나님의 역사'(골 1:12; 살후 2:9, 11)라고 하며. 인간이 계획한 일을 군대에서는 '작전'이라고 하고 정부에서는 '정책'이라고 한다. 차가 움직일 때는 운전자의 뜻이, 농부가 밭을 일구고 거름을 준다면 농부의 뜻이 있다. 그러나 힘의 원인과 결과가 있음에도 객관적 증거를 포착할 수 없으면 저절로 일어난 것으로 설명할 수밖에 없다. 하여 성경은 하나님의 존재를 일방적으로 계시(啓示)하면서 그것을 이해하려고 하지 말고 "믿으라." 하신 것이다.

'여호와'(야웨, Jehovah)라는 단어가 구약에서만 6,823번 나타난다. 대표적으로 '창조주', '계시와 은혜의 하나님', 그리고 '주인'이라는 뜻을 갖고 있다. 그리고 '항상 계시는 자'라는 뜻인 '여호와 삼마'(Shammah)라고도 불렸으며 그 밖에도 '여호와 이레', '여호와 닛시' 등 열 가지의 다른 칭호가 사용되고 있다. 신약에서는 하나님을 '천부'(마 6:14, 26, 32; 15:13; 16:17 등), '아빠'(막 14:36; 롬 8:15; 갈 4:6 등)라고 하여 인간과 하나님의 가까운 관계를 나타내고 있다. 그 밖에도 인간과 하나님의 관계를 '창조주와 피조물', '주인과 종', '임금과 신하', '친구', '목자와 양' 등으로 다양하게 표현하고 있다. 즉 나를 돌보시는 신이 살아 계시며, 그 신은 자식을 향한 부모의 심정과 사랑과 희생으로 돌보시는 분임을 나타낸 것이다.

그러나 인간이 그 의미를 깨닫고 하나님께 순종할 수도 있고 그렇지 않을 수도 있는 것은 하나님께서 애당초 인간을 창조하셨을 때부터 인간에게 이성을 주시면서 판단과 결정의 자유를 주셨기 때문이다. 한 부모 아래 자라난 자식도 부모의 뜻을 헤아리는 철든 효자도 있고 그렇지 못한 불효자도 있다. 그들이 이성과 자유를 가졌으나 자유스럽게 원하는 대로 뜻을 세워 추구하며 노력할 자유를 주셨기 때문에 자기 욕망에 따라 생각하며 행동하며 사는 것이다. 자연이나 식물이나 동물을 지으셨을 때보다 더 정성을 들여 만든 걸작이 인간이다. 즉 하나님을 닮아 스스로 생각하며 판단하며 행동할 수 있게 만드신 것이다. 그 걸작을 "보시기에 심히 좋았더라!"(창 1:31) 하신 것이다. 스스로 자유의지에 의해 신에게 순종하기를 원하셨던 것이다.

모든 의식을 가진 실체는 자신이 원하는 소원이 있다. 왜 불효자가 되었는가? 자기 소원이 아버지의 뜻과 맞지 않기 때문이다. 하나님은 자기의 뜻을 따라 공작하며 활동하며 역사하시지만 인간은 신의 깊은 뜻을 헤아리기는커녕 그의 존재도 인정하지 않으려 한다. 인간이 가까운 부모의 마음도 알 수 없는데 하나님의 깊은 뜻을 헤아린다는 것은 거의 불가능한 일이며 오랜 영적 교제가 아니면 더욱 어려운 일이라 하겠다. 그래서 믿음이 자라면서 점점 '단단한 음식'(히 5:12~13)을 먹을 수 있게 된다 하더라도 하나님의 뜻을 이해한다거나 그의 말씀의 진리를 깨닫는다는 것은 결코 쉽지 않다.

어떤 자수성가한 부지런한 농부가 큰 재산을 이루었다. 그러나 그의 아들들은 하나같이 게으르고 난봉 끼가 있었다. 그 농부가 노쇠하여 임종을 맞게 되어 세 아들을 불러 모았다. 그리고 큰아들에게는 동쪽 밭을, 둘째 아들에게는 남쪽 밭을, 그리고 막내에게는 서쪽 논을 유산으로 나누어 주면서 일 주 후에 유언장을 줄 것이라고 했다. 큰아들은 집에 돌아와 생각하기를 밭 갈기와 거름 내기, 밭매기 등이 여간 힘든 일이 아니니 자기는 농사일은 할 수 없다고 판단했다. 둘째도 자기는 허리가 약해 지게질을 할 수 없으니 땅을 팔아 도시로 갈 것을 결심한다. 셋째도 자기는 머리가 영리하니 힘든 농사일에 길들여 일생을 망치는 것보다 그 땅을 팔아 증권이나 투기에 투자하여 일확천금을 얻을 것을 꿈꿨다.

한 주간이 지나 아버지는 그의 유서를 넘기셨다. 그런데 그 유서에는 애매한 말이 끝에 쓰여 있었다. 그것은 "오래전에 있었던 일이 생각나는구나. 옛날 난리 때 피난 가면서 조상으로부터 유품으로 받은 금띠와 주의(柱衣)가 들어 있는 나무 상자를 어느 나무 밑에 묻어 두었는데 그 나무가 없어지고 땅이 변형되어 그것이 어디에 묻혔는지 알 수가 없구나. 너희들 중에 누군가 그 귀한 유품을 찾아 그것을 간직하기를 바란다."는 것이었다. 그리고 얼마 후 아버지는 이 세상을 떠났다.

세 아들은 조선시대에 정2품의 고관으로 계셨다는 할아버지의 이야기를 익히 들어 알고 있던 터였다. 하여 삼 형제는 원래 계획을 변경하고 그 보물을 찾기에 혈안이 되어 열심히 이곳저곳 땅을 깊이 뒤지며 일을 했다. 몇 년이 지나도 아무도 그 유품을 찾지 못했으나 땅은 비옥해져 이웃집들 보다 두 배의 수확을 올릴 수 있었다. 그리고 들일로 식욕이 좋아져 건강하게 살며 삼 형제의 우애도 남달라 이웃의 칭찬이 자자했다. 그들이 백발이 숭숭한 노년이 되어 땅속에 숨겨진 유품이 무엇이었나를 깨닫게 된다.

인간도 생각이 깊은 사람일수록 그의 말과 행동을 이해하기가 쉽지 않다. 하물며 하나님의 높으신 뜻을 쉽게 이해할 수 없다는 것은 당연한 일이다. 그래서 주님을 3년이나 따라다닌 제자들도 주님을 버리고 떠나기도 하고 배반하기도 하고 의심하기도 하지지 않았던가? 그들이 떠난 것은 주님께서 부활하심과 성령님의 오순절이 임하기 전이었기 때문이다. 하나님의 살아 계시는 증거가 무엇인가? 내가 잘못된 길을 갈 때는 채찍과 막대기로, 이리와 사탄이 앞길을 막을 때는 지팡이로 나의 갈 길을 앞서 인도하신 목자이심을 발견하는 것이다. 그것을 발견했을 때 비로소 돌아온 탕자의 눈물을 맛볼 수 있을 것이다.

나는 호기심과 회의가 많은 젊은 시절을 보냈다. 성경에는 유서와 같은 많은 충고와 권면과 역사가 기록된 성경을 수없이 읽었고, 많은 말씀과 설교를 들었다. 그러나 그것이 나와의 관계에 있어 항상 뛰어넘을 수 없는 단애나 절벽이 가로막고 있어 내 마음에 생명력을 일으키지 못했다. 그리고

내 주께 더 가까이

나의 아버지가 목사님이시기 때문에 나는 아무 확신 없이 예수를 믿는 척했으며, 그런 상태로 교회의 필드 안에서는 유년주일학교, 학생회, 성가대에서 앞장서서 일했다. 무엇을 하든 교회 일이라면 특별행사에 이르기까지 센터포드였다. 그럼에도 그때 나는 분명히 무신론자는 아니었으나 회의론자였다.

그 회의를 해소하기 위해 새벽마다 앞뜰에 나가 땅바닥에 자리를 깔고 매일 한 시간 이상 간절히 무릎을 꿇었다. "하나님이 계시면 내게 그 증거를 보여 주옵소서!" 나의 간절한 기도 때문인지 두 달이 지나 1956년 1월 말 내게 하나님의 응답이 왔다. 하나님께서 내게 주신 분명한 응답이었다. 꿈속에서 백발노인이 내게 "네가 증거를 원하니 한 증거를 보여 주겠다" 하신 후, 곧이어 날개가 큰 독수리가 높은 하늘에서 날아와 내 왼쪽 어깨 위에 앉았다. 나는 깜짝 놀라 뒤로 물러서면서 두 팔을 높이 들었다. 그러자 그 독수리가 내 왼쪽 손 가운데 손가락을 댕강 잘라 물고 하늘 높이 날아갔다. 내가 놀라 당황하고 있는데 그 노인이 다시 나타났다. 그리고 나에게 "에스겔 17장을 보라." 하시고는 그도 사라졌다. 나는 즉시 깨어 옆에 주무시는 아버지를 깨웠다. 시계를 보니 새벽 세 시였다. 그리고 즉시 성경 에스겔 17장을 펴는 순간 깜짝 놀라 또 한 번 기절할 뻔했다.

거기에는 "여호와의 말씀이 …… 너는 이스라엘 족속에게 수수께끼와 비유를 말하라 …… 색깔이 화려하고 날개가 크고 깃이 길고 털이 숱한 큰 독수리가 레바논에 이르러 백향목 높은 가지를 꺾되"로 시작하여 또 다른 독수리의 경고가 있었다. 나는 그날 이후 이 문제를 풀려고 멀리 이름난 목사님들을 찾아다녔다. 그러나 그들은 그 채색된 독수리는 하나님이시라는 것 외에 아무도 내게 시원한 답을 주지 못했다. 그러나 내가 얻은 분명한 답은 내가 생각지도, 읽지도 못한 말씀의 독수리와 꿈에서 본 독수리의 모습이 일치한다는 것과 분명히 내게 수수께끼를 주셨다는 것으로 충분했다. 그날 이후 그 독수리는 하나님의 상징으로 내가 어디를 가나 나를 인도하며 보살피는 등불이 되어 많은 시험과 유혹에서 지켜 주셨다. 그리고 그 독수리가 오늘에 이르러 나를 인도하여 멀리 캐나다 프레이저 강가(Fraser River)에 심으셨다고 믿는다. 아멘! 아멘!

5 교회의 성장

　'교회의 성장 요인이 무엇인가?'라는 질문의 답은, 질적 발전과 양적 발전이 다르며 본질적 발전과 본질적인 것을 추구하기보다는 겉으로 드러나 보이는 현상만을 추구하는 피상적 발전이 달라, 누구나 관심은 있다 하더라도 쉽게 판단하기가 결코 쉽지 않다. 그러나 교회의 발전을 누구나 원하면서도 질적 면인 본질 문제와 양적 면인 상징 문제가 난마처럼 얽혀 있어 단적으로 정갈한 해답을 얻기가 쉽지 않다. 그렇게 된 근본 이유는 교회의 본질보다 외적 상징이 무성해져 본질을 가리고 있고, 그에 따라 교회의 성장에 관한 인식이 천태만상으로 달라졌기 때문이다. 그래서 교회의 성장 요인도 난마와 같이 얽혀져 있어 교회 성장 요인을 단정적으로 답하기가 쉽지 않다.

　교회의 발전 요인을 흔히 외적으로 보아 소속 교파, 지도자, 교회의 명칭, 분위기, 위치, 등을 드는 사람도 있고, 좀 더 내막을 살피는 사람은 교회 지도자의 인격, 설교, 지도력, 성도의 교제 등을 들기도 한다. 그러나 그와는 달리 신령한 영적 분위기라거나, 하나님의 뜻에 부응하는 신령한 말씀이 살아 있는가, 주어진 사명을 다하고 있는가를 따지는 사람은 거의 없다. 반면에 가시적 건물과 시설, 그리고 위치와 세평이 주요할 따름이다. 이에 따라, 같은 시기에 같은 지역에 교회가 설립되었다 하더라도 어떤 교회는 피상적(외형적)으로 발전하기도 하고, 멈추어 서기도 한다. 하여 교회의 발전의 본질에 관한 문제로 염려하는 사람은 매우 드물다 하겠다.

　2017년도 말경, 한 기독교 신문에 <교회 선택 조건>에 관한 앙케이트 조사 결과가 기사로 실렸다. 교회의 성장 제일 원인으로 목사의 설교(65%)가 꼽혔고 그다음이 교파, 교회 분위기, 위치 등의 순이었다. 그 조사 결과는 피상적 발전에 치중한 앙케이트 자체가 잘못된 것으로 질적 발전보다 양적 발전에 치중해 있었다. 그보다 말씀의 진리성, 예배의 신령과 진정성, 교회의 사명과 효과, 교인의 영적 성숙과 만족도, 교인들의 교제와 협력 등에 관한 평가 질문이 있었더라면 좀 더 바른 회답을 얻을 수 있지 않을까 생각해 본다. 교회의 발전은 교회 건물의 크기나 재정이나 교인 수에 있는 것이 아니라 하나님의 뜻과 사명, 그리고 능력이 나타나 믿음이 성장하며 굳건해지는 곳(행 16:5)이 교회라는 것을 확인할 필요가 있다.

그렇다면 교회의 본질이 무엇인가? 교회는 첫째로 하나님의 교회요 그리스도 예수의 이름을 부르는 모임(마 16:18; 고전 1:2)이요, 그리스도 예수께서 교회의 머리가 되시며(엡 5:23~24; 골 1:18), 하나님의 백성이 하나님께 예배하는 모임이며, 진리의 기둥과 터(딤전 3:15)이다. 그것을 위해 주의 이름이 선포되며 주를 찬송하는 모임(히 2:12), 하나님의 각종 은혜를 알게 하는 곳(엡 3:9~10)이며, 힘에 지나도록 자원하여 은혜와 성도 섬기는 일에 참여하는 모임(고후 8:2~3)이여야만 한다. 이 같은 교회의 사명에 힘을 다해 봉사했다고 뽐낼 것도 자랑할 것도 없다. 다만 교회는 항상 겸손하고 남을 위해 자기는 약해지고 애타하며 섬기는 모임일 따름이다. 자기를 낮추어 남의 발을 씻어 주며 수건으로 닦아 주는 애정이 넘치는 모임이어야 한다. 그러나 오늘의 교회는 그와 정반대로 약한 자는 구석에서 멸시당하고 화려한 옷 입은 자, 좋은 차를 타고 오는 자는 "여기 앉으소서!" 상석에서 환대를 받는다.

주의 종 바울은 "누가 약하면 내가 약하지 아니하며 누가 실족하게 되면 내가 애타지 아니하더냐? 내가 부득불 자랑할진대 내가 약한 것을 자랑하리라"(고후 11:29~30), "바로 이 시각까지 우리가 주리고 목마르며 헐벗고 매 맞으며 정처가 없고 또 수고하여 친히 손으로 일을 하며 모욕을 당한즉 축복하고 박해를 받은즉 참고 비방을 받은즉 권면하니 우리가 지금까지 세상의 더러운 것과 만물의 찌꺼기같이 되었도다"(고전 4:11~14)라고 고백했다. 바울은 기꺼이 만물의 찌꺼기같이 되길 자원했다. 바로 여기에 교회의 본질이 나타나 현상화되는 증거가 있다. 거기에는 어디에도 세상 안일이나 세상 축복을 약속하고 있지 않다. 그리스도를 따르는 길은 좁고 협착할 뿐이어서 고난과 박해가 따르기 마련이며 그것이 초대교회가 겪었던 양상이었다(행 8:1; 12:1, 5, 고후 8:1~2; 살전 2:14~15; 살후 1:3~4). 그 역경 속에서도 연보 (고전 16:1; 고후 8:2~3)를 장려했고 교회는 환난의 많은 시련과 극심한 가난 가운데서도 넘치는 기쁨으로 더 어려운 형제 교회를 위해 풍성한 연보를 했다. 그리고 그 역경과 시련이 곧 하나님의 은혜라고 믿었다(고후 8:1). 그렇다면 오늘의 교회는 시련을 축복으로 가르치고 있는가? 그 시련을 겪으며 그 속에서 평안과 위로를 받아 교회는 든든하게 서는 것이 아니던가(행 9:31).

그리하여 히브리 기자는 "너희가 피곤하여 낙심하지 않기 위하여 죄인들이 이같이 자기에게 거역한 일을 참으신 이를 생각하라. 너희가 죄와 싸우되 아직 피 흘리기까지는 대항하지 아니하고 …… 너희에게 권면하신 말씀을 잊었도다. 일렀으되 내 아들아 주의 징계하심을 경히 여기지 말며 그에게 꾸지람을 받을 때에 낙심하지 말라 주께서 그 사랑하시는 자를 징계하시고 …… 너희가 참음은 징계를 받기 위함이라. …… 어찌 아버지가 징계하지 않는 아들이 있으리요. 징계는 다 받는 것이거늘 너희에게 없으면 사생자요 친아들이 아니니라"(히 12:3~8) 하며 빈곤과 시련을 견디라고 교회를 독려했다.

그리고 눈에 보이지 않는 하나님의 말씀, 즉 '그리스도의 도'(히 6:1)와 '진리의 말씀'(약 1:18)이 선포되어 '부르심을 받은 일에 합당하게 행하는'(엡 4:1) 교인, 그리스도의 지체가 되어 각각 자기가 '맡은 분량대로 역사하여 사랑 안에서 서로 세우는'(엡 4:15~16) 교회가 되라고 권면했다. 그러나 오늘의 교회는 '살아 있는 말씀'은 사라지고 열매 없는 무화과나무처럼 잎만 무성해졌다. 그 근본 이유는 교회에 살아 있는(히 4:12) 유익한 생명의 말씀(히 4:2)이 없어진 데 있다. 그러니 그 대신 예배당 건물과 조직과 프로그램만 무성해질 수밖에 없지 않겠는가.

그렇다면 설교의 주요성을 교회 발전의 제일 원인으로 강조한 이유가 무엇일까? 하나님의 뜻을 전달하는 핵심이 되기 때문이다. 구교에서는 교황이 하달하는 설교를 각 교회에서 낭독하게 하는 교의권을 강요한다. 루터가 종교개혁을 하면서 이를 반대했다. 종교개혁 이후 점차 신교는 '이것은 하나님의 말씀이다'라는 설교의 권위가 사라지고 중구난방으로 청중의 귀를 즐겁게 하는 교양 설교로 하락했다고 할 수 있다. 그리하여 하나님의 신기(神奇)한 말씀의 능력과 진리가 위협을 받고 있다.

사실 예수님의 설교(마 5:3~7:29; 요 14:1~16:33)나 오순절 이후의 사도들의 설교는 유창하지도 합리적 해설도 아니었다. 그러나 그들의 설교에는 하나님 말씀의 권위와 능력이 고스란히 실려 있었다. 설교를 듣는 청중들은 "이것은 바로 나를 향하신 하나님의 말씀이다!"라고 느껴 "어찌할꼬!"(행 2:37) 하며 땅을 치고 통회 자복했다. 그러나 오늘의 설교는 그런 권위나 책망이나 권고는 없어지고, "내가 볼 때는 이렇다." 하는 힘없는 개인적 해설과 인간적 주장으로 전락했다. 그러니 그 말씀에 신의 권위가 실려 있을 리가 없다.

주일마다 듣는 설교는 성경 강의(講義)나 개인적 연설이 아니다. 설교자가 아무리 어리든, 사회적 배경이 약하든 상관이 없다. 설교자는 당당한 하나님의 사자로 그의 메시지를 전달하는 신의 대행자로서 권위 있게 말씀을 전해야 한다. 학위복을 입어야 권위가 선다고 생각하는 유치한 설교자는 하나님의 사자가 될 자격이 없다. 어디 설교가 개인의 강연이던가? 흔히 단위에 서서 서론적으로 자기 소감이나 개인적 느낌과 칭찬을 늘어놓는 경우를 본다. 때로는 처음부터 끝까지 '하나님'과 '예수님'이 언급되지 않는 설교도 있다. 그러나 말씀의 중심은 하나님이요 예수님에 있어야 한다.

말씀 전달 사명을 위해서는 말씀의 정확하고 깊고 오묘한 진리의 이해의 전달뿐만 아니라 은혜의 따끈한 권고와 충고의 전달이 있어야 한다. 그것은 마치 돌솥밥처럼, '핀 숯불'(사 6:6)처럼, 청중의 심금을 뜨겁게 달구어야만 한다. 말은 많은데 식어 미지근하여 뜨겁지도 차지도 않아 감동이 없다. 말씀에는 역사적 진리, 시와 예언, 제사와 계명, 권고와 명령도 있다. 그리고 그 역사 속에는 인간의 실수와 범죄도 적나라하게 실려 있다. 어떤 부흥강사는 자신의 과거가 깡패였다는 것을 정당화하는가 하면, 다윗이 밧세바와 간음하고 그의 남편을 악독하게 살해한 후 밧세바를 통해 예수의 19대 조상이 된 것을 강조하기도 하고, 어떤 이는 바울과 바나바가 심히 다툰 결과로 예정에 없던 마게도냐 개척이 이루어졌다고 강변하기도 한다. 그러나 그것들은 인간의 역사일 뿐 축복의 조건도 올바른 해명도 못 된다. 그리고 사랑으로 하나 되라는(엡 4:1~16) 교회의 지체론과 반대되며, 범죄를 정당화하는 과오를 범하는 것이다.

미국 워싱턴의 Capital Hill 침례교회 데버(Mark Dever, 1960~) 목사의 『건강한 교회』(Healthy Church, 2004)에서 이상적 교회란 "거룩함과, 사랑과, 수고와 바른 교리가 살아 있는, 그리고 전도 열정(Evangelism)과 겸양 정신(Humility)이 살아 있는 곳"이라고 했다. 그리고 말씀을 강조하며 설교의 아홉 가지 핵심을 들었다. 그 첫째가 하나님의 뜻과 약속과 희망이 담긴 그리스도의 말씀, 둘째가 바른 신학적 골격(Frame Work)에 의한 하나님의 뜻 전달, 셋째가 일상생활에 적용될 하나님의 윤리적 진리(Ethical Truths), 그리고 넷째가 인간의 본질 변화(Conversion)를 일으킬 수 있는 메시지…… 등이었다. 그리고 종교개혁자 장 칼뱅이나 영국의 크랜머(Thomas Cranmer) 등은 하나님의 순수한 말씀과 성례에 하나님의 능력이 나타나는 교회를 강조했다. 그러나 오늘의 신학교에서 '설교학'은 배워도 그들에게서 올바른 설교는 듣기가 어려워졌다.

예수님의 설교는 권세가 있었다(눅 4:32, 36). 그의 설교는 결코 알아듣기 어려운 말씀도 아니었다(요 6:60). 그러면서 그는 "너희가 내 말에 거하면 참으로 내 제자가 되고 진리를 알지니 진리가 너희를 자유하게 하리라"(요 8:31~32) 하신다. 그의 말씀은 항상 권능이 따랐다. 귀신이 떠나고, 앉은뱅이가 일어나고, 맹인이 눈을 뜨며, 병자들이 나았다. 사도가 "회개하라!" 외치니 단번에 3천 명이 통회하고 자복했다. 그러던 초대교회에 문제가 생겼다. 그것은 사도들이 하나님의 말씀을 제쳐 놓고 구제(救濟)를 일삼았기

(행 6:2) 때문이었다. 그리하여 사도들은 "기도하는 일과 말씀 사역에 전무하게"(행 6:4) 했고 구제를 담당할 집사를 세웠다. 교회에는 근본 사명이 있고 부차적 사명이 있다. 교회에서 성도 간의 교제를 위해 친교와 식사 대접을 권장한다. 그러나 먹고 마시는 것이 주가 되어서는 안 될 것이다(고전 11:22).

교회의 근본 사명은 '생명의 말씀'(빌 2:16), '진리의 말씀'(고후 6:7; 엡 1:13; 약 1:18), '영생의 말씀'(히 7:28), '예언의 말씀'(계 1:2~3)을 전달하는 일에 있다. 예수님의 말씀은 청중들은 근심하게 했으며(마 19:22), 병을 고쳤으며(눅 5:15), 속사람을 변화시켜 말씀을 지키게 했으며(요 14:23~24), 진리를 알도록 해서 자유를 얻게 하셨다(요 14:31~32). 예수님과 사도들의 말씀은 능력과 권세가 있었다. 무익한 말은 한마디도 없었다(마 12:36~37). 그러나 오늘의 설교는 다섯 마디가 아니라(고전 14:19) 백 마디 천 마디를 하지만 별 유익이 없다(마 12:36). 바로 이것이 오늘의 교회가 사명을 잃고 퇴보하게 된 이유다.

교회의 사명을 칼뱅은 "하나님의 말씀이 선포되는 곳"이라고 규정했으나 칼 바르트는 "하나님의 말씀을 중심으로 부름을 받은 자의 공동체"라고 정의했다. 두 사람이 다 '하나님의 말씀'을 중시했으나, 한 사람은 하나님의 말씀을 주는 입장에서, 한 사람은 받는 입장에서 설명한 것이다. 그리하여 전자는 '말씀의 권위'를 중요시하고, 후자는 '말씀의 효과'를 강조한다. 그러나 말씀의 일차적 권위와 능력이 없는데 부수적 효과가 있을 수는 없다.

사람이 말씀을 통해 하나님의 뜻을 짐작할 수는 있으나 지혜에 한계가 있어 하나님 앞에서는 미련할 뿐이다(고전 1:20). 그리고 인간이 하는 설교나 전도는 아무리 명석한 해석이라 하더라도 하나님께서 보실 때에는 '미련한' 것이다(고전 1:21). 사실상 설교는 설교자의 지식이나 지혜가 아니라 하나님의 능력이며 그것이 설교자가 기도로 준비해야만 하는 이유라 하겠다. 성도가 이해할 수 있게 하려는 노력보다 능력을 받게 하려는 기도의 준비가 설교자에게 없어서 영력이 없어 눈을 감은 채 두 팔을 벌리고 술래잡기만

하다가 오리무중으로 끝을 맺고 만다. 영적 설교와 지적 설교는 효과에 큰 차이가 나타난다. 하나는 회개로 새 사람을 만들지만 하나는 지식만 늘어 교만하게 만든다.

구약 시대는 선지 학교가 있어 많은 선지자를 양성했다. 당대의 선지자의 제자들은 당시 신접하여 신의 뜻을 예언하는 일과 말씀의 직접적 전달 방법부터 습득했다(삼상 19:18~23). 사울 왕은 30세에 왕이 되어 40년간 이스라엘을 통치하면서 초기에는 그의 이름 '사울'(하나님께 구하다)과 같이 항상 사무엘을 통해서 신의 뜻을 구했다. 그러나 차츰 왕의 위세를 세우며 교만해져 사무엘을 통한 하나님의 축복보다 자신의 능력으로 대행하더니(삼상 13:7~18) 이윽고 방약무도한 왕이 되어 하나님을 거역하게 된다(삼상 15:1~16). 왕이든 종이든 알아야 할 것은 하나님의 어리석음이 사람보다 지혜롭다는(고전 1:25) 사실이다.

신약 시대 초기에는 광야 여기저기 2백여 곳이나 산재해 있던 쿰란 수도원이 있어 기도와 말씀으로 하나님의 능력과 은혜를 체험하는 종들이 배출되었다. 그렇게 직접 기도를 통해 말씀 전달자가 생기던 것이 점차 머리로 가르치는 도제제도로 변하게 되고, 12세기 초에 이탈리아에서 신학교가 처음 설립되어 체계화된 대학교로 성직자를 양산화(量産化)하면서 지적 수준은 높아졌는지 모르나 영적 수준은 낮아지게 된 것이다. 하여 오늘의 신학교는 직업인 양성소로 전락했다고 보는 이가 많다. 그 와중에서도 구교에서는 교육 기간이 길고 영성신학(靈性神學)을 강조하고 있어 조금은 앞서 있다고 보인다. 인간의 복잡한 합리화가 신의 단순한 진리를 불투명하게 만들었다.

4세기에 기독교 신학의 기초를 닦은 아우구스티누스도 두 종류의 교회, 즉 눈에 보이지 않는 순수한 무형 교회와 순수성을 잃은 유형 교회로 구분하더니 그것이 발전하여 중세의 경건파가 갈라지게 된다. 그러던 것이 13세기에 들면서 스위스 산골짝에서 '순수파'[Cathaline, Cathali는 순수(Pure)라는 뜻]라고 불린 집단이 일어나 교황의 주권을 반대하고 회중의 선택권을 주장하면서 개신교가 출범한다. 그중 한파인 '발도파'(Waldenes)들이 독일과 영국으로 이주하여 청교도가 생겨난다.

16세기 중반(1530), 영국 헨리 8세가 즉위하면서 영국교회를 로마 가톨릭에서 독립시킨 원동력이 된 청교도들의 주장을 참작할 필요가 있다. 그들이 반대한 것은 교황의 주권, 주교 제도, 재판권, 의상 착용, 예배 의식, 외경의 사용이다. 그리고 당시의 구교의 다섯 가지 성례(성사)와 다음과 같은 설교 형식을 반대했다. 말씀과 설교는 신자의 회개와 변화에 중점을 두어야 하므로 감정을 실은 선동적 설교, 유창한 언변, 청중을 웃기는 코미디언 설교, 재밌는 동화 설교, 알아듣지 못하는 라틴어나 히브리어나 헬라어 낭독 등을 배제한 것이다.

그리고 청교도들은 성경 강의(講義)나 해설을 설교와 구분했다. 그러나 오늘의 설교는 천박한 연설과 담화로 전락하지 않았나, 염려되기도 한다. 오늘날 대예배 기도도 변질했다. 신령한 기도가 아니라 입과 귀를 위한 짜맞춘 머리 기도다. 어떤 교회는 대표기도 할 사람이 정해지면 미리 기도 내용을 작성하여 목사에게 수정을 받아 연습하게 한다. 어떤 의미에서 진정성이 사라졌다. 기도는 교인이 들으라고 하는 것이 아니라 하나님이 들으시라고 하는 것이다. 그렇다면 내용이 유치하면 어떻고 실수가 있은들 어떠한가. 진정과 신령한 기도면 되는 것 아닌가. 하나님은 '어린아이의 기도'를 들으신다. 루터가 주일 설교문과 기도문을 로마 교황청에서 하달하는 것을 반대하고 개신교를 세웠다. 그러나 작금의 개신교가 지교회의 교역자가 되어 교회를 통제한다면 나아진 것이 무엇인가?

신학교는 선지자를 양성하는 선지 학교로서 영적 지식과 수련이 이루어지는 곳이다. 그리하여 일반 학교와 비교할 수 없이 깊고 넓은 연구 대상과 내용을 취급할 뿐 아니라 깊은 실천 수련이 요구되는 곳이다. 그래서 13세기에 시작된 유럽의 초대 대학들은 신학부로 시작했고, 그 신학부는 오늘에 이르기까지 10년 이상의 교육을 고수하고 있다. 요즈음 육의 건강을 책임진 의과대학은 최고의 수재들을 뽑아 교육과 실습에 8년 이상을 정진시킨다. 그보다 더욱 어렵고 힘든 영의 병을 치료해야 할 신학 교육과정은 우리나라에서는 퇴보하여 고작 신대원 3년, 혹은 2년제가 정상이고, 그 밖에도 2년간의 주말 교육 이수 과정과 통신 신학교도 있어 그 수준을 짐작할 수 있다. 더욱 목양(牧羊) 교육은 형편이 없다.

예수께서 제자들에게 어떻게 양을 먹여야 하는가를 지시하신 기록에는, 아직 연약한 '어린 양'(아르니아, Lamb, 요 21:15)과 성장한 '양'(프로바티아, 요 21:16~17)을 구별하여 먹이는 것(보스케)과 치는 것(포이마이네)으로 구분하셨다. '먹이는 것'은 어린 양의 돌봄이라 젖과 사료로 양육하는 영아 양육법이며, 기후 변화와 병에 대한 세밀한 보살핌도 있어야 한다. 그리고 건장한 양을 '치는 것'은 양을 들판으로 인도하여 스스로 뜯어 먹게 하는 '영적 돌봄'(Spiritual Care)을 의미하며 푸른 초장과 물 있는 곳으로 인도하여 영양 공급과 치유에 신경을 써야 하는 돌봄이다.

그러나 오늘의 교회는 '보스케'는 있어도 '포이마이네'는 없다고 볼 수 있다. 성경에는 주님께서 베드로에게 "네가 이 사람들보다 나를 더 사랑하느냐?"(요 21:15~17)라고 세 번씩이나 다짐하신 후에 "내 양을 먹이라(포스케)." "내 양을 치라(포이마이네)." 당부하셨다. '네 양'이 아니라 '내 양'이라고 하시면서 "네가 양보다 나를 더 사랑(아가페)하느냐?"를 세 번이나 다짐하신 것이다. 즉 목자의 필수 요건이 양 사랑보다 주님 사랑이 우선인 것을 지시하신 것이다. 그러나 오늘의 목자 중에 '자기'나 '자기 가족'보다 '양'을, '양보다 주님'을 사랑하는 사람이 얼마나 되겠는가?

"맡은 자들에게 주장하는 자세로 하지 말고 양 무리의 본이 되라"(벧전 5:3) 하셨다. 이 말씀은 양 무리를 맡은 사역자도 주님의 양이라는 뜻이다. 목자는 "나는 선한 목자라"(요 10:11) 하신 예수님 한 분이며 교인과 교역자는 다 같은 주의 종이요 양일 뿐이다. 하여 바울은 자신의 신분을 '하나님의 목자'라 하지 않고 '예수 그리스도의 종'(롬 1:1; 빌 1:1; 골 4:12)이라고 했으며, 야고보도 자신을 '그리스도의 종'(약 1:1)이라고 했고, 베드로도 '하나님의 종'(벧전 2:16)이라고 밝혔다. 그리고 성도도 역시 '주를 섬기는 종'(롬 12:11)이며 '하나님의 종이다(갈 4:8~9; 골 3:24; 살전 1:9). 단지 교역자와 교인의 차이는 그들의 재능에 따라 다섯 달란트나 두 달란트 받은 종과, 한 달란트 받은 종의 차이일 뿐이다. 한 달란트 받은 종이 한 달란트를 남겼더라면 다섯 달란트를 남긴 종과 같은 보답을 받을 것이다(마 25:20~26).

그리고 '삯꾼 목자와 선한 목자'를 양들이 안다(요 10:14)고 한 것은 세상에는 그리스도의 종이 아닌 삯꾼 목자가 있다는 것과 그 거짓 목자를 따르는 책임이 양들에게 있다는 것을 말한다. 그것은 교인과 교역자의 관계는 양과 목자의 주종 관계가 아니라. 서로 공감대를 이루는 종과 종의 평등 관계라는 것을 강조한 것이다. 목자가 자기 사명은 잃고 돈이나 보수에 눈이 어두워지면 삯꾼이다. 목자가 자기 권리만을 주장하고 겸손과 온유와 사랑이 없으면 삯꾼이다. 목자가 양들을 자기 소유물로 착각하면 삯꾼이다.

미국의 존 오트버그(John Ortberg) 목사의 글 가운데 이런 대목이 있다. "나는 나 자신에게 실망한다. 나의 사람됨에 대한 실망, 나의 재능에 대한 실망은 그렇다 치고, 남을 인도한다는 목사로서 나 자신이 신앙적 실망과 큰 회의에 들게 됨을 발견한다." 그리고 "집안 수리나 재정 관리도 못하면서 동기들보다 업적을 성취한 사람으로 보이고 싶은 허영이 있다. 나는 자녀들에게 훌륭한 아버지로, 아내에게 부드럽고 상냥한 남편으로 인정받고 싶다. 그러나 지난날을 돌이켜 보면 실망밖에 없다. 조심하지 않는다고 책망하고, 가족과 이웃에게 상처만 주었다."라고 고백했다. 그리고 그는 "그것은 약과다. 아름다운 여자를 보면 이유 없이 시선이 끌리고, 남의 좋은 차나 편리하게 지은 집을 보면 괜히 심술이 난다. 학벌이나 지위나 심지어 작은 소유물까지 내 것은 특별하고, 남의 것은 하찮게 보는 편견이 심하다. 그리고 내 자식은 귀하고 남의 자식은 별나게 본다. 항상 감사하라고 말하지만 정작 나 자신은 불만이 많다. 그리하여 내가 죽으면 천국에 갈 수 있을까 고민한다."라고 고백했다. 나는 그의 진솔한 고백에 박수는 보내나 하나님의 종, 목자로서의 찬사는 보내고 싶지 않다. 그것은 그가 아직도 평신도의 수준에 머물러 있기 때문이다.

사랑(아가페) 때문에 종이 된 주님의 일꾼이라면 목사는 항상 '무익한 종'

내주께더가까이

이라고 자처할 것이다. 얼마나 기도하며, 얼마나 교인들의 잘못된 길을 두 팔을 벌려 막고 서서 눈물로 호소했던가? 이혼한 가정을 찾아 눈물로 타이르며, 가난한 교인을 찾아 위로하며, 향락과 세속에 타락한 양들을 위해 기도하며 얼마나 애썼던가? 비록 그렇게 했더라도 나는 "무익한 종입니다." 할 것뿐이다. 누가 무슨 기림이 있다고 자처할 만한 것이 있다면, 유혹은 자기 결점이 아니라 장점에서 온다는 것, 그리고 큰 고기는 얕은 데가 아니라 깊은 데서 얻을 수 있다는 것(눅 5:4)을 명심해야 할 것이다.

그리스도인은 자기 몫의 십자가를 각각 지고 가는 종들이다. 그 십자가는 하나님의 사랑, 곧 아가페의 사랑으로 '내 몸같이' 이웃을 섬기는 종들이다. 우리는 산속에 고립되어 혼자 사는 자유인이 아니라 별난 무리 속에서 무거운 짐을 함께 진 자유인이다. 그 자유로 남을 해치고 헐뜯고 비평하고 냉소하는 자유가 아니라, 그런 일을 당하는 자들을 묵묵히 말없이 섬기는 자유인이다. 그리하여 "형제들아 너희가 자유로 부르심을 입었으나 …… 오직 사랑으로 서로 종노릇하라"(갈 5:13) 하셨다. 여기 서로 종노릇하라는 것은 이론적으로 모순이요 실천 불가능한 말이다. 종노릇은 비굴함을 참고 상대를 윗사람으로 여겨 섬기는 의지를 말한다. 그 의지는 오로지 겸손과 온유와 사랑(고전 13:7)이 있어야만 가능하다. 그것이 빛과 소금의 사명이다.

유럽 최초의 교회, 아니 세계 최초의 교회였던 빌립보 교회의 창립을 보면 바울과 실라와 디모데와 누가, 네 사람이 드로아에서 배를 타고 이튿날 네압볼리 항구에 내려 육로로 마게도냐의 첫 성읍 빌립보에 도착한 때 시작된다. 거기 강가에 기도처가 있음을 알고 찾아가 자주 옷감 장사 루디아를 전도한다(행 16:14). 그리하여 그의 집이 교회가 된다. 그리고 귀신 들려 점치는 여자를 전도하게 되었으나 그 여자의 고용주의 고발로 바울과 실라는 투옥된다(행 16:22, 23). 투옥된 두 사도는 기쁨이 충만하여 옥중에서 기도와 찬양을 했고 밤중에 지진이 일어나 옥문과 차꼬가 열리게 되나 그들이 도망치지 않고 하나님을 전하는 것을 보고 간수와 그의 가족이 신자가 된다. 결국, 그 당시의 교회는 다락방, 강가, 감옥이 교회였다.

미국의 현대 신학자 퍼그(Jeffrey C. Pugh, 1952~) 목사는『비종교적 기독교』와『종말』(2016)을 출판하여 많은 여론을 불러일으키고 있다. 그는 "우리는 무서운 시대, 괴물인 컴퓨터의 시대에 들어선 것이다. 그 괴물에 의해 진리는 파멸되고 질서는 문란해지고 있다. 그로부터 해법을 찾아 종교로 신봉하여 기득권의 배척, 진리의 상실, 종교를 무시하는 등 항해도(航海圖)를 잃은 위기를 맞고 있다."고 했다. 그렇다면 그 와중에 교회의 역할이 무엇인가? 뉘우치고 돌이켜야 할 때라 본다.

얼마 전 방송에 북미나 유럽이 세계적 경제 위기나 코로나의 질병 위기에도 사회 안정을 유지하는 이유를 연구한 결과, 그 첫째 이유가 다른 나라들에 비해 부정부패가 적다는 것, 선린 사상과 사회보장제도가 살아 있다는 것을 들었다. 그보다 더 깊이 들어가 본다면 그것은 교회와 기독교 정신이 살아 있다는 증거라 할 수 있다. 오늘 북미나 유럽의 교회들이 약해진 것은 사실이다. 그럼에도 불구하고 목사의 추천이 아직도 어디서나 주효하며, 교도소에 갇힌 죄수라도 목사가 보증을 하면 풀려나게 되고, 가벼운 형을 받을 때는 대부분 몇 주간의 교회 봉사로 대신하는 것을 보면 알 수 있다.

요한계시록에 종말의 일곱 교회의 특징에 관한 예언이 주어져 있다. 그중에서 사데 교회와 빌라델비아 교회를 제외하고 다섯 교회는 장단점을 함께 가지고 있었다. 그중에서 빌라델비아 교회는 작은 능력으로 예수님 말을 지키며 예수님의 이름을 배반하지 않았다는 것, 예수님의 인내의 말씀을 지켰다는 것(계 3:7~13)이며 그와 반대로 라오디게아 교회는 차지도 뜨겁지도 아니하여 미지근하며, 곤고하고 가련하고 가난하고 눈멀고 벌거벗은 그들의 신앙을 보지 못하여 주님의 입에서 토하여 버림을 당할 처지였다(계 3:14~16). 그럼에도 불구하고 주님은 "볼지어다 내가 문밖에 서서 두드리노니 누구든지 내 음성을 듣고 문을 열면 내가 그에게로 들어가 그와 더불어 먹고 그는 나와 더불어 먹으리라 이기는 그에게는 내가 내 보좌에 함께 앉게 하여 주기를 내가 이기고 아버지 보좌에 함께 앉은 것과 같이 하리라"(계 3:21) 하신다. 아멘!

6 마르다와 마리아

누가복음 10장 38~42절에 예수님께서 베다니의 마르다와 마리아 자매의 집에 초대 받으신 이야기가 있다. 예수님을 초대한 사람은 언니 마르다였다. 하여 마르다는 예수님에게 좋은 식사를 대접하려고 부엌에서 분주히 일하고 있었고, 동생 마리아는 주님의 발아래 앉아 그의 말씀을 듣고 있었다. 마르다와 마리아 자매는 둘 다 주님의 사랑과 은혜를 입었으나 그들이 주님에게 보인 이 같은 서로 다른 반응은 신앙생활의 두 모델로 해석되곤 한다. 또한 이 알레고릭 한 두 장면을 주제로 많은 이름난 화가들이 앞 다투어 그림을 그렸다.

그중에서 세계적 명화로 알려진 것만도 7편이나 되지만 화란의 요하네스 베르메르(Johannes Vermeer, 1632~1675)의 작품과 스페인의 디에고 벨라스케스(Diego Velazquez, 1599~1660)의 작품을 대표작으로 꼽는다. 이들은 각기 자기 나라 왕의 초상화가였으나 거의 같은 시대에 꼭 같은 사실 기법으로 유화를 그렸다. 그러나 디에고는 마르다를 중심으로, 베르메르는 마리아를 중심으로 전연 다른 그림을 그렸다.

영국 스코틀랜드 에든버러에 있는 국립 미술관에 소장된 베르메르의 작품에는 자색 속옷 위에 검은 겉옷을 걸친 예수님께서 의자에 앉으신 모습이 그림 오른쪽에 있고 그의 왼쪽에 마리아가 마룻바닥에 앉아 오른손으로 턱을 고이고 평안한 자세로 주님을 주시하고 있다. 그리고 그림 중앙에는 수건을 머리에 두른 한 여인이 빵이 담긴 광주리를 든 체 예수님에게 마리아를 보내 자기를 돕게 해 달라는 마르다의 당부를 그리고 있다. 그의 초기작인 이 그림을 전문가들은 산만한 색상과 표현을 들어 습작이었다고 평하기도 한다. 그러나 마리아의 짙은 초록색 치마에 황토색 조끼며 맨발의 소박하고 평화스러운 소녀의 모습이 높이 평가받고 있다. 그리고 이 그림의 핵심은 예수님의 손가락이 마리아를 가리키고 있는 데 있다. 화가는 이 그림의 표제를 「마르다와 마리아 집에 계신 예수」라고 했다. 그러나 「마르다의 불평」이라고 했더라면 더 올바른 주제가 아니었겠나 싶다.

베르메르보다 약 35년이 지나 스페인의 디에고가 그린 그림에는 네 사람이 등장한다. 그림의 우편에는 옆방에서 예수님이 의자에 앉아 그의 앞에 진지한 모습으로 무릎을 꿇은 마리아에게 말씀을 전하시는 장면이 창문 너머 멀리 보이고, 그림 중앙에는 마르다가 왼손으로 놋 절구를 잡고 오른손으로 절굿공이를 든 채 짜증스러운 표정으로 창문 반대쪽으로 돌리고 있다. 그리고 그 뒤에 어떤 노파가 무엇인가 타이르고 있다. 어쩌면 "몇 가지만 하든지 혹은 한 가지 만이라도 족하다" 하신 주님의 말씀을 전달하고 있거나 "마리아는 이 좋은 편을 택하였으니 빼앗기지 아니 하리라"(눅 10:42) 하신 주님의 말씀을 전하고 있는 것 같다. 이 그림이 강조하는 점은 '두 자매의 예수님 대접'으로 볼 수도 있겠고 '노파의 전언(傳言)'이라고 할 수도 있을 것 같다. 혹은 '마르다의 불만'이라고 할 수도 이겠다. 그렇게 보면 디에고의 그림의 주인공은 마르다라 할 수 있겠다. 그러나 분명한 것은 마르다의 표정으로 보아 주님의 뜻을 받아들이지 못한 것 같다.

그리고 또 다른 화가 오라치오 젠틸레스키(Orazio Lomi Gentileschi, 1563~1639)의 「마리아를 원망하는 마르다」(1620)가 있다. 그 그림에는 예수님 앞에 선 마르다가 오른손으로 동생을 손가락질하고 있고 펴진 왼손은 아래로 벌려 실망을 표현하고 있다. 이 그림은 마리아와 마르다의 성격 차이를 잘 나타내고 있으며 주인공 마르다의 불평을 여실히 나타내고 있다. 그리고 그 둘의 서로 다른 반응을 보시고 주님께서 마르다에게 무엇인가 타이르고 계신다. 어쩌면 "나는 인애를 원하고 제사를 원하지 아니하며, 번제보다 하나님 아는 것을 원하노라"(호 6:6) 하신 말씀을 마르다에게 일깨우시는 것처럼 보인다.

결국, 화가들은 자기 나름의 상상을 색조로 화폭에 담는다. 세 화가 모두

마르다의 열정과 분노를 나타내고 있다는 것이 특징이며 한편으로는 마리아의 경건을 높인 것으로 보인다. 그러나 그 셋 중에서 하나를 고른다면 디에고의 그림을 택하고 싶다. 이유는 화가의 상상이 말씀의 진리와 어떤 관계가 있는가 하는 데 있다. 말씀의 참된 진리를 떠난 성화는 아무리 예술적 가치가 높다 하더라도 진리와는 관계가 없다.

나는 그림 중에서 유화를 좋아한다. 그리고 화가란 얼굴의 표정과 색상을 통해 자기 감동을 가시화하는 예술가라고 본다. 그중에서 인상파는 어떤 현상 속에서 어떤 장면을 생략하기도 하고 때에 따라 강조하기도 한다. 그리하여 어떤 특별한 핵심을 표출하여 암시하는 것으로 본다. 그리고 추상화가는 과장과 축소로 새로운 어떤 장면을 창작(創作)하여 그림에서 철학적 의미를 표출시킨다. 그래서 반 고흐나 피카소의 그림을 이해하기 어려운 것은 그들이 구상하는 핵심을 따라잡지 못하기 때문이다. 그렇다 하더라도 화가나 주석가는 성경 말씀을 주제로 삼을 때는 말씀의 참뜻과 내용을 바르게 이해하고 숨은 진리를 나타내야 할 사명이 있다.

칸트는 "상상은 지각의 중요한 요소"라고 말했고 우나무노(Miguel De Unamuno)는 상상을 잃은 습관은 도덕적이 될 수 없다고 하면서 기계적 선행을 반대했다. 데카르트는 받는 것, 소유하는 것, 실존하는 것은 다 자각과 상상에서 온다고 했다. 그러나 뮤레이(J. C. Muray) 목사는 기독교의 지고한 도덕인 사랑도 상상만으로는 가치가 없고 상상보다 행위, 행위보다 습관화에 기독교의 가치 기준이 있다고 했다. 그렇다면 회개한 후 얻은 진리의 가치는 상상인가, 행위인가? 실행인가, 습관인가?

어떤 글에서 아이러니한 일화를 읽은 적이 있다. 어떤 부호의 집에 값비싼 명화가 복도에 걸려 있었다. 그리고 그 그림을 감상하며 그 그림 앞에서 발을 떼지 못하는 사람이 있었다. 그는 그 그림을 비싼 값을 치르고 샀다고 입이 닳도록 자랑하는 주인도, 그의 부인도 아니었다. 그는 그 그림의 가치를 감상하며 즐기고 있는 사람은 그 집의 주급 하인이었다. 그리고 그 글의 저자는 "그 그림의 참 주인은 누군가?"라고 질문을 던졌다. 그리고 그는 그림의 소유주는 가격을 치른 자이지만 참 주인은 그 그림의 가치를 소유한 사람이 아니냐고 했다. 가룟 유다가 향유의 가격에, 마르다가 풍요한 대접에 눈먼 것도 가격과 가치의 전도에서 왔다. 마찬가지로 직분이든 신앙이든 교회든 상품화되어 크기와 고급화가 평가 기준이 된 현실 또한 가치의 전도 때문이다.

어쨌든 이 두 자매의 주님께 대한 태도는 서로 달랐으며 그에 대한 주석가들의 해석도 화가들처럼 각기 다르다. 렌스키는 마르다를 율법주의 열심파의 전형으로, 마리아를 바울 신앙의 전형이라고 보았다. 다른 이는, 언니 마르다는 가톨릭을, 동생은 복음주의 개혁교회를 대표한다고 보았다. 성격설을 주장하는 이는 언니는 책임감이 강한 활동가로, 아우는 평온하고 명상적인 신앙인으로 본다. 그리고 다른 이는 그들의 사상의 차이를 들어 언니는 헌신적 봉사주의자로, 동생은 내성적 말씀주의자로 대등하게 보았다. 그렇다면 이 두 자매에 대한 주님의 시각은 어떠했는가? 그 점에 있어서도 주석가들의 견해는 일치하지 않는다.

주석가 렌스키는, 마르다는 예수님에게 최고의 대접을 하기 위해 마음이 분주했기 때문에 예수님에게 "내 동생이 나 혼자 일하게 두는 것을 생각지 아니 하시나이까?"라고 불평했다고 보았다. 어떤 학자는 마르다의 말을 농담한 것이라고 보는 이도 있으나 렌스키는 오해에서 온 감정 폭발이었다고 보기도 한다. 그는 마르다가 오해한 두 가지 이유를 들었다. 첫째는 자신이 열성적 성실파라고 오해했고 마리아를 게으르고 무관심한 방관자로 오해했다는 것이며, 두 번째는 진리를 주시기 위해 오신 주님을 대접받기 위해 오신 것으로 오해했다는 것이다(행 17:25).

성경에는 이 사건의 현장 지명이 생략되었으나 예수님께서 주로 드나드신 베다니로 보는 것은, 마르다가 주님을 초대했다는 것과 마르다의 동생이 마리아였다는 것으로 보아 틀림없다. 반면에 마르다를 집주인으로 보면서 문둥이 시몬의 아내나 그의 딸(막 14:30)로 보는 이도 있다. 이 사건의 배경을 베다니의 마리아와 마르다 그리고 나사로의 집으로 보는 이유는, 주님께서 예루살렘에 드나드실 때, 성문에서 불과 2km 떨어진 베다니를 지나야만 했고, 그때마다 그곳에 있는 그들의 집을 자기 집처럼 드나드셨다는 사실에서 추정된다. 어찌 됐던 말씀의 핵심은 마르다가 주님과 제자들과 추종자들 20~30명을 대접하는 일이 여간 큰일이 아니었다는 사실과 그 복잡한 와중에 마리아는 주님의 말씀만 경청하고 있었다는 사실만은 틀림없다. 그로 인해 언니 마르다의 심기가 몹시 불편해진 것이다.

사건의 발단은 마르다가 '마음이 분주'[펠리(Concerning) 에스파토(Pull)]해진 것이다. 즉 '관심이 끌렸다'는 것이다. 어떤 일이나 사건에 마음이 사로잡히면 자기도 모르게 그 일에 신경이 곤두서게 되는 것이다. 하여 마르다는 음식 준비에 분주한데 동생이 돕지 않고 태평스럽게 앉아 주님과 대화만 하는 것이 못마땅했다. 그 문제를 해소기 위해 마르다는 주님의 동의를 얻어 마리아의 도움을 얻으려 한 것이다. 그런데 주님의 반응은 뜻밖이었다.

주님께서는 "마르다야! 마르다야!"라고 애절하게 부르시며 그에 대한 사랑을 표현하시고 "네가 그 일에 끌려 많은 일로 염려하고 근심하냐" "참으로 필요한 것은 많은 것이 아니라 하나(에노스, one)거나 혹 '몇 가지'(오리곤, few)만으로도 족하다." 하신다. 그리고 마리아는 "좋은 쪽을 택했다."라고 하신다. 이것은 초대받은 손님으로서 그 무슨 온당치 않는 말씀인가? 이 예수님의 말씀의 진의와 두 자매의 태도에 대해 학자들의 의견이 분분하다. 어떤 학자는 예수님의 대답을 두 사람을 대등하게 보시고 칭찬하신 것으로 보면서, 단지 마르다가 택한 '많은 일'에 문제가 있다고 보았다. 즉 한두 가지만 했더라도 충분했을 텐데 많은 일을 한 데는 '생색을 내고 싶은 욕심'이 있었음을 경계하신 것으로 보았다.

이 해석에 반대 의견을 주장하는 학자로 독일 태생의 에크하르트 톨레(Eckhart Tolle, 1948~)를 들 수 있다. 그는 현재 케나다 벤쿠버에 살고 있는 세계적 기독교 사상가이다. 그는 예수님께서 마르다의 섬김을 책망하신 것이 아니라고 하면서 "마리아는 영혼의 갈망을 충족하려는 신비주의자였으나 마르다는 세상에 뛰어들어 남을 섬기는 봉사자로 보시고 둘을 격려하신 것"이라고 보았다. 그리고 하나는 '주 안에서', 그리고 다른 하나는 '세상 안에서' 주를 섬긴 대등한 인물로 보시고 마리아의 약한 입지를 세워 준 것뿐이라고 강조했다.

에크하르트의 『현실의 권능』(The Power of Now, 1995)과 『모든 사람과 하나 됨』(2008), 『후견자들』(2009) 등 저서는 5백만 부 이상 출판되어 현대에 뛰어난 기독교 저자로 알려져 있다. 그의 유명한 '세 가지 탄생'에 대한 견해도 중요하지만 여기에서는 그의 '입형(入型)과 탈형(脫型)' 이론을 소개할까 한다. 인간 성형을 금속 주물로 비하여 설명한 이론이다. 신자가 되는 과정을 그리스도의 모형 틀 속에서 성형되는 것으로 보고 처음에는 금속으로 고온에서 녹여 형틀 속에 부어 입형되고, 그 금속형이 굳어지면 탈형되는 두 과정이 있음을 강조했다. 그리고 "우리는 하나님의 자녀이자 하나님의 어머니다."라고 강한 표현을 하면서 "우리 안에 그리스도의 사랑이 잉태되고(벧후 1:4) 세상에 하나님을 닮은 예수를 태어나게 하는 어머니"라고 설명했다. 그리고 마리아를 입형으로, 마르다를 탈형의 본보기라고 했다.

그리고 그는 입형을 "한 남자와 결혼하기 위해 모든 세상을 버리는 버림"으로 탈형을 "산고의 죽음에서 자아를 버리는 돌파(Durchbruch)"로 보고 마리아를 입형을 위한 주님과의 대면으로, 그리고 마르다를 탈형을 위해 산고를 겪는 출산으로 보았다. 그리고 그는 의미 있는 경고를 결론으로 제시했다. 그것은 마리아를 신을 잉태하려고 애쓰는 여인으로, 마르다를 신을 출산하기 위해 산고를 치르는 여인의 부르짖음으로 보면서 "오늘의 기독교인들은 산고의 고통과 산후의 양육이 두려워 결혼은 해도 아기를 낳지 않는 비정상적인 이기적 신부들이다."라고 강한 일침을 놓았다. 그는 분명 오늘의 기독교가 쇠태해지는 원인을 파헤쳐 지적한 것으로 보인다.

여기에서 집고 넘어가야 할 중요한 사조가 있다. 2차 세계대전 말기에 태동된 세속화 신학의 영향에 관한 것이다. 그것은 "길을 질주하며 기관총으로 양민을 학살하는 미치광이를 보고 목사로서 시체 장례만 할 수는 없다."

라고 외치며 히틀러 암살단에 가입하여 39세의 젊은 나이에 전기의자에 앉은 본회퍼(1906~1945)와 하버드대학 교수 하비 콕스(Harvey Cox, 1929~), 에크하르트 톨레(1948~) 등에 의해 태동된 현대 사조다. 이들은 마리아의 정숙한 복음주의나 영성주의를 고전적 사상으로 보며 급진적 현실주의에 맞지 않는 옛 풍조로 여긴다.

그러나 이 혼잡한 해석들 가운데 꼭 소개하고 싶은 견해가 있다. 그것은 아우구스티누스의 『고백록』에서 찾을 수 있다. 그는 말씀을 해석할 때 인성(人性, 안드로피노스)과 신성(神性, 데오테스)을 구분해서 보아야 함을 강조했다. 사람의 전통이나 지식이나 육의 삶에 관한 것들은 인성으로, 그리스도의 말씀이나 가르치심은 신성(골 2:8~9)으로 구분해 보아야 한다는 것이다. 그렇게 보면 마르다의 불평 속에는 불완전한 인성이, 예수님의 말씀에는 그와 비교할 수 없는 고차원의 신성이 함축되어 있다고 볼 수 있다. 그렇다면 사람의 말이 아무리 깊고 고상하다 하더라도 인성이 담겨 있고, 주님의 말씀에는 신성이 있어 인간의 말과 대등하게 해석해서는 안 된다는 것이다. 그의 말은 열 번 옳다고 본다. 만일 인간의 말과 신의 말씀을 대등하게 보면 주의 말씀보다 학자들의 말이 우위에 있을 수도 있게 된다.

그리고 아우구스티누스는 신앙 체험에 있어서도 인성에 속한 체험이 있고 신성에 속한 체험이 있다고 말했다. 하나는 인간 속에서 얻는 체험이요, 다른 하나는 신들 속에서 얻는 체험으로 전연 다른 체험이라고 주장했다. 그리하여 그는 인성의 체험보다 신성의 체험을 중요시하여 수도원을 세워 신성 체험에 열중하다가 '삼위의 신성'이 동일하다는 것을 발견한다. 그는 삼위는 따로 존재하는 객체이지만 그 성품은 같다는 사실을 들어 '삼위일체설'을 주장하게 된다. 그리고 그것을 『신들에 속한 신』(God out of Gods)에서 밝히고 있다. 그렇게 보면 마르다는 인성을 추구하였으나 마리아는 신성을 찾은 것으로 볼 수 있다. 그러면 세 화가의 그림을 다시 평할 수밖에 없다. 어떤 이는 베르메르의 그림에서처럼 마리아의 지적 신앙을, 다른 이는 디에고의 그림에서처럼 마르다의 실천 신앙을 높이 평가하나, 그보다는 주님의 두 여인에 대한 견해와 평에서 신성을 살펴보아야 할 것 같다.

주님께서 말씀하셨다 "마르다야 네가 많은 일로 염려하고 근심하나 ……
한 가지 만이라도 족하니라." 이것은 하나님이 보실 때에 '만족한 쪽'이 무엇
인가를 답하신 것이다. 인간은 항상 다양하고 구색을 갖춘 것을 완벽하다고
생각한다. 그러나 그것은 정답을 모를 때의 일이며 정답은 항상 간단하다
는 것을 지적하신 것이다. 그리고 "마리아는 이 좋은 편을 택하였으니 빼앗
기지 아니하리라"(눅 10:41~42) 하셨다. 여기 '이 좋은 편'의 '좋은'(아가텐)은
'선하다, 의롭다'는 뜻이다. 그냥 한쪽이 다른 쪽보다 더 낫다는 뜻이 아니라
정관사 '텐'(The)이 붙어 '의로운 쪽'을 마리아는 택했다고 하신 것이다. 이
두 자매가 주님을 대접한 방법이 대등한 가치를 지닌 것이 아니라 마리아
쪽이 '좋은 쪽'이라고 결론을 내리신 것이다. 그렇다고 마르다의 선택이 악
하다는 뜻은 전연 아니다. 그 이유는 바로 이 '쪽'(멜리다)의 의미에 있다.

'쪽'(멜리다, Part)이란 한 덩어리에서 '나누어진 한 쪽', 또는 '부분'(눅
10:42), '분깃'(행 8:21), '기업'(골 1:12)이란 뜻을 가지고 있다. 부모가 돌아가
실 때 자기 소유를 자식에게 줄 유산을 위해 여러 쪽(Part)으로 공평하게 나
눈다. 그러나 그 나눔은 결코 공평할 수 없다. 아무리 공평하게 나눈다 하더
라도 꼭 같을 수는 없다. 같은 농지라 하더라도 토질과 크기와 경작 편이와
교통이 꼭 같을 수는 없다. 하물며 유산이 농지뿐이겠는가? 그 다양한 분깃
에 대한 견해 차이는 각자의 취향과 능력에 따라 다 다르다. 그것을 아시고
하나님께서는 일방적으로 예지예정하시는 것이 아니라 각자에게 선택의 자
유를 주셨다는 것이다. 그리고 하나님은 아담 때나 오늘이나 각자에게 그것
을 선택하게 하신다는 뜻이 담겨 있다. 어떤 이는 그 선택으로 탕자가 되기
도 하고, 어떤 이는 성실한 맏아들이 되기도 한다.

결국, 인간에게는 두 종류의 성벽(性癖)이 있다. 그 하나는 자기를 너무
존중하고 과장하여 나타내려는 허영심 또는 자만심, 또는 자존심이다. 그
특징은 과시로 남에게 칭찬과 존경을 바라는 심리요 남을 압도하려는 교만
이다. 그것을 뒷받침하기 위해 몸단장이나 학벌이나 경력이나 재물을 쌓는

다. 그리하여 같은 물건이나 조건을 가졌다 하더라도 내 것은 특이하고 남의 것은 경멸한다. 그와 반대로 자기를 비하하는 겸손한 성격의 소유자도 드물게 있다. 그런 자 중에는 아무 내세울 것이 없어 겸비하고 비관하는 사람이 있고, 드물게 자랑할 만한 것이 있어도 그것은 하나님의 은혜로 돌리고 스스로 낮은 데 머물러 있기를 고집하는 사람이 있다. 마르다와 마리아가 선택한 '많은 쪽'과 '단순한 쪽'의 두 갈래가 의미하는 바가 여기에 있지 않나 싶다.

어떤 이는 입산수도하며 경건한 삶을 택한다. 그리고 어떤 이는 자기가 선택하여 운명론자가 되고, 스스로 선택하여 숙명론자가 된다. 예정론자이든 숙명론자이든, 낙관주의자이든, 비관주의자이든 자기가 선택한 것은 자기가 책임질 뿐이다. 직업이나, 자기 짝이나, 취미나, 그 무엇이던 본인의 동의와 결정으로 이루어지지만, 그 과정에 있어 한 쪽은 항상 불만이 따르지만 한 쪽은 만족과 감사로 충만하다. 가정이나 단체나, 사회나 나라가 잘되고 못 되는 것도 다 그들 각자의 선택의 결과로 보인다.

만일 그렇지 않고 모든 일이 하나님의 뜻과 선택대로만 되었다면 이 세상에는 어떤 모양으로도 악이나 죄나 불의나 불만이 있을 수 없을 것이다. 그것은 하나님은 의로우시며 그의 뜻과 계획이 선하시기 때문이다. 죄와 불행이 생긴 것은 각자의 선택에 의한 자업자득일 뿐이다. 그 와중에서 신이 개입하여 개선되었다면 그가 신을 선택한 탓일 뿐이다. 인간은 모든 일을 자기가 결정하고 좋다고 생각되는 길을 선택하는 것이다. 그리고 그 선택에 따라 결과는 나타나는 법이다. 때로는 선한 사역을 시작하였으나 주위의 불협조로 역경에 처할 수도 있다. 그렇다 하더라도 그 사역이 하나님만 의지하는 단순함이 있어야 한다.

결국 마르다와 마리아는 각각 자기들이 선택한 길을 간 것이다. 즉 마르다와 마리아는 그들의 유산을 각각 자기들의 취향에 따라 선택한 것이다. 마르다는 봉사를 유산으로, 마리아는 말씀을 유산으로 택한 것이다. 주님은 마리아가 택한 '좋은(아가텐) 쪽(멜리도스)'을 기뻐하신 것이다. 그리고 마르다가 택한 '많은 것', 즉 물량주의가 '좋은 쪽'이 아니라는 것을 나타내신 것이다. 봉사라 할지라도 마르다가 한 가지에 집중했더라면 같은 칭찬을 받았을 것이다. 마리아가 택한 '이(텐) 쪽을 그는 결코 빼앗기지 아니하리라' 하신다. 결국 신이 자기 예정에 의해 나누어 주신 것이 아니라 마리아와 마르다가 스스로 택한 것을 스스로 책임질 것이라고 하신다.

그 마리아가 택한 '쪽'이 무엇이었을까? 마리아가 주님 앞에 무릎을 꿇고 경청한 근본 의도나 욕구가 무엇이었을까? 그에 대한 답은 분명 입으로 들어가는 음식보다 하나님의 말씀이 아니었겠는가. 인생의 참된 분깃은 의식주가 아니라 생명의 말씀이며 음식이 아니라 영혼의 양식이라는 것을 밝히신 것이다. 그가 선택한 '멜리도스'가 무엇이었던가? 렌스키는 '영혼의 안식'으로, 메튜 핸리는 '그리스도의 사랑'(롬 8:35, 38~39)으로 보았으나 주님이 주시는 '영의 양식'을 말씀한 것이라 본다.

마르다와 마리아는 주님께서 오실 것을 알고 그토록 사모했던 주님을 '어떻게 대접할까?'를 미리 생각했을 것이다. 그리하여 마르다가 '택한' 것은 그의 고달프고 궁색한 여정을 위로하기 위해서라기보다 주님을 사랑하는 마음을 그럴듯하게 생색낼 수 있는 진수성찬을 베푸는 것이었고, 마리아가 택한 '쪽'은 알고 싶었던 주님의 가르치심, 하늘나라 진리, 영생의 진리를 얻는 것이었다. '택했다'고 한 것은 선택할 만한 여러 가지 아이템들 중에서 하나를 선택하는 것을 말한다. 그것이 신이 인간에게 주신 선택의 자유이다. 결국 불가항력적으로 선택한 것이 아니라 자신이 선택한 것이다. 그리고 누구나 자기가 선택한 것을 붙들고 살다가 죽는다는 진리다.

한편 마르다가 신경 쓴 '많은 것'이 오늘날 교회의 형식화, 물량화, 다양화로 볼 수 있다. 그것이 프로그램이든 예배 의식이든 분명한 것은 '육을 대접하기 위한 것'이 주라면 문제가 있다고 할 수 있다. 그것이 중세에 지은 웅대한 성전 건축, 불필요한 예배 의식, 화려한 접대 양식, 눈과 귀를 즐겁게 하는 미술과 음악 등이다. 이런 것들이 발전하여 성직자의 사치, 화려한 계급화, 눈과 귀를 현혹한 탈선 등과 같은 결과를 낳았다. 그렇게 보면 주님께서는 허례허식보다 숨은 희생을 원하시며 진정한 예배를 원하신다고 본다. 그것이 오라치오의 마리아를 향한 손가락에 깊은 뜻이 있어 보인다.

마리아는 언니를 도와야 할 의무와 손님 대접에 대한 책임도 알 만한 나이였다. 그럼에도 그는 그 모든 체면도 의리도 잊은 채 한마디 대꾸 없이 주님의 가르치심에 감복되어 가슴이 벅차 있었다. 그리고 터져 나올 것만 같은 감격에 한마디 말도 없이 그의 굳게 다문 입가에는 굳은 의지가 맴돌고 있어 보인다.

제6장

하나님 나라

1 원체(元體)와 가시체(可視體)

    같은 환경에서 자라나 꼭 같이 주님을 대할 기회를 가졌던 자매 마르다와 마리아의 견해 차이가 그토록 크다는 것은 신앙의 유전설이나 환경설을 부인하게 한다. 그들의 용모가 닮고 같은 환경에서 자랐어도 뜻과 소원은 너무도 달랐다. 하나는 자기 뜻이 이루어지기를 바라는 이상주의자였고, 하나는 자기 뜻보다 주님의 뜻을 알기를 원하는 순종파였다. 하나는 자기 주관이 분명해 꼭 그것을 달성하는 것이 옳다고 믿는 행동파였고, 동생은 자기는 아무것도 모르니 "주님의 뜻을 따르리이다"(막 14:36) 하는 순종파였다. 언니는 자기 '확신'이 옳다고 생각하고 동생은 물론 주님이나 모든 사람이 자기편이 되어야 한다고 확신하고 있었다. 그러나 동생은 철부지 어린아이처럼 아무 대꾸도 없이 주님만 바라보고 있었다. 이 둘의 시각 차이가 어디서 온 것일까?

    세상에는 똑똑한 사람도 많고, 자기 의견을 굽히지 않고 고집하는 확신파도 많다. 그리하여 내 의견은 무시하고 주님의 뜻만 따르겠다는 사람은 적어 보인다. 그들은 각각 자기 소원이 있고 자기 기도가 있다. 그 기도 속에는 나는 이 세상에 관해서는 조금 알지만 천국에 대해서는 모르오니 도와주소서 하는 애원보다, 내가 아는 바로는 내 일이 옳사오니 무조건 내 뜻을 이루어 주소서라는 바리새인들의 기도가 있다. 그리하여 마르다처럼 떠벌리고 과장하고 생색내는 가련한 모습을 흔히 볼 수 있다.

    예수님 당시 제자들이나 바리새인들이 희망하며 확신한 것은 메시아가 오셔서 이스라엘을 로마 제국에서 해방시켜 위세 당당한 새 왕국이 이 땅에 이루어지는 겉보기 발전을 기대하고 있었다. 그리하여 세례 요한과 그 제자들(요 1:35~41)이나 예수님의 제자들은 물론 사마리아 여인과 주민들(요

4:25, 39), 그리고 바리새인들조차(눅 17:20) 그날이 빨리 도래할 것을 고대하고 있었다. 그런데 주님께서는 하나님 나라가 어느 때 임하느냐는 물음에 하나님의 나라는 외적으로 도래하는 것이 아니라, 내적으로 조용하게 너희들 마음속에 존재하는 것이라고 대답하신다. 예수님의 하늘나라 개념과 그들이 가지고 있던 왕국 개념이 너무도 달라서 종국에는 주님을 버리고 갈라서게 된다.

바울이 말한 것과 같이 "하나님의 나라는 먹는 것과 마시는 것이 아니요 오직 성령(하나님) 안에 있는 의와 평강과 희락"(롬 14:17)이라 하였다. 그리고 주님은 그것을 산상수훈에서 밝히셨다. 마음속에 조용히 돋아나는 하나님의 나라는 '심령이 가난한 것, 애통하는 것, 온유한 것, 의에 주리고 목마른 것, 긍휼히 여기는 것, 화평하게 하는 것, 의를 위해 핍박을 받고 참는 것'(마 5:3~12)이라고 밝히신다. 하나님의 나라는 메시아를 통해서 지상에서 정치 형태나 생활양식이나 경제 발전이 일어나는 것이 아니라 조용히 속사람이 변화를 받는 것을 밝히신 것이다.

바리새인들이 하나님의 나라가 어느 때에 임하는지 예수님께 묻자 "하나님의 나라는 볼 수 있게 임하는 것이 아니요 또 여기 있다 저기 있다고도 못하리니 하나님의 나라는 너희 안에 있느니라"(눅 17:20~21)고 답하셨다. 하나님의 나라는 '볼 수 있게 임하는'(에르코마이, Come/Appear, 마 8:9; 눅 3:16; 요 4:25; 5:7) 것, 즉 '가시적 도래(到來)'가 아니라, '내적(內的) 발생과 변화'라고 하신 것이다. 여기 '너희 안에'의 '안에'(엔토스, within)는 존재의 범위를 나타내는 부사로서 단순히 장소를 나타내는 전치사 '엔'(in)과는 다른 뜻을 가지고 있다. 즉 '너희 안에서만'이라는 효력의 제한 조건을 강조하고 있다. 그러나 사람들은 옛날이나 오늘이나 안에서의 존재보다 밖에서의 도래, 즉 만복래(萬福來)를 고대한다.

예수님께서 그 얼마 후 여리고를 지나 예루살렘으로 가셨을 때 많은 군중이 인산인해를 이루었다. 군중 속에는 세리 삭개오가 있었다. 그는 좀 더 가까이 예수님의 겉모습을 보기를 원했으나 키가 남달리 작아 애를 태운 것

　　　　　　　　　　　　　　　내 주께 더 가까이

같다. 삭개오는 궁여지책으로 예수님을 보려는 간절한 마음으로 체면이고 뭣이고 다 뒤로하고 뽕나무 위에 올라갔다. 군중들은 하나같이 예수님의 겉모습이나 위세를 보기를 원했다. 그러나 주님께서는 그들 각자의 속을 들여다보시고, 그 많은 사람 가운데서 삭개오의 이름을 부르시며 그의 집에 유하시겠다고 말씀하신다. 그날 밤 삭개오는 그 기회를 놓치지 않고 주님 앞에 회개하는 기회로 삼았다. 그것을 보시고 주님께서는 "오늘 구원이 이 집에 이르렀다(기노마이)"(눅 19:9)고 하신다. 삭개오의 소원은 처음부터 회개와 영적 구원에 있었다. 그러나 사람들은 그때나 오늘이나 속사람의 변화보다 육의 축복에 목적을 두고(눅 19:11) 주님을 바라본다.

삭개오의 중심을 보신 주님께서 "구원이 이 집에 이르렀다(임했다, 기노마이)"라고 선언하신다. 임했다는 의미를 '도래'(到來, 엘코마이, 요 8:58; 롬 1:3; 갈 4:4; 고후 15:37)했다는 뜻으로 오해하기 쉽다. 그러나 '기노마이'는 '시작됐다'는 뜻으로 '도래했다'(엘코마이)와도 조금 차이가 있다. 언제 구원이 시작되는가? 교회를 다니는 날부터 시작되는가? 부흥회에 참석한 날부터인가? 아니다. 교회 출석한 날도, 세례 받은 날도 아니다. 진정한 회개가 이루어진 날, 그날에 구원이 시작되는 것이다. 삭개오처럼 주님을 모시고 그 앞에 눈물로 회개한 그날, 예수께로 돌이킨 그날 구원이 시작된 것이다. 교회를 오래 다녀도, 집사나 장로가 된 것도 구원과는 아무 상관이 없다. 주님에게 재물을 드려 인심 좋게 한 끼를 공궤했다거나 많은 헌금을 바쳤다고 그 대가로 구원이 임하는 것도 아니다. 이런 얕은 발상의 원인을 칼 야스퍼스(Karl Jaspers)는 '존재(Das Sein)의 근원'에서 '근본 지식'(Grundwissen)과 사상의 결핍에서 온다고 했다.

존재의 근본적 물음에 대한 답과 바른 방향을 제시한 학자들은 Leibniz, Kant, Schelling, Heidegger 등이 있다. 그들은 "참 존재란 인간의 일반 지식과는 상관없이 하나의 통일성을 이루는 포괄적인 답으로, 모든 것을 연관 짓고, 모든 것의 기초와 근거가 되는 것"이라고 정의했다. 즉 살아 있는 것이나 죽은 것, 물질적인 것이나 정신적인 것, 인간적인 것이나 초인간적인 것, 이 모두를 합해서 열거할 수 있는 것, 전부를 포괄한 지식 또는 사상을 말한다. 그 것을 칼 야스퍼스는 근본 지식(Grundwissen)이라고 정의했다. 즉 인간의 약점은 이 근본 지식의 결핍에 있다.

전화로 기도 부탁을 받을 때가 있다. 그들의 사유는 각각 다르지만 대체로 암에 걸렸다거나, 사고가 났다거나, 어떤 육체적 또는 물질적 역경에 빠졌을 때 다급해진 것이다. 그러면 나는 그들에게 "예 기도하겠습니다."라고 답한 후, "당신도 전환점(Turning Point)을 갖도록 노력하세요!"라고 타이른다. 'Turning Point'(轉換點)란 의학에서 사용하는 말이지만 내가 사용하는 의미는 다르다. 의학적으로는 몸이 쇠약해지는 하향에서 회복하는 전환점을 말하지만 내가 말하는 전환점은 마음의 전환점을 말한다. 중병이나 사고는 갑자기 돌발적으로 생기는 것이 아니다. 본인이 몰랐을 뿐 사실은 육의 하향 변화는 마음의 하향 변화를 따를 뿐이라고 보며, 마음에 있었던 것이 종국에 육으로 나타나는 것뿐이다. 대수술로 암 덩이를 들어냈다고 그날 전환점이 생기는 것이 아니다. 그러고도 모든 생리가 쇠약해지는 하향(下向)에서 회복하는 상향(上向)으로 변하는 전환점은 상당한 기간이 지난 후에야 온다. 그리고 그 육의 전환점에 앞서 마음과 영혼의 전환점이 있다. 모든 원인은 육이나 병균에만 있는 것이 아니라 마음에 있다. 가정불화나 생활고나 분쟁과 갈등과 미움이 중병의 원인이 되며, 회개를 통한 영적 전환점이 일어난 후에야 육의 전환점이 생겨나는 것이 보통이다.

육의 전환점 이전에 일어나는 하향(下向)에서 상향(上向)으로의 영적 전환점을 '거듭남'이라고 한다. 그것은 혹 있을 수 있는 이해의 폭이 넓어지는 의식의 확장이 아니다. 그것은 보다 근본적인 것으로, 영적 절망에서 희망으로의 영의 전환을 말하지만 사람들은 그것을 모른다. 영혼의 전환점에서는 죄의 중압감과 현실에서 오는 절망과 두려움이 사라지고 평안과 기쁨을 얻어 마음에 천국이 이루어지는 것을 말한다. 그것은 회개가 받아들여졌다는 객관적 증거이며 성령으로 말미암아 속사람이 강건해지는(엡 3:16) 전환점을 뜻한다.

세상의 모든 것은 눈에 보이는 가시적 세계가 있고 보이지 않으나 존재하는 비가시적 세계가 있다. 그토록 고대했던 대학 입학, 소원했던 결혼, 새 차와 새 집, 그리고 부모, 형제, 자식과 내 육체도 빠르게 쇠잔하는 신기루다. 그들 속에서 쇠잔하지 않고 가슴 속에 드물게나마 남아 있는 것이 있다면 그것은 기쁨과 사랑의 추억일 것이다. 그리고 그들의 영혼이 남긴 마음의 감동이다. 이 감동으로 생긴 지식을 칼 야스퍼스는 '근본 지식'이라고 했다. "효자는 이불 속에서 난다"는 말이 있다. 절망 속에 빠졌을 때 부모의 따뜻한 위로와 정성에 감복되어 이불을 쓰고 흘린 눈물의 맹세가 효자를 만든다는 뜻이다. 충성된 믿음도 하나님의 사랑을 깨달을 때 생기는 것이다.

인간이 자기가 사랑하는 사람에게 줄 수 있는 선물에는 가시적인 것이 있고 비가시적인 것이 있다. 신이 인간에게 주는 것도 이 두 가지가 있다. 주님께서는 "나의 평안을 너희에게 주노라. 내가 너희에게 주는 것은 세상이 주는 것과 같지 않다."라고 하셨다. 인간이 사랑하는 사람에게 주는 선물도 두 가지 선물이 있다. 내가 병들었을 때, 외로웠을 때, 헐벗었을 때, 굶주렸을 때 주고받은 위로와 도움과 사랑은 각자의 마음에 비석(碑石)으로 남는다. 그 마음 비석에 새겨진 하나님의 사랑과 은혜는 눈을 감고도 확인할 수 있다. "너희는 마음에 근심하지도 말고 두려워하지도 말라"(요 14:27) 하신 위로와 팔복(八福)은 다 비가시적 선물이다. 따지고 보면 그리스도인이란 "육체의 모양을 내려 하는 자들"(갈 6:12)이 아니라 이 내적 수여를 받은 자들이다.

그 내적 발생과 존재(存在)에 대해 현대 신학자 피터슨(Eugene H. Peterson)은 이렇게 설명했다. "자연에 존재하는 것은 표면에 나타나지 않는 원래의 속성, 즉 원체(元體, Original-Ally)가 있고, 나타나기도 하고 사라지기도 하는 가시적 속성, 즉 가시체(可視體, Visual-Ally)가 있다." 그리고 "진리나 영혼은 영구한 원체에 속해 있어 가시체에 속한 자에게는 파악되기 어렵다." 즉 존재하는 것은 영구적 '원체'에 속한 것이며, 왔다가 사라지는 가변체는 임시적인 '가시체'에 속한 것이다. 하여 "가시체에 속해 있어 원체를 모르는 자에게는 모든 것이 역사적 유물이며 도래했다가 사라지는 허무한 존재"라는 것이다.

좀 더 예를 들어 구분한다면 가시체인 집(House)이 있고 원체인 집(Home)이 있다. '집'(Home)의 본질은 침실도 거실도 부엌도 아닌 가족 간의 따뜻한 정과 '사랑의 분위기' 그 것이다. 이 집(Home)은 집(House)이라는 구조물의 크기나 편이성과도 무관하며, 구조물이 없어도 존재한다. 가시체는 시간과 공간에 구속된다. 집(House)은 터를 닦고 기둥과 벽과 지붕이 올라가는 공간이 있는 가시체로서 '도래'하는 것이지만, 집(Home)은 보이지 않는 정으로 연결된 원체이다. 그래서 모세나 선지자는 '그 집(원체)의 종'이요 '그리스도는 그 집 맡은 아들'(히 3:3~6)이라 하신 '집'은 '영원한 영의 집'(원체)을 말한 것이다. 그래서 나와 내가 애지중지하는 육체는 늙어 흉해지며 잠깐 왔다가 사라지는 가시체이지만, 갈수록 귀하게 보이는 원체가 있다. 마르다와 마리아의 시각 차이도 여기에 있었다.

이것은 이전에 말한 '본질(本質)과 범주(範疇)'라거나 '실체와 그림자'의 관계와 비슷하게 보이나 전연 다른 뜻을 가지고 있다. 그 이유는 범주 가운데는 가시체가 있고 비가시체가 있으며, 보이지 않는 본질 중에도 원체가 있고 가시체가 있기 때문이다. 그림자는 실체에 예속되어 따라다니는 가시체이지만 본체는 아니다. 예를 들면 하나님은 원체이며 예수님은 가시체라 할 수 있다. '로고스'는 원체이나 '레마'는 가시체다. 천국은 원체이나 현실 세상은 가시체라 할 수 있다. 그뿐 아니라 특별난 모양을 가진 가시체인 아무개가 있고 겉모습과 전연 관계없는 원체인 아무개가 있다. 선하고 착한 원체가 있고 죄악으로 물든 원체가 있다. 가시체는 잠깐 나타나는 현상일 뿐 영원한 존재는 못 된다. 칼 야스퍼스가 말한 근본 지식이란 원체와 가시체, 그리고 범주와 본질을 구분하는 지식을 말한다.

영국의 주석학자 제임스 그레이(James C. Gray, 1826~1881)는 인간에게 주신 '신의 형상'(첼람, 창 1:26)을 '신성 또는 영성'이라고 해석했다. 그리고 '마음을 다하고 뜻을 다하고'(신 6:5)에서 마음 역시 영성으로 보았다. 그리고 스코틀랜드의 신학자 존 매쿼리(J. MacQuarrie, 1919~2009) 박사도 역시 그의 저서『기독교 신학의 원리』에서 '포커스의 개념'(Concept of Focus)에 관해 설명하면서 하나님께서 영성의 시력을 주셨으나 그 시력이 물질에 가려져 초점(Focus)이 분산(Diffuse)되면 영의 세계를 볼 수 없게 된다고 했다. 그것이 엠마오로 내려가던 두 제자가 주를 인지하지 못한 이유요(눅 24:16~31) 제자나 군상이 예수를 신으로 보지 못한 이유다. 영성은 원체의 시력이라 할 수 있다. 영성이 뜨이지 못하면 천국도 영원도 원체도 볼 수 없다.

'교회'란 십자가가 지붕 위에 솟구쳐 있는 구조물이 아니다. 그렇다고 그 속에 모인 사람들의 집합체도 아니다. 사랑의 하나님이 주인이요 그리스도의 영이 존재하는 성도들의 사랑의 인력장(引力場)이 원체다. 만일 그렇지 못하면 아무리 훌륭한 석조 건물도 광야에서 하루 밤 자고 아침에 걷는 천막과 다를 바 없다. 산 영과 영들의 사랑이 자력선처럼 얽혀진 '지체'들의 모임인 교회는 되지 못 한다. 인간의 행동이나 선행도 가시체가 있고 원체에 속하는 것이 있다. 선행과 동정, 우정, 희생에도 가시체에 속하면 외식과 형식이 되고, 어린아이와 같이 별 선행이 없는 원체에 속한 행동이 있다. 가정도 교회도 하나님의 사랑이 원체가 되고 그 주위에 인간적이나마 사랑과 정의 인력장이 작용하는 눈에 보이지 않는 가정과 교회가 원체다. 그것이 없는 교회는 동창회나 친교 단체보다 못하다.

피터슨 목사는 "아름다운 해변, 영원한 파도, 멋진 저녁놀, 눈 덮인 산, 맑은 시내, 현란한 꽃 등 하나님의 창조물은 미학적 흥분과 영성을 제공하기에 부족함이 없다."라고 했다. 그러나 이들은 다 인격과 영적 측면에서 결핍되어 있다. 그것들도 하나님의 창조의 감동을 잠시 일으키나 영원한 것이 못 된다. 기독교는 하나님께서 창조하신 인간을 통해 계시되며 인격을 통해서만 진리가 밝혀지는 '원체'이기 때문이다. 그것을 성경은 "믿음으로 모든 세계가 하나님의 말씀으로 지어진 줄을 우리가 아나니 보이는 것(브레포멘, Visual-Ally)은 나타난 것(파이노멘, Phenomenon-Ally)으로 말미암아 된 것이 아니니라”(히 11:3)고 하신 이유다. 그는 보이는 것은 하나님의 지으신 것들 중의 일부일 뿐 원체는 아니라는 뜻이다. 참된 것, 진리(眞理)의 세계는 눈에 보이는 것보다 보이지 않는 것이며 그 ‘원체’를 보지 못한다면 나타나는 것은 별 의미가 없다는 뜻이다.

그렇다면 ‘존재하는 것과 나타난 것’, ‘원체와 가시체’의 다른 점이 무엇인가? 나타나는 것은 잠깐 있다가 사라지는 비영구적인 것이지만, 그 배후에 숨은 원체는 영구한 존재라는 뜻이다. 그것이 바리새인들이 몰랐던 점이었다. 그들은 영원한 하나님의 나라, 원체를 몰라 가시체인 지상의 왕국과 정치 체제로 임하는(엘코마이) 것으로 믿고 있었다. 왜 그들이 영구한 하나님 나라의 실체를 상상하지 못했는가? 그것은 원체는 느낄 수는 있어도, 그리고 영의 눈으로 볼 수 있어도, 만질 수도 육안으로는 볼 수도 없어 그들이 의식할 수 없었기 때문이다

그것을 주님께서는 ‘엘코마이 메타(with) 파라-테레오(observe carefully)가 아니다’(눅 17:20)라고 하셨다. 즉 아무리 관심을 기울여 ‘주의 깊게 관찰한다(파라테레오) 하더라도 나타나지 않는다’고 하신 것이다. 즉 바리새인들은 ‘눈으로 볼 수 있는 가시체(Visual-Ally)’, 즉 빛의 반사작용에 의한 변화무상한 그림자인 ‘외모’(고후 10:7)는 ‘허상’(虛像, 히 11:3)이라는 것을 몰랐다. 그래서 바울은 “우리가 주목하는 것은 …… 보이지 않는 것이니 보이는 것은 잠깐이요 보이지 않는 것은 영원함이라”(고전 4:18) 한 것이다. 그리고 그것이 교법사 가말리엘의 증언(행 5:34~39)이었다. 그는 세상의 흥망성쇠를 뛰어넘는 눈을 가지고 있었다.

그렇다면 교회도 교리도 교파도, 그리고 다양한 예배 의식도 다 허상(虛像)이란 말인가? 눈에 보이는 석조 건물, 교인 수, 장엄한 파이프오르간과 찬양 등이 헛것이라는 말인가? 여기에 또 하나 중대한 난제가 숨어 있다. 예수님께서는 안식일에 자기 규례(에이오도스, Custom)를 따라, 즉 늘 하시던 대로, 회당을 찾으셨다(눅 4:16). 그는 저녁마다 겟세마네 동산에서 습관적으로 기도하셨다(눅 22:39~41). 왜 예수님께 그런 인간적인 자기 규례가

있어야 했던가? 왜 예수님께서 5천 명을 먹이시는데(마 14:15~21) 오병이어가 필요하셨는가? 등불을 켜 말 아래 두지 아니하고 등잔 위에 두라고 하신 이유가 무엇인가? 오병이어도 등잔도 말도 유용한 가시체라는 것이다. 말씀(로고스)은 원체요 말씀(레마)은 가시체다. 믿음은 들음에서 나며 그 믿음은 행함으로 증명된다. 표면적 할례가 있고 이면적 할례가 있다(롬 2:28~29). 그래서 보이는 가시적 세계 속에 보이지 않는 영원한 능력과 신성이 분명히 보여 알려졌으니 핑계하지 못한다(롬 1:20)고 한 것이다. 즉 가시체도 원체를 나타내기 위해 필요하다는 것이다. 그렇다고 그 가시체에 치중되어 원체를 무시하면 천국이 눈에 보이는 나라로 도래하기를 바랐던 바리새인처럼 되는 것이다.

등잔이 등불에 도움을 주는 것은 등불을 말 위에 두는 것과 같다. 그러나 말 아래, 즉 말로 덮는 경우는 가시체가 원체를 가려 해가 될 수도 있다는 것을 나타내고 있다. 이것은 빛(원체)만 있으면 가시체(Visua-Ally)는 필요 없다는 것이 아니라 원체는 으뜸이요 가시체는 원체를 효과적으로 나타낼 수도 있고 방해가 될 수도 있다는 진리다. 그리고 등은 가시체요 기름도 가시체에 속하나 질 좋은 기름은 원체(빛)를 위한 필수품이며 특히 성막을 밝히는 기름은 동물 지방이 아니라 특별한 향기를 지닌 순수한 식물유였다. 그렇게 보면 교리나 교파나 형식은 모양과 높이가 다른 등잔이거나 말이다. 그래서 등잔이나 침상을 등보다 더 중시하거나, 기름보다 등을 장식하는 것도 문제다.

독일의 루터교 현대 신학자요 베를린대학의 교회역사학 교수였던 하르나크(Adolf Von Harnack, 1851~1930)은 그의 저서 『기독교의 본질』(1859)에서 "바른 신앙(Glaube)이란 교리와 교파를 초월하는 일반 어휘이지만 오늘의 교회는 교리와 예배 형식에 매여 천태만상의 우상으로 전락했다. 그리하여 진리를 떠나 많은 역사 유물과 학자들의 사상만 전시한 박물관이 되었다. 그렇게 절대적 진리이며 능력이신 로고스는 상실되고 형식만 남았다."라고 한탄했다. 그렇다면 로고스는 온데간데없고 다양한 등잔만 난립한 이유가 무엇인가? 본질은 사라지고 상징만 남은 이유가 무엇인가?

오병이어의 기적을 보며 배불리 먹었던 5천 명이 다 무엇을 보았기에 호산나를 외치며 길거리에 나왔다가 종래 돌아서서 주님을 조롱했던가. 어디 가룻 유다와 제자들이 주의 능력과 기사를 보지 못해 의심했던가(요 12:5). 그들은 바람에 흔들리는 갈대요(마 11:7) 패역한 세대의 군상이었다(마 17:17). 그들은 다 가시체에 취한 구경꾼이요 일시적 바람잡이였다. 그러나 삭개오는 달랐다. 그는 나타난 현상을 보았기 때문이 아니라 주님의 실체와 자기 죄를 보았기 때문이다. 그로 인해 죄를 회개하고 새 사람으로 탄생한 것이다.

이런 말씀이 있다. 성령을 가리켜 "그는 진리의 영이라 세상은 능히 그를 받지 못하나니 이는 그를 보지도 못하고 알지도 못함이라 그러나 너희는 그를 아나니 그는 너희와 함께 거하심이요 또 너희 속에 계시겠음이라"(요 14:17) 하셨다. 여기 '너희가 그를 안다'는 것은 지성으로 아는 것이 아니라 성령께서 너희 안에 임재하시는 것을 신령한 눈으로 안다는 것을 말한다. 이것이 '경험으로 아는(기노스코오)' 참된 지식이다. 믿음이란 믿을 만한 실체인 대상과 내용을 확실히 알 때 비로소 생기는 것이다. 그것을 '도래하는 것이 아니라 생기는 것이다' 하신 뜻이다.

요한복음 10장에는 양과 목자, 선한 목자와 삯꾼 목자, 양의 문에 관한 비유의 말씀이 기록되어 있다. 그 비유의 말씀 중에 예수님께서 "문지기는 그를 위하여 문을 열고 양은 그의 음성을 듣나니 그가 자기 양의 이름을 각각 불러 인도하여 내느니라 자기 양을 다 내놓은 후에 앞서가면 양들이 그의 음성을 아는 고로 따라오되 타인의 음성은 알지 못하는 고로 타인을 따르지 아니하고 도리어 도망하느니라"(요 10:3~5)라고 하셨다. 여기서 '안다'(기노스코)는 말에 대해 성경학자 렌스키는, 그 '앎'은 절대로 모를 수 없는 분명한 앎이라고 설명했다. 그리고 그 앎은 이유도 설명도 필요치 않는 분명하고 단순한 앎이라고 했다. 양이 자기 목자의 음성을 아는 것이나, 어린아이가 어머니의 음성을 아는 것이 누구의 설명을 듣고 아는 것은 아니다. 목자나 어머니의 음성을 듣는 자, 즉 음성의 원체를 체험한 자의 경험적 앎이다. 그것을 렌스키는 '모를 수 없는 앎' 또는 '경험적 앎'이라고 한 것이다. 그러나 그 앎은 이론적으로는 설명할 수 없다.

왜 사람은 진리를 알면서 그 진리대로 살지 못하는가? 그것은 그 영혼 속에 빛이 어두워 영의 앎을 얻지 못했기 때문이다. 누구나 세상만사는 잠깐이요 신기루며 허상(虛像)이라는 것을 알고 있다. 그러나 사람들은 그 허상을 보고 착각하여 웃고 울고 기뻐하며 슬퍼하는 것이다. '저것은 신기루다! 허수아비다! 진리가 아니다!' 하면서도 속는 이유가 무엇일까? 그 이유는 '아는 것을 믿음과 화합(和合)'(히 4:2)시키지 않기 때문이라고 했다. 즉 아는 것과 믿는 것이 달라 '믿는 자아'가 '아는 자신'에게 속기 때문이라는 것이다. 왜 속는가? 앎에는 겉핥기가 있고, 이성적 깨달음이 있고, 영혼의 깨달음이 있어서 서로 다르기 때문이다. 그렇다고 자신이 자신에게 속을 수 있는가? 왜 그런가?

그 이유를 독일의 현상심리학자 칼 야스퍼스(Karl Jaspers)는 그의 불굴의 저서 『희망과 근심』(Hoffnung und Polemik)에서 인간은 비가시적인 심혼(Die seele, 정신, 마음, 영혼)이 있고, 그와 달리 가시적인 육(Das Leib)의 사고 또는 뇌의 활동이 따로 있어 상호 이해와 판단이 다르다고 했다. 그리고 영원을 추구하는 심혼의 사고는 뇌 조직학이나 심리학의 귀납적 추리로 얻을 수 있는 사고와 전연 달라 분명하게 알지 못할 경우 혼매한 상태에 빠지기 쉽다고 했다. 그래서 심혼이 'No'라고 해도 육이 'Yes'라고 하고, 심혼이 'Yes'라고 해도 육이 'No'라고 거부하는 모순된 존재가 된다고 했다. 이 대립 속에 영의 지배력이 강하면 신앙으로, 그와 반대로 육의 지배력이 강하면 타락의 길로 기울어진다고 보았다. 즉 그는 육과 심령의 대립 현상으로 본 것이다.

그리고 현상학의 거장 에드문트 후설(Edmund Husserl)은 외관(外觀)과 내관(內觀)은 전연 다르며 외관이 내관으로 전위될 때, 감정이 매개체가 되어 중간 역할을 하여 감정이입(感情移入)이 일어나며, 그때 감동이 일어나기도 하고, 분노하기도 한다고 했다. 그리고 외관과 내관은 각각 아집과 취향과 기호성이 있어 서로 일치하지 못하고 착각 현상을 일으키면 악이 선으로 사랑이 미움으로 뒤바뀌기도 한다고 했다. 즉 그는 인간의 현실적 이성이 감정의 영향을 받아 혼돈을 일으킨다고 보았다. 결국 야스퍼스와 후설 두 사람의 의견을 종합하면 육의 이성과 영감, 이성과 감성이 대립된 대치 관계 가운데서 육의 이성을 양심과 영감이 압도하면 신앙으로, 반대로 퇴화가 일어나면 타락으로 변질되는 것을 밝힌 것이다.

주님께서 "너희가 돌이켜 어린아이들과 같이 되지 아니하면 결단코 천국에 들어가지 못하리라"(마 18:3)고 하셨다. 경험적 이성이 때 묻지 않는 내관적 이성을 압도하기 때문이다. 어린아이가 자라면서 예외 없이 외관이 강해지는 것은 육적 이성의 발달이 압도적으로 인간을 지배하기 때문이다. 이는 '과학'의 영향을 받아 어쩔 수 없이 '실리주의'(實利主義, Pragmatism)에 빠지게 되는 이유이기도 하다. 하여 교활하고 지혜로운 자가 낮에도 어둠을 만나게(욥 5:12~14) 되고 밤에는 기름 없는 등으로 전락한다. 그러나 다행히 역반응이 있다. 베드로가 말기에 "예수를 너희가 보지 못하였으나 사랑하는 도다 …… 이제도 보지 못하나 믿고 …… 즐거움으로 기뻐하니 …… 영혼의 구원을 받음이라"(벧전 1:8~9) 했듯이, 예수를 보지 못했으나 믿어서 구원을 받게 되는 놀라운 일도 있다.

칼뱅은 신자들의 '나는 본다는 낙관'에 대해 말하면서 "인간이 만물의 영장이라고 생각한다면 그들은 인간 본질에 관해 스스로 속고 있는 것이다. 성서적 진리에 비추어 볼 때, 인간이 신에 대립하여 자신의 죄를 숨기고 낙관하는 것이 죄의 근원이 됐다."라고 했다. 이것이 영적 맹인이 낙관하는 이유다. '날 때부터 된 맹인'은 '운명 탓'으로 낙관하고, 사고나 병으로 된 맹인은 '마음이 약해져 생긴 전성향적(全性向的) 타락'으로 낙관한다. 키르케고르는 그것을 절망과 포기에서 오는 낙관으로 보았다. 그리고 그것은 (영적) 맹인이 (영적) 맹인을 보고 자기를 상대적으로 괜찮은 사람이라고 낙관하는 상대적 낙관이라고 말했다. 사도 바울은 "내가 사람의 방언과 천사의 말을 할지라도(낙관) 사랑이 없으면 소리 나는 꽹과리"가 되며 "내가 예언하는 능력이 있고 모든 비밀과 모든 지식을 알고 또 …… 믿음이 있을지라도(낙관) 사랑이 없으면 내가 아무것도 아니요 …… 모든 것으로 구제하고 내 몸을 불사르게 내줄지라도(낙관) 사랑이 없으면 …… 유익이 없느니라"(고전 13:1~3)고 했다. 여기서 낙관들은 '한 가지'(막 10:21~22)를 무시한 낙관이다.

여기서 주목할 대목은 '내가'에 있다. '천국 비밀과 말씀의 진리를 내가 알고, 내가 믿음이 있고, 내가 구제하며, 순교할 만한 내가'에 문제가 있다. 이 '내가'는 나를 나 자신이 속이는 낙관이다(마 7:22~23). 사람은 누구나 '내가'의 관망으로 시작하여 '네가'의 원망으로 결과를 맺는다. 이해가 되지 않는 것은, 이 '내가'의 '불법'의 주인공들이 큰일을 했다는 데 있다. 그들이 과신한 '내가'는 내 믿음, 내 희생, 내 노력, 내 봉사를 뜻하며 모든 이적과 기사의 주체도 '내가'였다는 것(마 7:23)이다. 여기에 불법자와 무법자의 차이가 있다. 무법자는 법을 전적으로 무시한 자요 가시체만 보는 자이나, 불법자는 그것들을 부분적으로 무시한 자이며 가시체에 치중한 자이다. 중요한 것은 '불법을 행한 자'도 '무법자'와 같은 형벌을 받는다(마 7:22~24)는 사실이다.

내가 제일 좋아하는 찬송가는 '내주여 뜻대로!'이다. "내 주여! 뜻대로 행하시 옵소서! 온 몸과 영혼을 다 주께 드리니, 이 세상 고락 간 주 인도하시고 날 주관하셔서 뜻대로 하소서! …… 내 모든 일들을 다 주께 맡기고 저 천성 향하여 고요히 가리니 살든지 죽든지 뜻대로 하소서!"이다. 어떻게 보면 바보 천치의 찬송이다. 그러나 한 가지 분명한 것은 "나는 무지한 어린아이니 주님 뜻대로 인도하소서!" "따르리이다!" 하는 간절한 애원이 담겨 있다. 그것이 마리아의 소원이 아니었나 싶다.

하나님 나라는 내가 선을 행함으로 얻어지는 것이 아니라, '나'라는 원체가 온전한 새 사람으로 변할 때 얻게 되는 것이다. 아멘! 아멘!

2 도덕과 윤리

'도덕(Morality)과 윤리(Ethic)가 어떻게 다른가?' 하는 문제에 흔히 관심이 없으나 반드시 알 필요가 있다. 특히 기독교인의 도덕관 윤리관이 사회인의 도덕관 윤리관과 어떻게 다른가를 알아야 한다. 그것을 모르기 때문에 기독교인이 사회인과 구별된 삶을 살지 못하여 사회의 지탄을 받는 경우를 보게 된다.

소크라테스 이전에 그리스 철학자 아낙사고라스(Anaxagoras, BC 500~428)는 말했다. "물질의 세계가 있고 정신의 세계가 있다. 이 두 세계는 서로 별개이나 서로 영향을 끼친다. 그리고 사람의 정신이 물질을 다스려 질서를 줌으로써 만물을 바르게 유지하려는 노력의 원인이 된다는 사실은 아무도 부인할 수 없다. 세상에는 많은 실수와 혼돈이 있지만, 이 정신이 자기와 모든 것을 가장 좋게 그리고 질서 있게 하는 것이다. 인간은 결국 처해진 조건 하에서 완전한 것과 최선의 길이 무엇인가를 추구한다."라고 했다. 그는 완전한 도덕, 최선의 윤리가 인간의 삶과 자연의 질서를 유지하는 근본 이유라고 본 것이다. 그러나 그는 도덕과 윤리를 구분하지는 못했다.

그러나 소크라테스는 도덕(道德)을 정의하기를 선과 악, 옳고 그름을 판단하여 올바르게 행하기 위한 행위의 규범(規範, Category), 제도, 또는 법칙이라고 보면서 이성을 그 판단 기준으로 보았다. 그와 반대로 윤리(倫理)는 형식을 초월한 오성(悟性)의 사유이며, 옳고 그름에 대한 분류 개념으로 보았다. 다시 말하면 선과 악, 또는 덕과 부덕, 유익과 불이익이 무엇인가를 구분하는 마음의 판단을 윤리라고 본 것이다. 그렇게 보면 도덕은 행위의 규범이며 윤리는 마음의 규범으로 본 셈이다. 도덕은 이성에 의한 지적 활동으로, 윤리는 마음의 활동으로 본 것이 아낙사고라스와 다르다고 하겠다.

동양의 도덕은 노자(老子)로부터 시작된다. 그는 도와 덕을 나누어 '도'(道)를 인간이 마땅히 가야 할 선한 길로, '덕'(德)은 윤리적 이상을 실현하는 능력으로 보았다. 따라서 덕은 쌓고 베푸는 것, 곧 남에게 유익과 도움을 주는 능력 또는 지식으로 보았고, 도덕은 선과 악을 알고 그 지식을 기반으로 판단하는 올바른 삶과 행위의 규범으로 보았다. 그리고 윤리(倫理)는 사람으로서 마땅히 지켜야 할 도리 중에서 인륜(人倫)이라고 하는 왕과 신하, 부자, 형제, 그리고 상하, 존비 등 인간관계와 질서를 강조했다. 그는 일반적인 인간관계가 아니라 상하 계급화 된 '인륜(人倫)과 질서 원리(原理)'를 윤리로 본 것이다. 그것이 동양의 윤리관이 서양의 윤리관과 다른 점이다.

　　플라톤을 제외한 고대 그리스 철학자들은 선과 행복을 동일한 것으로 보았다. 즉 평안이나 건강이나 행복이나 축복을 선행의 결과라고 본 것이다. 그리고 도덕을 인간 개인의 행위에 대한 사회적 규범, 또는 선악에 대한 이해, 표준(Norms), 가치관(Value), 자세(Stance)라고 보았으며, 윤리를 사회적 선악에 대한 외적 이해와 행동으로 옮기는 실천 능력으로 보았다. 도덕을 선악에 대한 '사회적 평가'(Community Assessment)로, 윤리는 개인의 덕(德, Virtue) 또는 성숙도에 대한 '개인적 평가'(Individual Assessment)로 본 것이다. 하여 서양의 견해와 동양의 견해 사이에는 뚜렷한 차이를 보인다.

　　미국의 뉴욕 타임지의 주필 벤자민 스팔(Benjamin Spall)은 그리스어의 'Mos'(도덕)는 외적 습관(Custom)을 뜻하며, 'Ethos'(윤리)는 인격 또는 성품(Character)등 내적 성향을 뜻한다고 하면서 도덕은 나타난 범주를, 윤리는 숨은 인간 본질을 뜻한다고 보았다. 그렇게 보면 도덕은 사회적 범주에 속하나 윤리는 양심의 범주에 속한다고 할 수 있다. 하나는 가시체에 속하고 다른 하나는 원체에 속한다고 본 것이다. 그래서 사회적인 도덕보다 양심과 본질에 속한 윤리가 기독교에서는 더 중요하며, 따라서 기독교 윤리라는 말은 있어도 기독교 도덕이라는 말은 없는 것이다. 그렇다면 기독교 윤리와 사회 윤리의 차이는 사회인과 기독교인의 양심과 본질의 차이만큼 다르다고 할 수 있다. 그러나 만일 그 차이가 없다면 기독교인의 양심과 본질이 비기독교인과 구별될 수 없을 정도로 타락하였음을 의미한다.

이 혼란 속에서 학문적으로 도덕의 기준을 정립한 사람은 크게 나누어 독일의 칸트(Immanuel Kant, 1724~1804)와 쇼펜하우어(Arthur Schopenhauer, 1788~1860)를 들 수 있다. 칸트 이전의 라이프니츠와 데카르트를 중심으로 한 독일의 전통 철학은 진리에 중점을 두었다. 칸트가 도덕 문제를 철학에 들고 나왔을 때 그는 '순수 진리'라는 고귀한 과제를 떠나 값싼 '응용 진리'로 외도하는 창녀라고 악평을 받았다. 그럼에도 그는 "이성의 기능은 관조에만 있는 것이 아니고 반성에도 있다."고 주장했다. 그리고 도덕 기준을 이성의 산물로 보면서 도덕 원리를 세 가지로 설명했다.

그 첫째는 "인간 실존은 목적 자체로서 존재한다."는 것이다. 그것을 풀이하면 "인간은 이성을 가진 존재로서 반드시 선한 목적을 가진다."는 뜻이다. 즉 이성의 근본 목적은 죄와 과실에 대한 뉘우침에 있다고 보았다. 그리고 이성은 인생의 직접 목적인 행복을 위해서 도덕이라는 간접 목적인 수단(Method)과 동기(Motivation)를 갖는다고 했다. 둘째는 도덕 기준을 '공평한 이성'으로 보고, "나와 같은 남도 고려하라."고 제시했다. 즉 "자기가 원하는 일은 누구에게나 하고 자기가 원하지 않는 일은 남에게도 하지 말라."는 실행 기준이다. 그의 도덕 표준은 '자기의 이성에 의한 지식'이다. 그렇다면 자기가 아는 이상의 일은 할 수 없으며 악한 자의 기준과 선한 자의 기준이 같을 수 없어 일반적 공통된 기준에 문제가 생긴다. 그로 인해 그의 도덕은 '주관적 도덕'이라는 평가를 받게 된다. 셋째는 도덕의 원리로 '의지의 자율성'을 제시했다. "지식에서 시작된 의지가 아무 구속을 받지 않을 때, 바른 법칙을 수립하고 행위로 발전된다."고 했다. 그러나 아는 것과 실행은 다른 것이어서 '이성의 한계'에 부딪힌다. 이를 극복하기 위해 칸트는 '순수 이성'을 주장하기에 이른다. 또한 그는 도덕과 윤리 전반의 기준을 양심(순수 이성)으로 보고, 사회적 기준을 '일반 양심'이라고 불렀다. 비록 그렇다 하더라도 남의 생각과 처지를 타인이 어찌 다 알겠는가? 부한 자가 가난한 자의 처지를 어떻게 알며, 건강한 자가 병든 자의 심정을, 젊은이가 늙은이의 입장을 어찌 알겠는가. 하여 "아는 만큼 선을 행하라."는 것은 올바르고 공정한 도덕률이라 할 수 없다.

그와는 다른 각도에서 염세주의 철학자 쇼펜하우어(Arthur Schopenhauer, 1788~1860)는 도덕과 윤리의 기준을 이성이나 양심에 두지 않고 의지에 두었다. 그는 『의지와 표상으로서의 세계』(1818)를 통해 표상으로 나타난 의지의 역할을 역설했으며, 인간과 세상을 비판하는 염세주의 세계관으로 주목을 받았다. 그는 1820년 베를린대학 교수가 되었으나 헤겔파의 강한 대립으로 힘을 쓰지 못하고 얼마 후 사임한다. 1831년 프랑크푸르트에 정착하여 『인간 의지의 자유에 관하여』와 『도덕의 기초에 관하여』, 그리고 『윤리학의 두 가지 근본 문제』(1841)등을 발표한다. 그가 강조한 것은 "도덕이 무엇이라고 가르치는 것은 쉬우나 행동으로 증명하는 것은 어려우며, 그 이유는 인간 본성에 내재된 이기심과 그것을 숨기려는 교묘한 수단 탓이라고 했다. 결국 설사 무엇을 안다고 해도, 안다는 것과 실행은 다르며 인간에게는 바른 도덕이나 공통된 윤리 기준이 있을 수 없다는 결론이다.

오늘 많은 사람이 윤리니 도덕이니 하는 것은 이미 지나간 낡은 유물로 치부한다. 그렇게 된 이유가 있다. 그 첫째는 남의 사생활을 간섭하지 않는 개인주의와 프라이버시가 인간관계를 무익한 유물로 보게 만들었다. 그리하여 충고나 간섭은 물론 권면이나 권고도 여간한 사이가 아니면 불가능하게 되었다. 둘째는 의식주(衣食住)의 다급한 문제의 등장이다. 호구지책이 어려운데 남에게 대한 예의나 배려는 사치품이 된 것이다. 끝으로 사회 변천이라 하겠다. 공업화와 정당·정치 사회가 주도하는 집단 사회에서 개인의 의견이나 양심이나 도덕이 무의미해졌기 때문이다. 그리하여 집단 투쟁에 의한 파괴나 무질서는 문제시하지도 않는다. 개인 투쟁은 죄가 되어도 집단이나 전쟁으로 인한 파괴와 살인은 도덕이나 윤리와 무관하다고 보게 된 것이다. 그로 인해 국가나 단체의 권리 남용, 수용, 몰수, 파괴 등이 도덕과 윤리를 흩트리고 있다.

결국, 개인보다 나라법이나 사회법과 풍습이 그 사회의 도덕과 윤리 기준을 설정한다고 보는 사회 책임론이 대두하기에 이르렀다. 그래서 한 나라의 죄인이 국경 넘어 다른 나라(적대국)에 가면 우대를 받기도 한다. 미국의 어떤 주에서는 살인, 동성 결혼, 낙태(流産), 마약 등이 범죄지만, 다른 주에서는 버젓이 허용되기도 하고 마약을 재배하여 훈장과 상금을 받는 경우도 있다. 그래서 총을 드는 것이나 살상 훈련을 근본적으로 거부하는 안식교도들이 행렬을 이루어 다른 주로 이주하기도 하고, 지난 세기에는 의무교육과 허례허식 사회 풍조를 반대하는 메노나이트들이 럭키산맥을 따라 캐나다로 이주한 역사도 있었다. 그리고 양민이나 유아 살해를 규제한 국제법이 극한 상황에서는 그 효력을 발휘하지 못하고 있다.

그 틈바구니에서 기독교 윤리 기준은 '새롭게 된 양심' 또는 '회개한 양심'에 있으므로 사회인의 윤리 범주와는 전연 다르며, 그로 인한 소금과 빛의 역할을 강조하여 왔으나, 오늘의 기독교 윤리는 사회 윤리와 다를 바가 없어졌다. 그것이 무엇을 말하는가? 사회 윤리는 빈부와 권력의 주종 관계, 계급화, 아부와 천대를 부추기고 있다. 그러나 기독교의 윤리는 선악의 기준인 깨끗한 양심에 의한 것이어서 욕심과 이기심과 거짓과 허영을 초월한 하나님의 지선이어야 하지만, 그것은 이미 사장되어 묻힌 지 오래이며 그 위에 '회칠'만 거듭되어 사회인마저 '신의 무덤'이라고 칭하는 지경이 되었다.

하나님의 법도를 도덕이라고 하지 않고 '율법, 계명, 율례'라고 하여 신이 규정한 엄격한 법도라고 했다. '율법'(신 12~26장)은 히브리어로 '토라', 헬라어로 '노모스'(Law)'라고 하며 하나님께서 직접 시내산에서 모세에게 불꽃 가운데 하달하신 계명(Commendment)과 요구(Requirement)로서 하늘나라 백성의 생활 규범(출 20:3~7; 신 5:6~21)이다. 율법의 대부분은 "하라", "하지 말라"는 엄격한 행위 규제이며, 예수님의 새 계명인 '이웃 사랑'의 윤리도 반드시 지켜야 할 규정으로서 범하면 저주를 받고, 지키면 복을 받는 절대적 법도로 명시되어 있다. 그렇지만 오늘의 신자들은 권장 사항 정도로 볼 뿐이다.

하나님께서 인간을 지으시고 법도와 윤리를 주셨다. 그러나 인간은 타락하여 생각하는 모든 것이 하나님과 원수가 되어 하나님의 법에 굴복치 아니할 뿐 아니라 할 수도 없게(롬 8:7) 되었다. 그리하여 예물과 제사는 섬기는 자를 그 양심상 온전하게 할 수 없는(히 9:9) 것을 보시고 흠 없는 자기를 하나님께 드린 그리스도의 피로 양심으로 죽은 행실에서 깨끗하게 하고 살아계신 하나님을 섬기게(히 9:14) 하셨다. 십자가의 은혜는 과거 짐승의 피를 흘리는 제사로 효력을 보지 못한 속죄를 예수 그리스도의 살과 피로 대속하시고 죽은 양심을 살려 다시 하나님을 섬길 기회를 주신 것이다. 그러나 오늘의 신자는 '양심을 깨끗하게 하는 은혜'를 잊은 채 하나님을 섬기는 뒤 토막만 고집한다. 그리고 "먼저 그의 나라와 그의 의를 구하라"(마 6:33)를 선택 사항(Option)으로 본다.

'그의 나라와 그의 의'가 무엇인가? 그것은 공중의 새를 먹이시는 하나님(마 6:26), 들의 백합화를 입히시는 하나님(마 6:28), 해와 비를 악인과 선인에게, 의로운 자와 불의한 자에게 주시는(마 5:45) 넓고 공평하신 그의 의를 말한다. 그리고 그 의를 찾고(제테오, Seek) 구하도록 기회를 주신다. 하나님의 사람은 사회인과 같이 제물이나 보화를 찾으라는 것이 아니고 '그의 의'(義, 디카이오오, Just, 롬 5:7; 딛 1:8; 요일 3:7)를 찾으라(Seek, 마 12:43) 하셨다. 기독교 윤리의 근본은 '그의 의'를 찾아 그 의를 실천하는 것을 말한다. 그러나 그 길이 결코 쉽지 않아 따르는 자가 적다.

이런 말씀이 있다. "모든 것이 내게 가하나 다 유익한 것이 아니요"(고전 6:12), "모든 것이 가하나 모든 것이 덕(쉼페로오, Expedient)을 세우는 것은 아니다"(고전 10:23). 여기 '덕'이란 도움이나 유익을 남에게 주는 일을 말한다. 즉 그 뜻은 "할 수 있는 모든 일 중에서 덕을 세우는 일만 하라!"고 하신 것이다. 그것은 그리스도인은 자기에게 해가 되더라도 남에게 유익을 주는, 즉 덕을 세우는 일을 하라는 윤리 지침이다. 이것이 불신자와 신자의 차이점이다. 그리하여 기독교 윤리는 손해를 보면서까지 모든 것을 덕(德)을 세우기 위하여(고전 14:26) 하는 데 있다.

옥스퍼드와 케임브리지대학 교수, 루이스(C. S. Lewis, 1898~1963)는 기독교인의 윤리를 분명히 제시한다. 그는 기독교인의 삶을 모으는 삶이 아니라 버리는 삶으로 보았다. 주님께서 명하신 대로 철저하게 모든 것을 버리고(눅 5:11; 21:4), 마음과 목숨과 뜻을 다하여(마 22:37) 십자가를 지고 주를 따르는 삶, 손해와 피해와 고난을 받으며 남과 통용하는(행 2:44) 삶으로 보았다. 그렇다면 신자가 되는 것은 현세에서 손해인가 축복인가? 현세에는 손해라 할지라도 하나님 나라를 기대하는 길임을 알고 따르는 것이 바른 신앙이다.

밭이 있다고 곡식이 자라는 것은 아니다. 밭에 씨앗을 뿌리지 못한다면 추수는 기대할 수 없다. 사람은 땀 흘려 씨를 심고 밭을 일구는 고된 일을 해야만 한다. 그렇다고 자기가 땅을 만든 것도 씨앗을 만든 것도 아니다. 그저 하나님께서 주신 땅과 비와 햇빛과 씨앗에 작은 노력을 더할 따름이다. 그런데 여기에 생각할 점이 있다. 그것은 어떤 밭에 심느냐 하는 것이다. 바울 서신에 "자기의 육체를 위하여 심는 자는 육체로부터 썩어질 것을 거두고 성령을 위하여 심는 자는 성령으로부터 영생을 거두리라"(갈 6:8)는 말씀이 있다. 하나는 '육의 밭'이고, 하나는 '심령의 밭'이다. 현실에서는 심고 하늘 나라에서 거두는 것이다. 그것을 몰라 현실에서 풍작을 기대하는 사람이 많다.

왜 그럴까? 현실에 심되 육에 심은 자는 그들의 그릇됨에 상당한 보응을 그들 자신이 받게(롬 1:24~27) 되어 있다. 즉 육의 밭에 씨앗을 아무리 열심히 심어도 거두는 것은 썩을 육과 함께 썩게 될 열매일 뿐이다. 이것을 렌스키는 '끔찍한 교역(交易)'이라고 하면서 사람들은 그것을 알면서도 육의 정욕 때문에 '제쳐 놓고'(파라) 육의 밭에 씨를 심는다고 했다. 이것이 현실에서 풍작을 기대하는 이유다. 결국, 사람은 몰라서 윤리를 시행하지 못하는 것이 아니라, 정욕에 끌려 육의 밭에 씨를 심는다. 그러므로 "너희는 스스로 지혜 있는 체 하지 말라"(롬 12:16) 하셨다.

또한 렌스키는 "선을 행하기 위해 작은 손실과 수고를 체험하면 큰 은혜가 된다. 하나님께서 원하시는 것은 나의 전부요 부분이 아니다(Whole Self, Not Part!)"라고 했다. 그렇다. 손실과 수고를 기꺼이 감내하며 성령을 위해 나의 전부를 심으면 하나님은 그 병들고 불완전한 나를 자기 이름으로 쓰시기 위해 온전하게 만드는 것이다. 그것이 내 공로가 아니고 나는 '무익한 종'이 되는 이유다. 그런데도 많은 신자가 하나님의 농장에서 땀 흘려 자기 힘으로 수확이 이루어진 것으로 착각하고 "땅은 정직하다."고 말한다. 햇빛과 비로 돌보시는 하나님의 은혜는 보지 못하기 때문이다. 그리하여 많은 윤리적 실천을 은혜로 보지 못하고 강제적 의무로 본다. 따라서 선행을, 코를 꿴 소가 밭을 가는 것처럼 강제로 여기기 때문에 자발적 순종이 힘들고 어려운 것이다. 그렇게 주의 이름으로 선지자 노릇, 종노릇(마 7:22)하는 것, 곧 기쁨이 없는 봉사나 순종은 기대했던 보답을 얻을 수 없다. 그리하여 "내가 너희를 도무지 알지 못하니 불법을 행하는 자들아 내게서 떠나가라"(마 7:23) 하시는 주님의 대답을 듣게 될 것이다. 모든 윤리의 실천은 종국에 자발적 순종만이 착하고 충성된 종으로 평가받을 것이다.

제자 중 한 사람이 예수님께 자기 부친의 장사를 하도록 휴가를 요청했다. 오늘날도 그렇지만 그 당시의 풍습으로는 이런 경우는 절대적 휴가 사유가 된다. 그런데 주님께서는 "죽은 자들이 그들의 죽은 자들을 장사하게 하고 너는 나를 따르라"(마 8:22) 하신다. 주님 당시에도 아무리 불효자식이라도 이 일만은 반드시 지켜야만 했다. 그러나 주님은 인간의 형식적 윤리를 무시하고 "나를 따르라!" 하신다. 어떻게 이렇게까지 매정하실 수가 있단 말인가? 그것도 엄연히 살아 있는 자들을 영적으로 '죽은 자들'이라고 매도하실 수 있는가? 그러나 주님의 가르치심은 달랐다. 첫째로 산자와 죽은 자의 윤리가 다르다는 것이고, 인간이 보는 죽음과 영생하는 자가 보는 죽음이 다르다는 것이고, 부자(父子) 개념도 인간의 관념과 신의 관념이 다르다는 것이다. "누구든지 하늘에 계신 내 아버지의 뜻대로 하는 자가 내 형제요 자매요 어머니"(마 12:50)라는 것이다. 즉 신의 윤리는, 하나님의 뜻대로 행하는 자가 다 형제요 지체라는 사랑의 윤리다. 그 사랑의 윤리는 무엇일까?

주님께서는 유월절 전날, 자기가 세상을 떠나 아버지께로 돌아가실 때가 이른 줄을 아시고(요 13:1) 마가의 다락방에서 만찬을 베푸시며 마지막 긴 설교를 하셨다(요 13~16장). 죽음을 앞두신 주님께서는 세상에 있는 자기 사람들을 사랑하시되 끝까지 사랑하셨다(요 13:1). 주님의 애정 어린 눈길이 그들 하나하나를 바라보실 때 살뜰한 감회가 벅차오르셨을 것이다. 주님께서는 만찬 자리에서 일어나셔서 제자들의 발을 씻으시며 감격과 애모의 정이 넘친 이별의 세족식(洗足式)을 가지셨다(요 13:3~11). 스승이 제자의 발을 씻기시는 것은 세상 윤리나 법도와 전연 다른 새로운 윤리이다. 불교나 유교나 힌두교에서 볼 수 없는 질서 파괴의 단면을 보이신 것이다. 그리고 맥을 치듯 단호히 말씀하신다. "새 계명을 주노니 서로 사랑하라 내가 너희를 사랑한 것같이 너희도 서로 사랑하라"(요 13:34). 결국, 주님께서 보이신 그 사랑은, 인간의 윤리를 뒤엎는 대변화를 가져오는 사랑이다.

주님께서는 자기를 팔 자가 이미 누구인지 알고 계셨다. "예수께서 이르시되 이미 목욕한 자는 발밖에 씻을 필요가 없느니라 온 몸이 깨끗하니라 너희가 깨끗하나 다는 아니니라 하시니 이는 자기를 팔 자가 누구인지 아심이라 그러므로 다는 깨끗하지 아니하다 하시니라"(요 13:10~11). "너희 중 하나가 나를 팔리라"(요 13:21). 주님께서는 제자요, 그리고 자기를 팔아넘길 원수의 발을 씻기신 것이다. 인간이 인간을 돈으로 사고 팔 수 있는가? 하물며 제자가 스승을 팔다니? 이런 이해할 수 없는 극악무도한 인간 윤리가 예수님의 제자 중에 있었던 것을 명심해야만 한다.

중세에 백인들이 아프리카와 남미에서 노예들을 동물처럼 노략질하며 생포하여 넘길 때 많은 선교사가 묵인하며 송별의 축도를 했다. 그것은 주님의 피와 살을 기념하며 발을 내밀었던 가룟 유다와 다를 바 없다. 히틀러가 유태인을 학살하기 전 기독교인들의 의견을 물었고 기독교인은 그의 권력과 풍조가 무서워 95%가 찬성했던 역사는 오늘의 가룟 유다의 비율이 어느 정도인지 잘 나타내 보여 준다. 주님께서는 분노 대신 다만 "그 사람은 차라리 나지 아니하였더라면 제게 좋을 번 하였느니라"(마 26:24)고 하신 것을 명심해야만 한다. 가룟 유다는 아무런 자괴감도 없이 당돌하게 "랍비여, 나는 아니지요?"(마 26:22)라고 물으며 태연히 발을 내밀었던 것이다.

사회 윤리는 이성의 깨침, 또는 이성의 발달에서 온다. 그리하여 명심보감(明心寶鑑)에도 '아는 것이 도덕과 윤리의 필수'로 본다. 그러나 가룟 유다의 탈선이나 오늘의 신자들의 탈선은 무지에서 온 결과라고 할 수 없다. 가룟 유다는 머리가 영특하고 계산이 빠른 사람이다. 그는 세상 도덕과 윤리를 다 아는 자이다. 그러나 그는 극악무도한 제자가 되었다. 법도를 몰라서 범하는 죄인은 없다. 이유와 결과를 몰라 중범자가 되는 것이 아니다. 초범자보다 재범자가 더 법을 많이 아는 것이 상례다. 머리가 좋은 자, 사리 분별이 있는 자가 윤리를 무시하고 안하무인이 된다. 기독교의 윤리는 오른손이 하는 것을 왼손이 모르게 하는 윤리이며 만삭되지 못하고 태어난 미진아 같은 어린아이의 '선한 양심'(벧전 3:16, 21)을 윤리의 기본으로 한다.

남의 사정을 이해한다손 치더라도, 그리고 아무리 시간과 경제적 여유가 있다 하더라도 바른 양심이 없으면 위선자를 만들 뿐이다. '주님께서 "네 이웃을 네 자신과 같이 사랑하라" 하셨으나 '에고(Ego)의 벽'(요일 2:16)이 높아 이 '벽 속의 윤리' 탓으로 이웃도 사랑도 필요치 않게 된다. 다만 내 기분과 유익을 위한 에티켓(Etiquette)을 구실로 삼아서 보고도 못 본 척, 알아도 모른 척 할 뿐이다. 하여 주님께서 말씀하신 이웃(눅 10:30), 곧 '주린 자, 목마른 자, 나그네, 헐벗은 자, 병든 자, 옥에 갇힌 자'의 이웃(마 25:35~36)이 되는 일이 너무도 요원하다. 주님께서 "네 이웃을 네 자신같이 사랑하라"(요 13:34) 하신 대로, 그 이웃을 '내 자신같이' 사랑하는 윤리가 아쉽다.

날 때부터 맹인 된 자를 만난 제자들이 "이 사람이 맹인으로 태어난 것이 누구의 죄 탓입니까?"(요 9:2)라고 질문을 했다. 성경에는 아비의 죄의 대가를 본인과 후손에게 치르게 하신 인과응보(因果應報)의 진리(렘 31:29; 32:18)도 있고, 당사자에게 책임이 있다는 사필귀정(事必歸正)의 진리도 있다(겔 18:2~4). 하여 사람들은 현실적 결과를 보고 원인을 찾는다. 모든 사물은 원인과 결과가 있고 동기와 의무가 있다는 것이 사회 윤리의 귀납법(歸納法)이다. 제자들도 인과응보나 사필귀정의 증거(데이크시스)만 믿었다. 그리하여 날 때부터 맹인 된 이유가 궁금했다.

제자들처럼 오늘의 신자들도 '원인이 있어 결과가 있다'는 것을 역사의 원리라고 믿는다. 즉 기존 원인만을 인정할 뿐 양심의 원인은 인정하지 않는다. 그러나 주님은 역사의 새로운 원인을 위해 오셨으며, 믿음은 죽은 기존 원인에 의존하는 것보다 현재 살아서 역사하는 새로 거듭난 양심의 원인을 의존하는 것이다. 그것도 한 해 두 해 혹은 2대 3대 선조를 의지하는 묵은 신앙이 아니고 바로 오늘 따끈따끈한 새 원인을 찾는 것이다. 이 새로운 원인에 따라 생동하는 윤리가 기독교인의 바른 신앙관이다.

즉 새로운 원인에 따라 생동하는 기독교 신앙은, 회개하고 어린아이로 돌아가 믿음으로 죄 사함(롬 4:5~8)을 받고 성령으로 인해 새 사람이 되는 것(롬 8:10, 11)으로서, 날마다 새로워지는 현실화 과정이다. 이 과정을 통해 목자의 음성을 분별하며 그를 알고 순종하여 그를 따르게 되는 '현실적 눈'(요일 5:7~12)이 생겨나게 된다. 그것이 맹인이 사람이나 부모의 죄로 말미암은 것이 아니라 그로 말미암아 하나님이 하시는 일을 보게 되는 이치다. 그 일이 무엇인가? 그것은 앞서 말한 그리스도의 피로 청결하게 된 양심의 변화요, 그 양심이 '착한 일'(마 12:35; 19:17; 요 5:29; 빌 1:6)을 알게 되며, '씨 뿌림'(마 3~8; 13:19; 요일 3:9)과, 영생의 열매를 맺는 일(요 15:1~5), 기적을 '신의 증거'(말튀리온, Proof)로 얻는 것을 말한다. 신자의 윤리는 오늘 힘들게 심고, 내일 하늘나라에서 열매를 거두는 것이다.

양치는 목자들이 밤이 되면 새끼 양을 구별하여 따뜻한 축사 안에서 보호한다. 그리고 아침이 되면 새끼들을 밖으로 내보낸다. 그러면 난지 한두 주밖에 안 되는 어린 새끼들이 수백 마리 양 중에서 자기 어미를 어김없이 찾아간다. 새끼 양이 어미 양의 음성을 듣고 알 수 있기 때문이다. 목자도 구분할 수 없는 "음메~~~" 하는 비슷한 울음소리를 어린 양은 멀리서도 분간할 수 있다는 것이다. 이를 비유로 주님께서 말씀하신다. "자기 양을 다 내놓은 후에 앞서가면 양들이 그의 음성을 아는 고로 따라오되 타인의 음성을 알지 못하는 고로 타인을 따르지 아니하고 도리어 도망하느니라"(요 10:4~5). "나는 선한 목자라 나는 내 양을 알고 양도 나를 아는 것이 아버지께서 나를 아시고 내가 아버지를 아는 것 같으니 나는 양을 위하여 목숨을 버리노라"(요 10:14~15). 새끼 양들이 어미의 음성을 알 듯, 양들이 목자의 음성을 알 듯, 주님의 음성을 아는 것을 '사랑의 감각', 또는 '영적 감각'이라 본다. 그것을 믿음의 증거(히 11:1, 2, 6)라고 보는 것이다. 즉 신앙은 묵은 증거가 아니고 살아 있는 현실적 윤리 감각이라 하겠다.

"내가 하나님의 증거를 전할 때에 말과 지혜의 아름다운 것으로 아니하였나니"(고전 2:1). 아멘! 아멘!

3 하나님의 왕국(Kingdom of God)

'하나님의 나라'는 영어 성경에 '하나님의 왕국'(Kingdom of God)으로 번역되어 있다. 그러나 그리스어 원문 성경에는 '하나님의 입헌왕국'(바실레이아 데오스, 마 4:8; 12:25; 24:7)이라고 기록되어 있다. '입헌왕국'(바실레이아)이란 왕이 있고 영토와 백성이 있어 왕이 그들을 헌법으로 다스리는 나라라는 뜻이다. 그렇다면 하나님 나라의 영토는 어디 있으며 백성은 누군가? 그 백성의 자격을 얻게 되는 것은 언제부터인가? 하나님이 자기의 백성을 다스리는 헌법이 무엇인가? 등을 알 필요가 있다. 그것도 모른 체 막연히 하나님의 나라 시민권을 주장한다는 것은 그 옛날 아테네의 아레오바고 군상들이 '알지 못하고 위하는'(행 17:23) 오리무중의 신앙이라 하겠다.

그렇다면 첫째로 그 나라 영토는 어디에 있는가? 하는 문제부터 성경 지식으로 풀어야 하겠다. 흔히 하나님 나라 영토를 하늘 허공 속에 떠 있는 공간으로 생각하거나 어떤 별, 북극성이나 운하의 중심으로 주장하는 이도 있다. 이와 같은 혼돈은 하나님이 통치하시는 하나님의 나라와 하나님의 보좌가 있는 하늘나라(천국, Heaven)를 혼돈하기 때문이다. 그렇다면 하나님의 왕국은 어디에 있는가? 하는 것부터 알아야 하겠다.

'하나님의 나라'의 위치를 파스칼은 "지구와 동심원을 가진 삼차원 공간"으로 보았다. 즉 인간이 살고 있는 공간과 하나님이 다스리시는 영적 공간은 동심원을 가진 서로 중첩된 공간이라고 본 것이다. 즉 내가 몸담고 있는 지구, 내가 숨 쉬고 있는 공간 속에 영의 세계와 육의 세계가 중첩되어 있다는 것이다. 그는 현세에도 하나님의 통치가 이 땅 위에 그리고 현실적으로 이루어지고 있다는 사실을 주님의 대답에서 얻은 것 같다. 바리새인들이 하나님의 나라 도래에 대해 질문했다. 예수님께서 대답하시기를 "하나님 나라는 …… 여기 있다 저기 있다고도 못 하리니 …… 너희 안에 있느니라"(눅 17:20) 하셨다. 즉 현실 속에 하나님의 왕국이 함께 있고 그 영적 공간 속에 하나님이 다스리시는 영토가 있다고 하신 것이다.

성경적으로는 하나님의 보좌는 가까이 '위에 계심'으로 표현했다. 주님 께서도 "위로부터 오시는 이는 만물 위에 계시고 땅에서 난 이는 땅에 속 하여"(요 3:31)라고 하시며 분명히 하늘과 땅을 구분하신다. 하나님이 위에 서 부르셨다(빌 3:14)거나, 온전한 선물이 위로부터 내려온다(약 1:17; 3:15, 17)라고 하신 것을 보면 지구 표면의 위쪽에 하나님의 보좌가 있고 주님 께서 이 낮은 땅에 강림하신 것이다. 그래서 주님께서 기도하셨을 때 눈을 들어 우러러보셨으며(요 11:41), 너희는 아래서 났고 나는 위에서 났다(요 8:23)고 하셨다. 구약에는 에녹이나 엘리야가 지표에서 하늘로 올라갔고, 신약에서는 예수님께서 많은 신도들이 보는 가운데 하늘로 승천하셨다. 그 리고 꼭 같이 하늘로부터 재림하실 것(살후 1:7)을 말씀하셨다.

여기 말한 '위'(아노오)란 추상적 높이나 고상한 것을 뜻하는 '높음'(우포 스, High, 마 23:12; 눅 23:12; 고후 11:7; 약 1:9; 4:19)이 아니라 공간적 높음 (아노오, Above)을 말한다. 그렇다면 사도 요한이 목격한 하나님의 보좌가 있는 찬란한 '천국'(Heaven, 계 4:1~6; 15:2; 21:16~27)은 우리의 위에 있으 며 그가 다스리시는 '하나님의 나라'(kingdom of God, 마 5:3; 눅 12:32)는 땅, 즉 지구 표면이 포함됨을 암시한다. 그것은 우리가 이 땅에 몸을 담고 호 흡하며 사는 동안 이 세상은 하나님의 통치 아래 있기 때문이다(요 6:51; 막 10:30). 그로 인해 현세에서 하나님의 백성과 세상의 자녀는 영적 통치권 안 에 있어 불신자와 구별된다(눅 16:8; 20:34, 35).

한 가지 분명한 것은 '구름 속에서' 혹은 '하늘에서' 하나님의 음성이 들린 것(마 3:17; 17:5; 행 9:3~7)이나, 하늘이 열렸다(마 3:16)거나, 변화산에서 예수님께서 고인이 된 모세와 엘리야와 말씀하시는 것을 제자들이 목격한 것(마 17:1~3)이나, 우리의 은밀한 것도 보시고(마 6:4, 6) 소상히 아시고(마 6:8) 계신다는 것 등은 마귀가 권세 잡은 세상 속에서 하나님께서 자기 백성을 다스리시는 것을 밝히신 것이다.

또한 골방에 들어가 문을 닫고 은밀한 중에 기도하는 속삭임을 하나님께서 들으신다고 하셨고, 우리의 행위와 동작과 마음을 감찰하시고 기록하신다(계 20:12)고 하셨다. 그렇다면 하나님께서 들으시고 감찰하시는 공간은 매우 가깝다는 것을 나타내셨다. 그 밖에도 모세가 호렙산에서 하나님을 만난 일, 엘리사가 도단 성에서 아람 군대에 포위 되었을 때 두려워 떠는 사환의 눈이 열리게 하여 하나님의 군대가 산에 가득한 것을 보게 하신 일(왕하 6:15~17) 등에서 하나님의 나라는 가깝다는 것을 짐작할 수 있다.

어디 그 뿐인가? 사무엘이 하나님과 한 대화(삼상 3:4~8)나, 많은 선지자가 다 같이 '하늘이 열린' 것을 본 일, 하나님의 '말씀이 임'했으며, 불이 엘리야의 제단에 내려 번제물과 나무와 돌과 흙과 도랑의 물을 태운 일, 그리고 스랍 중의 하나가 부젓가락으로 제단에서 핀 숯을 손에 가지고 날아와서 이사야의 입술에 댄 사건들은 현실 속에서 감찰하시고 즉시 반응하시는 하나님을 시사한다. 세겜 땅 상수리나무 아래서 아브라함에게, 호렙산에서 모세에게 나타나신 하나님은 하나님을 대행한 '하나님의 사자'였다. 우리의 기도를 하나님에게 전달하는 것은 천사이며(계 8:4). 그의 사자들이 하나님의 일을 대행하게도 하시고(히 13:2; 약 2:25), 자기 독생자를 보내셔서 그 나라를 알게 하시고, 성령을 통해서(요 14:16~17) 자기 백성을 다스리시는 것 등, 이 모든 일들은 지상에서 자기 백성을 통치하시는 것을 시사한다.

아담이 에덴동산에서 하나님의 명을 거역하고 쫓겨난다. 그때 하와에게 잉태하는 고통과 아담에게 가시와 엉겅퀴가 덮인 땅을 개간하여 가까스로 땀 흘려 식물을 취할 것을 말씀하시고 에덴에서 내보내셨다. 그리고 에덴동산 동편에 천사들과 '두루 도는 불 칼'(화염검)로 생명나무의 길을 막아 돌아오지 못하게 하셨다(창 3:16~24). 이런 기사로 볼 때 결코 먼 다른 혹성이나 별 나라에 에덴동산이 있었다고 생각되지 않는다.

이 사건을 두고 어떤 성경 비평가(High Critics)들은 신화로 단정하고 별의미가 없다고 주장한다. 그와는 반대로 아담의 기사를 역사적 사실로 보고 에덴동산의 위치를 추정하여 현 이라크의 유브라데강 근처로 지목하는 학자들도 있다. 그렇다면 그 에덴은 천국이었던가? 아니면 하나님의 왕국의 한 영토였던가? 하는 문제가 대두되나 사탄인 뱀의 유혹이 있었던 것으로 보아 후자가 옳은 답으로 보인다. 그뿐 아니라 이스라엘과 이방이 전쟁할 때 마다 천군이 동원된 일, 예수님께서 잡히시던 날 밤, 제자 중 하나가 칼을 빼어 대제사장의 종의 귀를 쳤을 때 주님께서 그에게 "너는 내가 아버지에게 구하여 지금 열두 군단 더 되는 천사를 보내시게 할 수 없는 줄로 아느냐?"(마 26:51~53) 하셨다. 이 말씀에서 '지금'은 '즉시'라는 뜻이다. 그렇다면 신자에게 하나님의 나라는 얼마나 가까운가를 생각해 볼 필요가 있다. 우리의 기도를 들으시며, 늘 우리를 감찰하시며, 대화를 나누시며 하소연을 들으실 만한 거리는 높은 하늘이 아니라 손을 뻗으면 닿는 공간 정도인지도 모른다. 아니 그보다 더 가까이 내 마음속까지 미치는 영역으로 볼 수 있다. 내 마음속에 계셔서 나와 동고동락 하시는 성령(하나님)은 '내가 주 안에, 주님이 내 안에' 계시는 가까운 거리라고 보이며, 영적 세계와 육적 세계, 현상계(現象界)와 영계(靈界)가 중첩되어 있음은 확실하다. 그렇다면 현실 공간이 하나님 나라의 영토의 한 부분이라 할 수 있다.

그것을 주님께서 "네가 내 안에, 내가 네 안에 거하면"이라고 하신 것이다. 포도나무 가지가 포도나무 둥치에 붙은 것(요 15:4)처럼 나와 하나님과의 영향이 미치는 거리는 '상호 느낄 수 있는 밀착된 교감거리(交感距離)'(엡 3:16~21; 골 1:11, 29; 벧전 4:11)로 보인다. 이것은 상호 중첩된 것을 암시하는 대목이다. 성령님과의 이 같은 동화(同和)가 기독교의 핵심이지만 실감하기는 쉽지 않다. 영의 세계에 대한 인식이 없기 때문이다. 인식이 없으면 그것을 실감하기 어렵다.

중고등부 주일학교 선생님이 "나는 포도나무요 너희는 가지라. 그가 내 안에, 내가 그 안에 거하면 사람이 열매를 많이 맺나니……"(요 15:5)를 읽고 하나님과 신자의 관계를 설명했다. 한 학생이 씩 웃으며 "내가 하나님 안에 거하는 것은 알겠는데, 하나님이 내 안에 거한다는 것은 모르겠는데요.

그러면 하나님이 나보다 작은 분인가요?"라고 질문을 했다. 그 학생은 '안에 거하는 조건'이 크기에 있다고 보는 형이하학적(形而下學的) 견해에서 벗어나지 못한 것이다. 선생은 잠시 생각하더니 하나님께서 우리 안에 거한다는 것은 하나님께서 우리의 마음 안에 머무르시며 우리의 모든 사정을 아신다는 것(요 15:7)을 말한다고 답했다. 그리고 "하늘나라와 현실 세계는 서로 존재 개념이 달라서, 크기나 거리, 색상 등을 현실과 비교하여 이해하기가 어려우나 그저 영의 세계와 물질의 세계가 중첩된 것을 표현한 것이다."라고 답했다. 그랬더니 그 학생은 "그렇다면 말씀이 머무른다는 것과 그가 내 안에 거하는 것은 어떻게 다른가요?"라고 풀리지 않는 의구심을 드러내며, "참 어려워요." 하며 고개를 갸우뚱거렸다.

흔히 사람들은 주님의 말씀을 자기 인식에 맞게 해석하고 이해가 되면 은혜를 받았다고 말하고 이해가 되지 않으면 은혜를 받지 못한 것으로 생각한다. 결국 누구를 막론하고 자기의 상상과 이해의 한도 내에서만 인정한다. 즉 말씀이나 절대적 진리의 차원(Dimension)이 오로지 자기 상상 안에서 포섭되고 담겨지는 한도 내에서 이해되는 상대적 진리가 된다. 따라서 이해력과 감지력의 변화, 즉 성령으로 새 사람이 되는(요 3:5) 변화가 일어나지 않으면 하나님의 임재(任在)를 깨달을 수 없다(요일 5:20). 성령이 우리 안에 계셔서(고전 3:16) 우리의 영안이 떠지고, 신령한 몸(고전 15:44)이 되어 영적 분변(고전 2:13~15)이 가능하게 되어야 구원을 얻게 되는 것이다(고전 5:5).

사람이 음식을 먹고 공기를 호흡하며 땅 위에서 사는 것은 육이며, 우리의 영혼은 성령을 호흡하여 살기도 하고 사탄을 호흡하며 살기도 한다(마 12:18~45). 그러나 신령한 몸이나 영적 공간을 구별하여 감지하기가 쉽지 않다. 예수님께서 그것을 눈에 보이지 않는 영적 바람(靈風)으로 설명하셨다(요 3:8). 인간이 눈에 보이지 않는 공기를 호흡하듯 성령을 호흡하여 살게 됨을 밝히신 것이다. 당시 최고의 교육을 받은 니고데모도 그 이치를 몰라 "어찌 그런 일이 있을 수 있나이까?"라고 반문한다. 주님은 어떻게 일어

내주께더가까이

날 수 있다는 대답은 하시지 않고 "사람이 물과 성령으로 나지 아니하면 하나님 나라에 들어갈 수 없느니라"(요 3:5)고 답하신다. 즉 영의 물, 성수로 씻음 받고 성령으로 거듭나 영적 사람으로 변하지 않으면 그의 나라에 들어갈 수 없다는 것이다. 영이 눈을 뜨고 영이 성장해야만 하나님 나라의 백성이 된다는 말이다.

세상과 하나님의 나라는 비슷하기도 하여 주님은 세상 예화를 많이 드셨다. 그 예화들은 세상에서 볼 수 있는 다반사이지만 영의 세계에서도 일어나는 유사한 진리를 골라 비유로 설명하신 것이다. 그러나 어떤 경우에는 하늘나라 일이 세상과 정 반대되는 경우도 있다. 영혼의 돌감람나무 가지가 참감람나무 둥치에 접붙임을 받는(롬 11:17) 진리는, 참감남나무 가지를 돌감람나무 둥치에 접목하는 세상의 접목 방법과 정반대인 역접목(逆接木, Reverse Grafting)이다. 그리고 '내가 너희 안에'가 아니라 '너희가 내 안에'가 앞서 있는 것도, '돌이켜(거슬러) 어린아이가 되는' 역성장(逆成長)도 자연 변화와 반대되는 역반응이며 세상 진리와 정반대 진리다.

하나님의 나라와 지상 나라가 중첩되어 있는 증거도 많고, 하나님의 영적 진리가 자연의 진리에 반대되는 역 진리(逆 眞理)도 있어, 하나님 나라 진리를 이해하기가 쉽지 않다. 그리하여 두 진리가 서로 간섭(干涉)하거나 상쇄(相殺)하기가 쉽다. 하나님과 가까워지는 것은 세상과 멀어지는 것이요 세상을 사랑하면 아버지와 멀어지는 것이 된다(요일 2:15). 그리고 이 세상 사람들은 세상 풍속을 좇아(엡 2:2) 장가가고 시집가며(눅 20:34), 형제와 자식과 전토를 사랑하며(막 10:30), 생의 염려와 재리와 일락에 눈이 어두워져 살아간다(눅 8:14). 그러나 영적 삶은 세상의 역방향으로 진행하는 경우가 많다. 그러나 그 역방향(逆方向)에는 세상과 반대되는 극(極)과 하나님의 나라가 있다. 그렇다고 그들이 멀리 떨어져 있는 것도 아니다. 마치 전기가 흐르면 그 방향으로 (+)와 (-)의 전장(電場)이 생기고 그로 인해 수직 방향으로 (N)극과 (S)극의 자장(磁場)이 생겨 쇠를 잡아당기는 자력(磁力)이 생기는 것과 같다.

전깃줄을 한 방향으로 여러 번 감아 전기를 흐르게 하면 그 수직 방향으로 강력한 자장이 생긴다. 그 원리를 이용한 것이 전기모터이며, 역으로 수력이나 풍력으로 모터를 돌리면 발전기가 된다. 화력 발전소나 원자력 발전소도 물을 뜨겁게 가열하여 증기의 힘으로 모터의 터빈을 회전시켜 자장을 만들어 발전하는 것이다. 그것이 발전기의 원리다. 그러나 사람들은 전기는 인체의 수분 탓으로 감전(感電)되지만 자장에는 수분의 반자성(反磁性) 체질 탓으로 자력을 느끼지 못한다. 철이나 코발트나 니켈과 같은 전위금속(Transitional Element, 원자의 d-궤도에 전자를 가진 금속)은 자장에 영향을 받으면 자체 내에 d-궤도 전자들이 한 방향으로 정돈되어 자성을 갖게 되는 물질을 상자성(常磁性, Paramagnetic) 물질이라 한다. 자장의 영향을 받아 원자의 바깥 전자(d-궤도 전자)들이 한 평면상에 정돈되어 회전하는 물질이다. 그러나 자장에서 벗어나면 서서히 원 상태로 되돌아간다. 사람도 일반적으로 사무엘과 같이 영적 자장에 감응하는 신성을 가지고 있으나 그 감성이 자기 지식과 인습에 의해 퇴화되기도 하고 자라나기도 한다.

다시 말하면, 전장과 자장이 함께 동심원 내에 존재하지만 사람은 그것을 감지할 수 없고 전장(電場)에만 노출되어 있다. 그리하여 전기가 흐르면 자기도 따라서 흐르지만 사람은 자장(磁場)은 느끼지 못한다. 꼭 그와 같이 물질계와 영계가 공존하지만 그 진리를 이해하기는 쉽지 않다. 하물며 하나님 나라이겠는가? 하나님의 나라는 영계에 속하여 물질계와 동심원 속에 공존하지만 육안으로는 볼 수 없으며 그 작용 방향이 물질계와 평행하는 수평 방향이 아니라 수직 방향이어서 십자가의 원리를 이해하기가 결코 쉽지 않다. 그리고 육이 죽어도 영이 살아 있는 것이나 육은 살아도 영은 죽은 상태에 있다는 것이 그것을 증명한다. 심장이 멎어도 뇌 활동은 24시간 이상 지속되며 육이 멎어도 영의 교제는 지속되는 것이 그것을 증명한다.

예수께서 사마리아와 갈릴리 한 마을에서 나병환자 10명을 깨끗이 낫게 해 주셨는데 그중 한 사람만이 돌아와 예수께 감사하며 하나님께 영광을 돌렸다. 그러자 주님께서 그 이방인에게 "네 믿음이 너를 구원하였나니라!"(눅

17:19) 하신다. 즉 "네 믿음이 오늘 너를 구원했다."라고 현실적 구원을 선언하셨다. 이와 같은 구원 선언을 회개한 세리 삭개오에게도 하셨다. "오늘 구원이 이 집에 이르렀느니라"(눅 19:9). 여기 '이르렀다'는 것은 회개와 구원은 동시에 일어나는 것을 시사한다. 회개하는 순간에 구원이 이루어지는 것을 제자들은 이해하지 못했다. 회개하는 작업이 하나님 나라 등록 수속이다. 하여 "하나님의 나라(Kingdom of God)가 어느 때에 임하는 것입니까?"(눅 17:20)라는 제자들의 질문은 하나님 나라를 알지 못한 어리석음에서 비롯한 것이다.

그들은 하나님의 나라는 현실에서 멀리 떨어진 곳에 별도로 있으며 그 이동 절차가 복잡한 것으로 만 생각했다. 어떤 나라의 정치나 주권이 변하여 새 나라가 이루어지려면 역사의 대개혁이 일어나야만 한다. 그와 동시에 역사적 변화에는 상당한 시일이 소요되는 법이다. 그래서 사람들은 하늘나라가 복잡한 절차를 밟아 도래하며 그에 상응하는 시일이 소요된다고 한다. 그러나 주님은 그런 도래가 아니라 즉시 나타나는 '엘코마이'(Appear)라고 답하셨다.

여기 '임한다'(엘코마이)는 뜻은, 우리는 이 사람이 어디서 '왔는지' 안다(요 7:27)나 '그리스도께서 오심'(요 4:25; 7:31)과 '때가 이르리니'(히 8:8) 등에서는 '가시적 도래'를 의미하며, 멀리서 복잡한 절차를 거쳐 접근하는 것을 말한다. 그러나 오늘 나의 몸은 지상 어느 나라에 있다 하더라도 하늘나라 시민권은 회개하는 즉시 취득된다. 하나님 나라 시민권은 육이 죽고 영이 하늘나라에 가야만 얻어지는 것이 아니라 그리스도를 믿고 회개하는 영적 절차를 밟으면, 현세에서 즉시 영주권을 취득할 수 있다. 단지 그 자격증은 영주권 정도의 잠정적인 것에 불과하다. 그리하여 '온전한 것이 올(엘코마이) 때'(고전 13:10)라고 했으니, 이는 부분이나 임시적인 것이 지나가고 완전하고 영원한 것이 임할 것을 말하는 것이다.

"부분적으로 하던 것 …… 어렸을 때에 말하는 것 …… 깨닫는 것이 어린아이와 같다가 장성한 사람이 되어서는 어린아이의 일을 버렸노라"(고전

13:11), "지금은 부분적으로 아나 그 때에는 주께서 나를 아신 것 같이 내가 온전히 알리라"(고전 13:12) 등의 말씀은 어렸을 때와 장성한 때, 불완전한 존재에서 온전한 존재로 발전하는 것을 나타내고 있다. 어디 옛 사람이 새 사람으로 변하는 것이 도래던가? 아니다 순간적 변화일 뿐이다. 여기 고린도전서 13장 12절에 주목해야 할 표현이 있다. '그 때'와 '주께서 아신 바 된 때'이다. 여기 '주께서 아신 바'란 '과거에 아셨다'(에피그노소마이)라는 것을 말하며 '에피 기노스코'(완전히 안다)의 과거형이다. 주님은 우리의 과거와 현재를 소상하게 아신다는 뜻이다. 우리가 그의 아신 바 되었다는 것은 그의 나라 백성이 되었다는 증거다.

그리하여 "또 여기 있다 저기 있다고도 못할 것이니 하나님의 나라는 '너희 안에 있느니라'[엔토스 휘몬(within you) 에스틴(exist)]"고 하신다. 즉 하나님의 나라는 도래하는 것이 아니라 회개하고 주를 영접하는 순간에 '존재하는 것'(에스틴)이라고 말씀하신 것이다. 겨자씨만 한 작은 생명의 씨앗이 마음 밭에 떨어져(마 13:3~10) 생명이 시작되나 상당한 시일이 지나서 새싹이 보이게 되면 그제야 사람은 하나님의 나라가 도래한 것으로 본다. 하지만 눈에 보이는 그 새싹은 씨앗의 육질이 죽는 순간 이미 씨앗 속에 존재한 배자(胚子)가 새 생명으로 움트기 시작할 때부터인 것처럼 '하나님의 나라는 존재하지만 도래하는 것이 아니며 그 나라가 존재하는 곳은 너희 안'이라고 하신 것이다.

이점이 예수님과 인간의 시각 차이라 하겠다. 즉 인간은 천국이 어느 우주 공간에 있다가 때가 되면 야단스럽게 '도래하는 것'으로 생각하나 실은 믿는 자의 마음속에 소리 없이 떨어진 씨앗처럼(마 13:3~23) 미약한 존재의 증거(엡 3:16~21; 골 1:11, 29)로 있다가 성령의 물 주심과 본인의 기도(마 6:6~14; 7:7~8)의 노력이 있은 후에 푸른 싹이 드러나듯 드러나는 것이다. 그것이 회개한 삭개오에게 "오늘 구원이 이 집에 이르렀다"(눅 19:9) 하신 이유이다. 내일도, 죽은 후도 아니라 바로 회개한 즉시 영생의 씨앗은 시작된 것이다.

'해 아래 새것은 없다'(전 1:9)는 말씀이 있다. 성경에는 시간적 '새 것'(New)을 '차다쉬(히), 네오스(그)'라 하여 새로 만들어 진 것, '새 포도 주'(마 9:17) 등을 의미한다. 그리고 이전부터 있었으나 사용되지 않은 '새 것'(카이노스, Unused)을 주로 더 많이 사용하고 있다. '새 생명'(롬 6:4; 7:6), '새 언약'(마 26:28; 고전 11:25; 히 8:8), '새 교훈'(막 1:27), '새 계명'(요 13:34; 요일 2:7) '새 하늘과 새 땅'(벧후 3:13; 계 21:1) 등은 원래 존재하고 있었으나 경험하지 못한 새것을 뜻한다. 그래서 "해 아래 '새 것'(차다쉬, new)은 없나니"(전 1:9)라고 하시고 나타나는 것이 아니라 이미 존재하는 것으로 말씀하신 것이다. 옛부터 있었던 하나님의 나라도 새 것으로 내 안 에 드러날 뿐이다.

주님께서 "평안을 너희에게 끼치노니 곧 나의 평안을 너희에게 주노라"(요 14:27)라고 말씀 하셨다. 여기 '끼친다'(아피에미)란 '보낸다'거나 '능력이 미치게 한다'는 뜻이며 새로 창조된 것이 아니라 기존하는 것을 보낸 다는 뜻이다. 즉 물질은 주는 것이지만 비물질인 능력이나 은혜나 생명은 '끼치는 것'이다. 평안이나 기쁨이나 생명력 등 영적인 것, 영의 힘으로 만 가능한 것은 생기는 것도 주고받는 것도 아니다. 다만 영적으로 끼치는 것 이다. 그것들은 도래하는 것이 아니라 기존하는 생명력이 나타날 뿐이다. 가시적인 것은 도래하지만 비가시적인 것은 끼쳐질 때 나타날 뿐이다. 믿음 이나 평안이나 능력이나 정이나 사랑 등 영적인 것을 끼칠 수 있는 존재는 신밖에 없다. 예수님 당시 많은 사람이 예수님의 옷자락이라도 만지려고 몰 려든 것도 '능력의 끼침'(눅 6:19; 8:46)을 믿었기 때문이다.

또한 끼친다는 뜻은 권세 또는 통치(마르코오, Sovereign)의 영향이 미 친다는 의미다. 하나님의 다스리심(롬 15:12)이 있고 그 다스림을 받는 종 이 주인에게 주(퀴리오스, Lord, 마 3:3; 4:10), 또는 주권자(퀴리스테스)를 의지할 때 주의 능력이 끼쳐지는 것이다. 그것을 '하나님으로, 그리스도로 또는 성령으로 말미암아'라고 하시는 것이다. 바울 사도가 "그의 능력이 그 리스도 안에서 역사하사 죽은 자들 가운데서 다시 살리시고 하늘에서 자기의 오른 편에 앉으사 모든 통치와 권세와 능력과 주권과 이 세상뿐 아니라 오는 세상에 일컫는 모든 이름 위에 뛰어나게 하시고"(엡 1:20~21)라고 한 것이나, "그의 영광의 힘을 따라 …… 우리를 흑암의 권세에서 건져 내시며"(골 1:11~13)라고 한 것이나, 시편 기자가 "내 영혼을 소생시키시고 자기 …… 의의 길로 인도하시는도다 내가 사망의 음침한 골짜기로 다닐지라도 …… 주께서 나와 함께 하심이라"(시 23:3~4)라고 한 것이나, 베드로 사도가 마지막 심판자(벧후 2:9~10)로 우리에게 영생을 얻게 하시는 것은, 주님의 능력이 끼쳐지는 절차를 말한 것이다.

믿음의 작은 씨앗이 내려졌다고 그 씨앗이 반드시 움이 터 잘 자라는 것도 아니다. "사탄이 너희를 밀 까부르듯 하려고 요구하였으나" 하시며 "네 믿음이 떨어지지 않기를 기도하라"고 주님께서 경고하셨다. 그리고 "조심하라"(마 7:15; 1:17; 16:6, 11~12) "주의하라"(눅 21:8; 22:31~32), "지키라"(눅 11:28; 요 17:12; 요일 5:21), "굳게 하라"(롬 1:11; 16:25; 벧전 5:10; 벧후 1:12), "피하라", "삼가하라"등 경고하신 것을 보면 구원파들이 장담하는 구원도 옳은 것이라고는 볼 수 없다. 이런 경고들은 우리가 이중 시민권을 가지고 살고 있기 때문이다. 이 세상은 하나님께서 다스리는 나라인 동시에 정욕(돌짝밭)과 사탄의 유혹(가시밭)도 끼치고 있는 곳이다. 성찬식을 견신례(堅信禮), 즉 믿음을 견고히 다지는 예식으로 보는 이유가 여기에 있다.

시편 기자는 세상을 사망의 음침한 골짜기로 보았다. 그리고 땅의 임금(요 12:31; 14:30; 16:11)과 공중 권세 잡은 자(마 12:24; 14:30; 엡 2:2)들이 있어, 회개하지 않은 고라신과 벳새다와 같은 죄가 관영한 곳(마 11:21)이 많다. 주님을 따라다닌 제자들이 주님의 사랑을 다 같이 받았으나 그중에는 가룟 유다와 도마가 없는 것은 아니며, 그렇지 않더라도 파선할 위기와 굶주림과 역경은 늘 있다. 하여 주를 따라다니다가, 도중에 주님을 버리고 세상으로 돌아간 종들도 적지 않다(딤후 4:10, 14). 그래서 "지키라"(딤전 6:20) "떠내려가지 않도록 함이 마땅하다"(히 2:1) 하셨다.

죄에 병든 자 중에서 중증 환자를 주님께서 "미련하고 선지자들의 말한 모든 것을 마음에 더디(블라두스) 믿는 자"(눅 24:25)라고 책망하셨다. 여기 '더디다'(블라두스)란 '주저한다'(Hesitate) 또는 '거절한다'(Reject)라는 뜻이다. 인간은 의심하는 갈대여서 죄와 위선에 익숙해지면 양심이 둔화되어 '은혜의 끼침'도 잊고 죄악 된 세상을 동경한다. 결국 믿음이 의심에 압도되어 멸망의 길을 스스로 택하는 어리석고 성실치 못한 몰골들을 흔히 볼 수 있다. 그들은 한 때에는 하나님의 사랑과 은혜의 끼침을 받은 듯하였으나 종래 자멸의 길을 택하는 것이다.

그러나 이 땅에 오신 예수님은 '내 나라'[바실레이아(Kingdom) 헤(the) 에메에(my)]를 세 번이나 세상 집권자 앞에서 선언하시며 자신은 이 세상에 속해 있지 않다(요 18:36)고 하셨다. 빌라도가 "네 나라 사람과 대제사장들이 너를 내게 넘겨주었으니 네가 무엇을 하였느냐?"라고 예수께 물었다. 예수께서 '세상 권세'에 예속된 것을 강조한 질문이다. 그러나 주님은 답하시기를 "내 나라는 이 세상 나라 권세에 속해 있지 않다." 하셨다. 빌라도가 다시 물었다. "그러면 네가 그 나라의 왕이냐?"(요 18:37). 예수님께서 대답하셨다. "네 말과 같이 내가 (그 나라의) 왕이니라." 그리고 "내가 이를 위하여 태어났으며 이를 위하여 세상에 왔나니 곧 (그) 진리에 대하여 증언하려 함이로라 무릇 그 진리에 속한 자는 내 소리를 듣느니라." 하셨다. 여기 '이를 위하여'는 '하나님의 나라 일을 위하여'라는 뜻이며 그가 세상에 오신 목적이 이 하나님 나라를 위한 것이라는 것, 내 나라에 속한 자는 '내 소리를 듣느니라' 하신 것이다.

헤롯 왕이 유대인의 지지를 받기 위해 사도 요한의 아우 야고보를 칼로 죽이고 베드로를 죽이려고 투옥한다. 그럼에도 베드로는 마지막 날 밤, 두 병사들 가운데서 두 쇠사슬에 이중으로 매인 체 아무 걱정도 없이 깊이 잠들어 있었다(행 12:2~7). 아무리 약발이 강한 신경 안정제를 먹었다손 치더라도 그렇게 깊이 잠들 수는 없다. 그것은 분명코 이 세상에 '주님의 평안이 끼쳐진', '세상 것과 다른 평안'(요 14:27) 때문이었다. 이것은 "뿌리는 씨가 죽지 않으면 살아나지 못하겠고"(고전 15:36), "썩을 것으로 심고 썩지 않을 것으로 다시 살아나며"(고전 15:42) 하신 현실적 변화가 베드로에게는 이미 실제가 된 것이다.

하나님의 말씀이다. "하나님이 이르시되 그가 나를 사랑한즉 내가 그를 건지리라 그가 내 이름을 안즉 내가 그를 높이리라 그가 내게 간구하리니 내가 그에게 응답하리라 그들이 환난 당할 때에 내가 그와 함께 하여 그를 건지고 영화롭게 하리라"(시 91:14~15). 아멘!

4 하늘나라(Heaven)

신앙이란 현실적으로 충실한 삶을 위한 것이어서 먼 훗날이나 내세를 위한 것이 아니라고 주장하기도 하고 천국이나 지옥은 현실의 결과일 뿐 미리에 나타나는 기대 사항이 아니라고 주장하기도 한다. 그러나 성경 말씀은, 믿음은 소망과 사랑과 더불어 있어야 한다고 강조하고 있다(고전 13:13). 즉 현실적 믿음은 미래에 대한 소망과 영원한 사랑에 대한 관심을 항상 함께 가져야 한다는 뜻이다.

독일의 종교학자 에벨링(Gwehard Ebeling)은 그의 저서 『기독교 신앙의 본질』(1964)에서 신앙은 관심(關心)에서 출발하며, 관심이란 라틴어 'In-ter-esse', 즉 '…… 사이에 있다'는 뜻이며 인생의 생(生)과 사(死) 사이에 당장에 꼭 집을 수 있는 집게로 보았다. 그러나 인생은 언제나 현재에 충실하지 못하고 뒤에서 절룩거리며, 과거는 망각하고 미래는 안개 속에 묻혀 버린다. 그리하여 과거는 너무 빨리 지나갔다고 불평하고, 미래는 너무 더디다고 원망한다. 이는 시간은 우리의 소유가 아니라는 것을 입증하지만 사람은 자기 것으로 착각한다. 그리고 다 유일한 유니폼을 입고 달리면서 자기는 다르다고 생각한다. 그 유니폼에 인쇄된 공통된 그림은 검은 바탕에 '희망'을 상징하는 희미한 별들이다. 또한 사후의 사건은 관심이 집어낼 수 있는 범위 안에 들어 있지 않다고 보면서도, 영원의 세계에 대해서 은근히 관심과 소망(所望)을 가지고 있다는 것은 생명이 영원에 속해 있다는 것을 입증한다.

'하늘나라! 천국!'은 온 인류가 바라는 곳! 고통과 염려와 죄악이 없는 곳! 하나님의 보좌가 있는 곳! 성도들이 이 세상을 떠나는 날 아무런 부담 없이 맨손으로 가는 '예비된 곳'(요 14:2~3)! 알곡을 거두어들이는 하나님의 곳간

(마 13:30)! 믿음으로 소망하는 낙원(눅 23:43; 고후 12:4; 계 2:7)! 위로와 애모가 넘치는 어머니의 품, 아브라함의 품(눅 16:22)! 그 무엇으로도 표현할 수 없는 복된 예비된 곳(요 14:1~3)이다. 그곳을 '아브라함의 품'이라고 한 것은 그 당시 유대인들의 관습이었다.

소크라테스는 『파이돈』에서 사후에 오는 영원한 내세에 대해 이렇게 설명했다. "오오, 나의 벗들이여! 만일 영혼이 정말 불사(不死)라고 한다면 우리는 이 세상의 짧은 시간을 위해서만 아니라 영원한 세월을 위해서 영혼을 보살펴야 할 것이요. 만일 죽음으로 모든 것이 끝난다면 악인은 죽음으로 이득을 본다고 할 수 있겠지. 그러나 우리가 본 바와 같이 (세상은 공의가 살아 있어) 영혼이 죽지 않고 죄과에서 벗어나서 구원을 얻는 길이 있다면, 그 길은 영혼이 가장 선하고 가장 지혜롭게 변하는 길밖에 없을 것이요."라고 했다. 그는 이 세상의 삶으로 끝나지 않고 공평한 심판이 주어지는 영원한 내세와 신이 다스리시는 나라가 필연코 있다는 것을 귀납적(歸納的)으로 믿었다.

그리고 그는 말했다. "우리는 대지의 표면에 살고 있다고 착각하고 있지. 이것은 마치 바다의 밑바닥에 살고 있는 생물이 물을 통하여 해와 별들을 보면서 바다 표면을 하늘이라고 생각하며 살지. 그러면서도 약하고 둔한 탓으로 물 위로 한 번도 나가 보지 못해 그 위의 세계가 자기가 사는 곳보다 얼마나 더 깨끗하고 아름다운지 알지 못하는 것과 마찬가지이지." 그는 '깨끗하고 아름다운' 하늘나라가 지상 어디에 있다는 것을 믿었던 것이다.

소크라테스는 사약을 마시기 직전 죽음을 슬퍼하는 제자에게 말한다. "슬퍼할 것 없네! 인간에게 영혼이 들어 있다는 것은 언제나 생명이 있다는 것이 아닌가 …… 눈(雪)이나 얼음이 열기에 가까이 오면 그것이 어디 없어지는가? 아니다! 불멸하기 위해 녹아 물이 되어 형태는 없어지나 불멸의 장소로 옮겨 가는 것뿐일세! 만일 그렇지 않다면 그의 불멸을 증명할 수 없지." 그는 영혼은 변화할 뿐 소멸하지 않는 존재로 보면서 육이 죽을 때 다른 형태로 변하여 가는 곳이 있다고 본 것이다.

천국을 성경 말씀을 기반으로 적나라하게 표현한 사람은 이탈리아의 중세 시인이요 소설가인 단테 알리기에리(Dante Alighieri, 1265~1321)라고 할 수 있다. 그는 여덟 살 때 시를 썼을 정도로 천재적이었다. 그의 천재성을 높이 평하는 사람들은 영국의 셰스피어와 비견한다. 그의 많은 시와 소설 중에서 그를 돋보이게 만든 것은 그의 말년의 걸작 『거룩한 희극』(La Divina Comedia, 神曲)이다. 이상적인 성녀 '메리 슈'(Mary Sue)의 인도로 지옥과 연옥과 낙원을 탐방하면서 전기 형식으로 적나라하게 그곳들을 기록했는데, 성경과 외경을 기반으로 저술한 대서사시이다. 이 책 외에도 천국을 다녀왔다는 기록과 책은 세상에 수 없이 많다.

결국 이들의 내세관을 종합해 보면 세상에 선과 악이 있다는 것, 정신세계가 있고 그 정신이 완전을 추구한다는 것, 현세의 삶의 보답이 내세에 반드시 있다는 것, 불완전한 것이 있으면 완전한 것도 반드시 있다는 것, 대기층이 있고 공기층이 있다면 지상 세계가 있고 천상 세계가 있다는 것을 논리적 귀납법으로 추정했다. 그러나 이런 천국에 대한 지식을 가진 사람도 있는 반면에 생명체는 동물과 같이 호흡과 심장이 멎고 뇌 활동이 정지되어 죽음을 맞으면 한 줌의 흙으로 돌아갈 뿐이라고 생각하는 이들도 많다.

뉴턴이나 파스칼, 그리고 많은 과학자가 우주와 물질의 오묘하고 완벽한 질서의 영구성에서 창조주의 존재와 영혼의 영원성을 믿었으며, 수학자들은 수리(數理)의 정확성과 무한성에서, 그리고 불교는 윤회설을, 유교는 산 자의 혼(魂)이 죽어 백(魄)이 되어 물가로 떠돌아다닌다는 혼백설(魂魄說)을, 힌두교는 고된 세상과 반대되는 향락만 있는 낙원설을 믿는다. 사람들은 어떤 인물이 자기 소견대로 기록한 것을 그대로 믿기도 한다. 어디 꿈꾸는 데 힘이 드는가? 그러나 기독교에서는 영혼의 영원성을 추리나 원리 귀납법에서가 아니라 예수 그리스도를 통해 직접 계시하시며(요 14:1~3), 사도들을 통한 간접 계시로 금세와 내세, 천국과 지옥, 거처할 집, 낙원과 셋째 하늘, 새 하늘과 새 땅 등으로 상세하고 구체적으로 명시하셨다. 그리고 히브리서 11장에는 많은 선진이 그것을 믿고 인내한 실례(實例)를 들고 있다.

'하늘나라'의 성경적 의미는 앞서 말한 '하나님의 나라'와 구별하여 명시되어 있으며 신약만 해도 '하나님의 나라'가 72회, '하늘나라'가 32회 기록되어 있으며, 그 밖에 낙원(파라데이소스, Paradise, 눅 23:43; 고후 12:4; 계 2:7; 21:10~16)으로도 기록되어 있다. 낙원은 이름 그대로 '파라(부터)-데이도오(심판)'로써 죽어 심판 이후에 가는 곳이며 하늘나라와 같다고 보기도 한다. 예수님께서 골고다에서 십자가에 못 박혔을 때, 회개한 한 강도에게 말씀하셨다. "내가 진실로 네게 이르노니 오늘 네가 나와 함께 낙원에 있으리라"(눅 23:43) 하셨다. 여기 '오늘'은 육이 죽는 '오늘'을 뜻하여 그날 낙원에 주님과 함께 갈 것을 말씀하셨다. 그리고 사흘 후 부활하셨을 때 마리아에게 "나를 붙들지 말라 내가 아직 아버지께로 올라가지 아니하였노라"(요 20:17) 하신 것을 보면, 하나님의 보좌가 있는 하늘나라(천국, Heaven)와 낙원은 다른 곳으로 보인다. 그리고 그날 밤에 제자들에게 나타나셔서 그의 몸을 만지게 하신 것(눅 24:39)을 보면 하늘나라는 '하룻길' 거리임을 짐작할 수 있다.

주님께서는 지혜롭게 대답하는 한 서기관에게 "네가 하나님의 나라에서 멀지 않도다"(막 12:34)라고 말씀하셨다. 여기 '멀다'(마크란, far)는 공간적 거리(막 5:6; 눅 18:13; 계 18:10, 15)를 뜻한다. 그런데 "회개하라 천국이 가까웠느니라"(마 3:2; 4:17; 10:7)에서 '가깝다'(엔구스, near)는 시간적 거리(마 26:45; 히 10:25)를 의미하는 경우도 있다. 그러나 마태복음 26장 46절과 히브리서 7장 19에서 '가까이'는 역시 공간적 거리를 나타내고 있다. 특히 무화과나무의 비유에서 "그 가지가 연하여지고 잎사귀를 내면 여름이 가까운(엔구스) 줄 아나니(시간적 거리) 이와 같이 너희가 이런 일이 일어나는 것을 보거든 인자가 가까이(엔구스) 곧 문 앞에 이른 줄을 알라"(막 13:28~29)고 하신 경우에는 분명 공간적 가까운 거리를 나타내고 있다.

'하늘나라'(우란노스, Heaven)는 "하늘(우란노스)이 열리고"(마 3:16)나 "하늘(우란노스)로부터 소리가 있어"(마 3:17), 등에서는 '하늘'(Sky)로 번역되었으나 "맹세하지 말지니 하늘(우란노스)로도 하지 말라 이는 하나님의 보좌임이요 땅으로도 하지 말라 이는 하나님의 발등상임이요"(마 5:34~35) 등에서는 땅 위의 공간인 하늘로 표현하고 있는 동시에 하나님의 보좌가 있는 '천국'(天國, 우란노스, 마 5:3, 19, 20; 7:21; 13:11)을 나타내고 있다.

이 하늘나라(천국)는 현세에서 체험할 수 있는 '하나님의 나라'(하나님의 입헌 왕국)와 구별 되어 있다. 그리고 어원으로 볼 때 '천국', 즉 '우란노스'(Heaven)는 '하나님의 나라'(바실레이아 데오, Kingdom of God)와 엄연히 구별된다. 그 이유는 하늘나라(우란노스)는 '우'(곳, Place)-'란트'(정결한, Clean)에서 왔으며 죄와 불의가 없는 정결한 곳, '천국'(天國)을 말한다. 그렇다면 죄 많은 현세가 포함될 수 없으며 하나님의 의만 충만하게 지배하는 곳이다. 그렇게 보면 마귀가 공중 권세를 잡은 지상은 하나님의 통치 능력이 미치는 '하나님의 나라'(왕국)에 속할 수는 있어도 죄와 불의와 악이 없는 '하늘나라'는 될 수 없다. 이 구분이 분명치 않으면 기독교 지상천국설을 주장하는 '기독교 현실주의'자가 된다.

한국의 박태선 장로와 같은 현실주의자는 역사상에 꾸준히 있어 왔다. 그들 중에는 주님의 지상 재림을 고대했던 사람들과 여호와의 증인처럼 20세기 초에 이미 그리스도가 재림했다고 주장하는 사람들이 있다. 그리고 막연하게 주님의 재림과 상관없이 지상천국을 주장하는 무리들도 있다. 그들이 주장하는 공통점은 아가페의 사랑을 기반으로 삼은 선린사상(善隣思想)이다. 이 사상은 아우구스티누스에서 태동되었고, 현대에서는 미국 뉴욕의 유니온 신학교 교수였던 라인홀드 니이버(Reinhold Niebur, 1892~1971)가 그 맥을 잇고 있다고 말할 수 있다.

니이버의 기독교 이상주의와 현실주의에 관한 저서『기독교와 위기』(1953)에는 "기독교 현실주의는 하나님의 나라를 지상에 이루려는 사상"이라고 정의하면서, 아우구스티누스 때부터 있어온 사상이라고 말했다. 아우구스티누스는 지상에는 인간적 자애(自愛)가 기반이 된 나라가 있고, 아가페의 자애(慈愛)가 기반이 된 나라가 있다고 보았다. 아우구스티누스의 이같은 환상을 닮은 오늘의 기독교 현실주의는 인간적 사랑과 그리스도의 자애(慈愛)를 구분하여 현실 사회에서 기독교 공동체를 만들고 규범을 정하여 같은 뜻을 가진 사람들이 모이면 지상에서의 천국 건설이 가능하다고 보았다. 갈등과 미움과 싸움이 없는 이상적 사회를 지상에 이룰 수 있다는 것이다. 그러나 예수님의 답은 달랐다 "내 나라는 이 세상에 속한 것이 아니니라 만일 내 나라가 이 세상에 속한 것이었더라면 내 종들이 싸워 나로 유대인들에게 넘겨지지 않게 하였으리라 이제 내 나라는 여기에 속한 것이 아니니라"(요 18:36)라고 답하신 것이다. 하여 아무리 이상적 공동체를 만든다 하더라도 죄악과 불의와 모순이 없는 하늘나라, 천국은 이 땅에 있을 수 없다고 본다.

주님께서 "천국은 이런 자(어린아이)의 것이니라"(마 19:14) 하셨고, "천국은 마치 …… 열 처녀 중 기름을 준비한 다섯 처녀"(마 25:1)가 들어간다고 하셨다. 하여 천국은 구별된 곳으로 현재가 아니라 미래에 있을 곳이다. 그리고 하나님께서 다스리시는 왕국, '하나님의 왕국'은 열 처녀가 다 함께 등을 예비하고 신랑을 기다리는 곳이며, 천국은 기름을 예비한 다섯 처녀만 들어갈 수 있는 신랑의 집이다. 그리고 그곳은 주님께서 먼저 가셔서 '예비하신 곳'(요 14:2)이요 지상의 성도가 '미래에 갈 곳'이다.

그러나 영적 세계를 구분하면, 현세는 성령님이 무한히 활동하시나 마귀가 득세하여 심판 때까지(계 20:2, 7, 8) 공중 권세'(엡 2:2)를 잡고 있다. 즉 '악의 영'(엡 6:12), '흑암의 권세'(골 1:13)가 다스려 주관하는 곳이다. 그리하여 현세는 넓은 길로 가는 많은 사람이 마귀의 권세(에크수시아, 통치권) 아래 있는 곳이며, 하나님께서 인간에게 주신 선택의 자유를 따라 자의로 마귀를 영접(마 8:28; 12:43; 눅 11:24; 13:11)하거나, 그와 반대로 소수의 무리가 '좁은 길'을 선택하여 하나님의 나라 백성이 되어 시험과 고난을 받는 곳이다. 그 와중에서 성령의 도움으로 싸워 승리하여 성결하게 되면 사후에 가게 되는 곳이 천국(우란노스)이다.

그리하여 현세에서 하나님께 속한 사람은 하나님을 섬기고 마귀에게 속한 사람은 바알과 아세라, 돈과 제물, 세상 향락과 권세를 섬기는 것이다. 특히 고린도 사람들은 그리스의 영향을 받아 제우스(주피터), 헤르메스(머큐리), 아폴론(아폴로), 아프로디테(비너스) 등 많은 우상과 조상신과 위인을 섬겼으며, 한국과 동양인의 다수는 조상신을 섬긴다. 하여 세상 도처에 우상에 대한 제사가 잦다. 그러나 성도들은 십계명의 제1~3계명을 철저히 지키며 우상 숭배를 배격한다. 그럼에도 고린도 교회처럼 우상에게 바쳐진 제물(祭物)이나 우상 제사에 대해 단호한 태도를 취하지 못하고 어정쩡하게 애매한 처신을 하는 이중 국적자도 많다.

바울은 "우상은 세상에 아무것도 아니다"(고전 8:4)라고 했다. 여기 '아무것도 아니다'는 'Nothing'으로 번역되어 있으나 원문에는 '우덴(no) 에이도론(idol) 엔(in) 코스모(the world)'로서 '이 세상에 우상의 실체는 없다'라는 뜻이다. 즉 세상에는 하나님 이외에 섬길 만한 신은 없다는 것이다. 그것이 제물을 못 먹을 이유가 없는 이유다. 만일 우상에게 바친 제물을 먹는 것이 께름칙하다면 그것도 역시 우상의 실체를 인정하고 있다는 증거. 우상 숭배가 죄가 되는 이유는 마귀의 유혹에 속아 존재하지 않는 허수아비 우상을 섬기면서 하나님을 버리고 반역하는 데 있다. 하나님을 버리고 마귀가 날조한 우상과 물질과 사욕에 빠져 사탄의 추종자가 되는 것이다. 사탄이 아담과 하와를 유인한 것처럼 '보암직하고 먹음직하게' 보인 거짓된 사기에 속은 탓이다.

부모의 묘 앞에 정성스레 차례 상을 차려 놓고 자손들이 큰 절을 한다. 그러면서 효자나 된 것처럼 만족해한다. 그들은 자신들의 '거짓된 효'를 몰라서 속고 있는 것인가? 그렇게나마 지난날의 불효를 덮으려는 위선을 행하는 것이다. 어떤 이는 그것이 결코 숭배할 만한 인격체나 대상이 못 되는 것을 알지만 세습을 따라서, 혹은 조상을 존경하는 마음에서 절을 한다고 변명한다. 구실이야 어떻든 거짓된 위선이요 우상을 신으로 섬기는 무서운 범죄인 것을 모른다. 혹자는 조상신이 자손들을 돌본다고 믿는다. 조상신을 하나님 대신 섬기는 것이다. 그러나 하나님은 계명을 주시면서 첫째로 "너는 나 외에 다른 신들을 네게 두지 말라" 하셨고, 둘째로 "너를 위하여 새긴 우상을 만들지 말고 또 위로 하늘에 있는 것이나 아래로 땅에 있는 것이나 땅 아래 물속에 있는 것의 어떤 형상도 만들지 말며 그것들에게 절하지 말며 그것들을 섬기지 말라” 하신 것이다. 하늘나라는 이 법도를 지킨 사람만이 갈 수 있는 곳이다.

그래서 바울은 “(우상 숭배는) 이방인이 귀신에게 하는 것이요 하나님에게 하는 것이 아니니 나는 너희가 귀신과 교제하는 자가 되기를 원하지 아니하노라”(고전 10:19~21)고 경고했다. 즉 귀신과 대화하고 절하고 섬기는 것은 자신이 마귀의 신봉자가 되는 것이다. 그리고 돈이나 향락이나 세상 권력 역시 그 자체는 마귀도 귀신도 아니지만 사탄이 제공한 우상이며 그것들에 마음이 빼앗겨 섬기는 것은 ‘사탄을 섬기는 일’이다. 그래서 주님께서 “너희는 하나님과 재물을 겸하여 섬길 수 없다”(눅 16:13) 하신 것이다. 누가 재물이나 돈에 절하는 사람이 있던가? 절하지 않더라도 그것에 마음과 정성이 빼앗기면 재물과 돈을 숭배하며 섬기는 것이다.

누가복음 16장에는 주님께서 제자들에게 말씀하신 부한 자와 가난한 자에 관한 예화가 실려 있다. 이것들은 예화일 뿐 실화가 아니라고 보는 학자도 적지 않다. 그러나 또 다른 학자들은 “어떤 부자에게 청지기가 있어”나 “한 부자(富者)가 있어”(눅 16:19)등의 ‘어떤’(Certain)이나 ‘한’(One)은 실재 있었던 인물을 뜻하는 것이어서 실화라고 주장한다. 그리고 예수님께서 하신 예화는 언제나 망상이나 공상을 스토리(Fiction)로 하신 적이 없으며, 흔히 볼 수 있는 실화(Non-fiction)를 예로 드셨다는 것, 그리고 혹 과장된 표현에는 ‘만일 …… 할지라도’라는 단서를 붙이셨다는 사실, 그리고 이 부자를 원문에는 ‘어떤’(tis) ‘사람’(Andropos)이라고 표현하여 실화임을 나타내고 있다는 것을 들어 부자와 거지 나사로의 이야기도 실화로 본다.

그렇다면 선한 거지 나사로가 죽어 천사들에게 받들려 간 곳(눅 16:22)은 ‘아브라함의 품’이며, 아브라함의 품이라고 명명된 그곳은 실제하는 곳으로 보아야 한다. 아브라함의 품에 대한 해석은 다양하다. 그중에서 아브라함의 후손은 ‘믿음의 후손’을 뜻하며 ‘아브라함의 품’은 아브라함의 믿음을 가진 자가 가는 곳을 뜻한다. 그리고 주님께서 세리 삭개오의 집에서 "이 사람도 아브라함의 자손임이로다"(눅 19:9) 하신 것도 풍속을 따른 표현이었다고 학자들은 본다. 그런데 주님께서 삭개오의 집에서 "오늘 구원이 이 집에 이르렀다"고 하신 것은 현세에 하나님의 나라가 시작된 것을 시사하신 것이다. 그러나 '내 아버지 집'(오이키아)이라거나 '거할 곳(토포스)이 많다'(요 14:2~4)고 하신 천국과는 엄연히 다른 곳이다. '곳'(토포스)은 엄연히 존재하는 '넓은 지역'(Region)을 뜻한다. 그렇게 본다면 하늘나라는 분명히 존재하는 넓은 곳이요, 거처할 집들이 많은 어떤 곳을 말한다. 만일 내세의 천국이 없다면 주님께서 있지도 않는 하늘나라를 약속하실 이유가 어디 있겠는가?

　'하늘나라'(천국)에 대한 비장소설(非場所說)을 주장하는 학자들도 있다. 그러나 성경에는 하늘나라를 가리켜 '처소', '집', '거할 곳', '곡간' 등 구체적 장소로 말씀하셨다. 예수님 자신이 그곳을 '내 아버지 집'(요 14:2~4), '거할 곳'(거처)이라고 하셨다. 그리고 "내가 너희를 위하여 거처(집, 오이키아)를 예비하러 간다"라고 하시고 "다시 와서 너희를 영접하여 나 있는 곳에 너희도 있게 하리라"(요 14:3)고 하셨다. 여기서 주목할 것은 "내 아버지 집에 거할 곳(모나이, Dwell/Lodge)이 많도다 …… 내가 너희를 위하여 거처(토폰, Place)를 예비하러 가노니"라고 약속하신 '거할 곳'(모나이)은 분명한 특수한 구별된 장소를 말한 것이다. 여기 '거할 곳'이란 잠깐 머무르는 곳을 말하는 것이 아니라 생활하며 오래 살 거주처(居住處)를 뜻한다.

　바울은 부득불 자랑한다고 하면서 "십사 년 전에 셋째 하늘에 이끌려 갔다"(고후 12:2)거나 "낙원으로 이끌려 가서 (거기서) 말로 표현할 수 없는 말을 들었다"(고후 12:4)라고 사후에 갈 곳을 현세에서 미리 하나님께서 보여주신 사실을 증언했다. 여기서 '셋째 하늘'을 셋으로 구분된 제3천국으로 주장하기도 한다. 그 하늘나라를 몰몬교에서는 '제3천국'(Celestial Heaven)이라고 지명하지만 기독교에서는 '말하도록 허락 받지 않는 곳'으로 보고 인간적 알리바이를 강조하지 않는다. 단지 요한이 본 하나님의 보좌(계 4:10; 5:1, 8, 14; 7:11; 11:16; 19:4)가 있는 천국으로 볼 뿐이다.

고린도후서 12장 4절의 '말할 수 없는'을 흔히 '표현할 수 없는'의 뜻으로 보기도 하지만, 원어의 '위크'(not) '에크손'(permitted)은 말하도록 '허락받지 않은'이라는 뜻으로 허락받지 않은 숨겨진 비밀이라는 의미이다. 이는 진리를 '밭에 감춰진 보화'(마 13:44)라고 하신 것과 같으며 "말씀이 감춰져 있어…… 이르신 바를 저희가 알지 못했다"(눅 18:34)라는 것과 같다. 그것이 제자들이 예수님에게 "어찌하여 비유로만 말씀하십니까?"라는 질문에 주님께서 "그들에게는 허락되지 않았다"(마 13:10~11)라고 답하신 이유이다. 어떤 성경학자는 '그들'을 '인간의 완악한 진리 거절 본능'(호 13:9; 마 23:37; 행 7:51)으로 인해 '은혜가 차단 된 자들'이라고 설명했다. 왜 차단되었는가? 그 이유는 현실 차원에서 이해될 수 없는 일이기 때문이다. 부모도 어린 자식에게 말할 수 없는 비밀이 있다. 그 이유는 현실 차원에서 이해될 수 없는 일이기 때문이다. 찾고 두드리는 자에게만 열려지는 '숨겨진 비밀'이라 보인다.

하늘나라는 추하고 더러운 것도, 풍화나 부패로 냄새나는 것도, 배설이나 노화나 신진대사도, 병이나 죽음도 없는 영의 세계요, 아름다운 영원한 하나님의 보좌가 있는 곳이다(마 5:14; 5:45, 48). 그곳을 다녀온 여행기록은 사도 요한이나 바울 등 성경 인물 이외에도 역사상에 수없이 많다. 현대인 중에도 미국 조지아 출신 로월리(Thomas L. Lowery, 1929~2016) 목사, 캐나다의 로스(Sid Roth, 1940~) TV '초자연' 사회자, 그리고 교통사고로 사망 선고를 받은 후 8시간 만에 회생한 미국 아이오와의 시그먼트(Richard Sigmund, 1941~) 등이 생생한 천국 기행문을 기록했다. 그러나 그것을 보지 않더라도 천국의 강과 초장과 꽃과 나무와 집과 길의 모습, 그곳에 거주하는 사람들의 젊고 아름답고 친절한 모습을 상상할 수 있다.

하나님 아버지의 뜻이 하늘에서 이루어진 것같이 그대로 이 땅에 이루어지며(마 6:10), 그리고 '하늘이 열려' 하나님의 음성을 땅에서도 듣게 된 것(마 3:16; 눅 24:4; 행 2:1; 7:55; 9:3; 10:9), 그리고 예수님께서 부활하신 후 하늘로 올라가신 일(요 20:17; 행 1:9~11; 엡 4:10) 등은 하늘나라가 지구 표면 위에 있다는 것을 보여 준다. 그리하여 바울은 지상과 천국을 '흙에 속한 이의 형상, 하늘에 속한 이의 형상'(고전 15:49)으로 비교했고, '썩을 것과 썩지 않을 것, 죽을 것과 죽지 않을 것'(고전 15:53)으로 비교했다.

주님께서 비유로 말씀하시자 제자들이 "어찌하여 그들에게 비유로만 말씀하십니까?"(마 13:10)라고 질문했다. 그에 대해 주님은 "천국 비밀을 아는 것이 너희에게는 허락되었으나 그들에게는 아니 되었나니 …… 그들이 보아도 보지 못하며 들어도 듣지 못하며 깨닫지 못함이니라"(마 13:11, 13) 하시고 그 이유를 '마음이 완악하여졌기 때문'이라고 하신다. 사도 요한이 하늘나라를 보고(계 1:2; 11~20) 그것을 기록했다(계 21:1~22:5). 그 기록을 읽는다고 하늘나라를 그대로 보는 사람은 거의 없다.

주님께서는 하나님 나라에 관하여 "하나님 나라가 멀지 않도다"(막 12:34)라고 하시거나 "하나님 나라가 너희에게 가까이 왔다"(눅 10:9)라고 하셨다. 그리고 바리새인들이 하나님 나라의 도래에 대해 주님에게 질문했다(눅 17:20~37). "하나님의 나라는 볼 수 있게[메타(with)-파라테레오(Observation)] 임하는 것으로 잘못 알고 있었기 때문이다. 하여 주님께서는 "하나님 나라는 볼 수 있게 임하는 것이 아니라[우크(not), 엘코마이(Appear)]"고 대답하신다. 그리고 "여기 있다 저기 있다고도 못하리니 하나님의 나라는 너희 안에 있느니라"(눅 17:20~21)고 하신다. 즉 하나님 나라는 너희 속에 이미 있는 것이며 눈으로 관찰되는 것이 아니라, 느낌과 영안으로 알 수 있는 것이라고 하신 것이다. 그것은 앞장에서 말했지만 하나님 나라 시민권은 이미 지상에서 주어진 것을 가리킨다. 즉 사후에 갈 하늘나라가 현세에서 이미 시작된 것을 의미한다. 지상에서 미리 그 나라 시민의 혜택을 맛보고 있다는 것이다.

그 영원한 나라는 이 세상을 떠난 후에 '얼굴과 얼굴을 대하여 보듯' 분명히 알게 되겠지만 이 세상에서는 '하나님의 왕국' 백성으로 그 혜택을 입고 있어도 그것을 알지 못하는 경우가 허다하다. 그 혜택 중의 하나가 "하나님의 선한 말씀과 내세의 능력을 맛보는 것"(히 6:5), 즉 은사를 경험하고 능력을 소유하는 것이다. 그래서 바울이 "하나님의 나라는 오직 능력에 있다"(고전 4:20)라고 한 것이다. 열두 해 동안이나 혈루증을 앓던 여인이 예수님의 겉옷만 만져도 병이 즉각적으로 나음을 얻는 것, 그리고 기도의 능력, 믿음의 능력(살후 1:11), 경건의 능력(딤후 3:5), 무궁한 생명의 능력(히 7:16), 내세의 능력(히 6:5) 등을 체험한 자는 내세의 천국을 선불로 체험한 자이다.

그리하여 기독교인이 된다는 것은 이 세상에서 손해 보는 어리석은 자 같으나 "약한 것으로 심고 강한 것으로 다시 살아나며 육의 몸으로 심고 신령한 몸으로 부활하는"(고전 15:43) 하늘나라 예비 시민인 것이다. 기독교인은 흙에 속한 자의 형상에서 하늘에 속한 자의 형상으로 변하는 준비를 현실에서 하는 자들이다. 그것을 오늘 많은 신도와 나의 삶 속에서 볼 수 있다. 대표적으로, 영국 Bristol의 부흥강사요 고아의 아버지 조지 뮐러 목사(George Muller, 1805~1898)가 무일푼에서 출발하여 직접 키운 고아가 천오백 명이요, 간접으로 도운 고아가 수만 명에 달하는 기적을 들 수 있다. 수백 명의 고아의 끼니가 떨어질 때 그가 기도하자 즉각적 응답을 받은 예는 부지기수였다.

주님께서 자기 백성을 천국으로 인도하시려고 이 완악하고 퇴락한 아귀(餓鬼)의 세상에 오셔서 천국을 소개하셨다. 그리고 "내가 다시 와서 너희를 내게로 영접하여 나 있는 곳에 너희도 있게 하리라"(요 14:3)고 약속하셨다. 그러나 때로는 많은 주의 종이 심한 고문을 받았으며, 조롱과 채찍질 뿐 아니라 결박과 옥에 갇히는 시련도 겪었으며, 돌로 치는 것과 톱으로 켜는 것과 시험과 칼로 죽임을 당하거나 유리해야 했으며, 궁핍과 환난과 학대를 받았다(히 11:35~38). 그들은 다 믿음으로 천국 증거를 받은 자들이었으며 더 좋은 부활을 얻고자 그 같은 고난을 마다하지 않았다. 하나님이 우리를 위하여 더 좋은 것을 예비하셨음을 믿었기 때문이다(히 11:39~40).

"만일 그리스도 안에서 우리의 바라는 것이 다만 이생뿐이면 모든 사람 가운데 우리가 더욱 불쌍한 자니라"(고전 15:19). 아멘!

5 하나님 나라 백성

　하나님께서 통치하시는 나라(왕국)의 시민은 누군가? 그리고 그 시민 자격은 언제부터 주어지는가? 등은 그 나라 백성이 되기를 희망하는 사람에게는 큰 관심사이며 미리 알아 두어야 할 필수 요건이다. 지상 나라들도 시민 자격 조건이 까다로워 나라마다 요구 조건이 다르며 그 조건이 갖추어지지 않으면 시민이 될 수 없다. 그 자격 기준은 전염성 질병이나 폐결핵이나 간염 등 고질적 질병이 없어야 하며 전과기록이 없어야 한다. 그리고 건강, 언어, 기술, 경력을 보아 그 나라에 도움을 줄 수 있는 사람이어야 하며, 신뢰도와 자산이 검증 대상이 된다. 한마디로 요약하면 그 나라에 경제적으로나 사회적으로 도움이 될 수 있는 사람을 시민으로 받는다.

　교회에서 집사가 되려면 집사의 자격 기준이 있고(딤전 5:17), 장로의 자격 역시 그 기준이 명시되어 있다(딛 1:6; 벧전 5:1). 그러나 하나님 나라 시민의 자격은 그와 반대로 아무런 조건이 없어 보인다. 과거에 범죄 경력도, 업적이나 자산이나 건강도 상관이 없다. 무식자라도, 중범자라도 좋다. "누구든지 오라!"는 초대(요 3:16; 마 22:9~10)만 있다. 그러나 그것은 하늘나라 시민 자격을 얻기 전 초대 조건이며 예비 시민으로 있는 동안 갖추어야 할 조건들이 있다. 바로 여기에서 문제가 생긴다.

　수백 대 일의 경쟁을 통과했다거나 "너만이 오라." 했더라면 그 초대가 귀하게 느껴져 머리에 수건을 두르고 허급지급 그 자격이나마 취득하려고 덤벼들었을 것이다. 태양이 한 달에 며칠만 떠오른다면 태양을 눈물겹도록 고맙게 생각할 것이다. 한없는 가뭄 속에 단비가 자기 집에만 내렸다면 미쳐 날뛰며 고마워할 것이다. 그러나 매일 어김없이 뜨는 태양, 악인과 선인에게 고루 내리는 단비를(마 5:45) 인간들은 업신여긴다. 마찬가지로 인간들은, 누구나 할 수 있는 목욕과 회개, 부드러운 의의 옷과 복된 것들(마 5:4~5)을 누리는 데는 고된 학문과 수련으로 힘들게 취득해야 할 자격증도 필요 없고 어렵고 힘든 제한 조건도 없이 오직 어린아이와 같이 단순해지면(마 18:3) 얻게 된다는, 이 말도 안 되는 바보스러운 조건을 믿고 따르는 것을 가소롭게 본다.

그리하여 "하나님의 은혜로 값없이 의롭다 함을 얻었다"(롬 3:24)거나, "은혜로 택하심을 받았다"(롬 11:5; 행 15:11)거나, "만일 은혜로 된 것이면 행위로 말미암지 않음이니 그렇지 않으면 은혜가 은혜 되지 못하느니라"(롬 11:6) 하신 말씀을 액면 그대로 믿지 않는다. 그래서 야곱처럼 벧엘의 돌 제단을 쌓으면서 서약한다. "내가 편안히 아버지 집으로 돌아가게 하시면 여호와께서 나의 하나님이 될 것이요 …… 십분의 일을 내가 반드시 하나님께 드리겠나이다"(창 28:19~21). 즉 조건부 신앙을 가질 따름이다. 결국 자기 뜻에 맞으면 믿고, 그렇지 않으면 나의 하나님으로 섬길 수 없다는 믿음이다. 결국, 약은 현대 신자들은 적당히 믿으면서 그 확실성을 시험해 보고 다짐하는 것이다.

그러나 천국 예비 시민으로의 초대는 '아무나'이지만 자격 취득은 '회개'에 있다. 하여 사도 요한이 "회개하라! 천국이 가까웠다!"(마 3:2)라고 외쳤던 것이다. 주님의 첫 가르치심도 "심령이 가난한 자가 복이 있다. 애통하는 자가 복을 받는다. 온유한 자가 기업을 받는다."(마 5:3~5)였다. 즉 죄가 많고 적음은 무시하고 심령이 겸손해져 회개한 자가 예비 시민 자격을 얻는다는 말씀이다. 그 연후에라야 성령의 기름을 예비한 다섯 신부(마 25:1~12), 흰옷 입은 큰 무리(계 7:9), 장로들(계 7:11), 빛나고 깨끗한 세마포 옷을 입은 성도들(계 19:8)은 지상에서의 하나님 왕국의 시민 자격을 얻은 자가 되고 현세에서 시작되는 예비 신부가 된다. 즉 죄 많은 현실 속에 살면서 지은 많은 죄를 회개하고 십자가의 공로로 죄 씻음 받은 성도가 예비 시민, 곧 성도라는 것이다.

구약에서 약 50회 나오는 '차시드'와 '가도쉬', 그리고 신약에서 약 60회 나

오는 '하기오스'는 모두 다 '성도', '구별된 자', '거룩한 자', '하나님의 나라 백성'이라는 뜻이다. 유대인들은 하늘나라 시민권자를 하나님의 약속을 받은 아브라함의 후손으로 확신하고 있었다. 각각 자기 고향 등기소에 등록된 자(눅 2:3; 히 7:5)로만 생각한 것이다. 그리고 모세를 통해 받은 하나님의 계명과 율례와 절기와 할례와 전통을 철저히 지키는 자들(마 19:17; 막 7:9; 눅 18:18~20)이 아브라함의 후손이라고 믿고 있었다. 하여 오늘도 그들은 어김없이 하나님의 백성이라는 선민의식으로 산다.

그런데 예수님께서 '새 계명'(마 13:34), '나의 계명'(요 14:21)을 지키는 자는 누구든지 하나님의 백성 즉 "하나님의 자녀가 되는 권세"(요 1:12)를 받은 자라고 선언하셨다. 그리고 "저희는 나의 백성이 되리라"(고후 6:16)고 미래형으로 표현하셨다. 단지 입술로만 나는 하나님의 백성(마 15:8)이라고 믿는 자가 아니라 "귀로 듣고 마음으로 깨달아 돌이켜 고침을 받은 자"(마 13:15)가 '하나님의 백성'(라오스, The People)이 된다고 단언하셨다. 즉 '백성' 앞에 정관사가 붙어 있어 '아무나'가 아니고 특정 인물을 지시한다. 즉 '하나님의 백성'(라오스)이라는 특정 인물, 곧 VCP(Very Certified Person)로 인정된 자, 하나님의 백성이라는 특정 인물로 인정된 자를 말한다.

어떤 고아가 임금의 양자가 되는 꿈을 꾼 후에 그 황당한 꿈이 실제로 이루어졌다면 어리둥절하여 그 사실을 실감할 수 없을 것이다. 이처럼 하나님의 백성(라오스)이 된 후에도 그것을 믿지 못해 당황하는 이가 적지 않다. 그러나 베드로 사도는 "너희는 …… 그의 소유가 된 백성(라오스)이니 이는 너희를 어두운 데서 불러내어 그의 기이한 빛에 들어가게 하신 이의 아름다운 덕을 선포하게 하려 하심이라 너희가 전에는 백성(라오스)이 아니더니 이제는 하나님의 백성(라오스)이요 전에는 긍휼을 얻지 못하였더니 이제는 긍휼을 얻는 자니라"(벧전 2:9~10)라고 분명히 밝히고 있다. 성도는 이 세상에서 이미 과거사로 '하나님의 백성'(라오스)의 자격이 인정된 자이다(요 5:24).

히브리서 기자는 예레미야서를 인용하여 다음과 같이 말했다. "주께서 이르시되 …… 내가 이스라엘 집과 맺을 언약은 이것이니 내 법을 그들의 생각(이성)에 두고 그들의 마음(영혼)에 이것을 기록하리라 나는 그들에게 하나님이 되고 그들은 내게 백성(라오스)이 되리라"(히 8:10). 하나님의 백성은, 야곱과 같이 '나의 앞날을 안전하게 지키신다면' 믿겠다는 조건부가 아니라, 이 세상에 머무르는 동안 나의 생각과 이해를 초월한 하나님과의 언약, 즉 그의 아름다운 덕을 지키겠다는 언약을 마음에 새기고 어린아이가 되는 것이다. 그것을 바울은 "내가 내 백성 아닌 자를 내 백성이라, 사랑하지 아니한 자를 사랑한 자라 부르리라 너희는 내 백성이 아니라 한 그곳에서 그들이 살아 계신 하나님의 아들이라 일컬음을 받으리라 함과 같으니라"(롬 9:25~26)고 호세아의 예언을 인용하여 말하고 있다. '내 백성 아닌 자를 내 백성이라 하겠다. 사랑한 자라 부르겠다. 하나님의 아들이라 하겠다!'는 것은 불구대천의 원수를 자식 삼겠다는 선언이 아닌가? 죄인이요 천민에게 상상조차 할 수 없는 일이 아닌가! 하나님의 아들의 권세를 주시고 '아들로' 삼겠다는 통렬한 해학 소설과도 같은 궤변을 누가 믿겠는가? 그것을 믿을 수 있는 자는 철없는 어린아이 밖에 없을 것이다.

주님께서 제자들에 대하여는 "애들아!"라고 부르셨고(요 21:5; 요일 2:13), 대부분 '어린아이'(파이디온)로 보셨다. 그런데 '양의 옷을 입은 이리'(마 5:15), '목자 없는 양'(마 9:36), 그리고 마지막 날에 '양과 염소의 구분'(마 25:32) 등과 같은 주님의 비유에서 보면 그 양들은 어린 양이 아니라 다 자란 큰 양(프로바톤, Sheep)을 가리킨다. 주님께서 부활하신 후 디베랴 호수에서 일곱 제자에게 나타나 귀중한 당부를 하셨을 때, 제자에게 세 번 물으신다. "네가 나를 사랑하느냐?" 물으시고 첫 번째는 "내 어린 양(알르니아, Lamb)을 먹이라(보스케, Feed)" 하신다. 다시 "나를 사랑하느냐?"고 물으신 후에 "내 양(프로바티아, Little Sheep)을 치라(보이마이네, Shepherd)" 하신다. 그리고 세 번째 "사랑하느냐?" 물으신 후에는 "내 양(프로바티아)을 먹이라(보스케)" 명하신다. 다 큰 양을 먹이라는 말씀이 없다. 여기에 귀중한 진리가 숨어 있다. 왜 갓난 어린 양(알르니아)를 양 우리 안에서 젖으로 '먹이라' 하시고 중간 양은 들판으로 인도하여 풀을 스스로 뜯어먹게 '치라'하셨는가? 그리고 다 큰 양(프로바톤)을 치라는 말씀은 없는가? 이유는 다 큰 양은 제 스스로가 제구실을 감당하기 때문이다. 사람도 갓난아기(파이디온, Baby, 마 2:11~14; 눅 9:47; 18:16; 고전 3:1)가 있고 어린아이(네피오스, Child, 고전 3:1; 13:11; 갈 4:3; 엡 4:14; 히 5:13)가 있으나 성장한 자는 단단한 음식을 스스로 먹을 수 있다.

주님께서는 "너희가 돌이켜 어린아이들과 같이 되지 아니하면 결단코 천국에 들어가지 못하리라"(마 18:2~3) 하신다. 그 이유는 첫째가 어린아이같이 '자기를 낮추는 사람'이 천국에서 큰 자이기(마 18:4) 때문이고, 둘째가 젖으로 자라나는 성장 가능성(고전 3:1~2) 때문이다. '어린아이의 특징'이 무엇인가? 그것은 성장하려는 의욕이다. 믿음의 첫 단계는 어린아이로 되돌아가는 것이지만, 어린아이에 머물러서는 안 된다. 장성하려면 어린아이의 일을 버리는 단계도 반드시 있어야 한다(고전 13:11). 젖의 말씀을 먹는 데서부터 시작한 믿음이 단단한 음식도 능히 소화할 수 있는 데까지 자라나는 성장의 단계가 있어야 주의 일을 하며 고난도 받을 수 있다. 곧 어린아이로 시작한 믿음은 자기에게 부과된 사명을 의식하고 자기 발로 일어서서 주의 멍에를 지고 '고난을 받아'(빌 1:29) '살든지 죽든지"(빌 1:20) 사생결단으로 받은 사명을 다하는 장성한 자의 믿음으로 성장해야 한다.

그러나 오늘의 모세는 사명을 거절만 한다. 옛 모세는 첫 40년을 애굽에서 왕자로, 두 번째 40년을 미디안 광야에서 목동으로, 그리고 마지막 40년을 하나님의 종으로 살았다. 그의 첫 40년은 어린아이로, 두 번째 40년은 청소년으로, 마지막 40년은 사명을 맡은 장년으로 살았다. 이 마지막 사명기의 시작에 시내산에서 하나님의 사자를 만난다. 그리고 이스라엘 구출 사명을 받게 된다. 아니 애굽에서 살인 죄인으로 도망친 수배자가 그 천하 권세자 바로에 맞서 자기 백성을 구출하라니! 모세는 당황하여 자기는 입이 뻣뻣해서 구변이 없고, 그런 일을 할 자격이 없다고 여섯 번이나 거절한다. 그러나 결국 순종만 하면 된다는 끈질긴 하나님의 설득과 하나님께서 주신 능력의 지팡이를 얻어 사명을 인수한다. 그런데 오늘의 많은 모세가 자신들에게 주어진 큰 사명을 모르니 자신의 부족을 자인하지도 두려워하지도 않는다. 그렇다고 바로에게 나아가는 것은 고사하고 먼 광야에서 장인의 양이나 염소만 돌보고 처자식과 더불어 살 궁리만 한다. 결국 자기에게 주어진 사명은 땅에 묻고, 삶의 의미도 의무도 깨닫지 못하고 자포자기한 체 나병환자로 무의미한 일생을 보내게 된다. 하나님은 모세에게 능력의 지팡이와 협력자를 주셨다. 그러나 오늘의 모세들은 받은 것이 없다고 발뺌을 한다.

모세를 부르신 '이름 없는 신'이 "백성이 아닌 자를 내 백성이라, 사랑하지 아니한 자를 사랑한 자라 부르리라"(호 2:23; 롬 9:25) 하셨다. 여기서 주목할 점은 '지금 사랑하는 자'라 하시지 않고 '사랑한 자'라고 현재 완료형을 이라는 점이다. "내가 진실로 진실로 너희에게 이르노니 내 말을 듣고 또 나 보내신 이를 믿는 자는 영생을 얻었고 …… 사망에서 생명으로 옮겼느니라"(요 5:24) 하신 주님의 말씀에서도 '얻었고, 옮겼느니라'고 과거사로 표현하셨다. 그것은 히브리인들의 문법에는 현재형이 없고 현재 완료형만 있기 때문이다. 사실 현재 있는 것은 현재까지 있었던 것이다. 그래서 '본다', '안다'는 현재형은 '본 바'나 '이미 아는 바'를 말할 뿐이다. 그래서 유대인은 증표를 중요시하고 헬라인은 추상을 중요시한다. 즉 하나님 나라 백성이 된 것은 믿는 자에게는 지팡이도 협력자도 이미 과거사일 뿐이다. 그리고 백성의 사명과 의무가 주어졌다는 것도 부인할 수 없는 과거사다.

예수님께서 자신이 하나님 아버지를 이미 보았고 안다고 단언하신 것(요 1:18, 34; 6:38; 8:28, 29, 38) 때문에 자기 민족으로부터 더욱 미움을 쌓게 된다. 바울 역시 하나님의 백성이 아닌 이방인들에게 "이제부터 너희가 외인도 아니요 손도 아니요 오직 동일한 시민이요 하나님의 권속이라"(엡 2:19)고 과거사로 당돌하게 선언한 것이 미움을 받게 된 이유였다. 율법도 지키지 않고 할례도 받지 않은 이방인 개종자들을 하늘나라 시민이라 부를 수 있는가? 이 점이 유대인들은 물론 사도들(행 15:1; 16:1~3)도 도무지 납득하기 어려웠던 부분이었다. 하여 유대인들은 예수님과 스데반을 처형했고(행 7:54~60), 바울을 죽이기로 모의한 것이다(행 9:24).

아브라함의 후손만이 약속 받은 '하늘나라 시민'이라는 기득권을 중시한 유대인들이 이방인의 하늘나라 시민권 허용을 못마땅하게 여긴 것은 당연하다손 치더라도 이방인 갈라디아 교회의 신자들마저, 심지어 베드로마저 반신반의 했다(갈 2:11~20). 그래서 바울은 "그리스도 예수 안에서 아브라함의 복이 이방인(성도)에게 미치게 하고 또 우리로 하여금 믿음으로 말미암아 성령의 약속을 받게 하려 함이라"(갈 3:14)고 이방인에게 미치는 하늘나라 시민의 복을 선포한다. 하여 바울은 이방인들에게 "복음으로 말미암아 그리스도 예수 안에서 함께 상속자가 되고 …… 모든 성도와 함께 지식에 넘치는(초월하는) 그리스도의 사랑을 알고, 그 너비와 길이와 높이와 깊이가 어떠함을 깨달아"(엡 3:6, 18~19) 천국 백성이 받을 복을 받으라고 권했다. 그러면, '상속자', '성도', '시민권자'(빌 3:20)라고 칭한 하나님 나라의 백성 곧 '성도'의 자격이 무엇인가?

(1) 지역 교회에 소속된 신도를 말한다. 바울은 그의 서신마다 "……에 있는 모든 성도에게"(고후 1:1; 엡 1:1; 빌 1:1; 4:21; 골 1:1)라고 말했다. (2) 구주를 믿는 자(엡 1:15; 골 1:4; 딤전 5:10; 유 1:3; 계 13:10), 그리스도 공동체의 일원(롬 16:15), 기도에 힘쓰는 자(엡 6:18; 계 5:8; 8:3~4), 봉사하며 주를 섬기는 자(고전 16:15; 고후 8:4; 9:1; 엡 4:12), 복음에 합당하게 생활하는 자(빌 1:27~30)를 말한다. (3) 죄를 멀리한 자(엡 5:3), 옳은 행실의 깨끗한 세마포 옷을 입은 자(계 19:8), 그리스도 예수 안에서 거룩해지고 구별되어 성도라 부르심을 입은 자(고전 1:2), 하나님에게 영광을 돌리는 자(고후 1:10)이다.

그렇게 보면 성도의 첫째 조건과 두 번째 조건, 그리고 세 번째 조건 사이에는 큰 질적 차이가 있음을 알 수 있다. 그렇다면 이들 조건들 중에 어느 한 조건에 해당하면 성도의 자격은 충분한 것인가? 아니면 이 모든 조건들을 충족해야만 성도라 할 수 있는가? 그에 대한 해석은 교파마다 다르며 학자들의 견해에 따라 다르다. 하지만, 반드시 알아야 할 대목이 있다. '성도'(하기오스)의 근본 뜻은 '거룩한 자' '구별된 자'라는 뜻이다. 그렇다면 거룩함과 구별됨을 인간이 가늠할 수 있는가? 특히 제3조건은 인간이 판단할 수 없는 조건들이다. 하여 위의 제1조건과 제2조건으로 충분하다고 보는 인간적 견해가 있고, 제3의 조건을 들어 인간의 판단을 부인하는 이도 있다(마 7:21~23). 예지예정설과 칼뱅주의는 제1과 2조건으로 보며, 구원파들도 선호하는 이유다.

교회만 다닌다고 즉시 거룩해지는 것은 결코 아니다. 그렇지만 그들은 세상 사람들과 구별되게 살려는 결심자임에는 틀림없다. 그렇게 보면 바울이 회개하고 세례 받은 교인을 '성도'라 부른 것은 예수 그리스도를 믿고 새 의무와 법도를 지키겠다고 서약한 개종자로 본 것이다. 그것은 어쩌면 시민권자는 아니더라도 영주권자로 본 것 같다. 베드로도 그 같은 맥락에서 성도를 '거류민과 나그네'와 같다고 했다. "거류민(파로이코스, Resident)과 나그네(파레피데모스, Alian) 같은 너희를 권하노니 영혼을 거슬러 싸우는 육체의 정욕을 제어하라"(벧전 2:11). 여기서 '제어하라'(아페코오, Abstain, 살전 4:3)는 '끊으라, 멀리하라'는 뜻이다. 하여 어떤 이는 죄인의 '가석방 상태'(Probation)로 보기도 한다.

미국이나 캐나다에서 영주권자(거류민)로 사는 한국인도 많다. 시민권을 구태여 받지 않아도 사는 데는 별 불편이 없다. 의료 혜택, 연금 혜택, 부동산 소유권, 거주권 그리고 기타 권리와 자유가 시민권 자와 다를 바 없다. 그들도 세금이나 벌금도 내며 시민의 법규를 똑같이 준수해야만 한다. 그러나 투표나 정치 참여권이 없으며 캐나다 국경을 벗어날 때에는 한국 여권을 쓰게 되어 있어 캐나다 시민의 혜택은 받을 수 없다. 즉 영주권자란 예비 시민을 뜻하여 일정한 조건하에 국내 거주 혜택을 받는 외국인이다.

어떤 성경학자는 그것을 "우리가 일반으로 받은 구원"(코이네스, Common – 소태리아, Salvation, 유 1:3)이라고 해석했다. 그리고 "단번에 주신 믿음의 도"를 받은 자라고 했다. 즉 처음 믿을 때에 죄를 회개하고 세례 받고 구원의 도 즉 '믿음의 도'를 받은 자로서 하늘나라 법도를 지킬 것을 서약한 자로 본다. 그것은 하나님의 영토 안에 거주하는 조건 하에서 혜택을 받을 수 있는 영주권자와 같다. 그렇게 보는 이유는 "한 번 빛을 받고 하늘의 은사를 맛보고 성령에 참여한 바 되고, 하나님의 선한 말씀과 내세의 능력을 맛보고도 타락한 자들은 다시 새롭게 할 수 없다"(히 6:4~6)는 말씀, 곧 성령의 체험을 얻은 후에 성령을 속이는 자(행 5:3)는 자격이 상실되는 사실에서 유추된다.

여기 히브리서 6장 4절의 '한 번'(아파크스)을 '단 한 번'(once for all)으로 보는 칼뱅주의와, 여러 번 받을 것 중의 '한 번'(once)으로 보는 칼 바르트의 견해가 서로 대립되고 있으나, 유다서 1장 3절의 "단번에 주신 믿음의 도"를 '성도의 믿음(하기오스 피스테이)의 도', '성도의 처음 믿을 때에 받는 도'라고 보면 후자의 견해가 옳은 것으로 보인다. 즉 '일반으로 받은 구원'이란 처음 받아들인 '믿음의 도(道)'를 뜻한다고 보이며, 여기서 '도'란 '생명으로 인도하는 좁은 길'(마 7:13~14), '주의 길'(눅 3:4; 요 14:4), '평강의 길'(눅 1:79), '하나님의 도'(막 12:14), '구원으로 인도하는 길'을 뜻한다.

그런데 왜 구원으로 인도하는 그 길이 좁고 협착하다고 하셨을까? 은혜의 삶은 힘들고 견디기 어려운 험준한 길이기 때문이다. 그 길이 왜 좁은가? 넓은 유물주의, 이기주의, 개인주의, 안일주의에서 떠나 파도가 심한 싸움의 창파에 '하나님의 말씀'(로고스, 롬 3:2; 벧전 4:11)과 '생명의 도'(행 7:38)를 따라 생명을 걸고 사탄과 싸워 성화가 이루어져야 종래 영생을 얻게 되는 길이기 때문이다.

주님께서 "누구든지 나의 이 말을 듣고 행하는 자는 그 집을 반석 위에 집을 지은 지혜로운 사람"(마 7:24~25)이라고 하셨다. 그는 '말씀 위에 집짓기'(고전 3:10~12; 딤후 2:19)하는 사람이다. 사람들은 일생 동안 한 집을 짓다가 간다. 터 위에 벽과 기둥을 세워 뼈대와 지붕을 상양하는 날 큰 잔치를 한다. 그 연후에 벽과 문틀을 세우고 대청마루를 놓고, 문과 창문을 달고 외장과 내장을 끝마치고 준공식을 갖는다. 터만 닦고 집을 짓지 않는 사람, 상양식만 올리고 사는 사람, 집을 완공하지도 못한 체 사는 사람도 많다

(빌 3:12~15). 집짓기에서 한 가지 명심할 점은 "우리가 어디까지 이르렀든지 그대로 행"(빌 3:16)하며, "성령 안에서 하나님의 거하실 처소가 되기 위하여 그리스도 예수 안에서 함께 지어져"(엡 2:22) 가야 한다는 것이다. 집을 짓되 성령과 함께, 그리스도 예수와 함께 성도들과 함께 짓지 못하면 허사(마 6:30; 14:31; 17:20)가 된다.

율법을 잘 지킨 바리새인들, 주님의 말씀을 들으며 주님을 따른 제자들, 그들 역시 '성령의 인도하심을 따라 함께 짓는' 건축자가 되지 못했다(마 8:25, 26; 16:8). 오히려 칭찬받은 이방인 백부장(마 8:10)과 스로보니게 여인보다 못했다(마 15:28). 주님께 그렇게 책망을 받았던 제자들도 오순절에 성령을 받은 후에야 바른 종으로 거듭나 거룩한 집을 완성시켜 훌륭한 주님의 종들로 지어져 갔다. "그런즉 선 줄로 생각하는 자는 넘어질까 조심하라"(고전 10:12)고 하셨다. '선 줄로' 착각하는 자가 누군가? 그 앞 절의 말씀을 보면 큰 은혜를 받은 다수(多數, 프레이온, 고전 10:5)라고 했다. 은혜를 받지 못한 자가 착각하는 것이 아니라, 은혜 받은 자 가 '선 줄로 생각하는' 것이다.

그 '다수'(프레이온)란 '많다'(포루스, Numorous)의 비교급으로 대다수라는 뜻이다. 어떤 사람이 그 '대다수'였던가? 그들은 홍해 가운데를 지난 자들(고전 10:1), 모세에게 세례를 받은 자들, 광야에서 신령한 양식 만나를 하늘로부터 받아먹고 바위(반석)에서 솟아나난 물을 마신 자들(고전 10:3), 뜨거운 햇빛은 구름기둥으로 어둡고 추운 밤은 불기둥으로 보호받은 자들이었다. 그 반석은 광야를 지나는 동안에 그들을 따르는(동반자인) 신령한 반석, 곧 그리스도였다(고전 10:4). 그러나 "그들의 대다수를 하나님이 기뻐하지 아니하셨다"(고전 10:5)는 것이다.

어디 그들이 받은 은혜가 범상한 일이던가? 홍해가 육지처럼 물 골짝이 생길 수 있는 곳인가? 생수가 바위에서 나는 일이 있던가? 식물이 하늘에서 떨어지는 일이 있던가? 구름은 수평으로 퍼져 있지 하늘로 서 있는 기둥구름이 있던가! 고기가 하늘에서 내린 일이 있던가? 우유과자 같은 만나가 우박처럼 내린 적이 있던가? 기적과 이적을 날마다 보며 40년이라는 세월을 입은 옷 한 벌로 사막을 통과할 수 있었다. 그러나 그들은 항상 애굽을 동경했다. "그런 즉 …… 넘어질까 조심하라"(고전 10:12) 하셨다.

바울이 이 성령 시대에도 "어쩌면 이럴 수가 있느냐?"고 '깜작 놀라'(디아우다조)며 실망한 일이 있다. "여러분을 그리스도의 은혜 안으로 불러 주신 그분에게서, 여러분이 그렇게도 빨리 떠나 다른 복음으로 넘어가는 데는, 나는 놀라지 않을 수 없습니다."(갈 1:6, 표준새번역) 왜 바울이 그렇게도 놀랐을까? 그 이유는 갈라디아 교인들이 '그렇게도 속히'(at once) 세상으로 되돌아가는 것을 보았기 때문이다. 마치 홈리스들처럼 짐 꾸릴 것도, 정을 나누던 이웃이 있어 예절을 차릴 것도 없이 간단하게 떠나는 것을 본 것이다.

히브리서에 있는 말씀이다. "그러므로 우리는 두려워할지니 그의 안식에 들어갈 약속이 남아 있을지라도 너희 중에는 혹 이르지 못할 자가 있을까 함이라"(히 4:1). 즉 구원의 약속은 가석방(假釋放, Probation, 마 18:24~34)에 불과하다는 뜻이다. 성도가 된 연후에도 "경건치 아니하여 우리 하나님의 은혜를 (입고) 도리어 방탕한 것으로 바꾸고(삼고) 홀로 하나이신 주재 곧 우리 주 예수 그리스도를 부인하는"(유 1:4) 자, 세상 탁류에 흘러 떠내려가는 자(히 2:1), 하나님의 은혜와 능력을 맛보고(히 6:4) 속절없이 타락하는 자들은 '가석방'의 혜택을 스스로 무효화한 자들이다.

하여 히브리서 기자는 "모든 무거운 것과 얽매이기 쉬운 죄를 벗어 버리고 인내로써 우리 앞에 당한 경주(트레코오)를"(히 12:1) 하자고 한다. 어떤 이는 이 '경주'를 상을 위한 것으로 보고, 구원과는 무관하다고 주장한다. 그러나 "이는 너희가 흠이 없고 순전하여 어그러지고 거스르는 세대 가운데서 하나님의 흠 없는 자녀로 세상에서 그들 가운데 빛들로 나타내며 생명의 말씀을 밝혀 나의 달음질이 헛되지 아니하고 수고도 헛되지 아니함으로 그리스도의 날에 내가 자랑할 것이 있게 하려 함이라"(빌 2:15~16), "너희가 달음질을 잘 하더니 누가 너희를 막아 진리를 순종하지 못하게 하더냐(갈 5:7)라고 하신 말씀을 보면 구원과 직결된 '경주'를 말한 것이다. 하여 바울이

"운동장에서 달음질 하는 자들이 다 달릴지라도 오직 상을 받는 사람은 한 사람인 줄을 너희가 알지 못하느냐 너희도 상을 받도록 이와 같이 달음질하라 …… 내가 내 몸을 쳐 복종하게 함은 내가 남에게 전파한 후에 자신이 도리어 버림을 당할까 두려워함이로다"(고전 9:24~27)라고 염려한 이유다.

심판의 때 많은 사람이 주님께 절규와 항변을 한다. "주여 주여 우리가 주의 이름으로 선지자 노릇하며 …… 주의 이름으로 많은 권능을 행하지 아니 하였나이까"(마 7:22). 그때 심판의 주께서는 "내가 너희를 도무지 알지 못한다!"라고 하시며, 그들의 그 많은 수고를 '불법'으로 규정하시고, "불법을 행하는 자들아 내게서 떠나가라" 하시며 가혹하게 물리치신(마 7:23) 사실을 명심해야 한다. 그들이 주님의 도움 없이 어떻게 이적과 기사며 권능을 행할 수 있었겠는가? 그들이 성령의 도움 없이 어떻게 그 험난한 종의 사역을 감당할 수 있었겠는가? 그러나 주님의 공의로우신 판결은 그들이 하나님의 도움을 받아 '종노릇' 흉내를 냈다는 것이다. 그들의 '노릇'(포이에오, Make Up)이란 서기관과 바리새인들의 외식(마 23:1~36)이었다. 그들의 종노릇은 아버지의 뜻대로 행하지 않고(마 7:21) 가식과 투기와 분쟁과 순수하지 못한 다툼과 겉치레(빌 1:15~18)의 종노릇이었던 것이다. 행위란 뜻없이 하는 행위는 없다. '겉치레' 행위는 악한 불법이요, 가식, 즉 거짓으로 주님은 판단하신다.

프랑스의 18세기 사상가 루소(J. J. Rousseau)는 그의 말년에 다음과 같은 글을 남겼다. 그는 아침마다 아름다운 파리 남부 비에브르강 언덕을 따라 산책을 했다. 그 산책 길목에서 구걸하는 아이를 만나면 약간의 적선을 베풀며 즐거움을 느끼곤 했다. 그런데 점차 처음 느꼈던 즐거움은 어느 틈엔가 사라지고 실증을 느끼기 시작했다. 그리고 그가 최초에 느꼈던 행복감을 허위였다는 사실을 깨닫는다. 종래 그는 산책길을 바꾸게 된다. 왜 그가 처음 느꼈던 기쁨이 부담감으로 변했는가? 그것은 동정과 사랑은 다르며, 습관은 의미를 상실케 하기 때문이다.

행함에는 세 가지 행함이 있다. 첫째, 자의로 행하는 행함(엘곤, 요 3:20,

21; 갈 2:16; 3:2; 엡 2:9)이 있고, 둘째로 무의미하게 반복된 '습관적 행함'(프라그마, 마 18:19; 눅 1:1; 행 5:4)이 있다. 아무리 종의 의무(롬 16:2; 살전 4:6; 딤후 2:4; 히 10:1; 11:1; 약 3:16)라 할지라도 가식적인 행함은 구원에 이를 수 없다. 셋째로 분쟁(롬 16:17), 간음(마 5:32), 사욕(요일 2:15~16) 등의 '인간적 행위'(엘곤)와 외식(눅 12:1; 갈 2:13; 딤전 4:2), 미움(마 5:21~22), 음욕(마 5:27~28), 탐심 등 '마귀의 행위'(포이에오)이다.

그렇다면 나는 구원받을 것인가? 하는 의심이 바울처럼 생길 수 있다(고전 9:27). 그러나 예수 그리스도를 인격적으로 이해하고 차츰 화목하게 되어(엡 2:16; 골 1:20) 영으로 살면(롬 8:13) 구원을 확신하게(딤후 4:8) 될 것이다. 그리고 베드로처럼 믿음의 7단계(벧후 1:5~7)를 지키려고 노력할 때, 영원한 나라에 들어감을 넉넉히(프로우시오스, Richly) 우리에게 주실 것이다(벧후 1:11). 베드로의 이 말씀에서 '넉넉히'가 큰 위안이 된다. 혹 그 기준에 미치지 못해도 들어갈 수 있다는 뜻이 담겨져 있다.

여호와께서 죄악이 관영한 소돔과 고모라 성을 멸하시기 전 아브라함과 의인의 수를 두고 타협하신 일이 있다. 의인 오십 명이면 멸하시지 않겠다던 처음 뜻을 굽히시고 열 명까지 양보하신 일(창 18:32), 죄악이 하늘에 까지 찬 니느웨를 끝까지 구원하려 하셨던 하나님의 처절한 노력(욘 4:11), 간교한 야곱이나 간악한 다윗을 용서하시고 복 주신 일을 믿는다. 그리고 탈선한 어린 양을 구하시기 위해 생명을 바치신 선하신 목자를 믿는다. 아멘!

6 하나님의 인도(引導)

성도의 행진은 힘 있고 당당한 진군이 아니라 선한 목자(요 10:2, 11)의 인도를 따르는 나약한 어린 양들의 더디고 느린 나아감이다. 더더욱 어린 양이랴! 그 온순한 어린 양이 점점 자라면서 단단한 음식을 먹게 되면(히 5:12~14), 외롭게 버림을 받기도 하고(마 10:16), 목숨을 걸고 정욕과 싸우며(약 4:1; 벧전 2:1) 마귀와 피 흘리기까지 선한 싸움(딤전 1:8; 딤후 2:4)을 싸우게 된다(히 12:4). 그러면 어느새 도살당할 양(롬 8:36)이 되어 목자를 따라 죽음도 감당해야 한다.

이 과정에서 하나님은 자기 백성을 '인도'(引導)하시는가? 아니면 본인의 의사를 무시하고 강제로 '견인'(牽引)하시는가? 하는 사소한 견해 차이가 신자들 간의 대립 요소가 되기도 한다. 특히 어휘로 본다면 '인도'는 사람의 인격과 의사를 존중하여 그의 동의하에 길을 인도하는 것이며, '견인'은 본인의 의견은 무시한 체 끌어서 당기는 것을 말한다. 당나귀(마 21:7)나 죄수(눅 24:54)나, 간음 중에 잡힌 여인(요 8:3)이 마귀나 우상에게(고전 12:2) 본인의 의견은 무시된 체 끌려가는 것을 말한다. 견인(Traction)의 뜻은 물리적으로는 무동력체를 동력체(Tractor)가 끌어가는 것을 뜻하며 사람의 경우는 강제적 끌림을 말한다.

사람은 근본적으로 생각과 판단과 선택의 자유를 가진 인격체이다. 하여 옛날에는 하나님과 대화하며 동행하며(창 5:22, 24; 삼하 6:4; 사 41:25; 56:12; 렘 3:22) 살았다. 그러나 점차 죄가 관영하면서 "다 치우쳐 함께 무익하게 되고 선을 행하는 자가 없어진 때"(롬 3:12, 23; 요일 1:10)부터 선과 악을 판단할 수 있는 능력을 상실하게 되었고, 자의로 길을 선택할 수도, 옳다는 스스로의 판단도, 죄로 말미암아 무효화된 것이다. 하여 나약한 어린아이처럼 유혹을 따라 세상 권세자에게(눅 22:54; 23:1), 마귀에게(고전 12:2) 이끌림을 받게 되는 것이다. 그 와중에서 주의 음성을 듣고 믿음이 생겨 하나님을 의지할 때 '죽은 자 가운데서 이끌어 내심'(히 13:20)을 받게 된다.

그러나 그 선택은 파스칼이 말처럼 확률을 따르는 것이 아니라 그 내막은 마귀의 유혹과 자기 취향에 따라 스스로 선택하는 것이다. 그러나 칼뱅은 마귀의 유혹과 인간의 죄에 대한 취향이 너무도 강해 불가항력적으로 죄를 선택하여 따른다고 보고 인간의 선택의 자유를 무시했다. 그렇다 하더라도 죄의 유혹을 물리치고 의지의 자유를 따라 바른 선택을 하는 양들도 있다. 그것을 "우리에 들지 아니한 다른 양들이 내게 있어 내가 인도(아고오)하여야 할 터이니"(요 10:16), "하나님의 인자하심이 너를 인도하여 회개하게 하심을 …… 멸시하느냐"(롬 2:4), "하나님의 영으로 인도함을 받은 자는 곧 하나님의 아들이라"(롬 8:14) 하신 말씀들에서 알 수 있다. 또한 이 말씀들은 인간을 '인도함을 받은 자'라고 인간의 자유와 권리를 인정하고 있다. 비록 무지한 어린아이일지라도 타이르고 깨닫게 하셔서 하나님의 인도하심에 응하도록 하신다는 뜻이다. 그리하여 종국에는 상주시는 이를 바라보며 고난 받기를 잠시 죄악의 낙을 누리는 것보다 더 좋아하고 그리스도를 위하여 받는 수모를 더 큰 재물로 여기는(히 11:26) 데 까지 이른다. 여기 히브리서 11장 26절의 '바라보고' '좋아하고', '여기는'이나, 이어지는 35절에서 "부활을 얻고자 하여 심한 고문을 받되 구차히 풀려나기를 원하지 아니하고" 등은 그들의 의사 선택을 인정하신 대목이다. 그리고 바울은 "형제들아 너희는 함께 나를 본받으라 그리고 너희가 우리는 본받은 것처럼 그와 같이 행하는 자들을 눈여겨보라 …… 여러 사람들이 그리스도의 십자가의 원수로 행하느니라"(빌 3:17~18)라고 자의적 선택에 의한 순종과 반역을 말하고 있다.

신자의 믿음과 순종이 무엇인가? 하나님의 인도를 받기를 원하는 마음이 곧 믿음과 순종의 증거다. "주의 말씀은 내 발에 등이요 내 길에 빛이니이다"(시 119:105)라는 '말씀의 등불'은 우리를 인도하는 길잡이라는 뜻이다. 등불은 진리를 밝혀 스스로 보고 깨닫게 하시는 선의의 인도다. 쇠사슬로 묶여 견인 당하는 경우라면 빛이 필요할 리가 없다. 그리하여 "주의 말씀(빛)대로 나를 살게 하시고 내 소망이 부끄럽지 않게 하소서"(시 119:116)라는 간구를 하게 된다. 이 말씀에서 '인도한다'거나 '살게 한다'는 뜻은 하나님이 우리의 길잡이라는 뜻이다. 세례 요한도 일시적 즐거움을 주는 등불(요 5:35)이었으나 예수 그리스도는 세상의 등불(요 1:4~5)이요 영원한 천국의 등불(계 21:23)이라 하셨다. 주님께서 "나는 길이요 진리요 생명이니라" 하신 것은 '나는 길의 등불이요, 진리의 등불이며, 생명으로 인도하는 등불'이라는 뜻이다.

하나님의 빛에 관해 깊이 다룬 사람은 아우구스티누스와 장 칼뱅이었다. 이 두 사람을 비교 연구한 근대 학자는 많으나 그중에서 워필드(Benjamin B. Warfield)는 그의 저서 『장 칼뱅과 아우구스티누스』(1956)에서 그 두 사람의 뜻을 깊이 있게 다루고 있다. 요한복음 서두에 그리스도께서 생명의 빛으로 이 세상에 오셨다고 했다. 이 빛에 대하여 아우구스티누스는 그의 저서 『은혜의 예정』에서 "영적으로 죽은 상태에 놓인 맹인에게 빛이 무슨 소용인가?"라고 했다. 즉 선악의 시력을 잃은 인간에게 조명의 효력은 없다고 본 것이다. 그런데 칼뱅은 그 빛을 "성령이 죄인의 눈을 뜨게 하시는 능력의 빛"이라고 하면서, 그의 절대적 권한(Authoritative)에 의한 목적 계시(Objective Revelation)라고 했다. 그리고 그는 강력한 빛의 능력이 개안(開眼)까지 미치는 것으로 보았다.

그리하여 칼뱅은 예정된 자의 눈을 뜨게 하시는 예정론을 주장하게 된다. 그러나 그것은 "하나님이 그 해를 악인과 선인에게 비추시며 비를 의로운 자와 불의한 자에게 내려 주심이라 너희가 너희를 사랑하는 자를 사랑하면 무슨 상이 있으리요"(마 5:45~46) 하신 말씀에 위배된 견해라고 비판을 받게 된다. 그러나 그는 악인과 맹인에게 햇빛이 이 비친다고 악인이 선인이 되거나 모든 맹인의 눈이 떠지는 경우는 없다는 것을 전제하고 하신 말씀으로 보았다.

장 칼뱅은 그의 『강해』(Institutes, 기독교강요) 1권 1장 1부에서 인간의 지식을 이렇게 설명하고 있다. "우리가 가진 지혜로부터 두 가지 지식을 가질 수 있다. 그 하나는 하나님을 아는 지식이요, 다른 하나는 우리 자신을 아는 지식이다. 이 두 지식은 서로 연결되어 있어 어느 것이 먼저 오며 어느 것이 따라오는 것인지 분간하기가 쉽지 않다. 자신을 바라보는 순간 하나님을 알게 되고 묵상으로 이어지는 것은 마치 샘물과 시냇물의 관계와 같다." 여기서 '하나님을 아는 지식'이나 '자신을 아는 지식'이란 영적 맹인에게는 해당되지 않는 '관계성'을 말한 것이며 그런 변화는 오로지 회개를 통한 역사에 의해서만 가능한 것이다. 그러나 회개는 자신을 발견하는 것이요, 그 연후에 주님의 약속에 따라 '구하고, 찾고, 문을 두드리는' 'A. S. K.'에 의해서 하나님을 발견할 수 있다고 보았다.

또한 그는 2장에서 하나님을 안다는 것은 계시에 의해서 가능하다는 것을 지적했다. 그는 계시에 의한 지식은 하나님이 계신다는 것만이 아니라, 그가 우리에게 어떤 유익 즉 믿음과 경건의 유익, 은혜의 유익을 깨닫게 하며 그로부터 신뢰와 경외심이 생기게 되어 신앙에 들어가게 된다고 했다. 이것은 인간의 뜻에 의한 A. S. K.를 인정하지 않고 "인간이 하나님에게 접근하는 것은 절대 불가능하다."는 아우구스티누스의 원리와는 큰 차이가 있다. 칼뱅은 깨달음, 경외심, 신에 관한 질문, 신앙과 복종 등은 신의 의지에 의한 예지예정으로 보았다. 즉 그는 "인간이 이성에 의하여 신을 의뢰하게 되는 것은 자신의 자유로운 선택에 의한 것이 아니라 하나님의 감동에 의한 인도하심이 먼저 있기 때문"(2권 4장 7절)이라고 했다. 즉 그는 신자의 깨달음, 경외심, 심지어 질문과 복종까지 본인의 뜻과는 무방한 인도하심으로 보았다.

칼뱅은 "신에 대한 지각이 각자의 마음에 있음을 안다. 종교를 냉소한 디에고라스(Diagoras) 같은 사람이나 하나님의 심판을 조롱한 디에니시우스(Dienysius) 같은 사람이 없는 것은 아니다. 그러나 그들은 양심을 잃은 자들이며 …… 일반적으로는 하나님을 알도록 출생하고 그것을 목적 삼고 살지만 신을 아는 구체적인 결과를 내지 못하여 그들은 창조의 법을 어기고 있는 것이다.'(1권 3장 3절)라고 했다. 이 3장의 견해는 종교나 신을 냉소하는 사람만 이성의 자유가 있고 일반 적으로는 하나님을 알도록, 그리하여 하나님의 인도하심을 받도록 태어난다는 성선설(性善說)을 주장한 것이다. 이것은 아우구스티누스의 절대불가능설, 즉 성악설(性惡說)과는 반대이다. 그럼에도 성선설이 쉽지 않는 세 가지 원인이 있음을 그는 제4장에서 밝히고 있다.

첫째 원인으로, 생각의 허망함(롬 1:21)과 어리석음(롬 1:22)과 착각의 공통성을 들었다. '하나님의 영광을 …… 우상과 바꾸는'(롬 1:23) 어리석음과 착각을 들었다. 이것은 인간의 불완전한 이성을 지적한 것이다. 둘째 원인으로, '고의적 부인 또는 완악'을 들었다. "어리석은 자는 그 마음에 이르기를 하나님이 없다 하는도다"(시 14:1; 53:1) 하신 말씀을 근거로 죄에 대한 공포심과 심판에 대한 두려움을 없이 하려고 스스로 완악해졌다는 것이다. 셋째 원인을 외식(外飾) 때문으로 보고 자기를 정당화(正當化)시켜 하나님을 대적하는 것이라고 했다. 즉 일반적으로 선하게 태어났다 하더라도 후천적으로 (1) 어리석고, (2) 완악하고, (3) 자기 정당화가 구원을 막고 있다고 본 것이다. 예수님께서 서기관과 바리새인들의 외식을 책망(마 23~24장)하신 이유도 여기에 있다고 했다. 결론은, 인간 이성이 어리석음과 완악함과 자기 정당화로 완전히 굽게 되어 돌이킬 수 없게 되었다는 것이다. 결국 칼뱅은 아우구스티누스와 달리 후천적 퇴화와 타락을 강조했다.

서기관과 바리새인들은 예수님 당시 천 명도 못 되는 소수 집단에 불과했으나 실은 누구 할 것 없이 다 이 불치의 외식에 병들어 있었다. 칼뱅은 이 세 가지 원인을 들어 '이성(理性)이 타락과 불능 상태'로 전락했다고 단정하고, 그 전락을 어쩔 수 없는 필연적 결과라고 했다. 즉 인간이 자신의 죄를 모르는 어리석음, 죄를 알아도 정당화하는 완악함, 그리고 죄를 숨기려는 외식을 지적한 것이다. 그는 이 세 가지 이유 곧 인간의 무지, 정당화, 외식 탓으로 인간이 자진해서 구원을 추구하는 것은 불가능하며, 따라서 구원의 시동(Initiative)은 하나님에게만 있으며, 이 세 가지 원인을 제거하는 회개가 있어야 한다고 보았다.

그렇게 본다면 칼뱅의 불능설(不能說)은 아우구스티누스의 불가능설(不可能說)과는 차이가 있다. 아우구스티누스는 인간의 선천적 타락설을 주장한 반면 칼뱅은 후천적 타락설을 주장한 것이며, 아우구스티누스는 인간의 보편적 회의주의(Skepticism of Average Man)를 지적하면서 이성의 근본적 죽은 상태를 주장했으나 칼뱅은 이성의 허약 상태를 주장한 것으로 볼 수 있다. 그럼에도 칼뱅은『기독교강요』제2권 4장에서 "하나님께서는 자기의 원하심에 따라 언제라도 자기의 섭리를 역사하여 사람의 의지를 기울게 하신다. 그들이 비록 자유로이 선택한다 할지라도 하나님의 뜻의 다스림을 받게 하신다. 그것은 싫든 좋든 우리 자신이 자유로 선택하는 것이 아니라 하나님의 감동하심과 인도함을 받게 하신다."라고 했다. 즉 결정은 인간이 하되 사람의 의지를 하나님께서 그의 섭리를 따르도록 '만든다'는 것이다. 이것이 그의 예지예정설의 기반이 된 견인설(牽引說)이다.

그리고 칼뱅은 아우구스티누스의『은혜와 자유의지에 관하여』의 제20장에서 "사람의 의지는 온전히 하나님의 능력 아래 있으므로 하나님께서 원하실 때, 그가 원하시는 방향으로 그들을 움직이셔서 은혜를 주시거나 심판으로 벌을 내리신다."라고 한 것을 이렇게 수정했다. "인간의 자유의지란 무엇을 선택할 수 있는 자유로운 사고를 말할 뿐 선택할 수 있는 능력을 말하는 것은 아니다." 그리고 "자유의지에 의한 판단이 생겼다 하더라도 외적 방해를 거슬러 완수할 수 없다."라고 의지의 자율성을 부인한다. 즉 선택의 자유성(自由性)은 있으나 의지의 자율성(自律性)은 없다고 본 것이다. 그렇다고 보면 아담과 하와의 선택과 추방은 그들의 자율에 의한 것이 아니었다는 것이 되며 하나님이 그렇게 조작하셨다는 결과가 된다.

여기에서 칼뱅은 하나님의 공의와 선하심을 부정하는 큰 과오를 범하게 된 것이다. 그리고 하나님은 인간이 다 구원받기를 원하신다는 사랑의 진리를 부정하는 결과가 된다. 그것은 작은 자 중 하나도 실족하게 하면 화가 있다(마 18:6~7)고 하신 말씀이나, 잃은 양 한 마리를 찾으면 길을 잃지 아니한 아흔아홉 마리보다 더 기뻐하신다(마 18:13)고 하신 말씀이나, 작은 자 중 하나라도 잃는 것이 하늘에 계신 아버지의 뜻이 아니라(마 18:14)고 하신 주님의 말씀에 위배된다. 사람이 제 아무리 의지가 강한 자라 할지라도 제 힘으로 세상 유혹을 물리칠 수는 없다. 그래서 "구하라", "찾으라", "두드리라", 그러면 얻을 것이요, 찾을 것이요, 열릴 것을 약속하셨다. 인간이 자각하고 구하면 주신다는 것은 예정이나 견인과는 너무도 큰 차이가 있다.

또한 "변화를 받아 하나님의 선하시고 …… 뜻이 무엇인지 분변하도록 하라"(롬 12:2), 범사에 그에게까지 자라라(엡 4:15~16), 하나님은 모든 사람이 구원받기를 원하신다(딤전 2:4; 벧후 3:9)는 진리의 말씀과 그 외에도 많은 권면과 희망의 말씀을 약속해 주셨다. 그리고 모든 책임은 각자가 져야 한다는 말씀 등은 인간의 전적 무능설이나 예정설을 부인하고 있다. 이에 대해 복음주의는 인간의 모든 행위의 결정과 책임은 각자의 자유의지에 의한 선택이며 하나님께서는 아담 이후에 인간의 선택과 삶을 바탕으로 심판하시고 징책하시고 다스려 왔으며, 인간이 자유의지에 의해 스스로 회개하고 하나님을 의지하여 믿고 구할 때 성령이 도우셔서 순종의 삶을 살도록 인도하신다고 주장한다. 신의 도움과 인도는 인간의 자유 선택에 달렸다고 보는 것이다.

현대 철학은 실증주의와 합리주의적 공준(公準)을 통해 의지의 자유를 확립시키려고 한다. 그럼에도 프랑크(Erich Frank)는 1943년 메리 플렉스너 강의(Mary Flexner Lectures)에서 "현대 합리론자들은 인간의 자율성을 이성에서 발견하려고 하나 …… 의지의 자유는 오로지 주어진 가능성 중 어느 것을 선택하는 것만을 의미하는 것이 아니다. 오히려 이런 가능성을 창조하는 것 그 자체를 의미한다."라고 하면서 이렇게 말했다. "자유의지는 자기 자신의 사고에 의하여 행동하는 능력, 주어진 사실을 변혁하며, 사실적 실제를 재조(再造)하며 지배할 수 있는 능력을 말한다." 결국 철학은 자유의지의 절대성을, 일반 종교는 신의 법도와 축복의 절대성을 강조하나 기독교는 자유의지에 의한 회개와 신뢰(믿음)와 하나님의 사랑을 강조한다.

칼뱅이 견인설을 주장하는 성경적 근거는 첫째로 "내 양은 내 음성을 들으며 …… 내가 그들에게 영생을 주노니 영원히 멸망하지 아니할 것이요"(요 10:27, 28), "하나님의 은사와 부르심에는 후회하심이 없느니라"(롬 11:29), "성령도 우리의 연약함을 도우시나니 우리는 마땅히 기도할 바를 알지 못하나 오직 성령이 말할 수 없는 탄식으로 우리를 위하여 친히 간구하시느니라"(롬 8:26), "미리 정하신 그들을 또한 부르시고 부르신 그들을 또한 의롭다 하시고 의롭다 하신 그들을 또한 영화롭게 하셨다"(롬 8:30), "너희 속에 착한 일을 시작하신 이가 …… 이루실 줄을 우리가 확신하노라"(빌 1:6) 등 말씀을 들어 인간은 기도할 바를 알지 못하나 하나님의 일방적 예정과 견인(牽引)으로 구원하신다고 보았다.

그러나 여기에 '자유의지와 상관없이 구원할 자를 하나님께서 선택하시고 견인하시느냐? 아니면 빛으로 조명하셔서 인간이 죄와 구원의 길을 자유의지에 따라 결정하며 회개하며 도움을 구할 때 성령이 인도하시느냐?'의 차이가 있다. 예정론자는 첫째로, 인간의 전적 타락과 무능력을 이유로 '강권적 은사', '불가항력적 은사'와 '견인'(牽引)으로만 구원이 가능하다고 보는 반면 복음주의는 공의(公義)와 사랑의 하나님이 '누구든지', '오는 자마다', '구하는 자마다', '모든 믿는 자에게' 구원을 받도록 인도하심을 주장하여 하나님의 은혜와 인간의 선택과 책임을 강조한다. 그리하여 칼 바르트는 구원과 멸망의 책임이 하나님에게 있다면 하나님은 자기가 자기를 심판하는 모순이 생길 수밖에 없다고 강변했다.

그리고 예정론자는 둘째로, "나를 보내신 이의 뜻은 내게 주신 자 중에 내가 하나도 잃어버리지 아니하고 마지막 날에 다시 살리는 이것이니라"(요 6:39), "저가 한 제물로 거룩하게 된 자들을 한 번의 제사로 영원히 온전하게 하셨느니라"(히 10:14), "피조물이 허무한 데 굴복하는 것은 자기 뜻이 아니요 굴복하게 하시는 이로 말미암음이라"(롬 8:20) 하신 말씀 등을 들어 하나님의 일방적 구원을 강조한다. 그리고 셋째로 하나님의 '인 치심'과 '보증'

을 강조한다. "곧 이것을 우리에게 이루게 하시고 보증으로 성령을 우리에게 주신 이는 하나님이시니라"(고후 5:5), "또한 믿어 약속의 성령으로 인 치심을 받았으니 이는 우리의 기업에 보증이 되사"(엡 1:13~14), "하나님의 성령을 근심하게 하지 말라 그 안에서 너희가 구속의 날까지 인 치심을 받았느니라"(엡 4:30) 하신 말씀들을 근거로 성령의 실패할 수 없는 견인 역할을 강조한다.

그러나 그에 반대되는 주장은 첫째로, 예정론자가 근거로 내세운 이 말씀들의 전후에는 항상 조건이 붙어 있다는 사실을 지적한다. "자기를 힘 업어 하나님께 나아가는 자"(히 7:25)라는 전제가 붙어 있으며, '성도의 견인'의 조건으로 "만일 너희가 믿음에 거하고 (믿음의) 터 위에 굳게 서서 너희들은 바 복음의 소망에서 흔들리지 아니하면 그리 하리라"(골 1:23), "우리가 시작할 때에 확실한 것을 끝까지 견고히 잡으면 그리스도와 함께 참여한 자가 되리라"(히 3:14), "그때에 …… 불법이 성하므로 많은 사람의 사랑이 식어지리라 그러나 끝까지 견디는(휘포모네) 자는 구원을 얻으리라"(마 24:10~13) 하신 말씀들을 보면 '만일'(에안, if), '한다면', '나아가면'이라는 조건이 붙어 있음을 간과하거나 무시했으며 이것이 예정론자들의 과오라는 것이다. 결국, 이 조건들은 인간이 책임져야 할 항목이다.

둘째로, 시작뿐만 아니라 '굳게 서서 흔들리지 않고', '끝까지 견고히 잡아야 하며', '실족하지 않고 인내하는 자'라야 한다는 조건들은 지속적 결단과 의지를 지지하는 것이라고 지적한다. 특히 여기 말한 '인내'(휘포모네, Perseverance, 눅 21:19; 롬 5:3; 계 1:9)는 소망 가운데 고통과 시험을 스스로 견디는 것을 뜻하여 성경의 다른 두 인내(마크로두미아/아노케)와 전연 다른 뜻을 가지고 있다. 즉 예정론을 따르자면, 하나님께서 구원받을 자를 미리 예지예정하시고 무조건 구원을 선물로 주신다면 신자가 스스로 굳게 서서 인내할 책임이 없다. 그런데 왜 이런 혹독한 시련을 주시는가? 그것을 통해 '스스로' 온전해지도록 믿음과 성품을 단련하시는 것이다.

셋째로, 하나님이 예정하신 자가 구원받는 것이 아니라 죄악 된 세상의 유혹과 시련을 이긴 자라야 구원을 받는다는 것이다. 성경에는 이스라엘의 타락과 불순종과 그로 인한 멸망이 반복되는 역사가 기록되어 있다. 그리고 진리를 잘못 아는 그릇됨(딤후 2:18), 믿음의 파선(破船, 딤전 1:19), 믿음에서 이탈(딤전 4:1), 한 번 빛을 받고 하늘의 은사를 맛보고 성령의 참여한바 되고 능력을 맛보고 타락한 자들(히 6:4~6), 교회 안의 거짓 선생들이 호색하는 것을 따름(벧후 2:1, 2), 예수 그리스도를 앎으로 세상의 더러움을 피한 후에 다시 그 가운데 얽매이고 지면 그 나중 형편이 처음보다 심하게 되고, 의의 도를 안 후에 받은 거룩한 명령을 저버림은 개가 그 토했던 것에 돌아가고 돼지가 씻었다가 더러운 구덩이에 도로 눕는 것과 같음(벧후 2:20~22), 그들의 믿음을 본받으라(히 13:7) 하신 말씀들에서, 믿음의 파선, 타락, 따름, 얽매이고 지는 것, 돌아감, 알지 못함, 본받음, 등은 각자의 의지와 노력이 신앙과 직결되는 대목이며, 하나님께서 그를 사랑하는 자에게 시련을 주시고 단련을 통해 인도하심을 나낸다.

넷째로, 기도와 참된 경건과 선한 싸움과 구제와 전도와 용서와 이웃 사랑을 부지런히 실천할 것을 권면하고 있다는 것이다. "너희 각 사람이 동일한 부지런을 나타내어 끝까지 소망의 풍성함에 이르러 게으르지 아니하고 믿음과 오래 참음(휘포모네)으로 말미암아 약속들을 기업을 받은 자"(히 6:11, 12)가 될 것을 강조하고 있다는 것이다. 즉 예정설을 반대하는 자들은 구원이 게으르지 아니하고 믿음과 오래 참는 자에게 주어지는 '기업'이라는 것을 강조한다.

그러나 회개는 자발적 행위라 할지라도 "네가 하나님의 인자하심이 너를 인도하여 회개하게 하심을 알지 못하여 그의 인자하심과 용납하심과 길이 참으심이 풍성함을 멸시하느냐"(롬 2:4) 하신 말씀이나, "회개하게 하신다"(마 3:11; 9:13; 눅 5:32; 히 6:6)는 말씀, 그리고 "회개할 기회를 주신다"(히 12:17)는 말씀들은 하나님의 '샘물 역할'을 부인할 수 없다. 그뿐 아니라 기도나 믿음의 성장, 생각의 변화, 경건하고 거룩해지는 성장 과정에 있어 우리의 노력과 성령의 감화는 불가분리의 관계에 있다. 하여 성경 말씀에는 인도하신다는 대목과 견인하신다는 대목이 함께 나와 있다. 그러나 "진리의 성령이 오시면 그가 너희를 모든 진리 가운데로 인도 하시리니"(요 16:13), "네가 하나님의 인자하심이 너를 인도하여 회개하게 하심"(롬 2:4), "너희가 만일 성령의 인도하시는 바가 되면"(갈 5:18) 등에서 '인도하다'(아고오/호대게오)는 결코 견인을 말하고 있지 않다.

그와 반대로 "나를 보내신 아버지께서 이끌지(헬코오) 아니하시면 아무도 내게 올 수 없으니"(요 6:44), "내가 땅에서 들리면 모든 사람을 내게로 이끌겠노라"(요 12:32)는 대목도 있다. 그리고 성령의 강권적 이끄심만 있는 것이 아니라 육신과 정욕의 이끌림(마 26:41; 딤후 3:6; 약 1:14)도 있다. 그러나 이 이끌림을 본인의 의사를 무시한 견인으로 보는 대신 인간의 자유의지를 인정하는 이끄심으로 보는 견해와 그런 이끌림이 불가피한 경우, 즉 믿음이 어릴 때, 약할 때, 병들 때 이끌림을 받을 수도 있다는 것을 지적한 것으로 보는 견해도 있다.

그것을 한국의 조직신학자 박형용 박사는 인간의 믿음과 신의 견인 관계를 밑실과 북실의 교직(交織) 관계로 보면서 다음과 같이 보충 설명을 했다. "하나님과 인간이 바둑을 두는 것과 같다. 수가 낮은 인간의 자유를 우대하여 먼저 검은 돌을 두게 하시지만 바둑이 진전될수록 결국은 상수인 흰 돌이 한 수 앞서 이끌고 검은 돌이 그 뒤를 따라 전전긍긍하며 따라 가게 되는 것과 같다." 즉 인간이 자의에 의해 검은 돌을 하나씩 놓지만 그것은 흰 돌에 끌려가는 "어쩔 수 없는 자의"라고 했다. 즉 하나님 편에서는 견인으로, 인간 편에서는 인도로 다르게 보인다는 뜻이다. 그러나 인도자가 사랑의 하나님이시라면 구태여 견인으로 볼 이유가 어디 있겠는가? '수'로 보아서는 견인이나 그것도 '사랑'하는 자에게는 인도라 보는 것이 옳다.

그보다 더 중요한 것은 구원의 책임을 하나님에게 돌리는 운명론적 신앙과 각자의 노력과 신앙생활에 책임을 돌리는 복음주의 사이의 대립 관계는 인간 스스로가 만든 것이다. 마지막 심판 때 '착하고 부지런한 종'과 '악하고 게으른 종'을 구별하는 이유가 여기에 있다고 보며, 그로 인해 그들의 자의적 선택과 노력을 평가 받을 것이다. 시편 기자는 "여호와께서 그를 건지시되 악인들에게서 건져 구원하심은 그를 의지한 까닭이로다"(시 37:40)라고 했다. '의지한 까닭'이라 했으니, 여호와께서 인간을 구원하신 이유가 인간 스스로에게 있다는 것 아니겠는가.

그 '까닭' 탓으로 의심도 하고 비교도 하여 깨달음을 갖게 하시고 신을 의뢰하고 따르게 하신 것이다. 그 밖에도 예정설로는 답할 수 없는 주님의 가르치심은 너무도 많다. 예를 들면, 산상수훈(마 5:3~7:27), 나무와 열매(마 7:16~21), 버림받은 주의 종(마 7:22~23), 만 달란트 빚진 자(마 18:23~35), 부자 청년(마 19:16~20), 제자의 자격(마 19:29), 나무와 열매(막 11:15~19), 청함과 택함(마 22:2~14), 바리새인의 외식(마 23:1~38), 다섯 처녀(마 25:1~12), 한 달란트를 땅에 묻은 종(마 25:14~21) 등과 사도들의 권면을 들 수 있다. 특히 회개와 '어린아이로 변하는 중생' 그리고 성화를 위한 싸움 등은 무엇을 말하는가?

그러나 실리주의(實利主義)가 작용하여 자기 유익을 위해 선택한 신앙이 남의 유익을 위한 삶으로 변천해 가는 것은 각자가 신을 알게 되고 성령의 도우심으로 새 사람으로 변화되어 하나님의 인도하심을 믿고 스스로 기쁜 마음으로 따르는 것이다. 그 과정에서 구하는 자에게 주시며(마 7:7), 소원을 하나님에게 두고(시 37:4, 9) 선한 싸움을 싸우며 달려갈 길을 달리며 믿음을 지키는(딤후 4:7) 자에게 하나님 우리 아버지 앞에서 거룩함에 흠이 없게 하시는(살전 3:13) 성령의 역사가 따르는 것이다. 그러나 구하지 않는 자에게 일방적으로 구원을 주신다는 약속은 어디에서도 볼 수 없다. 인간에게 주어진 선택의 자유와, 행동의 자유, 그로 인한 결과에 따르는 책임을 각자가 저야 하는 것이다.

시편 기자는 말했다. "하나님이 이르시되 그가 (먼저) 나를 사랑한즉 내가 그를 건지리라 그가 내 이름을 (먼저) 안즉 내가 그를 높이리라"(시 91:14). 이것이 주님께서 하나님의 백성에게 "먼저(프론토, 우선적으로) 그의 나라와 그의 의를 구하라!"(마 6:33) 하신 이유라고 본다. 바른 원인을 알아야 바른 결과를 기대할 수 있으며, 바른길을 가야 바른 목적지에 도달할 수 있다.
아멘!

제7장

영적 삶

1 성화(聖化)가 가능한가?

누구나 살아 있다는 증거가 있다. 살아 있으면 목적이 있고, 그 목적이 있으면 중간 목표가 있다. 그리고 그 목표와 목적을 이루기 위한 수단이 따르는 법이다. 목적과 수단이 다르면 가식(假飾)이요, 수단은 있어도 목적이 없으면 허식(虛飾)이다. 신앙도 마찬가지다. 왜 예수를 믿는가? 왜 주의 종이 되었는가? 목적은 안일과 밥통이요 실상과 수단은 형식과 가면이면 삶과 예배에 신령과 진정이 있을 수 없다. 천국은 환상이요 밥통은 실상이다. 이상과 다른 실상은 거짓과 형식의 결과를 초래한다. 그것이 참사와 부실로 드러날 수밖에 없는 이유다. 신앙도 천국이 목적이라면 부활과 성화가 목표가 되어야 하지만 그런 목표를 가지고 애쓰는 사람은 드문 것 같다.

무슨 목적으로 교회에 나가는가? 건강과 물질적 축복과 마음의 평강, 삼박자를 위해서다. 그 누구도 예수 그리스도의 온전하심처럼 온전해지기 위해 믿는 사람은 드물다고 하겠다. 말세에 믿는 자를 보겠느냐? 하신 말씀이 오늘 이루어지고 있는 것이다. 결국 따지고 보면 '자기'(Ego)를 위한 것이다. 그렇다면 하나님을 사랑하며 이웃을 내 몸과 같이 사랑하기 위해서라거나 하나님을 위해서라는 고백은 가당치도 않은 과장이다. 결국 목적부터 주의 계명(마 22:37~40; 요 13:34; 14:15~21)에서 벗어났다. 그것이 주의 종이라고 자처하지만 실은 '불법을 행한 자'(마 7:23)가 되는 이유다.

주를 따르는 목적은 이생이 아니라 영생이라고 흔히 생각한다. 영생은 삶의 결과이지 목적이 아니다. 인생의 외길에는 세 가지 요소가 늘 함께 한다. 그것은 목적과 수단과 결과이다. 목적에 따라 수단이 생기고 그 수단이 결과를 낳는다. 인간은 주어진 운명을 따르는 당나귀가 아니라 자유의지로 자기가 목적을 정하고 그 목적을 향해 달려가는 지능을 가진 존재이기 때문이다. 하여 남이야 어떻게 보든 상관없이 자기가 자기 삶을 책임지는 실존(實存)이라고 보는 것이다. 신앙의 목적이 돈이나 행복이라면 실리주의(Pragmatism)요 다른 종교와 다를 바가 없다. 그렇다면 그 결과는 이미 다 정해진 것이다. 각자는 주어진 자유를 따라 살고 있으면서 엉뚱한 기대를 하고 있는 몽상가가 되기 쉽다. 그래서 바울은 "모든 것이 가하나 다 유익한 것이 아니다"(고전 6:12)라고 했다. 즉 수단은 자기 선택이지만 결과는 자기 선택이 아니라는 경고다.

성도(하기오스)의 바른 뜻은 '성화 된 자' 또는 '하나님처럼 된 자'(Godly Man)라는 뜻이 아니다. 히브리 기자는 "함께 하늘의 부르심을 받아 (하나님의 성품을 닮아) 거룩한 형제가 된 자"(히 3:1)라고 했다. 그리고 이미 거룩하게 된 자라고 하지 않고 "하나님은 우리의 유익을 위하여 그의 거룩함에 참예하게 하셨다"(히 12:10, 개역한글)고 했다. 즉 거룩해진 것이 아니라 거룩해지는 과정에 참예(코이노네오, Share)한 자라는 뜻이다. 여기 참예(參預, 개역한글)는 참여(參與, 개역개정)와 비슷하나 다른 뜻을 가지고 있다. 참예는 이미 영도자가 있고 그의 기정된 일에 동참하는 것이지만 참여는 대등한 입장에서 함께 일을 이루어 나가는 것이다. 결국 하나님의 뜻과 목적을 따라 정해진 길에 참예하는 것이다. 그렇게 보면 성도란 거룩해진 자가 아니라 거룩함에 참예한 자이다. 즉 거룩해지려는 목적으로 사는 자, 그리스도께서 본 보이신 길(빌 2:5~11)에 참예한 자이다. 그래서 바울은 초기 성도를 거룩함에 참예한 자로 보고 그의 서신 서두마다 "……성도들에게"라고 했다. 하여 성도란 "이미 얻었다 함도 아니요 온전히 이루었다 함도 아니라 …… 오직 한 일 …… 앞에 있는 것을 잡으려고 푯대를 향하여 …… 달려가노라"(빌 3:12~14)고 하는 분명한 목표 의식을 가진 자이다. 바울이 이루기를 원한 목표가 무엇이었던가? 그의 푯대는 바로 앞 절을 보면 "그의 죽으심을 본받아 …… 부활에 이르려 하는"(빌 3:10~11) 것이었다. 이 부활은 먼 훗날 마지막 심판 때의 부활을 말하는 것이 아니라, '오늘' 그의 죽으심을 본받아 어떻게 해서든지 죽은 자 가운데서 부활(빌 3:11)하는 것이다. 하여 바울이 이미 얻은 줄로 여기는 것도 아니고, 아직 잡은 줄로 여기지 아니한 그 풋대(빌 3:12~14)는 새롭게 태어나는 부활, 즉 성화를 말한 것이다. 그렇다면 그의 목표가 나의 목표와 같은 것인가? 생각해 볼 문제다.

언감생심 죄 투성이 인간이 아무리 씻고 닦고 회개하여 새로워진다손 치더라도 인간 본능이 죽고 완전한 신의 성품으로 성화될 수 있겠는가? 그것은 언어도단이라 보는 사람이 많다. 그리하여 '내 모습 이대로!'만을 주장한다. 설사 성령의 도움으로 극히 적은 한 부분이 새롭게 된다손 치더라도 이 세상에 살면서 "유혹의 욕심을 따라 썩어져 가는 구습을 따르는 옛 사람을 벗어 버릴 수"(엡 4:22~24)는 없다고 보는 것이다. 그에 대한 회의는 신앙 경력이 얕은 초신자보다 오래 신앙생활을 한 사람, 오랜 기도생활로 자신을 채찍질하며 재촉한 사람들이 갖는 고민이다.

그것은 "오오라 나는 곤고한 사람이로다 이 사망의 몸에서 누가 나를 건져내랴"(롬 7:24) 탄식하며 고백한 바울의 고민이었다. 그 고백은 그가 주님을 기적적으로 만난 후 3년간의 광야기도와 십여 년의 전도 여행을 한 후의 고백이었다. 그리고 "내가 남에게 전파한 후에 (나) 자신이 도리어 버림을 당할까 두려워함이로다"(고전 9:27)라고 했던 고민이다. 그리하여 "어떻게 해서든지 죽은 자 가운데서 부활에 이르려 하노니 내가 이미 얻었다 함도 아니요 온전히 이루었다 함도 아니라 오직 …… 그것을 잡으려고 달려가노라"고 토로한 고민이다. 이런 고민으로 애쓰는 것을 '하나님의 거룩함에 참예'라고 한 것이다.

하나님께서 태초에 인간을 만드셨을 때 자기의 형상(形相, 이에체르)을 따라 지으셨다. 그 '형상'은 정신과 영의 형상을 뜻하며, '우리의 모양대로'(창 1:26)의 '모양'(模樣)은 외형적 모양을 뜻한다. 하나님은 영적 형상, 즉 성품도 있고 영안으로 볼 수 있는 윤곽도 있다는 것이다. 성경에는 두 가지 영적 형태를 말씀했는데, 하나는 추상적 모양(몰페, Form)으로 '그리스도의 형상'(갈 4:19), '경건의 모양'(딤후 3:5) 등을 말하며, 다른 하나는 외형(호모이오시스)으로 '하나님의 형상'(약 3:9), '육신의 모양'(롬 8:3), 제자들이 눈으로 본 변화 산에서의 현현(눅 9:28) 등에서 확인된 겉모습을 말한다. 즉 영(靈)도 영안으로 볼 수 있는 외형이 있어 자신의 형상을 닮게 인간을 지으셨다.

하나님께서 인간을 지으셨을 때 창조자의 성품을 닮게 지으셨다. 그러나 인간은 하나님의 성품에서 벗어나 타락했다. 그래서 아담은 지혜가 부족했고 가인은 살인자가 되었으며, 아브라함은 믿음은 가졌으나 겁쟁이요 거짓말쟁이가 된다(창 20:1~13). 야곱은 지혜는 있었으나 아버지와 형을 속인 사기꾼이요, 다윗은 간음자요 자기 충신 우리아와 장인을 살해한 흉악범이다. 요한은 성급한 우레의 아들이요, 바울은 극단주의 박해자였다. 하나님의 성품을 닮아 성스럽게 지으심을 받은 인간이 그의 성품과 모습에서 멀리 타락한 것이다. 거룩한 하나님의 성품이 마귀의 성품을 입게 된 것이다. 멀쩡한 사람이 갑자기 분이 나면 얼굴색이 붉어지고 눈이 뒤집히며 입에 거품을 내 품는다. 인간에게서 사탄의 형상을 볼 수 있다. 그와 반면에 은혜에 접한 사람은 겸손과 온유와 인자한 속 모습이 겉모습에 품긴다. 그리고 그리스도를 닮아 '주린 자', '목마른 자', '나그네 된 자', '헐벗은 자', '병든 자', '옥에 갇힌 자'(마 25:35~36)에게서 성스러운 신성을 보게 된다.

성화(聖化)에 대한 회의적 견해를 밝힌 사람은 많았다. 그 대표적 인물로 중세의 유대계 신학자 마이모니데스(Moshe ben Maimon, 1135~1204)를 들 수 있다. 그는 스페인에서 태어나 13세 때 이슬람의 침략과 박해를 받아 애굽으로 피신하여 거기서 많은 책을 출간하게 된다. 그는 『믿음의 13원리』, 『곤혹자를 위한 안내』(Gauides for the Perplexed), 그리고 14권으로 된 613가지 계명을 분석한 절명의 저서 『율법의 기본』(Code of the Torah)과 『회개』(Repentance)를 출판하여 45세에 이미 명성을 얻었다.

그는 유대교에 입각하여 '토라'(Tora), 즉 창세기와 출애굽기, 레위기, 민수기, 신명기를 파해처 소위 '부정신학'(不定神學, Negative Theology)을 창시했다. 십계명만 보더라도 "두지 말라, …… 만들지 말라, …… 부르지 말라"로 시작하여 제4, 5계명을 제외하면 '하지 말라'(Negative)의 연속이다.

그는 히브리어 성서를 연구한 결과 성서의 표현이 '……이다'거나 '……하라'는 긍정적 표현보다 '하지 말라', '범하지 말라'라는 부정적 표현이 대부분이라는 것을 발견한다. 악과 선을 구별하지 못한 자에게는 '하지 말라'보다 '하라'는 긍정적 지시를 하였으나, 악과 선의 중간을 넘어 악한 편에 선 자에게는 "하지 말라!"는 부정적 명령을 하신 것을 발견하고 '하지 말라'는 부정적 명령을 들어 부정신학을 세우게 된다.

마이모니데스는 그 이유를 깊이 생각한 끝에 사탄의 강력한 세력과 인간 본성의 타락이 주된 원인임을 알게 된다. 그리고 '그 타락 원인이 어디서 온 것인가?'를 깊이 생각한 결과 사탄의 존재를 신이 허용한 탓이며 그것은 신이 인간에게 자유를 주신 신의 섭리였다는 결론에 도달한다. 그리하여 '신정론'(神正論, Theodicy)을 주장하게 된다. 즉 신만이 의로우시며 인간은 누구를 망라하고 타락하여 죄로 물들게 되어 그것이 신을 구별하기 위한 섭리였다고 본 것이다. 그러나 그가 "하지 말라!"의 배후에 숨은 하나님의 사랑을 보지 못한 아리스토텔레스의 영향을 받아 그릇된 신정론을 주장하게 된 것이다.

그리하여 그는 절대적으로 접근할 수 없는 하나님의 신격(神格)과 인간의 차이를 주장한다. 하여 하나님을 인격화나 의인화(擬人化)하는 것을 신을 모독하는 표현으로 보고 '하나님의 손'이라든지 '하나님의 얼굴'이라든지 하는 육체적 표현을 죄로 단정했다. 그는 신의 '거룩'[Gadosh(히)]이란 '구별(Separation)되다'는 뜻임을 강조하여 인간의 접근이나 친근함이 근본적으로 허용되지 않는 타자(他者)임을 주장한다. 그리하여 인간이 신과 같이 되는 성화를 전적으로 부인한다.

18세기의 장 자크 루소는 선에 감동되고 선을 행하려는 의지는 이성(理性)에 속하지 않고 감성(感性)에 속하며 무엇을 이해하고 아는 것뿐이어서 인간을 교만하게 하며, 따라서 이성의 활동은 선행에 도움이 되지 않는다고 단정한다. 그리고 어린아이와 같이 이성보다 감성이 발달되어야 한다고 보았다. 그리하여 지식과 지각을 강조하는 세대에는 감성이 퇴보되어 선을 행할 능력이 감퇴된다고 예고했다. 즉 그는 이성의 발달은 인간 퇴화를 초래할 뿐 인성 발달에는 큰 도움이 되지 않는다고 본 것이다. 결국 죄와 선을 아는 지식, 즉 이성의 발달을 선을 행하는 능력의 퇴화로 보고, 그것이 신이 선악과를 따먹지 못하게 하신 이유였다고 주장했다.

성경 여러 곳에서 타락한 인간에 대한 신의 구별을 볼 수 있다. 모세가 시내산에서 하나님을 대면했을 때 "하나님이 이르시되 이리로 가까이 오지 말라 네가 선 곳은 거룩한 땅이니 네 발에서 신을 벗으라"(출 3:5)라고 하셨다. 그 신은 발을 보호하는 인간적 지식이나 기술을 의미하여 하나님 앞에서는 벗으라는 것이다. 그리고 얼마 후 모세는 "여호와여 신 중에 …… 주와 같이 거룩함으로 …… 위엄이 있으시며 기이한 일을 행하시는 이가 누구니이까"(출 15:11)라고 감탄하게 된다. 그러나 하나님께서는 십계명을 주시면서 자기 백성을 세상 사람과 구별하셨다. 왜 하나님은 자기 백성을 구별하셨는가? 그 근본 이유는 선과 악이, 의와 불의가 조화될 수 없기 때문이다. 그것이 "의와 불법이 어찌 함께하며 빛과 어둠이 어찌 사귀며 그리스도와 벨리알(사탄)이 어찌 조화되며 …… 하나님의 성전과 우상이 어찌 일치가 되리요"(고후 6:14~16) 하신 이유다.

존귀와 위엄이 그 앞에 있어(대상 16:27) 거룩한 산에서(시 48:1) 거룩한 것으로 경배할 것과(대상 16:29; 시 96:9), 안식일을 거룩한 날(사 58:13)로 구별하여 정하시고 거룩한 것으로만 예배를 받으신 일(대상 16:27~29; 시 29:2; 96:9), 그리고 자기 백성 중에서도 아론의 레위 지파만이 성결하게 구별하셨으며 그중에서도 한 명 또는 두 명만 대제사장으로 임명하시고 일 년에 단 한 번 들어 갈 수 있는 지성소를 구별하셨다. 그리고 40여 명의 제사장들을 세우시고 다른 백성들과 구별된 삶을 살게 하시며 백성들의 죄를 대신하여 제사를 드리되 지성소에는 들어가지 못하게 휘장으로 막으셨다(출 26:31~33). 그 휘장이 주님께서 십자가에 운명하신 날 찢어져 걷어졌다(마 27:51). 결국 주님의 속죄로 성화된 인간은 하나님 접근이 허용된 것이다. 그럼에도 성화가 실질상 불가능하다는 이가 많다. 그리고 '신은 타자'라고 주장한다.

성화가 실제 불가능한 증거는 역사에 나타난 인간의 '야욕과 행포'에서 볼 수 있다. 그리고 그 원인으로 하나님께서 인간에게 자유와 이성을 주신 것을 지목한다. 즉 하나님께서 아담과 하와에게 에덴동산을 경작하며 지키게 하셨다(창 2:15). 그리고 "선악을 알게 하는 나무의 열매는 먹지 말라"(창 2:17)고 자유의 한계를 제정하셨다. 즉 모든 자유를 주시되 한계를 정하셔서 하나님과 같게 되는 것을 금하셨다. 그러나 사탄은 신과 같게 될 수 있다고 꾀인다. 인간에게 이성을 주시고 "알게 하는 나무 열매"는 먹지 말라고 금하신 것을 마이모니데스는 이율배반으로 보았다.

그러나 하나님께서 지식의 한계와 선택권을 인간에게 주신 것은 스스로 순종하여 그 구별을 지켜 주기를 원하셨기 때문이라고 보며, 또 다른 이유는 인간이 선만 알기를 원하셨으며 악을 알아 정욕에 빠지는 것을 원하지 않으셨다고 본다. 악을 알고 그것에 영향을 받지 않는 존재는 신밖에 없기 때문이다. 그러나 한편으로는 하나님께서 아담이 선악과를 따먹을 것도 미리 아시면서 선악과를 에덴동산에 두셨다고 보는 이도 있어, 애당초 하나님은 인간이 신과 같이 되는 성화를 원하지 않으셨다는 견해와 성화를 원하시고 선악과를 두셨다는 견해가 맞서고 있다. 그러나 성화(聖化)는 신화(神化)가 아니다. 성화는 신의 위엄과 권능과 선한 성품 중에서 죄 없으신 선한 성품만을 닮는 것을 말한다. 그것을 자기와 같게 지으신 것이 아니라 닮게 지으셨다 하신 것이다(창 1:26).

아담과 하와는 선악과를 따먹음으로 과거에 몰랐던 죄와 악을 알게 된 것이다. 그리하여 벌거벗은 수치를 알게 되고(창 2:25). 부끄러움도 알게 된다. 그 호기심은 점차 철면피로 변하면서 소돔화 하게 된다. 결국 아담이 선악과를 따 먹기 전에는 신의 선한 성품을 닮았었다고 보인다. 여자가 그 나무를 본즉 먹음직하고(식욕) 보암직하고(정욕) 지혜롭게 할(지욕) 것 같아 따먹었다고 했다(창 3:6). 즉 맛과 아름다움과 지혜의 유혹에 빠진 것이다. 그것이 인간에게 주어진 이성의 핵심이며, "세상에 있는 모든 것이 육신의 정욕과 안목의 정욕과 이생의 자랑이니 다 아버지께로부터 온 것이 아니요 세상으로부터 온 것"(요일 2:16)이라고 한 것이다. 즉 인간이 잘못 선택한 것이라는 뜻이다. 그러나 그 선택권을 예정론자들은 부정하며, 인간의 자의적 타락도, 자의적 성화도 인정하지 않는다.

성화를 부인하는 두 번째 이론은 자연 변화설이다. 자연현상에는 퇴화는 있어도 성화(聖化)는 물론 선화(善化)도 불가능하다고 본다. 즉 자연계에는 에너지가 한 부분에 몰리는 변화는 일어나지 않는다. 그것을 '자유 에너지'(Free Energy)가 감소하는 방향으로 자연 반응은 일어난다고 말한다. 힘의 안정화는 에너지의 증가가 아니라 감소와 평형에 있다. 즉 에너지 감소반응이 일어나면 동시에 혼란도(混亂度, Entropy)가 증가하는 자연 반응이 따른다. 공기 속의 냄새나, 물속에 커피나 물감을 타면 퍼지는 현상은 막을 수 없는 자연 변화(Spontaneous Reaction)다. 그리고 순수한 물질의 순도가 세월이 흐르면 떨어져 평준화되는 것, 금속이나 물질이 녹슬고 삭아 없어지는 것, 유기물이 썩어 풍화되는 현상들은 다 자유 에너지가 감소하는 자연 반응이다. 고농도가 저농도로, 고압이 저압으로, 단일체는 혼합체로, 분산, 혼합, 변질, 불순화는 자연 반응(自然反應)이며, 자유 에너지가 감소하는 변화다. 그와 동시에 엔트로피(Entropy, 混亂度)는 증가한다.

그와 반대로 자연 반응인 정반응(正反應)의 반대, 즉 역반응(逆反應, Reverse Reaction)을 일으키게 하려면 특별한 인위적인 방법이나 외력으로만 가능하다. 자연 반응은 아무 때나 자연스럽게 일어나나 역반응은 외부의 힘이 없으면 불가능하다. 즉, 촉매, 가열, 농도 증가, 교반(攪拌), 그리고 화산 작용, 지진, 가뭄 태풍 등 외부 작용에 의해서만 가능하다. 따라서 순물질이 불순물로 변하는 것은 쉽게 일어나는 자연 변화이나, 불순물을 고순도의 물질로 만드는 것은 매우 어려우며 95%의 순도를 99.9%(Three Nine)로 높이면 가격이 수백 또는 수만 배로 뛰어 오른다. 결국, 역반응은 그만큼 어렵기 때문에 '기적'과 같은 것으로 본다. 하여 정신적 퇴화도 자연 변화로 보나 성화는 기적에 속한다.

자연 반응은 에너지가 축적된 높은 상태에서 낮은 상태로 에너지를 방출하며 내려가는 안정화 반응을 말한다. 그러나 역반응은 안정된 상태에서 여기 상태(Excited State), 불안정 상태로 역행하는 변화를 말하며, 비자연 반응이라고 말한다. 그러나 영적으로는 그와 반대로 안정된 상태에서 의심과 회의와 미움과 분쟁 분노와 싸움으로 변하는 반응이 자연 반응이며, 그와 반대로 화해, 믿음, 협력, 결합, 희생, 성화 등은 하나님의 순리(롬 1:27~32)이나 세상적으로는 역반응이다. 그것은 각자의 축적된 정욕과 욕심과 허영 등 축적된 인간성의 방출이며 좌충우돌로 혼란도(混亂度, Entropy)를 증가시키는 인간성 순리요, 참았던 좁은 길에서 '넓은 길'로 방출되는 자연 반응이다. 즉 자연은 하나님의 순리를 따르나 인간은 반대로 역리(逆理)를 따르는 것이 에덴동산을 쫓겨난 이유다. 그것이 인간 역사요 타락의 원리다.

그 와중에 장자(莊子)는 극을 피하고 중용(中庸)을 지혜요 바른 도(道)라고 주장한다. 그리고 그는 어느 한쪽에 치우친 사람을 밸런스가 잡히지 않았다고 말한다. 결국 중용은 지혜로운 처세법이나, 공법은 극단적 선이나 의를 피하고 선과 악의 중간을 따르는 중용(中庸)을 도(道)로 삼아 힘씀이 없이 세파에 떠내려가는 지혜를 주장한다. 그러나 선과 악에는 중용이라는 중간 지대는 없다. 힘씀이 없이도 흐르는 물에 떠내려가지 않고 중간에 머무를 수는 없다. 흐르는 물결에 힘쓰지 않고 몸을 맡기는 것은 세상의 정반응에 몸을 맡기는 것이다.

성경에도 온유한 자가 땅을 기업으로 받는다(마 5:5)거나, 좌로나 우로 치우치지 말라(신 28:14; 단 4:27), 피차 복종하라(엡 5:21), 서로 용납하라(골 3:13)는 말씀이 있다. 그러나 그 말씀들을 자세히 보면 그 배후에는 '사랑'(아가페)이라는 무한한 힘의 작용을 전제로 하고 있어 세상적으로는 역리요 하나님에게는 순리다. 그러나 그것은 하나님의 성력(聖力, 두나미스)과 성령의 촉매에 의한 역반응을 의미한다. 인간들이 정한 '좌나 우'를 따르지 말고 하나님의 순리, 즉 세상의 역리를 따르라는 권면이다. 그 이유는 하나님의 법도와 뜻은 중용도 선(善)도 아닌 지선(至善, Extreme Virtue)이며 '선의 극(極)'을 말한다. 그 선의 극을 향해 역반응이 일어나도록 하라는 권면이다.

그렇다면 노아의 때나 롯의 때(눅 17:26~29)와 같은 암흑기에 들어서게 된 현실 교회의 위치는 어디에 있는가? 불신자와 더불어 신자가 '먹고 마시고 장가가고 시집가며' 현실에 도취하여 모든 면에 평준화되어 있다. 그 결과 노아 때의 홍수와, 롯의 때의 유황불과, 애굽과 바벨론과 앗수르의 침략, 온역과 재난과 전쟁으로 대청소가 불가피하게 된 현실은, 인간의 물질욕이 산업화를 부추겨 지구 온난화와 질병으로 몸살을 앓게 된 현실은 '차지도 않고 뜨겁지도 않은'(계 3:15) 미지근한 상태 때문 아니겠는가? 오로지 이 현실을 돌이키는 회개의 역반응(逆反應), 크고자 하는 자는 작은 자가 되고(눅 9:48), 살고자 하는 자는 날마다 죽는(고전 15:31), 하나님에게로 돌아가는 역반응이 일어나는 길밖에 없다.

성경에 이런 말씀이 있다. "너희가 순종하는 자식처럼 전에 알지 못할 때에 따르던 너희 사욕을 본받지 말고, 오직 너희를 부르신 거룩한 이(하나님)처럼 너희도 모든 행실에 거룩한 자가 되라 기록되었으되 내가 거룩하니 너희도 거룩할지어다 하셨느니라"(벧전 1:14~16). 이 말씀에서 "내가 거룩하니 너희도 거룩하라"는 말씀은 권면이 아니라 명령이다. 이것은 성도에게 내리신 세상적으로는 역반응 명령이다. 여기 "너희를 부르신 하나님처럼"은 반응 목표다. 성화는 불가능한 것도, 안 해도 무방한 것도 아니다. 주님은 그것을 천국 필수 요건으로 보시고 혼인집의 '예복(옷) 갈아입기'(마 22:12)로 말씀하셨다. 그리고 그 힘든 정반응(세상적으로는 역반응)을 명하시며 애쓰고 노력할 것을 당부하고 있다.

이 점이 인간으로 말미암은 일반 종교, 불교나 유교나 힌두교와 다른 점이다. 인간이 시작한 종교는 세상과 융화되어 가급적 선해지도록 적당히 힘쓰면 된다. 그러나 하나님은 극단적 선, 즉 지선(至善)을 강요하시면서 "네가 죽도록 충성하라(피스토스)" 하신 것이다. 여기 충성(피스토스)의 뜻은 "미쁘다(피스토스) 이 말이여 우리가 주와 함께 죽었으면 또한 함께 살 것이요"(딤후 2:11)나, "우리는 미쁨이 없을지라도 주는 항상 미쁘시니"(딤후 2:13) 하신 '미쁨'을 뜻한다. 그리고 "착하고 충성된(피스토스) 종"(마 25:23)이 "구할 것은 충성이니라"(고전 4:2), "네가 죽도록 충성하라"(계 2:10) 등은 다 품행과 삶의 역반응을 뜻한다. 즉 타락은 마음과 행실에 나타나는 자연반응, 즉 정반응이요 성화는 믿음에 의한 역반응이다. 옛날에는 계명을 지켜 안식일에 장거리 여행을 피했다. 그렇지만 오늘날은 주일을 끼고 관광여행 하는 것이 일상이 되었다. 운동 경기가 있거나 손님이 오면 주일을 빼먹기 일쑤다. 그것은 다 세상 풍조에 떠내려가는 풍화(風化, 히 2:1) 반응일 뿐이다.

"지극히 존귀하며 영원히 거하시며 거룩하다 이름 하는 이가 이와 같이 말씀하시되 내가 높고 거룩한 곳에 있으며 또한 통회하고 마음이 겸손한 자와 함께 있나니 이는 겸손한 자의 영을 소생시키며 통회하는 자의 마음을 소생시키려 함이라 …… 그가 아직도 패역하여 자기 마음의 길로 걸어가도다"(사 57:15~17)라고 하셨다. 또한 주님의 긴 기도 가운데 "그들을 위하여 내가 나를 거룩하게 하오니 이는 그들도 진리로 거룩함을 얻게 하려 함이니이다"(요 17:19)라고 하셨다. 즉 우리의 성화를 위해 그가 성화의 본이 되신 것이다. 여기서 "거룩하게 하오니"나 "그들로 거룩함을 얻게 하려 한다"는 말씀에는 두 가지 뜻이 담겨져 있다. 하나는 십자가를 통한 성화의 길, 곧 속죄로 인한 영혼의 성화를 말하고, 다른 하나는 믿음으로 순종하는 성화의 길, 곧 행실의 성화를 말하고 있다. 그리고 "진리로 거룩함을 얻게 하려 함"이라고 하셨고, "그는 진리의 영이라 세상은 능히 그를 받지 못하나니 이는 그를 보지도 못하고 알지도 못함이라 그러나 너희는 그를 아나니 그는 너희와 함께 거하심이요 또 너희 속에 계시겠음이라"(요 14:17) 하셨다. 즉 도움을 약속하신 성화의 길이다. 하여 성화는 인간의 노력으로 쟁취되는 것이 아니라 그의 은혜로 '얻어지는 것'이다.

그것을 베드로는 "그의 신기한 능력으로 생명과 경건에 속한 모든 것을 우리에게 주셨으니 이는 자기의 영광과 덕으로써 우리를 부르신 이를 앎으로 말미암음이라"(벧후 1:3)고 하셨다. 즉 '생명에 속한 진리'를 알게 하심은 인간의 노력이 아니라 '신기한 능력' 때문이라 하신 것이다. 그렇다고 죄를 전적으로 짓지 않게 되는 것은 아니나 "누가 죄를 범하여도 아버지 앞에서 우리에게 대언자가 있으니 곧 의로우신 예수 그리스도시라"(요일 2:1)고 하신다. 그리고 "너희 마음의 허리를 동이고 근신하여 예수 그리스도께서 나타나실 때에 너희에게 가져다주실 은혜를 온전히 바랄지어다"(벧전 1:13) 하셨다. 여기 '온전히'(테레이오스, Perfectly)는 허점이 없는 완벽함을 뜻하며 '허리를 동이라'는 긴장과 애씀을 뜻한다. 하여 성화는 하나님의 능력으로만 가능하지 않고 믿음(신실함)의 노력, '허리를 동이고 근신하는 노력'이 따라야 한다. 그래서 "들은 것에 더욱 유념함으로 우리가 (세파에) 흘러 떠내려가지 않도록 함이 마땅하다"(히 2:1)라고 하신 것이다.

나는 책을 통해서 중세기 성자들의 삶을 읽었다. 그리고 나의 구십 평생에 성화된 형제를 몇 사람 만난 적이 있다. 그중의 한 분은 아버지의 친구 분이셨던 고 이용수 목사님이시고 다른 한 사람은 나의 제자였던 대구의 박 목사를 들 수 있다. 일제 말기 대구에서 미치광이 '십자가쟁이'로 알려진 이용수 목사의 기사는 저자의 책 『오직 믿음이란 갈고리』에 기록되어 있다. 그는 아침저녁 길거리에서 십자가가 붉게 새겨진 깃발을 흔들며 "회개하고 주 예수를 믿으십시요!"라고 대구 시내를 외치며 돌아다녔다. 그리고 박 목사 역시 기도로 '성품의 변화'를 얻게 된 산 증인이다.

일제강점기 때, 교회도 일제의 강요에 의해 신사참배에 가담했다. 그런 행사가 이루어지는 날 군중 뒤에서 이 목사님이 고래고래 고함을 치며 "가증한 신자들아! 하나님이 보신다!" 하며 외쳤고, 노회나 총회장에 나타나 "거짓된 성직자들아 하나님의 진노가 두렵지 않느냐?"고 외치다가 일본 경찰과 헌병에 체포되어 마흔 두 번이나 옥살이와 심한 고문을 당했다. 저자가 지도하던 대구 제일교회 대학부에서 1970년 말 특강 강사로 이 목사를 초청했다. 그의 설교가 끝난 후, 한 학생이 그런 담력이 어떻게 생겼느냐고 질문했다. 목사님은 다음과 같이 답했다. 경북 김천에서 주를 영접하고 거짓된 삶을 청산하고 김천 역전에서 전도를 시작했다. 그런데 "회개하고 주 예수를 믿으십시요!"라는 한마디가 입 밖으로 나오지 않았다. 하여 40일 금식기도를 결심하고 금호산 동굴로 들어가 기도를 했다. 그제야 일본 헌병들이 가엾은 어린아이와 같이 보였다고 설명해 주었다.

박 목사는 내가 몸담았던 경북대학교에서 나의 제자였다. 그가 평소에 자주 철야기도를 한다는 것은 익히 알고 있었다. 한번은 4학년 2학기에 그가 보이지 않아 궁금하던 차, 어느 날 그가 창백한 얼굴로 네 앞에 나타났다. 그는 계룡산 금식기도원에서 40일 금식기도를 하고 왔다고 했다. 그가 받은 체험을 여기에는 다 말할 수 없으나 한 가지만은 말해야 할 것 같다. 그는 대학을 졸업한 후 술판을 벌이고 안식일을 범하는 취업을 포기하고 가난하게 살면서 시내버스를 갈아타고 다니면서 전도생활을 했다. 그 이후 신학교를 졸업하고 지금은 아프리카 모지에서 선교사역을 하고 있다. 나는 그가 가난 속에서 '상처'(사 1:5~6)를 치유 받고 '마귀의 올무에서 벗어나'(딤후 2:26), 기쁨이 충만한 삶(마 5:10~12)을 사는 것을 보았다.

성공회의 현대 성자 에블린 언더힐(Evelyn Underhill, 1875~1941)은 그의 저서 『영혼의 집』에서 "영적 삶이란 변화 받은 단순한 삶"이라고 말하면서 '자기사랑', 즉 '자기애(自己愛)가 죽은 삶'을 성화라고 했다. 그리고 성화는 헌 옷을 벗고 단순한 흰 예복으로 갈아입는(마 22:11) 삶의 변화라고 했다. 그는, 주께서 우리에게 주신 새 계명대로 서로 사랑하는 것, 주님께서 우리를 사랑하신 것같이 우리도 서로 사랑하는 것(요 13:34), 모든 선한 일에 우리를 온전하게 하셔서 하나님의 뜻을 행하는 것(히 13:21), 하나님의 깨끗하심과 같이 자기를 깨끗하게 하는 것(요일 3:3)을 성화로 보았다.

성도는 "낮에와 같이 단정히 행하고 …… 오직 주 예수 그리스도로 옷 입고 정욕을 위하여 육신의 일을 도모하지"(롬 13:13~14) 않고, 그리스도의 '의(義)의 옷'(마 22:12), 또는 '구원의 옷'(사 61:10)으로 갈아입는 품행의 성화가 있어야 한다. 성화는 죄악 된 인격이 거룩한 신격으로 변하는 속사람의 변화와 구원의 겉옷을 갈아입는 변화를 말하는 것이다. 아멘! 할렐루야!

2 온전하게 하심

인간이 온전해진다는 것은 신과 같거나 신과 같이 되는 것으로 오해하기가 쉽다. 그러나 "형제들아 …… 온전하게(카타르티조오) 되며"(고후 13:11)의 '온전함'(穩全)은 깨지거나 다치거나 고장 난 데서 '회복'(回復, Restore)시키는 것을 뜻한다. 그리고 "너희 아버지의 온전하심(테레이오스)과 같이"(마 5:48)나 "그리스도 안에서 완전(테레이오스, Complete)한 자"(골 1:28)에서 '테레이오스'는 속과 겉이 점진적으로 발전되어 종국에 온전하게 되는 것을 의미한다.

그렇다 하더라도 어디 그것이 죄악 세상에서 가능한 일인가? 인간은 태어날 때 이미 부모의 정욕의 산물로 태어났다(시 51:5). 그리고 자라면서 무서운 경쟁 마당에 본의 아니게 끼어들어 피투성이가 되도록 얻어맞고 터지면서 터득하는 것이 있다. 그것은 남들보다 더 교활하고 강하고 잔인하게 단련되지 않으면 살아남을 수 없다는 신념이다. 설사 그 신념을 폐기하고 선해지는 역변화가 일어난다손 치더라도 그것은 자살 행위와 같은 것이며 살아남을 욕망을 포기하는 것이다. 설사 그 길이 옳은 길이라 하더라도 어디 그것이 쉽겠는가? 죄악 소굴 속에서 그 가능성은 희박할 수밖에 없다.

인간은 열등하고 신은 완전하신 존재다. 인간이 신을 찾아 그를 닮으려는 노력을 허망한 욕심으로 보는 이가 많다. 그보다는 신이 인간을 찾아와 그의 일방적 능력으로 변화시키는 편이 더 가능성이 높다고 보는 예정론이 더 타당성이 높다. 그리하여 하나님 스스로가 인간에게 오셔서 돕는 길밖에 없다고 보게 된 것이다. 하여 예로부터 노아나 아브라함이나 모세와 같은 수많은 선지자를 하나님께서 지정하여 부르시고 그들을 통해서 인간 개조와 변화를 이루시려고 율법과 계명을 주시며 자기의 뜻을 전하신 것이다. 때로

내주께더가까이

는 책망과 채찍으로, 때로는 예언과 위로로, 그리고 종래 그 예언을 따라 그리스도께서 오셔서 구원의 길을 여시고 인간이 온전해지도록 하는 길을 여신 것이다. 그 내용을 성경을 통해 자상하게 계시하셨다.

요한복음에서 '신의 선언'들을 보고 감탄하지 않을 수 없다. 예수님 자신이 어떤 존재인가를 명확하게 선언적으로 명시하셨다. 그리고 예수께서는 "진실로 너희에게 말하노니, 나는 누구 ……이다"(에고…… 에이미, Who I am……)라고 자신의 신분을 분명히 밝히셨다. '나는 빛이다', '생수다', '영생의 떡이다', '친구다', '참포도나무다', '목자다', '길이요 진리요 생명이며 부활이다'라고 하셨다. 그리고 그 밖에도 태초에 계셨고 만물과 생명의 본체시며(요 1:1), 세상에 오셨으나 세상이 그를 받지 않았으며(요 1:5), 신이 육을 입고 세상에 오셨으며 은혜와 진리가 충만했다(요 1:14)고 하셨다. 이것은 위인들의 깨달음의 증언도, 선각자들의 선언도 아니었다. 신이 직접 주신 계시요 선언이었다.

예수께서는 물(무기물)로 포도주(유기물)를 만드는(요 2:1~11) 표적을 베푸셨고, 사람의 속을 다 아셨다(2:25). 그는 하늘로부터 오신 자이시며 만물 위에 계신 이로서 그가 보고 들은 것을 증언하셨다(3:31~32; 8:38). 그는 하나님의 아들이셨고(3:16, 35~36), 죽은 자, 병든 자, 불구자들을 고치셨고, 그는 배우지 않고도 아셨다(7:15). 그는 자신을 하나님의 독생자라고 칭하셨고(3:16), 자신을 하늘에서 내려온 살아 있는 영생의 떡이라 하셨다(6:51). 또한 "나는 생명의 빛"(8:12)이라고 하셨고, "나는 양의 문이라…… 나로 말미암아 들어가면 구원을 받고"(10:7, 9)라고 하셨고, "나는 선한 목자"(10:11)라고 하셨고, "내가 영생을 주노니 영원히 멸망하지 아니할 것이요"(10:28), "나와 하나님은 하나이니라"(10:30)고 하시는 등, 신만이 할 수 있는 선언을 하셨다. 즉 그가 우주의 설계자라거나 창조주라거나 지배자라 하시지 않았으나, 다만 하나님을 자기의 친 아버지라 하여 자기를 하나님과 동등으로 삼으셨고(5:18), 아버지의 원대로 행하는 하나님의 아들임을 보이셨다(마 26:39).

마르틴 부버(Martin Buber, 1878~1965)는 인간의 관계에는 우연이란 없다고 주장한다. 그는 '나와 그대'(I and Thou)라는 상관관계는 결코 우연히 될 수 없다는 것을 말했다. 마태복음 19장에 주님께서 결혼에 대해 말씀하시면서 "하나님이 짝지어 주신 것을 사람이 나누지 못할지니라"(마 19:6; 창 2:24; 신 24:1~4; 말 2:15)고 선언하셨다. 여기서 "하나님이 짝지으셨다"는 말씀을 들어 부부관계, 부자관계를 하나님께서 지정하신 숙명적 관계로 보는 견해가 있고, 선택은 인간이 하되 하나님 앞에 서약하는 순간 하나님께서 짝지었다고 보는 운명론적 견해가 있다. 결국, 짝지으심을 중시하면 결혼은 물론 가족관계, 인척관계는 숙명적 관계라고 볼 수 있다.

주님께서 "사람을 지으신 이가 본래 그들을 남자와 여자로 지으시고 말씀하시기를 그러므로 사람이 그 부모를 떠나서 아내에게 합하여 그 둘이 한 몸이 될지니"(마 19:4~5)라고 말씀하셨다. 여기서 '본래'(할케스)란 창조하신 때를 뜻하며 남자와 여자를 각각 다른 개체로 지으셨다는 것, 성인이 되면 부모를 떠나 아내와 합하여 하나가 된다는 진리를 말씀하신 것이다. 그런데 '떠나'나 '합하여'를 단순한 이합(離合)으로 보는 견해와 필연적 결합으로 보는 두 견해가 있다. 그런데 '떠나'(칼레-데세타이)란 풀(칼레)로 굳게 붙여진 것을 '찢는다'(데세타이)라는 뜻이며, '아내와 합하다'는 남편과 아내를 '풀 붙인다'는 뜻이다. 그리고 "하나님이 합한 것을 인간이 나눌 수 없다"라고 하신 뜻은 하나님께서 풀(칼레) 붙이신 것, 즉 하나님 앞에 맺은 서약을 인간이 나눌 수 없다는 의미다. 문제는 바로 이 '풀'에 있다. 그렇지만 인간은 풀 붙임을 무시하고 서약도 결혼도 없이 합하는 탕자들이 많다.

특히 "그 둘이 합하여 한 몸이 될지니"(마 19:5)는 명령문으로 'Shall be'(엣손타이)이며 "두 몸(사르크스)이 한 몸(사르크스)"이 된다고 하신 '몸'(사르크스)은 육체(소마)를 말하는 것이 아니고 혼(생각, 감정, 이성, 마음)을 말한다. 그런데 여기서 '한'은 각각 다른 성질적 혼합(混合)을 뜻하는 '하나'(에이스)가 아니고 수적 '하나'(미아)를 사용하셨다는 점에 주의를 기울여야 한다. 이것은 성질, 생각, 사상, 감정 등이 서로 다른 두 '사르크스'가

연합하여 질적 '하나'로 화합(化合)하는 것을 의미한다.

인간이 나눌 수 없는 이유가 무엇인가? 인간과 인간의 약속을 믿을 수 없어 서약서에 도장이나 사인을 받는 이유가 무엇인가? 인간과 인간의 약속도 서약하면 법적으로 폐기할 수 없다. 하물며 하나님 앞에 서약한 것은 인간이 폐기할 수 없는 것은 당연한 이치다. 이것을 남녀의 선택은 저들이 하되 결합은 숙명적 배필로 보는 이유다. 인간이 그 금기를 범하기 때문에 '모세의 율법'으로 무거운 짐을 지워 이혼을 허용하셨으나 "본래는 그렇지 않다"(마 19:8)고 하신 것이다. 이 말씀을 원어로 보면 "모세의 법은 '처음'(할케스, 始作)부터 '있지 않았다'(오우 게고넨)"라고 되어 있다. 그러나 인간은 본능, 매력, 느낌, 감정에 사로잡혀 흥분했다가 침체하고, 뜨겁다가 곧 권태와 실망에 빠져 약속을 지키지 않는다.

자연현상이나 인간의 삶 속에는 자기가 할 수 있는 일이 있고 이미 정해져 있어 할 수 없는 일이 있다. 아빠가 어린 아들을 기둥 곁에 세우고 키를 쟀다. "아빠! 내 키 얼마예요?" "80센티미터." "아빠 나는 280센티까지 클 거야!" "허허, 야! 이 녀석아! 사람의 키는 네 마음대로 못하는 거야." "아빠가 밥 많이 먹으면 키가 쑥쑥 자란다고 했잖아요!" 아빠는 예수님의 말씀이 생각났다. "목숨을 위하여 무엇을 먹을까 무엇을 마실까 무엇을 입을까 염려하지 말라 …… 누가 염려함으로 그 키를 한 자(펙쿠스)라도 더할 수 있느냐"(마 6:25, 27). 인간이 애쓰면 어느 정도는 효과를 볼 수 있으나 그 한계 이상은 효력이 없다는 뜻이다. 그렇다면 왜 사람마다 한계가 주어졌는가? 그것을 '피 탓'이라고 해석한다.

그리고 주님께서는 "공중의 새를 보라 심지도 않고 거두지도 않고 창고에 모아들이지도 아니하되 너희 하늘 아버지께서 기르시나니……"(마 6:26)라고 하신다. 이 말씀은 놀고먹는 새들의 숙명을 뜻하신 것이 아니라 먹이를 찾아 열심히 '공중을 나는 새'를 '하나님이 기르신다'고 하신 것이다. 즉 하나님을 의존하여 열심히 살면 내일 일을 염려하지 않아도(마 6:34) 하나님이 돌보신다는 뜻이다. 그리고 '그날의 괴로움'(카키아, evil/trouble)은 그

날에 족하다 하신다. 여기서 '괴로움'(카키아)이란 악습에서 오는 고통을 뜻하고 있어 주석가 헨리(Matthew Henry)는 인간의 게으름과 악습에서 오는 '트러블'을 말한다고 했다. 즉 인간의 악습이 신의 선의를 해쳐 불행을 자초한다는 뜻이다.

'내일'은 항상 있다. '내일 일을 오늘 염려하는 버릇'은 항상 염려가 떠날 날이 없다는 뜻이다. 그러나 '내일 일은 내일 할 것'이며 오늘은 오늘 것만 염려하겠다는 믿음이 있으면 염려는 반으로 혹은 1/4로 축소된다. 그것은 내일 걱정 속에는 모래도 내년도 포함되어 있기 때문이다. 더욱 오늘 염려를 믿음으로 제거할 수 있다면 세상은 천국으로 변한다. 인간은 염려를 본능으로 착각하고 염려가 누적(累積)된 탑을 쌓는다. 근심의 무거운 돌탑은 높이 쌓을수록 위험하다. 불교에서는 108가지 번뇌를 인위적으로 극복하려고 돌탑을 쌓는다. 그러나 그것들은 "다 이방인들이 구하는 것"(마 6:32)이며 허무한 수고일 뿐이다. 돌탑은 높이 쌓을수록 언젠가 무너질 가능성도 높아지기 때문이다.

욕심에는 두 가지가 있다. 그 하나는 욕심(欲心)이다. 원하는 마음, 의욕 등의 욕심(보로우마이)으로서 단순한 원함을 의미한다. 이것은 인간의 뜻(보라), 또는 원함(엡 1:11; 빌 1:12; 히 6:11)을 의미하나 그것이 지나치면 '부하려 하는 욕심'(보로우마이, 딤전 6:9)등 죄악의 씨가 된다. 다른 하나는 욕심(慾心, 에피두미아, Greed)으로 정욕(롬 1:24; 요일 2:16), 사욕(롬 6:12; 골 3:5), 욕심(막 4:19; 요 8:44; 갈 5:16) 등으로 죄악의 근원이다. 그리하여 "그리스도 예수의 사람들은 육체와 함께 그 정욕과 탐심을 십자가에 못 박았느니라"(갈 5:24) 할 때, 그 욕(慾)이다. 모든 고난과 괴로움과 역경의 시험이 어디서 오는 것인가? '자기 욕심'(慾心, 약 1:13~15)에서 온다.

이 욕심(慾心)이 하나님의 뜻을 가로막아 온전한 믿음으로 나아가지 못하게 하는 요소가 된다. 사람은 자기 바람과 능력이 끝없이 뻗어 나가기를 기대한다. 그러나 이 욕심은 자기 능력의 한계를 무시하고 넘으려는 기대심리(期待心理)다. 인간의 욕심은 한 뿌리가 아니라 여러 갈래로 갈라져 있다.

내주께더가까이

식욕, 성욕, 소유욕, 명예욕, 물욕만 있는 것이 아니다. 친구욕, 일욕, 지식욕, 사업욕, 휴가욕, 여행욕 등 마음의 욕(慾)은 한계도 제한도 없다. 즉 많이 가지려 하고, 부해지려 하고, 편하려 하고, 뽐내고 싶은 욕심이 끊일 줄 모른다. 선한 일에도 선욕이 있고, 헌신에도 봉사욕, 명예욕, 전도욕, 믿음욕 등이 있다. 아무리 선한 욕심도 자기 욕구에 의한 것이 있고 성령이 인도하신 욕구가 있다. 이 점을 기도로 잘 분간해야만 한다. 이처럼 '현실을 초월한 정과 욕'이 곧 "육신의 정욕과 안목의 정욕과 인생의 자랑"(요일 2:16)이다. 이 욕(慾)은 실력을 무시한 허욕(虛慾)이며 은혜를 초월한 과욕이다. 경건에도 경건의 능력이 있고, 봉사나 전도에도 은혜의 능력이 있다. 주어진 능력을 초월하는 욕심은 불평과 분쟁과 실망을 야기한다. 그리고 천국욕도 자기 욕심에 끌려 미혹된(약 1:4) 증거일 수 있다. 온전해지는 첫 단계는 이 정욕(에피도미아)을 없이 하고 어린아이가 되는 데 있다.

생산 능력이 없는 아브라함에게 바다의 모래와 같은 후손의 약속을 주시고 백 세의 늙은 나이에 겨우 독자 이삭 하나을 주셨다. 그리고 그 이삭마저도 어렸을 때(약 13세) 금이야 옥이야 할 무렵, 그를 죽여 제물로 바치라고 명하신다. 왜 이런 참혹한 시험을 주셨는가? 아브라함의 자식욕을 시험하신 것이다. 자식을 겨우 하나 주시고 바치라니! 그 당시에는 자식을 신에게 제물로 바치는 풍습이 있어 아브라함도 깊은 고민과 회의에 빠지게 된다. 그가 가졌던 자식에 대한 욕심을 이기지 못했더라면 약속하신 축복을 받지 못했을 것이다. 그가 얻은 결론은 자식을 죽인다 하더라도 후손을 약속하신 하나님께서 다시 살리실 줄로 생각했다고 기록되어 있다(히 11:19). 믿음이 있어도 욕심을 이기지 못하면 약속된 축복을 받을 수 없다.

아브라함은 모든 욕심과 회의를 믿음으로 이겼다. 매서운 칼날이 바로 가슴에 닿을 찰나에, 하나님의 사자가 "아브라함아! 아브라함아!" 부르시고 만류하신다. 그리고 "내가 이제야 네가 하나님을 경외하는 줄을 아노라"(창 22:12) 하신다. 여기서 '이제야'의 뜻이 시사하시는 바가 크다. 하나님께서는 약속하셨다고 무조건 축복하시는 것이 아니라 현재를 시험하신다(사

66:18). 이것이 온전하게 하시는 두 번째 방법이다. 그것은 마치 병약자에게 영양가가 높은 음식을 먹이는 조리사와 같다고 할 수 있다. '쿡'(Cook)이란 비린내 나는 생선이나 무미한 채소에 소금과 마늘과 고춧가루를 뿌려 열을 가해 맛있는 영양식을 자기 재능을 발휘하여 만드는 것과 같다. 영양사가 짠 소금이나 매운 고춧가루를 마구 뿌리지만, 능하신 영양사를 믿고 맡기면 맛있는 영양식을 맛볼 수 있다. 그러나 믿음이 없으면 놀라고 의심할 수밖에 없다.

'온전하게 하다'(카타르티조오, Restore)란 원상태로 회복시킨다는 뜻이다. 무엇으로 회복한다는 뜻인가? 악이 없는 원래의 순수한 선한 성품으로 '회복하는 것'(카타라)을 말한다. 즉 '징계를 통해 악을 제거하고 선을 복구하는' 하나님의 은혜의 조리법이라 하겠다. 이것이 하나님이 직접 열을 가하시는 '쿡'(Cook)의 역할이라 할 수 있다. 그렇게 되어야 '부족한 생다지 믿음이 온전하게'(살전 3:10) 되며, '선한 일에 온전하게'(히 3:21) 되며, '잠간 고난을 받는 자들을 친히 온전하게 하시며 굳게'(벧전 5:10) 되며 '우리의 찬미가 온전하게'(마 21:16) 된다. 왜 고난과 역경이 신자에게 있어야 하는가? 우리의 본성에 숨어 있는 그릇된 악과 병균과 야욕의 바이러스를 죽게 하는 제거 작업이기 때문이다. 그렇게 고통과 역경을 겪게 하는 이유는 그것이 순전하고 '온전하게 함'(카타르티조오)을 얻는 사랑의 치유 방법이기 때문이다. 우리 마음 밭에 무서운 가시 뿌리가 깊이 자리 잡고 있을 때, 하나님은 한탄하시며(사 5:1~7) 그 땅을 깊이 파 흙을 털어 내고 사랑의 햇빛에 열처리를 하시는 것이다.

그럼에도 하나님의 강한 햇빛이 따가워 '왜 잘 믿는 신자에게 고난을 주시는가?'를 이해하지 못하는 사람이 많다. 나는 어렸을 때 일본의 성자, 가가와 도요히코의 『사선(死線)을 넘어서』을 세 번이나 읽으며 눈물을 흘렸다. 그는 '신호'에서 보험회사에 다닐 때 예수를 알게 되고 손수레에 이불과 상자 하나를 싣고 빈민촌으로 이사를 한다. 그리고 십여 명의 노숙자와 한 방에 살게 된다. 그는 그들에게 피부병이 옮았을 때 하나님께 감사했다. 빈민

촌 공동화장실에 버려진 죽은 태아를 건져 내어 안고 눈물로 기도한다. 얼마 후 "쪽쪽" 하는 소리를 듣고 눈을 떠 보니 죽었던 아이가 그의 눈물을 먹고 살아난 것을 발견하고 '사랑의 눈물'은 죽은 자를 살린다는 진리를 발견한다. 그는 그 죽음의 소굴에서 십여 년을 살게 된다.

그리고 그는 저서 『신과 걷는 하루』(1930)에서 고난의 이유를 설명한다. '왜 강하신 하나님이 안으로 지켜 주시는데 인간 세계에는 비애가 있는가? 왜 하나님은 고통을 만드셨는가? 왜 웃음 외에 눈물이 있는가?' 그는 오랜 고심 끝에 그 답을 얻게 된다. 그것은 아픔도, 슬픔도, 근심도 우리를 깨우치시는 하나님의 징계인 동시에 우리를 변화시키는 은혜의 기회라는 것이다. 그리고 "매를 맞은 말은 뛰기 시작하고, 쇠를 녹여 두들겨 차가운 물속을 통과한 쇠만 강철이 된다. 하나님을 따르는 자녀에게 환난으로 상하게 하신 일은 오늘까지 없다. 시련과 고난에 초라해지지 말고 '주신 자도 여호와시요 취하신 자도 여호와시니 여호와의 이름이 찬송을 받으실지어다'라고 외친 욥의 신앙에 들어가도록 하심에 뜻이 있다."라고 했다. 질병도, 고통도, 슬픔도 버릇없는 자식을 깨우쳐 하나님의 사랑을 깨닫게 하는 매일 뿐이다.

그리고 또 다른 '온전하게 하심'(테레이오스, Complete)이 있다. 이것은 징계 없이 스스로 깨닫고 온전해지는 '자발적 온전함'이다. 그러나 그것 역시 성령의 감화에 의하여 이루어지는 것이다. 이런 말씀이 있다. "우리가 진리를 아는 지식을 받은 후 짐짓(에코시오스, Intentionally) 죄를 범한즉 다시 속죄하는 제사가 없고"(히 10:26). 여기서 '짐짓'(에코시오스)은 '자원한다'는 뜻이며 자기가 원해서 죄를 범하는 것을 말한다. 그리고 "하나님의 뜻을 따라 자원함(에코시오스)으로"(벧전 5:2) 양을 돌보라고 하셨고, 꼭 징계를 받아 온전해지는 것이 아니라 스스로 깨닫고 "그의 죽으심을 본받아 어찌하던지…… 부활에 이르려"(빌 3:15) 노력하는 경우도 있다. 즉 자원해서 죄를 범하는 경우와 자원해서 온전하게 되는 경우를 밝히신 것이다. 그러나 어떤 경우에라도 자신이 원하고 구하고 애쓰지 않는데 하나님께서 억지로 선물을 주신 경우는 없다.

그렇다 하더라도 죄악 된 인간이 자원해서 애쓰고 노력한다고 해서 온전해질 수 있는가? 하는 것이 많은 신자가 갖는 공통된 의문이다. 말씀에는 "하늘에 계신 너희 아버지의 온전하심과 같이 너희도 온전하라"(마 5:48), "너희가 온전하고자 할진대 가서 네 소유를 팔아 가난한 자들에게 주라"(마 19:21), "하나님의 선하시고 기뻐하시고 온전하신 뜻이 무엇인지 분별하도록 하라"(롬 12:2), "하나가 되어 온전한 사람을 이루라"(엡 4:13), "인내를 온전히 이루라"(약 1:4)는 명령도 있다. 그것이 불가능한 것이라면 그렇게 명령하실 이유가 없다. 그렇지만 "실수가 없는 자면 온전한 자니라"(약 3:2), "크고 온전한 장막"(히 9:14), 곧 천국은 온전한 곳이요 온전한 자만 들어가는 곳이기 때문에 '두려움이 없는 사랑'(요일 4:18)을 실천한 자만이 들어갈 수 있다면 누가 그런 온전한 사람이 될 수 있겠는가? 하는 의심을 가지게 된다. 여기에 온전해지는 서너 가지 길을 알 필요가 있다 할지라도 그것이 밥 먹듯이 쉽게 이루어지는 것은 결코 아니다.

감리교를 창시한 요한 웨슬리(John Wesley, 1703~1791)는 영국 정교회 목사 사무엘 웨슬리의 열다섯 번째 자녀로 태어나 1728년 옥스퍼드대학을 졸업하고 목사가 된다. 그리고 그 다음 해에 동생 찰스 웨슬리(Charles Wesley, 1705~1788)가 창립한 옥스퍼드대학 내의 '거룩한 모임'(Holy Club)에 가입하여 개인과 사회의 성화운동에 참여한다. 그리고 성령의 뜨거운 체험을 받은 후에는 "반쯤만 크리스천이 된다는 것은 절대 불가능하다."고 주장하게 된다. 이후, '주님과의 내적 외적 일치'와 "네 눈이 성하면 온 몸이 밝을 것이요"(마 6:22)를 들어 '온 몸', '온 인격'이 밝아지는 온전함을 강조한다. 그리고 1733년 옥스퍼드대학 내에 있는 성 마리아 교회에서 신년 설교를 부탁받고 그는 「마음의 할례」라는 제목으로 설교하면서 '거룩함에서 완전함으로' 변하는 과정을 설명한다.

그 5년 후 그의 글에는 그리스도의 '아가페의 사랑'을 '온전함의 증표'로 삼게 된다. 그리고 "오! 당신의 순결한 사랑밖에는 내 영혼에 아무것도 거하지 않게 하소서! 내 기쁨, 내 보화, 내 영광까지 …… 멀리 내 마음에서 옮겨

주소서! 내 언행 심사 모두가 사랑 그것이 되게 하소서!"라고 기도하게 된다. 그리고 그는 "하나님은 용서하실 뿐만 아니라 파괴도 하신다. …… 자기 스스로가 노력한다고 성결하게 될 수는 없다. 인간이 성장하여 완전에 이르는 것이 아니라 완전으로 탄생하는 것이다."라고 '온전하게 하심'(카타르티조오)을 주장한다. 이 성령 체험을 '완전한 온전함'의 계기로 보았다.

이런 온전함(테레이오스)이 이루어지면, "각 사람을 권하고 모든 지혜로 가르침은 각 사람을 그리스도 안에서 완전한 (테레이온, Mature)자로 세우려 함이니"(골 1:28), "너희로 하나님의 모든 뜻 가운데서 완전하고 확신 있게 서기를 원하노라"(골 4:12) 하신 말씀대로 완전에 이르게 된다. 그것이 주님께서 "너희 아버지의 온전하심과 같이 너희도 온전하라"(마 5:48) 하신 이유다. 그 온전함은 '온전한 사랑'(요일 4:18)을 뜻한다(마 19:21; 고전 13:1~13). 믿음도 여러 단계가 있듯이 성화도 여러 단계가 있다.

그렇다고 그 단계를 의식하고 목표로 삼아 자라나는 어린아이는 없다. 그저 어린아이는 아빠 엄마를 닮아 온전한 어른으로 자라나기를 바랄 뿐만 아니라 믿고 있는 것이다. 그리하여 아빠나 엄마의 옷을 입어 보기도 하고 발에 맞지 않는 큰 신발을 신고 뽐내기도 한다. 엄마 아빠의 흉내를 내는 것으로 만족한다. 그러나 언젠가는 자신이 아빠가 되고 엄마가 된 것을 발견하게 될 것이다. 그것은 그가 아빠와 엄마처럼 되기를 원하는 소원과 믿음이 있고 부모의 끝없는 돌보심이 있기 때문이다. 아멘!

3 아버지의 소원

어느 날 아침에 한국에서 전화가 왔다. 외손자의 반가운 전화였다. 손자는 대뜸 "하나님의 뜻을 어떻게 알 수 있느냐?"라고 물었다. 나는 즉시 그 질문이 혼사에 관한 것임을 직감했다. 흔히 혼담이나 진학, 취업, 사업 개시 등 중대한 선택의 기로에 서면 신자들은 하나님의 뜻을 알기를 원하여 기도, 말씀, 상담 등을 통해 하나님의 뜻을 찾는다. 그래도 답을 얻지 못하면 꿈, 환상, 양털 시험, 계시 등 신비로운 체험을 통해 답을 얻기도 한다. 그래도 답을 얻지 못하면 산이나 기도원을 찾아 금식기도와 서원기도를 하는 이도 있다.

그러나 그렇게 매달릴 때 주의하지 않으면 안 될 일들이 있다. 예를 들자면 결혼 상대를 찾아 골방 기도를 하는 사람은 먼저 자기의 세속적 이상과 이기적 생각과 선입견을 버리고 원점(Zero Option)으로 돌아가 어린아이가 되어야 한다. 그것이 주님께서 "어린아이와 같이 되지 아니하면", "어린아이가 돼라!" 하신 것이다. 그러나 기정사실이나 고정관념을 버리고 '원점'으로 돌아가 어린아이가 되기는 결코 쉽지 않다. 성인들은 고정관념과 편견이 있어 주는 대로 받지 않는다. 욕심으로 내가 원하는 것을 달라고 때를 쓴다. 하여 이미 정해 둔 용모와 건강은 기본 조건이요, 경제력과 학벌 등 '교환 가치'가 선택 기준이 된다. 이 기본 조건과 부수 조건들이 현실과 맞지 않을 때만 기도한다. 결국 자기가 이미 정해 둔 '교환 가치' 기준에 차질이 생길 때 하나님을 뜻을 구한다며 도움을 청하는 것이다.

주님께서 제자들에게 항상 기도하고 낙심하지 말아야 할 것을 교훈하시면서, 불의한 재판관에게 자기의 요구를 끈질기게 구한 어떤 한 과부의 이야기를 들려주셨다(눅 18:1~7). 당시에는 재판관의 권한이 절대적이었고 길을 가다가도 억울한 일을 당한 자가 송사하면 즉석에서 그 송사를 들어주게 되어 있었다(마 5:25). 그러나 어떤 도시에 하나님을 두려워하지 않고 비천한 사람의 원한을 상습적으로 무시하는 불의한 재판관이 있었다. 그는 한 과부가 원수에 대한 원한을 풀어 달라 간청했으나 무시하고 한동안 들어주지 않았다. 그런데도 그 과부는 포기하지 않고 끈질기게 그 재판관을 찾아가 그를 번거롭게 했다. 그러자 재판관은 그 과부의 원한을 풀어 주지 않으면 늘 와서 자기를 괴롭게 할 것이라고 판단하고 과부의 원한을 풀어 준다. 불의한 재판관이 과부의 끈질긴 요구를 귀찮게 여겨 결국에는 들어주었다는 이 이야기를 하신 후 주님께서는 "하물며(우메, by no means, 결단코) 하나님께서 그 밤낮 부르짖는 택하신 자들의 원한을 풀어 주지 아니하시겠느냐?" 하신다. 여기서 '하물며'는 악한 인간도 들어주는데 "하물며 하나님일까 보냐!"라는 의미다. 즉 하나님께서는 그 밤낮 부르짖는 택하신 자들의 원한을 '결단코' 풀어(들어) 주신다는 말씀이다.

이 말씀은 자칫 자기의 기정 요구를 끈질기게 기도하면 아무 요구든지 다 들어주신다는 뜻으로 생각하기가 쉽다. 그러나 하나님의 '결단코'는 인간의 결심과는 다른 '절대적 뜻'(Absolute Will)으로, '불의한 법관' 즉 가난한 자에게 무정한 법관은 천민을 무시하나 하나님께서는 의로운 간청자 곧 약자의 애원을 불쌍히 여기시고 들어주신다는 뜻이다. 또한 '결단코'로 번역 '우(No) 메(Never)'는 이중 부정사로 절대적 부정을 나타내는 '결단코'로서 하나님은 예외 없이 결단코 인간 법관과는 다르다는 것이다. 여기서 유의할 점은 법관과 과부에게만 '결단코'가 적용되는 것이 아니라 베드로에게도(마 16:22; 26:35), 그리고 도마(요 20:25)나 모든 사람에게도 '결단코'(우메)가 적용된다. 그리고 달라는 대로 주시는 것이 아니라 더 좋은 것을 주신다.

그뿐 아니라 주님께서 "결단코 천국에 들어가지 못하리라"(마 5:20) 하시거나 "결단코 거기서 나오지 못하리라"(마 5:26; 눅 12:59) 하신 말씀에서 '결단코'는 '낙타가 바늘귀를 통과할 수 없는'(마 19:24) 절대적 제로(0) 확률을 의미한다. 여기서 '하물며'(우메)에는 절대 응답 원리가 있다는 것에 유의해야 한다. 그것은 인간이 구한다고 그대로 주시는 것이 아니라 '더 나은 것'을 주신다는 진리이다. 주님은 말씀하셨다. "너희 중에 누가 아들이 떡을 달라 하는데 돌을 주며 생선을 달라 하는데 뱀을 줄 사람이 있겠느냐 너희가 악한 자라도 좋은 것으로 자식에게 줄 줄 알거든 하물며 하늘에 계신 너희 아버지께서 구하는 자에게 좋은 것으로 주시지 않겠느냐"(마 7:9~11) 하셨다. 따라서 '하물며'는 구하지 않아도 주신다는 뜻이 아니라, 구한 것보다 '더 좋은 것'을 주신다는 진리이다. 즉 우리가 천국에 들어갈 자격이 부족하다 하더라도 그것을 위해 노력하고 구하는 자에게는 '하물며'의 약속이 응답됨을 암시하신 것이다.

여기서 중요한 것은, 그 확약은 구하는 자에게만 유효하다는 사실이다. 그러면 왜 꼭 구한 증거가 있어야 응답하시는가? 그것은 '구하는 자'란 소원이 있어 애쓰는 자이며, 구하고 얻은 자만이 그 응답이 은혜임을 알 수 있기 때문이다. 구하지 않은 것은 받아도 하나님의 응답으로 알지 못하기 때문이다. 즉 응답의 선물에는 포장도 주소도 없으나 그것을 구한 자는 응답임을 알 수 있기 때문이다. 그렇게 구한 자에게만 두 가지 응답, 즉 가시적 응답과 비가시적 응답이 은혜임을 알게 된다. 즉 그 응답이 은혜인지 자기 노력인지 아니면 우연인지를 분명하게 알게 된다. 모든 '은혜'는 구한 자만이 얻을 수 있고, 동시에 알 수 있다. 사람은 미련하여 구하지 않았는데도 얻게 되면 제가 잘 나서 얻은 것으로 착각한다.

그런데 왜 그렇게 계속적인 구함, 곧 끈질긴 간구가 있어야 응답하시는가? 그 이유는, 원어 '포소(much) 말론(more) 하가다(good things)'란 구한 것보다 그냥 '더 좋은 것'이 아니라 '더욱더 좋은 것'을 의미하기 때문이다. 즉 네가 구한 것보다 더 좋은 것이 아니라 월등하게 좋은 것을 주시기 때문이다. 갓난아기가 무슨 거창한 것을 바라겠는가? 단지 젖이요, '떡과 생선'을 구할 뿐이다. 하지만 하나님께서는 그것들과 비교할 수 없는 '더욱더 좋은(하가다) 것' 곧 영원히 목마르지 않게 할 생수(요 4:10, 14)와 신령한 양식(요 4:34; 고전 10:3)을 주신다. 하여 더욱더 좋은 것을 얻기 위해 계속적으로 끈질기게 구해야 한다. 구한 자만이 "오! 이것이 바로 내가 구한 것보다 더 좋은 것이구나!" 하며 알게 되고, 더불어 '풍부한 그리스도의 사랑'도 알게 될 것이다.

주님께서는 너희가 어린아이와 같이 되지 아니하면 결단코 하늘나라에 들어갈 수 없다고 하셨다. 어린아이는 부모와 형제에게, 그리고 하나님에게 사랑을 받는다. 그리고 받은 사랑에 만족할 뿐 불평도 거절도 없이 받은 대로 성장한다. 그래서 아이는 누구에게나 사랑의 대상일 뿐 아니라 존중의 대상이 된다. 어린아이는 본질적으로 믿음만 있어 의심하지 않는다. 그리하여 결코 뱉어 내거나 거절하지 않는다. 그렇다고 항상 어린아이로 머물러 있지도 않는다. 어린아이는 아직 말씀을 경험하지 못하여, "지각을 사용함으로 연단을 받아 선악을 분별"(히 5:13~14)하는 능력이 없다. 그래서 "어렸을 때에는 말하는 것이 어린아이와 같고 깨닫는 것이 어린아이와 같고 생각하는 것이 어린아이와 같다가 장성한 사람이 되어서는 어린아이의 일을 버리게"(고전 13:11) 된다. 어린아이는 배고프면 젖을 달라고 요구할 뿐이나 하나님은 어린아이의 육이 강건할 뿐 아니라 장성하여 성인이 되어 맡은 일을 하며, 말하는 것, 깨닫는 것에 선악의 분별력을 가져 제구실을 하게 한다. 이것이 신앙의 상대성이다. 어린 신앙은 젖과 일용할 양식과 돌보심만 구했으나 하나님께서는 더 좋은 것, 즉 변화와 성화와 온전함도 주신다는 것이다. 의지하기만 하면 덤으로 주신 은혜로 성장하는 것이다.

바울은 이렇게 고백하고 있다. "우리가 다 하나님의 아들을 믿는 것과 아는 일에 하나가 되어 온전한 사람을 이루어 그리스도의 장성한 분량이 충만한 데까지 이르리니 이는 우리가 이제부터 어린아이가 되지 아니하여 사람의 속임수와 간사한 유혹에 빠져 온갖 교훈의 풍조에 밀려 요동하지 않게하려 함이라"(엡 4:13~14). "오직 사랑 안에서 참된 것을 하여 범사에 그에게까지 자랄지라 그는 머리니 곧 그리스도라"(엡 4:15). 결국, 어린아이로 머물러 있는 것이 아니라 '그리스도의 장성한 분량'까지 의식과 분별력과 행동과 의지가 신앙과 함께 성장해야만 한다.

바로 이 성장이 '더욱더 좋은 것'을 의미한다. '더욱더 좋은 것'이란 두 가지 의미를 가지고 있다. 그 하나는 구한 것과 동류(同類)로서 더 좋은 것이며, 다른 하나는 전연 다른 이류(異類)로서 더 좋은 것이다. 오늘의 일용할 양식을 구하면 동류로서 내일의 양식까지 주신다는 뜻이기도 하지만 이류로서 신령한 떡과 생수를 주신다는 뜻이다. 흔히 첫 번째 경우는 받은 사람이 즉시 알아차려 감사하게 된다. 그러나 두 번째 경우는 그것이 기도의 응답이라고 깨닫지 못하는 경우가 많다. 하나님께서 주신 것이 내가 원했던 것과 전연 다른 응답이기 때문이다. 하여 "성령도 우리를 위하여 연약함을 도우시나니, 우리는 마땅히 기도할 바를 알지 못하나 오직 성령이 말할 수 없는 탄식으로 우리를 위하여 친히 간구하시느니라"(롬 8:26) 하신 이유다. 성령의 탄식은 무엇을 의미하는가?

왜 성령께서 '탄식하며 친히' 간구하시는가? 구하라(Ask)고만 하시지 않고, 찾으라(Search), 문을 두드리라(Knock, 마 7:7) 즉 삼중 구함(A. S. K.)을 말씀하셨는가? 그러면 왜 "구하는 이마다 받을 것이요, 찾는 이는 찾을 것이요, 두드리는 이에게는 열릴 것이니라"(마 7:8)고 삼중 회답 원리를 밝히신 것인가? 구하라고 하셨는데, 무엇을 구하라는 것인가? 그리고 무엇을 찾으란 것인가? 그것은 '구할 바를 알지 못할 때' 무엇을 구할 것인가를 찾으라는 것이다. 즉 네 뜻대로 구하지 말고 하나님의 뜻을 찾아 구하라는 것이다. 하나님의 뜻을 찾은 연후에 구하라는 뜻이다. 그리고 찾아도 얻지 못할 때는 좌절하여 포기하지 말고 '두드리라'는 것이다. 그러면 더 어렵고 불가능한 일, 즉 '바늘귀' 같은 어려운 천국 문이나 '닫힌 문'도 두드리면 열릴 것이다. 하나(A)는 떡과 고기에 관한 것이요, 하나(S)는 진리에 관한 것이요, 하나(K)는 성화와 천국 문에 관한 것이다. 이 3단계 기도는 내용의 난이도(難易度)를 표현하는 동시에 전연 다른 이류(異類)의 응답을 뜻하신 말씀이다.

기도할 때 어떤 설정된 목표를 세우고 구하는 경우가 허다하다. 그때 주의할 것은 기도는 내 뜻을 이루는 것이 아니라 '아버지의 뜻'을 이루기 위함에 있다는 사실이다. 어떻게 흠투성이 인간이 하늘 아버지의 거룩한 뜻을 감히 알 수 있겠는가? 그의 뜻을 알지 못하는데 그의 뜻에 맞게 구할 수 있겠는가? 그래서 "찾으라." 하신 것이며, 밤이 늦어 문이 굳게 잠겼다 하더라도 포기하지 말고 "두드리라." 하신 것이다. 유대 나라는 밤 11시까지는 먼 길을 온 객을 위해 문을 잠그지 않으나 그 시간이 지나 문을 잠그면 객은 방문을 포기해야만 한다. 그러나 자비하신 하나님은 문이 굳게 잠겼다 하더라도 두드리면 열어 주시니 굳게 잠겼더라도 두드리라는 권고다(눅 11:7). 하나님께 구하는 일에는 제한도 조건도 없음을 약속하신 것이다.

　어린아이는 부모에게 끝없이 달라고 하면서 자란다. 성인이 되어도 미성숙한 사람은 부모에게 차를 달라고 하고, 차를 얻으면 집을 달라고 하며 끝없는 욕심을 부린다. 그러면 인간도 달라는 대로 주지 않고 자녀에게 적합한 더 좋은 것을 주려고 노력한다. 하여 주님께서 "하물며(우메) 하늘의 아버지께서 '더 좋은 것'을 주시지 않겠느냐?" 하신 것이다. 그래서 주님은 즉흥적으로 '달라고'만 하지 말고 무엇이 내게 적합한가를 찾고 그리고 두드리라고 하신 것이다. 성현들은 그 '더욱더 좋은 것'을 얻기 위해 골방기도와 금식기도와 상상기도(Kataphatic Meditation)와 관상기도(Contemplative Prayer)를 하면서 오랜 세월을 두고 그의 깊으신 뜻에 접근했다.

　어린아이는 구하기도 전에 온 세상이 이미 자기 것으로 착각한다. 그리고 그는 하늘도 바다도 태양도 하나님도 자기를 위해 존재한다고 믿는다. 아이는 그래서 구하거나 염려하지 않는다. 그러나 자라면서 세상은 자기 것이 아니라는 것과 자기 뜻대로 되지 않는 것을 발견한다. 더 자라면 세상은 부모의 것도 아님을 발견하고 불만과 실망의 깊은 늪에 빠지게 된다. 그렇다고 해서 순순히 순리에 따르겠다는 사람도 드물다. 그리하여 염려와 아집, 실망과 좌절의 늪에 빠져 하루하루 갈등 속에 혼자 울고, 웃다가 죽는다. 그래서 하나님께서는 "내 생각이 너희 생각과 다르며 내 길은 너희의 길과 다르다"(사 55:8) 하셨지만 사람은 "내 뜻대로 마옵시고"(눅 22:42) 대신 "내 뜻대로 하옵소서!"라고 고집한다.

　기도는 믿고 구하는 간구(Desire)이지만 두 가지 다른 간구가 있다. 그 하나는 인간적 정욕으로 구하는 간구(에피두메오, Passionate Desire)로서 무엇을 보고자 하거나 알고자 하거나 얻고자 하는 인간적 욕구(창 3:6; 마 13:17; 눅 16:21; 17:22)와 직분에 대한 욕구(딤전 3:1), "육신의 정욕과 안목의 정욕과 이생의 자랑"(요일 2:16)을 위한 간구이다. 그러나 거듭난 갓난아이는 그런 것을 구하지 않는다. 그의 간구(에피포데오, Pure Desire)는 오직 순전하고 단순하여 신령한 젖을 사모(에피포데오, 벧전 2:2)할 뿐이다. 이것이 "어린아이가 돼라!"는 권면이다. 여기 '사모한다'(에피-포데오)는 '끝없이'(에피) '동경한다'(포데오)는 뜻이다. 갓난아기가 먹어도 먹어도 어머니의 젖꼭지를 물고 놓지 않는 것을 의미한다.

그 갓난아이가 거룩하고 순전한 것을 사모했던가? 그가 하나님의 거룩한 진리나 그에 관한 지식을 알았던가? 그렇다 하더라도 부모는 그가 자라나 건장하고 의젓한 성인이 되어 바른 인간 구실을 다할 것을 기대한다. 아우구스티누스는 인간이 자기를 지으시고 돌보시는 하나님을 알지 못하는 것은 불가사의라고 했다. 그 이유를 그의 『성자의 예정에 관하여』(II~5~1)에서 인간은 절대 자신들의 죄로 인해 하나님의 뜻을 알 수 없게 되었기 때문이라고 했다. 즉 인간은 자의(自意)와 무관한 원죄의 '차단 효과'로 하나님의 뜻이나 그의 사랑을 알 수 없게 되었다는 것이다. 그러나 자라면서 알게 되는 것은 오로지 '신의 거룩한 협조'에 의해서만 가능하다고 주장한다.

이에 대해 반대자들은 죄란 자발적일 때만 죄가 되는 것이지 필연적이거나 타의에 의한 것이나 모르고 범한 죄는 죄(罪)도 선(善)도 될 수 없다고 주장한다. 그리하여 무지한 어린아이는 죄를 짓지 않는다고 주장한다. 당시의 영국 출신 팔레스타인의 수도사 펠라기우스(Pelagius, 360~418)는 '자유의지설'을 주장하여 아우구스티누스의 '신의 거룩한 협조(Devine Aid)설'을 반대했다. 그는 인간은 받은 이성과 감정과 의지에 의해 행동하며 그에 대한 책임을 각자가 지도록 지어졌다고 주장한다.

그에 대해 장 칼뱅은 『기독교강요』 제2권에서 하나님께서 인간의 귀와 눈에 특수한 기능을 부여하심(잠 20:12; 21:1)을 주장하며 아우구스티누스가 『은혜와 자유의지에 관하여』(On Grace And Free Will)의 제20장에서 "사람의 의지나 능력은 하나님의 능력 가운데 있어 하나님께서 원하시는 때, 원하시는 방향으로 그들을 움직이시며 은혜를 주신다."라고 한 말대로 하나님께서 알게 하셔야 알 수 있다는 '하나님 책임론'을 주장하게 된다. 그러나 만일 그것이 사실이라면 왜 주님께서 "구하라 …… 찾으라 …… 문을 두드리라", "그리하면 얻을 것이요 …… 찾을 것이요 …… 열릴 것이라" 하셨는가에 대해 답할 수 없다. 하여 복음주의는 결국 하나님의 예정대로 인간을 조작하는 것이 아니라, 하나님을 '아버지'로 믿고 의지할 때 응답하시는 것이라고 주장하게 된다.

이 두 가지 주장이 대립하는 혼돈 속에서 예로부터 신의 뜻은 인간이 알수 없다는 불가지론자(Agnostic)가 생겨났고, 오늘에 와서는 신의 뜻, 신의 존재, 신성 등은 알 수 없다는 신관으로 자기 뜻대로 살아가는 신자들도 많다. 그들은 무신론자(Atheist)는 아니지만, 신의 신성이나 그의 뜻을 알 필요가 없다고 생각하며, "구하기 전에 너희에게 있어야 할 것을 하나님 너희 아버지께서 아시느니라"(마 6:8) 하신 말씀을 빌미로 기도의 필요성을 느끼지 않는다. 마찬가지로 구원파들은 "천국의 비밀을 아는 것이 너희에게는 허락되었으나 그들에게는 아니 되었나니"(마 13:11)를 강조하며 하나님을 믿기만 하면 자동적으로 그의 뜻을 알아 살도록 '허락된다'고 주장한다. 이 사고는 숙명론과 맞물려 신앙을 퇴화시킬 위험이 있다.

신(데오, God)에 관한 지식은 모든 종교의 중심 위치에 놓여 있는 근본적 문제이다. 기독교는 하나님의 뜻 곧 신의(神意)를 떠난 신앙이나 삶은 아무리 합리적이고 위대하다손 치더라도 모래 위의 집으로 본다. 하나님의 뜻을 알지 못하면 하나님의 주권이나 능력이나 그의 성품을 짐작할 수 없다. 그래서 세속화된 오늘날은 우리의 참 주인이신 '나의 주님'을 좀처럼 포착하지 못한 체 "주여! 주여!"를 되뇌고 있다(마 7:21). 여기에 삼위일체를 믿지 않으면 안 되는 이유가 있다. 그래서 슈베르트 옥덴(Schubert M. Ogden, 1928~)은 "신에 관한 이야기가 아무리 비합리적이라 하더라도 신 없는 기독교 신앙보다는 합리적이다.”라고 했다. 즉 기독교 신자란 “그리스도 안에서 하나님의 능력으로 완전한 자로 세워지는”(골 1:28) 것을 체험해 가는 자다.

말씀에 이런 대목이 있다. “우리 마음이 혹 우리를 책망할 일이 있어도 하나님은 우리 마음보다 크시고 모든 것을 아시기 때문이니라”(요일 3:20). 여기서 ‘책망하는 마음’(카르디아)은 ‘양심’을 가리키며 ‘책망’(카타-기노스케)은 ‘정죄’(Condemn)한다는 뜻이다. ‘카타’는 ‘아래로 덮치다’(down from something) 또는 ‘짓누르다’는 뜻이 있어 양심이 자신을 정죄하여 고통을 준다는 뜻이다. 그러나 아버지가 자식에게 주신 자책감은 자식의 무지함과 부족함을 깨닫게(기노스케) 하기 위함이다. 즉 자책하는 마음은 탕자가 아버지에게로 돌아오게 한 은사였다. 그런데도 회개가 일어나지 않을 때는 “경건하지 아니한 자들의 세상에 홍수를 내리셔서”(벧후 2:5) 멸망시키시거나, “그들을 마음의 정욕대로 어려움에 내버려”(롬 1:24) 두는 길밖에 없게 된다.

이것을 신학자 에이든 토저(A. W. Tozer)는 그의 저서 『거룩한 자를 아는 지식』(The Knowledge of The Holy)에서 “하나님의 뜻은 결코 소극적이 아니며 적극적임을 나타낸다.”라고 하면서 뉴욕 항구를 떠나 영국 리버풀로 향해 항해하는 정기 여객선을 예를 들어 설명했다. “그 정기 여객선은 겉으로 보기에는 선장의 뜻에 따라 자유롭게 항구를 빠져나와 대서양을 누비며 항해하는 것처럼 보인다. 그리고 많은 여객이 누구의 제재도 없이 자유스럽게 오락을 즐기는 것처럼 보인다. 그러나 그것은 겉보기일 뿐, 배는 인공위성으로 여객들은 서베이 카메라로 감시를 받고 있으며, 내막으로는 회사의 스케줄과 지시 아래 한 치의 오차도 없이 움직이는 것이다. 그리고 수시로 현 위치와 선내의 상황까지 영상으로 감시를 받고 지시 아래 움직이는 것이다”라고 했다. 그리고 “만일에 선원이나 여객들이 자유분방하여 선내의 질서가 무너지고 바다의 기후 조건과 풍랑이 심해진다고 하자! 설상가상으로 무전 연락도, SOS 전송도 두절되었다고 하자! 미래에 대한 소망과 구조 희망도 없어진다고 하자! 그렇게 되었을 때, 그 배 안의 혼란은 얼마나 심해지 겠는가?"라고 반문하면서 그것을 '절망의 시대'에 나타나는 현상이라고 했 다. 그리고 "동일한 영적 어두움이 올 때 하나님의 지시를 깨닫지 못하는 상 태에 이를 것"을 경고하면서 그런 위기 상태가 오늘 목전에 도래하고 있다 고 했다. 그렇다. 본사의 필연적 감시와 연락이 있고, 인간의 양심을 통한 수 신과 순종의 의무가 있으나 믿음과 양심이 둔해져 질서가 무너진 것을 지적 한 것이다.

믿음이란 말씀을 통한 간접적 소통과 성령의 양심을 통한 직접적 소통이 이루어져서 하나님의 존재와 그의 뜻을 알고 순항하는 배의 영적 상태를 말 한다. 간접 소통과 직접 소통이 온전해져서 성화가 이루어질 때, 배는 무난 히 목적지에 도달할 수 있을 것이다. 마음은 원이로되 육신이 따르지 못하 거나, 속사람의 퇴화가 일어나 그것을 깨닫는 자각 증상이 없다면 성령의 감화도 하나님의 지시도 알 수 없어 '질서'는 물론 '성화'는 묘연해질 수밖에 없다. 이런 자각 증상, 양심의 멸종 현상이 목전에 도래하고 있다.

교회를 다녀도 세상사 때문에 말씀을 보지 못하며 아예 기도할 마음조 차 없고 말씀을 읽어도 그 뜻을 이해할 수 없다면 눈먼 맹인이다. 기도로 하 나님의 지시와 응답을 받을 수 없다면 통제 불능한 비상사태다. 하나님의 뜻을 이해할 수 없다면 "사람의 속임수와 간사한 유혹에 …… 요동하게 되 는"(엡 4:14) 비상사태다. 그러면 '온전함에 이르는 성화'는 기대할 수 없다.

바울 사도는 "하나님은 모든 사람이 구원을 받으며 진리를 아는 데에 이르기를 원하시느니라"(딤전 2:4) 하셨고, 예수께서는 "모든 민족을 제 자로 삼아 …… 내가 너희에게 분부한 모든 것을 가르쳐 지키게 하라"(마 28:19~20), "…… 이는 하나님이 그 해를 악인과 선인에게 비춰게 하시며 비 를 의로운 자와 불의한 자에게 내려주심이라"(마 5:43~45) 하셨다. 이는 하 나님이 당신의 사랑을 모든 이에게 골고루 내리시는 사랑의 아버지이신 증 거다. 그래서 칼 바르트는 "하나님께서 일부 특정인에게만 국한해서 택하시 고 그의 진리를 알게 하셨다면 그의 심판은 불공평한 것이며 자기가 자신을 심판하는 불합리한 것이다."라고 주장하게 된다.

주님께서는 "구하라 …… 찾으라 …… 문을 두드리라" 그리하면 응답하실 것을 약속하셨다(마 7:7). 그리고 "…… 구하는 이마다 받을 것이요 찾는 이는 찾아낼 것이요 두드리는 이에게는 열릴 것이라"(마 7:8) 약속하셨고, "너희가 내 안에 거하고 내 말이 너희 안에 거하면 무엇이든지 원하는 대로 구하라 그리하면 이루리라"(요 15:7)는 약속도 하셨다. 그러니 누가 구원받는가? 아버지의 말씀과 사랑을 믿고 구하고 찾고 두드리며 애를 쓰는 자, 견디고 싸우는 자이다. 그 과정에서 '그가 예수님 안에 거하고 예수님의 말씀이 그 안에 거하는'(요 15:4, 5) 자에게, '하나님의 계명을 지켜 그의 사랑 안에 거하는'(요 15:10, 14) 자에게 '그리스도 예수 안에 있는 믿음과 사랑으로써 들은 바 바른말을 본받아 지키며, 성령으로 말미암아 사도가 부탁한 아름다운 것을 지키는(딤후 1:13~14) 자에게 하나님께서는 능히 (약속을) 지키실 것이다(딤후 1:12).

그런데 이 같이 보배로운 약속에 이르지 못할 자가 있다. 그리고 그들은 왜 이르지 못했는지 '핑계'(아나톨로게에토스, Excuse)할 수 없다. 왜인가? 그것은 하나님을 알 만한 것이 그들 속에 보이기 때문이며, 하나님께서 이를 그들에게 보이셨기 때문이다(롬 1:19). 그리고 하나님의 아들이 이르러 우리에게 지각을 주셔서 우리로 참된 자를 알게 하신 것과 또한 우리가 참된 자 곧 그의 아들 예수 그리스도 안에 있는 영생(요일 5:20)을 얻게 하는 성화의 본을 주셨기 때문이다. 즉 우리에게 지각을 주셔서 그와 그의 안에 있는 영생할 실체를 본보기로 알게 하셨기 때문이다.

그리고 그들이 핑계할 수 없는 두 번째 이유는 '마음이 둔해진'(마 8:17) 때문이다. 즉 천국 말씀을 듣고 깨닫지 못할 때는 악한 자가 와서 그 마음에 뿌려진 것을 빼앗기(마 13:19) 때문이다. 세 번째 이유는 마음이 둔해져 깨닫지 못할 때 원수가 와서 곡식 가운데 가라지를 덧뿌리기(마 13:25~30) 때문이다. 그 뿌려진 가라지는 외견상 보리와 흡사한 외식주의자인 '사두개인의 누룩'(마 16:11, 12)이어서 속기가 쉽다. 소량의 누룩이 많은 양의 밀가루를 다 부풀게 하는 힘이 있듯이 가라지의 놀라운 번식력 때문이다.

네 번째 이유는 등불이 켜진 후에도 인간이 만든 계량 도구인 말로 덮기도 하고(마 5:15), 평상 아래 두기도 하고(막 4:21; 눅 8:16), 마음을 수건으로 덮기도 하기(고후 3:14, 15) 때문이다. 즉 인간의 편리 수단인 '말'과 '평상'과 '수건'이 빛을 덮어 가리기 때문이다. 말(인간이 흔히 사용하는 枰量器具)과 평상(안일을 추구하는 심리)과 수건(예절과 의상)은 생활에 요긴한 필수품이지만 그것들이 빛을 가리는 장애물이 될 수 있다. 인간이 만든 학식과 예절과 풍습이 하나님의 빛을 가리는 걸림돌이 될 수 있다는 것이다.

구약 시대는 은혜에 관해서는 암흑기였다. 그러나 예수 그리스도께서 광명과 빛으로 오셨다(요 1:4~5). 그 이후 성령께서 오셔서 '하나님의 양자'가 될 수 있는 길, 귀한 반석을 볼 수 있는 눈을 여셨다(롬 8:23; 갈 4:5~7; 엡 1:5). 그리하여 이 못나고 부족한 인생도 하나님을 아버지라 부르게 된 것이다. 이 가당치 않는 일이 이루어졌다는 것은 인간이 상상할 수 없는 놀라운 은혜일 뿐이다. 마땅히 죽을 죄인이 사함 받고 영생을 얻는 일을 상상할 수 있겠는가? 하나님이 세상을 이처럼 사랑하사 독생자를 주셨고(요 3:16), 그 독생자 예수 그리스도께서 우리를 위하여 목숨을 버리심으로 그 일이 이루어졌으니, 이제 우리도 형제를 위하여 목숨을 버리는(요일 3:16) 성화가 일어날 수 있음을 약속하신 것이다. 아멘!

4 구원의 길

'길'(호도스)이란 생활양식 또는 삶의 규범을 말한다. 또는 그 길을 삶의 도(道)라고 말하기도 한다. 길이란 많은 사람이 지나가 다져진 흔적이기도 하지만 초기에는 누군가 "나를 따르라" 하며 길을 만든 이가 있다. 그 길에는 죽음의 길도 있고 삶의 길도 있다. 그러나 어떤 길이라도 우연히 있는 길은 없다. 앞서간 위인은 자기를 따르는 추종자를 위해 그 길의 특징이나 주의 사항을 남기는 법이다. 그러나 위인이 남긴 길과 달리 신이 직접 "나는 길이요 진리요 생명이니 나로 말미암지 않고는 아버지께로 올 자가 없느니라"(요 14:6)고 예수 그리스도를 통해 '생명의 길'을 선언하셨다. 그리고 "누구든지 나를 따라오려거든 자기를 부인하고 나기 십자가를 지고 나를 따를 것이니라"(마 16:24) 하셨다.

주님은 생명의 길과 사망의 길, 두 종류의 길이 있음을 밝히셨다. 그리고 생명의 길을 구원의 길이라고 말씀하셨다. 그 길은 세상길과는 전연 다른 길이라는 짐작은 누구나 할 수 있다. 무엇이 다른가? 왁자지껄 많은 사람이 선호하는 길은 '멸망으로 인도하는 넓은 길'(마 7:13)이며, 찾는 이가 적은 길은 '생명으로 인도하는 좁고 협착한 길'(마 7:14)이다. 그 생명의 길이 바로 주님께서 보이신 '주의 길'(마 3:3; 요 1:23; 행 18:25; 롬 11:33)이며 '평강의 길'(눅 1:79)이며, 마음이 미혹된 세대는 알지 못하는 '내(하나님) 길'(히 3:10)이다. 그리고 그 길은 '진리의 도'(벧후 2:2)이며, '하나님의 도'(마 22:16; 눅 20:21)이다.

두 길의 특징을 보면, 한 길은 넓고 평탄하여 찾는 사람들이 많으나 그 길은 멸망으로 인도하는(아파고오, Lead away) 길이다. 다른 한 길은 좁고 협착하여 찾는 이가 아주 적(오리고이, few)으나 그 길은 생명으로 인도하는

내주께더가까이

길이다. 여기 '인도하는'(아파고오)에는 '향해서'(에이스, to)라는 목적 부사가 붙어 있어 넓은 길은 사망을 향해 인도하는 길이요, 좁은 길은 생명을 향하여 인도하는 길이라는 뜻이다. 또한 '인도한다'(아파고오)는 단어는 법적 용어로 '강제성을 띠고 끌어간다'(마 26:57; 행 13:17)는 뜻이 숨어 있다. 즉 길을 선택하는 것은 개인의 자유이지만 한 번 들어서면 그 이후에는 강제로 끌려가게 된다는 뜻이다. 그 넓은 길은 '죄인의 길'(약 5:20)이며 '발람의 길'(벧후 2:15)이며 그 좁은 길은 성도의 길이다.

표지판도 이정표도 없는 두 길의 현저한 차이점은 하나는 대로(大路)여서 찾는 자가 많고, 다른 하나는 좁고 협착한 소로(小路)여서 찾는 자가 적다고 하셨다. 여기 '찾는 자'란 '선택하는 자'라는 뜻이며 찾는 자가 적다는 것은 인기가 없다는 뜻이다. 예정이나 운명 탓이 아니라 길이 좁고 험난한 이유로 '찾는 자'가 적다. 찾는 자가 적다의 '적다'(오리고이, Few)는 'a few'가 아니라 '거의 없다'(few)는 부정을 뜻한다. 왜 적은가? 그 이유는 안전과 이익과 향락과 평안을 추구하는 인간 본능 탓이다. 그 당연 지사를 무시하고 스스로 험난하고 고된 삶을 자원하여 생명의 위험을 무릅쓰는 자는 드물 수밖에 없다. 그런 자는 분명히 별종이라 볼 수밖에 없다. 세상에는 넓고 평탄한 길을 두고 좁고 험한 길을 택하는 자는 당연히 적을 수밖에 없다.

이상주의(Idealism, 理想主義)란 비현실적인 이상(Ideals)을 추구하는 사상으로 이상적 목표를 따르는 사고라고 정의한다. 그와 반대되는 현실주의(Realism, 現實主義)란 독립성을 강조하는 실존 의식으로 일상생활과 현실적 이익을 추구하는 실용주의를 말한다. 하여 실존주의의 현대인들은 이상이나 도덕적 규범을 추구한 플라톤 시대를 케케묵은 옛날이야기라고 조롱한다. 그것이 '찾는 이가 적은' 이유다.

세상은 생존을 위해 작은 것보다 큰 것, 좁은 것보다 넓은 것, 단순한 것보다 문어발처럼 복잡한 것을 선호하는 풍조가 있다. 크고 넓고 편리하고 아름다울수록 기쁨과 행복이 보장된다고 보는 군중심리다. 결국, 세상 사람은 생존과 행복의 보장을 추구하여 넓은 길을 택하는 것이다. 더더욱 세상은 자연과 사회의 기후 변화가 심하고 그로부터 오는 여파에 생존 위협을 받고 있다. 하여 도처가 생활고로 생명 위협이 도사리는 아비규환의 현장이다. 그러니 보험과 안정을 추구하는 현실주의는 당연한 인지상정인지라, 길이 넓을수록 안전감을 느낄 수도 있다. 그러나 그 사상이 사욕과 본능과 죄악과 연결되어 있다는 사실을 간과하고 있으며, 이를 문제 삼는 이도 적다.

그렇다면 기독교 사상은 현실주의인가 이상주의인가? 그 구별은 안전을 따르는 사회를 현실주의로, 개인의 양심과 윤리를 기반으로 하는 기독교 사상을 이상주의로 볼 수 있다. 그러나 라인홀드 니버는 아우구스티누스를 최초의 현실주의자라고 평하면서 그가 인간의 성악설을 주장하여 '인간은 전적 타락'(롬 7:23)으로 '선을 행하는 자는 없다'는 말씀을 근거로 기독교인일지라도 선을 행하는 면에서는 세인들과 다름없는 현실주의자로 보았다. 즉 이웃에 대한 신자의 봉사나 자선이나 선행도 자기를 위한 자애(自愛) 사상에서 비롯된 현실주의자라고 평했다. 다시 말하면 기독교인도 자기가 구원받기 위해 좁은 길을 선택한다고 본 것이다. 그에 반대하여 디트리히 본회퍼는 그것은 기독교의 목표나 이상이 아니며, 자아는 비록 현실적 욕망과 정욕을 따라 자기중심주의(Egocentricity)와 슈퍼비아(Superbia)의 자애 사상에서 벗어나지 못한다 할지라도 영혼은 숭고한 그리스도의 사랑을 닮으려는 의지가 살아 있는 이상주의자라고 주장한다.

그에 대해 중세 이탈리아의 사상가 마키아벨리(Niccolo Machiavelli, 1469~1527)는, 현실주의와 이상주의의 차이는 현실적 이익을 얻을 수 있는 이념이나 진리성을 따르느냐, 아니면 자기 이익보다 도덕적 규범과 초월적 진리를 따르느냐에 있다고 보았다. 그리고 육에서 나오는 현실주의와 심령에서 나오는 이상주의는 누구에게나 있으며 그것이 삶에 미치는 영향의 크기에 따라 현실주의가 될 수도 있고 이상주의가 될 수도 있다고 보았다. 결국 최고의 목표가 현실적 생존이냐 영원한 생존이냐의 두 사상의 차이밖에 없다고 보았다. 그에 따라 넓은 길을 택할 수도 있고 좁은 길을 택할 수 있다고 보았다. 그렇게 보면 기독교인이라 하더라도 좁은 길을 가는 사람도 있고 넓은 길을 가는 사람도 있다는 것이다. 목표와 수단 중, 어느 쪽을 중시하느냐에 따라 견해는 달라진다.

어떤 지식인이 "먼저 된 자로서 나중 되고 나중 된 자로서 먼저 될 자가 많으니라"(막 10:31) 하신 주님의 말씀을 읽고 이것은 3차 방정식보다 어려운 진리라고 했다. 그런 진리가 어디 그뿐이던가? 위기가 닥쳐오는 찰나에 잠든 제자들을 보시고 주님께서 말씀하셨다. "마음에는 원이로되 육신이 약하도다"(막 14:38) 하셨는데, 이것 역시 풀기 어려운 방정식이며 의문의 'X'의 정답을 얻기는 쉽지 않다. 그래서 신의 정답은 하나이지만 인간의 회답은 다양하게 나타난다.

교회를 다닌다고 모두 다 좁은 길을 가는 것도 아니며 교회 안에도 넓은 길이 있다. 돌로 지은 웅장한 성전, 수억에 달하는 강대상, 화려한 가운과 형식을 반대하며 루터가 종교개혁을 일으켰다. 그러나 오늘은 돌 성전에 에어컨과 난방 장치에 넓은 주차장까지 갖추었으니 또 다른 루터가 나와야 할 지경에 이르렀다. 그 모두가 대중이 선호하는 대로가 아니던가? 그래서 영성보다 육성이, 십자가보다 안일이 득세하고 있는 판국이라 좁은 길은 사라졌다. 그렇다면 오늘의 기독교를 '협착한 좁은 길'(트리보스, Path, 마 3:3; 눅 3:4)이라고 할 수 있을 것인가? 생각해 볼 문제다. 주님께서 말씀하신 '좁은 길'은 욕심과 정욕과 허영을 버리고 십자가를 지고 고난을 감수하며 가는 외로운 길을 말한 것이 아니던가? 그렇다면 오늘의 삼박자 축복을 기대하는 교인은 과연 좁고 협착한 길을 선택한 사람들인가?

그 넓은 길에는 많은 종교인과 철학자와 현인들이 부드러운 채색 옷을 입고 사람들이 모인 넓은 광야에 간판과 피켓을 들고 서 있다. 군중은 아름다운 옷 입은 자를 보려고 넓은 들판으로 몰려다닌다. 그래서 주님은 "무엇을 보려고 광야로 나갔더냐? 아름다운 옷 입은 사람이냐? 바람에 흔들리는 갈대냐? ……"(마 11:7~8)라고 하셨다. 노자와 장자의 학문은 도학(道學)으로, 힘씀이 없는 무위(無爲)의 도를 주장하여 편한 물 흐름을 주장한다. 즉 순리에 따라 세상을 거슬림도 부담도 없이 몸을 맡기고 흐르는 '자연인'이 될 것을 강조한다. 유교(儒敎)의 창시자 공자는 왕과 백성, 부모와 자식, 높은 자와 낮은 자의 길을 닦은 위인이다. 조상들이 닦은 탄탄대로가 바른길이라고 부르짖는다. 그리고 부처님은 자력과 자승을, 그리고 현자들은 각각 그들의 지혜의 길을 제시한다.

예수님은 제자들에게 "누구든지 나를 따라오려거든 자기를 부인하고 자기 십자가를 지고 나를 따를 것이니라"(마 16:24) 하셨다. 분명히 '나를 따라오려거든'은 따르는 사람의 자의에 의한 선택이 요구되고 있음을 의미하며 '자기 십자가'는 '자기부정'(自己否定)과 자기 결단을 의미하며, 각자에게 해당된 십자가, 자기에게 맞는 십자가가 예비되어 있다는 것을 말한다. 즉 십자가가 없는 그리스도인은 있을 수 없다는 말이다. 주님을 따르는 사람은 세상에 대한 기대를 끊고 자기 십자가를 지고 주를 따르기로 결심한 자들이기 때문이다.

기독교는 십자가를 지고 앞서 가신 주를 따르는 고난의 길, 골고다로 가는 길을 제시한다. 그것은 분명 좁고 험하여 예수께서 열네 번이나 무거운 십자가를 지시고 쓰러지셨던 '돌라로사의 길'(Via Dolarosa, 슬픔의 길)이다. 그리고 그 마지막에 자기가 지고 온 십자가 위에 자기 몸을 못 박는 길이다. 하여 루터는 「아우크스부르크 신앙 고백서」(Augsburg Confession)에서 "교회는 순교자의 집단"이라고 선언한 것이다. 그리스도인이 된다는 것은 그리스도의 고통과 괴로움과 죽음에 동참하는 것이다. 좁고 협착한 십자가의 길을 가는 것이다. 그러나 오늘의 교회는 그 힘듦과 고난을 외면하고, 가족과 더불어 행복만을 추구하는 산책길로 변했다. 그러나 그 길은 분명히 '이방인의 길'(마 7:13; 10:5)이요 '세상 풍조'(엡 2:2)를 따르는 길이라는 것을 알지 못한다.

타락한 인생의 길을 '이방인'의 작가 알베르 까뮈는 '숨은 내면의 부조리'의 길로, 프로이트(Sigmund Freud)는 '성적 콤플렉스'의 길로, 칼 융(Carl Jung)은 '신화적 콤플렉스'의 길로 규정했다. 그러나 성경은 '육신의 정욕과 안목의 정욕과 이생의 자랑', '이 세상이나 세상에 있는 것들'(요일 2:15~16)

을 따르는 길이라 했다. 바로 그 길이 넓은 길이다. 교회 내의 신자들 중에 넓은 길을 가는 자들은 '표면적 신자'다. '표면적'이란 내면과 다른 '외식'(外飾), 곧 겉으로만 신자 행세를 하는 불신자를 말한다. 그 '표면적 그리스도인'이 누구인가? 가인의 길(유 11)이나, 발람의 길(벧후 2:15), 멸망의 길에 선 자가 아닌가?

인간은 겉만 보고 속을 보지 못한다. 그래서 가면(假面)이 진면(眞面)을 압도한다. 그러나 영적 사람은 가면 속의 진면을 본다. 가면자의 겉보기에 도취된 인간은 '표적'(세메이온, 表迹, Sign/Mark)을 원한다. 표적(세메이온)이란 '알린다'(세마이노, Report), 또는 '드러낸다'(Indicate)는 뜻이다. "유대인은 표적을 구하고 헬라인은 지혜를 찾으나, 우리는 십자가에 못 박히신 그리스도를 전하니 유대인에게는 거리끼는 것이요 이방인에게는 미련한 것이로되 오직 부르심을 받은 자들에게는 …… 그리스도는 하나님의 능력이요 하나님의 지혜니라"(고전 1:22~24) 하셨다. 표적을 구하는 유대인들에게 보여 줄 표적은 십자가에 못 박히신 그리스도이다. 하여 그리스도처럼 십자가를 진 자는 가면을 벗은 자이다. 그러나 십자가를 지는 길은 '오직! 부르심을 받은 자'에 한해서 '하나님의 지혜'인 좁은 길이다.

여기서 '거리끼는 것'(스칸달론, Stumbling Block)은 방해물 또는 '무위(無爲)로 끝나는 것'을 뜻한다. 즉 유대인들은 그리스도가 허무하게 끝난 '스칸달론'으로 보았다. 그리고 이방인, 헬라인들은 그리스도의 십자가의 죽음을 '미련한 것'(모오리안, Foolish), 즉 어리석은 죽음으로 보았다. 그러나 부활은 하나님의 능력이요 지혜라고 하신 것이다. 결국 '죽음'이라는 중간 정산(精算)을 하지 말고 '부활'의 결산을 보라는 말씀이다. 중간을 보면 길은 좁고 협착하여 허무하고 바보스럽기만 하다. 그러나 결말은 '능력'이요 '지혜'이다.

지난 세기에 세기적 천재 과학자 아인슈타인이 서거했다. 최근에 그의 유품이 경매에 붙여졌는데, 그중 그가 죽기 1년 전에 자필 잉크로 쓴 단 한 페이지의 「신의 편지」(God's Letter)가 290만 불에 팔렸다. 그 편지의 내용은 그 제목과 달리 신의 편지가 아니라 자신의 고백서였다. 그 편지에는 두 곳이나 지워진 체 수정된 부분도 그대로 남아 있었다. 거기에서 그는 "하나님의 말씀은 내게는 아무 의미가 없다(Nothing to me)."라고 한 후, 그 이유로 "신은 인간의 나약에서 온 산물(Product of Weakness)에 불과하다. 모든 종교는 원시적 전설(Primitive Legend)과 미신에서 온 것이다."라고 했다. 그리고 "성경의 기사 역시 비과학적인 것이어서 미신이요 전설에 불과하다."라고 했다. 아인슈타인이 말년에 기록한 이 고백은 결국, 그도 영의 세계를 모르는 현실주의자라는 것, 현실을 초월한 영적 지식은 얻지 못한 어리석은 자였다는 것을 보여 줄 뿐이다.

그는 젊었을 때는 유대교에서, 그리고 유명한 세기적 과학자로 미국에서 활약하는 동안은 유니테리언으로, 그리고 그 이후에는 막연한 우주 질서와 원자와 소립자의 규칙에 감복하여 그것을 창조하신 우주의 신을 믿으며 시편을 좋아했다. 그러나 그의 마지막 편지를 보면 영적으로는 초보자에 불과했다. 그가 과학자로서 뛰어난 점은 많아서 복잡한 원리들을 종합하거나 새로 정립했으며, 상대성 이론, 전장과 자장, 그리고 마지막에는 중력장까지 합한 통일장 이론, 소립자와 유체 역학에서 우주의 대폭발 원리(Big Bang Theory), 그리고 흑체설(Black Body Theory)까지 발견한 천재였다.

그러나 그의 전기를 보면 그가 대학을 나오기 까지는 아무도 알아주지 않는 평범한 청년이었다. 졸업 후 취리히에서 전기공으로 일할 당시, 물리학자들이 매주 하루 모여 세미나를 했던 모 다방 한 구석에서 조용히 듣고만 있다가 우연히 질문을 던지고 자기 의견을 말한 것이 당대의 대물리학자 프랑크의 인정을 받아 물리학자가 된다. 그리고 프린스턴에서 그의 수하에는 그림자처럼 따라다닌 두 사람의 인도계 수학자가 있었다. 아인슈타인은 그들에게 다른 학자들의 이론과 공식을 종합하여 통일된 새로운 공식을 만들게 했고, 그가 발견한 자연 변화의 경향 곡선 공식을 만들게 했다. 결국, 발견한 것은 다른 이가 발견한 공식을 수정 종합한 것이 대부분이다

아인슈타인은 검소하고 성실하여 모든 사람에게 친숙한 벗으로 살았다.

그는 프린스턴에서 지낼 때 자가용 대신 시내버스를 즐겨 탔다. 점심시간에는 대학 카페테리아에서 다른 동료들과, 때로는 제자들과 함께 식사를 했다. 그러나 그가 조용히 기도를 했다거나 말씀을 읽었다거나 십자가를 지고 고통과 희생을 감수했다는 기사는 보지 못했다. 그의 연구실에는 수많은 책이 펴진 체 책상과 마룻바닥에 놓여 있었다. 그러나 그 가운데 성경은 없었다. 결국 그는 카르테시안 공간(Cartecian Space)에서는 놀라울 정도로 뛰어났으나 영적 공간(Spiritual Space)에서는 숙맥이었다. 그는 영의 원리는 다르다는 것(고전 15:50; 갈 5:17)을 모르고 있었다. 그는 영적으로는 다만 '맹인이 맹인을 인도하는'(마 15:14; 눅 6:39) 안내자보다도 못했다. 참 진리는 오로지 '진리의 성령'(요 16:13)이 임하여 모든 진리 가운데로 인도(호데게오오)하심을 받는 길밖에 없다(눅 24:15). 그 진리의 길이 '의의 도'(마 21:32)이며, '생명수 샘'(계 7:17)이며 지켜야 할 '규범'(規範, 카노스, Rule, 고후 10:15~16; 갈 6:16)이다.

미국 태생 신학자 라인홀드 니버(Reinhold Niebuhr, 1892~1971)는 프린스턴대학, 에덴신학교 교수로서 실천신학의 창시자이다. 그의 저서『도덕인과 비도덕 사회』(Moral Man and Immoral society),『인간의 본성과 운명』(The Nature and Destiny of Man, 1943)은 유명하다. 그는 그 공로로 1964년 미국 대통령이 수여하는 자유훈장을 받게 된다. 그는 "인류 역사는 비극과 죄악의 장소인 동시에 하나님의 신비의 계시가 나타난 영역이다."라고 하면서 두 영역이 있음을 시사했다.

니버는 "말씀이 육신이 되었다는 뜻은 하나님께서 인간 영역에 들어오셔서 인간의 삶의 본을 보이신 것을 말한다. 그렇다 하더라도 그의 뜻과 신비는 이성적 이해로나 문화의 거짓된 허구 속에서는 이해될 수 없다."라고 했다. 즉 죄악 된 세상의 길과 신비의 길은 상호 이해나 교섭이 불가능하다는 것을 지적한 것이다. 표면적 하나님이 아니라 이면에 숨어 계시는 하나님(사 45:15)은 아무리 날고뛰는 천재라 하더라도 결코 알 수 없다. 하나님이 숨기셨다면 인간이 알 수 없는 것은 당연한 일이다. 그리고 그는 하나님의 사랑은 말씀이 육신이 되신 그 길을 따라 실천할 때 알게 되며, 비로소 '생명의 도'에 도달할 수 있다고 했다.

　우리 인생의 참 안내자는 이스라엘을 애굽에서 인도한 모세나 철학자나 위대한 과학자가 아니라 하나님이시다(신 31:21; 행 7:30~40). 그러나 이스라엘은 하나님 대신 자기들의 조상 아브라함과 모세를 존중했고(히 13:7, 17, 24), 하나님을 모르는 종족들은 조상이나 잡신들을 그들을 보호하는 신으로 숭상했다. 그런 가운데서 하나님께서는 성령을 통해 우리의 마음을 인도하여 하나님의 사랑과 그리스도의 인내에 들어가게 하시며(살후 3:5), 평강의 길로(눅 1:79), 사망에서 구원으로(약 5:20), 생명의 길(마 7:14)로 인도하심을 받게 하신다.

　생명으로 인도하는 좁은 길에는 푸른 초장과 쉴만한 물가도 있고 사망의 음침한 골짝도 있다(시 23:2, 4). 그러나 신자들은 좁고 험준한 길도 있음을 잊고 푸른 초장과 물가에만 머물러서 가야 할 길을 가지 않고 중단하려고 한다. 하여 걱정거리가 생기면 "왜 하나님께서 주를 따르는 나에게 홍해로 가로막으십니까?"라고 항변한다. 그들은 홍해 깊은 바다 가운데 길을 내신 하나님을 믿지 못한다. 어떤 이는 그 깊은 홍해를 얕은 호수로 해설하려고 애를 쓴다. 모세가 권능의 지팡이로 홍해를 갈라 대로를 내어 3백만 대민족을 아프리카에서 아라비아 반도로 걸어서 넘어가게 했다(신 11:4; 수 4:23; 24:6; 히 11:29). 그들이 통과한 홍해에 관한 학자들의 견해는 다양하다. 성경은 그 홍해(紅海, Red Sea)를 "바로의 병거와 그의 군대를 바다에 던지시니 최고의 지휘관들이 홍해에 잠겼고 깊은 물이 그들을 덮으니 그들이 깊음 속에 가라앉았도다"(출 15:4~5)라고 했다. 분명히 '깊은 바다'라고 기록하고 있다.

　그러나 오늘의 학자들은 그 홍해를 오늘의 사우디아라비아 남쪽의 홍해로 보지 않는다. 그 이유로 그 홍해는 폭이 200Km가 넘고 수심이 깊은 곳은 250m에서 450m에 달하기 때문이라고 한다. 역사학자 월터 매트필드(Walter R, Mattfield)는 2009년에 홍해는 서쪽 지중해 연안의 고센 땅과

에답 사이의 수에즈(Suez) 지방에 있는 세 호수 중 제일 얕은 호수(Lake Temsah), 일명 '갈대 바다'로 불리는 곳을 말한다고 주장한다. 그곳은 수심이 불과 1~2m밖에 되지 않고, 3~4월 건기가 되면 수위가 더욱 낮아지는 곳이어서 하나님께서 강풍으로 마르게 하여(출 13:18; 수 4:23) 통과하게 하시고 강풍으로 가까운 홍해 물을 밀어 애굽 군대를 멸하셨다고 해석한다. 학자일수록 하나님의 능력을 과소평가하여 인간의 본질적 의심을 해소하려는 경향이 있다. 혹 매트필드의 주장이 옳다손 치더라도, 시내산에서 하나님의 빛과 음성, 돌판에 새긴 계명, 구름기둥과 불기둥, 만나와 메추라기, 바위에서 솟아난 생수, 옷 한 벌로 40년을 다녀도 헤지지 않았다는 것 등 수많은 표적(表迹)은 무엇으로 설명할 것인가?

유대인들에게 위대한 모세의 인품과 이적과 기사에 비한다면 나사렛 목수의 아들 예수의 표적은 비할 바가 못 되었다. 하여 그들은 예수께 네가 모세보다 위대하냐고 다그치며 메시아다운 표적을 요구했다(마 12:38; 16:1). 그러자 주님은 요나의 기적보다 더한 사흘간의 죽음과 부활을 말씀하신다(마 12:40). 그것은 모세나 요나 그 어떤 사람도 흉내 낼 수 없는 죽은 자의 부활을 뜻한 것이다. 주님은 겟세마네 동산에서 최후의 기도를 하시며 "만일 할 만하시거든 이 잔을 내게서 지나가게 하옵소서"(마 26:39)라고 두 번이나 반복해서 기도하셨다(마 26:42). 어떤 이는 이 '만일'(에이, if)과 '지나가게'(파레일데인, Passing by)를 나약한 인간의 기도로 본다. 그러나 곧이어 "그러나 나의 원대로 마시옵고 아버지의 원대로 하옵소서"라고 기도했음을 볼 때, 회피가 아니라 정면 돌파(正面突破)의 결심을 나타낸다고 본다. 따라서 '지나가게'(파레일데인)는 회피가 아니라 정면 통과(正面通過)를 의미한다. 그리하여 주님은 기도하신 대로 부활의 승리를 얻은 것이다.

밤중에 주님을 찾아온 니고데모가 말했다. "하나님이 함께 하시지 아니하시면 당신이 행하는 이 표적을 아무도 할 수 없음이니이다"(요 3:2). 그는 분명 다른 유대인들과 보는 관점이 달랐다. 그가 주님을 만난 후 믿게 된 것은 '거듭남'과 '하늘에서 내려온 자'(요 3:5~13)로서 주님의 '부활'을 믿었던 것 같다. 그래서 그는 제자들도 도망친 골고다 처형장에서 담대히 주님의 임종을 지킨 후 시신을 거두어 염하여 장례했던 것이다(요 19:39~40). 사람은 겉사람과 속사람, 겉 믿음과 속 믿음이 다르다.

주님은 천민과 병자들과 함께 지나시다가 채 삼 년을 채우기 전에 골고다에서 아무 저항 없이 처형당했다. 그리고 "너희들도 네 십자가를 지고 나를 따르라." 하셨다. 그 말을 이 천 년이 지난 오늘의 실리주의(實利主義) 세상이 그대로 믿고 따르기란 약대가 무릎을 꿇고 작은 성문을 통과하는 것보다 더 어려울 수밖에 없다. 그러나 주님께서 그 본을 우리에게 보이셨다(눅 22:39). 그러니 무릎을 꿇을 줄 모르면 인간은 약대보다 못하다.

주님께서 그 길을 앞서 가시며 죽기까지 하나님께 복종하시면서 본을 보여 따라오게 하셨다(빌 2:8; 3:17). 하여 주님의 제자 베드로는 "그리스도께서 너희를 위하여 고난을 받으사 너희에게 본을 끼쳐 그 자취를 따라오게 하셨다"(벧전 2:21)라고 증언했다. 주님께서 보이신 모본(模本, 우포그람모스, Example)은 원본이어서 '믿는 자가 나타낼 사본'(本, 뒤포스, Patern)(롬 6:17; 빌 3:17; 살전 1:7; 살후 3:9; 딤전 4:12; 딛 2:7)과는 다르다. 다시 말하면, "너희에게 본을 끼쳤다"는 말씀에서 '본'(本, 우포-그람모스, Example)은 모본(模本) 또는 원본을 뜻하여 '그의 자취'(이프노스, Steps)를 따라 주를 닮은 '선한 일에 본(뒤포스)이 돼라'(딛 2:7), 곧 사본이 되라고 말씀한 것이다. 신자는 그리스도의 뒤를 그대로 따르는 사본일 뿐이다.

히말라야와 같은 험준한 고산 등반에는 없어서는 안 될 사람이 있다. 식량과 천막과 무거운 짐을 다 지고 험한 길을 안내하는 셰르파(Sherpa)다. 그들에게 "당신은 험준한 고산을 등반해도 단 한 번도 기네스북에 오른 적도, 매스컴에 각광을 받은 적도 없는데 왜 그 위험한 일을 자처합니까?"라고 묻는다면, 아마 그들은 '그렇게 해서 살아가는 것'이라고 답할 것이다. 신자는 히말라야 산길 같은 험준한 길을 자신의 생명을 얻기 위해 자원하여 나그네와 함께 가는 이름 없는 안내자요 짐꾼이다.

이 '좁은 길'에는 험준한 산길만 있는 것은 아니다. 푸른 초장과 시내도 있다. 이 길은 좁지만 '평강의 길'(눅 1:79)이요 '생명수 샘'(계 7:17)으로 인도하는 '하나님의 길'(막 12:14)이요 '주의 길'(마 3:3; 눅 3:4~5)이다. 이 길은 주님이 걸어가신 발자국(뒤포스, 요 20:25)이 생생히 남아 있는 길이다. 그러나 이 길은 사나운 마귀들의 사냥터(마 13:19, 25, 히 2:1; 6:4~6)여서 안내자(호데고스)의 도움과 보호가 꼭 필요하지만, 사람들은 그것을 모른다. 그래서 "너희 마음을 인도하여 하나님의 사랑과 그리스도의 인내에 들어가게 하는"(살후 3:5) '선한 목자'(요 16:13)의 도움을 모른다.

누가 '영생'을 가지는 자인가? 이웃의 손을 잡고 주님을 따르는 자이다. 그러면 "주께서 생명의 길을 내게 보이시리니 주의 앞에는 충만한 기쁨이 있고 주의 오른쪽에는 영원한 즐거움이 있나이다"(시 16:11)라고 찬송하게 될 것이다. 그리고 거기에는 '슬픔과 탄식이 없는 대로'(사 35:8~10)가 있다는 것을 알게 될 것이다. 아멘!

5 준비성(Readiness)

인간이 동물과 다른 특성 중 하나는 지혜가 있어 미래를 준비한다는 점이다. 동물 중에도 개미이나 꿀벌과 같이 준비성이 있는 동물도 있고 펭귄과 같이 정절을 지키는 동물도 있다. 그러나 인간의 우월성은 다른 동물들처럼 먹고 마시며 장가가고 시집가서 종족을 보존하고 생명을 유지하는 동물이 아니라, 내일을 준비하고 더 나은 미래를 희망하는 사려 깊은 존재라는 데 있다. 그래서 아무리 힘들게 벌레처럼 사는 사람도, 하루살이 거지나 떠돌이 노숙인도 꿈이 있고 희망이 있다. 따뜻한 가정과 아름다운 정원이 달린 집이 그들의 꿈이며 소원이다. 그 꿈과 소원이 그들로 힘든 현실을 견디게 하는 힘이며 동병상련의 위로다. 그 꿈을 따라 미래를 계획하고 이상(理想)을 품고 살아간다. 그래서 사람은 이상적 존재다.

파스칼은 『팡세』에서 이렇게 말했다. "우리는 언제나 행복하게 되려는 꿈을 꾸며 준비하고 있으면서도 그렇게 되지 않는 것이 불가피한 일임을 발견한다." 그렇다. 우리는 미래를 동경하고 목표를 정하여 그것이 이루어지기를 희망한다. 그리고 '언젠가 행복하게 되겠지!' 하는 막연한 희망으로 산다. 그러나 언제나 현재의 배후에서 준비성이 없이 절룩거리며 따라가거나 아니면 현재를 앞질러 달려가려고 한다. 그것이 믿음과 소망과 사랑이 분리되지 않고 항상 같이 있어야 하는 이유다. 지금 당장 성취를 바라는 희망도, 전적으로 아무 소망을 갖지 않는 믿음도 올바른 것이 못 된다.

희망과 소망은 다르다. 희망은 믿음이 없이도 가질 수 있다. 그런 경우 희망은 사람을 속이고 현재의 행복을 빼앗는다. 그리고 인간은 언제나 현재에만 존재할 뿐이며 현재만 내가 소유한 유일한 시간이라고 주장하는 현실주의자가 된다. 소망은 오늘에 충실하고 내일을 바라는 믿음이 함께 있기에,

내주께더가까이

오늘은 내일을 위한 준비일로 볼 뿐이다. 하나님은 인간의 손을 통해서 일하신다. 그래서 어떤 이는 믿음의 역사를 하나님의 역사로 보고 "God has no hand, but my hand!"(나의 손이 하나님의 손!)라고 한다. 하여 독일의 신학자 피퍼(Joseph Pieper)는 그의 저서 『희망에 관하여』에서 절망의 원인을, 1) 하나님이 원하시는 성취를 자기가 멋대로 하려는 불신자의 오만과, 2) 하나님이 원하시는 성취를 인간이 할 수 없다고 포기하는 신자들의 절망이라고 했다.

신자란 어떤 자인가? 하나님께 부여받은 사명에 대해 약함과 소심과 게으름으로 불복종하는 자가 아니라 죄와 사망의 길에서 용기를 잃지 않고 약속을 믿고 내일을 준비하는 자이다. "믿음은 바라는 것들의 실상이요 보이지 않는 것들의 증거"(히 11:1)라고 했다. 즉 믿음은 미래에 대한 바람이요, 보지 못한 미래에 대한 준비성이라 할 수 있다. 그러나 준비가 없는 미래는 비현실적 몽상이다. 준비하지 않는 자는 비현실주의 유토피아 사상가 또는 몽상가가 될 뿐이다. 예수님께서 내일 일은 내일 염려하고 오늘 일은 오늘 일로 족하다 하신 뜻은, 오늘의 믿음으로 내일을 무시하라는 뜻은 결코 아니다. 오늘의 믿음은 내일의 소망과 영원한 사랑이 항상 있음에 근거한 것임을 강조하신 것이다. 현실적 죄에서의 자유, 사명을 위한 노력과 투쟁, 그리고 내일을 위한 소망과 준비에 전력을 기울이라는 뜻이다. 인간은 항상 치우쳐 오늘은 내일의 꿈속에서, 금년은 내년의 환상에서 현실을 떠나 엇길로 가기가 쉽다.

신앙은 믿는 바를 성취하기 위한 '현실적 운동'인 동시에 그 목적 달성을 위한 '현실적 준비성'이라 할 수 있다. 그러나 그 준비에는 현실과 미래, 자기와 세상의 관계를 정확히 파악하는 것이 성공의 관건이다. 말씀에서 믿음의 선진들이 각각 '바라는 것'이 있었고 그것이 무엇이었나를 찾을 수 있다. 노아나 아브라함 …… 기생 라합 …… 선지자들(히 11:2~32)의 '바람'은 더 좋은 현실, 곧 현실을 초월한 구원의 약속 곧 하나님의 약속을 바람이었다. 믿음의 선진들의 역사는 그 약속들을 믿고 현실에서 준비한 자들의 역사다.

아벨과 에녹 이후 모든 하나님의 종들은 하나님의 의를 바라보고 세상에서 궁핍과 환난과 학대를 받았으며, 약속된 것을 받지 못했으나 하나님이 예비하신 더 좋은 것을 바라고 살았다. 그리고 그들은 믿음으로 이 세상에서 받은 약속을 영원한 구원에 대한 증거로 삼았다(히 11:36~39). 이제 그리스도를 통한 새 시대의 신도(고전 15:6)들을 온전하게 하시어 더 좋은 부활을 얻도록 하시려고 고문과 조롱과 채찍질과 결박과 시련을 주실 것인데 이것을 히브리서 기자는 '더 좋은 예비'라고 했다(히 11:40). 하여 하나님은 신도를 위해 예비하시고 신도는 그것을 얻기 위해 준비하는 것이다. 그렇다면 하나님은 무엇을 예비시고 우리는 무엇을 준비해야 할 것인가?

보지도 듣지도 말하지도 못하는 장애인 헬렌 켈러에게 누군가 물었다. "당신이 이 세상에서 소원이 있다면 그것은 무엇입니까?" 헬렌 켈러는 눈물을 글썽이며 그녀의 선생님 설리번 여사를 통해 답했다. "하나님께서 나에게 단 삼 일만 눈을 뜨게 하신다면 하나님이 지으신 아름다운 세상을 보고 싶습니다."라고 하면서 첫날은 어머니가 어떻게 생겼는지 볼 것이며, 이튿날은 푸른 하늘과 태양과 아름다운 꽃과 나무를, 사흘째는 아름다운 산과 푸른 바다를 보고 싶다고 말했다. 그에게도 천국에 대한 소망이 없었던 것이 아니다. 눈으로 보지 못하는 맹인이나 걷지 못하는 앉은뱅이에게도 '언젠가!' 볼 수 있는, 그리고 걸을 수 있는 미래에 대한 소원이 있다. 그러나 소원이나 바람은 믿음이나 소망과 다르다. 어떻게 다른가?

이 세상에는 심을 때가 있고 거둘 때가 있다. 준비할 때가 있고 활용할 때가 있다. 하여 젊을 때는 준비 기간으로 구분하여 노력한다. 그러나 어떤 면에서는 언제나 오늘은 내일을 위한 준비요, 세상에 사는 것은 미래를 위한 준비라 하겠다. 그리고 세상은 거대한 맹아학교라 할 수 있다. 맹인이 맹인을 인도하고(마 15:14; 23:16, 24), 맹인이 맹인을 가르친다. 맹인이 점자를 가르치고 지팡이로 길 걷는 것을 가르친다. 먹을 것도, 속옷과 겉옷도 분명하게 구별하지 못하면서 자기는 눈이 성한 것처럼, 마치 눈으로 보는 것처럼, 길은 어떻고, 꽃이나 나무는 어떻고, 착한 사람은 어떻고, 악한 사람

내주께더가까이

은 어떻다고 설명한다. 그러나 실은 바리새인처럼 그렇게 장담할 뿐이다(마 23:26). 장담은 확신도 믿음도 못 된다. 그저 영적 맹인의 희망일 뿐이다.

모든 사람이 다 영적으로 맹인이면 불편을 느끼지 않는다. 그렇게 죄도 선악도, 그리고 천국도 현실도 보지 못해도 별로 답답함을 느끼지 못한다. 그래서 회개가 없어 죄로 가려진 체 살아도 불편이 없다. 그리고 이 세상은 신경이 죽은 나병환자나 중풍병자들의 병동과도 같다. 거기서 온전한 사람은 볼 수 없다. 그들의 눈은 날로 흉해지는 겉모습만 희미하게 볼 뿐 아무런 고통을 느끼지 못한다. 그리고 온 세상이 다 같은 환자이니 누구에게서 격리될 리도 없다. 그래서 서로 건강한 사람으로 착각하고 살아간다. 그리고 그 병의 원인이나 결과에 대해 고심하지 않는다.

예수님께서 예루살렘으로 올라가시기 위해 갈릴리에서 사마리아로 가는 도중에 열 명의 나병환자를 만나신 이야기가 있다(눅 7:11~19). 그들이 예수님께서 지나가신다는 소문을 듣고 한목소리로 "우리를 불쌍히 여기소서!"라고 외쳤다. 말하자면 나환자들의 간절한 데모였다. 그때 주님께서는 그들의 소원을 아시고 단순히 "가서 제사장에게 너희 몸을 보이라!"(눅 17:14) 고만 하셨다. 그들은 잠시 큰 혼돈에 빠졌을 것은 분명하다. 원! 이럴 수가? 가까이 오셔서 만지시거나 기도라도 해 주실 줄 알았는데! 아무 준비도 예비도 없이 다짜고짜로 제사장에게 보이라니! 제사장에게 몸을 보이는 것은 병이 낫게 된 자가 가족에게 돌아가려면 먼저 병이 나았다는 제사장의 확인을 받는 절차(레 13:2~14)가 아니던가? 그렇다면, 성경에 분명히 "그들이 가다가 (도중에) 깨끗함을 받은지라"(눅 17:14)라고 쓰여 있으니, 열 명의 나병환자는 의심 없이 그들이 소굴에서 뛰쳐나와 제사장에게로 향했다는 것은 그들이 기적을 믿었다는 증거다. 그들의 간절한 소원 가운데 예수의 '말씀 한 마디'면 족하다는 믿음이 있었던 것 같다. 단지 현실적 약속을 믿느냐 '더 좋은 약속'(히 8:6)을 믿느냐의 차이일 뿐이다. 열 나병환자는 다 병 고침을 받을 믿음의 준비가 되어 있었다. 하여 그들은 예수의 말씀대로 그 지긋지긋한 나병의 울타리를 떠날 수 있었다. 그러나 그들 중 단 한 사람만이 '더 좋은 약속', 즉 죄 사함과 구원의 약속을 믿었다.

나병은 하나님께 범죄한 결과라고 율법은 가르친다(레 13:44~46; 14:2~7; 민 5:2~4). 그리하여 나병을 '치라하스'(매 또는 징계)라고 불렀다. 하여 나병환자들은 자기 죄를 시인하고 "부정하다! 부정하다!"라고 울부짖어야만 했다. 왜 "불편하다!" 하지 않고 "부정하다!" 하게 명하셨는가? 나병을 하나님의 징계로 믿고, 병 낫기보다 부정한 죄를 회개하라는 뜻이었다. 그러나 열 사람 중 단 한 사람만이 죄 사함 받았음을 감사하기 위해 주님에게 되돌아왔다. 이 사실이 그 한 사람만이 죄 사함을 받을 준비가 되어 있었음의 증거이다. 다른 아홉은 병 나음을 감사하였을 뿐 죄 사함의 감사는 없었다. 오늘의 신자들도 감격과 감사가 있다. 그러나 그 감사가 현실을 위한 준비성인가? 영생을 위한 준비성인가? 하는 차이가 있다. 이 점을 몰라 의식주를 위한 기도나 건강과 평안을 위한 기도가 응답된 것을 현실을 위한 은혜로 보기도 하고, 영생의 보증으로 오인하기도 한다. 하여 이적과 기사를 보아도 구원받지 못할 수도 있다는 것을 알지 못한다(마 7:22~24).

믿음으로 병이 나을 수도 있고 물이 포도주가 되게 할 수도 있다. 그 기적을 감사하기도 한다. 그러나 그것은 '더 좋은 약속'(요 14:3)에 대한 예비 증거에 지나지 않는다. 그것을 나병환자 아홉 명은 몰랐다. "그중 한 사람이 자기가 나은 것을 보고 큰 소리로 하나님께 영광을 돌리며 돌아와 예수의 발 아래 엎드려 감사하니 그는 사마리아 사람이라" 했다. 예수께서 그에게 물으셨다. "열 사람이 다 깨끗함을 받지 아니하였느냐? 그 아홉은 어디 있느냐?" 여기서 "어디 있느냐?"는 "그들의 믿음과 준비가 어디 있느냐?"라는 뜻이 아니겠는가. 예수께서 그에게 말씀하신다. "일어나 가라. 네 믿음이 너를 구원하였느니라"(눅 17:15~19). 다른 아홉 명의 믿음과 이 한 사람의 믿음의 준비성에는 큰 차이가 있었다. 아홉 사람은 육신의 병 나음을 바랐을 뿐이나, 단 한 사람이 죄 사함을 바랐던 것이다. 하여 그는 더 좋은 것, 더 좋은 구원을 받았다.

준비성은 사람의 양심에 따라, 믿음의 깊이에 따라 다 다르다. 집을 장만

하는 준비성은 현실을 위해서임과 동시에 장래를 위해서이다. 태어날 자식들이 쓸 방과 그들이 다닐 학교와 생활 편리와 교통을 고려하여 준비하는 법이다. 아이를 위해 옷 한 벌을 사도 아이가 자랄 훗날을 생각해서 넉넉한 옷을 산다. 집이나 의복뿐만 아니라 모든 것을 미래를 바라보고 사는 준비성이 사람마다 다르다. 현실적 삶을 위해 준비하는 사람이 있고, 노후를 바라보고 사과나무를 심는 사람도 있다. 노년기를 바라보고 준비하는 사람이 있고 영원한 훗날을 준비하는 사람도 있다. 그 꿈이 이루어지지 못하면 불행한 종말을 맞게 된다.

그러나 한 가지 가구를 산다 하더라도 급한 대로 싸구려를 사는 사람이 있고 몇 년을 참고 견디어 튼튼한 가구를 사는 사람이 있다. 그가 기다리는 동안 받을 불편을 감수하는 인내를 준비성이라 하며 사람의 그릇의 크기에 따라 다 다르다. 그래서 큰 성공은 큰 야망(Ambition)을 가진 사람에게만 온다고 한 것이다. 야망이란 욕망과 달라 미래를 바라보는 눈이다. 사람은 야망의 크기만큼 그의 미래가 현재에 정해진다. 그러나 신앙인은 소망의 크기만큼 예비된 응답이 다르다.

'믿음의 준비성'(準備性, Readiness)을 '불신의 염려'와 혼동하는 사람이 많다. 그러나 주님께서는 "내일 일은 내일이 염려할 것이요 한 날의 괴로움은 그날에 족하니라"(마 6:34), "가장 작은 일도 하지 못하면서 어찌 다른 일들을 염려하느냐"(눅 12:26), "너희는 무엇을 먹을까 무엇을 마실까 하여 구하지 말며 근심하지도 말라 이 모든 것은 세상 백성들이 구하는 것이라"(눅 12:29~30)라고 하신 후에 "적은 무리여 무서워 말라 너희 아버지께서 그 나라를 너희에게 주시기를 기뻐하시느니라"(눅 12:33), "너희는 마치 그 주인이 혼인집에서 돌아와 문을 두드리면 곧 열어 주려고 기다리는 사람과 같이 되라 주인이 와서 깨어 있는 것을 보면 그 종들은 복이 있으리로다"(눅 12:36~37) 하시고 "그러므로 너희도 준비(에토이모스, Ready)하고 있으라"(눅 12:40) 하셨다. 염려와 준비성은 같은 것이 아니다. 염려는 불신의 허약 증상이요, 준비는 신앙의 건강 증상이다. 염려는 위기를 피하려는 도피 심리요, 준비는 모든 미래에 대한 상비 태세(常備態勢)다. 미래의 성공은 준비된 자에게는 오지만, 염려하는 자에게는 오지 않는다.

"내일 일을 위하여 염려하지 말라 내일 일은 내일이 염려할 것이요"(마 6:34)에서 '염려'(메림나오오, Anxious)란 믿음이 없어 내일 해도 될 염려를 미리 당겨서 하는 것을 말한다. 염려는 준비가 없을 때 하는 것이다. 내일 염려를 오늘 하지 말라 하신 것은 오늘 준비할 것을 내일로 미루지 말라는 뜻이다. 오늘 준비하지 않고 내일 하겠다는 사람은 아무 준비도 하지 않으면서 염려만 한다. 믿음의 각오나 준비성(헤토이모스, Readiness)은 염려를 물리칠 수 있는 유일한 대비라고 할 수 있다. 성경은 준비성 없는 믿음, 노력하지 않는 믿음은 '죽은 믿음'(약 2:17, 20)이라 하고, 한 달란트를 '땅에 묻은 자'(마 25:25~26)라고 한다.

어떤 이는 "하늘의 별을 살피지 말고 발 앞의 함정을 살피라." 하며 발등에 불이 떨어졌는데 먼 훗날을 준비하는 것은 어리석은 자의 짓이라고 강변한다. 그리고 그들은 코앞도 못 보면서 '멀리 보는'는 비현실적 발상을 비웃는다. 그러나 믿음은 보이지 않는 미래를 보는 것, 즉 '바라는 것들의 실상'(히 11:1)이다. 실상(實像)이란 믿음의 준비성(Readiness)을 말한다. 그것이 은혜를 받을 준비성, 은혜를 은혜 되게 하는 준비성을 말한다. 오늘의 준비가 있는 자는 오늘도 내일도 염려할 필요가 없어진다는 것이다. 그것이 열 처녀 중 기름을 준비한 다섯 처녀가 혼인 잔치에 들어간 진리요, 치유 받은 열 나병환자 중 한 명의 나병환자가 죄 사함 받은 진리다.

독일의 튀빙겐대학 교수요 현대 조직신학자인 위르겐 몰트만(Jürgen Moltmann, 1926~)이 쓴『희망의 신학』(1964)은 유명하다. 그는 그 저서에서 모순된 현실 속에 자리 잡은 준비되지 못한 신앙을 잘 지적하고 있다. 그는 "우리에게는 영원한 생명이 약속되어 있다. 그러나 그것은 현실에서 죽음과 부활을 체험한 자들에게다. 사람들은 우리에게 복된 부활을 선포한다. 그러나 우리는 현실적으로 부패에 둘러싸여 있다. 우리는 의인이라고 부르고 있다. 그러나 우리 속에는 죄가 살고 있다. 우리는 말로 표현할 수 없는 축복에 대해 듣고 있다, 그러나 실은 끝없는 참혹에 질식되고 있다. 모든 선과 풍요가 우리에게 약속되어 있다. 그러나 우리에게는 주리고 목마름만이 풍부하다. 만일 우리가 희망 위에 서서 이 모순된 어둠을 꿰뚫고 현실을 넘어 서두르는(준비성) 믿음이 없다면 우리의 미래는 어떻게 될 것인가?"라고 하면서 믿음은 현실을 이기고 필연코 닥쳐 올 미래를 바라고 대비하는 것으로 보았다.

그렇다면 우리가 가진 믿음의 증거가 무엇인가? 모순된 현실, 선에 대한 악의 반작용, 긍정과 부정이 공존하는 현실 속에서는 반드시 회의와 부정이 따르게 되어 있다. 그 장벽을 넘어 밝은 미래를 바라 볼 수 있는 믿음의 증거 곧 믿음의 준비성은 첫째로 '믿음의 각오'(覺悟)라고 볼 수 있다. 고난을 대비한 각오, 십자가를 질 각오가 없는 자는 주님의 제자가 될 '자격'(아찌오스)이 없다. '싸울 각오', '인내할 각오', '죽을 각오'가 없는 자는 주의 제자가 될 수 없다. 그 옛날 에스더의 "죽으면 죽으리라!"(에 4:16) 했던 '결사 각오'처럼 주를 따르려는 자는 '죽을 것도 각오'(준비, 헤토이모오스, 準備, 행 21:13)했다. 믿음의 준비는 구원을 위해 '죽을 각오', '고생할 각오'를 말한다. 고난과 빈곤과 죄악 속에서 나만 평강을 바라는 자는 바른 제자가 될 수 없다. 죄악 속에서의 결단과 해야 할 준비는 죽음을 통과할 각오밖에 없다. 이웃을 위한 작은 도움을 베푸는 일에도 넉넉지 못한 처지로는 '죽음의 각오'란 공중누각이요 몸상에 불과하다.

느부갓네살 왕이 자신이 세운 90척의 거대한 금 신상에게 절하지 않은 죄로 체포된 세 청년에게 질문했다 "너희를 맹렬히 타는 풀무불 가운데에 던져 넣을 것이니 능히 너희를 내 손에서 건져낼 신이 누구이겠느냐?" 그들은 단호히 대답한다. "왕이여 우리가 섬기는 하나님이 계시다면 우리를 맹렬히 타는 풀무불 가운데에서 능히 건져내시겠고 왕의 손에서도 건져내시리이다"(단 3:17). 그리고 이어서 말한다. "그렇게 하지 아니하실지라도 왕이여 우리가 왕의 신들을 섬기지도 아니하고 왕이 세우신 금 신상에게 절하지도 아니할 줄을 아옵소서"(단 3:18). '그렇게 하지 아니하실지라도' 상관

없다는 것이다. 그들은 하나님께서 현실적 구원을 하지 않으셔도 그보다 더 좋은 영원한 구원을 예비하심을 믿고 죽을 각오가 되어 있었다. 신앙은 현실적 번영과 성취를 바라보는 것이 아니라, 역경과 시련과 죽음을 지난 후의 부활과 영생을 믿고 역경과 시련과 죽음을 각오하는 것이다.

그리고 믿음의 준비성은 둘째로 '경건에 이르는 연단'(굼나조오, Training, 딤전 4:7~8)이다. 이 연단을 받은 자가 금생과 내생에 약속을 받는다고 했다. 그리고 히브리서 5장 14절의 '단단한 음식'을 먹는다는 것이 믿음의 '연단을 받는 것'을 뜻한다. 뼈가 되는 칼슘과 장을 청소하는 섬유질이 들어있는 단단한 음식을 먹은 자들, 곧 연단을 받은 자들은 의와 평강의 열매를 맺게 된다(히 12:11). 결국, 화창한 날씨가 계속된다고 땅에 떨어진 씨앗에서 싹이 트고 열매 맺는 것이 아니라, 심한 비바람도 겪어야 싹이 트고 결실하게 되는 것이다. 힘겨운 훈련에 잘 단련된 군대가 승리를 기대할 수 있다. 그와 반대로 믿음이 굳세지 못해 '탐욕에 연단된 자'는 믿음이 있어도 발람의 길을 따르기 마련이며 불의의 삯을 받게 된다(벧후 2:13~15). 경건의 연단과 탐욕의 연단, 이 두 연단(굼나조오) 중에 어느 연단을 받아 미래를 준비하느냐에 따라 구원은 정해진다.

영혼의 집을 짓는 데는 완성된 집의 열쇠를 인도받는 '턴키베이스'(Turn Key Base) 계약은 없다. 자기가 직접 기초와 기둥 세우기, 지붕 올리기, 창문 넣기를 준비하고 실행해야만 한다. 그 과정에서 집의 기초를 단단히 하려면 "내 뜻대로 마옵시고 아버지의 뜻대로 하옵소서!" 하는 믿음으로 하나님의 뜻에 절대 순종해야 한다. 여기에 더하여 영혼의 집을 짓는 사람은 밤중에 올 신랑을 맞을 준비와 영의 전쟁을 위한 싸움 준비를 해야 하며, 그것은 각자 감당해야 할 몫이다. 그렇다고 해서 각자가 준비해야 할 일(몫)은 자기 멋대로 하는 것이 아니다. '룰'이 있다. 그 룰을 하나님이 예비해 두셨다. 영혼의 집을 지으면서 내가 준비할 일은 하지 않고 하나님에게 책임을 다 맡긴다면 '게으르고 악한 종'의 판결을 받을 뿐이다.

인간이 준비할 일은, 주의 길을 예비하는 것(마 3:3), 연보를 미리 예비하는 것(고후 9:5), 대답할 것을 항상 예비할 것(벧전 3:15), 선한 일 행하기를 힘쓰는 것(딛 3:10; 살전 5:10), 항상 기도하는 것(눅 18:1; 살전1:2), 항상 감사하는 것(고전 1:4), 양심에 거리낌이 없이 행하는 것(행 24:16), 하나님의 뜻을 알고 준비하는 것(눅 12:47)과 주의 일에 힘쓰는 것(고전 15:58), 나그네를 대접하고 성도들의 발을 씻으며 구제하며 부지런하며 편견 없이 공평하게 할 것(딤전 5:10~22) 등이다. 바로 이것이 하나님의 '룰'이다. 그렇지만 육의 사람은 정욕(롬 1:24; 골 3:5; 약 1:14)을 따라 준비하고, 그로부터 사망을 준비한다(롬 8:6; 약 1:15).

인간의 준비에 따라 하나님께서 예비하시는 일이 있다. 그것은 우리에게 때를 따라 각양 은혜(갈 2:16~21; 벧전 4:10)를, 하나님과 교제하게 하심(고전 1:9; 몬 6; 요일 1:6)을, 그리고 심판을(벧전 4:5) 예비하시며, 죄인을 벌하실 것(고후 10:6)과, 우리를 위하여 처소(요 14:2, 3) 곧 한 성을(히 11:16) 예비하시며, 그것을 위해 감추었던 비밀을 알게 하시며(고전 2:7~9), 많은 증거를 주시는 일들이다.

그래서 때로는 미래에 닥칠 일을 경고하시며 미리 "준비하라!" 하신 것이다. 주님께서 제자들을 이방인의 전도자로 보내시면서 "내가 너희를 보냄이 양을 이리 가운데로 보냄과 같도다"(마 10:16) 하셨다. 그리고는 사람들을 삼가라(조심하라) 하시면서 제자들이 앞으로 겪게 될 일을 미리 말씀해 주신다(마 10:16~23). 여기서 '삼가라'는 하나님의 '룰'을 따라 준비하라는 말씀이다. 그 준비를 위해 주님께서는 미래에 될 일들을 미리 알리신 것이다(마 24:14; 막 1:44; 6:11). 그뿐만 아니라, 하나님께서는 '구하고 찾으며 문을 두드리면, 얻을 것이요 찾을 것이요 열릴 것이라'고 약속하심으로써 인간의 준비에 상당하는 것이 예비되어 있음을 보증해 주셨다. 그러나 인간은 자기 멋대로 미래를 준비하여 '어둠을 예비'(벧후 2:17)하기도 한다.

하나님께서 예비하시는 일이 또 있다. 그것은 모든 사람에게 '믿을 만한 증거'(행 17:31)를 예비해 놓으신 것이다. 세례 요한은 '천국 선포'(마 3:2)를 위해 광야에서 기도로 준비한 후 하나님의 말씀을 듣고(요 1:33) 그리스도에 관해 증언(요 1:19; 5:31~32; 8:13)했다. 그리고 바울과 사도들도 기도로 준비하여 성경을 기록한 것은 하나님의 예비하신 말씀을 받기 위함이었다. 그뿐 아니라 증거란 무엇이든지 받은 사람에게는 구한 것에 대한 '내적 증거'(內的證據)가 된다. 이 내적 증거는 구한 자만이 그것이 응답이라는 것을 알 수 있다. 그래서 "영광의 아버지께서 지혜와 계시의 영을 너희에게 주사 하나님을 알게 하시고 너희 마음의 눈을 밝히사 그의 부르심의 소망이 무엇이며 성도 안에서 그 기업의 영광의 풍성함이 무엇이며 그의 힘의 위력으로 역사하심을 따라 믿는 우리에게 베푸신 능력의 지극히 크심이 어떠한 것을 너희로 알게 하시기를 구하노라"(엡 1:17~19) 하셨다. 무엇을 알게 하시는가? 그가 예비하신 '계시의 영'을 통해 하나님의 말씀과 내적 증거(계 6:9; 12:17; 19:10; 20:4)로 응답하심을 알게 하시는 것이다.

이런 말씀이 있다. "너희 중에 누가 아들이 떡을 달라 하는데 돌을 주며 생선을 달라 하는데 뱀을 줄 사람이 있겠느냐 …… 하물며 하늘에 계신 너희 아버지께서 구하는 자에게 (더) 좋은 것으로 주시지 않겠느냐"(마 7:9~11) 하셨다. 여기 '아들이 달라 하면'이 응답의 전제 조건이요, 'A. S. K.'(Ask, Search, Knock)는 인간이 하나님의 뜻을 따르기 위해 먼저 있어야 할 준비 조건을 말한다. 그에 대한 하나님의 응답은 더 좋은 것이지만, 그것을 받을 믿음의 준비가 있어야 한다는 것을 밝히신 것이다. 왜 하나님은 인간이 준비된 만큼만 주시는가? 그것은 사람은 증거 없이 절대 믿지 않는 회의적 존재이기 때문이다. 사람은 자기의 미래를 스스로 준비하는 존재요, 원인을 모르면 인정하지 못하는 회의적 존재이기 때문이다.

이에 대해 몰트만은 다음과 같이 설명한다. "인간은 본질적으로 자기 자신에 대한 질문 속에 산다. 자기 실존에 대하여 말할 수 없을 때 하나님에 대하여 말할 수 없다. 동시에 하나님께 대하여 무지할 때 자기 실존에 대하여 무지하다. 인간은 다만 하나님 안에서만 자기 자신을 안다. 자기를 얻는 만큼 하나님을 얻는다."라고 했다. 즉 하나님이나 내세나 영의 세계를 알지 못하는 것은 스스로가 원하지 않기 때문이며, 하나님이나 내세나 영의 세계를 모르면 준비도 할 수 없다. 따라서 모든 책임은 각자에게 있다.

인간의 영이 살아 있다는 증거가 무엇인가? 그 증거는 첫째로 하나님의 영(성령)을 받은 자(롬 8:9; 고전 7:40), 하나님께 속한 영 또는 하나님을 향한 심령(요일 4:2)은 하나님을 스스로 알고 예배하며(요 4:24), 영으로 기도하며(고전 14:15, 16), 몸을 다스려 나쁜 행실을 재어하며(롬 8:13; 고후 7:1), 자기를 살펴 거룩하게(고전 7:34; 벧전 4:6; 요일 4:2) 준비하는 데 있다. 그와 반대로 영과 육이 더러워져(고후 7:1) 죄를 죄로 모르고 범죄에 빠지는 것은, 영이 악을 잉태하여 죄를 출산하도록 준비하기 때문이다. 이런 양상들이 영이 살아 있다는 증거다. 결국, 신앙이 없으면 누구랄 것 없이 자기 속에 잉태된 거짓과 욕심과 허영으로 종국에 멸망을 준비한다. 예를 들어 보자. 얼마 전 BBC 방송에 ISIS의 난국(亂局)에 대한 보도가 있었다. 중동 지역에서 ISIS가 연합군의 공격으로 붕괴되면서 일만 팔천 명의 ISIS 포로들의 본국 귀환 문제가 대두된 것이다. 그러나 본국에서는 ISIS로 활동했던 그들을 수용할 경우 그들의 죄과와 그들이 전쟁 속에서 축적되고 익숙해진 본질적 잔학성이 사회에 미칠 영향을 두고 고민에 빠졌다. ISIS의 잔학함으로 축적된 '준비성'(準備性, Readiness)을 우려한 것이다. 그리하여 감옥, 수용소, 거주 제한 등 다양한 설이 대두되었다. ISIS의 준비성의 결국은 감옥이나 수용소였다.

인간은, 과거에는 현재를 준비하고 현재에는 미래를 준비하는 존재일 뿐이다. 결국 각자는 자기가 받게 될 결과를 날마다 준비하고 있는 것이다. 하여 주님의 예화들은 다 인간의 준비와 하나님의 예비하심에 관한 이야기들이다. 씨 뿌리는 비유, 달란트 비유, 여리고 도상에서 강도 만난 자의 이야기, 포도원 농부의 이야기, 열 처녀의 이야기 등은 다 천국을 준비하거나 지옥을 준비하는 이야기들이다. 열 처녀 중에서 다섯 처녀는 등과 기름을 준비하였을 뿐만 아니라 신랑이 오는 시각에 잠들지 않고 깨어 있었다. 주님은 "그런즉 깨어 있으라 그 날과 그 때를 알지 못하느니라"(마 25:13)라고 경고 하셨다. 그러나 제자들은 마음은 원이었으나 육신(의지)이 연약하여 깨어 있지 못했다(마 26:41). 믿음의 준비성이란 항상 깨어 있는 어럴트(Alert) 상태, 경각 상태(警覺狀態)를 말한다. 이것은 과거의 자랑이나 미래의 기대감이 아니라 현실적 심령의 준비를 말한다. 육을 제어하는 영의 현실적 단련과, 영을 강건하게 하는 육의 단련을 말한다. 그 단련을 위해 금식기도며 골방기도를 하는 것이다. 신앙은 과거의 자랑도 미래의 환상도 아니다. 현실적 단련이요 준비에 있다.

준비된 예복으로 갈아입지 않은 하객은 택함을 받지 못했다(마 22:9). 계명은 철저히 지켰으나 재물이 많아 예수님을 따르지 못하고 근심하며 돌아간 부자 청년(마 19:22)도, 주인에게 자금을 받아 땅속에 묻어 두었던 종도 할 말은 있었다. "당신은 굳은 사람이라 심지 않은 데서 거두고 헤치지 않은 데서 모으는"(마 25:24) 환상적 능력자라는 믿음을 갖고 있었다는 항변이다. 여기서 '헤친다'(스코르피조, Scatter)는 '뿌린다'는 뜻이다. 땅을 파고 씨앗을 심는 파종법이 있고, 걸어가며 씨를 뿌리는 쉬운 파종법도 있다. 종은 능력자여서 더 쉬운 방법으로 뿌리지 않아도 추수하는 창조자로 믿었다. 그러나 주인은 한심하게 생각하며 "악하고 게으른 종아 더 쉬운 일도 있지 않느냐? 취리하는 자들에게나 맡겼다가 원금과 이자라도 받게 하지" 하시며 책망하셨다. 게으른 자는 항상 생각은 있어도 준비성이 없다.

성경은 준비에 따른 대가를 약속한다. "선을 행하는 각 사람에게는 영광과 존귀와 평강이 있으리니"(롬 2:10) "악을 미워하고 선에 속하라"(롬 12:9; 롬 15:2; 6:19; 살전 5:15; 딤후 3:17; 딛 3:1) 하셨다. 그리고 "죄의 삯은 사망"(롬 6:23)이라고 하셨고, "스스로 속이지 말라 하나님은 업신여김을 받지 아니하시나니 사람이 무엇을 심든지 그대로 거두리라"(갈 6:7) 하셨다. 그리고 "선한 일을 행한 자는 생명의 부활로, 악한 일을 행한 자는 심판의 부활로 나오리라"(요 5:29) 하셨다. 여기서 '무엇을 심든지'란 '준비하는 대로'라는 뜻이다. "이러므로 너희도 준비하고 있으라 생각하지 않은 때에 인자가 오리라"(마 24:44~45). 아멘!

6 활(Bow)과 담금질(Quenching)

오늘날에도 성자(聖子, Saint)가 있는가? 이것은 현대 신자들의 회의적 질문이다. 목사의 아들 니체는 고대의 실존 인물 '차라투스트라'의 입을 빌어 다음과 같이 기독교를 꼬집었다. "마을로 들어간 수도사는 줄타기 광대를 만난다. 그리고 인간이 극복해야 할 지고한 교회의 지도자를 줄타기 광대로 묘사하면서 도사는 말한다. '초인이 되고자 하는 그대는 자신을 극복하기보다 사자나 원숭이로 퇴보하는 것이다.' 그리고 광대를 보려고 모인 무리에게 '형제여, 초현실적인 말을 믿지 말라! 대지를 모독하는 일은 하지 말라! 그들은 영혼이 육체를 경멸하여 육체가 야위고 처참해지는 것을 희망한다. …… 그리고 가련한 상태에 있게 된 것이다. …… 초인의 심연 위에 걸쳐진 밧줄을 타는 광대들을 보러 오지 말라.'고 외쳤다." 니체가 무신론자가 된 것은 기독교를 불가능에 가까운 광대 줄타기로 보았기 때문이며, 신자나 성직자들이 성자의 가면을 쓰고 신도들을 속인다고 보았기 때문이다. 그리고 그는 신자와 세인의 진면과 가면, 그리고 인간 의지를 상실한 허수아비의 흑백이론으로 교회를 비판한다. 그는 푯대와 출발점만 보고 '푯대를 향해 달리기'(빌 3:14)는 보지 못했다. 한 걸음 한 걸음 목표를 향해 나아가는 힘든 과정을 보지 못한 것이다. 그는 "내가 이미 얻었다 함도 아니요 온전히 이루었다 함도 아니라 오직 내가 그리스도 예수께 잡힌 바 된 그것을 잡으려고 달려가노라"(빌 3:12) 했던 바울의 고백을 탄식 곧 실수와 범죄 속에서 오열하는 존재로 본 것이다.

그러나 쇼펜하우어(Arthur Schopenhauer, 1788~1860)의 의지를 강조한 윤리관은 이 같은 니체의 관점과도 다르고, 지성을 기반으로 한 칸트의 도덕관과도 다르다. 그는 부유한 네덜란드계 독일 가정에서 태어나 어려움

없이 자랐다. 그의 외모는 키가 작고 머리칼이 산만하고 눈이 날카로워 베토벤을 닮았다. 실은 그도 젊었을 때는 플루트 연주가로 알려졌으며, 감정이 풍부하며 심미감이 남달랐다고 한다. 그가 31세 때 쓴『의지와 표상으로서의 세계』(1819)와 말년의 작품『삶의 지혜』(1851)는 미적 경험과 윤리의 관계를 다룬 대표작이다. 칸트는 선험(先驗)적 감각인 '프라이오리'(priori)와 이성을 강조한 '도덕률'을 주장했으나 쇼펜하우어는 '경험'과 '의지'(Will)를 윤리의 기본으로 삼은 점이 다르다. 그는 부모의 성공회(Anglican) 신앙을 따라 '비극의 가치'와 '묵상'을 중시했다. 그러나 심리학자 융(Julian P. Young)은 그의 저서『의지와 무의지』(Willing & Unwilling, 1987)에서 쇼펜하우어의 '의지설'을 애매한 것으로 평했다.

그러나 쇼펜하우어는 도덕의 기본을, 선악을 지식으로 아는 칸트의 이론보다 실천과 의지에 둔 점이 다르다. 그의 저서『도덕의 기초에 관하여』(1839)와『윤리학의 두 가지 근본 문제』(1860)에서 칸트의 이론을 힐난하며 평했다. 그는 "이성의 앎은 대부분 간접 정보로 얻는 것"이어서 "의수나 의족이나 의치와 같이 몸에 붙어 있을 뿐, 남의 눈을 속여 작은 편리를 얻을 수는 있어도, 피가 통하는 산 수족이나 몸의 일부가 되지 못한다."라고 평했다. 그리고 이성의 앎은 "여행 안내서를 읽고 어느 지방에 능통한 거짓된 안내자"라고 악평했다.

또한 그는 혹 이론을 따라 실천하는 자가 있다 하더라도 그것은 남에게 보이기 위해 '……척하는' 가짜가 되기 쉽다는 것을 지적했다. 그리고 "선과 악을 알고 구분하는 것은 단순한 일이다. 그리하여 그 선이 지식의 최종 목표는 될 수 있어도 인간을 변화시키지는 못한다."라면서 "그것이 의지의 목표가 될 때 비로소 실행과 경험의 대상이 되고 본질의 변화를 가져올 수 있다."고 보았다. 그러나 의지가 아무리 강하다 하더라도 의지만으로 목적을 달성할 수 없으며 깨닫게 하시는 성령의 도움을 받아 순종하여 하나님의 뜻을 이루고자 하는 믿음의 의지로만 가능하다고 보는 것이 기독교의 진수다. 오늘의 신자들은 아는 것도 많고 변명거리도 많다. 그러나 실천이 없다는 것이 문제다.

쇼펜하우어는 세상만사를 지성의 대상으로 보지 않고 의지(또는 뜻)의 영역으로 보았다. 그는 이해와 지식이 사상이 되고 그 사상에서 관심과 의지가 유발된다고 하면서 지식은 일어서지도 못하는 젖먹이라고 했다. 그리고 사람은 지식이 깊어져 사상이 되고, 그 사상에서 삶의 방향과 목적이 설정되면 의지가 나타나는 것이라고 했다. 즉 그는 괴테의 전통주의나 칸트의 이성주의를 한 번 쓰고 버리는 일회용 준칙이라고 하면서, 사명감 없이 잠시 형식만 갖춘 허수아비로 보았다. 하여 그는 "허수아비도 어리석은 새 떼들을 쫓는 효력은 있다. 그렇다 하더라도 허수아비에게 그의 공적을 보답하는 일은 없을 것이다."라고 말했다. 분명히 아는 것과 행함은 다르다는 것을 지적한 것이다.

그리고 그는 인생은 꽃이나 동물과 달라서 생의 의의와 의무를 알뿐만 아니라 그것을 정복하기 위한 '활과 화살'의 의무를 주장한다. 예를 들자면, 농사나 수렵의 경우 농사나 수렵에 관한 지식으로 그것을 획득하는 것이 아니라, 의지와 노력으로 할 수 있다고 본 것이다. 하여 그는 의지를 활로, 그에 따른 행위를 화살로 보았다. 그리고 그는 인간에게 주어진 절대적 신의 준칙을 표적으로 보았다. 인생을 어쩌다가 선을 행할 수 있는 자유로운 존재가 아니라 신이 주신 목표(미 6:8)를 과녁으로 삼고 과녁에 적중하기 위해 노력하며 살도록 의무를 부여받았다고 본 것이다.

그렇다면 인생의 목표는 무엇인가? 아무리 활과 화살을 가져도 목표 설정이 없다면 아무 소용이 없다. 사람마다 자유가 있어 각자 자기의 목표를 설정하고 살아간다. 그렇다고 목표대로 사는 사람도 거의 없다. 목표는 분명 있어도 가는 길은 다르다. 거기에는 두 가지 이유가 있다. 근본 목표(1차 목표)가 분명히 서 있지 않거나, 있어도 삶을 위한 다른 임시 목표(2차 목표)가 있기 때문이다. 인생의 바른 목표란 인생의 의미와 여정을 파악한 사람에게만 온다. 십 년을 바라보는 사람, 은퇴 후를 생각하는 사람, 그리고 죽음 후를 내다보는 사람의 목표는 다 다르다. 따라서 목표는 그 사람의 깊이와 신앙에 따라 다르다고 볼 수 있다.

그리고 목표는 각자의 사상에 따라 설정되며, 개인의 성격과 인격과 신앙에 따라 다 다르다. 같은 교회를 다닌다 하더라도 마르다가 있고 마리아가 있다. 어떤 이는 하나님의 계명을 지키는 것을, 어떤 이는 사랑의 실천을 목표로 삼는다. 중세의 신학자 마이모니데스(Moses, Maimon, 1138~1204)는, "내가 오늘 복과 저주를 너희 앞에 두나니 너희가 만일 내가 오늘 너희에게 명하는 너희의 하나님 여호와의 명령을 들으면 복이 될 것이요 너희가 만일 내가 오늘 너희에게 명령하는 도에서 돌이켜 떠나 너희의 하나님 여호와의 명령을 듣지 아니하고 본래 알지 못하던 다른 신들을 따르면 저주를 받으리라"(신 11:26~28) 하신 신명기 말씀을 들어 "하나님께서 인간에게 선의 욕구와 악의 욕구 사이에 선택할 수 있는 권한을 주셨다. 그러나 그들에게 어느 쪽을 택하라고 강요하거나 밀어붙이는 일 없이 택일의 선택권을 주셨다. 단지 그들에게 생명과 선을 택하도록 권면한 것뿐이다."라고 했다. 그러나 하나님께서는 "모세에게 이르시되 …… 이 백성은 …… 나를 버리고 내가 그들과 맺은 언약을 어길 것이라"(신 31:16)고 하신다. 인간의 반항을 예고하신 것이다.

에리히 프롬(Erich S. Fromm)은 "사람의 죄악이 세상에 가득함과 그 마음으로 생각하는 모든 계획이 항상 악할 뿐임을 아시고"(창 6:5)를 들어 목표 이탈 원인을 인간의 죄악 된 '기호성(嗜好性)과 경향성(傾向性)' 때문으로 보았다. 하나님은 율법을 주셔서 지키게 하시고 말씀을 통해서 권하시고 그리스도를 통해서 길을 제공하시며 따라오라고 명하셨다. "내가 생명과 사망과 복과 저주를 네 앞에 두었은즉 너와 네 자손이 살기 위하여 생명을 택하고 네 하나님 여호와를 사랑하고 그의 말씀을 청종하며 또 그를 의지하라"(신 30:19~20). 하나님께서 인생에게 자기의 뜻을 택하도록 권하신 것이다. 바로 이것이 하나님께서 인생에게 주신 목표이다. 하여 죄(하-말티아, Sin)란 하나님이 정하신 '과녁(말티아, Target) 이탈(하, Not)'이다. 그것을 "의인은 없나니 하나도 없고, 깨닫는 자도 없고, 하나님을 찾는 자도 없고

(과녁 무시), 다 치우쳐 함께 무익하게 되고 선을 행하는 자는 없나니(과녁 이탈) 하나도 없도다"(롬 3:10~18)라고 하셨다. 하나님의 기대와 목표를 인간이 빗나간 것이다. 그런 의미에서 쇼펜하우어가 인생을 활로, 목표를 과녁으로 본 것은 적절한 표현이다.

동양 활은 나무로 만들지만 서양 활(Bow)은 쇠를 달구어 두들기고 차가운 물에 담금질한 후 굽혀서 강한 줄로 묶어서 만든다. 그래서 활의 팽팽한 긴장(緊張)을 의지의 상징으로 본 것이다. 그리고 그 활에 수직으로 화살을 얹는 막대기를 붙여 십자활(Cross-Bow)을 만든다. 결국 인간이 만든 일자 수평 활에 그리스도께서 오셔서 강하고 정확한 십자활을 만든 것이다. 그 활을 쏠 때는 다시 활을 힘껏 당겨(특별 노력) 화살(Arrow)을 쏘게 되어 있다. 그리고 활의 목적은 표적을 맞추는 데 있다. 즉 인간 각자에게 표적을 주시고 긴장된 삶을 살며 활을 쏠 때는 다시 힘을 다해 시위를 당겨 목표를 적중하는 노력이 있어야 한다는 것이다. 그 목적 달성을 위한 의지와 노력이 없다면 '악하고 게으른 종'(마 25:26)이 된다.

그렇다면 왜 표적(標的)을 향해 쏘는 대도 화살이 빗나가 죄(하말티아)를 짓게 된 것인가? 쏜 화살이 왜 과녁을 맞히지 못하는가? 그 첫째 이유는 활의 '탄력 부족'으로 화살이 과녁에 미치지 못한 것이며, 둘째 이유는 탄력은 충분해도 활 쏘는 자의 눈의 초점이 좌나 우로 치우쳤기 때문이다. 왜 탄력 부족 현상이 일어나는가? 그것은 '그리스도의 고난에 참여하는 즐거움'(벧전 4:13)과 '하나님의 영광의 영'(벧전 4:14)을 받지 못해 인간의 안일주의와 긴장 완화로 탄력 부족 현상이 일어나기 때문이다. 쇼펜하우어는 그것을 '관심과 의지의 약화'로 보았다. 현대인은 누구나 긴장이나 남의 권유를 싫어한다. 그러나 성경은 그것을 하나님의 뜻과 의를 모르는 무지함(롬 2:4; 10:3; 엡 4:18; 딤전 1:13) 탓이라고 했다. 현대인은 의무보다 자유를, 권유보다 프라이버시(Privacy)를 선호한다.

요한계시록에는 일곱 교회 중 라오디게아 교회에 대한 경고가 있다. "내가 네 행위를 아노니 네가 차지도 아니하고 뜨겁지도 아니하도다 …… 네가 이같이 미지근하여 뜨겁지도(덥지도, 개역한글) 아니하고 차지도 아니하니 내 입에서 너를 토하여 내치리라"(계 3:14~16) 하셨다. 그러나 원어에는 '덥다'(개역한글)가 아니고 '제스토스'(Hot)로 '거품(제오)을 내며 끓는 (제스토스)' 것을 말한다. 그리고 '차지도 않다'는 냉정과 반성을 뜻한다. 따라서 라오디게아 교회가 차지도 뜨겁지도 않고 미지근하다는 것은 부유한 상업도시 라오디게아의 교회가 타락했음을 말한다. 라오디게아 지방은 AD 62년 화산과 지진으로 멸망 위기를 맞았다. 그러나 그 이후 다시 경제가 부흥하면서 자신들은 부족한 것이 없다고 자고(自高)했다. 그 속에서 라오디게아 교회는 영적으로는 헐벗고 눈멀고 가난한 상태 곧 '뜨겁지도 차지도 않은' 미지근한 상태로 전락한 것이다.

활의 탄력은 쇠를 고온으로 가열하여 망치질한 후에 다시 가열하였다가 차가운 물에 넣어 급랭하기를 반복하여 탄성(彈性)이 생기게 함으로써 만들어진다. 즉 고온에서 연해진 연철(軟鐵) 속에 기화된 탄소가 침투하여 급랭할 때 탄소강이 된다. 이 '담금질'(Quinching)이 잘된 검이나 활이나 창이 아니면 전쟁의 승리는 기대할 수 없다. 인생 현장은 죽고 사는 전쟁터이며 마귀의 '침노'(마 11:12; 눅 16:16)가 끝날 날이 없다. 미지근한 라오디게아 교회는 성령의 뜨거운 체험과 냉철한 담금질이 없어진 오늘의 교회를 나타낸 것이다.

영어나 그리스어의 어원(語源)에서 신비감을 느낄 때가 많다. 활(Bow)과 기도(Bow), 강철(Spring)과 샘(Spring)이 같은 단어이다. 성경 구약에서 굽힌다(Kara/Kaphaph)는 단어가 140회, 신약에서는 'Kampto'로 10여 회 나오는데 무릎을 꿇고 기도하는 것을 뜻하며 신앙생활의 기본을 나타낸다. 허리와 무릎을 굽혀(Bow) 겸손해질 때 탄력이 생기는 것이다. 담금질이 없는데 탄력이 생길 리가 없다. 뜨거운 성령(시 39:3; 눅 24:32; 행 2:3)의 가열과 차가운 생수(요 4:11~12)의 담금질(회개)이 없는데 탄력이 생길 리도 없지만 굽혀 묶어짐 없는데 탄력이 생길 리도 없다. 탄력 있는 활이 되었다 하더라도 활을 쏠 때는 다시 힘을 다해 굽혀야 화살을 목표 지점으로 보낼 수 있다. 즉 일상 굽힘이 있고 특별 굽힘이 따로 있어야 한다. 그러니 오늘의 신자는 쓸 만한 활이 되기가 어렵다. 그것이 타락한 현실(마 6:24~25; 25:13, 26)이요, 주인께 받은 한 달란트를 땅에 묻어 두는 세대(마 25:30)가 된 이유다.

착하고 충성된 종이란 어떤 종인가? 이 세상을 따르지 않고 바울과 같이 '이기기를 다투는 자'가 되어 "모든 일에 절제하나니 그들은 썩을 승리자의 관을 얻고자 하되 우리는 썩지 아니할 것을 얻고자 하노라 그러므로 나는 달음질하기를 향방 없는 것같이 아니하고 싸우기를 허공을 치는 것 같이 아니하며 내가 내 몸을 쳐 복종하게 함은 내가 남에게 전파한 후에 자신이 도리어 버림을 당할까 두려워함이로다"(고전 9:25~27) 하는 각오와 노력을 하는 종이다. 그 이유는 "우리 조상들이 …… 바다(홍해) 가운데로 지나며 모세에게 속하여 …… 세례를 받고 다 같은 신령한 음식을 먹으며 다 같은 신령한 음료를 마셨으니 이는 그들을 따르는 신령한 반석으로부터 마셨으매 그 반석은 곧 그리스도시라 그러나 그들의 다수를 하나님이 기뻐하지 아니하셨으므로 그들이 광야에서 멸망을 받았느니라"(고전 10:1~5)는 사실을 거울삼기 때문이다.

이 섬찟한 말씀의 뜻이 무엇인가? 애굽의 종살이에서 해방되었으나 광야에서 멸망을 받은 이스라엘 다수와 현실을 생각할 때 피를 토하고 통곡할 노릇이라는 것이다. 아무리 세례를 받고 교회를 열심히 다녀 신령한 음료를 마셨다 하더라도, 남보다 많은 수고를 했다 할지라도, 거듭나 성화되지 못하면(마 7:22~24; 눅 16:13) 다 헛수고요, 수포가 된다는 것을 말하고 있지 않은가? 믿음이 있다는 증거는 심야의 등불 준비요 전쟁 준비이지만, 오늘날 교회의 안일 사상은 이 험난한 전쟁을 이길 준비가 되어 있지 않다. 참으로 통탄할 노릇이 아닌가?

나의 본질과 성품은 어떤 종말을 맞을 준비가 되어 있는가? 착하고 충성된 종으로 맞을 것인가? 그렇지 못하고 '멸망하는 짐승같이 불의하며, 속이며, 음심이 가득하며, 탐욕에 연단된 마음을 가져, 발람의 길을 따르는 멸망의 종'(벧후 2:12~19)으로 맞을 것인가. 바울은 고백하기를 "죄에 대하여 죽은 우리가 어찌 그 가운데 더 살리요 …… 그의 죽으심과 합하여 세례를 받음으로 그와 함께 장사되었나니 …… 그리스도를 죽은 자 가운데서 살리심과 같이 우리로 새 생명 가운데서 행하게 하려 함이라"(롬 6:2~4)고 했다. 여기에 중요한 말은 '죄에 대하여 죽고', '그리스도와 함께 장사되고', '죽은 자 가운데서 살리심을 받아 새 생명 가운데 행해야' 한다는 데 있다. 즉 죄에 대해 죽고 의에 대해 살아나는(벧전 2:24) 부활의 삶, 곧 새 생명 가운데 행하는 삶으로 종말을 맞을 준비를 해야 할 것이다.

흔히 부활을 죽은 지 오랜 후에 심판을 받기 위해 육이 다시 살아나는 것으로만 착각하고 있다. 그리고 부활과 거듭남을 서로 다른 것으로 잘못 알고 있다. 이에 관해 성경은 세 가지 부활을 말하고 있다. 첫째, 종말적 부활(아나스타시스)이다. 죽은 자의 부활을 부인한 사두개인들에게 주님께서 부활한 몸이 어떠함을 설명하신 일이 있다(마 22:23~30). 그때 부활한 성도의 몸은 천사들과 같다고 하신다. 그것을 누가복음에는 '그들은 다시 죽을 수도 없는 하나님의 자녀'(눅 20:36)라고 했다. 그것이 '죽은 자의 부활'(마 16:21; 17:23; 26:32; 막 10:34; 눅 18:33; 행 6:23; 고전 15:4, 12)이며 '마지막 날의 부활'(요 5:29; 6:39~54; 눅 4:14; 고전 6:14) 즉 종말적 부활이다. 그때는 선인은 생명의 부활로, 악인은 심판의 부활로 죽은 육체가 다시 살아날 것이다(요 5:29). 그것을 바울은 여러 곳에서 증언했고(롬 1:4; 6:5; 고전 15장; 빌 3:10; 딤후 2:18), 히브리서 기자도 그렇게 강조했다(히 6:2; 11:35).

둘째로 육의 부활(에게이로, Wake up) 또는 역사적 부활이 있다. '에게이로'의 부활은 마지막 심판 때의 부활과 구별되는 죽은 자의 부활을 말한다. 죽은 나사로를 '잠들었다'(요 11:11, 13) 하시며 살리신 부활(요 11:34~44)이며, 야이로의 딸의 회생(마 9:18, 24), 그리고 주를 다시 살리신 경우(고전 6:14), 예수님의 부활(마 17:23; 20:19; 28:6, 9; 눅 18:33)과 같은 죽었던 육의 현실적 부활이다. 바울은 고린도전서 15장 4~52절 사이에서 15회나 이 부활을 강조했다. 무엇보다 "만일 죽은 자의 부활이 없으면 그리스도도 다시 살아나지 못하셨으리라 만일 다시 살아나지 못하셨으면 …… 너희 믿음도 헛것이며 …… 만일 …… 만일 ……"(고전 15:13~19) 하시며 '부활이 없다면'이라는 가정법을 통해 육의 부활이 확실함을 역설적으로 밝힌 것이다. 그리고 많은 '환난과 고난'(고후 1:3~6)과 '죽음'에서 건지시는 것(고후 1:9~10)도 이 '에게이로'의 역사적 부활로 본다.

셋째로, 영이 죽고 다시 중생(重生, 요 3:4~6)하는 것을 현실적 부활로 보는 학자들도 많다. 부활(復活, 아나스타시스)의 참 뜻은 '아나(Upward)-스타시스(Existance)', 즉 '위를 향한 존재'라는 뜻이다. 그리고 '거듭남'(게네데아노덴)은 '게네데(Born)-아노덴(From Above)'으로 '위로부터 난 존재'라는 뜻이다, 즉 하나는 '아래서 위로'(Upward), 다른 하나는 '위에서 아래로'(From Above) 하나님의 능력이 나타나 새 사람으로 다시 태어나는 것이다. 성경에서 말하는 세 종류 부활을 정리해 보면, 하나는 역사적 부활로서 육의 부활이고, 다른 하나는 현실적 부활서 죽은 영의 부활 즉 영의 육성은 죽고 성결한 영이 소생하는 중생(롬 1:4)을 또 다른 부활이며, 그리고 마지막 부활은 종말적 부활로 땅에 묻혔던 육과 영의 종합적 부활이다.

현대 독일의 조직신학자 위르겐 몰트만(Jürgen Moltmann)은 『희망의 신학』(Theology of Hope, 1972)의 제3~6장에서 부활에 대해 깊이 있게 다루고 있다. 현세에서의 부활을 믿지 못하는 사람은 옛날이나 지금이나 하나님의 능력을 체험하지 못한 사람이다. 베다니의 마르다와 마리아는 오라비의 부활을 믿지 못했다. 그리고 '마지막 날 부활 때'(요 11:24)만 다시 살아날 것을 믿었다. 이에 예수께서 "나는 부활이요 생명이니(現在形) 나를 믿는 자는 죽어도 살겠고 무릇 살아서 나를 믿는 자는 영원히 죽지 아니하리니 이것을 네가 믿느냐"(요 11:25~26)라고 물으셨다. 여기 '살아서 믿는 자는 영원히 죽지 않는다'라는 뜻이 무엇인가? 이 말씀은 "육으로 난 것은 육이요 영으로 난 것은 영이니 내가 네게 거듭나야 하겠다 하는 말을 놀랍게 여기지 말라"(요 3:6) 하신 '현실적 부활'을 의미한다고 볼 수 있다.

"살리는 것은 영이니 육은 무익하니라"(요 6:63), "육신대로 살면 반드시 죽을 것이로되 영으로써 몸의 행실을 죽이면 살리니"(롬 8:13), "육체로는 죽임을 당하시고 영으로는 살리심을 받으셨으니"(벧전 3:18), "그리스도 예수의 사람은 육체(육성)와 함께 그 정욕과 탐심을 십자가에 못 박았느니라"(갈 5:19~24), "누구든지 그리스도 안에 있으면 새로운 피조물이라 이전 것은 지나갔으니 보라 새것이 되었도다"(고후 5:17), "그리스도의 부활하심으로 말미암아 이제 너희를 구원하시는 표니 곧 세례라"(벧전 3:21; 1:3; 엡 1:3), "그의 죽으심을 본받아 어떻게 해서든지 죽은 자 가운데서 부활에 이르려 하노니"(빌 3:10~11) 하신 말씀들은 현실적 '영의 부활'을 말씀하고 있다. 결국 부활은 죽음을 기본으로 한 중생이요, 중생은 삶을 기본으로 한 부활이다.

사도 바울이 "내가 이미 얻었다 함도 아니요 온전히 이루었다 함도 아니라 …… 아직 내가 잡은 줄로 여기지 아니하고 오직 한 일 …… 을 잡으려고 푯대를 향하여 …… 달려간다"(빌 3:12~14)라고 한 고백에서 푯대가 무엇인가? 그것은, 그 말에 앞서 "죽은 자 가운데서 부활에 이르려 하노니"(빌 3:11)라고 한 것을 보아 푯대는 이생에서의 부활이었다는 것을 알 수 있다. 그렇다면 다메섹에서의 거듭남은 부활의 시작인 동시에 영생의 시작이라 할 수 있다. 그 사이에는 '고난도 함께 받아야'(롬 8:17; 벧전 4:13) 할 과정이 남아 있을 뿐이다.

바울은 "만일 죽은 자가 다시 살아나는 일이 없으면 그리스도도 다시 살아나신 일이 없었을 터이요"(고전 15:16), "나의 자랑을 두고 단언하노니 나는 날마다 죽노라"(텔류타오오, 고전 15:31)라고 했다. 그는 날마다 직면한 죽음과 부활을 하늘나라 시민의 자격으로 보았다. 그것은 날마다 육은 죽고 영은 살아나는 것을 말한 것이다. 그는 이 죽음(텔류타오오)이 '온전하게 되는'(테레이오오, 요 17:23; 고후 12:9) 길임을 알고 있었다. 결국 신자가 걸어가야만 할 거듭남의 길은 하늘나라 예비 시민으로 등록되는 절차이며, 육의 성품은 죽고 신령한 몸으로 다시 살아나는 중생과 부활이다.

몰트만은 "(이미 있는) 다시 깨어남(에게이로)이나, 심판을 위한 다시 살아남(아나스타시스) 등은 현실적 일일 뿐만 아니라 현실에서 종말까지 전세계에 포함된다. 그것은 현실 생의 근원, 의미, 본질을 묻는 것도 아니며, 신성의 본질과 나타난 모습에 대한 일반적 지평 가운데 직접 서는 것도 아니다."라고 하면서 현실적으로 가장 필요한 부활은 중생, 즉 현실적 부활이라고 보았다. 이 현실적 부활이 있으면 다른 두 부활은 염려할 필요가 없다고 보았다.

왜 중생(重生)의 부활이 그토록 중요한가? 육이 살아있는데 영이 죽었다가 다시 태어나기 때문이다. 단생(單生)한 자에게는 육적 자유가 있으나 죄에서의 자유는 없다. 부활한 자, 중생(重生)한 자에게는 영의 자유와 하나님 나라 백성의 권리가 허락된 하늘나라 시민권이 주어지기 때문이다. 하나님께서 인간에게 원래 자유를 주시고 "보라 내가 오늘 생명과 복과 사망과 화를 네 앞에 두었나니"(신 30:15) "너와 네 자손이 살기 위하여 생명을 택하라"(신 30:19)고 하셨다. 즉 하나님은 인간에게 자유를 주시어 영생의 선택권을 현세에서 허용하신 것이다. 그러나 중생한 자에게는 오직 생명의 길, 하나님의 길을 가도록 의무가 주어져 있다. 그 길의 끝에서 우리는 모두 반드시 그리스도의 심판대 앞에 나타나게 되어 각각 선악 간에 그 몸으로 행한 것을 따라 받게 될 것이다(고후 5:10).

"나는 선한 목자라 내가 내 양을 알고 양도 나를 안다"(요 10:14, 15)는 주님의 말씀은 '양'은 목자의 음성을 듣고, 목자이신 주님은 순종하는 어린 '믿음의 양', '거듭난 양'을 아신다고 하셨다. 이것은 모순된 진리같이 보인다. 그런데 주님께서는 "나는 마음이 온유하고 겸손하니 나의 멍에를 메고 내게 배우라"(마 11:29), "네 이웃을 네 몸같이 사랑하라" 하시면서 "아버지나 어머니를 나보다 더 사랑하는 자 …… 아들이나 딸을 나보다 더 사랑하는 자 …… 자기 십자가를 지고 나를 따르지 않는 자 …… 자기 목숨을 위해 사는 자 …… 는 다 내게 합당치 않다(아찌오스, ~자격이 없다)"(마 10:37~38)라고 제자의 자격 곧 양의 자격을 말씀하셨다. 따라서 양을 아신다는 말씀은 세상을 향한 강인함과 싸움에 대비한 자세, 파수꾼의 긴장과 경계(눅 11:21, 28; 행 7:5; 12:19), 등불과 소금의 예비(마 25:10~13), 충성된 종(마 25:21)과 기름을 준비한 다섯 처녀(마 25:1~13)를 아신다는 말씀이다.

　바울은 "게으른 자들을 권계하며 마음이 약한 자들을 격려하고 힘이 없는 자들을 붙들어 주며 모든 사람에게 오래 참으라 삼가 누가 누구에게든지 악으로 악을 갚지 말게 하고 서로 대하든지 모든 사람을 대하든지 항상 선을 따르라 항상 기뻐하라 쉬지 말고 기도하라 범사에 감사하라 이것이 그리스도 예수 안에서 너희를 향하신 하나님의 뜻이니라 성령을 소멸하지 말며 예언을 멸시하지 말고 범사에 헤아려 좋은 것을 취하고 악은 어떤 모양이라도 버리라"(살전 5:14~22)고 권면했다. 여기에서 주목할 키 워드(Key word)는 '오래, 항상, 쉬지 말고, 범사에, 참고, 기도하며, 취사하여 버릴 것은 버리라 곧 선택하라'는 중생의 조건들이다.

　"너희 안에 이 마음을 품으라 곧 그리스도 예수의 마음이니 그는 근본 하나님의 본체시나 하나님과 동등 됨을 취할 것으로 여기지 아니하시고 오히려 자기를 비워 종의 형체를 가지사 사람들과 같이 되셨고 사람의 모양으로 나타나사 자기를 낮추시고 죽기까지 복종하셨으니 곧 십자가에 죽으심이라"(빌 2:5~8). "그런즉 우리는 몸으로 있든지 떠나든지 주를 기쁘시게 하는 자가 되기를 힘쓰노라"(고후 5:9) 아멘! 아멘!

7 마지막 질문

예수님의 제자 가운데 이성이 발달하여 회의가 많았던 제자를 든다면 가룟 유다와 도마와 빌립을 들 수 있다. 그러나 실은 다른 제자라고 해서 그 고질적 회의가 없는 것은 아니다. 그중에서도 도마와 유다와 빌립은 그들이 가졌던 회의를 솔직히 표현한 대표적 인물이다. 어느 시대를 막론하고 그 같은 회의는 있기 마련이다. 단지 도마나 빌립이나 유다(가룟 출신 아닌)가 전 사도와 인류를 대표하여 누구에게나 있을 수 있는 의문을 토로했을 뿐이다.

주님께서 마지막으로 예루살렘에 입성하신 그날 밤 제자들과 만찬을 조용히 가지신 후 자신이 고난을 받고 세상을 떠나실 것을 알리신다. 그리고 내가 가는 곳에 너희는 올 수 없다고 하신다(요 13:31~33). 이 말을 듣고 깊은 허탈감에 빠진 제자 중 도마가 대표로 긴급 질문을 한다. "주여 주께서 어디로 가시는지 우리가 알지 못하거늘 그 길을 어찌 알겠사옵나이까"(요 14:5). 제자들은 그날까지 주를 따랐는데 잠깐 헤어진다고 하더라도 곧 주를 따르려면 그가 가는 곳이 어딘지, 그리고 그곳으로 가는 길을 알아 두어야겠다고 생각한 것이다. 그러나 주님은 "내가 곧 길이요 진리요 생명이니 나로 말미암지 않고는 아버지께로 올 자가 없느니라"(요 14:6)라고 알 수 없는 답을 하신다. 제자들은 마음이 더욱 착잡해졌다.

가룟 유다가 아닌 다른 유다는 "주여 어찌하여 자기(예수님)를 우리에게는 나타내시고 세상에는 아니하려 하시나이까"(요 14:22)라고 의문을 토로한다. 주님께서 일반인에게는 물론 제자들에게까지 시원한 답을 하시지 않고 항상 곤혹스럽게만 알리시는 것이 일간 못마땅했던 속내가 오롯이 담긴 질문이다. 그 얼마 전에 가이사랴 빌립보에서 베드로가 "주는 그리스도시요 살아 계신 하나님의 아들이시니이다"(마 16:16)라고 고백했을 때도, 예수께서 그를 극구 칭찬하신 후 제자들에게 "자기가 그리스도인 것을 아무에게도 이르지 말라"(마 16:20)고 경고하신 일과 병자들은 고치시고도 남에게 알리지 말라고 경고하신 일들을 마음에 두었던 것 같다.

예수께서는 자신이 창세로부터 감춰진 것들을 드러내기 위해 오셨다고 말씀하셨다(마 13:35). 그러면서도 알 수 없는 비유로만 말씀하셨고(마 13:34), 등불을 켜서 덮거나 가리지 않고 등경 위에 두는 것은 그 빛을 보게 하려 함이라고(눅 8:16~17) 하시면서도 오히려 자신은 자기 고향 갈릴리 주변에서만 다니셨다. 그것을 보고 그의 형제들이 "당신이 행하는 일을 제자들도 보게 여기를 떠나 유대로 가소서 스스로 나타나기를 구하면서 묻혀서 일하는 사람이 없나니 이 일을 행하려 하거든 자신을 세상에 나타내소서"(요 7:3~4)라고 예수께 권하기까지 한다.

예수께서 그리스도라는 것, 그것이 어디 사소하게 넘길 특보감인가? 그리고 "누구든지 사람들 앞에서 나를 시인하면 나도 하늘에 계신 아버지 앞에서 시인할 것이요"(마 10:32~33)라고 하지 않으셨던가? 하물며 자신이 그 사실을 알리기 위해 오셨다면 쾌재를 부르면서 떠벌리고도 남을 일이 아닌가? 그리고 알릴 때는 어린아이도 알 수 있게 분명하게 하실 일이 아니든가? 들어도 뭔 말인지 알쏭달쏭하게 하시고, 하필이면 기적을 행하시고도 "알리지 말라!"(막 7:24; 눅 9:21, 36) 하시며 이스라엘의 마음을 완고하게 하실(요 12:40) 이유가 어디 있단 말인가? 그것이 제자들에게는 오래 풀리지 않는 질문이었다.

그 이유에 대해서 어떤 이는 수시로 변하는 풍문에 흔들리는 갈대 같은 대중이나 유행과 소문을 찾아다니는 구경꾼들을 기피하시기 위함이었다고 해석한다. 그러나 홍보와 선전은 성공의 비결이 아니던가? 하여 오늘날 정부나 학교나 어떤 기업체나 어떤 종교 단체든 사회의 신뢰를 얻기 위해 자기 홍보와 선전에 열을 올린다. 주님께서도 자기 인지도(認知度)에 관해 제자들에게 "사람들이 인자를 누구라 하느냐?"라고 물으신 일(마 16:13, 15)도 있지 않았는가. 이에 성격 급한 베드로가 "주는 그리스도시요 살아 계신 하나님의 아들이시니이다"라고 대답했을 때, 주님께서는 기뻐하시면서 "이를 네게 알게 한 이는 혈육이 아니요 하늘에 계신 내 아버지시니라" 하시며 극구 칭찬하셨다. 자신이 하나님의 아들이시고 그리스도라면 그 놀라운 희소식을 모든 사람에게 알려야 할 것은 당연한 일이다. 더욱이 항간에는 "예수가 기다리던 그리스도다."라는 소문과 "아니다."라는 바리새인들의 반대 여론이 맞서 있지 않은가? 그런 마당에 "아무에게도 말하지 말라."(마 16:20; 눅 9:21) 하시니, 제자들로서는 선뜻 이해 가지 않는 것이 당연지사다.

하여 주님께서 자신을 알리지 말라고 경고하신 데 대한 해석은 다양하다. 그중에 어떤 이는 주님은 인기도나 지성적 앎보다 영적인 깨달음을 원하셨기 때문이라고 주장한다. "바요나 시몬아 …… 이를 네게 알게 한 이는 혈육이 아니요 하늘에 계신 네 아버지시니라"(마 16:17) 하셨는데, 여기 '혈육이 아니요'는 '이성이 아니요'라는 뜻이며, '네 아버지시니라'는 하나님의 영적 계시를 뜻한다는 것이다. 이 대목은 심히 이해하기 어려운 부분이다. 시몬 베드로가 그렇게 고백할 수 있었던 것은 그가 예수님과 함께하면서 경험했던 많은 놀라운 일들에서 온 것이 아니던가? 예수께서 일으키신 이적과 기사와 표적 같은 그런 놀라운 일들을 줄곧 목격한 자라면 누구라도 그렇게 고백할 수 있을 것이다. 그런데 그것들은 다 '혈육'에서 온 이성의 깨달음이 아니라고 부인하시다니?

시몬 베드로가 처음 주를 만났던 날, 예수님께서 베드로에게 명하신다. "깊은 데로 가서 그물을 내려 고기를 잡으라"(눅 5:4). 베드로가 상식과 자신의 경험을 무시하고 예수의 말씀에 순종하여 기적을 체험했을 때 모든 사람이 놀랐다(눅 5:9~10). 왜 놀랐는가? 그들의 이해 밖의 일이 일어났기 때문이다. 순종하면서도 '설마? 설마?' 한 그 '설마'가 '놀람'으로 바뀐 것이다. 그 놀람은 그 이후에도 계속된다. 한적한 갈릴리 바닷가, 벳새다 빈 들에 5천여 명을 앉혀 놓고 오병이어(五餠二魚)로 그들을 다 배불리 먹이고도 열두 광주리나 남은 이적을 목격했을 때(마 14:13~21), 그리고 나병환자(마

8:2~4), 중풍병자(마 8:5~13; 9:2~8), 귀신 들린 자(마 8:16, 28), 많은 병자(마 14:36)를 고치셨을 때, 흉흉한 바다 위를 걸어오셨을 때(마 14:22~32), 혈루증으로 12년을 고생하던 여인이 예수님의 옷자락에 손만 대었을 뿐인데 병이 나았을 때(마 14:35~36), 흉악한 귀신 들린 자(마 15:21~28), 장애인, 저는 사람, 맹인, 말 못 하는 자(마 15:29~31)들을 고치셨을 때, 4천 명을 먹이셨을 때(마 15:32~39), 죽은 지 나흘이 되어 송장 냄새가 충천하는 나사로의 시신을 다시 일으켰을 때(요 11:1~44) 그들의 '놀람'은 계속되었다.

놀랄 때마다 제자들은 예수가 '그리스도시요 살아 계신 하나님의 아들이요 메시아심'을 확신하게 되었다. 그러나 마지막 만찬 때 이르러 주님께서는 "조금 있으면 너희가 나를 보지 못하겠고 …… 너희는 곡하고 애통하겠으나……"(요 16:16~21) 하시면서 십자가 고난을 당하실 것을 예언하셨다. 그때 성급한 베드로가 "주를 위하여 내 목숨을 버리겠나이다."라고 결의에 찬 응답을 한다. 그러나 주님은 "내가 진실로 진실로 네게 이르노니 닭 울기 전에 네가 세 번 나를 부인하리라"(요 13:37~38) 하신다. 주님의 예언대로 그들의 감탄도 놀람도 결심도 다 '혈육'의 믿음이었음이 주님의 십자가 앞에서 드러나고 만다.

십자가 죽음을 예고하신 이후 주님께서는 지금과는 다르게 명확히 밝혀 이야기하신다. 그러자 제자들이 "지금은 밝히 말씀하시고 아무 비유로도 하지 아니하시니 우리가 지금에야 주께서 모든 것을 아시고 또 사람의 물음을 기다리시지 않는 줄 아나이다 이로써 하나님께로부터 나오심을 우리가 믿사옵나이다"(요 16:29~30)라고 장담한다. 그러나 주님의 대답은 그들의 믿음에 칭찬은커녕 회의적 예언을 하신다. "이제는 너희가 믿느냐? 보라! 너희가 다 각각 제 곳으로 흩어지고 나를 혼자 둘 때가 오나니 벌써 왔도다"(요 16:30~33). 그 많은 경험적 지식, 알량한 철학과 이론, 믿게 된 결심과 골기 등 혈육에서 난 것은 다 부질없는 일일 뿐이다.

베드로와 야고보와 요한이, 변화 산상에서 얼굴과 옷이 해와 같이 빛나며 변형되신 주님께서 그들의 조상 모세와 엘리야와 무엇인가 말씀을 나누시는 것을 보았다. 그리고 구름 속에서 "이는 내 사랑하는 아들이요 내 기뻐하는 자니 너희는 그의 말을 들으라!" 하시는 소리를 들었다. 그 산에서 내려올 때 주님은 그들에게 "인자가 죽은 자 가운데서 살아나기 전에는 본 것을 아무에게도 이르지 말라" 명하신다(마 17:9). 나환자를 고치시고도 "삼가 아무에게도 아무 말도 하지 마라"(막 1:44) 하시고, 갈릴리에서 귀먹고 말 더듬는 자를 고치시고 똑같이 명하신다(막 7:36). 베드로의 고백을 들으시고(눅 9:21), 죽은 회당장의 딸의 영이 돌아와 일어났을 때도 "이 일을 아무에게도 말하지 말라"(눅 8:55~56)고 명하신다. 알다가도 모를 일이다. 그러니 이런 주님의 태도가 제자들에게는 풀리지 않는 의문일 수밖에.

도대체 예수께서 그렇게 하신 이유가 무엇인가? 그에 대해 어떤 이는 엉덩이에 뿔 난 인간은 하지 말라면 할수록 더 열심히 하는 버릇(막 7:36) 때문이라고 하고, 어떤 이는 숨길 때가 있고 알릴 때가 있기 때문이라고(마 17:9) 하고, 어떤 이는 선전이나 명성은 마귀의 수단(요일 3:7)이며 거짓의 본보기라고 해석하고, 어떤 이는 신자라면 모든 주의 일을 더디다고 생각지 말아야 할 이유가 있으므로 어떤 일이든 결코 가볍게 '공개'(아페-카루펜, Reveal, 눅 24:31)해서는 안 될 비밀(골 1:26)로 보고 모든 일에 신중하며, 오래 참아야(벧후 3:9) 하기 때문이라고 말한다. 그러나 바른 답은 그것이 아닌 것 같다.

그렇다면 그 답은 무엇인가? 그 이유는 무엇인가? 세 가지 정도로 찾아볼 수 있다. 그 첫째 이유는 주님께서 하신 기도에서 찾아볼 수 있다. "천지의 주재이신 아버지여 이것을 지혜롭고 슬기 있는 자들에게는 숨기시고 어린아이들에게는 나타내심을 감사 하나이다 옳소이다 이렇게 된 것이 아버지의 뜻이니이다"(마 11:25~26)라고 기도하신 후 제자들에게 "아버지 외에는 아들을 아는 자가 없고 아들과 또 아들의 소원대로 계시를 받은 자 외에는 아버지를 아는 자가 없느니라"(마 11:27)고 말씀하셨다. 여기 주님께서 "옳소이다!"라고 하신 것은 '아버지의 뜻' 또는 '기쁘신 뜻'(유도키아, 엡 1:5, 9; 빌 2:13; 살후 1:11; 벧후 1:17)을 아는 것은 인간에게 있지 않다는 것을 인정하는 기도다. 즉 아버지의 뜻 '유토키아'는 세상의 지혜와 슬기로는 알 수 없음을 인정하시는 기도이다. 바로 여기에 그 답이 있다. 하나님 나라의 일은, 천국의 비밀은, 하나님의 뜻은 단지 어린아이들 곧 '계시를 받은 자'만 알 수 있기(마 11:27) 때문이다.

그때나 오늘이나 어떤 사람을 안다는 것은 자기가 어떤 직접적 이익을 얻거나 정치적 이익을 얻기 위한 것이다. 당시의 유대인들은 그리스도를 유대 나라를 로마의 압제에서 해방시켜 줄 정치적 영도자로 오인하고 있었다. 하여 주님은 십자가를 통한 인류의 구원사역이 완성된 후에야 자기의 정체가 알려지기를 원하셨다. 만일 그가 그들의 소원대로 세상에 알려졌더라면 위대한 영도자로 추앙을 받았을지 모른다. 그러나 그의 십자가를 통한 인류 구속사역은 이루어지지 못했을 것이다. 예수께서 유대인의 배척을 받고 십자가에서 처형되신 날 제자들도 그의 곁을 떠났다. 기적을 보고 감복했던 제자들, 심지어 죽음까지도 불사하겠노라 결의했던 베드로도 떠났다.

"왜 우리에게는 나타내시고 세상에는 아니하려 하시나이까?"라고 했던 유다의 물음은 정치적 기대감이 한껏 배인 질문이었다. 어쩌면 오늘날도 주를 영광의 주권자로만 믿고 그가 십자가에 못 박히신 것과 저주와 조롱과 멸시 속에 운명하신 것은 생각조차 하지 않는다. 하여 수난을 못마땅하게 여기고 교회가 흥왕하지 못하는 것을 견디지 못한다. 그러나 성경은 그런 자를 "짐승과 그의 우상에게 경배하고 그의 이름표를 받는 자"(계 14:11), 즉 '우상 숭배자'라고 한다. 그런 자는 십자가 대신 만사형통만을 기대한다. 성령을 통한 계시와 역사하심을 기다리지 않는다. 그러나 성령께서 말씀하신다. "만일 누구든지 짐승과 그의 우상에게 경배하고 이마에나 손에 표를 받으면 그도 하나님의 진노의 포도주를 마시리니 그 진노의 잔에 섞인 것이 없이 부은 포도주라 거룩한 천사들 앞과 어린양 앞에서 불과 유황으로 고난을 받으리니 그 고난의 연기가 세세토록 올라가리로다 짐승과 그의 우상에게 경배하고 그의 이름표를 받는 자는 누구든지 밤낮 쉼을 얻지 못하리라 하더라"(계 14:9~11). 이것이 말세에 내리시는 경고다.

말세의 교회는 사탄의 역사에 의해 갈라지고 위축되고 왜소해지고 있다. 그 현상에 덩달아 상심한 교인들이 늘어나고 있다. 그리고 교회가 통합해서라도 교세가 당당하게 커야만 한다고 안달한다. 하여 '두세 사람이 모여도 성령님이 함께 하신다면 무슨 상관이냐?' 하며 견디는 대담한 신앙을 보기가 어려워졌다. 거대한 예루살렘 대성전을 자랑하는 제자들에게 주님께서 하신 말씀을 기억해야 할 것이다. "내가 진실로 너희에게 이르노니 돌 하나도 돌 위에 남지 않고 다 무너뜨려지리라"(마 24:2). 왜? 힘들여 정성을 다해 지은 돌성전이 무너질 것이다가 아니라 '무너뜨려질 것이다'라고 하신 것인가? 이 점을 생각해야만 한다.

주님은 "사람이 나를 사랑하면 내 말을 지키리니 내 아버지께서 그를 사랑하실 것이요 …… 나를 사랑하지 아니하는 자는 내 말을 지키지 아니하나니"(요 14:23~24)라고 하셨다. 성경학자 렌스키는 이 말씀을 선교의 기본 원칙이라고 하면서 '그리스도를 알리고 나타내는 것'(요 14:22)보다 주님의 말씀을 지킴으로써 '그의 사랑의 본'을 나타내는 것이 선교의 근본이라고 했다. 그리고 "변화를 받아 하나님의 선하시고 기뻐하시고 온전하신 뜻이 무엇인지 분변하도록 하라"(롬 12:2)는 말씀에도 불구하고 '온전한 뜻'(유토키아)을 도외시하고 건물이나 종교적 형식에 눈이 어두워져 '참 빛'(요 1:9)이신 예수님과 그분의 온전한 뜻을 '세상은 알지 못하게'(요 1:10)된 것이라고 했다. 바로 이것이 두 번째 이유다. 심지어 삼 년이나 동행한 제자들도 참 빛이신 예수님을 알지 못해 숨어 다니는 은둔자로만 보았다.

주님의 빛은 세상 빛과 다르다. 사람들은 '빛의 열매는 모든 착함과 의로움과 진실함'(엡 5:9)이라는 것을 몰랐다. 이유는 그들이 변화를 받지 못했기 때문이다(롬 12:2). 누구든지 등불을 켜서 말[斗] 아래 두지 말라고 하셨으나, 인간은 작은 지식으로 천지의 진리를 재고 채색된 유리와 건축양식으로 순수한 빛을 가려 인간 솜씨를 뽐내지만, 등불은 하나님의 의요(롬 3:4) 하나님을 아는 냄새요(고후 2:14) 고결한 빛이다. 그래서 성도는 모든 일에 전심전력하여 자신들의 착함과 의로움과 진실함으로 빛의 열매를 맺는 성숙함을 모든 사람에게 나타나게(딤전 4:15) 해야 한다. 그러나 성숙하지 못한 인간은 알리고 떠벌리는 꽹과리 효과로 그 빛의 가치를 차단하고 비하했다. 주님의 뜻을 깨닫지 못한 제자들은 예루살렘 성전이 무너뜨려질 것이라는 예언의 말씀을 들은 그다음 날 뿔뿔이 도망쳤고, 예루살렘 성전은 주후 70년에 무너뜨려지고 만다.

예수께서 당신을 나타내려 하지 않으신 세 번째 이유는 시기설(時期說)이다. 즉 일에는 선후(先後)가 있어 '그 일이 일어나기 전'과 '일어날 때'가 다르며 '그 일이 일어날 때 (비로소) 제자들로 믿게 하시려고(요 14:29), 그리고 '그 일 후'에 '오직 예수께서 아버지를 사랑하는 것과 하나님께서 명하신 대로 행하는 것을 세상이 알게 하시려고'(요 14:30~31) 그렇게 하시는 것이다. 그러면 '일이 일어나기 전'과 '일이 일어난 후'의 '그 일'이 무엇인가? 그것은 주님의 '부활'과 '성령 강림'이다. 즉 부활과 성령 강림이 없다면 모든 거창한 겉모습은 아무 소용이 없다는 뜻이다.

'그 일' 즉 오순절 다락방의 성령 강림이 일어난 후에야 제자들은 "너희는 가서 모든 민족을 제자로 삼아 …… 내가 분부한 모든 것을 가르쳐 지키게 하라"(마 28:19~20) 하신 주님의 당부를 이룰 수 있었다. 그런데 "육신의 생각은 사망이요 영의 생각은 생명과 평안함이니라 …… 만일 너희 속에 하나님의 영이 거하시면 너희가 육신에 있지 아니하고 영에 있나니 누구든지 그리스도의 영이 없으면 그리스도의 사람이 아니라"(롬 8:6~9) 하셨다. 하여 성령의 인도하심이 없이 날파람만 잡으려 한다면 아무리 그것이 좋은 명목, 모든 족속을 제자로 삼아 세례를 베풀고 주님의 말씀을 가르치는 대의명분이라 할지라도 의미가 없다. 가룟 유다는 주님에 대해 자기가 보고 느낀 결론대로 주님을 원수들에게 팔았으나 오늘의 '가룟이 아닌 유다'(요 14:22)들은 하나님의 '선한 뜻'(유토키아)은 모른 체 주님을 세상에 팔고 있다.

예수께 던진 마지막 질문은 빌립의 질문이다. 당시 유대인으로서 빌립(Philippos)이라는 그리스 이름을 가진 사람은 많았다. 그들 중에서도 예수님의 제자 빌립은 갈릴리 호반의 벳새다 사람이었다. 그가 어떤 헬라인을

내주께더가까이

예수님께 인도한 것(요 12:20~22)을 보면 그는 그리스인을 사랑하는 진보적 성향의 유대인으로 짐작된다. 그리고 그에 관한 기록이 요한복음에 가장 상세히 기록된 것으로 보아 요한과 같은 고향 사람이었다는 것, 그리고 요한이 그를 특별히 좋아했고 뜻이 맞았던 것 같다.

5천 명의 무리가 주님의 기적을 보려고 모였을 때 주님께서 빌립을 시험하시려 "우리가 어디서 떡을 사서 이 많은 사람을 먹이겠느냐?"라고 의중을 떠보셨다. 그때까지만 해도 빌립은 주님의 대역사를 체험할 준비가 되어 있지 않아 물량주의에 머물러 있었다. 하여 "조금씩 받게 할지라도 2백 데나리온의 떡이 부족할 것입니다"(요 6:5~7)라고 빠른 계산 머리로 답했다. 그의 계산에는 주님의 능력도 포함되어 있었으나 그 많은 무리를 맨손으로 먹일 수 있으리라는 상상은 어리석은 일로 판단하고 거액의 금액을 들먹인다. 그러나 주님께서는 돈이 아니라 작은 정성의 오병이어로 5천 명을 먹이시는 큰 기사를 보이신다.

이런 기사와 표적을 보았음에도 불구하고 빌립은 늘 뇌리에 한 가지 간절한 소원이 남아 있었다. 그것은 주님의 놀라운 기적들도 옛날 엘리사 선지자 정도로 보였을 뿐 결코 하나님의 직접 임하심과는 비견할 수 없다는 단정이었다. 그리하여 그는 예수께서 하나님을 자기 아버지라고 하셨으니, 한 번만 자기에게 하나님을 보여 달라는 강청을 한 것이다. "주여 아버지를 우리에게 보여 주옵소서 그리하면 족하겠나이다"(요 14:8). 빌립의 그 질문의 속내는 '하나님이 당신의 아버지'(요 12:28~31)라면 주님께서 아버지께로 가신다고 하시니(요 14:1~7) 바로 '이때가 하나님의 위엄을 보일 만한 기회가 아닙니까?'라는 간곡한 물음이었다. 이 위기에 하나님의 위엄을 볼 수 있다면 큰 힘이 될 것이라고 확신하고 있었던 것이다. 빌립이 주를 따라다니며 가까이 모시고 주님께서 베푸신 이적과 기적을 보고서도, 그분의 모든 일거수일투족을 관찰하면서도 마음에 흡족하지 못했던 이유가 바로 신의 '직접 증거' 곧 하나님을 직접 보기를 원했기 때문이다.

빌립의 이 질문은 주님께서 '내 아버지 집에 거할 곳이 많다'(요 14:2)고

하신 후, 주님께서 아버지께 기도하실 때 천둥소리 같은 하늘의 소리(요 12:28~29)를 들은 지 얼마 후에 했던 질문이었다. 빌립은 주님의 가르치심과 이적과 기사에서 많은 감명도 받았다. 그 밖에도 주님께서 말씀하는 모습이나 손놀림과 몸짓이 보통 인간과는 다른 점이 많았으나, 반면에 보통 인간과 하등 다를 바 없는 점도 있어서 어쩌면 더욱 하나님을 보기를 원했을 것이다. 주님께서도 사람과 별반 다름없이 시장하기도 하시고 피곤하면 깊이 잠들기도 하셨다. 성전을 더럽힌 장사꾼들을 하늘의 불로 소멸하시지 않고 그들의 상과 의자를 둘러엎으며 분노만 표출하신 모습 등은 하나님의 아들로 보기에는 나약해 보일 뿐이었다.

더욱이 매일 갈릴리 바다 근처 시골 마을만 돌아다니시다가 오랜만에 예루살렘에 입성하시면서 환호하는 군중이 보는데 겨우 보잘것없는 어린 나귀를 타시고 입성하시더니 저녁을 잡수신 후 자리에서 일어나 겉옷을 벗고 수건을 가져다가 허리에 두르시고 대야에 물을 떠서 제자들의 발을 씻으시고 두르신 그 수건으로 닦아 주셨다. 아마도 제자들은 의자에 앉아 발을 내밀고 주님은 무릎을 꿇고 제자들의 발을 씻고 닦아 주셨을 것이다. 이 일로 베드로와 실랑이가 벌어지게 된다(요 13:4~6). 이것은 말로 표현할 수 없는 해프닝이었다. 베드로가 "내 발은 절대 씻지 못하시리이다."라며 거부했다. 그러나 주님께서는 "내가 너를 씻어 주지 아니하면 네가 나와 상관이 없다"(요 13:8) 하셨다. 그리고 "내가 주와 또는 선생이 되어 너희 발을 씻었으니 너희도 서로 발을 씻어 주는 것이 옳으니라"(요 13:14) 하시며 겸손을 가르치셨다(마 11:29). 그러나 아무리 이해하려고 해도 주님의 그 같은 행동에는 하나님과 같은 위엄을 볼 수 없었다. 그리하여 빌립은 주님께 단도직입적으로 진언을 한 것이다. 그렇다면 "아버지를 보여 주옵소서!"(요 14:8).

빌립의 눈에는 샌들을 신고 갈릴리 해변의 흙길을 다니시면서 발에 쌓인 먼지며, 때 묻고 초라한 나그네 행세며, 예루살렘 입성 이후 마지막 만찬 때 제자들의 발을 씻기신 일들이 보통 스승으로서는 몰라도 창조주 하나님으로 보기에는 어림도 없이 미흡했던 것이다. 신을 대면하여 직접 눈으로 봄으로써 스승의 가르침과 온갖 이적과 기적의 경험을 압도하는 그런 장엄한 장면에서 얻을 수 있는 체험이 그에게는 아쉬웠던 것이다. 그런 까닭으로 그날 이후 오늘에 이르도록 예수님을 하나님의 메신저로만 볼 뿐 삼위의 하나님으로 보지 못하는 유일신사상(Unitariansm)이 전 세계에 퍼져 있다.

예수님은 새로운 본(本, 타페이노스)를 보여 주시기 위해 이 세상에 오셨다. 그 '새 본'이 무엇인가? 주님께서는 "앉아서 먹는 자가 크냐? 섬기는 자가 크냐? 앉아서 먹는 자가 아니냐?"라고 상식적 의문을 제기하시면서, 그러나 당신은 '섬기는 자'로 우리 중에 있다(눅 22:27)고 하셨다. 그리고 "너희가 나를 선생이라 또는 주라 하니 너희 말이 옳도다 …… 내가 주와 또는 선생이 되어 너희 발을 씻었으니 너희도 서로 발을 씻어 주는 것이 옳으니라"(요 13:12~15) 하시면서 새로운 본을 보이신 것이다. 세상 통속과 반대되는 본으로 자신을 나타내신 것이다. 주님의 새 본을 베드로는 나중에야 깨닫고 "서로 겸손으로 허리를 동이라 하나님은 교만한 자를 대적하시되 겸손한 자들에게 은혜를 주시느니라"(벧전 5:5) 했고, 바울도 히브리서 기자도 그 '본'(딤전 3:16; 히 4:11)을 강조했다. 그것을 바울은 '경건의 비밀과 능력'(딤후 3:5)이라고 했다. 이 세상의 본과 거꾸로 된 본을 알지 못하면 '비밀과 능력'을 체험할 수도 이해할 수도 없다.

제자들이 주님을 이해하지 못한 것은, 신바벨론 제국의 창시자의 아들 느부갓네살 왕처럼 높이 90척의 순금 대신상(BC 605~562)이나, 큰 위엄을 지니고 홍포를 입은 위엄과 찬란한 빛에 둘러싸인 모습을 예수께 기대했기 때문이다. 사람들은 예수께서 움직일 때마다 천지가 진동하는 장엄한 천군들의 진군을 기대할 뿐이었다. 하여 주님께서는 웅장한 예루살렘 성전을 자랑하며 "선생님이여 보소서 이 돌들이 어떠하며 이 건물들이 어떠하나이까?"라고 말했을 때 "네가 이 큰 건물들을 보느냐 돌 하나도 돌 위에 남지 않고 다 무너뜨려지리라"(막 13:1~2; 눅 21:5~6) 하셨다. 오늘이라고 크게 다를 바 없다. 많은 웅장한 돌성전 속에서 신도들이 바라는 것이 무엇인가? 그 옛날의 빌립처럼 "아버지를 보여 주옵소서!"가 아니겠는가?

공생애 동안 제자들의 질문을 다 받으신 주님께서 마지막으로 말씀하셨다. "다시는 비유로 이르지 않고 아버지에 대한 것을 밝히 이르리라"(요 16:25). 그리고 이어서 다음과 같이 말씀하셨다. "보라 너희가 다 각각 제 곳으로 흩어지고 나를 혼자 둘 때가 오나니 벌써 왔도다 …… 이것을 너희에게 이르는 것은 너희로 내 안에서 평안을 누리게 하려 함이라 세상에서는 너희가 환난을 당하나 담대하라! 내가 세상을 이기었노라"(요 16:32, 33). 세상에서 환난과 역경을 당할 것이나 주님께서 세상을 이기셨으니 담대히 환난과 역경을 이길 뿐 아니라, 자기 이성의 회의와 모순과 유혹 등 마음의 내란을 이겨야 한다고 하신 것이다.

　나는 지금 붉은 석양빛에 물든 영원한 파도의 속삭임을 들으며, 이 세상 땅끝 해변에 서 있다. 주마등과 같이 추억을 되새기며 후배들에게 하고 싶은 말을 마무리해야만 할 순간이 온 것 같다. 내가 무엇을 안다거나, 깨달았다거나, 이루었다고 할 만한 일은 아무것도 없다. 오직 인생의 나락에서 깨달은 것은 하나님의 도움을 받을 수 있는 '스위치 보드'(Switch Board)를 얻었음에도 여러 번 기회를 놓치고 그것을 더 일찍 누르지 못한 것이 아쉽다. 만일 그랬더라면 성령님의 역사를 더 많이 체험했을 것이며 내 영혼이 기쁨으로 충만함을 누렸을 것이다. 그리고 사도 요한과 같이 사랑의 사도로 인정받을 수 있었을 것이다. 삶의 목적이 무엇인가를 깨닫지 못해 방황하다가 험산 준령을 넘어 이 해변에 다다른 것이다.

　누가 주께 더 가까이 나아가는 자인가? 요한 사도와 야고보 선생의 말씀으로 답을 대신하고 싶다. "하나님께로 난 자마다 죄를 짓지 아니하나니 이는 하나님의 씨가 그의 속에 거함이요, 그도 범죄 하지 못하는 것은 하나님께로부터 났음이니라"(요일 3:9). "하나님을 가까이하라 그리하면 너희를 가까이하시리라!"(약 4:8) 아멘! 할렐루야!

내 주께 더 가까이
Nearer to my Lord

지은이 김종택
발행일 2022년 03월 07일

펴낸이 최선화
펴낸곳 도서출판 등과 빛
주소 부산광역시 동구 중앙대로260번길 3-11
전화 051-803-0691
등록번호 제329-2007-000019호(2007년 11월 19일)
        제2017-000005호(2017년 11월 19일)

값 23,000원